구술로 보는 한국 경제 성장의 역사

"이 저서는 2015년 대한민국 교육부와 한국학중앙연구원(한국학진흥사업단)의 구술자료아카이브구축(현대한국구술사연구)의 지원을 받아 수행된 연구임 (AKS-2015-OHA-1240002)"

구술로 보는 한국 경제 성장의 역사

초판 1쇄 발행 2020년 12월 24일

지은이   정도영, 정진아, 김영선, 이숙화, 안태윤, 윤정란, 임성욱, 김명훈
펴낸이   윤관백
펴낸곳   ▨동선 선인
등 록   제5-77호(1998.11.4)
주 소   서울시 마포구 마포대로 4다길 4 곳마루빌딩 1층
전 화   02)718-6252/6257
팩 스   02)718-6253
E-mail   sunin72@chol.com

정가   48,000원
ISBN 979-11-6068-420-9 94900
ISBN 979-11-6068-418-6 (세트)

· 잘못된 책은 바꾸어 드립니다.

간행사

한국의 구술사는 1980년대 출발하여 1990년대 도약기를 거쳤고, 2000년대 이후 비약적인 성장을 이루어왔습니다. 십여 년 전 만해도 낯설던 '구술사'라는 용어가 이제 학계에서는 물론 일반 국민들 사이에서도 익숙해졌습니다. 다양한 연구 분야에서 구술사 방법론을 적용하고 있으며, 많은 기관에서 구술사 관련 사업들을 발주하고 있습니다. 뿐만 아니라 여러 기관에 구술사 관련 아카이브를 만들고 있으니, 지난 몇 십년 간의 구술사 분야의 발전은 상전벽해(桑田碧海)라고 해도 손색이 없을 정도입니다.

그러나 이러한 발전과정에서도 고민이 없지 않았습니다. 학계에서는 수많은 구술 자료를 체계적으로 관리하고 활용할 아카이브가 필요하다는 지적이 있었고, 이에 따라 2009년 4월부터 한국학중앙연구원에서는 "현대한국구술사연구사업"을 시작했습니다. 이렇게 시작된 "현대한국구술사연구사업"은 10년이라는 장기 계획을 통해 영상 자료 중심의 수집, 체계적인 관리와 보존, 서비스 기능을 갖춘 아카이브를 구축한다는 점에서 많은 주목을 받았습니다. 그 결과 491명의 구술자로부터 3,368여 시간의 구술 자료가 수집되었고, 이 자료들은 현재 아날로그와 디지털로 보존되고 있으며, 학계와 국민들이 활용할 수 있도록 온라인 아카이브를 통해 제공되고 있습니다.

'현대한국구술사연구사업'은 총 5개 연구단으로 구성되어 진행되었습니다. 4개 분야의 연구팀에서 자료를 수집하고, 1개의 아카이브구축팀에서 관리하고 서비스하는 형태입니다. '정당정치' 분야(과제명: "세대로 본 역동의 한국정당정치사 – 산업화·민주화 세대의 증언")는 명지대 연구단에서, '현대사와 군' 분야(과제명: "한국 현대사와 군")는 서울대 연구단, '경제외교' 분야(과제명: "고도성장기(1960~70년대) 경제외교사 구술아카이브 구축")는 한국외대 연구단, '종교와 민주화' 분야(과제명: "현대 한국사 발전의 내면적 동력을 찾아서 – 민주화와 산업화를 이끈 종교인 구술자료 수집과 연구")는 한신대 연구단이 맡았으며, 아카이브 구축(과제명: 현대한국구술자료관구축연구)은 한국학중앙연구원에서 진행했습니다.

이번에 간행되는 "현대한국구술사연구 총서"는 지난 10년간의 연구사업을 총괄해 본 것입니다. 각 연구단별로 한 권씩 모두 5권으로 묶었습니다. 10년의 연구사업과 수많은 구술 자료들을 5권의 책에 모두 담아내기에는 한계가 있을 수밖에 없지만, 전체 연구사업을 조망하고 각각의 주제에 따른 구술 자료들의 특성을 드러낼 수 있도록 노력했습니다.

본 총서는 현대한국의 역사를 구술 자료를 통해 다시 조망했다는데 의미가 있습니다. 10년이라는 장기 사업을 통해 각 주제별로 한국 현대사의 주요 인물들의 경험과 기억을 담았고, 이 자료들을 바탕으로 한국 현대사의 주요 대목을 다시 구성해 보았습니다. 명지대의 정치분야 구술은 총 3부로 우선 정치인의 내면과 인식의 세계를 정치엘리트의 근대화론과 집단기억, 통일인식과 행위 양상, 구술자의 정서와 구술 내용의 상호관계 등으로 풀어냈고, 더불어 정치공간에서의 구조와 행위를 파악하기 위해 '직업정치인'의 등장과 정치적 기회구조, 정당정치 변화의 순간들, 그리고 정계입문의 경로와 정치적 입장 선택의 변수 등을 다채롭고 흥미롭게 정리했습니다. 다음으로 한국군의 기억에 대한 구술자료를 연구한 서울대 연구단에서는 창군에서 베트남전, 그리고 한국 정치변동에서 군의 역할, 식민지 시기이후 한국전쟁에 이르는 창군 이후 군의 경험, 베트남 전쟁 시기 작전권 협상, 한국기업의 베트남 진출, 한국군의 일상생활, 그리고 윤필용 사건, 하나회, 자주국방, 그리고 군의 해외유학 경험에 대한 흥미로운 구술 자료들을 촘촘하게 연구했습니다. 세 번째로 경제외교분야 인물들의 구술 자료를 연구한 한국외국어대학의 경우, 1960년대 경제개발계획 시기 외자도입, 한일협정, 과학기술개발 등 초기적 상황, 중화학공업화 시기 정책결정 및 제철, 조선, 자동차 등 각 산업에서 정책 결정 등에 대해 분야별로 다채롭게 당시 경험을 재구성했습니다. 네 번째로 종교와 민주화 분야를 연구한 한신대 연구단에서는 군사독재 시기, 5·18 광주민주화운동에서 1987년 민주화, 그리고 그 이후로 시기를 구분해서 종교인의 민주화 운동에 연루되었던 도시산업선교회, 민중불교운동, 5·18과 한국교회, 민중교회운동, 1980년대 민주화운동에 참여했던 목회자, 그리고 1990년대 이후 기독교 시민운동, 일본군 위안부운동, 종단개혁 등 흥미진진한 구술 자료를 역사로 풀어냈습니다. 끝으로 구술 자료를 집적, 서비스한 한국학중앙연구원 연구단은 먼저 현대한국구술자료관 구축의 역사와 특징을 현대한국구술자료관 구축 연구의 내용 및 수집 자료의 특성 등을 중심으로 살피고, 다음으로 실제 10년간 구술아카이브 구축의 전 과정을 자료관 관리 규정의 특징과 구술 자료 생산 과정에서 자료관의 역할, 아카이브 관리시스템 특성과 의의, 그리고 아카이브 서비스 시스템 특성과 의의 등으로 나누어 살펴보았습니다. 마지막으로 현대한국구술자료관의 활용 방향과 전망에서는 지속적으로 논쟁이 되는 구술기록의 저작권 문제와 구술기록의 수집과 활용 과정에서의 윤리적·법적 쟁점들을 구체적으로 정리하고, 끝으로 국내외 구술아카이브에 대한 시론적 평가에 근거해서 향후 아카이브를 활용한 연구의 전망 및 풀어야 할 숙제에 대해 다루었습니다. 이는 이후 발전적으로 구축될 구술사 아카이브에 적지 않은 도움이 될 것으로 생각됩니다.

지난 10년간 자료를 수집하고 정리한 각 연구단의 연구자들에게 감사드립니다. 아울러 구술 자료의 수집 뿐만 아니라 이번 총서에 옥고를 주신 필진 여러분께도 감사드립니다. 또한 10년동안 지원을 아끼지 않았던 교육부와 한국학중앙연구원, 한국학진흥사업단에도 이 지면을 빌어 감사드립니다. 이번 총서와 수집된 구술 자료가 한국의 현대사에 대한 보다 다양하고 풍부한 연구를 하는데 기여하기를 바랍니다. 감사합니다.

명지대 연구책임자 김익한

서울대 연구책임자 정용욱

한국외대 연구책임자 반병률

한신대 연구책임자 연규홍

한국학중앙연구원 연구책임자 김　원

머리말

　본서는 1960년대 이후 한국 경제의 고도성장 과정의 동인 분석을 위해 착수한 구술채록 사업의 결과물을 기반으로 기획되었다. 한국외국어대학교 현대한국구술사연구단은 2009년부터 2018년까지 한국학중앙연구원 한국학진흥사업단이 주관한 현대한국구술사연구사업 중 "고도성장기(1960~1970년대) 경제외교사 구술아카이브 구축"이라는 세부 주제를 담당했으며, 한국 경제성장을 견인했던 경제 관료 및 민간기업인 등을 대상으로 구술을 추진해왔다.

　제2차 세계대전 이후 동아시아 경제는 다른 지역에 비해 매우 높은 수준의 경제성장을 이룩했다. 특히 1960-70년대 한국, 대만 등 신흥공업국이 보여준 고도성장은 실로 놀라운 것이었다. 그 중에서도 한국은 특별한 부존자원 및 산업기반의 부재에도 불구하고 짧은 기간에 공업화 및 경제발전을 이룩했으며, 이는 세계적으로 유례가 없는 성공사례로 꼽히고 있다. 이러한 성공의 원인 중의 하나는 개도국에 우호적인 세계무역환경이 조성되었다는 점과, 한국이 수출주도형이면서 대외지향적인 산업발전 전략을 택했다는 점 등을 지적할 수 있다.

　제2차 세계대전 이후 독립한 대부분의 국가들이 저성장의 상황을 벗어나지 못하고 있다는 점을 고려한다면 한국의 고도성장은 한국인에게 소중한 경험이었을 뿐 아니라 세계적 양극화 문제를 해결하는 데에 인류가 참고하고 공유할만한 문명사적 가치가 있다고 할 수 있다. 이에 한국의 경제성장은 개발도상국가에게 하나의 발전 모델이 되고 있다. 특히 대외적으로 초기 경제개발 과정에서의 재원부족을 외자도입으로 확보했던 외교정책의 성과 및 대내적으로 수출지향적 공업화 전략은 고도성장을 이룩한 한국의 소중한 자산으로 평가받고 있다. 현재 아시아, 아프리카 등 많은 개발도상국의 경제정책 입안과정에서 매우 중요한 사례를 제공해 주었으며, 전 세계 연구자들의 주요 연구주제로 부상했다.

그동안 세계 학계에서 한국을 비롯한 동아시아 경제에 관한 관심은 대부분 후발 공업국의 성장 원동력을 규명하고자 하는 방향으로 진행되었으며, 그 대상으로 한국 및 동아시아 국가에 대한 정치, 경제, 사회 및 외교에 대한 연구가 광범위하게 수행되었다. 연구의 결과는 대체로 한국 경제 고도성장기의 정치, 경제, 사회 및 외교적 특성에 관한 것으로 공업화의 과정에 따른 성장의 결과에 통일적으로 이해되는 것이었다.

경제학 영역에서는 경제정책의 입안 및 집행의 과정에서 자원의 효율적 배분을 가능하도록 한 시장의 기능을 강조하여 시장경제의 효율성을 최대한 활용한 것을 성장의 원동력으로 분석했다. 정치학 분야에서는 한국의 고도성장 과정에서 정부의 역할 및 성격에 주목했다. 공업화의 시기에 한국 정부의 성격을 여타 사회세력에 대해 정부의 상대적 자율성을 강조한 '발전국가(The Developmental State)'로 규정하고 이러한 정부의 성격이 경제성장의 효과성에 미친 영향을 분석했다. 이러한 정치학 및 경제학적 분석은 서로 유리된 것이 아니라 상호 학문적 교류를 확대시켜 경제성장 과정에서 '시장과 정부'라는 새로운 명제를 도출하기도 했다.

본 연구단에서는 한국 경제 고도성장에 대한 1차 자료의 부족을 당시 경제성장을 견인했던 각계각층의 인사들을 대상으로 한 구술채록을 통해 보완할 목적으로, 1960~70년대 한국 경제성장에 관한 시기 구분법과 연동하여 크게 세 단계로 주제를 기획했다. 우선 1단계에서는 '내포적 공업화 정책과 한국 외교'란 주제로 설정했다. 이 시기는 1957년까지 미국의 원조 하에 잉여 농산물 원조를 받으며 한국의 재정이 충당되었다가, 1965년경부터 AID차관이 들어오면서 공업화발전이 추진된 시기이다. 경제개발 5개년 1차 계획을 수립하면서 경제기획원 설립, 통화개혁 등의 주요한 경제정책들을 기반으로 고동성장의 토대가 마련되는 시기이기도 하다. 이는 다시 경제개발의 역사적 인과논리와 연동하여 세분화되는데, 세 가지 주제를 시기별로 구분했다.

첫 번째 주제인 '경제개발의 수립 및 공업화를 위한 기반 조성'은 5·16 군사쿠테타 이후 기존의 민간주도형 계획안과 국가주도형 계획안의 대립구도 속에서 국가주도형 계획안을 채택한 시기이다. 당시 경제개발에 관여했던 인사는 성창환·고승제·홍성하·배성룡 등 시장경제를 기반으로 한 자유방임형 경제성장 전략을 강조하던 민간주도형 인사와, 박희범·유원식·최문환·박동묘·이창렬 등 국가의 기능을 우선시하여 산업 및 금융에 대한 통제를 통해 주요 산업의 국영화 및 중공업화를 시도한 국가주도형 인사로 양분되었다. 초기 경제정책의 성격을 규명하기 위해 이러한 논의를 정리하는 작업에서부터 연구를 출발해야 하지만, 이들 인사들은 대부분 작고한 관계로 구술이 현실적으로 불가능하기 때문에 기존의 문헌자료를 토대로 연구를 진행했다.

두 번째 주제는 경제개발계획의 수정 계획안을 통한 외자도입 문제로, 한·일 국교수교 및 서독 차관과 관련된 외자도입의 구체적 내용에 관한 것이다. 1964년 2월 박정희 정부는 그동안의 내자동원 정책의 문제점을 인식하고 이를 시정·보완하는 이른바 보완계획을 수립·발표했다. 그 주요 내용은 경제개발계획 과정에서 미국 측의 입장을 대폭 수용하는 것으로, 성장률의 하향조정, 제철소 건설과 같은 중공업 전략의 축소, 거시경제 목표로서 안정기조의 추구 등을 포함하고 있었다. 그러나 무엇보다 중요한 점은 경제개발에 필요한 재원의 조달을 기존의 내자동원체제에서 외자동원체제로 전환하는 것이었다. 외자동원 체제로의 전환에서 가장 주목되는 부분은 외자조달 방식에 관한 것이었다. 당시 라틴 아메리카 국가들은 직접투자의 형태로 공업화를 위한 재원을 조달한 반면, 한국을 비롯한 동아시아 국가들은 주로 차관을 통해 외자를 도입했다. 이러한 점은 동아시아 국가들의 경제정책 성공과도 밀접한 연관관계를 지니는 부분으로, 외자조달 방식에 대한 한국 내부의 의사결정과 함께 이를 국제적으로 조율하는 외교적 특성을 동시에 고려하는 것은 매우 중요하다.

1단계의 세 번째 주제는 '기간산업 조정에서의 한국 외교'이다. 경제개발 과정에서 오랜 기간 동안 미국과 입장차를 보였던 부분은 주도산업에 대한 선정 및 육성에 관한 것이었다. 미국은 경제개발 계획안의 수립 시기부터 일관되게 중소기업을 중심으로 노동집약적 산업에 특화된 수출주도형 공업화를 경제계획 전략으로 채택할 것을 한국 등 동아시아 국가들에게 권고했다. 그러나 당시 한국정부는 국제시장에서 비교우위에 있던 노동집약적 산업뿐만 아니라 제철·종합기계·비료·시멘트와 같은 수입대체 산업에 대한 욕구가 강하여, 미국과의 정책적 합의를 도출하는데 상당한 어려움이 있었다. 그 대표적인 사례로 5·16 군사쿠테타 이후 부정축재처리위원회를 통해 회수한 자금을 비료·시멘트·화학공업에 투자하도록 유인함과 동시에, 이들 기업에 재원을 집중적으로 지원함으로써 재벌이라는 독특한 기업구조를 탄생시켰다는 점이다. 이는 비슷한 시기에 공업화를 진행한 대만의 과정과는 매우 다른 형태로, 한국의 재벌 중심 경제구조는 대만의 중소기업형 중심 경제구조와는 매우 의미 있는 차이를 보인다. 따라서 이 시기 한국 경제구조의 주요 특성을 경제외교적 측면에서 파악하는 것은 의의가 크다고 할 수 있다.

이와 더불어 본 주제에 해당하는 시기는 한국 경제외교의 커다란 전환점이기도 했다. 1965년 한일 국교수교가 이루어지고 서독 차관 및 미국 원조로 한국의 경제가 크게 변모한 시기였다. 또한 걸프정유사의 민간투자와 Van Fleet 민간단체의 차관이 진행되면서 재원이 확충되자 기간산업의 발달이 현저히 일어났던 시기였다. 이러한 중요성에 입각해서 한국의 경제외교라인이 미국의 권고사안에 대해 효과적으로 대응하면서 한국 정부가 원하는 수입대체적인 중공업 육성을 가능하도록 한 과정에 대해 구술을 수행했다.

이와 같은 1단계 대주제와 연동하여 구술대상자는 경제외교 및 정책 입안 등 모든 부분에서 1960~70년대를 관통하며 중요 역할을 담당했던 인사들로 선정했다. 구체적으로 제1차 경제개발5개년계획에 참여했던 인사 및 경제정책의 실질적인 집행 역할을 담당했거나 외교차관에 관해 관통했던 인사 등을 구술했다. 또한 미국과의 외교회담을 주도했던 한국 각료들과 미국 실무자들, 그리고 서독 차관 및 일본과의 청구권회담에 관련된 주요 인사들을 대상으로 구술을 수행했다. 아울러 정부 관료군만이 아니라 포항제철·한국석탄공사 등 관영기업체, 한국은행·한국수출입은행 등 금융기관 인사, 대통령 정책자문단 역시 구술대상자군에 포함시켰다.

1967년 제2차 경제개발계획 추진 시기부터 1970년대 초반까지를 포괄하는 2단계에서는 '수출공업화정책과 외교선의 다양화'를 대주제로 설정했다. 1960년대 초에 시작된 내포적공업화 정책은 1960년대 중반 들어 수출공업화 정책과 맞물려 큰 변화를 가져오게 된다. 적극적인 외자도입을 바탕으로 추진된 경제정책은 공업화를 가속시킨 한편, 이 결과로 나타난 산업화 생산시설의 확대는 1960년대 중후반 '과잉생산'이라는 새로운 문제를 야기하게 된다. 당시 박정희 정부는 국내 소비시장의 협소와 절대 구매력 부족이라는 문제를 해결하고자 수출주도형 전략을 채택했는데, 이는 한국 경제의 지속적 성장을 위한 토대로 작용하게 되었다. 박정희 정부는 이 시기 제2차 경제개발계획 수립에 따른 자금 조달을 위해 한일 국교수립, AID, IBRD 등 해외차관을 도입했으며, 한편으로 미국과의 경제협력을 위해 한국군을 베트남전에 파병했다.

이러한 배경에서 2단계 구술의 첫 번째 세부 주제는 수출공업화 정책의 배경조성에 관한 것으로 설정했다. 수출공업화 정책은 한국 경제 고도성장의 주요 동력이었음에 반해, 대부분의 개발도상국에서는 경제정책으로 채택되지 못했다. 이는 대부분의 개발도상국이 수출공업화 정책을 통해 성장의 배경을 마련하고자 하는 의지가 있었음에도 불구하고 채택하지 못한 역사적 배경에 주목할 필요가 있다. 제2차 세계대전을 전후하여 아시아, 아프리카 등 식민지 국가들은 제국주의의 식민지로써 기능하면서 제한된 범위 내에서 공업화를 진행하고 있었으며, 이로 인해 사회적 주도세력은 농업에 기반을 둔 세력에 집중되었다. 그리고 이러한 사회적 구조는 독립 후 진행된 공업화 과정에서 이들 사회세력 간의 충돌을 야기하여 공업화 추진을 지연시켰으며, 수출주도형 공업화 전략보다는 수입대체형 공업화 전략을 선택함으로써 사회적 갈등을 최소화하는데 주력했다.

한국의 공업화 과정 역시 식민지를 경험한 역사적 배경 및 공업화 전개과정 등 여타 개발도상국과 유사한 구조를 지니고 있어, 외형적으로는 차별화할 만한 요인을 찾기는 어렵다. 하지만 한국은 상대적으로 농업에 기반을 둔 사회적 세력의 영향력은 낮은 편이었기 때문에, 이를 배경으로 적극적인 수출주도형 전략을 선택해 경제 고도성장의 배경이 되었다. 그러므로 한국의 공업화 과정은 수출주도형 공업화가 관철되기까지의 사회적 구조 변화를 중심으로 확인할 필요가 있으며, 이러한 변화의 차이가 한국의 고도성장의 원동력을 규명하는 데 중요한 역할을 담당하게 된다.

두 번째 세부 주제는 수출육성 정책으로 선정했다. 이 시기 정부에서는 경공업제품 수출을 독려하면서도 한편으로 외자를 도입해 1960년대 중후반부터 중화학공업 제품 육성을 통한 수출을 확대하는 경제발전 전략을 추진했다. 경제개발 정책 방향을 내포적 공업화에서 수출공업화로 전환한 후 일본에서 원자재 및 기술을 수입해 단순 노동집약적 경공업 상품을 수출하게 되었으며, 미국이 주도하는 GATT 체제 하에서 일본 중심의 아시아지역 분업체계의 말단에 편입되었다. 이와 동시에 박정희 정부는 외자도입으로 중화학공업화를 추진해 원자재의 수입대체화를 추구했다. 일본을 정점으로 하는 위계적인 아시아 지역 무역구조 하에서 하청을 받아 단순 가공하는 지위에서 탈피하려는 시도가 병행하고 있었음을 의미한다.

이에 구체적인 구술대상자는 수출육성 정책 및 공업화 정책 추진을 실질적으로 선도했던 실무진들의 선정을 지향했다. 특히 수출공업화와 관련해서는 조선, 전자, 기계, 자동차 등 중화학공업 육성정책 입안 및 경공업 수출진흥정책 담당자를 선정해 심층적으로 구술하고자 했다. 아울러 당시 박정희 대통령이 중시했던 수출진흥확대회의의 상공부측 실무책임자로 활동했던 인사들을 섭외해 구술을 실시하고자 했다. 그리고 정부 측의 정책입안자 및 실무자만이 아니라 국영기업 및 민간기업의 역할에도 주목했다. 정부에서 활동하다가 사임 후 민간기업으로 자리를 옮겨 수출 및 공업화를 선도했던 인사들 역시 중점을 두었다.

세 번째 세부 주제는 1960년대 중후반 외자도입의 한 축인 '베트남 파병과 경제협력'으로, 1970년대 들어 한국 경제가 급성장할 수 있었던 외부 영역에서의 경제상의 동력을 파악하고자 했다. 한국은 안보적 특수성으로 인하여 수출시장의 개척이 매우 제한적일 수밖에 없었다. 그럼에도 불구하고 한국의 외교라인은 당시 한국이 처한 경제적 상황을 극복하면서 효과를 극대화했다. 특히 베트남전 참전은 한국의 안보를 확립하고 차관경제로의 순조로운 이행이 가능하도록 했으며, 무엇보다도 국내 업체의 베트남 진출에 따른 외화 획득은 한국 경제성장에 매우 중요한 역할을 했다.

보다 세부적으로는 첫째 파병협상이 진행되는 시기별 특징에 주목하여, 1966년 브라운각서로 대표되는 한·미간 베트남 파병협상의 준비 및 이행과정과 결부되어 경제협력이 어떻게 변화되었는지 초점을 맞추었다. 둘째 인력수급 면에서 베트남 용역산업에 주안점을 두었는데, 여기서 정부의 인력수급 계획이 수출과 국내 공업화와 맞물리면서 어떻게 조정되는지 고찰했다. 셋째 수출시장 면에서 1960년대 중후반 수출을 주도하는 산업을 베트남 파병과의 연관 속에서 파악하고자 했다. 베트남 참전 기간 동안 섬유, 합판, 가발 등은 미국으로 수출이 급증하면서 급성장했는데, 파병으로 협상력이 높아진 박정희 정부가 미국 시장으로 어떻게 수출확대를 도모해나가는지 그 과정에 초점을 맞추었다. 마지막으로 넷째 자본 면에서 1960년대 중후반 급증한 외자 가운데 미국에서 유입된 외자가 국내 기업으로 흡수되는 과정을 주시했다. 외자가 경제발전에 필요한 기간산업 및 사회간접시설 건설에 운용되고 관리되어 나가는 과정은 1970년대 이후 중화학공업화를 위한 준비였다는 점에서, 외자도입 및 운용과정을 통해 한국 정부의 공업화전략을 밝히고자 했다.

1970년대 및 1980년대 초반을 포괄하는 3단계 시기에서는 '중화학공업과 한국 외교'란 대주제를 기반으로, 당시 대외 경제환경의 변화에 적극적으로 대응한 한국 경제주체들의 경제외교 전략 모색을 목표로 했다. 이 시기 미·소 중심의 양극화된 냉전체제가 다극화된 데탕트 체제로 전환되었고, 1973년 1차 석유파동이 일어난 이래 석유자원의 중요성이 부각되며 중동 산유국들이 자원강국으로서의 위상을 정립하며 급부상되었다. 아울러 1944년 이래 유지되어왔던 국제통화 제도인 브레튼우즈(Bretton Woods) 체제가 1973년 붕괴된 후 비동맹 개발도상국을 중심으로 새로운 국제질서를 요구하는 목소리가 높아졌고, 선진 서구 강대국들은 변동 환율체제를 채택하고 쿼터제로 수입을 제한하는 신보호무역주의가 대두되기 시작했다. 따라서 자유무역주의라는 환경 속에서 수출지향적 경제정책을 전개해왔던 한국 정부로서는 새로운 환경에 부딪치게 된 것이다.

이렇듯 급변하는 세계정세 속에서 우선적으로 국제정세의 변화와 연동하여 한국 정부가 어떠한 경제성장 전략을 선택해 실행했는지 그리고 이를 실현하는 주체인 기업이 어떻게 대응했는지 밝히고자 했으며, 당시 개발도상국인 한국이 선진국과의 기술·인력·자본의 격차를 어떻게 극복했는지 해명하고자 했다. 아울러 수출지향형 기조 속에 한국의 중화학공업 제품들이 어떻게 수출시장을 공략했는지를 당시 수출 신장의 주역이었던 종합무역상사 및 대한무역진흥공사와 연관시켜 파악하고자 했다.

3단계의 첫 번째 주제인 '중화학공업화와 국제경쟁력'은 한국 중화학공업 제품의 생산과정에 초점을 맞추어, 한국 정부와 민간기업이 어떻게 자본·설비·기술·인력상의 한계를 극복하고 국제 경쟁력을 획득해 나갔는지 고찰했다. 이를 위한 세부 목표로, 국제정세 변화에 대응한 한국 정부의 공업화전략, 중화학공업화를 수출용으로 추진하게 된 배경, 국제경쟁력을 갖추기 위한 선진기술·인력·자본 도입 및 국산화전략, 정부와 기업 그리고 연구소의 상호관계로 설정했다.

이를 해명하기 위해 구술대상자군은 세 그룹으로 나누었는데, 첫 번째는 정부관료, 민간 기업인 그리고 과학기술 인력이다. 정부관료군은 중화학공업화 정책 실무를 맡은 당시 중화학공업추진위원회 기획단 멤버들과 함께, IBRD, ADB, IECOK, IMF 등 국제기구 대표단으로 참여해 외자교섭을 주도한 경제협력 실무진과 관세정책 실무진이다. 이들을 대상으로 정부의 중화학공업 부문에 대한 선별금융, 중화학공업화 정책 구상과 실행 사이의 간극, 후진국들의 중립국동맹에의 참여로 선진국의 보호무역주의에 대한 공동대응, 중화학공업의 국제규모화, 중화학공업 육성방안에 대해 구술을 수행하고자 했다. 두 번째 그룹은 민간기업인들로, 철강·석유화학, 기계·자동차, 조선, 전자산업으로 구분하여 국제 경쟁력이 있는 선진기술·설비의 도입 및 인력 훈련 그리고 자본도입 과정, 중화학공업 대기업과 중소부품업체와의 관계, 기업의 기능공 훈련교육과정 등을 파악하고자 했다. 이어 세 번째 그룹은 해외에서 선진과학기술을 익히고 귀국한 고급 과학기술인력들로, 당시 수출공업화 정책과 관련하여 어떻게 한국으로 초빙되었는지와 함께 선진 과학기술이 어떻게 산업현장에서 실용화되었는지에 대한 과정을 분석하고자 했다.

3단계의 두 번째 주제는 '수출지향적 중화학공업화와 종합무역상사'로 설정했다. 한국 중화학공업화의 특징은 수출지향형이므로 해외시장 개척이 필수불가결했다. 따라서 한국 중화학공업이 중화학공업화 초기단계부터 해외 수출시장을 어떻게 개척해나갔는지 해명하기 위해 우선적으로 해외 수출시장을 선도적으로 개척한 종합무역상사에 주목했다. 1960년대 중반 이래 수출금융 수혜를 받으려고 제조업체가 수출업을 겸업하며 군소 수출업체가 난립함에 따라 수출업이 전문화되지 못한 것을 타개하기 위해 정부에서는 1975년 종합무역상자 지정제도를 출범시켰는데, 출범 후 한국 수출에서 종합무역상사가 차지하는 비중은 1975년 11.8%에서 1979년에는 33.9%로 급증한 것에서도 알 수 있듯이 해외 수출의 주역으로 급부상했다.

하지만 공정성 면에서 역기능이 엄존했는데, 국내 시장질서가 대기업 중심으로 수직적으로 재편되고 문어발식 재벌 그룹화를 초래한 것이다. 이러한 점에서 종합무역상사와 중화학공업의 관계에 대한 심층적인 분석 작업은 1970년대 수출공업화 정책의 성공요인뿐만 아니라 이후의 한국 경제구조의 특질을 파악하는데 매우 중요하다. 하지만 그동안 한국 수출공업화 정책에서 민간기업의 역할은 주목받지 못해왔다. 정부의 선도적 역할에 가려져있었을 뿐만 아니라 자료부족으로 인해 기업에 대한 연구가 진척되기 어려웠다. 따라서 종합무역상사에 대한 구술은 한국 중화학공업화와 수출신장에서 민간기업이 담당했던 역할을 명확히 해명해 줄 수 있다.

이와 아울러 수출시장 확대 및 해외시장 개척에서 대한무역진흥공사의 활동 역시 초점을 맞추고자 했다. 1962년 4월 「대한무역진흥공사법」을 통해 창립된 대한무역진흥공사는 해외 수출시장에 관한 정보 조사 및 해외무역관을 수출 전진기지로 하는 수출 마케팅 활동을 전개하며 다각도의 수출 진흥 정책을 전개했고, 각국의 수출시장 조사자료를 기반으로 대기업 종합무역상사의 수출을 지원하는 한편 중소기업 제품을 발굴하여 해외 각국의 바이어와 연결시키는 등 수출의 최첨병 역할을 수행해왔기 때문이다.

1970년대 초반 청와대의 지시로 추진된 방위산업 육성은 중화학공업 성장의 또다른 동력 중 하나이다. 이에 3단계의 세 번째 주제는 '데탕트기 중화학공업화와 방위산업'으로 선정했는데, 닉슨독트린 이후 데탕트로 국제 정세가 변화하는 과정에서 한국 정부가 추진했던 방위산업 국산화 정책이 중화학공업을 기반으로 한 수출육성과 어떻게 결부되었는지를 고찰하고자 했다. 1972년 청와대 비서실에서 작성한 공업구조 개편론에 근거하여 박정희 대통령은 1973년 1월 12일 연두교서를 통해 이른 바 '중화학공업 선언'을 했는데, 여기에는 사실상 방위산업 육성이라는 또 다른 목표가 포함된 것이므로 중화학공업과 방위산업 육성은 사실상 동시에 추진되었다고 볼 수 있다. 즉 공업구조개편론에서 기획한 대로 평시에는 민수용 중화학공업으로 수출 증대를 추진하고 유사시 혹은 전시에는 방위산업으로 전환하여 병기를 만든다는 발상이 한국 중화학공업 추진의 특성인 것이다.

이를 위해 우선 한·미간 안보외교 정책이 방위산업 육성계획에 어떻게 영향을 미쳤는지를 파악한 다음, 해외 방위산업체와의 교섭이 어떻게 진행되었는지, 그리고 방위산업체의 기술개발이 어떻게 진척되는지를 중점적으로 해명하고자 했다. 이와 함께 방위산업 육성정책을 입안한 박정희 정부 및 청와대 비서실의 전략이 국방과학연구원 등을 포함한 정책 실무 주체들과 어떠한 구체적 과정을 거쳐 상호 관계를 맺으며 어떤 행위 결과를 낳았는지에 대해서도 초점을 맞추어 구술을 수행했다.

마지막으로 네 번째 주제는 1970년대 중반 이후 중동건설 진출이 중화학공업 추진을 위한 외화 조달 역할을 수행했다는 점에서 "중동진출과 경제외교의 다변화"로 선정했다. 당시 중동진출의 배경은 크게 두 가지로 나누어 볼 수 있다. 첫째는 국내적인 요소로서 박정희 정부의 강력한 중화학공업화 정책으로, 이를 실현하기 위한 방대한 규모의 투자재원 확충이 필요했기 때문이다. 둘째는 국제적인 요소로, 브레튼 우즈 체제의 붕괴 및 서구 선진국들의 변동 환율제 채택, 쿼터제로 수입을 제한하는 신보호무역주의의 대두 등 한국 정부가 직면한 새로운 상황에 대한 돌파구 마련이 필요했기 때문이다.

하지만 무엇보다 한국의 중동진출에 결정적인 영향을 미친 것은 바로 제1차 석유파동이었다. 1차 석유파동의 여파로 한국은 큰 경제적 난관에 봉착하게 되었는데, 물가상승률은 1973년 3.2%에서 1974년 24.3%로 상승했고, 경제성장률은 1973년 14.8%에서 1974년 9.5%로 떨어졌다. 또한 무역수지 적자 폭도 1973년 10.2억 달러에서 1974년 23.9억 달러로 대폭 확대됐다. 특히 산업구조가 경공업에서 에너지 수요가 많은 중화학공업으로 전환되는 시점이었기 때문에 한국이 받은 충격은 더 클 수밖에 없었다.

그러나 석유파동에 따른 유가 인상으로 인해 중동 산유국들은 넘쳐나는 오일달러로 주택, 사회간접자본, 공장 등을 대대적으로 신축하기 시작했다. 마침 한국은 1960년대 이후 경제개발계획의 수행 과정과 베트남 진출을 통해 훈련된 국내 건설업체가 충분한 경험과 능력, 장비와 기술을 보유하고 있었으며, 해외건설에 필요한 숙련된 노동력의 공급이

용이했다. 이에 따라 정부는 1975년 12월 '대중동 진출방안'을 수립해 중동에 진출하는 기업과 해외진출 인력에 대한 적극적이고 종합적인 지원을 시작했으며, 이로 인해 막대한 외화를 벌어들일 수 있었다. 1973년 12월 삼환기업이 최초로 사우디아라비아에서 2,400만 달러의 고속도로 공사를 수주한 것을 시작으로, 1974년 8,800만 달러, 1975년 7억 5,000만 달러, 1976년 24억 달러, 1977년 34억 달러의 공사수주로 확대되었으며 1978년에는 약 80억 달러의 건설수주를 기록함으로써 중동지역에서 한국은 불과 몇 년 만에 세계 제일의 건설수출국으로 신장했다. 이로 인해 한국은 사상 최초로 외자 부족의 어려움을 벗어날 수 있었으며, 1970년대 초까지 이스라엘 중심의 친미 외교정책을 전개해 온 한국 정부는 대 중동외교 방향으로 전격적으로 전환하고 다각화된 실리 위주의 경제외교로 다변화해 나갔다.

이러한 배경에서 한국 정부는 중동 경제협력을 지원하기 위해 어떤 전략을 구사했고, 현지 진출기업을 어떻게 관리했는지, 아울러 중동 특수가 한국 경제성장 및 외교 다변화에 어떠한 영향을 미쳤는지에 초점을 맞추어 구술을 수행했다. 아울러 실제 한국 건설업체들의 중동 건설 수주 과정 및 성과, 비화와 함께, 중동 파견 노동자 및 주재원들의 역할 역시 주목하여 구술을 수행하고자 했다.

한국외국어대학교 현대한국구술사연구단은 이상과 같이 총 10년간 3단계에 걸쳐 경제외교 분야의 여러 인물들을 대상으로 구술 채록을 수행했다. 그리고 그러한 구술 자료를 통해 한국 경제 성장의 역사를 재조명하는 것을 목적으로 하여 본서를 발간하게 되었다. 본 연구단은 본서의 내용을 크게 시기에 따라 제1부 1960년대 한국 경제성장의 토대가 된 기반 조성' 및 제2부 1970년대 수출육성 및 중화학공업의 추진'으로 나누었으며, 그 아래에 세부 주제에 따라 총 13개의 장을 편성하여 구성했다. 각 장은 본 연구단에 참여하여 구술 채록을 직접 수행한 연구진이 분담하여 집필했다. 제1부의 1장인 「경제개발계획의 수립과 공업화를 위한 기반 구축」과 4장 「1960년대 대외경제협력 정책과 독일의 역할」은 정도영 박사가, 2장 「외자도입과 경제개발의 기반 조성」 및 3장 「한일협정과 차관도입 문제」는 정진아 박사가. 그리고 5장 「경제개발계획과 과학기술개발의 연계」는 김영선 박사가, 6장 「한국 공업화 과정에서의 농촌의 역할」 및 제2부 1장 「수출공업화 정책의 배경과 추진」은 이숙화 박사가 집필했다. 아울러 제2부의 2장 「중화학공업화 정책의 수립」 및 3장 「제철산업 및 석유화학공업의 육성」은 안태윤 박사가, 4장 「전자공업 육성 및 진흥 정책」 및 5장 「조선·자동차공업 정책 추진과 민간기업의 역할」은 윤정란 박사가, 그리고 6장 「종합무역상사와 한국의 수출 성장」은 임성욱 박사가 집필했으며, 7장 「한국 수출 성장에서의 대한무역진흥공사의 역할」은 김명훈 박사가 집필했다.

목 차

제II부
수출육성 및 중화학공업 정책의 추진과 한국 경제의 고도성장

제 I 부

한국 경제 개발을 위한
기반 조성

제1장

경제개발계획의 수립과 공업화를 위한 기반 구축

정 도 영

〈개요〉

한국의 경제개발계획은 1950년대 후반 다양한 형태로 전개되었으나 계획의 구조적 한계 뿐 아니라 정국의 불안정 등 경제 외적인 요인으로 인하여 일관성 있게 추진하지 못했다. 그러나 1960년대 미국의 원조정책의 변화, 경제기획원을 중심으로 관료 중심의 정부주도형 경제개발 전략이 구체화되면서 '제1차 경제개발계획'이 마련되었다. 그러나 당시 대내외적 환경 및 경제개발전략의 비현실성 등에 기인하여 경제개발계획 초기에 여러 가지 부작용에 나타남에 따라 정부는 1962년 기존의 계획을 수정한 '보완계획'을 수립하게 되었다. 정부는 보완계획을 통해 정부의 역할을 축소하고 민간 기업 등 시장의 역할을 강조했으며, 대규모 외자를 도입하여 재원을 마련하기에 이르렀다. 이 과정에서 정부는 외자의 배분과 보증 등을 통해 기업 활동을 독려함으로써 경제개발계획의 목표를 달성하고자 했다. 그러므로 정부의 시장개입을 통한 부작용을 최소화하면서 기업이 시장에서 성과를 나타낼 수 있도록 시장경제체제를 유지한 것이 한국 경제의 고도성장을 견인하는 역할을 수행한 것으로 평가된다.

한국의 경제개발계획은 대외개방형 경제구조로의 성공적인 전환의 출발이며, 고도성장의 토대가 되었다는 점에서 중요한 의의가 있다. 무엇보다도 1950년대의 원조 경제로 인한 부작용을 시정하고 향후 한국 경제의 구조적 성격과 성장잠재력을 자극하여 고도성장의 배경으로 작용한 것으로 평가되고 있다. 이러한 점에서 한국 경제개발계획의 내용과 성격 등을 당시 정책을 입안하던 구술자의 구술 등을 통해 보다 본질적으로 파악함으로써 한국 경제구조의 특성과 향후 경제개발에 대한 성장 이론을 확립하는데 중요한 사례로 활용할 수 있다.

본고에서 확인된 사항은 한국의 경제성장이 정부 주도적이었다는 분석에 대한 한계를 보완할 수 있는 계기를 마련했다는 점이다. 한국은 정부 주도적 성장에도 불구하고 당시 경쟁관계에 있는 개발도상국들에 비해 정부개입에 따른 부작용이 심각한 수준에 이르지 않았으며, 대내외적 경제 환경의 변화에 시장이 능동적으로 대응하는 능력이 부각된 점은 일반적인 정부주도형 공업화의 성격과는 차이가 있다고 할 수 있다. 그러므로 한국의 경우, 외자의 도입과 배분, 정부 보증 등을 통해 정부와 기업의 역할 분담을 명확하게 규정할 수 있는 환경을 조성함으로써 정부의 시장 개입에 따른 부작용을 최소화했으며, 기업이 시장에서 효율성을 확보할 수 있는 시장중심적인 경제구조를 정착한 것으로 분석되었다. 이러한 기업의 역할은 한국 경제구조를 대외경제 지향성을 유지하면서 대내외적 경제 환경 변화에 효과적으로 대응할 수 있는 능력을 배양하는 계기가 된 것으로 평가된다.

1. 경제개발계획의 배경

우리나라의 공업화는 1962년 '제1차 경제개발5개년계획'에 의해 진행되었다. 경제개발계획은 우리나라가 대외개방형 경제구조로의 성공적인 전환의 출발이며, 한국의 고도성장의 토대가 되었다는 점에서 중요한 의의가 있다. 무엇보다도 1950년대의 원조 경제로 인한 부작용을 시정하고 향후 우리 경제의 구조적 성격과 성장잠재력을 자극하여 고도성장의 배경으로 작용한 것으로 평가되고 있다. 경제개발계획의 성격에 대해서는 많은 논란이 제기되고 있으나 대체로 정부가 초기에는 계획을 주도하고 성장에 필요한 제도적 요건을 마련했으며, 이후 정부가 기업의 요구를 수용하면서 친시장적 성격을 확대·유지한 것이 고도성장을 견인한 것으로 평가되고 있다.

> 미국 사람이 맨들은 거고, 내가 지금 기억하고 있는 거는 한국 사람이 대충자금이라고 인제 미국에서 원조가 된 돈을 팔아서 된 원화가 있잖아요? 그 사용계획만 우리 재무부가 내더라구요. 그 외에는 전부 뭐 미국 사람이 그 예를 들어서 면화, 농산물, 무슨 또 그 화학제품. 이런 거 전부 그 사람들이 맨들어내요. 그러니까 우리는 자원 배분을 어떻게 하는지도 모르고, 중요성도 모르는, 알 바 아니고 그냥 그 사람들이 하자는 대로 그냥 하는 거예요.[1]

경제개발계획 이전인 1950년대 중반 우리 경제는 전후 복구에 대한 수요가 감소하면서 성장률이 감소했으나 후반기에 들어서면서 고도성장과 비교적 안정적인 물가 수준을 유지했다. 그러나 이러한 현상은 소비 증가에 따른 소비재 생산 관련 원조 자본재 도입에 의한 것으로 향후 우

---

[1] 최창락, 2013년 7월 2일자 1차 구술.

리 경제에 부정적 영향을 미칠 수 있는 상황이었다. 특히 소비재 관련 원조 자본재 수요가 증가하는 시점에서 저축자본의 부족과 원조자금의 감소는 투자재원의 고갈을 의미하는 것으로 무엇보다도 자본의 동원이 가장 중요한 현안으로 대두될 수밖에 없는 상황이었다. 그리고 투자재원의 대부분을 정부 재정에 의존할 수밖에 없는 상황은 재정적자에 따른 경제적 불확실성을 확대하는 요인으로 작용했다.

그래서 그때 내가 지금 기억이 나는데 두 가지 외환과에서 그때, 그때는 외환을 전부 정부가 통제를 하고 있으니까 그때 차츰차츰 모든 등등이 우리가 이대로는 안 된다. 맨날 미국 원조만 의존해서는 안 되지 않느냐. 그러니까 오히려 미국 자본을 도입을 해야 된다.[2]

그 우리나라에서 세금이라고 걷히기 시작한 거는. 그 본격적으로 걷히는 쪽으로 이렇게 덤벼든 거는, 그 60년대 후반입니다. 이낙선 장관이 국세청장 돼가지고. 그 67년돈가. 그 때에 그 양반이 자동차번호를 그 지, 지금도 기억하는데, 그 700을 700을 달고 다녔어요. 700억을 세금거두겠다. 일 년에 700억 세금 걷는 것을 목표로 해서가지고 꼭 달성하겠다. 이래가지고 자동차번호에 700을 달고 댕겼던 겁니다. 지금 700억 보면은 사람들이 보면 참, 700조 거트면 몰라도 700억.[3]

---

2) 최각규, 2009년 11월 30일자 1차 구술.

3) 최각규, 2009년 11월 30일자 1차 구술.

〈그림 1〉1950년 주요 경제지표

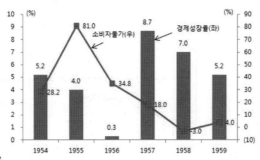

주: 물가는 서울
자료: 통계연감

　1962년 '제1차 경제개발5개년계획'이 발표되기 이전인 1954년 '한국경제재건계획(1953~1957)', 미국의 대한경제원조의 지침으로 한국정부에 건의된 '타스카(Tasca) 3개년 대한원조계획(1954~1956)', '경제부흥5개년계획(1954)' 등이 발표되기도 했다.

　그러나 이들 계획은 한국의 독자적인 경제계획은 아니고 원조당국이 원조정책의 효율적 수행을 위해 마련한 지침을 이행하는 수준이었다. 한국정부에 의해 추진된 경제개발계획은 1958년 부흥부 산업개발위원회에서 작성된 '경제개발7개년계획(1960~1967)'의 전반기 계획으로 마련된 '경제개발3개년계획(1960~1962)'이 대표적이다. 이는 해외무상원조의 감소에 대응하여 우리나라 정부가 수립한 최초의 경제개발계획으로, 경제 각 분야에서 개발목표와 정책방향을 제시했다는 점에서 의의가 있으나, 계획이 현실적이지 못했을 뿐 아니라 정부의 추진의지도 부족했던 것으로 평가되며, 4·19로 인하여 계획이 실현되지 못했다. 4·19 이후 집권한 민주당은 '경제개발5개년계획(1961~1965)'을 수립하고, 경제제일주의를 기치로 투자재원을 조성하는 등 적극적으로 추진했으나, 5·16으로 결실을 맺지 못했다.

그때는 아직은 5개년계획이고 그런 것이 아직 바람이 안 불 때입니다. 그게 자유당 땐가, 민주당 땐가. (중략) 그래서 각 부처에서 뭘 하겠다고 그러면은 그걸 전부 다 미국 원조 당국의 사업계획서에 들어가 가지고 미국 원조당국하고 프로젝트가 합의가 돼야 돼[4]

산업개발위원회가 60년, 1960년에서 1966년을 6년에, 7개년을, 에, 기간으로 하는 7개년 계획을 수립하고 있었어요. 그래서 하되, 에, 7개년이 기니깐, 먼저 전반 3개년을 먼저 하자, 그래서 3개년 계획을 맨들었었어요. 쭉 하다가 해서 이것이 이, 1959년에 3개년계획이 완성이 됐는데, 이걸 이제 1960년 1월에 국무회의에서 어, 이것이 통과됐어요. 어, 통과됐는데, 그 후에 얼마 안 있다가에, 4·19혁명이 났단 말이야, 4·19혁명이 났기 때문에 뭐 계획 집행할 수도 없고[5]

당시 미국은 전후 한국의 경제문제 중 물가 안정이 가장 중요한 과제로 인식하고, 원조를 통한 소비재 공급 증가를 주요한 수단으로 활용했다는 점에서 미국 중심의 계획안은 당시 한국이 장기적인 성장 동력을 구축하는 데 활용하기에는 한계가 있는 것이었다. 즉, 물가안정을 위해 원조를 통한 소비재의 공급에 주력하여 자본재 도입 등을 통한 장기적 성장의 원동력을 확보하지 못한 것이 한계의 주요 요인으로 지적된다. 그리고 계획의 구조적 한계 뿐 아니라 전후 정국의 불안정 등 경제 외적인 요인으로 인하여 정부가 계획안을 일관성 있게 추진하기도 어려운 상황이었다. 그러므로 본격적인 경제개발은 '제1차 경제개발5개년계획'의 수립으로 비롯되었다고 할 수 있다.

5·16 이후 집권한 정부가 1962년 경제개발계획을 수립한 배경에는

---

4) 최각규, 2009년 11월 30일자 1차 구술.
5) 이희일, 2011년 5월 11일자 1차 구술.

다음과 같은 두 가지 요인을 제시할 수 있다. 첫째, 1950년대 원조의 감소이다. 원조는 1950년대 한국 경제가 성장하는데 중요한 역할을 수행했으나, 1950년대 후반 미국의 원조정책 변화로 인하여 미국의 한국에 대한 원조는 감소하기에 이르렀다. 당시 미국은 무역수지 적자폭을 만회하기 위하여 1961년부터 무상원조를 개발차관으로 이행시키는 위하여 「대외원조법(Foreign Assistant Act)」를 제정하는 등 기존의 단기적 원조 제공에서 자립경제를 강조하는 자본투자 중심으로 원조정책을 전환했다.

우리가 5개년계획 시작할 적에 그때 막 맞물려 가지고 미국에는 디엘론 카는 게 들어와 가지고. 말하면 인자 이때까지 순수한 원조 자금에서부터 소위 말하면 개발자금으로 옮기는 고런 시기가 60년대 초반이었습니다. 그때부터 우리가 말하면 미국 하는 것은 여태까지 구호물자를 주는 나라가 아니라 경제개발을 지원해 주는 나라로 하고, 또 미국 측에서는 그 당시에 인력도 대주고 뭐 여러 가지 하기 때문에, 말하자면은 본격적으로 시작된 게 60년대 초죠.[6]

1950년대 정부의 세입 중 원조자금이 차지하는 비중이 30%를 상회하고 있었던 점을 감안하면 원조의 감소는 당시 우리 경제에 큰 부담으로 작용할 수밖에 없는 상황이었다. 특히 5·16 이후 집권한 정부는 미국의 지지를 받지 못하여 미국이 한국에 대한 경제 원조를 크게 감소시키는 결과를 초래하여 우리 경제는 매우 어려운 상황에 놓이게 되었다.

그 원조 아니면 그 당시 우리는 존, 존립헐 수가 없었어요. 뭐, 군대 유지하는 건 그건 뭐 물, 물론이고, 정부 자체가 원조 없이는 존립할 수가 없고, 국민생활이 원

---

6) 황병태, 2009년 9월 3일자 1차 구술.

조 없이는 이루어질 수가 없었어요.[7]

그리고 국민 기본적 생필품, 식량, 그때는 쌀은 식량의 소맥, 미국의 잉여농산물 원조로 들어와야 돼. 그 다음에 입고하는 의식주라 그러는데 그 당시에 원면이에요. 그래 그 때는 아직 화학섬유가 안 될 때니까. 원면, 미국 원조자금으로 들어와야 돼. 그 다음에 경제가 움직이고 그러려면 기름 있잖아요, 기름 미국 원조자금으로 들어와야 돼요. 이게 나라 형편이었었다구요.[8]

그리고 1950년 후반 원조산업을 기반으로 한 소비재 경공업에 대한 경쟁이 심화되고 과잉설비의 문제가 발생하는 등 주요 산업의 가동률이 저하되어 원조를 대신할 새로운 자본 동원 수단을 마련하지 않으면 안 되는 상황이었다. 당시 주요 산업이었던 제분공업의 경우 가동률이 25~40%, 제당공업이 25%에 불과하는 등 면방직 공업 65%를 제외하면 매우 낮은 수준으로 사업다각화가 필요했음에도 원조가 감소하는 상황에서 재원 마련이 요원한 상황이었다.

근데 그래가지고, 얘기가 이게 가까이 가지만은 그래 미국이 혁명정부가 와서 안 된다 이거야. 여기서 쿠데타가 성공을 하면은 동남아시아 뭐 다 본떠가지고 전부다. 케네디가 얼마나 강경했는지. CIA가 2백 명이 왔어요. 박정희 꼼짝 못했지. 그러니까 할 수 없이 박정희가 미국가요. 이제 갈 때는 환영받는다고 해서 갔는데 화이트하우스 가서 그냥 세워놓고, 기합 받고 와요 그냥. 고 백(go back), 아미(army) 쿠데타 노 노(no no). 아 세상에 경제원조 다 끊어 버렸어요. 아 미국사람 독해요. 인천 앞바다에 와있는 배까지 그냥 가져가 버린 거야. 잉여농산물 이거

---

7) 이희일, 2011년 5월 11일자 1차 구술.
8) 최각규, 2009년 11월 30일자 1차 구술.

10 / 구술로 보는 한국 경제 성장의 역사

뭐 꽉 쥐고 그래 그냥 빈손으로 와요. 호텔에 와서 그 눈물 많이 흘리지요. 그리고 돌아와서 한국은행에 와서 보아하니 외화가 이천만 달러($) 뿐이 없어요. 이천만 달라 가지고 뭐해요. 돈 꿀 데가 없어. 그래 참 막막했네. 그때.[9]

둘째, 경제개발계획의 추진 세력의 특성에 기인한다. 1960년대 경제 개발을 추진하던 세력은 1950년대 원조를 중심으로 한 경제세력과는 새로운 집단이었으며, 이 과정에서 이전의 경제세력과 단절하고 새로운 정부주도의 경제구조를 형성하고자 하는 욕구가 강한 세력이었다. 이러한 사실은 경제기획원의 설립과정 및 역할에서 확인할 수 있는데 새로운 관료 중심의 경제기획원이 당시 거시 경제 정책의 중요한 의사결정기구로 성장하면서 1950년대 자본가로 하여금 비료, 시멘트, 전기, 제철 등 1950년대 주도적인 산업과 차별화 된 새로운 산업에 대한 투자로 전환하도록 하는데 중요한 역할을 수행했다.

원래 계획했던 그 경제기획원이라는 기구를 만들었어요. 어. 이때 그래서 이때 재무부의 예산국 내무부의 통계국이 전부 흡수되었고, 그래서 어, 경제기획 그 후에 경제기획원이 60년대, 70년대, 80년대까지, 경제기획원 없어질 때까지 우리나라 경제개발을 사실상 주도했어요. 그래서 주도하면서 에, 특히 매크로로, 매크로 경제에 관한 건 전부 경제기획원이 또 했고, 거기서 기획국이라는 게 매크로 예측 정책을 전부 하고 정책을 전부 수립했거든요. 음 그래서 경제기획원이 사실 우리나라 경제개발을 시작하면서부터 요래 발전시킨 그 원동력이에요. (중략) 여기서 어, 경제기획원에서 인재를 많이 배출했어요. 어, 인재를. 뭐 여러분들도 잘 아시는 인재라는 게 경제관계 관료 대부분이 여기서 나왔어요.[10]

---

9) 백영훈, 2009년 8월 26일자 1차 구술.
10) 이희일, 2011년 5월 11일자 1차 구술.

그것이 경제계획, 우리나라의 5개년계획을 가져올 수 있는 물꼬가 터진 거지. 외국의 흐름이 그랬고 그 흐름을 이렇게 받아 드릴 수 있는 물꼬를 튼 게 바로 경제기획원이요, 경제기획원에서 새로운 뉴 브레인(new brain)을 충원을 했던 것이 물꼬를 튼 거라. 마 그것이 5개년계획으로 됐고.[11]

그리고 당시 집권 세력은 초기 미국과의 관계개선이 여의치 않아 미국으로부터의 경제적 독립을 시도하게 되고 이 과정에서 1950년대 미국 원조 경제에서 자립형 자본주의에 대한 구체적인 구상이 필요하게 된 점 또한 경제개발계획의 주요 배경이 되었다. 자립 경제의 중요성은 정부로 하여금 경제개발 과정에서 소요되는 재원을 국내저축을 통해 조달하는 것을 선호하도록 했으며, 정부가 직접 투자 및 관리의 주체로서 기능하도록 하는 정부주도형 자본축적구조를 구축하도록 하는 계기가 되기도 했다. 그러나 후진국 경제구조의 특성상 대규모 자본이 요구되는 산업의 경우 국내저축과 정부주도적 자본축적 구조의 한계 등으로 자본 동원이 원활하지 못했으며, 초기의 정부의 계획은 수정될 수밖에 없는 상황에 이르렀다.

근데 제일 아팠던 것은 우리가 60프로(%)의 인구가 농 농업에 종사하면서도 우리가 식량이 부족해서 150만 톤, 200만 톤이나 되는 많은 양의 양곡을 미국이 무상원조 또는 장기상환 형식으로 우리에게 제공했는데 5·16 혁명 이후에 그걸 다 끊어버렸어요. 그래서 우리가 국토건설사업도 해야 되겠고, 뭐 장기계획, 5개년계획을 혁명정부에서도 또 이제 만들어서 추진해야 할 판인데, 일체 원조가 끊어졌어요.[12]

---

11) 최각규, 2009년 11월 30일자 1차 구술.
12) 이기홍, 2009년 12월 29일자 5차 구술.

2. 경제개발계획의 주요 내용

1) 제1차 경제개발5개년계획

정부는 경제개발계획의 목표를 '모든 사회·경제적인 악순환을 시정하고 자립경제달성을 위한 기반 구축'으로 정하고 다음과 같은 구체적인 방안을 제시했다. 민간의 자유와 창의를 존중하고 기간산업의 경우 정부가 적극적으로 참여하는 '지도받는 자본주의체제'를 구축하기로 했다. 에너지, 농업생산력, 기간산업 및 사회간접자본, 유휴자원의 활용, 수출증대를 통한 국제수지 개선, 기술의 진흥 등을 강조했으며, 국내자원을 최대한으로 동원하고 국방력 강화를 강조했다.

정부는 계획이 원활하게 전개될 경우 제1차 경제개발5개년계획이 종료되는 1966년에는 1960년 대비 국민총생산이 140.7% 성장하는 것으로 기대하는 등 각 분야별 계획의 주요 목표치를 제시했다. 산업별로는 농림·수산업의 경우 쌀, 보리, 어류 등이 각각 1960년 대비 129.0%, 117.6%, 174.2%의 생산량 증가가 기대되며, 광공업의 경우 석탄 219.4%, 시멘트 317.9%, 1960년 생산이 전무하던 비료와 정유공업은 1966년 각각 65만 톤과 930만 배럴의 생산이 기대되었다. 사회간접자본의 경우 전력, 화물운송부문에 대한 투자를 집중하여 각각 265.4%, 185.5%의 성장을 목표로 제시했다.

〈표 1〉 제1차 경제개발5개년계획의 기본 목표와 중점목표

기본목표	중점목표
자립경제의 달성을 위한 기반구축	1. 전력, 석탄 등 에너지 공급원의 확보 2. 농업생산력의 증대에 의한 농가소득의 상승과 국민경제의 구조적 불균형의 시정 3. 기간산업의 확충과 사회간접자본의 충족 4. 유휴자원의 활용, 특히 고용의 증가와 국토의 보전 및 개발 5. 수출증대를 주축으로 하는 국제수지 개선 6. 기술의 진흥

자료: 경제기획원, 「제1차 경제개발5개년계획, 1962-1966」, 1962, pp.15-16.

〈표 2〉 계획의 주요목표

구분	단위	기준년도 (A, 1960)	목표연도 (B, 1966)	B/A(%)
국민총생산		2322.7	3269.1	140.7
민간소비지출	십억 원	1995.1	2357.6	118.2
총자본형성		313.9	743.6	236.9
정부소비지출		370.6	488.5	131.8
총인구	천 명	24694	29185	118.2
노동력	천 명	10394	11868	114.2
고용	천 명	4877	10111	128.3
1인당국민총소득	천 원	94.1	112.0	119.0
농림·수산업주요생산				
쌀	1,000석	15,950	20,567	129.0
보리	1,000석	7,211	8,482	117.6
어류	1,000M/T	241.7	421.0	174.2
광공업주요생산				
석탄	1,000M/T	5,350	11,740	219.4
시멘트	1,000M/T	431	1,370	317.9
비료	1,000M/T	－	109.5	－
동괴	1,000M/T	50	70	140.0
정유	1,000BBL	－	9,300	－
발전량	100만KWH	1,699	4,509	265.4
화물수송	100만 톤	3,710	6,881	185.5
여객수송	100만 명	8,006	11,334	141.6
주택	1,000호	3,346	3,908	116.8
해외경상잉여	100만 불	-262.3	-246.6	94.0
수입	100만 불	116.9	291.2	249.1
수출	100만 불	32.9	137.5	417.9
무역회	100만 불	84.0	153.7	183.0
지불	100만 불	379.2	537.8	141.8
수입	100만 불	343.0	492.3	143.5
무역외	100만 불	36.2	45.5	125.7

자료: 경제기획원, 『제1차 경제개발5개년계획(1962-1966)』, 1962.

　　정부는 제조업 부문의 시멘트, 비료, 철강, 제철, 정유 등 수입대체공업을 강화하여 산업의 전·후방 연관효과의 극대화를 통한 자립경제를 강조했다. 그리고 저축을 가장 중요한 수단으로 활용하고 부족한 자본을 제한된 범위 내에서 외화를 도입하며, 정부보유불은 계획적으로 사용하기로 하는 등 효율적인 자원 활용을 위한 원칙을 확립했다.

교수단의 일부가 산업개발위원회라는 게 그때 있어가지고 장기계획을 만들어야 되겠다 하는 것 덕분에 그게 작동하기 시작을 했어요. 그러니까 거기에 자문을 얻고 또 미국사람들을 그, 재건계획, 리해빌리테이션 프로그램(rehabilitation program)을 이 박사가 용역비를 자기가 직접 내 가지고 그걸 맨들고 인제 했는데 그때 당시에는 내수대체산업을 만들어야 되겠다. 그때 내 자신도 그런 방향이 옳겠다, 이렇게 생각. 수출이 이렇게 쉬운 게 아니니까 수출로다가 뛰어들으면은 그거 실패하기가 딱 알맞다. 그런 생각을 가지고 있었어요.[13]

5·16 나고 난 다음에 제일 첫 초기단계에 어떻게 했는가 하면은. 그 어 그 당시만 하더라도 후진국개발이론이 어떤 이론인가 하면은 수입대체개발이론입니다. 그러니까 수출주도개발이론이라는 건 없었고. 어, 국내에 수입 국내에 가용자원을 활용해가지고, 수입하는 거를 대체하는 산업을 일으켜가지고 자립, 자립하는 그런 쪽으로 해서 뭐 넉시(Ragnar Nurkse)라든가 뭐 이런 양반들 뭐 이래가지고. 그런 쪽에 이론이 주류를 이루었죠. 그렇게 해서 그게 성공적인 경우가 인도, 그 담에 남미 나라들, 이런 나라들이 그런 쪽에 아주 모범적인 나라로서 그래서 그 나라의 모델을 따라가야 된다 해가지고 5·16이 나니까, 그 때에 그런 방식으로 우리나라도 시작을 했습니다.[14]

정부는 우리나라의 경우 1962년부터 시작된 1차 계획, 그 부분의 1차 계획 부분에는 특별히 정책의 포인트(point)를 수입대체산업 위주의 경제개발계획 이렇게는

---

13) 최창락, 2013년 7월 2일자 1차 구술.
14) 강경식, 2009년 12월 4일자 1차 구술.

안 돼 있지만은, 이 그 라벨(label)을 붙이자면은 어 그러한 기조였었다. 얘기할 뿐
이지 우리나라가 처음에는 수입대체 산업을 위주로 했다가 갑작스럽게 수출 주도
형으로 산업정책을 넘어갔다 그렇게 구분하기에는. 흐름이에요. 흐름이었어요.[15]

정부는 경제개발계획 초기 2년간 목표 달성을 위하여 적극적인 정책
을 동원했다. 정부의 선택이 당시 우리 경제의 대내외적 여건에 의해 불
가피한 측면이 없지 않았으나, 1963년 후반부터 정부가 선택한 수단에
대한 부작용이 나타나기 시작했다. 단기간에 급속한 성장을 추진하는
과정에서 우리 경제의 성장 잠재력, 사회·문화적인 영향, 장기 성장에
대한 비전 등이 충분히 고려되지 못했을 뿐 아니라 정부가 목표 달성을
위해 선택한 주요 정책이 오히려 경제성장에 걸림돌로 작용하는 등 시행
착오를 경험하기도 했다.

2) 보완계획

(1) 배경 및 내용

정부는 1964년 2월 정부의 역할 대신 민간 기업의 역할을 강조하고,
정부 주도의 제철소 및 종합기계제작소의 건설 폐기, 민간 기업의 역할
강화 등을 주요 내용으로 하는 보완계획을 발표했다. 보완계획의 배경은
정부의 내자 중심적 자본 축적을 위해 시도한 정책적 수단이 효과를 나
타내지 못한데 기인한 것으로 분석된다. 정부는 내자 중심적 자본 축적
을 위해 다음과 같은 다양한 정책을 도입했으나, 결과적으로 정부가 기
대한 효과를 나타내지 못했다.

첫째, 정부의 저축 장려정책에도 불구하고 인플레이션 등으로 인해
지속적인 효과를 기대하기 어려웠다. 정부는 1961년 예금 금리의 인

---

15) 김용환, 2010년 2월 18일자 1차 구술.

상,[16] 공무원 등을 대상으로 급여통장제 실시 등 다양한 저축증대 수단을 활용했으나, 경제개발계획 수행을 위한 통화량 증가로 인하여 소비자물가지수가 1960년대 이후 연평균 8.0%에 이르는 등 저축증가를 지속적으로 유지할 수 있는 환경이 마련되지 못했다.[17] 둘째, 정부가 재원 마련을 위해 1962년 긴급금융조치를 시행했으나, 효과를 나타내지 못했다. 정부는 1962년 「긴급통화조치법」, 「긴급금융조치법」 등을 활용하여 인플레이션을 방지하고 퇴장자금을 끌어내어 경제개발계획에 필요한 자금을 동원하고자 했으나, 많은 부작용만 발생시키고 성과를 나타내지 못했다.[18]

그때 그 저 평가절하 뭐 그렇게 한 거기 때문에, 그렇게 화폐개혁이라 그랠 정도로 뭐, 뭐. 단위가치를 높여주고, 그리고 거기에 따라서 인제 뭐 재정관계라든가 이런 것들이 좀 더 이제 적자규모로 좀 하지 말고. 저 균형 예산을 짠다든가, 또 뭐 이 돈 대출해주는 거, 조금 더 엄격히 해서 돈 많이 풀려나가지 않게 맨든다든가.[19]

통화개혁을 저 실시한 후에 뚜껑을 열어봤단 말이야. 그랬더니 과연 음성자금도 별로 없고, 화교자금도 별로 없었단 말이야. 그러니까 결국 이건 할 수 없이 그냥

---

16) 정부는 1961년 7월, 정기예금 3개월 금리를 6.0%에서 9.0%, 정기예금 6개월 금리를 8.0%에서 12.0%, 정기예금 1년 이상의 금리를 10.0%에서 15%로 인상했다.

17) 일반은행의 예금 추이를 살펴보면 1960년 3,766백만 원이던 것이 1961년에는 2,812백만 원으로 줄어들었으나, 1961년의 금리인상으로 1962년에는 6,348백만 원으로 전내대비 2배 이상 크게 증가했다. 그러나 1962년 다시 3,875백만 원으로 감소하여 1960년대 수준으로 회귀하는 등 금리인상이 저축 증가를 효과적으로 유발하지 못했다(정도영, 2008, 25쪽).

18) 정부가 기대한 거액의 잉여자금은 나타나지 않았으며, 오히려 예금인출 금지 조치로 기업 활동이 중단되는 등 부작용이 발생했다.

19) 양윤세, 2009년 11월 19일자 2차 구술.

모든 예금 동결을 해지해버리고, 다만 아 '10환' 그거를 '1원'으로 바꾸어주는, 요새 말하면 디노미네이션(denomination)이죠? 그것으로 끝났어요. 그 아주 단순한 건데, 이제 그 실무자들이 경제이론을 모르기 때문에 그런 거죠.[20]

이러한 정부의 정책 외에도 재정적자, 인플레이션 등 거시 경제 환경의 불안정 및 1962년 가뭄으로 인한 농업생산력 감소 등이 겹쳐 정부가 마련한 경제개발계획을 정상적으로 수행하기 어려운 상황에 이르렀다. 이에 정부는 기존의 경제개발계획에 대한 수정작업을 1963년 4월에 착수하여 1964년 2월 민간 기업의 역할이 확대된 안정 기조를 견지한 개발계획의 추진을 주요 내용으로 하는 '보완계획'을 발표했다.

이게 계획을 집행하면서 문제가 생겼어요. 에, 첫째는 인제 기후가 나빠서 농업, 농업, 농작물이 아주 흉작이, 흉년이 되어 갖고(되어 가지고), 농업 부문이 생산이 뚝 떨어졌단 말이에요. 그니까 아주 계획에 차질이 생겼죠. 그러고 또 그때에 '화폐개혁'도 했고 화폐개혁을 해서 인제 경제에 많은 혼란이 나고 그랬어요. 그래서 이건 안 되겠다, 그래가지고 '보완계획'을 만들었어요. 어, 62년 10월에 화폐개혁을 단행하고, 농산물이, 농작물에 흉작이 일어나는 등 경제 여건이 악화를 계획을 잘 수정계획을 작성하지 않으면 안 됐는데, 그래가지고 이제 64년에 보완계획을 작성했어요. 64년에 보완계획을 작성해서 64, 65, 66년에 3개년 계획을 다시 조정했단 말이에요? 그래 이때는 당초 성장률, 경제 성장률 당초는 7.1%로 했는데, 이것이 너무 높아서 어, 5%로 낮췄어요.[21]

당시 정부는 보완계획의 필요성에 대해 원계획에 있어서는 투자재원의

---

20) 남덕우, 2011년 3월 29일자 1차 구술.
21) 이희일, 2011년 5월 11일자 1차 구술.

대외의존을 전제하면서도 외국 차관에 대한 원리금 상황이라는 제약조건과 기존 시설의 높은 외부원료 의존도에 따른 외부원료 소요가 경제성장에 미치는 영향이 반영되지 못했으며 비교적 큰 역할을 맡은 재정활동이 경제성장에 미치는 영향에 대한 분석적인 기능을 구비하지 못한 점, 국민경제의 장기적인 성장 잠재력에 대한 검토가 진행되지 못한 점, 부문 간 또는 사업 간의 연관성에 관한 고려와 개별사업에 대한 경제적 타당성의 검증이 충분하지 못한 점 등을 제시했다(경제기획원, 1964, 3-6쪽).

그러므로 보완계획은 이러한 대내외적 경제 환경을 고려하여 경제개발 과정에서의 정부의 역할을 축소하고 대신 민간 기업의 역할을 강화하는 방향으로 정부정책의 성격이 변화한 것이 특징이었다. 보완계획의 주요 내용은 크게 성장의 목표와 산업, 총가용자원의 배분, 투자재원의 조달에 관한 조정으로 구성되었다(정도영, 2008, 28쪽).

첫째, 원계획의 연평균 7.1% 성장률을 보완계획에서는 5.0%로 하향조정하여 안정적 성장을 유도했다. 산업별로는 원계획에서는 광업업 및 전력부문의 생산을 1966년에 1962년 대비 80.7% 성장할 것으로 기대했으나, 보완계획에서는 이를 69%로 조정했으며 사회간접자본에 대한 투자를 감축했다. 그리고 계획 초기 자립경제를 위해 의욕적으로 추진되던 제철소 건설과 종합기계제작소 건설 계획 등과 같은 중화학공업과 관련된 공장의 건설은 당시 한국의 상황에서는 비현실적이라는 미국 측의 입장을 수용하여 백지화했다.

뭐 그래가지고 한 것이 뭔가 하면은 화폐개혁을 해서 내자동원 그러니까 유휴자금을 줘서 북한에서 뭐 완전히 몰수를 해버리는데, 그 비슷한 식으로 해가지고 하이튼 그거 가지고. 예를 들어 중 뭐 집에 장롱 속에 들어가 있는 돈을 뭐 끄집어내서 산업자금. 장롱 속에 돈 놓을 사람이 뭐 얼마나 있겠어요? 그건 그거는 있을 수 없는 얘기고. 어쨌든 그런 쪽의 그, 생, 생각가지고 하다보니까, 우선 뭐 사업을 공장을 이것저것 할려 그래도 돈이, 그, 그 뭐 화폐개혁 해가지고도 뭐 가용자금이 별로 나오는 것도 없고 돈이 나올 데가 어디 있어요. 그러니까 재정적자가 커지는 거예요. 재정적자가 커지는데다가 그때 이제 보면은 내가 시라큐스(Syracuse University)가서 공부할 때 그 언저린데. 그 저 흉작이 들고 그러다가 재정적자는 커지고 하니까 엄청난 인프레(inflation)가 돼가지고, 63년도, 64년도가 이게 보면 경제가 이 인프레 때문에 아무것도 안 되는 이런 상황이 된 겁니다. 그럴 때에 그 유섬(USOM)쪽에서 얘기가 "경제안정 시책으로 바꽈라." 이렇게 된 거에요. 에? "통화량 같은 거 재정적자 줄이고 그 저 물가안정을 위해 안정을 시키는 쪽으로 정책기조를 바꽈라." 이렇게 저 압력을 넣게 되는데 그게 못마땅할 거 아닙니까? 그럴 경우에 보면은 대충자금이나 이런 쪽을 원조자금을 그걸 따라오게 맨드는 수단으로써 그때 쓰, 그럴 때 쓰는 겁니다.[22]

그저 한 거니까. 우리도 종합제철소는 있어야 한다는 것이 혁명직후부터 박 대통령의 지론이었어요. 1차 저 5개년계획 때도 종합제철. 그 후 계속 그냥 5개년계획에 책정되었지요. 미국수출입은행장 만나서 교섭했는데 종합제철은 안되고 원자력 발전을 지원하겠다고 했습니다. 돌아와서 대통령에게 복명한 후 종합제철 대일청구권자금에 의한 건설 문제가 논의되기 시작했습니다. 9년만인 1969년 12월 한일 간에 종합제철에 관한 기본협약이 체결되어 비로소 움직이기 시작했지요.[23]

둘째, 총가용자원과 배분의 조정에서는 총가용자원 중 국민생산이 점하는 비중이 89.6%에서 91.0%로 증가했다. 이는 외국 원조의 감소로 가용자원을 국내에서 동원할 수밖에 없는 사정이 반영된 것으로 자원의

---

22) 강경식, 2009년 12월 4일자 1차 구술.
23) 김정렴, 2009년 11월 9일자 1차 구술.

대외의존도의 감소를 의미한다. 자원의 대외의존도는 1962년 11.8%에서 1963년 13.9%를 기록했으나, 보완계획에 의해 1964년 10.1%, 1965년 8.9%, 1966년 8.0%로 계획되었다(경제기획원, 1964, 14쪽).

그리고 자원의 배분 면에서는 총가용자원에 대한 총투자의 비중이 원계획의 21%에서 보완계획에서는 15.5%로 낮게 책정되었다. 그리고 소비 수요의 총가용자원에 대한 비율은 원계획의 78%보다 높은 84.5%로 책정되었다. 이는 가용자원을 소비재 생산에 투입하기 보다는 생산재에 투입하고자 한 정부의 의도에 한계를 나타낸 것으로 인구증가로 인한 소비의 증가가 불가피하여 소비억제에 한계가 있음을 인정한 것이다.

셋째, 새로운 투자계획의 수립했다. 당시 정부가 수립한 새로운 투자계획 기준은 민간기업이 담당할 수 있는 사업은 민간 기업에 이관하고, 사업계획과 규모를 재조정하여 이미 착수한 사업의 완성에 우선적으로 배분하기로 했다. 그리고 재정투융자자금은 농업생산성을 높이는 생산 부문과 전력, 석탄 등 에너지 자원의 개발 및 기 착수사업을 지원하기 위한 철도 등 사회간접자본의 확충에 투입하며, 수출 증대와 특히 수입 대체효과가 큰 사업에 대해 중점적으로 투자하기로 했다.[24]

넷째, 투자재원의 조달과 관련하여 총투자비율이 원 계획보다 21% 낮은 15.5%로 책정되었다. 그리고 총투자규모를 1,658억 원으로 축소하고 국내저축을 9.2%에서 7.2%로 하향 조정했다. 이는 정부가 소비의 감소를 통한 저축 증가를 계획하여 1962년 소비가 국민총생산에서 차지하는 비율이 96.3%로 제한하고자 했으나 실제로는 98.0%에 달하여 저축을 통한 소요투자액의 조달에 커다란 어려움이 있었음을 반영한 것이었다.

---

24) 이외에도 중소기업을 비롯한 기존시설을 활용하고 국산원료를 최대한으로 사용하는 수출 공업을 진흥하며, 과학기술의 진흥과 제2차 경제개발5개년계획을 위한 사업계획과 기술조사를 추진하고 인구증가와 압력을 완화하기 위하여 가족계획사업을 추진하는 것 등도 포함되었다.

한편, 국내저축의 부진을 만회하기 위하여 해외저축은 원 계획이 11.6%인데 비해 보완계획에서는 9.9% 수준으로 소폭 조정했다. 이는 안정추구형 정책으로 투자의욕 감소에 따른 것으로 상대적으로 해외저축은 증가한 것으로 보아야 할 것이다. 즉, 국내저축은 원 계획에 비해 21%의 감소율을 보인 반면 해외저축은 원 계획에 비해 14% 감소한 것으로 전체적인 투자 감소에도 불구하고 국내저축을 해외저축으로 대체하고자 하는 것이었음을 알 수 있다. 그리고 경제개발계획 초기부터 발생한 인플레이션의 압력으로 투자 재원의 조달에서 정부부문이 54.2%에서 50.2%로 하향조정했다.

정부 내에서도 매크로 어프로치(macro approach)라는 재정금융한데서는 우습게 보는 거지. 그거는 민간에서 하는 거다 말이야. 경제를 제대로 관리하는 하는 것은 매크로, 매크로 경제를 어떻게 가져가야 되는 거냐. 이게 경제정책이지, 뭐 그러냐 내부에는 그런 게 있었다구요.[25]

구체적인 정책수단으로 정부는 국제수지의 위험상태를 극복하기 위하여 수출보조금정책, 수출 링크제, 구상무역제의 실시, 수출 금리 인하 등 수출 지원정책을 강화했다. 그리고 식량수입의 증대, 외자도입의 적극화 등 자본협력의 확충을 도모했으며, 금융출자는 통화가치의 안정을 위하여 억제되고 재정안정계획이 부활되어 안정기조견지를 위한 모든 정책이 집중되었다. 또한 물가억제를 위해 중요 물가의 가격 통제를 실시했다(전경련, 1986, 56쪽).

---

25) 최각규, 2009년 11월 30일자 1차 구술.

<표 3> 제1차 계획기간의 목표 성장률과 실적 비교(1960년 불변가격)　　(단위: %)

	1962	1963	1964	1965	1966	평균
원계획	5.7	6.4	7.3	7.8	8.3	7.1
보완계획	–	–	5.0	5.0	5.0	5.0
실적	4.1	9.3	8.9	8.1	11.9	8.5

자료: 국무총리 기획조정실, 「제1차 경제개발 5개년계획 평가보고서」, 1967, 27쪽, 43쪽.

<표 4> 보완계획의 주요내용(경제성장과 산업구조)　　(단위: %)

	성장률								산업구조					
	GNP		1차		2차		3차		1차		2차		3차	
	원	보완	원	보완	원	보완	원	보완	원	보완	원	보완	원	보완
1964	7.3	5.0	5.5	3.9	17.0	11.1	3.6	2.9	36.2	24.1	24.1	23.0	39.7	44.5
1965	7.8	5.0	5.7	3.7	16.0	11.1	4.7	2.8	35.5	25.9	25.9	24.3	38.6	43.6
1966	8.3	5.0	6.2	3.8	16.8	11.3	4.6	2.4	34.8	28.0	28.0	25.8	37.2	42.5
연평균	7.8	5.0	5.8	3.8	16.8	11.1	4.3	2.7	34.5	26.0	26.0	24.5	38.3	43.5

자료: 국무총리 기획조정실, 「제1차 경제개발 5개년계획 평가보고서」, 1967.

경제개발계획 수립 및 운영과정에서 보완계획의 수립이 가지는 의의는 크게 두 가지로 구분할 수 있다. 하나는 보완계획이 자본 동원의 방식이 변화한 것이며, 다른 하나는 수출주도형 정책을 보다 적극적으로 활용하기로 한 것을 들 수 있다. 이하에서는 이러한 변화에 대해 살펴보기로 한다.

(2) 자본 동원의 성격 변화

보완계획의 수립은 경제개발계획 추진과정에서 자본 동원 방식을 변화한 것으로 평가할 수 있다. 즉, 보완계획 수립을 통해 이전의 정부 주도의 내자 중심에서 외자의 비중을 확대하기로 한 것으로 특히 민간

차관[26]의 비중을 확대한 것으로 평가할 수 있다(김대환, 1991; 김호기, 1985).

> 그러니까 시초에는 원조밖엔 안 되는 거예요. 이승만 박사가 뭐 경제관계엔 어두웠다 뭐 다 이런 소리 하지만, 그때 우리 사정에 돈을 빌려다가 뭘 할 만 한 이런 상태가 아니야. 원조만 받은 거예요. 처음에는. 그러다 이게 조금 더 발전되게 되면 공공차관이 들어오는 겁니다. 그건 정부에서 상대방 정부에서 배려를 해서. 이게 정부차관이 가는 거고, 이게 좀 더 발달해서 자활능력이 이 경제에 생겼다 할 적에.[27]

투자율과 저축률을 나타내고 있는 〈표 5〉와 같이 정부는 보완계획을 통해 안정화 정책으로 전환하기로 함에 따라 국내총투자율을 조정했으며, 원계획에서는 국내저축을 통한 투자 비중을 확대했으나 보완계획에서는 해외저축의 비중을 확대했다. 그리고 해외저축은 대부분 차관의 성격이 지닌 것이었으며, 정부는 차관 도입의 효율성을 제고하기 위하여 다양한 제도적 장치를 마련했다. 차관 도입의 증가는 상대적으로 직접투자에 대한 비중을 감소시켰는데 당시 우리나라의 경우 낮은 국가신인도로 인하여 직접투자에 대한 여건이 마련되지 못했을 뿐 아니라 직접투자에 대한 여론이 좋지 못한 것이 주요 요인으로 작용했다.

> 외자도입은 그니까 직접투자, 요즘도 이제 자꾸 직접투자, 직접투자 하잖아요? 그 우리 한국 사람들 이라는 게 원래 배타적이거든요? 그러면서 배타적이고 좀 쇄국

---

26) '차관계약'이라 함은 대한민국 국민이 외국인으로부터 대외지불수단을 차용하는 계약으로 그 조건이 대통령령으로 정하는 금액 이상이고 그 상환기간이 3년을 초과하는 것을 말한다(외자도입법 제2조 제7항).

27) 양윤세, 2009년 10월 29일자 1차 구술.

적인 그런 경향이 아주 많았죠. 그 안에서 인제 외국 사람이 와서 투자를 하도록 맨들어 놓으면은 일례를 들어서 50%, 50%의 주를 가지고 같이 합작투자를 시키잖아요? 그러면은 1년 후에 이제 이익이 나면은 가져갈 수 있게 돼 있거든요? 그러면은 신문에서 이제 통계를 뽑아와 가지고 이제 송금액을 보고 외국투자자들이 한국에 와서 이만큼 송금해 갔다. 그게 그냥 보도로 쓴 게 아니라 그걸 읽으면 아주 배가 아파 죽겠다는 식으로 써 있는 거에요. 가져간 만큼 여기에도 이익을 본 거에요. 우리가 다 했으면 다 먹을 텐데 저기 가져갔다 이거에요. 그런 풍토를 가지고 외국인들을 유치시켜서 할라니깐 여러 가지 힘이 많이 들죠.[28]

차관도입을 위해 보증이 필요했으나, 당시 우리나라의 국가신인도 등을 감안하면 해외은행으로부터 보증을 받을 수 있는 여건이 마련되어 있지 않았다. 차관도입을 위해서는 무엇보다도 보증에 대한 문제가 걸림돌로 작용했다.

상업차관 3천만 달라($)를 줄때야 이게. 주기로 결제했다 이거야. 개런티(guarantee)를 빨리 받아와라 은행에 가서. 지급보증을 받아와야지. 어디 은행에 가도 좋다 이거야. 외국은행에 가서. 그래가지고 긴급 전문을 쳐요. 지급보증 해달라고. 홍콩에 가서 외국은행에 가서 개런티 해달라고, "노(no). 안 돼." 런던까지 갔어도 안돼요. 세계 어느 은행도 상업차관 3천만 달러($) 한다 그러는데. 지급보증 해 줄 은행이 없어요. 국제공신력이 없어요. 참 고생 많이 했네요.[29]

이러한 이유로 제1차 경제개발계획의 효율적 수행을 위하여 정부는 1961년 '외자도입촉진법'을 개정하여 외자도입촉진위원회를 구성했으며,

28) 양윤세, 2009년 10월 29일자 1차 구술.
29) 백영훈, 2009년 8월 26일자 1차 구술.

외국자본의 확대를 위해 '차관에 대한 지불보증에 관한 법률', '장기결제 방식에 의한 자본재도입에 관한 특별 조치법' 등을 제정하고 적극적으로 외자를 유치했다. 그러나 '외자도입촉진법' 제정 당시 우리나라는 차관보다는 외국자본의 직접투자를 유도하기 위한 장치를 마련하고자 했으나, 당시 상황에 비추어 직접투자를 기대하기는 어려운 상황이었다.

그 당시에 외자도입법은 천구백, 그 어 주요한 시대 장면 시대에 맨들었습니다만은, 시행한 거는 우리 경제기획원에서 했는데, 그때 외자도입 한 거는 아주 참 나이브(naive)한 거죠. 뭐고 하니까 외국에 돈이 들어와 우리가 공장 짓는다고 하니까 요새 말하면 디렉트 론(direct lone)입니다. 디렉트 인베스트먼트(direct investment)죠. 직접투자를 머리에 둔 것이 외자도입법입니다. 그런데 직접 도입, 외자를 도입해 와서 공장 짓고 한 것이 말하자면은 다른 선진국에서 하고 있는 머릿속에 넣은 거죠. 후진국 우리 상황에 대해서는 어쩐다 하는 것에 대해서는 전혀 그런 감이 없을 때입니다. 그런데 떡 뚜껑 열어보니까 말이죠, 디렉트 론할 사람이 하나도 있어야지요. 누가 하는 겁니까. 한국은 폐허의 땅인데 말이죠.[30]

1차 계획 중반 1963, 4년 정도. 그때부터 이미 우리가 우리 힘만으로, 내자만으로 축적된 자본이 없는, 우리나라 경제 여건 속에서 내자만으로 경제 건설한다는 건 불가능하다. 그러니까 외자를 적극적으로 들여와야 된다. 그런 분위기가 잡혔지요. (중략) 그리고 외자를 허용을 하되, 아주 국가적 차원에서 꼭 우리 외자, 외국, 외국 자본에 개방을 할 수 없는 기간산업, 이것은 우리가 지배권을 가지고, 또 외자 기업이 들어오더라도 아 51% 이상은, 최소한도 51%. 그러니까 소위 주주권 행사에 있어서의 주체적인 판단, 자주성이라고 그럴까? 기업의 자주성이라고 그럴

---

30) 황병태, 2009년 9월 3일자 1차 구술.

까 이것을 지키기 위한 그 한계는 꼭 지킨다. 하는 생각을 가졌어요.[31]

　　그러므로 보완계획 수립 이후 차관의 확대를 지원하기 위하여 1966년 기존의 '외자도입촉진법', '차관에 대한 지불보증에 대한 법률' 등 외자도입 관련 법규를 정비하여 '외자도입법'을 제정했다. 이는 외자도입의 중요성을 인식하고 외자도입 관련 법률을 일원화한 것으로 직접투자보다는 차관의 도입에 초점을 맞춘 입법이라고 할 수 있다. 이를 통해 정부는 해외자본에 대한 개방의 폭을 확대하고 국내기업에 대해서는 정부의 감독을 강화했다.

　　정부지불보증법(政府支佛保證法)이라는 게 하나 있어요. 초기에는 정부가 아주 정직하게 할라고 그랬지. 그래 상업차관을 받아오자면 상대방에서 리페이먼트 개런티(repayment guarantee, 지불 보증)를 해라. 리페이먼트 개런티라는 게 뭐야? 보증을 해주는 거 아니야? 그런데 은행이 보증할 방법이 없는 거야 우리 저 제도상으로. 그래서 정부지불보증법이라는 걸 만들었는데, 이 정부지불보증법에 보면 어떻게 돼 있느냐 하면 지불보증하자면 국회 동의를 받도록 돼 있거든.[32]

〈표 5〉 투자율 및 저축률　　　　　　　　　　　　　　　　　　　　　(단위: %)

	국내총투자율		국내총저축률의 기여		해외자원의 투자기여	
	원계획	보완계획	원계획	보완계획	원계획	보완계획
1964	24.1	17.0	11.3 (46.8)	6.0 (35.3)	12.8 (53.2)	11.0 (64.8)
1965	22.3	15.9	9.5 (42.6)	6.3 (39.6)	13.8 (57.4)	9.6 (60.4)

---

31) 김용환, 2010년 2월 18일자 1차 구술.
32) 김흥기, 2009년 11월 18일자 1차 구술.

	국내총투자율		국내총저축률의 기여		해외자원의 투자기여	
	원계획	보완계획	원계획	보완계획	원계획	보완계획
1966	22.7	16.9	12.9 (56.8)	8.2 (48.5)	9.8 (43.2)	8.7 (51.5)
평균	22.6	17.0	9.2	7.2	13.4	9.9

주: ( )안은 총투자율에 대한 비율
자료: 기획조정실(1967, 28)

정부는 외자도입 촉진을 위한 제도적 정비를 마련함과 외자도입을 위한 다음과 같은 조치를 시행했다. 첫째, 서독, 이탈리아 등 민간사절단 파견 등을 통해 차관선의 다양화를 시도했다. 1960년대 초반 우리나라는 대부분 미국을 통한 차관 도입의 비중이 높았으나, 경제개발계획 수행과정에서 서독, 이탈리아, 프랑스 등 미국 이외의 국가들의 비중이 확대되었다.

> 그래 가지고 '미국 가서 이병철 당장 외자유치 해 와!', '개성양회 당장 구라파 가.' 미국 간 조사단은요, 투자도 못 받고, 괄시 받고 그냥 와요. 예? 괄시 받고. 독일에 간 이정림이 예? 참 우리 합동으로. 관민합동으로 가야지.[33]

정부는 1961년 서독 정부와 '대한민국정부와 독일연방공화국정부간의 기술원조협정에 관한 의정서', 이탈리아 정부와 '한국 이태리경제협력양해각서'를 체결하고 서독정부와는 42만 2천 달러의 기술원조자금을 공여하며 서독 기업의 전력 설비를 차관 1,500만 달러의 민간차관 형태로 도입하고 서독정부로부터 총 5억 5,400만 달러를 차관형태로 제공받기로 했다. 당시 독일은 미국의 마샬 원조를 받고 있는 상황이라 미국의

---

33) 백영훈, 2009년 8월 26일자 1차 구술.

영향력이 작용했으며, 보증 문제 등으로 많은 어려움이 있었으나 광부와 간호사 파견으로 보증문제를 해결하면서 차관도입이 가능해졌다.

그래서 슈미트(Rebentisch Schmidt)가 '오늘 잘해' 방법 있대. '너희 나라 실업자들 많지?' 그 다음날에 슈미트가, 서류가지고 대사관에 오거든요, 대사관 앞에서, 지 대사 앞에서 뭐라 그러는지 아세요? 석탄 광부 한 5천 명 독일로 불러주면 돼. 제안을 해요. 왜 그러냐 그랬더니 독일에 1000m를 내려가야 하는데, 광부 없어 죽을 지경이래. 이 저 노동자들 데리고 가서 외국근로자들 데려다 놨어요. 이놈들이 다 도망 가버렸어요. 지열이 40도요. 지열이 40도. 못 내려가요. 그래갖고 광부 5천 명 독일에 보낼 수 있냐고, 대사가요 막 '문제없다'고. 카인 프로블램(Kein Problem, 문제없다).[34]

미국을 설득시킬라고, 이제 아부헐라고 그러죠. 혁명정부에서 할 수 없이 '야 우리 서독에 가보자', '동독하고 갈라진 분단국가 가서 사정해보자.' 이 마지막 카드입니다. 그게. 일본 국교가 없죠. 미국서 원조 끊어버렸죠. 이 막, 스트라이크 나오고 뭐 학생들이 실업자가 나오고 못하고, 마지막 카드로서 신응균, 영어 잘하는 쓰리스타(three star) 장군 독일로 파견해요. '저 이 독일에 가서 한번 돈 끌어와 보라고.'[35]

"사모님 도와주세요. 우리 국가가 날 파견했습니다. 전 국민이 필요로 하고 있습니다. 장관 좀 만나게 해 주세요. 돈 꾸러왔습니다. 비테 쉔(Bitte Schoen!, 제발) 위아 브라우헨 다스 겔트, 크레디트, 헬펜 지 운스 비테! (Wir brauchen das Geld, Kredit, helfen Sie uns bitte!, 우리는 차관이 필요합니다. 우리를 좀 도와주세요.)"[36]

---

34) 백영훈, 2009년 8월 26일자 1차 구술.
35) 백영훈, 2009년 8월 26일자 1차 구술.
36) 백영훈, 2009년 8월 26일자 1차 구술.

그리고 이탈리아와는 이탈리아 정부가 우리의 경제개발계획에 적극 참여를 유도하고 경제개발에 필요한 재원을 제공하기로 했다(무역연감, 1963). 그리고 1965년에는 한일국교정상화로 일본으로부터 무상자금 3억 달러와 공공차관 2억 달러 등 총 5억 달러에 상당하는 일본의 생산물 및 용역을 10년간에 걸쳐서 청구권 자금으로 공여받기도 했다. 특히 일본의 경우 기존의 공공차관에서 민간차관의 비중을 확대하는데 큰 역할을 한 것으로 평가되고 있다.

불란서(프랑스, France) 가 가지고, 가 이제 불란서에서 그 때만 하더래도 이제 한국에 대한 보험 한도를 5,000만 불($)로 늘렸다 하는 게 신문에 이만큼씩 나요. 그러니 그 5,000만 불을 지금 같으면 신문에 나지도 않을 거고 한데. 뭐 그담에 이제 이탈리아 갔었고. 이탈리아는 뭐 그 후에도 몇 개 제약회사니, 뭐 그 왜 왜 유명했던 이불(伊佛) 어선차관이라고 해서 어선 도입하고 하는 그런 관계도 우리가 고 때 생긴 건 아니지만은 뭐 그런 관계도 있고 그래서 그렇게 아마 하고 돌아오다가 일본 들렀고.[37]

민간차관에 한해서는 한일관계가 제일 아마 큰 역할을 했죠. 미국에는 공공차관까지가 큰 역할이고. 그 다음에는 이제 민간차관으로 넘어가게 될 적에는 이제 이 일본이 많은 역할을 했어요. 독일은 계속, 계속 미국하고 같이 그래도 작지만 한국에 이 저 공공차관 줬고 그러다가 내 또 그 다음엔 독일을 중심으로 해서 이제 불란서도 내중에 들어가고, 이래서 민간차관을 한국에 줬죠.[38]

---

37) 양윤세, 2009년 10월 29일자 1차 구술.
38) 양윤세, 2009년 10월 29일자 1차 구술.

<표 6> 국가별 외자도입 상황 (단위: 백만 달러)

	1962	1963	1964	1965
미국	33.3	63.9	38.1	98.7
일본	–	–	0.4	71.1*
서독	10.0	16.0	20.5	4.8
이탈리아·프랑스	–	2.5	40.2	–
기타	14.5	2.8	1.6	0.1

주: 일본의 경우 한일국교정상화에 따른 결과임
자료: 무역연감

둘째, 외자도입을 확대하기 위하여 원리금 상환을 정부가 보증하는 등 적극적인 수단을 마련했다. 이러한 배경에는 정부가 '차관에 대한 지불보증에 관한 법률'[39]을 통해 차관의 원리금 상환을 정부가 보증하기로 한 것을 들 수 있으며, 한일 국교 정상화 이후에는 민간차관에 대한 시중은행의 지급보증을 대폭 허용했다. 이 결과 1960년대 도입된 민간 차관의 경우 95%가 정부 및 시중은행의 보증을 통해 도입되게 되었다. 정부는 민간차관의 증대에 따른 상환 문제를 인식하고 1960년대 후반 민간차관의 도입을 규제하기도 했으나 증가하는 민간차관 도입에 대한 효과적인 수단을 마련하지는 못했다.

아 물론 저 공공차관은 뭐 거의가 다 미국이죠. 공공차관은 그 미국하고 그 담에 독일, 독일하고. 그담에 인제 저 처음부터 내가 교섭했던 건데 캐나다에서 써 가지고 오기 시작한 게 캐나다 공공차관 가지고 시작을 했어요. 그 다음에 인제 일본

───────────

[39] 당시 '차관에 대한 지불보증에 관한 법률'은 경제의 자립과 그 건전한 발전 및 국제수지의 개선에 기여하는 사업에 소요되는 외국자본을 효과적으로 유치하기 위하여 그 차관의 원리금상환에 대한 정부의 지불보증에 관하여 규정함을 목적으로 제정되었다(제1조).

하고 국교가 정상화 돼가지고 한일합병해서, 뭐, 뭐 1억 불($), 3억 불, 뭐 얘기한 거 있잖아요? 거기에 의해서 들어온 거였고 공공차관에는 그거에요.[40]

정부보증에 의한 차관 도입의 경우 당시 국내 경제의 불확실성 및 대외신인도 등을 감안한 불가피한 조치라고 할 수 있으나 이는 정부와 기업 간의 관계를 규정하는 중요한 요인이 된 것으로 평가된다. 즉, 차관기업의 부실은 정부의 부담으로 작용할 수 있는 상황에서 정부가 기업에 대한 규제를 강화하는 등 정부의 시장 개입에 대한 압력이 강화되기도 했으나, 기업의 수익 증가를 위해 기업의 요구를 정부가 적극적으로 수용하는 방향으로 전환하는 요인이 되기도 했다. 그러므로 경제개발 과정에서 차관의 도입은 기업의 시장에서 주도적인 역할을 통해 수익을 확대할 수 있도록 정부가 이를 적극적으로 지원함으로써 정부의 시장개입에 따른 부작용을 차단하는 효과를 나타낸 것으로 평가된다.

뭐 그 제일 먼저 물론 미국 같은 그 미국에서 약간 옆에서 어드바이스(advice) 하고 그랬지만은, (경제개발계획 성공의) 제일 결정적인 요인은 그래도 매크로 경제에요. 제대로 운영을 했다 이겁니다. 매크로, 매크로 경제를. 그 다음에 두 번째, 그것은 그 다음에 실물경제. 실물경제 측면에서는 역시 차관, 외국 차관. 그러면서 또 하나 거기에 발맞춰서 민간이 어떤 면에서는 잘못 너무 과감한 의욕만 앞서 가지고 들어왔다가 부실화 되고 하는 지나치게 과감한 면도 있었지만은 그런 그 부작용을 냄기면서도 민간이 그 실물경제 쪽에서 그런 민간의 강한 기업 의욕. 그것이 외국차관으로 뒷받침이 됐다.[41]

---

40) 양윤세, 2009년 10월 29일자 1차 구술.
41) 최각규, 2009년 11월 30일자 1차 구술.

〈표 7〉 외자도입 총괄표   (단위: 백만 달러, %)

	1962	1963	1964	1965	1966	합계
공공차관	73.0	9.5	37.9	76.5	153.3	350.2
민간차관(A)	1.8	54.0	61.9	78.1	137.4	333.2
정부보증(B)	–	54.0	60.1	74.0	84.3	272.4
시중보증	–	–	–	–	51.0	51.0
지보불요	1.8	–	1.8	4.5	2.1	9.8
직접투자	3.6	5.5	0.7	22.6	13.5	42.9
합 계	75.4	68.9	100.6	177.2	304.2	726.3
B/A(%)	–	100	97.1	94.7	61.4	81.7

주: 1958~1961년간 협정체결액은 1962년에 포함,

주: 시중은행의 보증분은 일본에서 유입되는 자금에 적용

자료: 무역연감

(3) 수출주도형 전략

보완계획의 수립은 민간 차관의 확대와 더불어 우리나라 기존의 수입 대체화 고업에서 수출주도형 공업으로의 전환을 의미하는 것이었다(박태균, 2000). 정부는 경제개발 초기 의욕적인 청사진을 제시했으나 당시 미국의 지지를 받지는 못했다. 특히 미국은 한국이 제시한 경제개발계획이 자유시장과 민간주도의 경제에 반하는 요인을 포함하고 있는 점을 지적했다. 이러한 미국의 입장은 경제개발계획 초기 통화개혁 등 정부차원의 자본 동원 정책이 효과를 거두지 못하게 되자 보완계획 수립에 즈음하여 경제개발계획 초기에 소외되었던 경제전문가가 등용되었다.[42] 이들은 주로 미국 유학파로 미국의 입장에서 우호적이었으며, 시장 경제 원리를 강조하던 인사들로 보완계획 이후 주도적으로 경제개발계획을 추진하게 되었다.

---

42) 대표적인 사례가 박정회와 함께 국가주도적 경제계획을 입안한 최고회의 상공분과위원장 유원식과 김용태 등을 통화개혁 실패를 이유로 퇴진시키고 경제개발 수립 당시 민간주도적인 역할을 수행한 김유택 등을 등용했다.

이들에 의해 채택된 정책은 막대한 자본이 소요되는 수입대체공업의 육성보다는 노동집약적인 공업에서의 수출 증대, 안정화 프로그램, 환율의 평가절하, 시장개방, 금리개혁 등 미국이 저개발국을 상대로 제시하는 일반적인 정책과 대체로 동일한 것이었다. 이러한 정책의 의의는 계획의 실행과정에서 정부의 역할을 감소시키고 시장의 기능을 강화한 것으로 평가된다. 그러므로 보완계획 이후 정부는 기존의 제철 등 금속공업과 조선 등 기계공업, 기초화학공업 등에 중점을 둔 산업정책을 소비재 및 수출 중심의 가공공업 중심으로 재편하게 되었다(이병천, 1999).

그때까지만 하더라도 환율도 공정환율이에요. 이중구조로 되어있었단 말이지. 금리도 어 그 다양화 하죠. 재정자금 같은 것은 금리가 얕고, 높고 또 그리고 어 국민경제에 언더그라운드 이코너미(underground economy) 있는 지하경제가 있어 가지고는 사채시장의 금리는 장히 높고. 공정금리 뭐 그렇고. 공정금리도 그 비교적 굉장히 얕고 그러나 경제 변수가 시장 실세로 접근을 안 시키면은 시장기능이 제 구실을 못한다 이거야. 그것이 첫째로 경제정책을 추진과정에 걸림돌이었고. 둘째 번으로는 외자도입을 적극화하기 위해서는 환율을 현실화 하지 않으면 안 된다 하는 명제가 하나 있었고. 또 내자 동원을 해서 언더그라운드의 이코노미를 어 온더서피스(on the surface)로 끌어내려면은, 금리를 현실화하지 않으면 안 된다 하고 있다. 궁극적으로는 우리 체질에 기본적인 취약, 취약한 부분이 이런 공금리 공정환율의 온상에서 봄이 되면은 인제 끌어내서 보증을 해야 될 거 아니에요.[43]

한편 정부는 소비재 및 수출 중심의 가공공업을 육성하기 위하여 다양한 제도적 장치를 마련하여 지원했다. 우선, 수출 중심의 가공무역을

---

43) 김용환, 2010년 2월 18일자 1차 구술.

지원하기 위하여 1964년과 1965년에 환율 개혁을 단행했다. 1964년 5월 공정환율을 1달러에 130원에서 255원으로 인상하는 등 원화를 평가 절하했다. 그리고 실질환율을 보장하기 위하여 긴축적인 재정·금융정책을 실시하여 1965년 3월부터 단일변동환율제도를 도입했다. 이러한 환율제도의 변동으로 기존의 수출촉진정책이었던 특정 품목에 대한 직접적인 보조금의 혜택 및 수출입 링크제는 사라졌으며, 정부의 영향력은 수입 규제를 통한 무역수지의 균형정책 외에는 효과적은 수단을 마련할 수 없는 상황이 되었다. 상대적으로 정부의 영향력 보다는 시장의 기능이 강화될 수밖에 없는 환경이 조성된 것으로 기업의 역량을 확대해야 할 필요성이 강조되었다.

현실화정책을 해서 그 금리도 현실화 하고 환율도 현실화 시키면서 그때부터 내걸은 것이, 수출주도로 인제 이걸 바꾸는 겁니다. 주도 정책점을 바꾸는데 이것이 굉장히 박정희 대통령 정책 중에서 제일 잘한 정책이 그 정책입니다. 그래서 박정희 대통령의 경제 하는데 그게 아니고, 박정희 대통령의 정책 중에서 수출주도 형태로 바꾼 거 대외 개방 형태로 바꾼 것이 그땐 교과서도 없는 거예요.[44]

3. 경제개발계획의 성과

경제개발계획은 우리 경제를 고도성장으로 견인한 주요한 원인으로 평가되고 있으며, 정부의 효과적인 정책이 국민들로 하여금 지속적인 국민의 개발의지를 고취시켰으며, 전략적으로 수출주도형 공업화를 통해 우리 산업의 대외 경쟁력 제고를 유도한 것으로 평가된다. 그리고 경제

---

44) 강경식, 2009년 12월 4일자 1차 구술.

개발계획 자체가 가지는 문제점인 정부 개입에 따른 부작용을 최소화하고 오히려 시장 경제 체제를 강화하는 방향으로 정부 정책이 효과적으로 작용한 점 등은 긍정적인 요인으로 분석되고 있다.

그러나 경제개발계획은 재원조달·상품시장·기술·원자재 등 여러 방면에서 대외의존적 성장정책에 따른 부작용을 노출하기로 했으며, 급속한 공업화에 따른 공업구조의 부문 간·업종 간 연관성이 약해지는 결과를 초래하기도 했다(전경련, 1986).

경제개발계획의 성격의 경우, 계획의 성패는 정부가 자본을 효율적 수단을 통해 축적하고 축적된 자본이 효과적으로 산업자본으로 전환하는 제도를 장치를 마련하는 것에 달려 있다고 할 수 있다. 정부의 역량 뿐 아니라 기업 등 산업자본을 운영하는 주체의 역량 또한 중용한 요인이 아닐 수 없다. 주지하는 바와 같이 우리나라는 경제개발 초기 정부주도의 내자 동원 체제를 통해 자본을 축적하고자 했으나, 이에 따른 부작용을 시정하는 과정에서 민간 기업의 역할이 강조되었다.

> 외자도입 촉진위원회에서 하는 거는 두 가지가 있는데 이 저 민간차관하고 그 민간으로 이제 하는 거, 그러니깐 직접투자라든가 뭐 이런 거 하고 하면은 이 저… 외자도입 촉진위원회에서 승인을 받아야 했죠. 그 다음에 인제 민간도 이러이러한 사람 뭐 포함한 위원회에서 승인을 그러니까 공동 같이 이제 책임지자 이런 얘기지.[45]

그러므로 경제개발 과정에서 정부와 기업의 역할 분담이 강조되었으며, 이러한 정부와 기업의 역할분담은 일정기간 동안 우리나라 경제의 고도성장을 견인하는 역할을 수행한 것으로 평가된다. 그동안 우리나라

---

45) 양윤세, 2009년 10월 29일자 1차 구술.

의 경제개발계획은 정부주도적 경제정책이 강조되어 기업의 역할이 상대
적으로 부각되지 않았으나, 경제개발계획의 수립 및 운영과정에서 시장
경제 체제에 대한 기업의 요구를 정부가 수정·보완하는 과정에서 우리
경제의 근간인 수출지향적인 성격이 관철된 것은 중요한 의의를 지닌다
고 할 수 있다.

제2장

외자도입과 경제개발의 기반 조성

정 진 아

〈개요〉

경제개발을 위한 노력은 1950년대 후반부터 시작되어 1960년대 본격화되었다. 경제개발을 위해서는 체제 정비가 이루어져야만 했다. 이에 외자도입을 위한 조직적인 정비가 먼저 이루어졌다. 1948년 기획처, 1955년 부흥부가 설립되었지만, 경제개발계획을 강력히 추진해나가기에는 역부족이었다. 이에 1961년 경제개발의 지휘본부로서 경제기획원이 출범했고, 경제협력국과 투자진흥국은 외자를 유치하는 외자도입 창구로서 중요한 역할을 담당했다.

다음으로는 법제적인 정비가 뒤따랐다. 1966년 도입된 외자도입법은 외국인 투자가 간편하고 순조롭게 이루어질 수 있도록 분산된 법령들을 통폐합하고 재정비한 것이었다. 외자도입법에 의해 외국인들은 직접 투자할 경우 각종 세금에 대한 면세조치를 받았고, 토지취득 및 공장부지 확보에 우선권을 부여받았다. 외국인 투자기업에는 노동조합 설립과 노동쟁의 활동도 규제되었다. 외국인들이 최대한 이윤을 창출할 수 있는 구조가 만들어진 것이다.

그럼에도 불구하고 한국은 자원과 자본이 없는 국가로서 국제적인 신인도가 낮은 상태였기 때문에 외자유치가 쉽지 않았다. 미국이 세계은행을 통해 1966년 설립한 IECOK(대한국제경제협의체)는 한국 투자국들이 금리, 투자조건 등을 일원화하도록 하고, 개발계획에 맞는 투융자를 알선

하는 한편, 한국의 개발계획에도 간여했다. IECOK를 통해 들어온 자금은 경제개발5개년계획에 집중 투입되었고, 경제개발자금 도입의 중추적인 역할을 담당했다.

외자도입을 위한 체제정비와 더불어 외자도입선을 다변화하려는 노력도 함께 전개되었다. 외자도입이 원활해질 때까지 경제개발의 자금원 역할을 했던 것은 서독과 베트남으로의 인력수출이었다. 당시 서독은 광부 및 간호사 파견을 필요로 하고 있었고, 미국과 베트남은 병력과 노동자 송출을 요구하고 있었다. 파독 노동자들과 베트남 병사들, 노동자들이 벌어들인 외환은 일본으로부터의 청구권·경제협력 자금이 들어오기 전 한국정부의 주요 외화공급원이 되었다.

1960년대 후반부터는 차관 도입이 활성화되었다. 정부는 외국투자자들을 설득하기 위해 공공차관의 경우에는 정부가 직접, 민간 상업차관의 경우에는 시중은행이 보증하도록 함으로써 차관이 적극적으로 유입될 수 있도록 조치했다. 이러한 절차를 거쳐 1960년대 후반부터 본격적으로 도입된 차관으로 울산공업단지 내 정유공장, 비료공장, 자동차공장, 조선소를 비롯해서 포항제철 등 한국을 대표하는 공장과 기반 시설들이 속속 건설되기 시작했다.

정부는 차관 도입뿐만 아니라 외국인들의 직접 투자를 적극적으로 유치해서 경제개발에 박차를 가하고자 했다. 합작투자가 가장 활발하게 이루어진 곳은 전자산업이었다. 처음에는 조립가공으로부터 시작했지만, 이를 통해 한국은 일본으로부터 흑백TV 생산기술 등 전자산업 발전에 필요한 기술들을 습득해나갔다. 1970년대 초반 직접투자와 합작투자의 유치는 기술전수 효과를 통해 한국의 전자산업의 발전에 크게 기여했다.

본고에서는 관료들과 기업인들의 구술을 통해 외자도입을 위한 체제가 정비되는 과정과 외자도입선의 다변화를 통해 경제개발의 기반이 조성되는 과정을 소상하게 파악할 수 있었다. 특히 IECOK의 발족과 역할에 대한 내용은 학계에서도 거의 연구되지 않았던 내용으로서 향후 이 분야 연구의 진흥에 기여할 것이다. 또한 외자도입 과정에서 인력수출, 차관도입, 직접투자를 병렬적으로 이해하던 관점에서 벗어나 차관도입과 직접 투자가 이루어지기 전 인력수출이 경제개발계획을 추진하기 위한 외자획득에서 '종자돈' 역할을 하고 있었음을 확인한 것은 중요한 성과이다.

1. 경제개발과 외자도입을 위한 체제 정비

1) 경제기획원의 창설

경제개발과 외자도입에 박차를 가하기 위해서는 우선 조직 정비가 필요했다. 한국경제를 총괄할 수 있는 지휘본부로서 종합경제기관의 필요성은 이미 1950년대부터 제기되었다. 경제개발계획을 추진하기 위한 기구로서 정부수립 초기인 1948년 7월 17일 기획처가, 1955년 8월 27일에는 부흥부가 발족된 바 있었다. 기획처는 정부의 경제기획기관으로 설립되었지만 차관급으로서 여타 부서의 협조를 구하기에는 조직구성 상의 한계가 분명했고, 부흥부는 산업개발위원회를 자문기관으로 두고 경제개발3개년계획을 추진했지만 역시 부서의 벽을 허물고, 역량을 총집중하여 계획을 추진하기에는 역부족이었다. 점차 종합적인 경제기관의 필요성에 대해 공감대가 모아지고 있었다.[1]

장면 정권하에서 경제현안에 대한 기탄없는 의견을 수렴하기 위해 학계와 언론계, 국회, 산업계, 금융기관 등의 인사들을 모아 개최한 '종합경제회의'에서는 '경제계획원'을 창설할 것을 건의한 바 있었다. '종합경제회의' 건의안에 의하면 '경제계획원'은 국무총리 직속기관으로서 산하에 경제심의회를 두도록 했다. 또한 경제계획원은 계획수립을, 각 부처는 집행을 담당하되 계획수행에 핵심적인 역할을 담당하는 예산편성 사무는 '경제계획원'으로 이관하도록 했다.[2]

5·16군사정변 직후 부흥부가 폐지되고 건설부가 신설되었으나, 건설

---

1) 정진아, 『제1공화국기(1948~1960) 이승만정권의 경제정책론 연구-국가 주도의 산업화정책과 경제개발계획을 중심으로』, 2007; 최상오, 「1950년대 계획기구의 설립과 개편-조직 및 기능변화를 중심으로」, 『경제사학』 45, 2008. 참조.
2) 정진아, 「장면정책의 경제정책 구상과 경제개발5개년계획」, 『한국사연구』 176, 29-31쪽.

부 역시 경제제일주의를 내걸고 경제개발계획에 박차를 가하고자 하는 군사정권의 요구에 부응하지 못했다. 이에 군사정권은 신설 2개월 만에 건설부를 전격 폐지하고 경제기획원을 창설했다.

경제개발을 효과적으로 하기 위해서는 중앙에 이걸 추진할 강력한 어떤 기구가 있어야 된다. 조직이 정부조직이 있어야 된다. 그러기 위해서는 그런 강력한 힘을 가진 정부조직을 맨들어야 되는데 이걸 하기 우해서는 우선 부흥부하고 예산을 여기다 통합을 시켜야 된다. 그래서 재무부의 예산국도 여기 가져와야 되고 또 그 당시 통계가 내무부에 있었어요. 통계기능이, 통계국이 내무부에 있었어요. 그래 뭐 경제기획을 하고 경제정책을 수행하려면 통계가 절대 필요하니까 이것도 가져 와야 된다.[3]

경제기획원은 1961년 7월 22일 "국민경제의 효율적 운용을 위한 종합 적 계획의 수립과 그 실시의 관리, 조정 및 국내에 주재하는 외국 또는 국제경제기관과의 경제조정에 관한 사무를 관장"하는 지휘본부로서 법률 제660호에 의해 신설되었다. 설립 당시 경제기획원의 조직은 재무부 의 예산국, 내무부의 통계국, 건설부의 종합계획국을 이관하여 종합기 획국, 예산국, 물동계획국, 통계국의 4국 19과 체제로 구축되었다.[4] 또 한 각 부처의 사무를 분석, 조정하고 평가하기 위하여 경제기획원 산하에 관계 부처의 사무차관과 국장으로 구성되는 실무자회의를 두도록 했다.

60년도부터 장기계획, 소위 5개년계획을 수립하기 시작했습니다. 자료를 수집하고

---

3) 이희일, 2011년 5월 11일 1차 구술.

4) 「정부조직법」(법률 제660호, 1961년 7월 22일 일부 개정, 1961년 7월 22일 시 행); 「경제기획원 직제」(각령 제57호, 1961년 7월 22일 제정, 1961년 7월 22일 시행), 국가법령정보시스템 (http://www.law.go.kr) 2019년 2월 9일 검색.

우리가 빨리 공업화를 이룩해서 자립경제를 달성하자. 그 자립경제라는 게 그렇게 쉬운 일이 아니지 않습니까? 그래서 이제 시작한 것이 제1차 5개년계획입니다. 제1차 5개년계획은 61년에 완성이 돼서 62년부터 시행하게 됐는데 부흥부의 조직 가지고는 5개년계획의 수립이 사실상 상당히 힘이 들고 또 어렵고 해서 그 기구를 대폭 확대를 했습니다. 경제기획원 조직을 종합계획국, 1차산업국, 2차산업국, 3차 산업국으로 4개를 더 늘렸어요. 그러니까 1차 산업국근 주로 농수산분야, 2차산업 국은 제조업분야, 3차 산업국은 금융서비스, 도로 항만 이런 분야를 나눠가지고 국을 신설해서 유능한 직원들을 선출해서, 5개년계획을 완성을 해가지고. 물론 그 계획을 작성할 때에는 학자, 전문가, 관계부터, 또 연구기관 등을 총망라해서 의견을 집중해가지고 그거를 작성했습니다. 그로부터 인제 우리가 자립경제 달성을 위한 모든 행정업무가 추진되기 시작했습니다.[5]

경제기획원의 수립과 더불어 관계장관회의 및 월간경제동향보고, 수출진흥확대회의 등 다양한 주제 회의가 공식, 비공식적으로 개최되면서 관계 부처의 협조가 긴밀해졌다.

5개년계획에 따라서 모든 정책이 수행되고 계획이 추진되어야 하기 때문에 그 계획에 맞춰서 각 부처가 업무를 추진한다는 것이 상당히 그 자금도 부족하고, 기술도 없고, 또 그 외 여러 가지 조달을 해야 될 문제점들도 많고, 해결해야 될 문제도 많고 해서 진행이 잘 안 됩니다. 한 부처만 가지고는. 그래서 경제장관회의라는 것을 구성을 해서 경제기획원장관이 부총리죠. 부총리가 역시 위원장이 돼서 경제장관회의를 주관하게 됐고. 또 그 당시에 물가 문제가 중요했었습니다. 물가는 서민생활의 안전을 기한다는 견지에서뿐만 아니라, 물가안정이 돼야 모든 경제효과가 나타나고 또 그 수익을 낼 수 있기 때문에 매달 한 번씩 월간경제동향보고도

5) 한재열, 2013년 10월 16일 1차 구술

매달 한 번씩 했고, 그밖에 중요한 안건이 있을 때마다 경제장관 특별장관회의도 했고, 또 수출이 무엇보다도 제일 중요한 정책이다 해서 수출제일주의로 정부정책이 결정됨에 따라 모든 경제정책을 수출이 먼저다 해서 수출진흥확대회의를 청와대에서 매달 한 번씩 개최를 했습니다. 거기 모든 문제가 상정이 돼가지고 토의하고, 협의가 되고, 협의해서 결정된 사안을 각 부처가 강력히 시행을 하고 하는 그런 기류와 절차에 의해서 진행이 된 겁니다. (중략) 해서 모든 경제부처 뿐 아니라 정부기관들이 이 정부시책을 강력히 시행하는 체제로 바뀌었다 이렇게 말씀드릴 수 있습니다.[6]

하지만 경제개발은 부처 간의 업무협조만으로 이루어질 수 있는 것은 아니었다. 가장 중요한 문제 중 하나였던 외자조달 업무에 대한 조직적이고 체계적인 지원이 필요했다. 경제개발계획의 추진과 외자도입 및 교섭의 중요성이 증대함에 따라 1961년 10월 2일에는 경제기획원에 외자도입국이 신설되었다.[7] 1962년 6월 29일에는 종합기획국, 1차산업국, 2차산업국, 3차산업국, 조사통계국, 예산국, 경제협력국과 기술관리국 체제로 개편하면서 외자도입국을 경제협력국으로 조정했다. 외자도입국 당시에는 도입과, 심사과, 관리과로 단순화되었던 조직이 경제협력국 하에서는 기획과, 제1과, 제2과, 물자과와 관리과로 세분화되었다. 제1과는 국제기구와 외국정부에서 도입되는 차관을, 제2과는 민간차관을 담당하도록 했고, 물자과는 국내외 가용자원에 의한 계획과 무역계획을 조정하도록 했으며, 관리과에서는 도입된 외자와 외국원조에 의한 사업의 관리를 담당하도록 했다.[8]

---

6) 한재열, 2013년 10월 16일 1차 구술.

7) 「경제기획원 직제(각령 제158호, 1961년 10월 2일 일부 개정, 1961년 10월 2일 시행), 국가법령정보시스템 (http://www.law.go.kr) 2019년 2월 9일 검색.

8) 「경제기획원 직제(각령 제850호, 1961년 6월 29일 폐지 제정, 1962년 6월 29일

1963년 12월 정부는 이를 다시 개편하여 경제협력국을 외자유치에 대한 전반적인 계획을 총괄하는 외자총괄과, 재정차관과 국제기구의 차관을 담당하는 공공차관과, 민간차관을 담당하는 민간차관과, 외자에 의한 물자수급을 담당하는 외자수급과, 대충자금과 외자사용을 관리하는 외자관리과 체제로 정비했다.[9] 또한 1964년에는 경제기획원 차관 밑에 투자진흥관을 두어, 외국 투자가의 투자를 위한 조사와 안내, 관계 국가 및 기관과의 업무협의를 담당하도록 했다.[10]

공공차관 카는 거는 정부가 제공하는 차관을 비롯해서 월드뱅크(World Bank) 또는 아시아뱅크(Asia Bank) 같은 데서 제공하는 차관사업 이런 것들을 다루는 것이 일반적인 경제협력국의 업무였습니다. 근데 그 이후에 이제 그 직접 투자가 인제 활성화되는 시기에는 그 협력국에서 좀 다루다가 직접투자가 많아져가지고는 또 그것이 투자진흥국이라는 게 또 독립해서 협력국 말고 또 투자진흥국이라는 것이 또 생깁니다.[11]

투자진흥국이 아까 그 말씀드린 대로 외자유치하는 외자도입창구야. 외국인이 여기 와서 공장을 훼어차일드(Fairchild)다, 모토로라(Motorola)다, 전자공업을 위해서 여기 투자하고, 제약회사다 예컨대. 이런 회사가 들어와 가지고 공장을 세워서 노임이 싸서 노임 따먹으러 들어오는 사람도 있고, 시장이 좋아서 시장보고 들어오는 회사도 있고 여러 가지 있으니까. 그런 회사를 투자유치 해가지고 공장을 짓

시행), 국가법령정보시스템 (http://www.law.go.kr) 2019년 2월 9일 검색.
9) 「경제기획원 직제(각령 제1683호, 1963년 12월 16일 전부 개정, 1963년 12월 17일 시행), 국가법령정보시스템 (http://www.law.go.kr) 2019년 2월 9일 검색.
10) 「경제기획원 직제(대통령령 제2536호, 1966년 5월 19일 일부 개정, 1966년 5월 19일 시행), 국가법령정보시스템 (http://www.law.go.kr) 2019년 2월 9일 검색.
11) 박종근, 2013년 4월 9일 1차 구술.

도록 만드는 그런 역할을 한 거지.[12]

직접투자가 활성화됨에 따라 1972년 정부는 경제기획원에 투자진흥
국을 확대 신설하는 한편, 산하에 제1과, 제2과, 제3과를 두도록 했다.
제1과는 외국인 투자 전반을 총괄하는 한편, 1차산업에 대한 외국인 투
자에 관한 사무를, 제2과는 2차산업 중 전기·전자제품·제철 및 금속·
기계공업에 관련된 외국인 투자에 관한 사무를, 제3과는 제3차산업 및
제2차산업 중 섬유·잡화 및 경공업부문에 관련되는 외국인 투자에 관
한 사무를 분장하도록 했다.[13] 이 과정을 통해 외자도입을 위한 조직적
체계가 구축되었다.

2) 외자도입을 위한 법제 정비

다음으로는 외자도입을 위한 법제적인 정비도 필요했다. 이미 1960년
에 외국인에 의한 자본의 투자를 유인, 촉진하기 위해 「외자도입촉진법」
이 제정된 바 있었다.[14] 이 법에 의하면 외국인의 자본 투자에 대해서는
등록기업과 기술원조계약에 대해서는 소득세와 법인세를 5년간 전액 면
제하고, 그 후 2년간은 2/3, 그 후 1년간은 1/3을 면제하도록 했다. 차관
계약과 이익·잉여금에 대해서는 5년간 소득세를 전액 면제하고, 그 후
3년간은 50%를 면제하도록 했으며, 외국인의 보수에 대해서도 입국한
날로부터 3년은 소득세를 면제하고, 그 후 5년간은 50%를 면제하도록

---

12) 차화준, 2012년 6월 25일 1차 구술.

13) 「경제기획원 직제(대통령령 제6454호, 1973년 1월 16일 전부 개정, 1973년 1월
16일 시행), 국가법령정보시스템 (http://www.law.go.kr) 2019년 2월 10일
검색.

14) 「외자도입촉진법」(법률 제532호, 1960년 1월 1일 제정, 1960년 1월 1일 시
행), 국가법령정보시스템 (http://www.law.go.kr) 2019년 2월 10일 검색.

조치했다. 자본세를 부과하지 않았고, 수입세도 면제되었다. 공공시설의 이용과 정부계약 등에서도 차별을 받지 않도록 했다.

외자도입촉진법이라는 게 60년 자유당 말기에 제작되었어요. 이건 인제 "외국자본의 유입과 외국인의 직접투자를 유치하기 위한 법으로 차관 원리금의 송금을 이 법에 의해서 허용하고, 외국 투자가의 국내투자를 보호하며, 외국인 투자에 대해서는 최초 5년간은 소득세, 법인세를 100% 면제하고, 그 후 2년간은 2/3를 경감하고 그 후 1년은 1/3을 경감해주도록 했어요.[15]

또한 경쟁사업금지 조항을 두어 이 법을 통해 등록한 외국투자 또는 기업과 경쟁하는 어떠한 정부사업도 설립하지 못하도록 했고, 이를 위반하는 사항이 발생하면 외국인 투자자가 손해배상을 청구할 수 있도록 했다. 무상원조가 유상원조로 바뀌는 과정에서 도입된 외자도입촉진법은 외국자본의 투자를 유인하기 위한 다양한 특혜조치를 담은 법령이었다.

1962년에는 「차관에 대한 지불보증에 관한 법률」과 「장기결제방식에 의한 자본재 도입에 관한 특별조치법」이 마련되었다. 「차관에 대한 지불보증에 관한 법률」에 의하면 정부는 경제개발5개년계획에 책정되어 있는 사업을 중심으로 한국은행과 한국산업은행에 지불보증에 관한 조치를 취할 수 있었다.[16]

62년에 차관에 대한 지불보증에 관한 법률을 제정했어요. 차관에 대한 지불보증

---

15) 이희일, 2011년 5월 11일 1차 구술.

16) 「차관에 대한 지불보증에 관한 법률」(법률 제1115호, 1962년 7월 31일 제정, 1962년 7월 31일 시행), 국가법령정보시스템 (http://www.law.go.kr) 2019년 2월 11일 검색.

에 관한 법률을 제정해서 차관의 원리금 상환에 대해 정부가 지불보증을 할 수 있
게 했어요. 해서 비로소 외국차관 도입이 이루어졌던 겁니다. 그때부터.[17]

또한 「장기결제방식에 의한 자본재도입에 관한 특별조치법」을 통해서
는 외자도입촉진법에 의거하여 수출신용제도에 의해서 외국으로부터 도
입된 자본재의 대금이 3년 이상일 경우에 한하여 2회 이상 분할하여 결
재할 수 있도록 조치하기도 했다.[18]

하지만 1960년대 초반에는 외자도입이 원활하지 않았다. 미국과 국제
기구는 박정희정권의 경제개발5개년계획에 대해 "의욕과잉"이라며 비판
적인 입장을 취했다. 1964년 미국의 의견을 수용하여 경제개발5개년계
획에 대한 보완계획이 마련되고, 1965년 5월 한미정상회담에서 한미 정
상이 한일협정, 베트남파병, 경제개발계획에 대한 미국의 원조 등에 대
해 합의하면서 분위기가 전환되었다. 한일협정 및 외자도입에 대한 기대
가 고조되면서 외자수용태세 및 관리체계에 대한 개편작업도 속도가 붙
었다.

1966년 "경제의 자립과 그 건전한 발전 및 국제수지의 개선에 기여하
는 외자를 효과적으로 유치·보호하고 이들 외자를 적절히 활용·관리"
하기 위한 외자도입법이 제정되었다.[19] 「외자도입법」은 기존에 마련되었
던 「외자도입촉진법」과 「차관에 대한 지불보증에 관한 법률」, 「장기결제
방식에 의한 자본재 도입에 관한 특별조치법」 등 분산되어 있던 외자도

---

17) 이희일, 2011년 5월 11일 1차 구술.

18) 「장기결제방식에 의한 자본재도입에 관한 특별조치법」(법률 제1114호, 1962년
7월 31일 제정, 1962년 7월 31일 시행), 국가법령정보시스템 (http://www.
law.go.kr) 2019년 2월 11일 검색.

19) 「외자도입법」(법률 제1802호, 1966년 8월 3일 제정, 1966년 9월 3일 시행),
국가법령정보시스템 (http://www.law.go.kr) 2019년 2월 10일 검색.

입 관계 법령을 통폐합해서 외국인 투자가 간편하고 순조롭게 이루어질 수 있도록 재정비한 것이었다.

> 61년에(필자주: 66년의 착오이다) 이런 여러 가지 모든 법을 하나로 통합해서 외자
> 도입법을 제정했어요. 외자도입법이랑 65년 한일국교정상화를 계기로 일본으로부
> 터의 상업차관이 크게 늘어났고 60년대와 70년대는 차관 전성기였다고 할 수 있어
> 요.[20]

「외자도입법」은 외국 투자기업 및 차관에 대한 파격적인 특혜를 포함하고 있었다. 외국인 직접투자는 투자액수에 상관없이 모두 외자의 범위에 넣어 특혜를 주었다. 현금차관도 상환기관 3년을 초과하고 20만 달러 이상일 경우 외자의 범위에 포함시켜 다음과 같은 특혜를 주었다. 소득세·법인세, 부동산·건물 등의 취득세·재산세, 배당소득·기술사용료에 대해서는 최초 5년간 전액을 면제해주었고, 다음 3년 동안에는 반액을 면제했다. 관세, 물품세 등의 수출입세 등도 면세했다. 재투자와 타사업에 대한 출자를 허용했고, 출입국에 대한 편의를 도모하며, 토지취득 및 공장부지 확보에 우선권을 부여했다.

심지어 외국인 투자기업에 대해서는 「외국인투자기업의 노동조합 및 노동쟁의 조정에 관한 임시특례법」을 만들어 노동조합의 설립과 노동쟁의 활동을 규제할 수 있도록 했다. 이 법에 의하면 외국인 투자기업체에서 노동조합을 설립하고자 하는 자는 신고서를 노동청장에게 제출하여야만 했다. 「노동조합법」에서는 전국적 규모의 노동단체만 노동청장에게 신고서를 제출하고, 기업별 노동단체는 시도지사에게 신고서를 제출하도록 하고 있었기 때문에 이 조항 자체가 노동조합 설립을 제한하는 조

---

20) 이희일, 2011년 5월 11일 1차 구술.

치였다.[21)

돈을 빌려줄 때 "정부가 지불보증을 해주면은 우리가 돈 주겠다" 그런 외국인들이
많이 있었기 때문에 그와 같은 법 체제를 만들기 위해서 법도 만들고, 노동조합법
도 만들고. 외국인 투자에는 노동조합이 설립하지 못하도록 했다.[22)

또한 노동쟁의가 발생할 때에는 외국인 투자기업체는 즉각 노동청장
에게 신고하도록 했다. 적법한 노동쟁의일 경우 노동청장은 보건사회부
내에 설립된 '외국인투자기업체노동쟁의조정위원회'에 회부하여 조정하
도록 했다. 쟁의가 신고 된 후 20일 이상 경과한 후에도 조정이 안 될
경우에는 중앙노동위원회가 직접 중재에 나서도록 했다.[23) 이처럼 당시
정부는 "외국인 투자기업체의 노사협조를 증진하며 외자의 유치를 촉
진"한다는 미명 하에 기업과 노동자의 자율적인 교섭권을 침해하고, 헌
법에 보장된 노동자의 기본권마저 억압했던 것이다.

한편, 외자도입촉진법에는 법 제정 당시부터 외자도입에 관한 중요사
항을 심의, 의결함으로써 법의 운영을 뒷받침할 수 있는 위원회를 설치
하도록 했다. 외자도입촉진위원회는 재무부장관을 위원장으로 하고, 재
무부장관, 외무부장관, 부흥부장관, 상공부장관, 농림부장관, 한국은행
총재, 한국산업은행총재, 농업은행총재, 대한상공회의소회장 및 산업경
제 또는 법률에 관하여 학식경험이 풍부한 자로써 대통령이 위촉하는 2인

21) 이상철, 「마산 수출자유지역의 초기 발전과정」, 『경제발전연구』 14-2, 2008,
    61쪽.
22) 차화준, 2012년 7월 19일 2차 구술.
23) 「외국인 투자기업의 노동조합 및 노동쟁의 조정에 관한 임시특례법」(법률 제
    2192호, 1970년 1월 1일 제정, 1970년 1월 1일 시행), 국가법령정보시스템
    (http://www.law.go.kr) 2019년 2월 11일 검색.

의 위원으로 구성하도록 했다.[24]

외자도입법에 따라 개편된 외자도입심의위원회는 위원장 1인과 위원 17인 이내로 구성하도록 했다. 위원장은 경제기획원장관이 맡도록 했고, 위원에는 재무부장관·상공부장관·농림부장관·한국은행총재·한국산업은행총재 및 경제와 법률에 관한 학식과 경험이 많은 자중에서 대통령이 위촉하는 자를 포함하도록 함으로써 민간위원의 참가 폭을 넓히도록 했다.[25]

> (외자가) 처음에는 어려웠지만은 차차 들어오기 시작하니깐 민간분야도 많이 들어
> 오면서 자꾸 또 무조건 들어오면 안되니까 외자도입, 처음에는 촉진회라 그랬고
> 나중에는 그냥 외자도입심의위원회로 이름 바꿔가지고 거기에 상정해서 동의 받
> 는 그런 절차를 밟았죠. 처음에는 정부관료들 중심으로 하다가 나중에는 민간위
> 원들도 위촉해가지고.[26]

이렇게 외자도입위원회가 만들어졌지만 제대로 된 심의는 이루어지지 못했다. 기업들이 정치권에 형성해놓은 정경유착에 의해 허가가 나는 경우가 많았고, 주요사업을 결정해야 할 때는 경제기획원과 상공부 등의 주무 부처가 나서서 정책 결정에 압력을 행사했다. 국회의원들뿐 아니라 중앙정보부까지 나서 차관사업 허가에 관여하는 경우가 생겨나기도 했다.[27] 정부는 개발을 위한 외자도입의 필요성을 역설했지만, 차관의 무분별한 도

---

24) 「외자도입촉진법」(법률 제532호, 1960년 1월 1일 제정, 1960년 1월 1일 시행), 국가법령정보시스템 (http://www.law.go.kr) 2019년 2월 10일 검색.

25) 「외자도입법」(법률 제1802호, 1966년 8월 3일 제정, 1966년 9월 3일 시행), 국가법령정보시스템 (http://www.law.go.kr) 2019년 2월 10일 검색.

26) 강신조, 2012년 4월 25일 1차 구술.

27) 이정은, 「1960년대 외자도입법 시행과 박정희 정부의 외자도입 인가 실태: 1966~1969년 상업차관을 중심으로」, 『경제사학』 42, 2018, 243~245쪽.

입에 여론은 상당히 비판적이었다. '차관망국론'이 대두되기도 했다.

차관이 많이 들어왔어요. 특히 장기영 부총리가 차관에, 이 외자도입에 매우 적극
적이어서 차관을 많이 들여오고 그 당시에 야당에서는 이게 차관 망국이다 라고
까지 얘길했어요. 차관 망국이다. 차관 너무 들어온다. 이 차관 때문에 망한다 그
랬거든.[28]

그래도 그때에는 그런 비판도 받아 마땅한 것이 그저 나중에는 정부가 지불보증
해주지, 안전하단 말야. 그러니깐 무분별하게 외자를 많이 들여왔다고. 또 현금차
관이라는 형식, 우리나라의 금리는 굉장히 높은데 외국의 금리는 싸니까 상업차
관, 외국의 대기업에서 끌어오는. 그래서 비싸게 이자를 줘도 국내금리에 비해 훨
씬 싸니까 방만하게 경쟁적으로 외자를 도입한 것은 사실이에요.[29]

외자도입법을 비롯한 법제들이 정비되고, 정부가 공공차관뿐 아니라
민간 상업차관에도 시중은행의 지불보증을 중개하면서 국내로 도입되는
외자의 절대량은 크게 증가했다. 하지만 무분별한 외자도입은 한국경제
에 자금의 방만한 운영과 노동자의 인권침해, 외채의 누증이라고 하는
결과 또한 낳고 있었다.

3) IECOK(International Economic Consultative Organization for Korea)의 출범

외자도입을 위한 체제 정비 과정에서는 한국개발을 지원하기 위한 국
제적인 기구의 발족 및 지속적인 점검과 지원도 중요한 몫을 담당했다.

---

28) 이희일, 2011년 5월 11일 1차 구술.
29) 이승윤, 2011년 11월 10일 2차 구술.

바로 IECOK의 출범이다. 한국은 자원과 자본이 없는 국가로서 개발을 추진했지만 국제적인 신인도가 낮은 상태였기 때문에 외자를 끌어오기가 쉽지 않았다. 이를 지원하기 위해 만들어진 조직이 바로 IECOK였다. 5·16쿠데타 직후 미국과 세계은행은 1차 경제개발5개년계획에 대해서 부정적인 입장을 가지고 있었다. 보완계획이 제출되고, 2차 경제개발5개년계획에 직접적으로 개입하면서 이들은 한국정부의 경제개발계획에 대한 지원을 결정하고, IECOK를 발족시켜 외자도입 문제를 관장하고자 했다.

세계은행이 한국 경제발전에 대해서 상당히 관여를 많이 했고, 또 세계은행하고 또 여러 가지 협력관계가 많았는데, 세계은행이 그래서 소위 이코크(IECOK)라고 해서 한국경제자문단을 구성을 해서 이제 우리가 차관을 도입할 때도 세계은행에서 관여를 많이 했고 그랬어요. 세계은행에서 우리 계획이 너무 의욕적이라고 좀 부정적이었지. 1차 계획이. 근데 2차 계획 때부터는 아주 저 미국, 이제 세계은행 다 적극적이었지.[30]

IECOK의 발족은 한국의 박정희 대통령과 미국 존슨 대통령이 합의를 통해 구체화되었다. 1965년 5월 박정희 대통령과 미국 존슨 대통령은 경제개발에 필요한 국제기구 출범이 필요하다는데 합의하고, 이를 공동성명을 통해 공포했다. 이 기구는 다변화되어 있는 한국 투자국들이 상호협조 기조 속에서 금리, 투자조건 등을 일원화하고 개발계획에 상응하는 투융자를 알선하며 한국정부와 협의하는 등 자문기관의 역할을 하기 위한 조직으로서 구상되었다.

구라파, 일본, 미국. 크게 나누면 이 세 군데 밖에 소스가 없는 거예요. 근데 미국

---

30) 이희일, 2011년 5월 11일 1차 구술.

도 사실은 한국의 이런 의욕적인 경제개발전략에 대해서 상당히 불안한 눈초리로 보던 그런 면이 있었습니다. 그래서 그 세계은행에서도 1966년에 이코크(IECOK) 국제한국평가단이라는 그런 기구를 설립을 해가지고 한국경제의 원리금 상환능력을 매년 평가하면서 한국경제를 와취(watch)를 했고, 또 그 조직에는 세계적인 20여 개의 금융기관이 다 참여해서 공동으로 한국경제의 외자 차입능력과 상환능력을 점검하는 그런 회의를 진행했기 때문에 그 부분에서 많은 한국경제에 대한 인지도가 제고될 수 있도록 정부가 엄청나게 노력했다는 말씀을 좀 드리고, 이러한 조직을 통해서 효과적으로 우린 덕을 많이 봤다 그렇게 생각합니다.[31]

조직이 발족되는 과정에서는 먼저 미국과 서독, 일본이 OECD DAC(경제협력기구 개발원조위원회)에서 이 문제를 논의하기 시작했다. 한국정부는 이 조직에 '대한경제협의체(consultative group)'라는 이름을 붙이고 경제기획원과 주미대사가 힘을 합쳐 IBRD(세계은행)를 의장으로, 미국, 서독 등을 회원국으로 하는 기구를 조기에 발족할 수 있도록 관계기관을 설득하는 작업을 맡았다. 조직과정에서는 일본의 참가 여부와 비중이 여론의 관심사였다. 세계은행은 초기부터 일본의 참가를 염두에 두고 있었고, 일본 또한 1965년 12월 직접 참가의사를 밝혔다. 한일협정을 통해 대한경제협력자금을 8억 달러 이상 받게 된 상황에서 한국정부 역시 일본을 회원국에서 제외할 수 없었다.[32]

---

31) 박종근, 2013년 4월 13일 2차 구술.
32) 「대한국제경제협의체」, 『경향신문』 1965년 7월 19일자 ; 「대한경협단 추진 활발」, 『동아일보』 1965년 11월 15일자 ; 「대한국제차관단 일본도 참가용의」, 『동아일보』 1965년 12월 25일자.

〈사진 1〉 IECOK 제3차 총회(1969)

　　1965년 11월과 1966년 8월 IBRD의 굴하티조사단이 내한했다. 조사
단은 2차 경제개발5개년계획에 대한 심층 조사작업과 더불어 IECOK
구성에 대한 보고서를 작성하는 임무를 맡았다.[33] 굴하티조사단은 한국
의 경제개발5개년계획의 투자 우선순위와 전략이 불명확하고, 한계저축
률을 35%로 설정한 저축목표액이 무리하게 산정되어 있으며, 제조업부
문의 완제품과 중간재 투자에 계열이 맞아야 한다고 비판하면서도 한국
의 2차 경제개발5개년계획을 긍정적으로 평가했다.[34] 그리고 IBRD(국제
부흥개발은행)으로 하여금 한국의 경제개발에 필요한 외달조달 창구로
서 IECOK을 발족하도록 권고했다. 이에 세계은행 주도로 미국, 일본,

---

33) 「굴하티조사단 내한」, 『동아일보』 1966년 8월 13일자.
34) 「민간저축에 미확정요소 많아, 물가억제 소비절약」, 『매일경제』 1966년 9월 2일
　　자 ; 「굴하티 조사단의 비판」, 『경향신문』 1966년 10월 17일자.

서독, 프랑스 등 9개국과 IBRD와 IMF(국제통화기금)가 옵저버로 참여하는 IECOK가 발족한 것이다. IECOK는 1966년 12월 12일 파리에서 창립총회를 갖고 활동을 개시했다.[35]

한편, 냉전시기 미국, 일본, 서독 등 자본주의 진영이 한국에 개발자금을 투입할 때 궁극적인 목표는 소련, 중국, 북한 등 사회주의진영과의 최전선에 서 있는 한국이 경제개발을 통해 동아시아 반공보루로서의 입지를 확고히 다지는 것이었다. 하지만 자본을 제공하는 입장에서 당면한 과제는 한국에 외자를 어느 정도 투입할 것이냐, 어떠한 방식이 효과적이냐, 그리고 외자도입을 한다면 과연 한국이 상환능력이 있느냐 하는 문제였다.

한국정부는 IECOK의 의구심을 해소하기 위한 다각적인 노력을 경주했다. 경제부총리를 단장으로 하는 대표단을 꾸려 한국경제의 계획과 구상, 자금조달 및 원리금 상환계획, 총부채 원리금 상환비율 등을 총회 때마다 보고했다. 이를 통해 한국의 상환능력에 대한 외자 제공 국가들의 의구심을 해소하고, 안정적으로 외자를 도입하고자 했다.

부총리를 단장으로 해서 우리 대표적인 기업인들 수십 명이 이 회의에 참석해가지고 한국경제에 대한 설명회를 했을 뿐만 아니라 경제기획원에서도 한국의 외채 상환능력과 관련해 가지고 국제수지에 대한 전망, 또 원리금 상환 전망, 특히 그 원리금 상환전망 중에서도 그 뎁서비스레이숀(debt service ration, 총부채 원리금 상환비율)이라고 부채 상환비율이라는 개념을 굉장히 중요시했습니다. 외화수입 총액에 비해서 원리금 상환으로 지출하는 비율이 얼마냐 이게 절대로 10%를 넘어서는 안 된다 하는 자기들 나름대로의 어떤 기준이 있는 것으로 알고 있습니다. 원리금 상환능력이 항상 안정적으로 가고 있다 하는 거를 매년 설명하지 않으

---

35) 「18년 외자조달창구 막 내리다」, 『매일경제』 1984년 7월 16일자.

면 안 됐고 그래서 경제기획원에서 그냥 이렇게 두꺼운 자료를 맨들어 가지고 이 금융기관에다가 회의가 있을 때마다 갖다 뿌렸습니다. (중략) 자료가 생성이 되면은 미국대사관에 미국 AID팀들이 나와 있어요, 경제참사관하고. 그런 팀들에게 이 자료를 다 줬습니다. 우리 수출 전망이 어떻고, 수입전망이 어떻고, 무역외 수입 전망은 어떻고. 그래서 우리가 외자 상환 부담은 얼마며, 원리금 상환 비율이 몇 %밖에 안 된다. 이런 표를 상세하게 맨들어 가지고 그 책자를 돌리고 그랬습니다.[36]

1966년 창립 이래 IECOK를 통해 들어온 차관은 총 223억 달러에 달했다. 이는 1966년부터 도입된 전체 차관도입액 260억 달러의 85.8%에 달하는 규모였다. IECOK를 통해 들어온 자금은 경제개발5개년계획에 집중 투입되었고, 경제개발자금 도입의 중추적인 역할을 했다. IECOK는 채권자로서 한국 경제개발의 조력자이자, 조정자, 감시자의 역할을 하는 조직이었다.

왜 생겼느냐, 내가 생각하기에는 진짜 뭐 좀 되겠나, 안 되겠나를 점검하기 위해서 했는 목적도 있고, 진짜 잘 되도록 이렇게 가이드를 해가지고, 월남파병 신세를 좀 갚는 데 꼭 성공할 수 있도록 감시기능을 하는 그런 의미도 있다. 그래서 뭐 세계은행을 비롯해서 세계적인 금융기관 20개가 다 뭐 괜찮겠다 이카면 안심해도 되는 거 아닙니까? 그러니까 그런 차원에서 그 회의가 굉장히 중요했죠.[37]

실제로 IECOK는 한국과 차관 공여국들에게 외자도입과 관련한 다양한 지침을 제시했다. 일례로 1968년 4월 워싱턴에서 열린 2차 총회에서

---

36) 박종근, 2013년 4월 13일 2차 구술.
37) 박종근, 2013년 4월 13일 2차 구술.

는 차관 공여국들에게 단기차관 도입억제를 권유하는 등 차관조건을 개선할 것을 종용했다. 경부고속도로 건설과 포항제철 설립에 대해서는 반대 입장을 표명했으며,[38] 1971년 10월 동경에서 열린 5차 총회에서는 3차 경제개발5개년계획에 있어서 중화학공업과 농업개발의 효율적인 추진을 권유했다. 1972년 파리에서 열린 6차 총회에서는 민간부문에 대한 신규 투자 유발 등 적절한 경기부양책을 취하라고 권고했고, 1974년 파리에서 열린 7차 총회에서는 1차 석유파동으로 인한 유가급등을 고려하여 외자도입을 확대하기로 했다.

IECOK 회원국과 국제기구로부터 들여온 외자도입 내역을 세부적으로 살펴보면, 공공차관이 172억 달러로 차관 총액의 77.1%를 차지했다. 이중 국제기구를 통한 것이 140건, 67억 달러로 전체 도입액 172억 달러의 39%를 점했다. 이를 다시 국가별로 살펴보면 미국이 99건에 56억 달러를 지원하여 32.6%로 수위를 달렸고, 일본이 72건에 22억 달러를 지원하여 12.8%를 차지했다. IECOK 회원국 중 미국과 일본이 핵심적인 외자조달국이었음을 알 수 있는 대목이다. IECOK의 활동은 단지 외자조달에만 머물지 않았다. 무역수지에도 영향을 미쳤다. 회원국들과의 무역량은 1977년~1983년에는 수출의 62.0%, 수입의 63.2%를 차지하는 비중으로 급증했다.

IECOK는 1984년 7월 16일 한국에서 열린 제13차 총회를 마지막으로 창립 18년 만에 해체되었다.[39] 한국의 대외신인도가 높아지고 독자적인 외자도입이 가능한 상황에 이르러 더 이상의 개발지원이 필요 없다는 판단 때문이었다. 역사의 무대에서 사라졌지만, IECOK는 "이륙단계에 있

---

38) 강신조, 2012년 5월 19일 2차 구술.
39) 「대한국제경제협의체 IECOK 18년만에 해체」, 『매일경제』 1984년 7월 16일자.

58 / 구술로 보는 한국 경제 성장의 역사

는 한국경제가 완전한 비행고도에 도달할 때까지의 국제적인 관제탑"[40] 역할을 한 것으로 평가받았다.

2. 외자도입선의 다변화

1) 인력수출

한일협정이 체결되고 경제개발을 위한 외자도입 체제가 정비되며 국제적인 기구가 설립되어 외자도입이 원활해질 때까지 경제개발의 자금원 역할을 했던 것은 인력수출이었다. 5·16군사쿠데타로 집권한 박정희정권은 집권의 정당성을 확보하기 위해서라도 경제개발계획의 가시적인 성과가 필요했다. 1962년 1차 경제개발5개년계획이 시작되자 막대한 자금이 필요했지만, 한국의 외환보유고는 1961년 2억 500만 달러에서 1963년 1억 3천만 달러로 급감했다. 1964년에도 외환 수급은 진전되지 않았고, 수입대금을 지불할 외화부채를 차감한 순외화 자산은 1963년 2,500만 달러, 1964년 2,800만 달러에 불과했다.

미국의 무상원조가 유상원조로 변화될 조짐이 보이자 한국정부는 이미 장면정권 시절부터 서독을 통한 차관도입을 하나의 대안으로 고려하고 있었다.[41] 박정희정권은 독일을 통한 차관도입을 추진했다. 1964년 12월 박정희 대통령의 서독 방문을 계기로 발표된 한독공동성명서는 경제부흥이 분단된 국토를 통일하려는 투쟁에 있어서 가장 중요한 무기이며, 이 투쟁에 있어서 양국은 조속한 공업화를 이루고자 하는 한국의

---

40) 「18년 외자조달창구 막 내리다」, 『매일경제』 1984년 7월 16일자.
41) 정진아, 앞의 논문 참조.

경제개발에 지원을 아끼지 않겠다고 발표했다.[42]

　당시 서독 측은 광부 및 간호사의 파견을 필요로 하고 있었다. 한국정부는 이에 적극적으로 응함으로써 서독과의 관계를 개선하는 한편, 파독 노동자의 송금을 개발자금으로 활용하고자 했다. 정부는 송금액의 안정적인 확보를 위해 파독 노동자들에게 3년간 한국으로 돌아올 수 없고 적금과 함께 한달 봉급의 일정액은 반드시 송금해야 한다는 조건을 내걸었다.[43] 파독노동자의 송금액은 1965년 273만 4천 달러, 1966년 477만 9천 달러, 1967년 579만 1천 달러, 도합 1,330만 4천 달러에 달했다.

　그런데 우리나라가 아무 문제 없이 그 빚을 다 갚고 참 잘한 데는 크게 두 가지 사건이 있습니다. 그 하나는 독일의 광부나 간호사의 봉급을 담보로 독일로부터 차관을 말이지 얻어오기 시작해가지고 물꼬가 터진 겁니다.[44]

　우리 박 대통령이 64년 12월달에 뤼프케 대통령 초청으로 가지 않습니까? 가가지고 한 1억 5천만 마르크, 달러로 한 3천만 불쯤 되죠. 그거를 이제 차관을 얻게 되는 거지. 그러면서 독일 측에선 그 지불보증을 요구하거든. 정부의 지불보증을 요구하니까. 그때 우리 정부의 외환보유고라는 게 2억 달러, 3억 달러 고 수준이었으니까 지불보증하기에는 약하잖아. 그러니까 이제 궁여지책으로 간호부하고 광부 파동이 일어나는 거지. 그 사람들의 수입을 일종의 담보 아닌 담보로 그렇게 해가지고 그래서 그 차관이 들어오는 거죠. (중략) 그렇게 해가지고 어려운 고비를 그

42) 「한독공동성명을 보고」, 『동아일보』 1964년 12월 15일자 사설.
43) 윤용선, 「1960~70년대 파독 인력송출과 차관: 원조인가 거래인가?」, 『독일연구』 26, 2013, 388쪽.
44) 박종근, 2013년 4월 9일 1차 구술.

래 넘겨가지고 그 돈도 아주 요긴하게 썼고.[45]

박 대통령이 거기 가셔가지고 파견광부나 간호원들을 격려하고 용기도 줬지만은 내용적으로 그걸 미끼로 해가 돈 너거 투자하면은 우리가 이만큼 투자한 돈이 있는데 이걸 담보로 해가지고 "돈 빌려 달라, 안되면 갚아주겠다, 달러 여기 있다."[46]

당시 차관협상을 위해 정래혁 상공부장관의 서독 방문을 수행했던 백영훈을 비롯하여 박종근, 강신조, 차화준 등 다수의 관료들은 파독 광부와 간호사의 임금을 담보로 서독으로부터 차관이 들어왔다고 주장했다. 차관도입에 필요한 지불보증을 할 수 없었기 때문에 파독 노동자의 임금을 담보 아닌 담보로 내걸었다는 것이다. 반면 2008년 진실·화해를 위한 과거사정리위원회는 조사 작업을 진행한 결과 파독 노동자의 임금이 서독 차관의 담보가 되었다는 설은 사실이 아니라고 발표했다.[47] 파독 노동자의 임금이 차관의 담보였느냐 하는 문제에 대해서는 엇갈린 주장이 제출되고 있지만, 경제개발계획을 추진하기 위해 외자도입이 필요했던 박정희 정권에게 파독 노동자의 국내송금이 '종자돈'이 되었다는 것만은 분명한 사실이다.[48]

또 다른 인력수출의 루트는 베트남이었다. 5·16군사정변에 대한 미국의 승인이 필요했던 박정희 국가재건최고회의 의장은 1961년 11월 케네디 대통령과의 회담에서 한국군 파병을 먼저 제안했다. 1962년 5월에는 심흥선 육군소장, 석정선 중앙정보부 차장보를 중심으로 한 한국군시찰

---

45) 강신조, 2012년 4월 25일 1차 구술.
46) 차화준, 2012년 7월 19일 2차 구술.
47) 진실화해를 위한 과거사정리위원회, 「파독 광부·간호사의 한국경제발전에 대한 기여의 건」, 『2008년 하반기 조사보고서』 제1권, 173-257쪽.
48) 윤용선, 앞의 논문, 388쪽.

단이 베트남을 방문하여 군사경제적 협력방안을 조사했고, 1962년 7월 에는 트옹 빈 레 베트남 국회의장이 내한하여 판문점과 육군사관학교 등을 방문하고 양국의 군사협력 문제에 대해 논의하는 등 사전작업이 이루어졌다.[49]

한국군 파병이 본격화된 것은 1964년 봄 미국이 동맹국 군대의 파병을 적극 제안하면서부터였다. 1964년 미국은 한국에 의무단과 공병대를 비롯한 비전투 목적의 인력수출을 요청했다. 박정희정권은 1964년 11월 미국에 전투병 파병을 역제안 하는 등 적극적으로 파병 의사를 표명했다. 이는 결국 1965년 5월 한미정상회담에서 존슨 대통령이 박정희 대통령에게 전투병 파병을 공식 요청하면서 결실을 맺었다.

말하자면 두 가지 소스에 의한 외화자금이 우리나라 근대화에 아주 핵심적 역할을 했던 거야. 그때 우리는 진짜 외자가 필요하고, 외자 조달에 이 두 소스 (source)에서 가져온 것이 큰 역할을 했는데 (중략) 하나는 월남전쟁이 발생했는데 한국에 주둔하는 군인들을 월남으로 좀 빼가야 되겠다. 이래서 그때 당시에 그 번디 국무차관보가 한국에 와서 한국정부에 국교정상화를 하시오. 일본하고. 상당한 압력 아닌 압력을 넣었다고. 국교정상화를 해라. 그리고 그 파병을 좀 해달라. 안 그러면 한국에 주둔하는 군인을 몇 사단 월남으로 가져가야 되겠다. 아 이래서 그럼 안 되겠다. 미국 때문에 우리도 이렇게 공산주의를 막을 수가 있었으니까 우리도 이 기회에 미국의 은혜도 갚고 실리도 취해야겠다. 그래서 내가 알기에는 1인당 5천 불씩 받았을 거야. (중략) 그 대가로서 받은 돈을 합해서 내가 생각하기엔 한 10억 불 정도 가져왔다고. 이 10억 불 정도의 그 외화하고 일본서 받은 유상, 무상차관, 이것이 합해져 가지고 급진적으로 우리나라의 산업기반을 구축

49) 「월남 게릴라 소탕 시간문제」, 『동아일보』 1962년 6월 22일자 ; 「체한일정 발표 월남 국회의장」, 『경향신문』 1962년 7월 17일자.

할 수 있었던 거야.[50]

〈표 1〉 베트남 파병 한국군의 송금내역   (단위: 백만 달러)

	1965	1966	1967	1968	1969	1970	1971	1972	계
급여	1.8	15.5	31.4	31.4	33.9	30.6	32.3	26.8	201.5
사상보상금		1.1	4.6	4.6	10.8	15.2	13.9	12.0	65.3

출전: 주월한국군사령부, 「월남전 종합연구」 1974, 1142쪽.

1965년부터 1972년까지 베트남을 통해 벌어들인 경제적 이익은 10억 3천 6백만 달러에 달했다. 그중 군인들의 급여가 2억 1백만 5천 달러였다. 1966년 기준으로 군인들의 급여는 병장 1.8달러, 상병 1.5달러, 일등병 1.35달러, 이등병 1.25달러였다. 한국군사령부는 군인들의 급여를 직접 관리했다. 한국정부는 미국이 지급한 급여를 한국으로 바로 송금하도록 하여 저축률과 외환보유고를 늘리는데 활용했다.

1966년부터는 노동자들의 파견도 시작되었다. 한국에서 파견된 노동자는 1966년 말 1만 명, 1967년에는 1만 3천명, 1968년 말에는 1만 5,500명으로 급증했다. 특히 1966년~1968년 베트남에 파견된 한국 노동자는 베트남에 거주하는 외국 노동자의 다수를 차지했다. 베트남전쟁이 교착상태에 빠지면서 노동자 파견은 점차 줄어들었지만, 1965년부터 1972년까지 베트남에 파견된 한국 노동자는 베트남 파견 해외 노동자의 약 40%에 달할 정도로 중요한 비중을 점했다.[51]

---

50) 이승윤, 2011년 11월 10일 2차 구술.
51) 최동주, 「베트남 파병이 한국경제의 성장과정에 미친 영향」, 『동남아시아 연구』 11, 2001, 215-217쪽.

〈표 2〉 베트남에 파견된 노동자수와 송금액   (단위: 명, 백만 달러, %)

	한국기업	외국기업	연인원	송금액	해외노동자 대비 한국 노동자 비율
1965	0	105	105	확인불가	0.6
1966	2,187	7,834	10,021	9.1	80.1
1967	3,983	8,964	12,947	34.3	64.1
1968	4,284	11,287	15,571	33.6	70.9
1969	3,941	8,678	12,619	43.1	38.8
1970	2,739	3,997	6,736	26.9	12.9
1971	2,672	3,106	5,778	15.3	3.8
1972	857	850	1,707	3.9	0.9
계	20,663	44,821	65,484	166.2	39.6

출전: 아산복지재단, 『한국의 해외취업』, 1988, 176~182쪽; 최동주, 「베트남 파병이 한국경제의 성장과정에 미친 영향」, 『동남아시아 연구』 11, 2001, 217쪽에서 재인용.

이들이 송금한 금액은 1972년까지 1억 6천 6백만 달러였다. 병사들과 노동자들이 벌어들인 외환은 한국정부의 주요 외화공급원이 되었고, 물품 군납, 무역, 건설 등 파병 외의 경제적 이익 역시 파병을 대가로 얻어진 것들이었다. 그 결과 베트남을 통해 벌어들인 10억 3천 6백만 달러는 제2차 경제개발5개년계획의 자금으로 활용되었다.

2) 차관도입

차관은 정부나 법인이 외국정부 또는 국제기구, 국제 금융기관으로부터 자금이나 물자를 빌리는 공공차관과 기업과 개인이 이윤을 목적으로 자신의 신용으로 외국에서 자본을 빌려오는 민간차관으로 나뉜다. 한국은 제3세계 국가였고, 국가신용도가 낮았기 때문에 공공차관이든, 민간차관이든 차관을 유치하기는 쉽지 않은 상황이었다. 한국정부는 정부가 지불보증을 한다는 점을 내세워 외국 투자자들을 설득했다.

미국으로 일본으로 돈 구하러 일본 기업체, 상공회의소 모아놓고, 미국에 LA에 모아놓고, 그 담에 시카고 모아놓고, 뉴욕에 모아 놓고 연설하고, "여러분이 투자하면 정부가 지불보증 다 해드립니다." 하고.[52]

정부는 국회의 동의가 있어야 하는 정부지불보증을 공공차관과 기간산업, 농수산업, 국민생활에 필수적인 물품과 용역을 생산하는 사업에 국한하도록 했지만,[53] 국회 동의가 필요 없는 민간차관에 대해서도 시중은행이 지불보증을 할 수 있도록 조치함으로써 상업차관이 원활하게 도입될 수 있는 길을 열었다.[54] 5·16군사쿠데타 이후 은행이 국유화된 상황이었기 때문에 시중은행의 지불보증은 외국 투자자들에게 자금을 안전하게 회수할 수 있다는 인식을 갖도록 하기에 충분했다.

외자도입 촉진위원회, 혹은 외자도입위원회라는 것이 인제 생겨 가지고 거기 심의를 붙이죠. 심의 붙여가지고 그래서 거기 통과되은 (공공차관은) 통과되기 전에 국회에 국회비준을 위해서 국회에 제출하고, 국회의 총괄적인 동의를 맡은 뒤에 그 다음에 지불보증이라고 하는 게 따라가고 그렇게 해가지고 운영이 됐죠.[55]

민간차관은 정부가 보증을 안했고, 그건 은행이 보증했어요. 정부는 공공차관만 보증했어요. 공공차관은 국회 동의를 얻어야 돼. 그냥 민간기업의 신용으로만 갖고는 외국에서 돈을 안 빌려준단 말이야. 그러니까 우리나라 은행이 보증을 섰어. 은행이 보증을 서면 그건 믿는단 말이야. 그건 그 회사가 망해도 은행에서 돈 받

52) 차화준, 2012년 7월 19일 2차 구술.
53) 「외자도입법」(법률 제1802호, 1966년 8월 3일 제정, 1966년 9월 3일 시행), 국가법령정보시스템 (http://www.law.go.kr) 2019년 2월 10일 검색.
54) 이정은, 앞의 논문, 232-233쪽.
55) 강신조, 2012년 4월 25일 1차 구술.

으니까 그래서 그 차관을 전부 줬거든요.[56)]

정부가 지불보증을 하는 공공차관 및 기간산업과 농수산업, 국민생활에 필수적인 물품과 용역을 생산하는 사업은 다음과 같은 승인 절차를 거쳤다.

① 재무부장관을 거쳐 경제기획원장에게 정부지불보증 승인 신청
② 외자도입심의위원회 심의
③ 국회 비준
④ 경제기획원장, 재무부장관과 정부보증승인신청자에게 통지
⑤ 정부지불보증신청자, 담보 목적물을 산업은행에 통지
⑥ 한국산업은행, 재무부장관에게 정부지불보증금액이 표시되는 국고보증서 교부 요청
⑦ 재무부, 국고보증서 교부
⑧ 한국산업은행, 한국외환은행에게 국고보증서에 표시된 금액의 지불보증서 교부
⑨ 한국외환은행, 대주에게 지불보증, 경제기획원장관및 재무부장관에게 보고, 한국산업은행에 통지[1]

민간차관의 경우에도 시중은행이 지불보증을 했기 때문에 다음과 같은 인가 절차를 밟도록 했다. 먼저 정부의 차관 도입 인가를 받고자 하는 기업은 우선 경제기획원장이 지정하는 기술사의 기술검토를 받은 후 경제기획원에 인가신청서를 제출하고, 관계 부처와 금융기관의 타당성 검토를 받아야 했다. 관계기관의 검토 결과 타당성이 인정되면 외자도입심의위원회의 심의에 부쳐졌다. 심의를 통과하면 민간차관 도입은 일단 승인이 되는 것이었다. 그 후 국무회의의 심의와 대통령 재가, 인가통지, 차관 및 자본재 도입물품 명세 확인이라는 형식적인 절차를 거친 다음,

---

56) 이희일, 2011년 5월 11일 1차 구술.

담보제공과 지급보증서 발급을 완료하면 인가 절차가 끝났다.[57]

지도받는 경제체제라 해가지고 그래서 정부가 주도해 나가고, 정부가 그 사업을 정하면 계획사업, 정부가 정하지 아니하는 기타 사업은 비계획사업이라 해가지고 비계획사업은 민간인이 합작투자든지, 차관이든지 돈 빌려오면은 심사해가 이 사업이 우리나라에 필요하냐 안하냐 심사해가지고 오케이 나오면은 공장이 들어서고. 마 그렇게 그때 울산 특별건설국이 생겨서 울산에 공업단지를 만들게 된 것.[58]

이러한 절차를 거쳐 1960년대 후반부터 본격적으로 도입된 차관으로 울산공업단지 내 정유공장, 비료공장, 자동차공장, 조선소를 비롯해서 포항제철 등 한국을 대표하는 공장과 기반 시설들이 속속 건설되기 시작했다.

3) 직접투자 유치

정부는 차관 도입뿐만 아니라 외국인들의 직접 투자를 적극적으로 유치해서 경제개발에 박차를 가하고자 했다. 대표적인 사례가 마산수출자유지역이었다. 수출자유지역 구상안은 1960년대 말부터 유럽, 아프리카, 아시아, 중남미 지역을 탐방한 재계 인사들이 홍콩과 가오슝, 싱가포르 등 외국의 자유무역지역을 사례를 한국에 도입해서 경제를 진작시키자는 제안을 함으로써 시작되었다. 1969년 1월 전국경제인연합회는 수출진흥확대회의에서 임해지대에 자유무역지역을 조성하자는 주장을 펼쳤고, 이를 '임해수출산업자유지역설립 구상안'으로 내놓았다. 구상안에서는 장기적인 국토종합개발의 견지에서 남해안 일대를 조속히 임해공업벨트

---

57) 이정은, 앞의 논문, 233쪽.
58) 차화준, 2012년 7월 19일 2차 구술.

로 조성해야 한다고 주장하고, 여수, 마산, 김해, 목포, 군산 등을 후보지로 지목했다.[59]

재계는 임해수출산업자유지역 설립의 이점을 다음과 같이 강조했다. 첫째, 외국의 직접 투자와 합작투자를 유치할 수 있다. 둘째, 이를 통해 기술 및 원자재 도입, 해외시장 정보의 신속한 취득이 가능해짐으로써 이 지역이 국내 여타 지역의 개발과 수출진흥에 큰 파급효과를 미칠 것이다. 셋째, 우수한 선진경영 및 기술도입에 따라 국제경쟁력이 강화된다. 넷째, 외자도입 및 수출진흥에 있어 제2의 경제지역 조성을 통해 한국의 투자환경, 상품의 우수성, 국민의 자세 등에 있어서 국제적인 이미지를 한층 제고할 수 있다. 다섯째, 유휴노동력의 고용을 촉진한다. 즉, 이 지역을 통해 들어오는 자본과 기술도입에 큰 관심을 가지고 있었던 것이다.

이를 검토한 정부는 1969년 7월 임해수출산업자유지역설립 구상을 승인했고, 임해수출자유지역설립추진위원회는 1969년 8월 11일 마산을 수출자유지역 예정지로 결정했다. 장예준 경제기획원 차관을 위원장으로 하는 설립추진회는 입지와 규모, 시설면에서는 울산이 최적지이지만, 집중화를 피하기 위해 마산을 수출자유지역 예정지로 선정한다고 발표했다.[60] 1969년 초의 타당성 조사에서 마산은 투하자본에 비해 부가가치 높고 동남부 임해공업지구인 포항, 울산, 진해, 삼천포, 여수의 중앙에 위치해 있으며, 한국 제2의 도시 부산과 가깝고 낙동강의 풍부한 수자원을 이용할 수 있을 뿐 아니라 넓은 개발가능 용지를 가지고 있다는 점이 높이 평가되었다. 정부는 수출자유지역 설치를 위해 특별법을 제정하는 한편, 1970년부터 25만평에서 30만평의 부지를 확보하고 수출가능성이 높은 산업을 유치하고자 했다.

---

59) 이상철, 앞의 논문, 54쪽.
60) 「마산수출자유지로 선정」, 『동아일보』 1969년 8월 12일자.

정부가 자본가들의 제안을 받아들여 수출자유지역 구상안을 추진한 배경에는 차관 도입에 따른 원리금 상환부담 압박과 베트남전쟁의 종전 분위기 고조로 인한 외자유동성 경색에 대한 우려가 있었다. 원리금 상환부담률은 1965년 5.7%에서 1969년 20.9%, 1970년 29.9%로 가파르게 상승하고 있었고, IECOK도 한국의 차관 상환 가능성을 우려하는 상황이었다. 차관을 도입한 국내 기업들의 방만한 운영에 의한 부실화 위험이 가중되는 가운데 민간차관과 달리 원리금 상환 없이 수출과 개발효과를 누릴 수 있는 외국인 직접투자가 주목을 받은 것이다. 베트남으로의 인력수출도 1968년을 정점으로 줄어들고 있는 상황이었다.

마산수출자유지역 구상이 현실화되자 외국인 직접 투자를 촉진하기 위한 다양한 법적, 제도적 조치들이 마련되었다. 1970년 1월 1일에는 「외국인투자기업의 노동조합 및 노동쟁의 조정에 관한 임시특례법」을 제정하여 외국인 투자기업에서의 노동조합의 설립과 노동쟁의 활동을 규제할 수 있도록 했다. 또한 원스톱서비스를 갖춤으로써 그 이전까지 여러 곳으로 분산되어 있던 외국인 투자인가 업무를 일원화하고, 투자환경을 획기적으로 개선했다. 공공차관과 민간차관을 들여올 때 필수적으로 거쳐야 하는 외자도입심의위원회의 심의도 거치지 않고 상공부의 심사만으로 외자도입을 할 수 있었다.

마산수출자유지역을 맨들어서 일본투자가 마음대로 들어왔다 나갔다 마음대로 할 수 있도록 애로가 없도록 소위 레드 테이프(red tape, 형식화 · 번잡화 등으로 업무가 정체하는 일), 정부에 의한 행정규제를 싹 없애는 원스톱 서비스 오피스. 한 자리에 가면 다 해결해주고, 그런 것들이 경제기획원을 중심으로 해서 행정조치니 조직이니 그렇게 구상이 되어 가지고.[61]

---

61) 차화준, 2012년 7월 19일 2차 구술.

특혜는 이뿐만이 아니었다. 기업 활동에 필요한 도로, 철도, 항만, 수도, 전기 등 공업단지 조성에 필요한 인프라가 모두 정부재원으로 제공되었다. 입주한 기업들은 정부가 조성한 표준공장에 건평 당 15달러 내외의 최저임대료를 지급하고 입주할 수 있었고, 자가 공장을 원할 경우에도 평당 2.4달러의 저렴한 임대료만 내면 되었다. 공업용수와 전력 역시 국내 최저가격 수준으로 공급되었다. 입주한 모든 기업체에서 수입한 물품은 관세, 물품세를 면세받았고, 법인세, 영업세 등도 5년간 면제되었다.

1974년 7월 현재 마산수출자유지역에 입주한 업체는 총 111개, 가동 중인 업체는 89개 업체였다. 이를 분야별로 살펴보면 전자 및 기계기구가 각각 20개 업체, 화공이 12개 업체, 금속이 10개 업체, 섬유 6개 업체, 전기 및 광학기기 각각 4개 업체, 기타 13개 업체였다. 이를 다시 투자자의 국적에 따라 분류하면, 일본인 단독투자업체가 65개로 73%를 차지했고, 일본인과 한국인의 합작투자업체 19개, 21.3%, 일본인과 외국인과의 합작투자가 1개 업체, 외국인 단독투자업체 4개 등 일본인 투자 기업이 대부분이었다.[62]

이는 한국 재계의 적극적인 일본기업 유치활동의 결과이기도 했다. 1970년 5월 개최된 제2차 한일민간합동경제위원회 회의에서 일본 측은 물가인상과 노동생산성과 임금상승의 괴리, 노동력의 부족 및 미국의 아시아 개발투자 압력 등 일본이 당면한 경제문제를 토론했다. 그러면서 향후 일본은 시스템 산업과 플랜트 산업에 주력할 것이기 때문에 생활필수품이나 섬유공업제품은 한국이 담당해서 육성하면 좋겠다는 역할 분담론을 제기했다. 이에 한국 측은 노동집약적인 부품을 한국에서 생산해서 수출한다면 한일 간의 생산 분업이 가능하다고 화답했다. 또한

---

62) 이상철, 앞의 논문, 71쪽.

한국의 노동자들이 교육수준이 높고 임금이 저렴하며 노동쟁의 빈도가
낮다는 점을 투자의 이점으로 강조했다.[63]

한일국교정상화가 이루어짐으로 해가지고 일본으로부터의 지원자금을 우리가 받
을 수 있는 그런 환경이 조성이 되고, 또 일본업계에서 한국에 진출할려고 하는
그런 붐이 좀 있었습니다. 그래 가지고 한국에 마산수출자유지역이라는 것도 만들
어져서 일본의 직접투자 기업이 안전하게 한국에서 장사를 할 수 있는 단지를 조
성해줘가면서 일본으로부터 직접 투자를 유치하는 그런 정책도 쓰고 그랬거든요.
(중략) 한국의 파트너하고 합작형태로 추진되는 경우에는 우선적으로 정부가 뭐
승인을 해줬고, 또 한국하고 합작이 아닌 단독 직접투자도 주요 사업은 적극적으
로 지원을 해줘가지고 한국에 어떤 공장을 짓도록 그렇게 하는데 애를 많이 썼습
니다.[64]

외국인 직접투자를 위한 임시특례법 제정, 마산에 수출자유지역 설
치, 재계의 외국인 투자유치 활동에 따라 1970년대 초 외국인 직접 투
자와 합작투자가 대폭 증가했다. 1971년 12월 외국인 투자기업체 중
15.4%가 단독투자였고, 84.6%가 합작투자였다. 마산수출자유지역에는
일본인 단독투자기업이 많았지만, 전국적으로 보자면 합작기업이 다수
를 점했다. 합작투자가 가장 활발하게 이루어진 곳은 전자산업이었다.
전자산업은 고도의 정밀기술을 요하는 산업이면서 동시에 노동집약적인
산업이었다. 일본으로서는 비용절감 효과를 가질 수 있었고, 한국으로
서는 기술전수 효과를 거둘 수 있었기 때문에 합작투자에 최적화된 산
업분야였다. 처음에는 조립가공으로부터 시작했지만, 이를 통해 한국은

---

63) 장미현, 「1970년대 초반 재계의 외국인 투자 유치 활동과 그 결과: 기술도입
    과 저임금 생산 기반 형성의 이중주」, 『역사문제연구』30, 2013, 251쪽.
64) 박종근, 2013년 4월 23일 2차 구술.

일본으로부터 흑백TV 생산기술 등 전자산업 발전에 필요한 기술들을 습득해나갔다.

전자산업의 직접투자와 합작투자는 마산수출자유지역을 전면적으로 활용하기 보다는 마산수출자유지역의 일본인 단독투자기업과 마산 외 지역의 합작투자기업의 설립으로 분화되었다. 일본기업은 외국인 투자자에게 절대적으로 유리한 마산수출자유지역을 선호했지만, 한국기업으로서는 외국인 투자자에게 절대적으로 유리해서 경영권 방어가 어렵고, 모든 제품을 수출해야 하는 마산수출자유지역보다는 국내시장을 선점할 수 있는 마산 이외의 지역을 선호했기 때문이다. 하지만 마산수출자유지역은 일본인 직접투자를 활성화함으로써 합작투자 기업의 설립을 촉진하는 효과를 가지고 있었다. 그리고 1970년대 초반 직접투자와 합작투자의 유치는 기술전수 효과를 통해 한국의 전자산업의 발전에 크게 기여했다.

제3장

한일협정과 차관도입 문제

정 진 아

〈개요〉

한일협정은 이승만 정권기, 장면 정권기, 박정희 정권기에 이루어진 수많은 한일회담의 결과물이다. 이승만 정권기의 한일회담은 반공논리와 과거사 청산논리에 기반해서 추진되었다. 장면 정권기에는 첨예한 대립을 보였던 청구권 문제에 대한 이견이 좁혀지고, 경제협력이라는 기조 하에 한일관계의 새로운 기운이 조성되었다. 군사정권은 반공이라는 '대의'를 위해 청구권이라는 과거에 연연하지 않고 일본의 '경제협력'을 통해 경제개발계획을 추진함으로써 동아시아에 강고한 반공보루를 건설하겠다는 구상을 가지고 있었다. 군사정권 하에서 한일관계 개선의 본질이었던 식민 청산의 문제는 후순위로 밀려나고 반공과 경제협력의 논리가 결합되어가고 있었다.

한일관계 개선의 원칙과 방향에 대한 한일 양국 지도자의 '정치적' 타협이 이루어진 후, 한일회담은 급물살을 타기 시작했다. 하지만 합의해야 할 산적한 문제는 여전히 남아있었다. 핵심쟁점은 청구권이냐, 차관이냐 하는 문제였다. 김-오히라 메모를 통해 한국은 배상을 포기하고, 일본은 차관 증액에 합의했다. 한일협정이 체결된 이후 한일각료회의는 반공을 위한 운명공동체로서 한국의 경제발전이 일본의 정치군사적 안정과 번영에 매우 중대한 위치를 차지한다는 점에 공감하고 차관의 조기도입, 제철공장의 건설, 기술이전 등에 합의해나갔다. 한편 미국은 1950년대보다

1960년대 한일문제에 보다 적극적으로 개입했다. 소극적인 일본의 태도를 견인한 것도 미국이었다. 미국의 입장에서 한일관계의 개선은 동아시아에서 미국의 부담을 경감시키고 일본의 역할을 강화하는 한편, 동아시아 반공역량의 연대를 강화하는데 있어서 관건적인 요소였기 때문이다.

'대한민국과 일본국 간의 재산 및 청구권에 관한 문제의 해결과 경제협력에 관한 협정'에 의해 1966년에서 1975년까지 10년 간 청구권·경제협력 자금이 도입되었다. 이 자금은 제1차 경제개발5개년계획의 마무리와 제2차 경제개발5개년계획의 목표 달성, 제3차 경제개발계획의 착수에 이르기까지 경제개발계획의 중요한 재원이 되었다. 상세내역을 살펴보면 농림, 수산, 광공업, 과학기술, 사회간접자본의 자본재 도입에 자금의 64.3%, 원자재 도입에 26.6%가 사용되었다. 특히 자금의 대부분이 광공업과 사회간접자본 확충에 투입됨으로써 한국이 중화학공업 중심으로 산업구조를 고도화시키고, 국토개발사업을 추진하는데 기여했다. 하지만 자재와 기술에 있어서 대일의존성이 커지고 대일 무역적자가 심화됨으로써 일본에 대한 의존성을 극복하는 문제는 이후 오랫동안 동안 한국경제의 과제로 남았다.

본고는 한일회담과 한일경제각료회의에 직간접적으로 참여한 인물들의 구술을 바탕으로 했다. 이를 통해 한일회담에 대한 각 정권의 입장이 과거사청산 논리에서 경제협력의 논리로, 경제협력의 논리에서 반공과 경제협력이 결합해가는 양상으로 변모해가는 과정을 살펴볼 수 있었다. 뿐만 아니라 그것이 일본의 경제개발 모델을 벤치마킹하겠다는 군사정권의 구상 속에서 나온 것임을 이해할 수 있었다. 1960년대 한일협정의 체결에 미국이 깊숙이 관여했고, 일본의 소극적인 태도를 견인하는 역할을 했음도 확인할 수 있었다. 또한 청구권·경제협력 자금이 경제개발계획의 추진에 기여했다는 점을 강조하면서도 당시의 관료들 역시 한국경제가 일본 부품공업의 시장이 되고, 기술과 자금 면에서 대일의존성이 심화되는 문제를 우려하고 있었음을 확인할 수 있었다.

1. 한일회담의 교섭과정

1) 이승만 정권기: 반공과 과거사 청산 중심의 논리

6·25전쟁기인 1951년 10월 20일 한국과 일본은 도쿄에서 예비회담을 개최한 후, 1952년 2월 15일 제1차 회담을 개최함으로써 한일회담의 막을 열었다. 한일회담은 한국과 미국, 일본 각각의 이해관계가 맞물리면서 시작되었다. 미국은 자국의 경제적인 부담을 더는 한편, 일본의 역할을 강화하여 동아시아의 중심축으로 세움으로써 공산주의에 대한 자본주의 진영의 방어막을 구축하고자 했다. 이른바 지역통합전략이었다. 미국은 이를 위해 한일양국에 관계를 개선할 것을 종용했다. 일본은 과거 식민지였던 한국과의 관계를 재개함으로써 패전국의 오명을 벗고 동아시아의 중심국가로 발돋움하고자 했고, 한국은 일본과 함께 반공전선을 형성하는 한편, 대일청구권자금을 통해 전쟁으로 파괴된 경제를 재건하고자 했다.

한일회담은 원래 1952년 4월 샌프란시스코 강화조약 발효 전에 마무리될 예정이었으나, 산적한 현안과 한일 간의 이해관계 충돌로 인해 장기화되었다. 한일회담의 주요 의제는 국교 수립을 위한 기본조약 체결, 일본 거주 조선인의 법적 지위, 재산청구권, 문화재 반환, 어업 문제, 선박 문제 등이었다.[1]

한일회담의 막을 연 예비회담은 연합국 최고사령부 외교국장 시볼트 (William J. Sebald)의 입회하에 개최되었다. 주요 의제는 재일조선인의 법적 지위와 어업 문제였다. 당시 일본에는 본국으로 귀환하지 못한 재일조선인 64만 명이 거주하고 있었다. 샌프란시스코 강화조약 이후 일

---

1) 제1차에서 제4차 회담까지 한일회담의 전개과정에 대해서는 박진희, 『한일회담 -제1공화국의 對日정책과 한일회담 전개과정』 선인, 2008 참조. ; 정재정, 『주제와 쟁점으로 읽는 한일관계사』, 역사비평사, 2014

본적을 박탈당한 이들의 법적 지위는 매우 불안정했다. 어업 문제와 관련해서는 한국이 억류한 일본 어선과 어민의 송환 문제와 이승만라인에 대한 인정이 쟁점이었다.

한국과 일본 사이에는 제2차 세계대전 종전 이후 연합국 최고사령부가 규정한 일본 어선의 활동 가능 영역인 '맥아더라인'이 존재했다. 한국은 맥아더라인을 침범한 일본어선 27척, 어민 330명을 억류하고 있었다. 게다가 1952년 1월 18일 이승만 대통령은 대한민국 해양주권에 대한 선언인 '이승만라인'을 선포하여 독도를 포괄하고 동해 쪽 수역을 넓히고자 했다. 한일 양국은 두 문제에 대해 의견차를 좁히지 못했다.

제1차 회담은 1952년 2월 15일부터 4월 21일까지 개최되었다. 핵심의제는 한국의 일본인 재산과 청구권, 기본관계에 대한 문제였다. 한국은 한일 간에 기본조약을 체결하면서 과거청산을 위해 "대한민국과 일본국은 1910년 8월 22일 이전에 체결된 모든 조약이 원천적으로 무효"라는 조항을 반드시 삽입해야 한다고 주장했다. 그러나 일본은 일본 국민의 감정을 자극할 우려가 있으므로 이 조항을 넣을 수 없다고 주장했다. 절충 끝에 1910년 이전에 체결한 조약은 "이미 효력을 상실했다"는 표현으로 합의했다.

한편 일본은 한국의 대일청구권 요구에 대해 오히려 해방 후 몰수된 일본인의 재산을 반환해야 한다고 주장했다. 미군정은 1945년 9월 25일 재조선미국육군사령부군정청 법령 제2호를 통해 한국에서 일본인의 재산권 행사를 금지시켰고, 12월 6일에는 군정청 법령 제33호를 공포하여 일본의 국공유재산과 사유재산을 군정청의 귀속재산으로 몰수하는 조치를 취했다.[2] 대한민국 정부 수립 직후인 1948년 9월 11일 '대한민국 정부와 미국 정부 간에 체결된 재정 및 재산에 관한 최초협정'에 의해 과

---

2) 일본연구실 편, 『한일관계자료집』 제1집, 고려대학교 아세아문제연구소, 1976, 18-19쪽.

거 일본인 소유였던 모든 재산은 대한민국 정부에 이양되었다. 일본은 이 재산 중 사유재산의 반환을 요구하면서 한국의 대일배상청구권을 무력화시키고자 했다. 한국은 식민지 수탈에 의해 축적된 자산을 몰수한 미군정의 조치는 정당했으며, 일본의 주장은 비이성적이라고 거세게 항의했다. 이 문제로 결국 회담은 결렬되었다.

제2차 회담은 1953년 4월 15일부터 7월 23일까지 개최되었다. 악화된 한일관계를 개선하기 위해 1952년 12월 클라크(Mark W. Clark) 유엔군 사령관과 머피(Robert D. Murphy) 주일미국대사가 이승만 대통령과 요시다 시게루(吉田茂) 수상의 회담을 주선했다. 이승만 대통령은 일본이 식민지 통치에 대해 사과할 것을 요구했고, 요시다 수상은 한국과 일본이 공산주의의 침략에 직면해 있으므로 우호관계를 수립해야 한다는 점을 강조했다. 결국 미국의 압력으로 회담이 열리기는 했지만 한일 간의 입장차는 좁혀지지 않았다. 일본이 계속 대한청구권 주장을 주장하고 이승만라인을 침범한 일본인 선원이 사살되면서, 한국은 일본의 대한청구권 철회를, 일본은 이승만라인 철폐를 요구했다. 그러나 양국이 서로의 요구사항을 수용하지 않으면서 제2차 회담도 결국 결렬되었다.

한일 간의 청구권을 둘러싼 갈등과 혼선의 배경에는 미국의 이중적인 태도와 정책이 있었다. 한국은 청구권을 둘러싸고 한일 간에 의견차가 발생하자 미국 측에 자문을 구했다. 미국 측은 미군정이 1945년 12월 6일 군정청 법령 제33호를 발포하여 일본인의 공사유 재산을 몰수한 조치는 정당했지만, 이후 한일 간의 청구권이 협의되는 과정에서는 일본의 공사유재산이 고려대상이 될 수 있다는 이중적인 태도를 취했다. 한국으로 이관된 귀속재산이 일본과의 청구권 협의과정에서 재논의 될 수 있다는 여지를 남긴 것이다. 실제로 일본은 이를 근거로 한국 측에 일본인 사유재산에 대한 반환을 요구했다.

미국은 일본은 소위 무조건 항복이라는 걸 했거든? 항복할 때 그것도 선례가 없는 거예요. 무조건 항복이라는 거가. 그런 체제 하에서 미국이 와가지고 무조건 또 한국에 있는 일본 재산을 공적인 거, 사적인 거 전부 다 소위 귀속재산을 맨들었지(만들었지). 그랬다가 또 우리한테 몽땅 넘겨줬거든. 그거는 일본이 승인을 했는데, 이게 국제법에 예가 없고, 어 과하다. 그러니까 사유재산에 대해서. 그러니까 자기들은 이거에 대해서 뭐 보상이 있어야 되겠다, 하는 주장을 했는데. 하여간 미국이 이 평화조약의 조문에 의해서 일본은 청구권은 없다, 그건 분명해. 청구권은 없는데, 그 한국에서 놓고 간 재산이, 이 한국 측에 청구권을 협의할 때에 고려 대상이 될 수 있다, 한국 측의 청구권을 어느 정도 만족시키거나, 소멸시킬 점이 있을 수 있다, 그렇게 된 거죠.[3]

제3차 회담은 1953년 10월 2일에서 1953년 10월 6일까지 개최되었다. 6·25전쟁이 끝난 뒤 첫 회담이었다. 역시 일본의 대한청구권과 이승만라인이 의제가 될 예정이었다. 그러나 3차 회담은 일본 수석대표 구보타 간이치로(久保田貫一郎)의 망언으로 본격적인 의제를 논의하기도 전에 표류하기 시작했다. 구보타는 "대일강화조약 체결 이전에 수립된 한국정부는 불법적 존재이며, 일본의 한국 통치는 한국인에게 유익한 점도 많았다. 카이로선언에서 한국 민족이 노예상태에 놓여 있다고 언급한 것은 전시 히스테리의 표현이다. 미군정이 일본의 재산을 한국에 넘겨준 것은 국제법 위반이다."라고 발언했다. 한국은 구보타의 망언에 대해 강력히 항의했으나 일본의 정계와 여론은 구보타를 지지했다. 일본의 식민지 지배에 대한 반성과 사죄의식이 없는 상태에서 회담은 더 이상 진전될 수 없었다. 구보타의 망언 이후 회담은 장기간 중단 상태에 빠졌다.
그러나 1957년 후반부터 한일회담의 본회담을 위한 예비교섭이 진행

---

3) 전상진, 2012년 3월 6일 2차 구술.

되는 등 회담의 재개가능성이 엿보이기 시작했다.

1957년에… 후반기부터 소위 그 본회담 개최를 위한 예비교섭이라고 하는 명목 하
에 에 한일 간에 그 현안문제, 그때 가지고 있던 문제에 대한 협의가 있었어요. 그
래서 그게 57년 12월 일날 합의가 됐다고. 타결이. 그게 처음이야. 한일 간에서 무
슨 싸인을 해가지고 합의를 이룬 거나. 그 당시에 이제 본국에서는 김동조(金東
祚) 외무차관, 김영주(金永周) 정무국장, 이런 분들이 주가 돼서 에 방책을 세우
고. 이제 일본에서는 어… 김영식(金永湜)씨가 공사를 하다가 이 제네바(Geneva)
로 가시면서 한국은행 총재하던 김유택(金裕澤)씨가 주일대사로 갔어요. 그래서
이제 김유택 대사, 유태하(柳泰夏) 공사, 최규하(崔圭夏) 참사관, 이런 분들이 실
제 교섭을 (했지).[4]

제4차 회담은 1958년 4월 15일부터 1960년 4월까지 계속되었다. 기
시 노부스케(岸信介) 정부는 최악의 상태에 빠진 한일관계를 개선하고
자 했다. 유엔의 유권해석을 통해 일본인의 재산청구권을 포기하고, 미
국의 권고를 받아들여 구보타 발언을 철회하는 등 전향적인 조치를 취
했다. 106점의 문화재를 한국에 반환하면서 일본의 여론 환기를 위해
나포된 일본 어선과 어민의 석방을 요구하기도 했다.

일본의 적극적인 관계개선 노력으로 시작된 제4차 회담은 재일교포
'북송'이라는 암초에 부딪쳤다. 일본은 한국정부의 강력한 반대에도 불
구하고 재일조선인의 '북송'을 추진했다. 이 조치는 북한과 대결구도 속
에 있는 이승만 정권의 반일감정을 자극했다. 한국에서는 재일동포북송
반대시위가 연일 열리고 있었다. 표류하던 제4차 회담은 미국의 중재로
속개되었다. 억류한 상대 국민을 석방하기로 결정하면서 양국 관계도 풀

---

4) 최광수, 2011년 4월 8일 2차 구술.

릴 조짐을 보였다. 일본은 한국산 쌀 3만 톤을 수입하기로 하는 등 유화적인 태도를 취했다. 그러나 1960년 4·19혁명이 일어나면서 제4차 회담 역시 중단되었다.

이승만 정권기의 한일회담은 반공논리와 과거사 청산논리에 기반을 두고 추진되었다. 동아시아에서 소련과 중국, 북한의 위협이 상존하는 상황에서 반공을 위해 한국과 일본이 협력해야 한다는 논리는 한편으로는 한일관계에 대한 조속한 관계 개선 요구로 나타났다. 또한 다른 한편으로는 해방 직후부터 한국인의 민족적인 요구였던 과거사 청산논리에 기초했다.[5] 청구권의 핵심은 자금이 아니라 배상 정신의 문제였고, 식민 침탈로 인해 훼손된 민족정기를 회복하는 문제였다. 한국은 과거사 청산을 중심으로 현안들을 일괄 타결하려고 했지만, 일본은 과거사 문제는 논외로 한 채 우선순위를 정해 현안을 해결하고자 했다. 이승만 정권기에는 결국 양자의 입장 차이를 좁히지 못한 채, 회담이 무산되었다.

2) 장면 정권기: 경제협력 논리의 대두

장면 정권기 들어서 재개된 제5차 회담은 1960년 10월 25일부터 1961년 5월 15일까지 개최되었다. 장면 정권은 이승만 정권과 달리 한일회담에 적극적인 자세로 임했다. 장면총리를 비롯한 정부 각료들은 이승만 정권이 지극히 감정적인 반일 일변도의 정책을 폄으로써 전혀 소득이 없었다고 판단했다. 장면 정권은 '경제제일주의'를 표방하며, 한일경제협조노선을 추구했다. 미국의 원조가 삭감되는 상황에서 일본의 협조가 긴요하다는 판단이었다.

장면(張勉) 총리 내각이 들어서면서, 아 가을이에요. 1960년 가을에 한일회담이

---

5) 박진희, 앞의 책, 355-356쪽.

다시 시작이 됐어요. 제5차 한일회담이. 유진오(兪鎭午)씨가 수석대표로 가시고, 에 우리 여기서 대표단이 일본에 가는데, 그땐 나도 같이 동행을 해서 동경(東京) 에 가서 회담에 참석을 했는데, 에 그때는 상당히 그 열의가 있었어요. 장면 총리 의 그~ 결의가 상당히 강했다 그러고. 또 저기 유진오 선생도 어 이제 에 뭔가 그 합의에 그 이루겠다고 하는 의욕이 계셨고.[6]

이 시기 일본은 청구권문제를 '경제협력' 방식으로 해결하는 방안을 비공식적으로 제안해왔다. 대일청구권 포기를 전제로 6억불에 달라는 원조를 제안했던 것이다. 1961년 4월 방한한 자민당 국회의원들은 일본 이 한국의 중공업 분야에 대한 협력에 관심을 가지고 있음을 피력했고, 한국 관료들은 수출용 경공업에 대한 투자를 촉구하는 등 경제협력을 중심으로 양자의 이해관계 또한 접근하는 모습을 보였다.[7] 자민당 국회 의원들은 일본이 청구권 문제에 대해서도 대폭 양보할 의사가 있음을 전달했다.[8]

일본 외무성은 제5차 회담 이전부터 일본이 청구권을 양보하는 대신 한국 측에 대해서도 청구권이 아닌 경제협력 방식으로 문제를 해결한다 는 방침을 세워두고 있었다. 경제협력이라는 새로운 방식을 고안한 것은 외무성 조약국장과 아시아국장을 역임한 나카가와 토오루(中川融)였다. 그는 일본이 돈이 아니라 물품과 기계, 서비스, 역무를 상대국에게 지불 한다면 이것은 오히려 일본의 수출을 확대하고 일본경제를 활성화할 수 있는 유력한 방안이 될 수 있을 것이라고 판단했다.[9]

---

6) 최광수, 2011년 4월 8일 2차 구술.
7) 「일본 중의원 방한보고(1960. 5. 24)」, 『한국외교문서』, 1961.
8) 『동아일보』 1961년 5월 12일자.
9) 오오타오사무, 『한일 청구권 교섭 연구』, 고려대학교 박사학위논문, 2000, 120-121쪽.

일본은 동남아시아에서부터 순차적으로 이러한 경제협력 방식을 적용해가고 있었다. 5·16군사정변으로 인해 5차 회담 역시 결실 없이 끝을 맺었지만, 장면 정권기는 가장 첨예한 대립을 보였던 청구권 문제에 대한 이견이 좁혀지고, 경제협력이라는 기조 하에 한일관계의 새로운 기운이 조성된 시기였다.

3) 박정희 정권기: 경제협력과 반공 논리의 결합

5·16군사정변 직후 김홍일 외무부장관은 한일회담은 빠른 시일 내에 재개할 것이라는 입장을 표명했다.[10] 군사정권은 쿠데타의 정당성을 국민들에게 피력하기 위해서라도 경제개발계획을 반드시 성공시켜야만 했다. 문제는 경제개발계획을 위한 자본이었다. 군사정권은 대일청구권자금을 통해 경제개발계획에 필요한 자금을 동원하고자 했다.

외교부 아주과에서 한일회담 실무를 담당했던 김태기는 5·16군사정변 직후부터 박정희, 김종필을 비롯한 육사 8기생들이 한일회담에 대한 브리핑을 받고 싶어 했고, 오명달 과장과 자신이 브리핑을 했다고 회고했다.

> 경제를 갔다 일으켜야 되겠는데, 경제를 일으키게 되면 돈을 갔다가 누가 꿔줄 사람도 없고, 돈 어디서 구할 데도 없고, 그니까 유일하게 돈을 갔다가 구할만한 데가 일본에서, 이제 일본 그 한일회담을 갔다가 끝내가지고 일본에서 돈을 좀 받으, 청구권 자금을 받으면, 그 돈 가지고 좀 이제 그 경제발전에 좀 쓸 수 있지 않겠냐. (중략) 혁명이 끝난 다음에 아마 일주일도 채 안 됐을 거예요. 갑자기 위에서 지시가 내려왔어요. 왜냐면 '한일회담에 상황에 대해서 브리핑을 좀 해라.' (중략)

---

10) 『동아일보』 1961년 5월 22일자.

그게 이제 한일회담의 시작이야.[11]

　군사정권은 한일회담을 재개하기에 앞서 1961년 7월 18일 '대미교섭안
작성특별위원회'를 설치하여 한미관계 뿐 아니라 대일재산청구권 등 한
일관계의 현안을 꼼꼼히 검토했다. 그 결과 군사정권은 청구권 문제에
대해서는 액수 삭감이 불가피하다는 결론을 내놓고 있었다. 그 근거는
첫째, 한국에 있는 일본인 재산이 미군정을 거쳐 이미 한국정부에 귀속
되었다. 둘째, 일본에 있는 조선총독부 재산과 한국에 본사를 두었던 일
본법인의 일본 내 재산에 대한 요구는 미국의 견해와도 상반되므로 청
구권 대상에 포함시키기 곤란할 것이다. 셋째, 일본은 청구권 자체를 삭
제하려는 태도를 가지고 있다. 법적 근거와 증빙자료가 빈약하여 액수삭
감은 불가피하니 액수 삭감을 최소화하는 데 주력해야 한다는 것이다.[12]
　청구권 문제가 사죄와 배상의 문제가 아니라 금액의 문제를 중심으로
검토되었다는 점은 군사정권 시기의 한일회담 역시 경제협력의 논리로
경도될 가능성이 높다는 점을 암시하고 있었다. 가장 민감한 문제였던
청구권 문제가 현실 가능한 조정의 문제로 검토되는 가운데 군사정권은
박정희 대통령이 직접 나서서 이 문제를 일단락 짓고자 했다. 1961년 11월
11일 박정희 대통령은 미국 순방 길에 일본에 들러 이케다 수상을 만났
다. 박정희 대통령과 이케다 수상은 이 자리에서 다음과 같은 내용에 합
의했다. 한국은 한국의 대일청구권이 미지급된 임금 등의 청산문제이지
식민지 지배에 대한 배상이 아니라는 점을 인정하고, 일본은 청구권을
한국의 경제개발5개년계획에 대응한 '경제협력' 자금으로서 극히 유리한

11) 김태지, 2010년 5월 10일 2차 구술.
12) 오오타오사무, 『한일 청구권 교섭 연구』, 고려대학교 박사학위논문, 2000 참조.

조건으로 한국에 공여한다.[13] 결국 박정희와 이케다의 '정치적' 타협을 통해 1952년부터 계속되어온 한일회담의 원칙과 방향이 결정된 것이다.

당시 미국은 5·16군사정변 직후부터 박정희, 김종필, 유원식 등 쿠데타 핵심세력의 좌익 전력을 문제 삼은 채, 군사정권에 대한 지지를 보류하고 있었다. 군사정권은 자본주의 진영의 맹주이자, 대한민국 정부의 정치적, 경제적, 군사적 맹방이었던 미국의 승인이 절대적으로 필요했다. 미국의 지지를 받기 위해서는 미국의 동아시아정책에 적극 부응해야만 했다. 미국은 소련, 중국, 북한에 대응하는 동아시아 반공전선 구축을 위해 일본을 중심으로 한 지역통합전략을 실현하기 위해 부심했다.

군사정권은 1961년 7월 3일 반공법을 반포하여 좌익 전력에 대한 미국의 의심을 불식하는 한편, 방미 중에 일본에 들러 박―이케다 회담을 성사시킴으로써 미국의 요구에 부응하고자 했다. 반공이라는 '대의'를 위해 일본과 관계를 개선하고, 청구권이라는 과거에 연연하지 않고 일본의 '경제협력'을 통해 경제개발계획을 추진함으로써 동아시아에 강고한 반공보루를 건설하겠다. 이것이 군사정권의 한일관계 개선에 대한 구상이었다. 이렇듯 군사정권 하에서 반공과 경제협력의 논리가 결합되어가는 가운데, 한일관계 개선의 본질이었던 식민 청산의 문제는 후순위로 밀려나고 있었다.

2. 한일협정과 경제협력의 강화

1) 김―오히라 메모와 경제협력론

한일관계 개선의 원칙과 방향에 대한 한일 양국 지도자의 '정치적' 타

---

13) 위의 논문, 136―137쪽.

협이 이루어진 후, 한일회담은 급물살을 타기 시작했다. 하지만 합의해야 할 산적한 문제는 여전히 남아있었다. 이에 한국과 일본은 실무적인 교섭을 진행하되, 양측이 합의점을 찾지 못하는 문제는 정치적으로 해결하는 투 트랙의 접근방식을 선택했다. 즉, 1961년 10월 26일부터 1962년 3월 6일까지 일반청구권 소위원회를 통해 청구권 문제를 논의하고, 해결되지 않은 문제는 외상회담과 김종필-오히라 회담 등 정치회담을 통해 타결하며, 다시 남은 문제들을 절충하는 방식이었다.

일반청구권 소위원회에서는 한국이 개인청구권까지 포함하여 약 120억 달러를 제시했고, 일본 측은 증거불충분을 들어 한국 측의 요구를 수용하지 않았다. 이에 외상회담을 통해 정치적 절충이 시도되었다. 한국 측은 청구권이라는 용어를 고수하고자 했으나, 일본 측은 청구권이라는 용어 대신에 무상원조와 차관형식으로 처리할 것을 주장했다. 또한 한국 측이 7억 달러를 청구한 데 반해 일본은 7천 만 달러 정도를 제시해서 의견차가 컸다.

회담이 그게 쉽게 될 수가 없, 없는 거니까 잘 안 됐단 말이야. 근데 그것을 그 회담에 정체랄까 하는 것을 갔다가 타개한 것이 요새 여러분들 뭐 잘 들어봤는지 모르겠지만은 김-오히라 메모라는 게 있다고. 그 김종필, 오히라 마사요시(大平正芳)라는 이제 나중에 수상이 되는 양반인데, 그때 이제 외, 외상이지. 그러니까 김종필 특사하고 그 오히라 마사요시 외무대신 간에 그게 다 이 그 결국 돈인데, 청구권 자금을 갔다가 어느 정도 낼 것이냐. 그래서 3, 2, 1이라고 하는 것이 나왔단 말이야? 그니까 3억 무상, 2억. 이제 그건 정부차관 그러니까 공공차관, 그 1은 1억 이상 상업차관 해가지고서 그런 식으로 이제 그 큰 그 참 액수를 갔다 딱 정한 다음에 그 다음부터 이제 본격적으로 회담을 했다, 그걸 갔다 근거를 해가지고.[14]

14) 김태지, 2010년 5월 10일 2차 구술.

결국 김태지의 회고처럼 김종필 중앙정보부장이 1962년 10월과 11월 2차례에 걸쳐 특사로 일본을 방한하여 오히라 외상과 이 문제에 대한 정치적 타협을 시도했다. 이때 오히라 외상은 무상 3억 달러를 배상이 아니라 '독립축하금'으로 표현하자고 제의했고, 김종필 중앙정보부장은 금액이 무상 3억 달러, 유상 3억 달러가 된다면 배상이라는 표현을 고집하지 않겠다고 말했다. 양자는 무상 3억 달러, 유상 2억 달러, 민간상업차관 1억 달러에 합의했다.[15] 한일 양국이 식민 청산에 중심을 둔 청구권이 아니라 경제협력 방식에 합의하는 순간이었다. 이후 한일회담의 중심의제는 경제협력 문제로 전환되었다.

김종필 중앙정보부장이 방한할 당시 군사정권은 경제개발계획 자본동원 문제로 어려움을 겪고 있었다. 군사정권은 5·16군사정변 직후 지하에서 잠자고 있는 자금을 산업자금으로 동원하기 위해 1962년 6월 야심차게 통화개혁을 단행했다. 하지만 통화개혁으로 동원할 수 있었던 자금의 규모는 미미했고, 사전협의 없이 단행된 조치에 대한 미국의 반대도 심했다.[16] 결국 통화개혁은 실패로 돌아갔다. 통화개혁이 성과를 거두지 못하자 일본으로부터 도입될 자금은 군사정권이 경제개발계획을 위해 동원할 수 있는 가장 유력한 자금으로 떠올랐다. 김-오히라 회담은 이러한 시점에 타결된 것이다. 김-오히라 메모에 합의한 후, 한일 양국은 '경제협력'의 내용에 관한 구체적인 협의를 시작했다.

사토 내각은 이전 정권보다 한일회담에 적극성을 보였다.[17] 패전 후 오랜 침체를 겪고 경제성장에 성공한 일본은 한국을 비롯한 주변국들과

---

15) 일본연구실 편, 「한일회담의 경위〈제1~7차〉(1965.3.20.)」, 『한일관계자료집』 제1집, 고려대학교 아세아문제연구소, 141-147쪽.

16) 장준갑, 「케네디 행정부의 대한 정책(1961-1963)-간섭인가, 협력인가?」, 『미국사연구』 제25집, 2007, 148-150쪽.

17) 이마즈 히로시, 2012년 2월 9일 1차 구술.

외교관계에 성과를 내면서 경제대국으로 성장할 수 있는 토대를 마련하고자 했다. 미국으로부터의 오키나와의 반환 문제, 한일회담의 재개와 한일협정 체결 역시 사토 내각이 추진한 외교정책이었다.

일본은 경제개발5개년계획, 외자도입관계법, 수출입무역관계법, 유무상 원조의 용도, 관련 행정·금융기관, 주요 기업의 운영주체 등 한국의 경제상황에 대해 구체적으로 파악하고 싶어 했다. 일본은 생산과잉에 봉착한 자본가들의 요구를 수용하여 체화를 소화하고 플랜트 수출시장을 확보하며, 자본주의 진영을 강화하기 위해 한국과의 경제협력에 적극적으로 나서고 있었다.[18] 실제로 일본은 한일협정 체결 이전부터 울산비료공장과 소양강발전소에 차관을 제공하고자 했고, PVC 공장과 시멘트 공장, 섬유공장의 플랜트 수출을 진행했다.

군사정권은 현 국제정세 하에서는 일본과의 '경제협력'이 불가피하다고 생각했다. '경제협력'은 자본주의 진영의 정치적인 문제와 더불어 경제적인 문제를 해결하기 위해 고안되었다. 즉, 경제협력은 미국이 정치적인 목적으로 제공한 원조로부터 시작되었으나 1950년대 후반부터 독일, 일본, 프랑스, 이태리 등이 경이적인 경제성장을 이룩하게 됨에 따라 각국의 과잉투자에 발생하는 경제문제를 해결하기 위해 해외 네트워크가 필요해졌다. 군사정권은 일본 역시 자본주의 진영 강화와 플랜트 수출 문제를 안고 있다고 파악했다. 군사정권은 일본의 이해관계와 미국의 지역통합전략 구상을 수용하는 것이야말로 경제개발계획에 성과를 내고, 정권을 유지, 강화할 수 있는 유력한 방안이라고 판단했다.

한편, 군사정권에 의해 한일회담이 재개되고, 결국 1965년 한일협정이 타결된 데에는 미국의 적극적인 주선과 개입이 있었다. 냉전체제 하

---

18) 오오타오사무, 『한일 청구권 교섭 연구』, 고려대학교 박사학위논문, 2000, 163–164쪽.

에서는 한일의 결합이 중요했기 때문이다.[19] 특히 주일 미국대사 라이샤워(Edwin Oldfather Reischauer)와 주일대표부 배의환 공사는 한일관계의 현안 해결을 둘러싼 다양한 물밑접촉을 했다.

1965년 정무과장을 할 때, 미국 대사관 측에서 상당히 그 관심을 가지고 있었던 것은 사실이에요. 그때 주일 미국대사가 그 에드윈 라이샤워라고 그 유명한 일본 학자지? 그 사람이 이제 대사로 왔고. 그때 우리 배의환(裵義煥)씨가 대사로 계셨는데 만나서 이제 한일회담 관계에 대해서도 물론 얘기 헐 기회들이 있었고.[20]

이처럼 미국은 1950년대와 달리 1960년대에는 한일문제에 보다 적극적으로 개입했다. 미국의 입장에서 한일관계의 개선은 일본 중심의 지역통합전략을 실현해서 동아시아에서 미국의 부담을 경감시키고 일본의 역할을 강화하는 한편, 동아시아 반공역량의 연대를 강화하는데 있어서 관건적인 요소였다.

확실히 우리의 한일회담에 대해서는 이제 그 미국이 주로 관심을 가져서. 미국이 이제 그 한일 양국이 말이지. 다 잘, 같은 다 친군데 응? 미, 미국도 한국하고도 좋은 친구고, 일본하고 좋은 친군데. 그 좋은 친구들끼리는 말이지 자꾸 투닥투닥 거린다 말이지. 어 좀, 좀 말이지, 좀 잘돼야 머 좀 응? 그 같이 일하기도 좋지 않냐? 응? 빨리빨리 정상화, 전쟁도 끝난지 오래되고, 그러니까 빨리빨리 그 국교정상화 그걸 갖다가 마무리 짓도록 이렇게 좀 해라 이런 식으로 자꾸 얘기가 들어온 건 사실이야.[21]

19) 이마즈 히로시, 2012년 2월 9일 1차 구술. 그는 미국이 나서기 전까지는 일본이 한일회담에 적극적이지 않았다고 구술했다.
20) 최광수, 2011년 4월 8일 2차 구술.
21) 김태지, 2011년 5월 10일 2차 구술.

군사정권은 한일관계 개선을 통해 일본의 자본뿐 아니라 일본의 경제 성장 모델을 한국에 적용하고자 했다. 그것은 박정희뿐 아니라 관료들의 공통된 생각이었다.[22) 과거의 한일관계에 얽매이지 않고 자본과 성장모델을 도입하고, 이 과정에서 일본과 긴밀히 협력하는 것. 관료들은 이것을 이승만의 '이상주의'와 구별되는 박정희의 '현실주의'라고 표현했다. 일본의 제대로 된 사과와 배상을 받지 못했다, 굴욕적이다 등등. 한일협정에 대한 문제제기도 경제발전과 부국강병을 위한 현실적인 선택이자, 불가피한 선택이라는 이름으로 합리화되었다.

후진국은 일본국이 선진국이니까 일본의 그 전례를 갔다가 우리가 모범으로 삼아야 되겠다, 하는 생각이 나도 있으니까 박정희 대통령은 더 강했을는지도 모르지요. 그러니깐 우리나라가 그때 아주 형편없이 가난하고 뭐 아무 것도 없었으니까. 그 우리나라의 민생문제를 해결하기 위해서는 일본의 자본 협력도 그렇지만, 일본하고의 협력이 아주 이건 절실하다. 아, 그래서 일본에서 자본이라든가 또는 기술, 이런 것도 도입이 되고, 우리가 일본을 그 모델로 삼아가지고, 부국강병. 부국강병이라는 게, 이게 저 일본 유신 후에 늘 떠들어댔던 거예요. 동양에서 옛날부터 얘기하지만. 부국강병이라는 게 나라를 갔다가 경제적으로 일으켜서 백성들이 유복하게 먹고 경제가 발전하면, 또한 강병이라는 거는 안보가 강해지고 그러는 거 아니겠어요? 그래서 우리도 부국강병 정책을 쓴 거거든요. 그러니까 일본 모델을 삼아서 일본의 협력을 받아서 우리나라의 발전을 좀 촉진하자 하는 생각이 박 대통령은 상당히 강했을 거예요. 어, 그런 점에서 현실적으로 볼 때에 에 그 제대로 선택을 한 거죠. 그러니까 어떻게 보면은 저 이승만 대통령은 이상주의자. 자기, 자기, 자기 나름대로 완성된 이상주의자. 어떻게 보면 구름 위에 있는 분 같은 느낌. 그리고 박정희 씨는 일본 교육을 받고, 어 또 일본의 장점도 알고, 우리의 고민도

---

22) 정진아, 「한일협정 후 한국 지식인의 일본인식」, 『동북아역사논총』 33, 2011 참조.

알고 그러니까 현실주의자. 인제 현실적으로 이제 대처를 한 거고, 거기에서 큰 차이가 나지 않았나 생각이 돼요, 기본자세가.[23]

조약체결에 대한 비판론이 대학생과 지식인, 야당을 중심으로 비등했고 연일 데모가 이어졌지만, 결국 1965년 6월 22일 한국정부 수석전권대표 이동원 외무부장관과 일본정부 수석전권대표 시나(椎名悦三郎) 외상 및 수행대표들 사이에 한일기본조약(일명 한일협정)이 조인되었다. 조약의 부속협정으로 '청구권·경제협력에 관한 협정', '재일교포의 법적지위와 대우에 관한 협정', '어업에 관한 협정', '문화재·문화협력에 관한 협정'이 있지만, 조약의 핵심은 '청구권·경제협력에 관한 협정'이었다.

2) 각료회의와 공고해진 한일 경제협력

한일협정이 체결된 이후에도 '경제협력' 논의는 각료들을 중심으로 계속 발전했다.[24] 1965년 한일협정이 체결된 직후 일본과의 경제협력 논의과정에서 가장 중요했던 것은 경제개발계획 자금을 어떻게 신속하게 조달할 것인가 하는 문제였다. 한국은 경제개발계획 추진을 위해 청구권 자금의 조기 지급과 한도 증액을 요청했다. 그러나 일본은 10년간 균등 배분하기로 한 협정 원칙을 내세웠고, 한도 증액 역시 어렵다는 입장이었다. 한국정부는 1966년 9월 개최된 한일경제각료간담회를 통해 이 문제를 매듭짓고자 했다.

1966년은 제1차 경제개발5개년계획을 마무리하고, 제2차 경제개발5개

---

23) 전상진, 2012년 3월 6일 2차 구술. 전상진은 외무부 정책국장 방교국장, 통상국장을 지냈고. 1966년 초대 외무차관보를 역임했다.

24) 한일 간의 경제협력 논리에 대해서는 이현진, 「1960년대 후반 정세변화와 한일경제협력의 논리−한일정기각료회의 논의과정을 중심으로」, 『한국사상사학』 38, 2011이 자세하다.

년계획을 준비해야 하는 해였고, 제2차 경제개발5개년계획은 고속도로 건설과 댐과 발전소, 국토개발사업 등 사회기반시설의 확충에 역점을 두었기 때문에 제1차 경제개발5개년계획에 비해 자금소요 예상액이 기하학적으로 늘어날 예정이었다. 또한 1967년은 대통령 선거가 예정되어 있었기 때문에 정권의 입장에서는 가시적인 성과가 필요했다.

한일경제각료간담회에서는 한국 측은 청구권 자금과 차관 증액 가능성을 타진했고, 일본 측은 일본인 상사의 과세 조정문제를 협상 안건으로 내놓았다. 한일 양측은 경제개발계획에 협력한다는 원칙만 서로 확인했을 뿐 구체적인 내용의 진전은 없었다. 그러나 제1차 각료회담은 한일정기각료회의를 매년 1회 개최하기로 합의했다는 점에서 중요한 의미를 갖는다. 한일 경제협력을 안정적으로 논의할 수 있는 창구가 마련되었기 때문이다.

1967년부터 1차 한일정기각료회의가 개최되었다. 한국 측은 제2차 경제개발5개년계획을 3년 반 만에 조기 달성하겠다는 목표를 세우고 일본 측에 2억 달러의 추가 상업차관을 요구했다. 이에 일본 측은 일본상사에 대한 합리적인 과세원칙을 확립하고 조세협정을 맺는 것으로 경제협력을 시작해야 한다고 응수했다. 조세협정은 경제개발계획의 조기 달성을 위한 차관 교섭과 연결되어 차관승인에 대한 압력수단으로 기능하고 있었다. 결국 한국 측은 조세협정을 타결하기 위한 교섭을 시작하기로 했지만, 일본 측은 5억 6천만 달러에 해당하는 플랜트를 수출하기로 하는 선에 그쳤다.

한편, 1960년대 후반은 남북관계가 악화일로를 걷고, 팽팽한 군사적 긴장상태가 유지되었던 시기였다. 1965년 한일협정의 체결은 단지 경제협력의 물꼬를 트고 한일국교를 재개하는 의미만 갖는 것이 아니었다. 이를 계기로 한미일 삼각방위체제가 구축되었다. 베트남전쟁과 한국군 참전은 북한의 위기의식을 증폭시켰다. 북한은 베트남 다음으로 북한이 공격대상이 될 것이라는 위기의식을 가지고 베트남전쟁을 지원하는 한편, 미국의 전선 교란을 위해 남한에 대대적인 군사공세를 퍼부었다.

1968년은 남북관계의 긴장 상태가 초절정에 달한 해였다. 1968년, 1월 21일에는 박정희를 암살하기 위해 김신조를 비롯한 31명의 무장게릴라가 서울에 침투했고, 1월 23일에는 동해를 시찰하던 미국의 푸에블로호가 북한에 나포되었다. 11월 울진 삼척지구에는 대규모 무장게릴라가 침투했다.[25] 이에 박정희 정권은 1968년 4월에는 향토예비군을 설치했고, 1969년 3월에는 고등학생과 대학생을 대상으로 교련과목을 설치하여 군사훈련을 실시했다.[26] 반공의 논리가 경제협력 과정에 깊이 개입할 수 있는 조건이 형성된 것이다.

박정희 정권은 경제협력을 단지 경제개발계획 뿐 아니라 반공연대를 위해서도 긴요한 문제로서 강조했다. 반공을 위해서 경제개발이 중요하고, 경제개발을 위해서는 일본과의 경제협력이 절대적으로 필요하다는 논리였다. 이는 한일 경제협력을 반대하는 논리를 무력화시키고, 반공을 절대화함으로써 한일경제협력을 정당화시키고자 했다.

1968년 8월 개최된 2차 한일정기각료회의에서 박정희 대통령은 일본에 대해서도 반공경제연대를 위해 일본의 사양산업을 한국에 이전해주고, 기술협력을 제공할 것을 요청했다. 박정희 대통령은 반공을 위한 운명공동체로서 한국의 경제발전이 일본의 정치군사적 안정과 번영에 매

---

25) 「서울에 북괴무장간첩단, 어젯밤 청운동서 31명과 교전, 종로서장 전사 5명 피살」, 『동아일보』 1968년 1월 22일자 ; 「미함 푸에블로호 납북 어제 하오 동해상 40키로 공해서, 북괴정 미그기의 위협받고 장병등 83명 원산으로」, 『경향신문』 1968년 1월 24일자 ; 「침투공비 규모 약 60명, 이달 초 해상으로 삼척 울진에, 28명 사살 포위망 압축」, 『동아일보』 1968년 11월 13일자.

26) 한만길, 「유신체제 반공교육의 실상과 영향」, 『역사비평』 통권 36권, 1997, 336쪽. 향토예비군 창설 과정에 관해서는 강민철, 「1968년 안보위기론 조성과 향토예비군 창설」, 가톨릭대학교 국사학과 석사학위논문, 2010 참조.

우 중대한 위치를 차지한다는 것을 일본 역시 인식해야 함을 강조했다. 반공경제연대의 중요성을 강조함으로써 청구권 조기 사용과 차관 증액에 대한 일본을 결단을 촉구한 것이다.

공동성명서에는 "한국과 일본은 한국의 안전과 번영이 일본의 그것에 중대한 영향이 있다는 것을 인정한다."는 내용이 포함되었다. 지역통합전략의 본질을 이해하고, 양자가 긴밀히 협력을 해나가야 한다는 점에 양국 각료의 의견이 일치한 것이다. 일본은 한국의 안전보장에 대해 깊은 관심과 이해관계를 표명하는 한편, 한국의 경제발전에서 일본이 적극적인 역할을 해야 한다는 점에 공감했다. 1968년의 한일정기각료회의는 한일 경제협력이 관료들의 상호이해를 바탕으로 한 단계 더 도약할 것임을 보여주는 증표였다.

1969년 8월 도쿄에서 개최된 3차 한일정기각료회의는 한국 측으로서는 개헌정국을 돌파하기 위해 한일 경제협력의 가시적인 성과를 내야 하는 중요한 자리였다. 특히 한국 측이 원한 것은 종합제철공장 건설을 위한 일본 측의 자금 지원이었다. 베트남전쟁으로 인해 미국의 병력 이동 가능성이 제기됨에 따라 박정희 정권은 종합제철 등 방위산업을 강화하고자 했으나, 세계은행이 제철공장의 경제적 타당성에 의문을 제기하면서 공장 건설 문제가 표류하게 되었다. 이에 박정희 정권은 일본으로부터 조기에 청구권자금을 조달받음으로써 제철공장 건설에 따른 재원조달문제를 해결하는 한편, 일본으로부터 기술협력을 통해 제철공장을 건설하고자 했다. 한국 측은 3차 한일정기각료회의에서 그것을 일단락 짓고자 했다.

한국 측은 북한과의 경쟁이 단지 군사정치적인 측면에 국한되는 것이 아니라 경제건설전쟁으로 전개되고 있다는 점을 강조하면서 종합제철 건설에 대한 일본 측의 자금원조와 기술협력을 요청했다. 한국 측은 만일 자금지원에 대한 확실한 보증을 해준다면 일본이 요구해온 조세협정을 완전히 해결할 것이라고 보장했다. 결국 한일 양측은 지역안보를 위해 한국과 일본이 긴밀한 협력을 해야 한다는데 공감하고, 일본이 한국의 종합제철 공장 건설을 지원하기로 합의했다. 이처럼 1969년 3차 한일정기 각료회의는 일본이 아시아 지역안보를 위해 미국이 감당해온 대아시아원조를 대신한다는 사실을 확인하는 자리였다. 따라서 한일 경제협력은 단순한 경제협력이 아니라 개헌이라는 한국의 정치적인 상황과 미국의 지역방위전략 등과 맞물리는 고도의 정치적인 협력체제의 일환인 셈이었다.

3. 청구권·경제협력 자금의 도입

1) 청구권·경제협력 자금의 도입과정과 사용내역

'대한민국과 일본국 간의 재산 및 청구권에 관한 문제의 해결과 경제협력에 관한 협정'에 의해 1966년에서 1975년까지 10년 간 청구권·경제협력 자금이 도입되었다.[27] 한일협정에 따르면 일본은 한국에 무상 3억 달러, 유상 2억 달러를 10년 동안 균등하게 제공하고, 이와는 별도로 상업차관을 3억 달러 이상 제공하게 되어 있었다. 이 자금을 제공받기 위해서 한국은 매년 연간 실시계획안을 제출하고 한일합동위원회에서 협의를 해야만 했다. 한일합동위원회가 양국 정부에 합의한 결과를 권고하면 한일 정부가 이를 채택해서 실행에 옮기는 과정을 거쳤다.[28]

---

27) 일반적으로 '대한민국과 일본간의 재산 및 청구권에 관한 문제의 해결과 경제 협력에 관한 협정'에 의해 도입된 유상, 무상의 자금 및 그 사용으로 발생하는 자금을 통틀어 청구권자금이라고 한다. 그러나 청구권자금이라고 하면 일본침략에 대한 정당한 배상이 아니라 경제협력과 반공의 논리로 귀결된 이 자금의 성격을 드러낼 수 없기 때문에 이 글에서는 청구권·경제협력 자금이라는 용어를 사용한다.

28) 청구권·경제협력 자금의 사용실적과 그 특징에 대해서는 최영만, 『한일 정부간

〈표 1〉 청구권·경제협력 자금 도입 실적   (단위: 천 달러, %)

	무상		유상		합계	
	금액	비율	금액	비율	금액	비율
1966년	39,915	13.5	44,677	22.3	**84,592**	16.9
1967년	34,668	11.6	27,389	13.7	**62,057**	12.4
1968년	27,979	9.3	17,813	8.9	45,792	9.2
1969년	24,059	8.0	11,070	5.5	35,129	7.1
1970년	25,995	8.7	8,894	4.4	34,889	7.0
1971년	29,205	9.7	8,000	4.0	37,205	7.4
1972년	29,798	9.9	34,900	17.5	**64,698**	12.9
1973년	29,613	9.9	5,004	2.5	34,617	6.9
1974년	28,016	9.3	41,521	20.8	**69,537**	13.9
1975년	30,752	10.3	732	0.4	31,484	6.3
합계	300,000	100	200,000	100	500,000	100

출처: 경제기획원, 『청구권자금백서』, 1976, 29쪽.

청구권·경제협력 자금은 1966년에 16.9%인 8,459만 2천 달러, 1967년
에 12.4%인 6,205만 7천 달러가 도입되었고, 1972년에 12.9%인 6,469만
8천 달러, 1974년에 13.9%인 6,953만 7천 달러가 각각 도입되었다. 자
금은 제1차 경제개발5개년계획의 마무리와 제2차 경제개발5개년계획의
출발, 유신체제의 출범과 안착에 기여했다. 1966년은 제1차 경제개발5개
년계획이 마무리되는 시기였고, 1967년은 제2차 경제개발5개년계획이
시작되는 시기였으며, 1972년은 유신헌법이 선포된 시기였다.

경제협력의 특징과 변화과정 연구』, 동아대학교 박사학위논문, 2012, 제3장
에 자세히 서술되어 있다.

〈표 2〉청구권·경제협력 자금 부문별 사용내역　　　　　(단위: 천 달러, %)

	무상		유상		합계	
	금액	구성비	금액	구성비	금액	구성비
1. 자본재	121,316	40.4	200,000	100.0	321,316	64.3
농림	36,548	12.18	2,300	1.16	38,857	7.77
수산	27,176	9.06	–	–	27,176	5.44
광공업	31,438	10.48	113,725	56.86	145,163	29.03
과학기술	20,125	6.71	–	–	20,125	4.03
사회간접자본	6,029	2.01	83,966	41.98	89,995	18.0
2. 원자재	132,825	44.3	–	–	132,825	26.69
3. 은행수수료, 청산계정	45,859	15.3	–	–	45,859	9.20
은행수수료	130	0.04	–	–	130	0.03
청산계정	45,729	15.24	–	–	45,729	9.15
합계	300,000	100.0	200,000	100.0	500,000	100.0

출처: 경제기획원, 『청구권자금백서』, 1976, 29쪽.

〈표 2〉에서 드러나듯이 청구권·경제협력 자금은 부대비용인 은행수수료와 청산계정을 제외하면, 대부분 자본재와 원자재 도입에 사용되었다. 농림, 수산, 광공업, 과학기술, 사회간접자본 등 자본재에 자금의 64.3%인 3억 2천 1백만 달러가 사용되었고, 원자재 도입에 26.6%인 1억 3천 3백만 달러가 사용되어 자본재의 비중이 압도적으로 높았다.

이를 다시 사업 부문별로 살펴보면 농림 부문에는 자금의 7.7%에 해당하는 약 3천 9백만 달러가 도입되었고, 농업용수개발, 농업기계화, 농업증산, 축산장려, 농업시험연구, 농공이용 시험 및 장비, 연초사업현대화, 저위생산지 개발, 산림사업, 농업기상관측에 사용되었다. 그중 농업용수개발에 42.3%의 자금이 사용되어 수위를 차지했고, 농업기계화사업이 그 다음으로 19.6%의 자금이 사용되었다.

수산 부문의 자금은 청구권·경제협력 자금 중 유일하게 전액 무상자금으로만 도입되었다. 자금은 어선도입, 어선건조, 어업기본시설, 수산물처리가공시설, 시험선도입, 수산증식사업, 어선동력개량, 어선장비개량 등의 사업에 사용되었고, 수산물처리와 시험선 도입 등 수산진흥사업에 39.4%, 어선건조 및 도입, 개량사업에 60.6%의 금액이 투입되었다.

청구권·경제협력 자금의 30%에 육박하는 자금이 광공업 부문의 자본재 도입에 사용되었다. 자본재뿐만 아니라 원자재 도입에 사용된 자금도 대부분 광공업 부문에 사용되었기 때문에 청구권·경제협력 자금의 55.6%에 달하는 자금이 광공업 부문에 사용되었다고 할 수 있다. 구체적인 내역을 살펴보면, 포항종합제철 건설에 자금의 82.31%인 1억 1천만 9천 달러가 사용되었고, 중소기업 육성에 15.31%인 2천 2백만 달러가 사용되었으며, 그 외 산업기계공장과 광업개발에 2.5%의 자금이 사용되었다.

과학기술분야에 대한 자금 도입도 빼놓을 수 없다. 박정희 정권은 제1차 경제개발5개년계획을 추진하는 과정에서 과학기술의 뒷받침 없이는 고도의 경제성장이 불가능하다는 사실을 깨달았다. 이에 1967년 4월 경제기획원 기술관리국을 확대 개편하여 과학기술 관련 업무를 총괄하는 과학기술처를 설립하는 등 과학기술 발전에 공을 들였다.

청구권·경제협력 자금에서도 무상자금의 6.7%에 해당하는 2천만 달러가 과학기술 분야에 사용되었다. 특히 학교 실험실습시설 도입에 자금의 30%인 6백만 달러가 사용되었는데 이 자금은 이공계 대학과 전문학교, 실업계고등학교의 기술교육용 실험실습 기기 도입에 사용되었고, 과학기술연구시설 확충에 사용된 자금은 한국과학기술연구소(KIST)의 각종 과학기술연구용 기기 도입에 사용되었다.

사회간접자본의 구축에는 무상과 유상을 합쳐서 약 9천만 달러에 육박하는 자금이 도입되었다. 이는 국토종합개발과 전력설비의 확충, 수송의 근대화, 통신시설의 확충 등에 사용되었다. 소양강댐 건설과 금강유역 개발, 경부고속도로 건설, 철도시설 개량, 남해대교 가설 등이 모두 청구권·경제협력 자금으로 이루어졌다.

2) 청구권·경제협력 자금의 성과와 한계

청구권·경제협력 자금은 제1차 경제개발5개년계획의 마무리와 제2차 경제개발5개년계획의 목표 달성, 제3차 경제개발5개년계획의 착수에 이르기까지 한국정부가 의욕적으로 추진한 경제개발계획의 중요한 재원이 되었다. 박정희 정권은 제1차 경제개발5개년계획의 목표인 "자립경제의 달성을 위한 공업화의 기반 구축"과 제2차 경제개발5개년계획의 목표인 "산업구조의 근대화와 자립경제의 확립"을 달성하기 위한 가시적인 성과가 필요했다.

박정희 정권은 경제개발계획의 많은 부분을 일본으로부터의 청구권·경제협력 자금으로 해결하고자 했다. 박정희 정권은 제2차 경제개발5개년계획에 따른 총투자금액의 40%를 해외자본으로 조달하고자 했는데 실제로 청구권·경제협력 자금은 해외조달자본의 26.5%를 차지했다. 또한 자금의 대부분이 광공업과 사회간접자본 확충에 투입됨으로써 한국이 중화학공업 중심으로 산업구조를 고도화시키고, 국토개발사업을 추진하는데 기여했다.

일본이 옆에 있었다 하는 것은 우리 경제발전에 매우 그것이 그 도움이 될 수가 있었다. 더더구나 그 우리가 인제 돈이 저 없을 때는 돈을 갖다 빌릴 수 있는 그런 상대로 또 일본이 있고, 또 일본이 우리한테 과거에 잘못했기 때문에 우리가 자꾸 과거를 들먹이며 돈, 돈 좀 내놓으라고 할 거 같으면 말이지, 일본이 또 그것을 갖다가 응? 거, 거, 거절하기도 어려운 그런 점도 있었고. 그니까 아주 그런 면에선 우리가 상당히 그 우리의 경제발전을 위해서는 일본의 존재라는 것이 상당히 도

움을 줬다 이렇게 우리가 얘기할 수 있어요.[29]

하지만 청구권·경제협력 자금의 도입은 한국경제에 다음과 같은 구조적인 문제를 낳고 있었다. 첫째, 청구권·경제협력 자금 도입과정에서 일본이 자금도입 조건으로서 물품의 조달처를 자금을 제공하는 일본에 한정하도록 함으로써 자본재, 원자재 도입에 있어서 일본에 대한 의존성이 점차 심화되었다. 일본정부는 자금을 지원할 때 물품 조달처를 일본으로 제한하는 구속성 원조, 일본과 더불어 개발도상국까지 범위를 넓히는 부분구속성 원조, 물품 조달처를 경제협력기구 가맹국과 개발도상국에 개방하는 비구속성 원조로 분류한다. 한국의 경우 전액 구속성 원조를 하기로 함으로써 일본에 대한 의존성이 심화될 수밖에 없었다.

둘째, 초창기에는 자금도입과 함께 기술이 이전되지 못하고 단순 조립에 그치는 상황이었기 때문에 한국은 일본의 부품 시장이자, 일본의 보세가공기지 역할을 하게 되었다. 일본에서 들여오는 부품은 면세조치를 받았기 때문에 한국의 중소기업이 자체적인 부품개발을 하려고 해도 품질과 가격경쟁력 측면에서 따라갈 수가 없었다.

자동차 공업에서 이제 참 우리가 조금 소홀했던 점은, 부품공업을 보다 좀 육성했어야 되는데 부품공업을 조금 소홀히 한 점에 대해서는 우리가 조금 일본한테 좀 아쉽다는 생각이 듭니다. 사실 자동차 공업이라는 게 뭐 2만 여개의 부품을 조립해서 하는 조립 공업이지, 그것이 제조공업이 아닙니다. 조립, 부품을 모아서 조립하는 것이 자동차 공업인데 초창기에는 거의 외국에서 들여다가 조립하는, 국내에 부품생산은 얼마 되지 않는 (중략) 일본으로부터 수입되는 품목이 상당히 고가 품목 같은 거 이런 것들은 거의 다 도입하면서 우리가 부가가치를 해서 수출을 많이

---

29) 김태지, 2011년 5월 10일 2차 구술.

하면 할수록 일본의 부품을 우리가 팔아주는 그런 결과를 맨들어줬고.[30]

일본 부품을 많이 쓰는 특히 전자 부품은 말할 것도 없고, 조립공업 분야에 부품은 상당히 일본의 의존도가 높다. 그래서 이 부품 공업에 우리나라가 사실 중소기업의 꽃이라고도 할 수 있는 겁니다. 중소기업이 부품 공업에 종사해서 부품 공업을 함께 발전시켜야 중소기업이 발전이 되는 건데 완전히 일본의 부품 공업의 시장이 돼버리고. 경쟁, 현재 관세 없이 대가도 나중에 후불하는 그런 방식으로 도입하면 경쟁이 되지 않아요. 그러니까 지금 일본하고 우리나라 하고 무역역조 현상이 일어나고 있는데 그 대부분의 원인이 부품을 아직까지도 일본으로부터 수입해서 그거를 우리가 쓰고 있기 때문에 (중략) 일본의 무역이 우리나라 무역하고 비교하면 항상 마이너스야.[31]

셋째, 이는 결국 무역역조로 인한 한일 무역불균형을 심화시켰다. 전자, 기계 분야는 거의 일본의 부품을 단순 가공하여 수출하는 방식이었기 때문에 일본에 대한 무역역조가 심각했다. 수출을 하면 할수록 일본에 대한 채무가 늘어가는 문제가 발생했고, 이는 자금력이 부족한 수많은 중소기업의 채산성을 악화시키는 원인이었다. 이 때문에 자재와 자금, 기술이라는 측면에서 일본경제에 대한 의존성을 극복하는 문제는 이후 오랫동안 동안 한국경제의 과제로 남았다.

---

30) 한재열, 2013년 10월 16일 1차 구술.
31) 한재열, 2013년 10월 16일 1차 구술.

제4장

1960년대 대외경제협력 정책과 독일의 역할

정 도 영

〈개요〉

1960년대 한국은 경제개발계획의 수행을 위한 재원마련의 필요성이 강조되면서 미국 등을 통한 외자도입의 중요성이 강조되었다. 당시 한국은 적극적인 외자 도입을 위한 제도적 장치를 마련했으나, 5·16 세력에 대한 미국의 부정적인 인식과 일본과의 미수교 등으로 인하여 외자도입이 제한적인 상황이었다. 이러한 상황에서 당시 우리와 같은 분단국가이면서 전후 경제 복구를 수행한 경험이 있는 독일이 중요한 경제협력 대상국으로 논의되었다. 그리고 당시 독일의 경제원조체제가 한국의 외자도입에 우호적인 배경이 되기도 했으며, 무엇보다도 독일과의 경제협력 과정에서 파독 광부와 간호사의 역할이 중요하게 작용한 것으로 평가되고 있다. 파독 광부와 간호사들은 어려운 상황에서도 본인의 임무를 충실히 수행했음은 물론, 한국에 대한 국가 이미지 제고와 독일정부로 하여금 한국과의 경제협력을 강화하도록 하는 역할을 수행하기도 했다. 파독 광부와 간호사의 노력은 당시 하인리히 뤼브케 대통령으로 하여금 박정희 대통령을 독일로 초대하게 했으며, 이에 박정희 대통령은 1964년 독일을 국빈방문하게 되었다. 박정희 대통령은 독일 방문 과정에서 독일의 에르하르트 총리로부터 경제발전을 위한 고속도로 건설, 일본과의 관계 개선 등 다양한 방면에서 조언을 듣게 되는데 당시 에르하르트 수상의 제안은 한국 경제발전 과정에서 상당부문 수용되었다.

1960년대 한국은 독일과의 경제협력을 통해 단순히 광부와 간호사의 인적 교류를 넘어서 차관 등 외자 도입을 촉진하고 독일이 경험한 경제발전의 사례를 학습하여 이를 한국 경제발전에 적용한 것으로 평가할 수 있다. 그리고 기술 중심의 독일 기업과의 경제협력을 통해 기술의 중요성을 인식하고 이를 경제성장의 토대로 활용한 것은 성과로 평가할 수 있다. 그러나 본 연구에서는 독일에 파견된 광부와 간호사의 임금을 담보로 독일에서 차관을 들여왔는 것은 확인할 수 없었다. 백영훈 당시 중앙대 교수의 구술이 광부와 간호사의 임금을 담보로 차관을 들여왔다는 사실을 뒷받침하나, 백영훈 교수 이외의 다수의 구술자들이 이러한 사실을 확인해주지 못했다.

　　독일과의 경제협력은 1965년 일본과의 국교 정상화, 월남전 파병 등을 거치면서 미국과 일본과의 경제협력 비중이 확대되면서 비중이 크게 감소했다. 그리고 동백림 사건 등 정치적인 요인도 독일과의 경제협력을 약화시키는 요인으로 작용하기는 했으나, 그러나 본 연구에서는 실제로 독일과의 경제협력의 쇠퇴에 대한 구체적인 내용이 구술을 통해 확인되지 않았다는 점이 한계로 지적될 수 있다. 1960년대 초 괄목할만한 성과를 보인 독일과의 경제협력을 감안하면 약화 과정에 대한 연구도 비중있게 다루어질 필요가 있다. 그럼에도 불구하고 본 연구는 1960년대 초 한국이 대내외적 환경 요인으로 인해 경제개발에 필요한 재원을 미국과 일본 등으로부터 마련하지 못하는 어려운 상황이었으나 미국과 일본과의 관계가 회복되기 이전 독일을 통해 이러한 상황을 극복할 수 있어 지속적인 경제성장을 추진할 수 있는 동력이 마련되었으며, 이는 한국 경제의 고도성장에 중요한 역할을 한 것으로 평가될 수 있다.

1. 1960년대 대외경제협력 정책

1960년대 우리나라는 미국의 원조 정책의 변화에 따른 재원마련의 필요성이 강조되면서 정부 주도의 외자도입을 통하여 공업화의 재원으로 활용하고 이를 토대로 해외수출시장을 적극적으로 개척하는 대외경제협력 정책을 강화했다. 이러한 전략은 1950년대 원조 감소를 대체할 재원의 필요성과 경제개발계획의 원활한 추진을 위한 외자도입의 필요성이 강조된 것이 주요 배경으로 작용했다. 특히 당시 원조의 감소는 당시 원조의 절대액이 감소했을 뿐 아니라 원조의 성격이 변했다는 점에 주목할 필요가 있다.

> 그때부터 이미 우리가 우리 힘만으로, 내자만으로 축적된 자본이 없는, 우리나라 경제 여건 속에서 내자만으로 경제건설한다는 건 불가능하다. 그러니까 외자를 적극적으로 들여와야 된다. 그런 분위기가 잡혔지요.[1]

미국은 1961년 「대외원조법(Foreign Assistance Act)」을 제정하여 개발도상국에 대한 지원을 기존의 무상원조에서 차관형태로 전환함에 따라 우리나라 대외경제협력 정책도 이에 대응할 필요성이 강조되었다. 그러므로 우리나라는 경제개발계획을 효과적으로 추진하기 위한 재원조달의 한 방편으로 차관 형태의 외자도입에 유리한 법과 제도 등을 마련하게 되었다. 이는 전술한 바와 같이 정부가 외자도입을 위하여 '외자도입촉진법', '차관에 대한 지불보증에 대한 법률' 등 관련 법규를 정비하고, '외자도입법'을 제정하는 등 제도적 장치를 마련한 점 등에서 그 근거를 찾을 수 있다.

---

1) 김용환, 2010년 2월 18일자 1차 구술.

이제 정부에 지금도 법이 남아있는 법이 하나 있지만 정부지불보증법(政府支佛保證法)이라는 게 하나 있어요. 초기에는 정부가 아주 정직하게 할라고(하려고) 그랬지. 그래 상업차관을 받아오자면 상대방에서 리페이먼트 개런티(repayment guarantee, 지불 보증)를 해라. 리페이먼트 개런티라는 게 뭐야? 보증을 해주는 거 아니야? 그런데 은행이 보증할 방법이 없는 거야 우리 저 제도상으로. 그래서 정부지불보증법이라는 걸 만들었는데, 이 정부지불보증법에 보면 어떻게 돼 있느냐 하면 지불보증하자면 국회 동의를 받도록 돼 있거든.[2]

그래서 그때 내가 지금 기억이 나는데 두 가지 외환과에서 그때, 그때는 외환을 전부 정부가 통제를 하고 있으니까 그때 차츰차츰 모든 등등이 우리가 이대로는 안 된다. 맨날 미국 원조만 의존해서는 안 되지 않느냐. 그러니까 오히려 미국 자본을 도입을 해야 된다. 미국 자본을 도입을 해야 한다. 외국자본을. 그럼 외자도입을 해야 된다. 그니까 그래 한번 외자도입을 하는데, 제도를 보자. 그래 일본에 외자도입법이 있더라고. 그래 그놈을 가지고 등등 할라 그러니까, 일본의 외자도입은 말이야 철저한 국내사업 보호야. 외국의 기업지배를 배제하는 거야. 50프로(%) 이상 외국인이 못 갖게 하고 등등, 일본의 외자도입법은 나중에 이야기 하지만, 미국사람이 보기에는 외자도입, 외자저지법이야 외자도입 촉진법을 만들라 이거야. 그래서 당시 그 법에 대해서 그 당시 유섬(USOM)이라는 미국 원조 당국이 있는데, 아주 지대한 관심을 갖더라고. 지대한 관심을 갖더라고. 그게 뭐냐 일본의 한국이 일본의 전철을 밟지 않으라고.[3]

외자도입과 더불어 1960년대 우리나라 대외경제협력정책의 특성은 수출주도형 공업화 전략이 주요 배경으로 작용했다. 정부는 제1차 경제개

---

2) 김흥기, 2009년 11월 18일자 1차 구술.
3) 최각규, 2009년 11월 30일자 1차 구술.

발계획을 통해 수출주도형 공업화의 성격을 분명히 했으며 이를 효과적으로 지원하기 위하여 관세협정, 투자보호협정 등을 체결[4]하는 등 세계 각국과 교역 확대를 위한 조치를 마련했으며, 제1차 경제개발개획 기간 중 국제개발협회(IDA), 아시아개발은행(ADB) 등 12개 국제기구에 가입했을 뿐 아니라 1967년에는 GATT에 가입하여 본격적인 개방경제로의 전환체계를 마련하게 되었다.

1967년 4월 15일 가트(GATT) 가입으로 가트 창설 이래 5차에 걸친 가맹국 상호간의 관세양허교섭을 통해서 인하된 약 6만 6천 품목의 양허세율이 그냥 자동적으로 한국에 그대로 적용되었습니다. 적용이 되니까 그냥 얕은 관세와 얕은 장벽이 수출 늘려나갔지요. 거기다 이제 운이 좋은 것이 얼마 안 있다가 케네디 라운드(Kennedy Round)라고 그래가지고 케네디 대통령이 전 세계 관세를 갖다가 몇 년 안에 30프론(%)가 50프로(%) 일시에 내린다고 이렇게 됐단 말이에요. 그런데 우리 물론 수입업자가 인저(이제) 이 어려움을 받지만 수출하는 데는 그 이상 좋은 게 없죠.[5]

정부는 경제개발계획의 성과가 나타나기 시작함에 따라 개방경제 체제로의 전환을 본격적으로 시도했으며, 1967년 GATT(General Agreement on Tariffs and Trade, 관세 및 무역에 관한 일반 협정) 가입은 당시 우리나라 대외경제협력 정책의 성과로 평가된다. 정부가 1962년 미

---

4) 우리나라는 1961년까지만 하더라도 한미 우호통상항해조약을 비롯하여 필리핀, 중국, 태국 등 불과 4개국과 무역협정을 체결했으나 제1차 경제개발5개년 계획 기간 중인 1962년부터 66년까지 베트남, 브라질, 말레이시아, 인도, 크메르, 이탈리아, 오스트레일리아, 서독, 일본, 멕시코, 캐나다, 영국 등과 무역협정을 체결했으며, 그 밖에도 프랑스와 관세협정을, 노르웨이와 특허협정을, 서독과는 투자보호협정을 체결했다(전경련, 1986, 579).

5) 김정렴, 2009년 11월 9일자 1차 구술.

국 AID 당국에 국제경제협의체 창설과 관련된 논의를 진행했으나 별다를 성과를 내지 못했던 점을 고려하면 1967년 GATT 가입은 우리나라 경제가 한 단계 도약할 수 있는 기반이 마련되었다는 점을 세계경제가 인정한 것으로 평가할 수 있다.

그때까지 지식이 없었단 말이에요 근데 왜 가트(GATT)가 중요하고 범세계적으로 무역 장벽을 없애고 관세율을 철폐 내지 인하해서 자유무역을 증진해야 한다는 것을 깨닫지 못했어요. 국내시장이 협소한 한국경제가 뻗어나가려면 가트에 가입해야되겠구나 확신을 했습니다. (중략) 그래서 가트 가입이라고 하는 게 그 무역장벽에 철폐기 때문에 음 '한국이 그러니까 수출로 간다, 수출입국으로 간다'라고 했을 때 굉장히 또 도움을 많이 받았을 것 같아요[6]

2. 외자 도입

제1차 경제개발계획 기간 중 경제계획의 성격이 변화하고 민간 기업에 대한 정부의 보증이 확대됨에 따라 1963-1967년간 차관도입 실적은 〈표 1〉과 〈표 2〉와 같이 증가했다. 공공차관의 경우 미국의 비중이 높으나 1966년 한일 국교수교로 일본의 비중이 확대되었으며, 민간차관의 경우 미국의 비중이 감소하는 반면 독일, 일본 등의 비중도 높아졌다. 그리고 1966년 한일 국교수립에 따른 공공차관이 도입된 상황을 고려하면 대체로 제1차 경제개발계획 기간 중에 이루어는 투자는 대부분 민간 차관에 의한 것이라고 할 수 있다.

---

6) 김정렴, 2009년 11월 9일자 1차 구술.

(1960년대 미국과의 관계가 원만하지 않았다는 질문에 대해) 어 그런 면이 있기는 있었어요. 미국학자들 간에서도, '한국이 뭐 제철이 필요 하느냐?' 미국 차관 안 해줬어요. 한국 박 대통령이 그렇지 않다고 제일 처음에 이 박 그, 그, 그 양반이 잘 알거야. 초대 포스코(POSCO) 회장 박, 박태준씨. 그 사람을 맡겼어요(맡겼어요) 네가 하라고. 어 포항을 제철을 어 세우라고. 그 이 사람 차관이 문제 이 돈이 문제가 되니까 미국에 물론 먼저 부탁했을 거 아니겠어요? 미국에서는 이 처음에 너무 필요한가란 말이야, 돈도 많이 들고 마 다른 데 들 돈 들게 많을텐데, 뭐이 제철이 필요하냐 말이야. 그래가지고 처음에 미국에서 거부적인 태도였지.[7]

그 다음에 인제(이제) 아까도 얘기했지만 독일에서 공공차관을 줬지만, 독일은 역시 내중에(나중에) 쭉 오면서 상업차관이 커졌지. 네, 그리고 저 내가 아는 한도에서, 지금 기억하는 한도에서는 카나다에서 내가 그 때 백만 불($) 처음에 시작핸게(시작한 것이) 그 소 사오느라고 응. 핸(한) 돈 그 백만 불($) 받은 게 그게 정부 차관이야. 뭐 이 이타리(이탈리아, Italia)니 불란서(프랑스, France)니 거기서 줬다고 하는 건 다 이 저 상업차관에 속하는 겁니다.[8]

〈표 1〉 공공차관의 국별 연도별 현황　　　　　　　　　　　(단위: 건, 천 달러)

구분	1963		1964		1965		1966		1967	
	건수	금액	건수	금액	건수	금액	건수	금액	건수	금액
미국	1	9,500	4	31,350	5	71,550	11	95,520	3	33,200
독일			1	5,180	1	4,750	3	12,500		
일본							6	44,859	8	35,344
IDA									1	11,000
영국			1	1,361						
기타									1	927
합계	1	9,500	6	37,891	6	76,300	20	152,879	13	80,471

자료: 경제기획원

7) 윤하정, 2011년 1월 25일자 2차 구술.
8) 양윤세, 2009년 11월 19일자 2차 구술.

〈표 2〉 민간차관의 국별 연도별 현황 (단위: 건, 천 달러)

구분	1963		1964		1965		1966		1967	
	건수	금액	건수	금액	건수	금액	건수	금액	건수	금액
미국	7	33,795	2	6,298	5	4,066	8	3,711	12	21,487
독일	5	15,404	5	14,938			9	20,694	8	32,445
일본			1	380	4	75,562	14	67,123	8	36,393
伊·佛	1	2,475	1	40,224			1	12,500	5	18,352
영국							1	700	2	1,757
기타	2	2,395			2	4,095			8	40,924
합계	15	54,069	9	61,840	11	83,723	33	104,728	43	151,358

자료: 경제기획원

3. 한독 경제협력

1) 배경

한국과 독일은 1955년 12월 국교를 수립한 이후 공식적으로 경제협력은 1961년 12월 독일과 체결한'경제 및 기술협조에 관한 대한민국정부와 독일연방공화국정부간의 의정서' 등이 효시라고 할 수 있다.[9] 동 의정서가 중요한 의의를 가지는 것은 기술원조와 재정개발원조에 대한 것으로, 기술원조의 경우 4명의 경제고문의 2년간 파견, 한국 국유광산의 경제성 평가 전문가 파견, 부산 국립조선소 경제성 평가 전문가 파견, 60명의 기술훈련생에 대한 여부 부담 등에 대한 내용과 공공차관인 재정개발원조의 경우 7,500만 마르크의 장기 개발차관의 공여 및 7,500만 마

---

9) 1955년 '대한민국과 독일연방공화국간의 상표보호에 관한 각서교환'이 이루어
졌으며, 1961년 '대한민국정부와 독일연방공화국정부간의 기술원조 협정에 관
한 의정서'가 체결되기도 했다.

르크의 장기수출거래 보증 제공 등이 포함되어 있었다(이성봉, 2009, 66).

> 요청… 보다도 내가 경제기획원에 들어가니까, 이미 약정이 돼있어요 돼있는데, 그러니까 그 때 소위 그 정부차관이라는 거 이 저 공공차관이라고도 그러고, 정부 차관이라고도 그러고. 말하자면 장기 저리로 해서 하는 거. 그니깐 장기 저리로 우리가 저 이 차관을 받은 거는 미국, 그 담엔 독일이에요. 그리고 고 다음에 인제 그걸 한 게 나, 저 이 캐나다(Canada)하고 약간 했는데,[10]

그리고 이보다 앞선 1961년 3월 우리나라는 독일정부와 '대한민국정부와 독일연방공화국정부간의 기술원조협정에 관한 의정서'를 체결하여 독일로부터 42만 2천 달러의 기술원조자금을 공여 받았으며, 독일의 씨멘스 및 만 양사의 전력설비를 위한 차관 15백만 달러를 민간차관의 형태로 공여 받게 되었다. 그러나 이는 장면 정부 하에서 체결된 것으로 같은 해 12월 체결된 의정서와의 중요한 차이는 12월 체결된 의정서의 경우 무상은 아니나 재정원조가 포함되었다는 점이다.

> 내가 가니깐 이미 계획이 돼 있어요. 어 이 저 저 그래서 독일, 독일차관이 이 계획서에 5개년계획 안에 딱 들어서 이건 독일 재정차관이라고 딱 붙어있습디다. 미정이면 미정이라고 이렇게 되어있어야 되는데, 이건 붙어있는데. 거기에 있든(있던) 게 이제 전기기기, 한영전기기기라는게 있었어요. 그 다음에 마원방직 이라는 게 있었어요. 마원방직이 있고,. 또 하나가 뭐였던지 내 지금 기억이 안나요 거 세 개예요.[11]

---

10) 양윤세, 2009년 11월 19일자 2차 구술.
11) 양윤세, 2009년 11월 19일자 2차 구술.

우리나라가 독일과의 경제협력을 강화하게 된 것은 미국 중심의 차관 선에 대한 부담을 경감하며 차관선을 다양화함으로써 공업화 추진에 따른 재원조달의 안정성을 강화하기 위한 조치였다. 당시 우리나라가 공업화의 미국 이외의 차관 공여국에 대한 논의가 심도 있게 진행된 배경과 독일과 효과적인 경제협력이 가능했던 배경은 다음과 같은 요인이 작용할 것으로 볼 수 있다.

첫째, 당시 5·16 이후 집권 세력은 미국 정부로부터 신뢰를 받지 못하는 상황에서 공업화에 대한 재원을 미국에 의존하기 어려운 형편이 미국 이외의 다른 국가를 모색하게 된 배경으로 작용했다. 그리고 일본과는 아직 수교를 이루어지지 않아 본격적인 차관에 대한 논의가 불가능한 것도 독일과의 경제협력 추진의 배경이 되기도 했다. 5·16 이후 미국은 한국 뿐 아니라 아시아에서의 쿠데타[12] 조짐에 대해 매우 민간하게 반응하여 한국의 5·16 주도 세력에 대해서도 부정적인 시각을 가지고 있었으며 이는 경제원조의 중단으로 이어지기도 했다.

그러니까 할 수 없이 박정희가 미국 가요. 열세 사람을 수행원을 데리고. 유원식 (俞原植) 장군이다 뭐 이런 사람 말이야 데리고 가요. 김윤근(金潤根) 장군 뭐 다 들 데리고. 이 화이트하우스(White House, 백악관)까지 갔지. 이제 갈 때는 환영 받는다고 해서 갔는데 화이트하우스 가서 그냥 세워놓고, 기합 받고 와요 그냥. 쿠데타 안 돼. 고 백(go back), 군대 가. 고 백(go back), 아미(army) 쿠데타 노노 (no no). 아~ 세상에 경제원조 다 끊어 버렸어요. 에, 이 농산물 전부 PL480 스톱 (stop) 아 미국사람 독해요. 인천 앞바다에 와있는 배까지 그냥 가져가 버린 거야. 잉여농산물 이거 뭐 꽉 쥐고 그래 그냥 빈손으로 와요. 호텔에 와서 그 눈물 많이

---

12) 1960년 케네디 대통령이 당선된 이후 1961년 우리나라에서는 5·16이 일어났으며, 당시 파키스탄, 인도네시아, 베트남, 라오스, 말레이시아 등에서도 쿠데타 조짐이 있었다.

흘리지요. 그리고 돌아와서 한국은행에 와서 보아하니 외화가 이천만 달라 뿐이 없어요.[13]

국내에서는 이러한 상황이 계속될 경우 우리나라의 자립적인 경제정책 수행이 불가능할 뿐 아니라, 경제개발계획의 성과도 기대하기 어렵다는 위기의식이 팽배했다. 당시 박정희 대통령은 이러한 문제를 해결하기 위하여 미국을 방문하기도 했으나 기대한 성과를 보이지 못함에 따라 정부는 미국을 대체할 수 있는 새로운 경제협력 파트너 국가가 필요한 시점이었다.

혁명정부에서 할 수 없이 '야 우리 서독에 가보자' '동독하고 갈라진 분단국가 가서 사정해보자.' 어, 일본 국교가 없죠. 미국서 원조 끊어버렸죠. 스트라이크 나오고 뭐 학생들이 실업자가 나오고 못하고, 그래 마지막 카드로서 신응균(申應均) 영어 잘하는 쓰리스타(three star) 장군 독일로 파견해요. '저 이 독일에 가서 한번 돈 끌어와 보라고.'[14]

둘째, 독일의 경제원조체계 정비가 우리나라에 대한 차관 제공에 유리한 환경을 조성했다. 당시 독일은 1959년부터 1960년대 초반까지 저개발국 원조를 효과적으로 수행하기 위하여 각 분야에 걸쳐 제도적 정비를 단행했다. 대표적으로 독일은 1959년 「연방예산법」에 의거하여 처음으로 마르크화의 특별보증제도가 신설되었고 같은 해 해외투자보증제도가 실시되었으며 1960년에는 「해외경제협력진흥법」과 「저개발국개발기금법」이 제정되는 등 경제협력체계가 마련되었다. 이러한 독일의 법과 제

---

13) 백영훈, 2009년 8월 26일자 1차 구술.
14) 백영훈, 2009년 8월 26일자 1차 구술.

도가 우리나라의 적극적인 노력과 결부되면서 차관 도입에 유리한 조건
이 형성되었다. 이는 저개발국가에 투자한 독일의 자본이 상대국의 리스
크[15]로 인하여 손실을 볼 경우 정부가 이를 보전해 주는 조치로 당시 우
리나라가 처한 상황을 고려하면 매우 획기적인 조치라고 할 수 있다.[16]

셋째, 독일정부는 미국과 달리 5·16 세력에 대한 긍정적인 평가를 내
리고 있었다는 점을 들 수 있다.[17] 특히 베를린 봉쇄 사태와 관련하여
한국 정부가 독일정부에 대한 적극적인 지지를 표명한 것에 대해 독일정
부는 한국에 대해 호의적인 태도를 갖게 되었다. 정치적으로도 독일정
부는 독일과 같은 분단국가인 한국의 반공노선을 인정하고 한국의 경제
력과 생활수준을 개선하는 것이 공산진영과의 경쟁에서 중요하다는 정
치적. 경제적 판단에서 한국에 대한 개발협력에 적극적인 자세를 보이기
시작했다.

2) 과정

당시 독일은 2차 세계대전 종전이후 본격적인 경제재건에 나서며
1950년부터 매년 연평균 8%대의 고도성장을 실현하여 '라인강의 기적'
으로 불리며 세계 경제의 주목을 받던 국가였다. 정부는 당시 독일이 우
리나라와 같이 분단국가이며, 전후 경제 복구를 수행한 경험을 공유할
수 있다고 판단하고 독일과 차관을 중심으로 하는 경제협력 과정을 본

---

15) 독일 민간의 해외투자에 대한 상대국 정부의 몰수, 국유화, 전쟁, 혁명, 모라
    토리움, 송금정지, 평가절하 등으로 인한 리크크로 원칙적으로 15년, 특별한
    경우 20년까지 인정되며, 보증한도는 원칙적으로 80%, 특별한 이유가 있는
    경우 90% 또는 그 이상도 가능하다.
16) 한국산업은행조사부, 「서독의 경제원조와 한독경제협력」, 『산은조사월보』,
    1964.
17) 이영조·이옥남, 「1960년대초 서독의 대한 상업차관에 대한 파독근로자의 임
    금담보설의 진실」, 『한국정치외교사논총』 제34권 제2호, 2013, 177쪽.

격적으로 수행하기에 이르렀다.

그 당시에 서독은 동서 문제에 한해서 제일 어 그때의 서독 정부가 폐허에서 일어
서서 건설을 제일 정책으로 삼아서 곳곳에 학교 세우고 병원 짓고 도로 만들고 양
로원 만들고 하는 이제 그 건설의 붐에서, 결국은 독일의 화학 석탄 그리고 제약
(製藥) 이 세 가지가 주류, 주류였었는데 간호사로 온 사람은 바로 쏘지알라이스
퉁(Sozialleistung) 있었지만은 제약, 이쪽하고 관계가 있었던 거에요. 병원은 새
로 지어놓고 약도 새로 많이 나오는데 사람이, 인력이 없는 거에요. 광산은 독일의
젊은이들이 그 일을 하지도 않을려(않으려고) 그러고, 한창 석탄이 필요한데.[18]

정부는 독일과의 경제협력을 위하여 1961년 11월 정래혁 상공부 장관을
단장으로 하는 차관교섭단을 파견하기로 했다. 당시 교섭단은 1954년
우리나라 최초의 유학생으로 독일에서 경제학박사 학위를 받고 중앙대
학교에 재직하던 백영훈 교수를 정래혁 상공부장관의 특별보좌관으로
임명하여 독일 담당자들과의 의사소통을 담당하도록 했다. 교섭단의 주
요 활동은 독일 정부 관계자와의 면담을 통해 적극적으로 공공차관을
유치하는 한편 당시 독일이 개발도상국과의 경제협력을 강화하기 위한
관련 규정을 활용하여 기업의 투자 유치를 유도하는 것이었다.
그러나 교섭단의 노력에도 불구하고 독일의 고위 관계자와의 만남 자
체가 쉽지 않은 상황이었다. 당시 독일의 경제장관이자 2년 후 독일의
총리가 되는 루트비히 에르하르트(Ludwig Erhard)[19] 장관이 백영훈 교
수의 대학시절 은사와 동문이라는 인연으로 교섭단은 경제차관과 접촉
하게 되면서 본격적으로 협상의 교두보를 마련했다. 독일 정부가 우리나

---

18) 전동락, 2010년 7월 12일자 1차 구술.
19) 루트비히 에르하르트는 독일 초대 경제장관(1949-1963년)을 지냈으며, 이후
    독일 총리(1963-1966년)을 역임했다.

라에게 정부보증의 차관을 제공해 줄 것인가가 중요했는데 경제장관을 포함한 독일정부 측 인사들과의 충분한 논의가 진행되었으며 그 결과 1961년 12월 '경제 및 기술협조에 관한 대한민국정부와 독일연방공화국 정부간의 의정서'가 체결되어 독일로부터 1억 5,000만 마르크 규모의 차관을 받기로 합의했다.

한편 독일 경제협력 관련 규정을 활용하여 상업차관을 유치하기 위하여 독일의 기업들을 방문하여 우리나라의 국가적인 기간산업으로 나주 비료공장, 인천 한국 기계공장 확장, 석탄공사 관산중장비, 인천제철확장, 삼척 동양시멘트 공장, 중소기업 기계 공장 등을 제시하고 독일 기업의 투자를 유도했다. 그리하여 교섭단과 우리나라 투자에 우호적인 독일 기업들을 중심으로 독일 정부 관계자들을 설득한 끝에 독일 정부로부터 차관 승인이라는 결실을 볼 수 있었다.

독일 정부의 차관 승인에도 불구하고 또 다른 관문이 남아 있었다. 독일의 차관을 얻기 위해서는 제3국 은행의 지급 보증이 있어야 하는데 당시 우리나라를 위해 지급을 보증해 줄 은행은 찾기가 힘들 상황이었다. 당시 정래혁 상공부장관 특별보좌관으로 차관교섭단에서 활동했던 백영훈 중앙대 교수는 광부와 간호사를 독일에 파견하고 그에 따른 노임을 담보로 독일 은행의 지급보증을 받게 되었다는 점을 확인해 주었다.[20]

---

20) 그러나 2013년 우리 정부가 196년대 경제개발을 위해 독일에 파견된 광부와 간호사의 임금을 담보로 독일에서 차관을 들여 온 것은 사실과 다르다는 주장이 제기되었다. 이영조·이옥남(2013)은 한국과 독일의 제1차 차관교섭은 1961년에 타결되어 상업차관을 공여받은 시점은 1962년인데 비해 광부 파독은 1963년에 구체화되어 1963년 12월에 첫 광부파독이 이루어졌다. 그러므로 차관협상의 조건이 광부와 간호사 파독이었다면 광부와 간호사는 1961년 이전에 파독이 이어지거나 준비되어야 한다는 점을 지적했다. 하지만 장면 정부 하에서 미국 대한원조국(USOM)의 주선으로 추진되다 중단되었던 광부 파독이 다시 언급되는 것은 1963년이었다. 그리고 당시 독일이 한국에 제공하는 재정개발원조 규모 1억 5,000만 마르크 중 7,500만 마르크는 장기개발차관의 형식으로, 나머지 7,500만 마르크는 장기수출 거래로부터 발생하는

그러나 백영훈 당시 중앙대 교수와 인연이 있는 함부르크 대학 경제학
박사 Herbert G. Schmidt은 본 사업단과의 인터뷰에서 차관을 제공한
대가로 광부와 간호사를 파견한 사실에 대해서는 문서화되어 있지 않다
고 밝혔으며 양윤세 당시 경제기획원 외자총괄과장은 광부와 간호사의
월급을 담보로 차관을 도입한 사실에 대해 사실과 다르다고 구술했다.

'닥터(Dr.) 백. 너 왜 못 가고 있어.' '이 보란 말이야. 지내고 있는데, 돈 꾸려고 한
지급보증이 없어서 빈손으론 못가 내가 갈수가 없어. 이거 보라고 신문 보라고.'
그 소식이 누구한테 가냐면은, 닥터 슈미트(Schmidt). 이 소식이 퍼지고, 퍼지고.
노동부에 있던 과장, 그게 헤르베르트 슈미트(Herbert Schmidt). 나랑 같이 공부
한…(중략) 슈미트가 '오늘 잘해' 방법 있대. '너희 나라 실업자들 많지?' 지 대사
앞에서 뭐라 그러는지 아세요? 석탄광부… 한 5천명 독일로 불러주면 돼. 제안을
해요. 왜 그러냐, 그랬더니 독일에 1000메타(m)를 내려가야 하는데, 광부 없어 죽
을 지경이래.[21]

Nein, das ist auch ein wesentliche Punkte unser Maßnahmen. Wir immer
bei jede bei jedem öffentlich. Niemand bekommt öffentliche Mittel von ir-
gend jemand in Ministerium. Das Ministerium gibt diese Mittel an die
öffentlich, an den die abgelufen die Wirtschaftsminiterium.[22]

보증을 하는 형식으로 공여되었다는 점에서 전자는 공공차관, 후자는 상업
차관의 성격으로 인식되었으나 상업차관으로 인식되는 차관의 경우 실제로는
독일 정부가 개발도상국들에 지원하는 개발원조의 일종으로 파악되어야 한
다. 그러므로 담보나 지불보증을 제공하고 상업은행으로부터 빌리는 구조와
는 성격이 다르다는 점을 제시하여 파독 광부와 간호사의 임금담보설을 일축
했다(이영조·이옥남, 「1960년대초 서독의 대한 상업차관에 대한 파독근로자
의 임금담보설의 진실」, 『한국정치외교사논총』 제34권 제2호, 2013.)
21) 백영훈, 2009년 8월 26일자 1차 구술.
22) 헤르베르트 슈미트, 2010년 7월 9일자 1차 구술.

완전히 잘못 얘기를 한 거예요. 간호사나 저 누구나 월급을 담보로 한다는 건, 이 거 그 짝(쪽)이나 이 짝(쪽)이나 있을 수 없는, 그건 말도 안되는 얘기고. 그거를 정 부의 꽤 위치에 있는 사람이 무슨 글을 한번 썼는데 그런 소리를 썼어요. 그래서 그 그 사실은 내 밑에도 좀 있고 그랜(그런) 사람인데, 내 매라고(뭐라고) 하기가 뭐한데. 그 있을 수가 없는 얘기고, 그 우째서(어째서) 그런 소리가 나왔는지 내 도 대체 근원을 모르겠어요.[23]

3) 규모와 활용[24]

1961년 12월 독일과의 경제협력이 본격적으로 진행된 이후 우리나라와 독일은 1982년까지 총 12건의 제정원조협정이 체결되어 총 53,776.5만 마르크 규모의 공공차관이 독일로부터 도입되었다. 공공차관의 경우 주 로 재정지원 형태로 이루어졌다는 점에서 물자지원방식보다 경제개발의 재원으로 활용하는데 효과적이었으며, 조건은 1977년까지는 10년 거치 30년 상환, 연리 2%의 이자율로 제공되었다.[25] 독일로부터 도입된 차관 은 전화설비, 전기 공급, 철도신호체계, 부산 상하수도 사업과 농촌개발 사업, 우유가공공장, 공공금융기관을 통한 중소기업에 대한 여신제공, 광산개발, 의료시설의 확충 등에 활용되었다.

---

23) 양윤세, 2009년 11월 19일자 2차 구술.

24) 이성봉, 「한독 경제협력에 대한 제도적 분석과 개선방안」, 『질서경제저널』 제 12권 제1호, 2009. 참조

25) 1978년부터 제공된 경제개발원조의 경우 5년 거치 20년 상환, 연리 5%의 이 자율로 제공되었다.

〈표 3〉 한국정부와 독일 정부간 재정원보 협정별 재정원조 금액 및 사업내용

(단위: 만 마르크)

일시	규모	사업내용
1961.12.13	15,000	사업추후선정(장기개발차관 7,500) 장기수출거래보증(7,500)
1964.12.07	5,400	부산시 상수도 시설의 확장 한국의 중소기업 육성 한국의 통신망 확장
1971.05.21	7,000	사업 추후 선정
1972.11.17	3,500	철도신호장치(1,300) 중소 개인기업 육성사업(2,200)
1973.11.20	600	부산 선박수리시설사업
1974.05.17	3,500	도시간 통신산업(2,200) 생사 가공산업(800) 한국 디젤엔진 공장(50)
1975.04.15	3,000	농업기계화 및 저장창고 건설
1976.03.05	3,500	한국산업은행(2,000) 부산하수처리사업)(1,000) 종합공판장(500)
1977.04.14	3,500	송배전 시설확장(2,000) 연세대학교 병원(1,500)
1979.01.15	2,500	의료시설 지원
1980.02.18	3,276.5	우유가공공장 건설(2,500) 중소기업육성사업(776.5)
1981.05.14	1,500	우유가공공장 건설(1,500) 고려대학교 의료사업(800) 중소기업육성사업(300)
1982.09.22	1,500	중소기업지원사업(1,500)
합 계	53,776.5	

자료: 이성봉, 「한·독 경제협력에 대한 제도적 분석과 개선방안」, 『질서경제저널』 제12권 제1호, 2009, 67쪽.

상업차관의 경우 공공차관과 같은 유리한 조건은 아니었으나 1961년 도입된 제1차 장기 사업차관은 1,875만 달러 규모로 시멘트 공장, 전기

기계공장, 인조견직물 공장 등의 건설에 사용되었다. 그리고 1964년 도입된 제2차 장기사업차관은 제1차와 비슷한 규모로 인천제철소, 제지공장, 화학비료공장, 섬유기계공장 등의 건설에 사용되었으며, 1966년에 도입된 제3차 장기사업차관은 210만 달러 규모로 나일론 공장 건설 등에 사용되었다.

4) 파독 광부와 간호사

(1) 추진 과정

1963년 12월 16일 정부는 독일과 '한국 광부의 독일광산 임시 취업 계획' 협정을 체결하고 제1차 1진이 같은 해 12월 21일과 27일 한국을 출발하여 독일에 도착했다.[26] 이후 한국인 광부의 독일 진출은 1977년 10월 25일까지 14년에 걸쳐 총 7,932명이 독일에 파견되었다. 당시 독일은 제2차 세계대전 이후 전후 복구와 경제재건으로 노동력이 부족한 상황이었으며, 특히 광부와 간호사의 경우 3D업종으로 개발도상국 노동자들에게 의존해야 하는 상황이었다.

> 거기 시립병원이 하나 있었어요. 그, 그 당시에 그 시립병원을 저희들이 와서 보니까 65년돈가 지었는데, 간호사가 부족해서 문을 그 건물을 크게 져놓고 높은 그 15층인가 16층인가 18층인가 하여튼 그런 큰 건물을 지어놓고 문을 못 열 정도로 간호사가 부족했어요.[27]

당시 협정은 한국측에서는 노동청[28]이 한국 정부를 대신하여 참여하

---

26) 이들은 독일 뒤셀도르프 공항에 도착하여 북부 함보른 탄광과 뒤셀도르프 서쪽 아헨 지역에 있는 에슈바일러 탄광에 배정되었다.

27) 김말자, 2010년 7월 12일자 1차 구술.

28) 노동청은 1963년 9월 1일 설립되었다.

고, 독일측에서는 독일석탄광산협회가 참여했으며, 한국인 광부에 대해서는 취업기간은 3년, 독일법에 의거하여 독일시민과 동등한 선체 및 재산의 보호와 완전한 법적 보호를 받는 것을 조건으로 했다. 그리고 취업규모는 제1차 광부의 경우 1,000명, 제2차 광부의 경우 2,000명의 상한선을 두었다.

> 일을 해도 우리만 하는 게 아니잖아요. 외국인 노동자 우리만 오는 게 아니잖아요. 터키(Turkey), 모로코(Morocco), 뭐 이탈리아(Italia) 뭐 이런 데서 다~ 하거든요. 그런데 한국 사람들이 일을 제~일 잘했어요. 잘했기 때문에 한국 사람들이 인자(이제) 그 빨리빨리 하는 거 이거, 한국 사람들이 빨리빨리 하고 노는 거 이런 거 좋아 하잖아요. 그래서 아마 우리 뭐 광산 거의 끝날 무렵 그 때 도급이 생겼어요, 도급이.[29]

우리나라는 협정이 체결되기 이전인 1963년 8월 파독광부 5,000명을 모집하기로 하고 파독 절차를 진행했으나 응시자가 46,000명에 달하는 등 많은 관심 속에 진행되었다. 당시 광부 모집의 응시자격은 고졸이었으나 대졸자가 이력을 속이고 지원하는 등 지원자 중에는 대학 졸업자가 절반이었으며[30] 합격한 응시자의 경우 고시합격자처럼 각 신문에 기재하기도 했다.

> 그렇게 해서 인제 에~ 결국 광부로 지망을 했는데. 그~ 저는 고등학교를 대구에서 나오고. 그 다음에 에, 제가 대학을 진학한 어~ 첫 그러니까 대학 발표 그 시절에

---

29) 박철규, 2010년 1월 17일자 1차 구술.
30) 1963년부터 1966년까지 독일에 입국한 광부의 30%가 대학 졸업자였다.

특차에 3군사관학교, 공군사관학교에 합격을 했어요.[31]

한편 간호사와 간호조무사의 경우 공식적으로 1970년 '한국 간호사 및 간호보조원 독일 병원 취업에 관한 협정'체결로 본격화되었으나, 그 이전인 1965년부터 재독 한국인 의사 이수길 박사와 이종수 박사에 의해 파독이 진행되고 있었다.[32] 협정은 한국측에서는 한국해외개발공사가, 독일측에서는 독일병원협회가 참여했으며, 취업기간은 최초 3년으로 하고 고용주 희망에 따라 연장 근무가 가능하도록 했으며, 임금 및 근로조건은 독일인 간호요원과 차별없이 대우하도록 했다. 그 결과 1976년까지 총 10,226명의 한국인 간호사와 간호조무사가 독일에 파견되었다.

네 거기서 간호사 모집이 있어서 거기를 제가 그 자신 시험을 봐서 어려운 관문을 통과해서 거기서 근무를 한 2년 하고 예 그러고선 독일에 인제 오는 그 신문을 통해서 알게 돼서 어 그 2차 그니까 66년도 4월달에 여기를 오긴 왔지만은, 그 모집에 아마 65년도 아마 연말쯤에서 가 그러니까 그때쯤 모집을 해서 이수길(李修吉) 박사님이 그 주관하셔서 하시는 그 쪽으로 해서, 예 그때 우리 2차서부터는 아마 내가 제가 알기론 한국 그 저기 그 기관이 뭐죠 지금? 어 그러니까 정부에 그 어 그게 그 기관이 뭔지 모르겠는데.[33]

예. 그냥 노동력이 필요하니까, 어 그래서 인제 한국 간호사들이 그 당시 몇 명이 온 것이 암암리로 그래도 한국 간호사들이 부지런하고 친절하고 어 의술에도 굉장히 좋고, 이런 인제(이제) 그것이 돼서 한국 간호원을 선택하지 않았나. 그래서

31) 전동락, 2010년 7월 12일자 1차 구술.
32) 독일에 파견된 간호사들은 초기에는 이수길 박사가 독일 병원과 계약을 체결하여 개인 초청 형식으로 독일에 들어오게 되었다.
33) 김말자, 2010년 7월 12일자 1차 구술.

한 병원에서 하다 보니까, 암암리로 어 정말 좋은, 어 좋은 평만 듣고 하니까 또 이 병원에서도 필요하고 하니까네, 지금 전 병원에서 우리가 몇 명씩 해서 종합적으로 해서 어 한국 정부에다가 어 간호사들을 요청을 핸(한) 거 같애요, 예.[34]

(2) 생활

당시 파독 광부들은 35세 미만으로 병역을 필한 자로 노동청에서 신체검사와 적성검사뿐만 아니라 일반상식과 영어시험을 봐서 합격한 사람들로 고학력자들이 많았다. 이러한 고학력은 광산 근무에 적합하지 않았을 뿐 아니라 체력적으로 왜소하여 독일인 사업주의 입장에서 보면 선호할 수 있는 조건은 아니었다.[35] 한달 보수는 400마르크에서 700마르크를 수령했으나, 시간 외 근무[36]를 자청하여 봉급의 12%를 세금, 국민 연금, 질병보험, 실업자보험 등을 공제한 뒤 지하 근무 광부가 2,000마르크, 지상 근무자는 1,700마르크 수준이었다. 국내로의 송금은 사람에 따라 봉급의 2/3을 보내는 사람들도 있는가 하면, 유학자금을 위해 전혀 송금을 하지 않는 사람들도 있는 등 다양하게 분포했다.

저는 나올 때에 내 각오를 '광산이 끝나면 내가 독일에서 공부를 해야 되겠다.' 하는 그런 어~ 어떤 생각을 가지고 나왔기 때문에, 광산 출근을 하고 얼굴에 탄가루를 제대로 닦지도 않고, 아켄대학(Rheinisch-Westfälische Technische Hochschule Aachen)에 에, 독일어 코스, 스프라케 코스(Sprache Kurs)를 나가서 그

---

34) 하영순, 2010년 7월 12일자 1차 구술.

35) 그리고 일부 파독 광부가 독일의 복지제도를 활용하고자 한국대사관 관인을 위조하여 가족수당을 수령하는가 하면 생존해 있는 부인을 사망한 것처럼 증명서류를 조작하여 위로금을 타내는 사건 등이 문제가 되기도 했다.

36) 주 5일 40시간 근무가 원칙이었으나 토요일이나 일요일 등 휴일에 일을 하면 봉급의 50%를 더 받을 수 있었다.

랬고 저녁으로 혼자서 공부하고 사람들하고 접촉이 없고.[37]

고학력자의 비중이 높았던 광부의 경우 계약기간인 3년이 지나면 한국으로 귀국하도록 되어 있으나 실제로 귀국한 사람들보다 독일에 남아 재취업 또는 학업을 계속하는 경우, 아니면 제3국으로 이주하는 사람들의 비중이 더 높았다. 독일이 계약당시 계약기간을 3년으로 한 것은 그동안 다른 나라 노동자를 고용하여 여러 가지 사회적 문제를 경험한 독일이 한국인 광부들의 독일 정착을 방지하기 위한 수단이었다. 그러나 파독 광부의 경우 다양한 이유[38]로 한국에 돌아가기를 원하지 않았으며, 독일에 정착한 광부들은 언어와 기술부족 등으로 일반 노동자로 시작했으나 성실성과 높은 교육수준을 배경으로 단기간에 승진하는 등 능력을 인정받으며 독일 사회에 정착한 것으로 평가되고 있다.

광산 3년이 끝나고 프랑크푸르트대학(Johann Wolfgang Goethe-Universität Frankfurt am Main)의 경제학과를 쭐라송(Zulassung)을 받았다가 어떻게 어떻게 인연이 돼서 학교 선배를 여기서 한 사람 만나서 그 당시에 69년도 어 IBM이 유럽에 처음 나와서 콤퓨타(computer)가 따르르륵 구멍 뚫어서 할 그 그런 그 시절입니다. 천공 카드로 할 그 시절에 IBM 유럽 아카데미에 이, 일반대학을 안 하고 그리 어~ 합격을 어 시험에 합격을 해서 거기서 컨트롤 데이타(control data) 미국 어 전자회사 IBM 여기서 어 3년 과정 1년 실습을 하고, 어 마인츠 대학교(Johannes Gutenberg-Universität Mainz) 중앙전산실에 74년도 12월달에 들어

37) 전동락, 2010년 7월 12일자 1차 구술.

38) ① 귀국 후 기반도 없어 실업자가 될 수 있다는 두려움 ② 처음부터 광산일이 힘들어 다른 직업으로 전환을 원했던 경우 ③ 미혼자의 경우 귀국보다는 독일 정착 선호 ④ 학업을 위해 유학을 선택

가서, 만 30년을 하고 2004년도에 정년퇴직 했습니다.[39]

결혼을 하고서는 애들이 생기고 그러면서 예 여기서 인제 어 사실 한국 가서 살고 싶었는데 그 당시로서 한국에 그 실정이 경제적인 면에 또 내가 가서 그런 자리를 또 어 보장받을 수가 있느냐, 그것도 의문이었고, 예 그래서 여기 남아서 있게 됐는데. 예 처음에는 어떻게 따지고 보면 어쩔 수 없이 남아있었죠. 어쩔 수 없이 남아있게 됐고 또 남편 분을 한국 분을 결혼을 해서, 또 남편 분이 또 한국에서 어 한국으로 돌아가는 걸 싫어하더라구요 그 당시에. (중략) 남편 분이 죽어도 한국을 안가겠다 그래갖고 결국은 제3국으로 생각도 했죠. 예 캐나다(Canada)로 갈려고 이 저기를 다 이민수속을 밟아놓고, 에 가는 장소까지 다 해놨고 인제 제가 임신이 돼갖고 예 그래서 첫 애 낳고 그러느라고 제가 그때 못 갔죠.[40]

한편 간호사의 경우 초기의 언어 장벽 등을 제외하면 병원업무에 빠르게 적응했으며, 특히 노인을 비롯한 환자들을 정성껏 돌봐 독일사회에서 인기가 높았다. 성실할 뿐만 아니라 인간미도 있고 덕성이 있어 직장동료로도 모범적인 사람들로 호평을 받기도 했다. 간호사의 경우 광부에 비해 경제적인 이유로 독일행을 선택하는 비율이 낮은 반면 유학, 사회적 이유, 가정적 이유 등으로 독일행을 선택하는 비율이 높았다. 이러한 이유로 독일에서의 간호사 생활을 마친 고학력의 한국 간호사 중에서는 독일에서 의대를 진학하거나 학업을 선택하는 비중이 높았으며,[41] 인근

39) 전동락, 2010년 7월 12일자 1차 구술.
40) 김말자, 2010년 7월 12일자 1차 구술.
41) 독일은 1978년 외국입법 시행령이 개정되어 독일에서 5년 이상 근무자에 대해 체류기간을 무기한 연장제도를 도입했으며, 5년 이상 근무자가 공부를 계속하고자 하는 경우 후원하는 제도가 있어 유학을 선택한 간호사들에게는 매우 유리한 환경이 조성되었다.

오스트리아, 스위스 등에서 독일에서 근무하던 한국 간호사를 환영하여 귀국 비율이 더욱 줄어드는 요인이 되었다.

예 적응하고 인제 애들이 인제 학교를 가면서부터는 조금 이제 저도, 이제 어느 몇 년이 지나고 같은 병원에서 같이 근무를 하니까 조금 인정을 해주더라구요. 그 래서 '수간호원 하겠느냐' 뭐 이런 얘기도 하고 학교를 '수간호원 학교가 있는데 너 거기 갔다오지 않겠느냐' 뭐 이래도 저는 그 당시에도 거 거절하고, 나는 우선 가 정에 애들 때문에 학교를 아침에 보내고 내가 데려오고 뭐 이런 저기를 해야 되기 땜에 도저히 이거는 할 수가 없다 거절하고, 애들 교육 일에 주로 신경을 좀 썼어 요.[42]

당시 파독 광부와 간호사는 어려운 상황에서도 성실히 본인의 임무를 수행했으며, 그 결과 대한민국의 경제발전에 중요한 역할로 작용한 것으로 평가된다. 단순히 경제개발에 필요한 외화를 국내에 보내준 것 이상으로 파독 광부와 간호사의 노력은 독일로 하여금 한국에 대한 국가이미지를 제고하는데 기여했으며, 한국의 경제발전을 지원할 명분이 되기도 했다. 예컨대 당시 한국 간호사들에게 신세를 진 국회의원 15명이 모여 한국을 도와주자는 결의안을 내기도 했으며, 이러한 독일 내 움직임은 당시 하인리히 뤼브케 대통령의 박정희 대통령을 초대로 이어졌다.

저희들은 첫 번에는 하여튼 하여튼 저 300마르크 받아서 한 50마르크도 못썼어 요. 그 나머지 다 보내 하여튼 다 보냈고 그러다보니까 60, 한 70년대에 69년 뭐 이 때는 한 700마르크씩 그때 받았던 거 같아요. 예 그리고 그때도 인제 동생이 하나 대학 다니는 동생이 하나 있어갖고, 그 딸도 둘째를 하 어머님이 이제 길르고 있

42) 김말자, 2010년 7월 12일자 1차 구술.

고, 그래서 거기다가 걔 양육비다 남편한테는 이제 그렇게 얘기를 하고, 한 달에 한 그때 300마르크씩 막 이렇게 보냈던거 같애요. 예 근데 300마르크가, 우리가 내 월급에 한 반을 보낸거죠.[43]

그 독일 정부에서 이 광부들이, 간호사들이 그렇게 일을 잘 했어요. 독일 사람들이 감동을 흔들어 버렸어요. 그것이 인연이 돼 가지고 독일의 국회의원들이 중심이 됩니다. 우리 간호부들한테 신세진 국회의원들이, 닥터 바그너, 기민당 원내 총무 같은 사람들이. 그 사람들 우리 간호부들한테 신세 다~졌거든요. 그 사람들 대정부 건의안을 만들어요. 에? 도와줘라 그런 나라. 한국에서 천사들이 왔다 이거야. 그 대정부 건의안에 의해서 정부에 1964년 12월 5일날 뤼프케(Karl Heinrich Lübke) 대통령이 박정희 대통령 초청해가지고 옵니다.[44]

(3) 대통령 방독

1964년 12월 7일 오전 박정희 대통령 일행을 태운 비행기가 독일 프랑크푸르트 공항에 도착했다.[45] 당시 박정희 대통령은 출국 직전 공항에서 가진 환송식에서 종전 이후 경제를 재건했으며, 공산주의 세력과 대치하면서 경제건설과 번영을 이룩한 독일 방문을 통해 독일의 부흥상을 시찰하고 경제적 자립을 위해 분발하는 한국 국민들도 격려하며 양국의 공통 관심사에 대한 이해를 증진할 것임을 강조했다. 당시 박정희 대통령 일행을 태운 비행기는 독일정부가 제공한 루프트한자 보잉707기[46]로

---

43) 김말자, 2010년 7월 12일자 1차 구술.

44) 백영훈, 2010년 1월 17일자 5차 구술.

45) 박정희 대통령은 뤼브케 독일 대통령의 초청으로 1964년 12월 7일부터 14일까지 국빈자격으로 독일을 방문했다.

46) 당시 박정희 대통령 일행은 미국 노스웨스트사의 항공기를 임차하여 사용하려고 했으나 미국 의회에서 쿠데타로 집권한 한국에 미국 비행기를 사용되면 다른 국가를 자극한다는 이유로 문제를 제기하여 독일에 도움을 요청하여 루

홍콩, 방콕, 뉴델리, 카라치, 카이로, 로마를 거쳐 프랑크푸르트에 도착하는 일정이었다. 프랑크푸르트에 도착하여는 다시 특별기로 쾰른 본 공항에서 하인리히 뤼브케 대통령 내외와 루드비히 에르하르트 수상 등의 영접을 받으며 독일 방문 공식 일정을 수행했다.

그래 가지고, 참 독일에 본(Bonn) 비행장에 도착을 했는데요, 비행기가 있나요? 이게 참 재밌는 얘기에요. 이런 얘기는 참 재밌습니다. 비행기가 없어. 그때 KNA 가지고 갈 수가 없고. 프로펠라 가지고 어떻게 전부 타고 가. 노스웨스트 에어라인(Northwest Airline) 차 타야 한다, 박정희 아니 저 저 자 장기영(張基榮)이가 노스웨스트 에어라인 차 탔어요. 5만 달란($)가 주고 그랬을 겁니다. 아, 이 사람 열흘 남겨 놓고, 안 된다 이거야. 미국 정부에서 못 가게 했어요. (중략) 대사가 여기 있는 대사가 붕거(Karl Bunger) 대산데, 대사관 찾아가고. 그건 자기가 할 게 아니래. 직접 가서 독일 대통령 뤼브케(Karl Heinrich Lübke) 대통령한테, 대통령 특사를 가서, 얘기해 보래. (중략) 독일비행기 도착했다, 이거야. 아~ 세상에 말이야, 사흘 남겨 놓고. 탔터니, 비행기 탔더니, 독일 사람들이 잔뜩 있더라고. 동경에서 가는 동경 홍콩 가는 에~ 민항 있잖아요? 이걸, 동콩 동경에서 가는 다른 확 빼고, 일등 비 비행기 칸을 비워두고. 그래가지고, 도쿄, 서울, 홍콩. 그걸 가지고 프랑크푸르트(Frankfurt)까지 갔어요. 프랑크푸르트에서는 전일 전용비행기 타고. 그리고 본으로 가는 거에요.[47]

박정희 대통령은 독일에 체류하는 동안 본, 쾰른, 베를린, 뮌헨 등을 방문했으며, 산업시설과 함보른 탄광에서 한국 광부들을 접견하기도 했다. 그리고 박정희 대통령은 뤼브케 대통령과의 회담을 통해 뢰브케 대

프트한자 항공기로 대체되었다.(재독한인글뤽아우프회, 『파독광부 45년사』, 2009, 47-48쪽.)

47) 백영훈, 2010년 8월 26일자 1차 구술.

통령의 한국 방문과 독일의 기술전문가단을 한국에 파견하는데 합의했으며, 양국 정부의 상호관심사를 논의하기 위하여 최소한 연 1회의 회담을 갖는 공동위원회 설치 등에도 합의했다. 뿐만 아니라 뤼브케 대통령은 독일의 자본 및 기술의 긴밀한 협조 아래 특별히 한국 자본재산업을 개발하는데 주안점을 두고 한국의 장기 개발계획을 돕기 위한 가능한 모든 지원을 계속할 것을 재확인했다.[48]

박정희 대통령이 독일 방문 중 가장 관심을 가진 것은 고속도로로 당시 독일은 나치 정권하에 고속도로 건설에 박차를 가하여 세계에서 가장 빠른 속도로 달릴 수 있는 고속도로인 '아우토반'으로 유명한 나라였다. 당시 독일의 수상이었던 에르하르트는 고속도로가 독일의 경제발전에 기여한 바에 대해 박정희 대통령에게 강조하기도 했다.

제일 근본 문제가 독일은 뭔 문제냐? 지역 간 싸움만 있었어요. 어? 산맥 넘으면 프랑크푸르트(Frankfurt)하고, 어 그 다음에 라인란드(Rheinland)하고 싸움 붙죠. 에? 바바리아(Bayern) 주하고. 또 막 싸움만 하죠. 지역 그, 지역 사회에요. 이게, 완전히. 지역 왕 세도 아니요? 그게 다. 지방마다 왕 갖다 놓고, 전부 시로스(Schloss, 성(城)) 갖다 놓고. 각, 지방마다 성이 있잖아. 지방 완전히 성 국가요. 그게, 그러게, 전혀 의사가 안 통해. 이걸, 히틀러가 말이야. "부셔라." 아우토반(autobahn). 그걸 넘는 대동맥을 뚫자. 그래 가지고. 처음에 만들은 것이 본-쾰른(Bonn-Köln). 히틀러가 자신도 나와 일했지. 따라왔지. 전 국민이 따라온 거지. 그래서 히틀러가 아우토반을 만든 거지.[49]

에르하르트 총리는 경제장관시절 한국을 방문한 적이 있던 인물로 한

---

48) 재독한인글뤽아우프회, 『파독광부 45년사』, 2009,
49) 백영훈, 2009년 9월 25일자 2차 구술.

국의 경제발전을 위하여 박정희 대통령에게 다양한 제안을 했다.[50] 그의 제안은 우선 산이 많은 우리나라의 특성상 독일의 사례를 근거로 고속도로 건설이 필요하며, 이러한 고속도로의 활용도를 제고할 수 있는 자동차 산업의 육성, 그리고 자동차 생산을 위한 제철공업 및 자동차의 원료뿐 아니라 나일론, 플라스틱 공업의 육성을 위한 정유공장 건설, 독일의 마이스터 제도와 같은 전문 기술인력을 양성 할 수 있는 기술인력제도의 도입, 경제 안정을 위한 중산층 강화를 위한 중소기업 육성 등을 강조했다.

Also, das weiß ich jetzt nicht. Ich weiß, dass er Dolmetscher war und Berater war. Und ich weiß jetzt, dass nicht Deutschland sondern, dass in Korea die Neugestaltung des Verkehrsystems weitgehend Sache war. Er hat sicherlich auch vieles übernommen von Ludwig Erhart. Uhm das nebenbei bemerkt Ludwig Erhart hat auch studiert bei Nürnberg. Er kam oft Wochenende nach Nürnberg. Das war meine Zeit, wo die Politiker auch frei herumleben. Und wir, Studenten haben dann letztes Geld zusammengekrazt und sind in ein bestimmtes Restaurant, wo Ludwig Erhart immer war, hatten versucht ihm dort zu sehen. Aber gut. Das war so nebenbei bemerkt. Nein, er ist sicherlich gesagt, beeinflusst wurde von Ludwig Erhart. Auch im von seiner Ordungspolitik und ich glaube dass, das ihm auch auch die Grundlage war für seine Aktivitäten hier in Korea.[51]

---

50) 당시 에르하르트 총리는 박정희 대통령에게 독일 경제발전의 중요한 요인으로 국가의 기간산업 육성, 사회간접자본 확충, 시장경제체제 확립, 기업가정신 육성, 기술개발 촉진, 중소기업 육성 등을 제시했다.
51) 베르너 굼펠, 2010년 10월 6일자 1차 구술.

그 때 에르하르트(Ludwig Erhard)가 뭐라 그랬는지 아세요? 마지막에? 손을 꽉 잡고, '각하.' 우리 도와드릴게. 이 양반이 한국에 두 번 왔대요. 장관 때. 뭐라 그 랬는지 아세요? '각하 한국 갔더니요, 산이 많습디다.' '산이 많습…산 산가지고는 안됩니다.' '대통령이 뚫으세요.' '각하, 낼 가시는 길이 본 쾰른(Köln)…' 그게, 독일 의 최초의 아우토반(autobahn)입니다. 히틀러가 했습니다. 폭스바겐(Volkswa- gen) 가보세요, 히틀러가 한 공장입니다. 지금도 폭스바겐 히틀러가 한 기록 써 있습니다. 동베를린을 뚫어놓고 자동차가 움직여, '각하 한국에 대도로를 뚫으세 요. 자동차를 하세요.' '자동차를 내면요, 철이 있어야 합니다. 제철하십시오. 힘 든 사업입니다.' '참 힘듭니다. 이번에 제철공장 슈투트가르트(Stuttgart) 가도록 돼 있습니다.' 그래 뭐라 그랬는지 아세요? '한국 제철공장 없는 데 다행히 사해 바 다 아닙니까?'[52]

그리고 일본과 미래 지향적인 관계회복을 위한 국교 수립이 한국의 경제발전에 도움이 될 것이라고 충고했다. 당시 한일 관계를 감안하면 에르하르트 총리의 제안은 매우 파격적인 것이었으며, 에르하르트 총리 는 제2차 대전 이후 독일이 한때 전쟁 상대국이었던 영국, 프랑스 등 인 접국과의 관계를 개선한 사례를 언급하여 박정희 대통령에게 장기적으 로는 독일과 같은 유럽 국가들보다 인접한 일본과의 관계를 개선하는 것 이 중요하다는 점을 강조하기도 했다.

그래서, 이양반이 딱 손을 쥐고, 한 가지, 부탁을 합디다. '각하 에 마지막에 제가 하나 부탁이 있소.' 그게 중요한 거야. 역사의 기록이. '일본하고, 국교를 맺으세요. 손 잡으세요.' '일본하고 친하게 하세요.' 아, 뭐 이 갑자기 잘 가다가 엄한 데로 가 버리는 거야. 일본 정부가 부탁한 거에요. 에르하르트(Ludwig Erhard)한테. 박정

---

52) 백영훈, 2010년 8월 26일자 1차 구술.

희 가면, 그 얘기 하라고 부탁해 갖고, 이 얘기를 하는 거야. 친하잖아 둘이. 그, 에르하르트가 뭐라는지 아세요? '각하 지도자는 미래를 보십시오.' '과거 가지고 얘기하지 마시오.' 독일하고 불란서는, 독일하고 불란서에선 역사에서는 열여섯 번이나 열여섯 번이나 싸웠습니다. 한 번도, 독일이 인 캄프(in Kampf, 전투에서는) 진 일이 없습니다. 아바 인 크릭(Aber in Krieg, 하지만 전쟁에서는) 이긴 게 없습니다. 그런데, 자기 선배 아데나와(Konrad Hermann Joseph Adenauer)가 최초의 2차대전 끝나가지고 처음 찾은 게 드골(Charles André Joseph Marie de Gaulle) 대통령 찾아갔어요. 악수 손잡고, 했습니다. 드골 대통령하고 친해져서. 독일이 우리나라 발전시켜준다. '각하 미래를 보십시오. 미래를 보셔야 합니다.'[53]

어~ 2차 대전이 종료되고 제일 먼저 화해의 손을 잡은 건 불란서(프랑스) 독일입니다. 불란서 독일입니다. 불란서 독일인데 에, 불란서도 2차 대전의 피해를 본 나라죠. 그런 인제 그건데. 요는 국가가 국가끼리의 어떤 평화조약이나 아 공동체를 할려고 하면, 그 국민성도 어 따라줘야지만은, 정치하는 사람들의 의식이, 의식이 앞서 있어야 한다고 생각합니다.[54]

독일 뢰브케 대통령의 초청으로 이루어진 박정희 대통령의 독일 방문에서 에르하르트 총리의 다양한 제안은 결과적으로 향후 우리나라 경제 발전 과정에서 상당부문 수용되었다. 결과적으로 박정희 대통령의 독일 방문 이후 우리나라는 1965년 6월 일본과 수교했으며, 1968년 경부 고속도로 착공, 자동차 및 정유 공업의 발전 전략을 수립할 것 등을 고려하면 당시 박정희 대통령의 독일 방문은 한국의 경제발전 과정에서 외자 도입 이상이 성과를 지닌 것으로 평가될 수 있다.

---

53) 백영훈, 2010년 8월 26일자 1차 구술.
54) 전동락, 2010년 7월 12일자 1차 구술.

5) 성과와 한계

1960년대 독일 정부의 차관 도입이 우리나라에 본격적으로 도입되면서 독일 기업이 한국을 방문하여 우리 기업과 새로운 파트너쉽을 형성하는 등 한독 합작 사업이 활기를 띄게 되었다. 대표적인 사례로 독일의 지멘스와 금성이 합작으로 전화 사업을 실시하는 등 독일 기업의 한국 진출이 크게 확대되었다.[55]

우리나라 한독경제협력의 최초의 주력사업이 뭐냐하면 다섯 가지에요. 에, 다섯 가지 사업을, 전개하는데, 그 당시에 호남 비료공장이 에, 첫 번째입니다. 호남 비료. 나주 비료라고 그러죠. 두 번째가 뭔지 알아? 나 몇 일 전에 동양시멘트 갔다 왔어요. 삼척 공장에. 세 번째가 뭐냐? 지금 인천에 있는 한국기계. 네 번째가 이거에요. 전화 사업. 다섯 번째가 뭐냐면은, 석탄. 지하에서 캐서 석탄 생산해야,[56]

그러므로 1960년 대 우리나라는 독일과의 경제협력을 통해 단순히 광부와 간호사의 인적 교류를 넘어서 차관 등 외자 도입을 촉진하고 독일이 경험한 경제발전의 사례를 학습하여 이를 우리나라 경제발전에 적용한 것으로 평가할 수 있다. 그리고 기술 중심의 독일 기업과의 경제협력을 통해 기술의 중요성을 인식하고 이를 경제성장의 토대로 활용한 것은 성과로 평가할 수 있다.

---

55) 루루기(Lurugi)와 호남비료, 포리시우즈(Polisius)와 동양시멘트, 만(MAN)과 인천한국기계, 그룹(KRUPP)과 인천제철, 개하하(GHH)와 대한석탄공사 등(백영훈, 『한강에 흐르는 라인강의 기적』, 삼양애드, 2001, 51쪽.)

56) 백영훈, 2009년 10월 21일자 3차 구술.

〈표 4〉한국의 국가별 공공차관 도입 현황　　　　　(단위: 백만 달러, %)

국가	1962-65		1966-72		1973-78		1979-85		1986-92	
	금액	비율	금액	비율	금액	비율	금액	비율	금액	비율
국제금융기구	14	22.2	152	13.5	1,605	56.8	4,114	40.7	2,582	55.1
미국	38	60.3	685	60.6	867	25.3	2,660	26.3	75	1.6
일본	-	-	256	22.6	516	15.0	896	8.9	1,252	26.7
독일	11	17.5	25	2.3	122	3.6	71	0.7	46	1.0
영국	-	-	1	0.1	105	3.1	376	3.7	1	0.1
프랑스	-	-	-	-	22	0.6	643	6.4	688	14.2
합계	63	100.0	1,130	100.0	3,431	100.0	10,105	100.0	4,688	100.0

주: 도착기준

자료: 이성봉, 「한 · 독 경제협력에 대한 제도적 분석과 개선방안」, 『질서경제저널』 제12권 제1호, 2009, 68쪽.

〈표 5〉한국의 국가별 상업차관 도입 현황　　　　　(단위: 백만 달러, %)

국가	1962-65		1966-72		1973-78		1979-85		1986-92	
	금액	비율	금액	비율	금액	비율	금액	비율	금액	비율
미국	28	39.4	607	31.1	1,548	26.4	1,716	21.6	133	2.6
일본	-	-	531	27.2	1,270	21.7	1,696	21.4	2,370	45.5
독일	23	32.4	167	8.6	241	4.1	237	3.0	250	4.8
영국	1	1.4	174	8.9	868	14.8	1,384	17.4	1,115	21.4
프랑스	17	23.9	194	10.0	405	6.9	381	4.8	157	3.0
합계	71	100.0	1,950	100.0	5,858	100.0	7,937	100.0	5,206	100.0

주: 도착기준

자료: 이성봉, 「한 · 독 경제협력에 대한 제도적 분석과 개선방안」, 『질서경제저널』 제12권 제1호, 2009, 69쪽.

　　그러나 1970년대 이후에는 독일은 1960년대에 비해 우리나라의 경제협력 대상국으로서의 비중이 상당 부문 축소되었다.[57] 여러 가지 이유가

---

57) 독일의 한국에 대한 일방적인 경제원조가 이루어진 시기는 1960년대 초부터

제시되고 있으나 우선, 1977년 이후 한국인 광부의 독일 취업은 공식적으로 종료됨에 따라 광부와 간호사를 통한 독일과의 인적 교류의 확대는 제한적으로 진행되었으며, 동백림 사건 등으로 인하여 경제협력이 원활하게 진행되지 못했다. 1970년대 후반 들어 독일은 고용률이 하락하고 실업률이 증가하여 제3국을 통한 노동자 유입에 대한 환경이 악화되었으며, 광업 생산량이 감소되어 광산이 폐쇄되는 등 산업구조의 변화가 나타나기 시작했다.

> (1960년 중후반 독일과의 관계가 나빠진 것에 대한 질문에) 그게 이제 동독 동백림사건 때문에 일단 국교 정지 상태가 들어갔어요. 그래서 아까 내가 저 구주(歐洲, 유럽) 순회 경제사절 단장으로 해서 68년도에 구라파(歐羅巴, 유럽)를 돌았다고 내 그랬는데 그 때 독일을 못 갔어요.[58]

둘째, 우리나라는 독일을 대체할 미국, 일본과의 경제 협력 비중을 확대함에 따라 상대적으로 독일과의 경제협력 비중은 감소했다. 1965년 일본과 수교하고 월남전 파병 등 대미 외교를 확대하는 등 1960년대와 다른 외교적 환경이 조성됨에 따라 상대적으로 독일의 역할은 축소될 수밖에 없었다.

1980년대 초까지로, 이 시기에는 독일 정부의 공공차관, 상업차관 및 기술원조가 집중적으로 이루어졌던 시기였다. 이 시기를 1980년대 초까지로 구분하는 것은 공공차관 제공과 관련한 재정지원협정 중 마지막으로 체결된 것이 1982년 9월 22일이기 때문이다. 이후 1980년대 중반부터는 독일의 한국에 대한 원조가 기술지원 중심으로 이루어진 기간으로 기술지원의 성격이 일방적인 시혜를 벗어나 비용의 상당부분을 한국정부가 매칭으로 부담하는 형식을 취하게 된다.(이성봉, 「한독 경제협력에 대한 제도적 분석과 개선방안」, 『질서경제저널』 제12권 제1호, 2009, 65쪽.)

58) 양윤세, 2009년 10월 29일자 1차 구술.

Ich glaube, dass damals amerikanische Einfluss stärker gewesen ist. Amerika einmal als auch als Besatzung oder wie man will also mit Staatsregierung von Gruppen. Ah Amerika mit uhm staatigischen Interesse in Korea, als ob eh Amerika sicherlich sehr viel stärker, hat es sehr viel stärker ein Einfluss als Deutschland.[59]

포항제철은 일본 제철하고 말이야, 일본제철이 하고 뭐… 이건, 금성사 독일 지멘스(Siemens AG)사하고, 하고 다. 미국서요, 예. 밴플리트(James Alward Van Fleet) 장군이 단장을 해가지고… 한국 투자사절단이 왔어요. 밴플리트(와요. 여기, 사령관이요. 누굴 데리고 온지 아세요? 깔프(Gulf) 사장을 데리고와. 걸프. 석유공사 정유공장을! 깔프 주시오. 그, 싸움이 붙었어요. 박정희가요 '그, 줘라.' 그래서 깔프는 미국이 했습니다. 알겠어요? 그래서, 미국이 들어오기 시작한거야. 그때부터. 경제 문제가 있는데 어떻게 하겠어요? 독일 도와주고, 일본 도와주고 있는데….[60]

요컨대 1960년대 우리나라는 대내외적 환경 요인으로 인해 경제개발에 필요한 재원을 미국과 일본 등으로부터 마련하지 못하는 어려운 상황이었으나 미국과 일본과의 관계가 회복되기 이전 독일을 통해 이러한 상황을 극복할 수 있어 지속적인 경제성장을 추진할 수 있는 동력이 마련되었으며, 이는 우리나라 경제의 고도성장에 중요한 역할을 한 것으로 평가될 수 있다.

제가 저녁에 밤 근무 나가면 이렇게 침대가 이렇게 다니면서 그 뭐냐 침대가 이렇

---

59) 베르너 굼펠, 2010년 10월 6일자 1차 구술.
60) 백영훈, 2010년 8월 26일자 1차 구술.

게 내 눈에 헛게 보이는 거야. 하얀 시트 덮은 침대가. 에 그래서 그런데 드러 눠서 (누워서) '잠깐만 드러 눴으면 좋겠다. 눈 한번 감아봤으면 좋겠다.' 예 좀 고생을 했어요.[61]

나는 이런 생각을 해요. 우리나라가 발전한 것은 역시 하늘이 봐줘서, 국운이 있었다, 이거지. 그 국운을 잘 지켜낸 민족은 잘 크고, 그 어디선가 누가 주는 국운, 국운을 기회를 잘 선용한 사람은 잘 나가고, 난 네 번 국운이 있었어요. 우리나라에. 첫 번째 국운 다른 거 아니에요. 아무도 원조 안 해줄 때 우리 광부, 간호사들이, 독일에 가서, 그 열심히 일으켜 준 것이 국운이고.[62]

---

61) 김말자, 2010년 7월 12일자 1차 구술.
62) 백영훈, 2009년 9월 25일자 2차 구술.

제5장

경제개발계획과 과학기술개발의 연계

김 영 선

〈개요〉

이승만 정부 시절부터 한국 정부는 경제정책을 수립하며 역량을 키우고자 했으며, 그 기반을 닦는 기초적인 준비로서 기술정책 및 추진체계를 구축했다. 기술능력을 배양하기 위한 과학기술 정책의 성립으로 이어졌으며, 한국에서는 경제개발 5개년 계획과 연동하는 계획으로서 과학기술진흥 5개년 계획이 세워졌다. 과학기술정책은 연구개발, 기술의 산업화, 인력양성, 과학기술정보의 교류, 과학기술지식의 보급 및 홍보, 국가협력정책 등이 모두 포함된다. 부국강병을 위한 과학기술을 매개로 한 정책 구성에는 해당 정부의 강한 기획 의도와 목표가 투영되어 있다. 박정희 정부의 과학기술정책은 기술진흥5개년계획으로 제도화되었고, 이는 경제개발계획과 시작부터 궤를 같이 한다.

제1차 기술진흥계획은 경제기획원이 주축이 되어서 수립한 최초의 과학기술관련 종합계획이었다. 기술진흥계획에 담긴 기술현황은 기술 분야의 인적자원과 기술수준을 각각 다루고 있으며, 계획 내용은 기술수급의 계획과 외국의 기술의 도입방법, 기술주준 향상의 목표 등을 다루고 있다. 제2차 계획의 특징은 정책이 다루려는 범위가 광범위해졌을 뿐만 아니라 연구개발이 전면적으로 정책과제의 전면에 등장하면서 강조되었다는 점이다. 과학기술계 인력자원에 대한 수급전망과 이를 바탕으로 한 정책과제로서 과학기술인력개발, 실업계 및 이공계 교육의 개편과 강화, 직업훈련, 인력관리체제 등이 제안되었다. 제3차 계획의 주요 핵심 목표는 수출 주종을 경공업에서 중화학공업으로 전환하는 것과 더불어, 철강, 조선, 석유화학의 전략적 목표를 구체적으로 제시했다는 점일 것이다. 1973년 연두기자회견에서의 박정희 대통령의 중화학공업화 선언 이후 중화학공업 육성책이 필요해졌고, 정부관계부처의 협조를 이끌어내면서 효과적으로 계획을 추진해가기 위해서 국무총리를 위원장으로, 부처장관들과 부처의 엘리트 공무원들, 외부 전문가 그룹으로 구성된 중화학공업추진위원회 설립 계획이 1973년 2월에 세워졌다. 과학기술 부처 설치는 1967년 1월 박정희 대통령이 부처들을 연두 순시 당시 과학기술 전담 행정기구 설치를 지시하면서 본격적으로 궤도에 올랐다.

본 구술에서 확인된 사실은 1970년대 이후 정부는 기술개발 뿐만 아니라 연구개발에 대한 새로운 인식 하에 연구체제와 법제도를 새롭게 재편했다. 물론 정책 추진 당시 각 부처들의 헤게모니 장악 시도와 더불어 외부 전문가 및 기술 관료들의 갈등 및 협상 등이 있었지만, 이 시기의 경제개발계획과 과학기술의 연계, 그리고 과학기술계에 대한 전무후무한 파격적인 정부 지원을 통해 연구 인력이 육성되고, 관련 지원법들과 해외 과학자들의 유치를 통해서 산업 기술의 토대가 만들어졌다는 점이다. 즉, 당시의 집중적 투자가 현재 한국사회의 성장 동력이자 경제 발전의 기초가 되었고, 정보산업 분야를 거쳐, 지금까지 한국산업의 중요한 위치를 점하고 있는 엔지니어링 분야와 반도체 분야, IT산업의 초석이 70년대에 형성되었다.

1. 과학기술진흥정책과 경제개발계획

'과학 대통령'은 오랫동안 박정희 대통령의 핵심 이미지 중의 하나였다. 한국 과학기술의 토대이자 핵심 동학으로서의 이와 같은 대통령 리더십에 대한 주류적 접근과 함께 최근에는 비판적 과학기술학 영역에서 위의 이미지를 하나의 구성 담론으로 간주하면서, 당시 과학기술계에서 일어난 일들에 대한 해석과 평가를 새롭게 해보려는 시도들이 이어지고 있다. 이러한 흐름에서 이 글은 당시 과학기술 전문가 및 경제 관료들의 구술을 통해, 1960년대~70년대 박정희 정부 시기 과학기술정책의 실행 과정을 경제개발계획 추진의 맥락에서 접근해보고자 한다.

과학기술정책에 대한 유네스코(UNESCO)의 정의를 살펴보면, "국가 개발계획이나 전략을 추진하기 위하여 국가의 과학기술 능력을 촉진하고 동원하며 조직화하는데 필요한 원칙과 방법 및 입법 그리고 행정적 조치"를 의미한다.[1] 법·정치·경제적 차원을 횡단하는 입체적인 정책 실행의 과정에 대해서 자세하게 증언했던 여러 구술자들은 1960~70년대 행정관료 또는 과학 전문가 집단으로서 이후 정부와 연구소, 대학, 기업체 등의 다층적 영역을 넘나들며 괄목할 만한 성과를 축적했다. 이들의 기억을 통해, 경제개발과 과학기술진흥의 역사적 과제가 어떤 집단에 의해서 어떠한 논리와 전망을 가지고 추진되었는지, 특히, 기술진흥 5개년 계획, 중화학공업추진위원회 기획단의 역할, 과학기술처 신설과 위상 정립, 한국과학기술원 설립과 운영, 과학기술처의 정보산업국 설치 등에 초점을 맞춰 이야기를 정리하고자 한다. 나아가, 이러한 기술과 인력 양성의 노력들이 이후 제5, 6공화국의 과학기술 및 반도체 및 IT산업의 토대가 되었는지 그 자취를 살펴보려 한다.

---

1) 김동현 외, 『한국 과학기술 정책의 형성과정: 역사적 조명과 향후 방향』, 과학기술정책관리연구소, 1996, 8쪽.

우리나라 과학기술정책은 시기별로 구획되며, 종합계획은 과학기술정책이 기본 틀과 토대를 제공하는 중요한 역할을 해왔다. 1960년대부터 과학기술종합계획이 지속적으로 수립되어 왔다. 1976년까지는 기술진흥 5개년계획의 형태였고, 1977년 이후부터는 경제개발 5개년계획 또는 경제사회발전 5개년 계획 등으로 독자적으로 설계되었다. 제1차 기술진흥 5개년계획(1962~1966년), 제2차 기술진흥 5개년계획(1967~1971년), 제3차 기술진흥 5개년계획(1972년~1976년), 제4차 경제개발 5개년계획: 과학기술부문계획(1977~1981년)으로 진행되었다. 장기계획으로는 과학기술개발 장기종합계획(1967~1986)이 있다. 위 계획들은 우리나라 경제발전과 기술개발이 어떠한 과정에서 어떠한 목적으로, 어떠한 추진체계를 통해 성과 목표를 달성하려 했는지 살펴볼 수 있는 핵심적 자료이기도 하다. 계획을 추진한 당시의 정부 관료나 실무 담당자들의 생생한 경험은 이러한 정책이 만들어지고 작동되기까지의 내부의 갈등, 균열, 경합, 협상 등의 복합적 맥락을 드러내게 해줄 것이다.

2. 1950년대 경제개발과 원자력 기술

국가와 과학기술에 대한 역사적 관심과 이해들은 박정희 대통령으로부터, 그리고 경제발전과 맞물려 시도되는 경향성이 있었다. 그러나, 다른 한편 이승만 대통령 역시 박정희 대통령 못지않게 과학기술에 관심을 갖고 있었으며 집권 말기에 경제개발계획을 구상하기도 하였다. 그 역시 우리나라가 절대적 빈곤을 벗어나기 위해서는 과학기술이 경제 발전의 핵심이라는 것을 인식하고 있었기 때문이다.

우리나라의 현대화 작업은, 6·25 한국전쟁 때 미군의 활약에서 보이는 과학기술력에 대해서 당시 남한과 북한의 지도자들이 감동을 받은 데서부터 시작되었다고 볼 수 있겠다. 이와 동시에 6·25전쟁 이후 전후 복구사업으로 수요가 늘었지만, 공급은 미처 따라가지 못했고 만성적인 전력 부족을 고민하던 이승만 대통령은 이를 해결하기 위한 외국 전문가를 초청하고자 했다. 1956년 7월에 방한한 에디슨 전력회사의 워커 시슬러(W. L. Cisler) 박사는 전력문제를 해결하려면 장기 계획을 세워 원자력 발전을 하라고 제안했다.

정부는 1955년 미국과 '한미 원자력 협정'을 체결하고, 그 다음해 문교부에 '원자력과'를 신설하면서, 동시에 미국으로 127명의 '원자력 유학생'을 선발해 보냈다. 이어 1958년 '원자력법'이 제정 공포되었다. 당시는 과학기술처도 없었을 때였기 때문에 문교부 '기술교육국' 국장, 박철재 박사와 '원자력과' 과장, 윤세원 교수가 원자력 관련한 계획을 구상했으며, 이후, 이원철 박사, 최규남 박사, 백낙준 박사가 원자력 계획을 이어 갔다.

이승만 대통령은 당시 우리나라가 UN의 회원국이 아니었음에도 불구하고, 이후 유엔이 국제원자력기구(IAEA)를 만들게 되면 창립회원국이 되겠다고 주장했으며, 실제로, 당시 UN회원국은 아니었지만 국제원자력기구의 창립회원국이 되었다. 당시의 한국의 경제적 상황으로 보면 자원도, 기술도, 인력도 없었지만, 원자력과를 설치하고 이후 원자력청과 원자력연구소를 개소시켜 원자력 정책을 강력히 추진하려 했던 이승만 대통령의 의지에는 원자력이 갖는 국제사회에서의 힘과 더불어 과학기술이 발전에 중요한 도구가 될 수 있을 것이라는 판단이 있었던 것으로 보인다.

이승만 대통령이, 그러니까 **이야기가 일방적으로 박정희 대통령의 과학기술에 그 야말로 굉장한 공헌을 하셨다 생각을 하는데 어떻게 보면 이승만 대통령이 그 시 작을, 더 먼저 시작하신 거예요.** 그때 이 과학, 그분이 원자력에 대한 그 상당히 에, 관심이 많았어요. 아마 뭐 원자탄을 만들려고 했던 건지. 하하, 뭐 어쨌든 이

저 그 정도의 본인의 관심을 쏟아서 사람들을 골라서 이제 미국에 보내고 어, 했는데, 그때 인원자력원이 생기면서 초대 원장이 김범민 씨라고 정치계의 거물이에요, 그 당시에. 그분을 원자력원 원장을 시키고 원자력연구소를 만들고, 그때 뭐 GNP 70불, 80불($) 할 때에 원자력 우선 생기고 했으니까 그분이야 말로 이 과학기술이 미래에 우리가 가난에서 벗어날 수 있는 하나의 그 중요한 툴(tool)이다, 이 인지를 하셨던 거 같아요.[2]

원자력청이 있었는데, 원자력청은 원자력청하고 인제 그 저기 과학기술 경제기획 기술관리국 하고 두 개가 통합이 되 가지고 생겼어. 원자력청 생길 때도 그 이승만박사가 인제 그걸 만든 거란 말이야. [중략] 원자력청이란 게, 원자력이 뭐 그때 저 동위원소(同位元素) 있어. 그거 하나 갖다놓고 원자력청 만들었단 말이야. 그러니 그게 장난감이지 그게. 대학연구실에 다 있는 거라고. 요즘에 방사선치료 하잖아. 그거 그 동위원소 생산하는 거 갖다 놓고 원자력청 만들었거든. 그러니까 이제 그 이승만 박사가 정책적으로 그 당시 이제 2차 대전이 원자력 가지고 끝냈으니까 우리도 이제 원자력에 대한 말이야, 그러한 하나의 그러한 비전일까 상징적으로 이것을 개발해야 될 그런 마음을 이어오기 시작했지. 그건 대통령 지시로 그거 만든 거라. 원자력청을 만든 거라 말이야. 그러니까 그러니 모르는 사람들은 하나의 엠비션(ambition)이지. 과학에 대한 동경, 뭐 과학에 대한 그러한 뭐 이 의욕, 뭐 이런 것이 컴바인(combine) 되어 가지고 과학기술도 해야겠다 말이야. 막연한 구상이구 그거는, 내가 보기에는 과학자들이 그랬을 거라고.[3]

1958년 국회에서 원자력법이 통과된 이후, 1958년 한양대에 최초로 원자력공학과, 1959년에 서울대에 원자력공학과가 설립됐다. 미국으로

2) 채영복, 2015년 11월 11일자 1차 구술.
3) 권원기, 2009년 10월 20일자 3차 구술.

부터 연구용 원자로를 도입하기로 결정하였다. 당시 비용이 약 73만 불이 넘었는데, 한국전쟁 후 미국의 원조자금으로 국가 경영이 이루어지던 때, 미국과 교섭하여 절반은 정부가 예산책정하고, 나머지는 미국이 부담하면서 설치를 추진했다. 1959년부터 부품들이 들어와서 연구소가 개소되었고, 마침내 1962년 3월 가동식이 열렸다. 당시, 이승만 대통령은 원자력청을 설치하고 원장을 부총리급으로 위상을 높이려 했으나, 주변의 반대로 인하여 초대 원장으로 김범민을 지명했다. 이승만 대통령이 원자력개발을 위해 시도한 방식은 법적 토대와 행정지원, 연구소 개소, 고급 인재 양성을 결합하는 것이었다. 이는 과학기술 분야 진흥을 위한 기본 전략의 핵심 요소이기도 하다. 이러한 전략이 원자력개발을 매개로 처음 추진된 것은 이승만 대통령 시기였다는 점을 현재 시점에서 재평가해볼 수 있을 것이다. 이후, 원자력원은 1967년에 원자력청으로 개편되었다. 1970년대 '석유 파동'으로 원자력발전의 중요성이 커지면서, 1978년 고리 1호기를 시작으로 원자력발전소가 잇따라 준공됐다.[4]

3. 경제개발계획과 기술진흥5개년계획

과학기술정책은 연구개발, 기술의 산업화, 인력양성, 과학기술정보의 교류, 과학기술지식의 보급 및 홍보, 국가협력정책 등이 모두 포함된다. 부국강병을 위한 과학기술을 매개로 한 정책 구성에는 해당 정부의 강한 기획 의도와 목표가 투영되어 있다. 박정희 시대의 과학기술은 기술진흥 5개년 계획으로 제도화되었고, 이는 경제개발계획과 시작부터 궤를 같이 한다.

---

4) 한국원자력연구소, 『한국원자력20년사』, 1979, 8–24쪽.

1) 1차 경제개발5개년계획과 1차 기술진흥5개년계획

1962년 제1차 경제개발계획 이전에 이미 한국경제재건계획(1953-1957), 타스카(Tasca) 3개년대한원조계획(1954-1957), 경제부흥5개년계획(1954) 등이 발표된 바 있었다. 이 중에서 한국 정부가 주도적으로 추진한 경제개발계획은 1958년 부흥부 산업개발위원회에서 수립한 경제개발3개년계획(1960~1962년)이 대표적이다. 우리나라 정부 최초의 경제개발계획으로 경제 각 분야의 개발목표와 장기적 정책방향을 세웠다. 이 계획은 4·19로 인해 좌절되었고, 이후 집권한 민주당 장면 정부는 경제개발계획(1961~1965)을 수립하고 적극적으로 재원을 조달하는 등 박차를 가하던 차에 5·16으로 인해 이 계획은 좌절되었다.

> 부흥부에 뭐가 있었냐면 산업개발위원회라는 게 있었어요. 여기에 이제 그 부흥부에서 소위 이 아이디어 스토밍(ieda storming)해가지고, 경제학을, 또 경제에 대해서 흥미가 있는 분들을 많이 모았어요. 그래서 자유당 말기, 이승만씨 그 말기에는 소위 3개년 계획이라는, 경제개발 3개년 계획이라는 걸 만들기도 했고, 그게 좀 부족하다고 해가지고, 그걸 이제 좀 그 장면 정부 때 와서는 5개년계획으로 익스텐션(extension)해가지고[5]

박정희 대통령 시기 만든 제1차 경제개발5개년계획은 이승만 대통령 집권 당시 부흥부에서 만들어 놓았던 초안을 확대개편 한 것이었다. 정부는 경제개발계획의 기본 목표를 '자립경제의 달성을 위한 기반구축'으로 잡았으며, 중점 목표로 다음의 총 6가지를 제시했다. 1. 전력, 석탄 등 에너지 공급원의 목표 2. 농업생산력의 증대에 의한 농가소득의 상승과 국민경제의 구조적 불균형의 시정 3. 기간산업의 확충과 사회간접

---

5) 이만용, 2012년 8월 1일자 1차 구술.

자본의 충족 4. 유휴자원의 활용, 특히 고용의 증가와 국토의 보전 및 개발 5. 수출증대를 주축으로 하는 국제수지 개선 6. 기술의 진흥[6]을 제시했다.

업무가 기술에 관한 자료가 있어야 할 텐데 자료가 거의 없다시피 한 그런 그러한 우리나라 실정이고, 그리고 기술개발에 관한 계획을 만들어야 할 텐데 무엇부터 어떻게 해야 하는 건지를 자료가 해보질 않았기 때문에 없었습니다. 그 당시에 인제 경제기획원이 생긴 것이 인제 그 1961년 7월에 생겼거든요, 1961년 7월에 생겨가지고, 그 제일 처음에 하는 일이 그 당시 아까 말씀드린 그 5·16 혁명이란 것은 1961년 5월에, 5월 16일에 혁명이 일어나가지고 1961년 그 해에 경제기획원이 탄생했고, 그래 그랬기 때문에 생기자마자 아 이 뭐 중기계획 같은 걸 만들어가지고 장기적으로 경제개발을 하는 방향을 설정해가지고 해야 될 것 아니냐, 해가지고 1차적으로 경제기획원에서 착수한 게 중요하다 생각해가지고 착수한 것이, 어~ 이 경제개발 5개년, 경제개발을 5개년으로 이것을 계획을 만들어가지고 그 당시에는 그걸 처음에는 장기계획이라는 얘기를 들었어요. 그 당시에 경제정책이라는 것은 하루하루가 급하고 1년이 급하지 5년씩이나 이게 여유를 가지고 뭐 하나? 이런 생각들이 많이 있었는데, 이것을 아~한 5년 동안에 계획을 세워가지고 국가가 도달해야 될 목표를 정하고 그 목표에 따라서 일을 수행하는 것이 옳지 않느냐 해가지고, 가장 중요한 일 중에 하나가 그 장기 계획을 만들어서 그 계획 계획에 따라서 정책도 입안하고, 또 정책수단도 개발하자 마 이런 거기 때문에, 저희들은 기술을 담당하였기 때문에.[7]

제1차 기술진흥계획은 경제기획원이 주축이 되어서 수립한 최초의 과

---

6) 경제기획원, 제2차 경제개발5개년계획, 1962–1966, 15–16쪽.
7) 이응선, 2010년 11월 18일, 3차 구술.

학기술관련 종합계획이었다. 기술진흥계획에 담긴 기술현황은 기술 분야의 인적자원과 기술수준을 각각 다루고 있으며, 계획 내용은 기술수급의 계획과 외국의 기술의 도입방법, 기술수준 향상의 목표 등을 다루고 있다. 계획을 수행함에 있어 작성자들은 무엇보다 제반 기술능력의 부족을 중요한 문제로 설정했으며, 이에 대한 능력 향상이 무엇보다 계획의 목표를 달성하는 데 있어 핵심적인 요소가 될 것임을 깨닫고 있었다. 기술이 낙후된 원인에 대한 당시의 자체 분석에 따르면 먼저, 산업기술의 대부분을 외국에 의존하고 있으며, 경쟁력 있는 공업제품이 없다는 점, 기술을 지원할 행정이 종합적으로 체계화 되어 있지 않다는 점, 국공립 과학기술재단의 활동이 미비하고, 대학연구소는 없으며, 과학기술을 국민에게 보급하는 역할을 담당할 기관이 없다는 점, 교육 및 생산 분야를 이끌어 갈 과학기술자들이 없다는 점, 기술자, 기술공, 기능공의 기술인력 분포가 불균형하다는 점, 그리고 일반국민의 과학기술에 대한 이해도가 낮아서 토대가 형성되어 있지 않다는 점, 마지막으로 과학기술 진흥을 목표로 할 핵심적 방법이 없다는 점을 꼽았다.

이처럼 기술진흥5개년계획의 목표는 경제개발5개년계획을 성공적으로 수행하기 위해서 필요한 필수적 과학 기술 수준을 끌어올리기 위해서는 인력, 연구소, 행정, 기술에 대한 국민 관심의 부분을 필수적으로 정하되 무엇보다 기술인력에 대한 부분을 중요하게 두었다. 이응선의 구술에도 드러나듯이 과학기술 자료 자체에 대한 파악이 안 되어 있는 상태였기 때문에 계획을 세우기 위해서는 무엇보다 현황 자체를 파악하는 것이 급선무였다. 경제기획원 내의 조사과 인원도 한정적이었기에 고려대학교 기업경영연구소에 용역사업을 맡겼고, 그 결과물이 『기술인력현황조사보고서』였다.

계획을 세우려면 뭐 자료가 있어야 할 텐데 우선 급한 것이 이제 이 그 사람을 어떻게 확보하느냐 기술로 뒷받침하려면. 그런 것이 필요했었는데~ 우리나라에 통계자료가 없기 때문에 과학기술계 인력이 우리나라에 얼마만큼이나 있느냐 하는 현황 파악하는 것이 우선 급선무였습니다. 다행히 그 당시 전상근 국장께서 이란에 『인력조사보고서』라는 것을 어떻게 우연히 그것도 구하셨대요. 그런데 그것을 저한테 주시면서 이걸 참고해 보는 게 어떻겠느냐고 아 그래서 보자구, 보니깐 그 나라가 앞으로 잘 사는 석유가 나고 꽤 잘 사는 나라였었던 것 같은데 자기 나라가 무슨 계획을 짜려면 사람에 대한 조사보고를 해 가지고 책으로 낸 게 있었어요. 영어로 되어 있었는데. 그걸 참고로 해 가지고 아 이런 식으로 하는구나 해 가지고 우리도 그 우리나라 기술 인력의 현황이 어떤지 이것을 아 그 조사를 하자. 사람이 10여 명밖에 없는 조사과에서 그걸 다 할 수도 없는 거고. 그래서 처음으로 우리로서는 처음으로 어디다 위탁을 하자, 해가지고 그 당시 조사기관을 알아보니깐 고려대학에 기업경영연구소라는 데가 있었어요. 거기에 윤병욱이라는 고려대학 교수가 계셨는데 그 분이 제일 그 연구소가 제일 낫다 해 가지고 저희들이 뭐를 의뢰했냐면 '한국에 있어서의 기술인력현황조사'라는 것을 용역을 맡었어요. 될 수 있는 대로 빨리 해 달라 그러니깐 그 분들을 총동원 해가지고 그 『기술인력현황조사보고서』라는 것을 용역사업을 수행했습니다. 그것은 그 당시 제 기억으로는 말이죠, 화폐단위가 얼마인지 몰라도 꽤 많은 돈을 들였는데 전국에다 기술 인력 조사하는 거니까 오백이래는 거 같았어요. 그 당시에 오백이라는 게 지금하고는 얼마인지 모르겠어요. 해가지고 그 거기 고려대학에서도 큰 아주 그 큰 일 하나 한 걸로 쳤고, 우리로서도 우선 자료가 없으니까 그 자료를 만드는 걸 해가지고 **우선 급선무는 1962년 1월서부터 시행하는 경제개발5개년계획을 수행하는 데에 있어서의 기술 인력을 어떻게 우리가 어떤 인력을 가지고 이것을 뒷받침해야 되느냐 그 계획을 만들자**, 그러자면 우선 우리나라에 기술 인력이 얼마나 지금 있느냐 가능 인력이 얼마나 있느냐 이것을 우선 조사를 시작했습니다.[8]

---

8) 이응선, 2010년 11월 18일, 3차 구술.

그 결과로서 나온 것이 아래 〈표 1〉의 분야별 기술인력분포 현황 및 〈표 2〉의 기술인력예측 5개년 계획이다.

〈표 1〉 분야별 기술인력 분포　　　　　　　　　　　　　　　　　(단위: 명)

분야[8]	기술자		기술공		기능공		계	
	인원	%	인원	%	인원	%	인원	%
관공서	1,273	14.8	742	6.7	14,335	5.1	16,350	5.5
이공계학교	1,022	11.9	10	0.1	179	0.1	1,211	0.4
광업	464	5.4	1,456	13.1	26,422	9.4	28,342	9.5
섬유공업	529	6.1	2,174	19.5	81,802	29.2	84,505	28.2
금속 및 기계공업	515	6.0	1,404	12.6	34,430	12.3	36,349	12.1
화학공업	743	8.6	1,424	12.8	41,005	14.7	43,172	14.4
기타산업	441	5.1	1,781	16.0	51,101	18.3	53,323	17.8
건설 및 서비스업	3,629	42.1	2,137	19.2	30,396	10.9	36,162	12.1
계	8,616	100	11,128	100	279,670	100	299,414	100

출처: 제1차 기술진흥5개년계획, 경제기획원, 12쪽.

〈표 2〉 기술인력예측　　　　　　　　　　　　　　　　　　　　(단위:명)

	1961	1차연도	2차연도	3차연도	4차연도	5차년도
광업	28,342	39,449	43,845	50,130	56,355	61,902
섬유	84,505	90,710	108,434	131,393	133,005	134,938
금속 및 기계	36,349	39,722	61,343	77,631	100,993	120,836
화학	43,172	48,387	56,507	66,743	70,549	72,918

---

9) 기술자, 기술공, 기능공에 대한 경제기획원의 정의는 다음과 같다. 기술자는 이공계 대학을 졸업하고 전공 부문에 종사하는 사람. 기술공은 현업에 여러 해 취업하여 실기 면에서 능숙하고 기술적 이론을 이해하는 사람. 기능공은 기술자, 기능공을 제외한 기술계에 종사하는 자로서 육체노동자는 제외.

	1961	1차연도	2차연도	3차연도	4차연도	5차년도
기타 제조업	53,323	60,840	67,733	75,193	82,199	87,421
3차산업	53,723	70,328	80,302	93,542	10,667	123,748
계	299,414	349,436	418,164	495,632	549,768	601,763

출처: 제1차 기술진흥5개년계획, 경제기획원, 25쪽.

기술진흥에 대한 장기적인 관점에서 5개년에 이르는 종합 계획을 구성하면서 과학기술계의 각 분야들을 대표하는 전문가 40명으로 '과학기술정책자문회의'가 구성되었으며, 이러한 과정을 거쳐 1962년 5월에 제1차 기술진흥계획이 수립되었다. 부제는 '제1차 경제개발5개년계획 보완'이라는 점에서 경제개발과 과학기술의 관계와 성격이 또렷이 드러난다. 1차 계획의 기본 목표는 기반을 만들기 위한 인력양성을 통한 인력개발과 기술수준의 향상이었다. 그 중에서도 좀 더 정부가 역점을 두었던 것은 인적자원 확보였다.

인력을 양성 양성을 해야겠다. 인력을 그때 그 당시에 우리나라 뭐 연구개발을 위한 기초가 있는 것도 아니고, 연구소가 있는 것도 아니고 뭐 허허벌판인데 그걸 움직일 사람이 필요하단 말이야. 그러니까 인력부터 우리 양성을 해가지고 기반을 만드는 것이 이것이 에 제일 주요하다. 그것이 기술수급이다. 이렇게, 컨셉트(concept)를 정한 것 같아. 그때 나는 참여 안했지만 그 당시 사람들 얘기 들어보면 그래서 그 결정을 하고 **인력개발 중심으로 이제 기술진흥 5개년계획이 됐어요.** 됐는데 이 내용들이 그때는 뭐 기술개발 5개년계획 이름이 5개년 계획이지[10]

필요한 기술계의 인적자원을 확보하기 위한 지침으로 사용가능한 인

---

10) 권원기, 2009년 10월 20일자, 3차 구술.

적 자원을 전망하고 기술 공급가능성을 살펴 기술인적자원을 양성, 기술자원의 효용성을 높이는 것, 불균등한 기술자, 기술공, 기능공의 구성비를 조정하여 기술공을 중점에 두고 양성하는 것, 기술향상을 도모하기 위해서 실용 과학기술교육을 적극적으로 실시하고 외국기술을 적절하게 도입하고, 기술도입자금을 합리적으로 운용하며 기술보급 활동을 장려하고, 마지막으로 기술진흥관계법령과 제도를 재정비하며, 필요한 기관을 설치하는 것 등을 자문위원회는 과기처에 제안하였다.

1차 기술진흥계획에서는 기술공의 구성 비중을 높이는 것이 필요 인력 수급에 있어 중요한 목표로 제시되었으며, 그 대책으로서 기술자와 기술공을 어떻게 확보할 것인가에 대책을 여러 가지로 간구했다. 기술자의 확보책으로 기업체별 기술자 정원제 실시 및 이공계대학의 정원 조정이 제안되었고, 기술공 관련해서는 공업고등학교 졸업생 수의 확보와 더불어 시설 및 교육내용 개선, 직장에서의 자체적 양성 등의 내용이 제시되었다. 기술계 인적 자원과 관련해서 군의 역할도 여기에 포함되었다. 다른 한편 기술력의 질적 확보를 위해서 외국기술의 도입과 함께 외국차관에 대한 고려, 국내기술 향상을 위한 기술도입 등도 동시에 제안되었다. 그 외에도 기반 조성으로 눈여겨 살펴볼 지점들은 바로 제도기반 구축 부분이다.

위의 시책들을 중점적으로 추진할 기관설립 및 법·제도 부분에 대한 정비, 과학기술자에 대한 대우, 국민들을 대상으로 한 과학화 사업 등이 모두 이와 관련되어 있다. 과학기술에 대한 기본법, 연구 활동을 위한 정책과제, 과학기술 정보활동 및 국제교류, 과학기술 보급 등에 관한 부분들은 모두 과학기술진흥계획의 핵심 정책과제로서 이어지게 되었다. 특히, 과학기술보급과 관련된 부분은 국민일반에 대한 과학기술의 보급과 계발, 경영자들에 대한 과학기술보급으로 이원화되었으며, 특히 국민일반에 대한 보급계발에 대한 대책으로는 각종 매체를 통한 과학기술교육의 장려와 과학관 활용, 공공도서관에서의 과학관련 문헌의 구비, 과학기술도서간행, 각종 과학기술행사개최 등의 캠페인 관련 내용들이 명시되었다.

2) 2차 경제개발계획과 2차 과학기술진흥5개년계획

2차 과학기술진흥5개년계획은 1차 기술진흥계획과 마찬가지로 경제기획원의 주도로 1966년 7월에 수립되었다. 1차 5개년계획의 시행과정에서의 문제들을 진단하고, 정책과제로 도출되었던 과학기술의 수요를 뒷받침할 인력 수급에 나아가 과학기술 자체의 발전을 조장하기 위해서 위계획이 수립되었다. 여기에서 중요하게 대두된 사안이 과학기술을 전반적으로 담당할 행정기구의 설립 문제였다. 이는 장기적인 과학기술개발의 토대를 구축가능하게 하는 과학기술의 독자적 국면에 대한 인식에서 나온 것이었다.

1차 5개년계획을 계획을 1차 기술진흥5개년계획을 시행과정에서 문제점이 나왔다고. 문제점이 나와 가지고, 과학기술을 담당하는 행정기구를 한번 저 거기를 설립할 필요가 있다 이런 판단이 청와대에서 대통령 결정한 것 같아요. 그전에 이제 경제과학심회의라는 게 있다고. 경제과학심회의라는 게 있어가지고 경제과학심회의, 이거를 하나의 컨설팅하는 그런 저 기군데 이건 대통령 자문기구고... 대통령 생각은 그 과학기술을 이, 이 전담하는 기구를 만들어야겠다 해서 설립한 것이 이제 에~ 초기에는 기술관리국이라고 그랬다고... 기획원 안에 안에 경제기획국, 경제협력국, 그 다음에 기술관리국, 통계국 4개국이 있었어.[11]

경제기획원 내부의 경제기획국, 경제협력국, 기술관리국, 통계국 중에

---

11) 권원기, 2009년 10월 20일자, 3차 구술.

서 1962년 6월에 신설된 기술관리국에서 수립한 2차 과학기술진흥계획은 1차 5년에 걸친 경험에 바탕을 두어 무엇보다 과학기술 자체의 요소들을 중요한 문제로 인식하고 정책적 과제의 중심에 두었다. 1차가 '기술진흥'계획이라고 명명된 반면, 2차는 '과학기술진흥'계획이라고 한 점에서도 뚜렷이 드러난다. 제2차 경제개발 5개년 계획이 추진되기 전, 1966년에 수립되었던 이 계획의 기본목표는 인간개발과 과학기술의 자생능력의 배양, 선진과학기술지식의 효율적 도입을 통해 산업발전과 과학기술 능력의 제고, 과학적인 풍토 조성을 통한 사회생활과 사고방식의 과학화를 목표로 삼았다. 이러한 기본목표를 두고 11개 산업기술 부문과 6개 기초과학 부문에 대한 부문별 목표를 제시했으며, 투자목표도 아울러 제시했다. 투자의 목표는 인력발전, 연구개발, 자원조사, 경제개발 등의 네 가지로 구성되었다.

2차 과학기술진흥계획은 1차에 비해 범위가 확대되었으며, 산업기술의 향상에서 나아가 연구를 통한 과학에 역점을 두었다. 권원기의 구술에 의하면, 박정희 대통령의 개인적, 지속적 관심이 과학기술 인프라 구축과 발전에 중요한 동인이었다.

과학 강조 됐죠. 왜 강조됐냐면 말이야. 그게 박정희 대통령이 국가재건최고회의 의장자격으로 어 2차 계획 이젠 때문에 보고하러, 받으러 왔어. 경제기획원에. 내가 들은 바에 의하면 그때 장관이 김유택 장관인데... 박정희 대통령이 국가재건최고회의 의장이지. 의장인데 와 가지고, 보고받으러 와 가지고 그 보고한 내용들이 이젠 무슨 공장도 짓고 무슨 공장도 짓고 말이야, 어 포항제철도 짓고 뭐도 짓고 지 지 진다 그런다고 하니까, 박정희 대통령이 가만있더니만 "그러면 그 많은 공장을 짓는데 기술문제는 어떻게 하겠느냐? 대책이 있느냐?" 어 물었단 말이야... 그때만 하더라도 생각을 못 했어. 기술이라는 것을 생각을 못 했다고. 그냥 뭐 돈만 주면 뭐 저 되는 줄 알고. 외국에서 가져오면 되는 줄 알았지...그게 제3의 팩터

(factor)말이야. 소위 기술적 팩타가 있는 걸 생각을 못 할 때야. 그러니까 그 그 그 런 면에서 박정희 대통령이 대단한 분이라고. 그런 기술을 누가, 어떻게 하겠느 냐? 질문을 딱하니까 그래 이게 그 막혀 가지고 아무도 답변을 못해. 거기 있는 장관도 못하고 말이야. 그런데, 송정범 차관이 있어. 그분이 "기술문제는 별도로 내가 보고 드리겠습니다." 이래가지고 넘어갔다고. 그러니 대통령이 아 기술문제 는 별도로 계획이 있는가보다 하고 그 자리를 넘겼어. 넘겼는데, 근데 사실은 무대 책 아무런 계획이 없어. 막연히 말이야 임기응변으로...거기서 나와 가지고. 그래 이젠 그래 기술문제가 대두되니까 그러면 앞으로 기술문제를 어떻게 해야 되느냐. 거기서 풀려가지고 키스트 나오고 카이스트(KAIST)나오고. 계속해서 나오는 거 지. 나오는데 그 단초는 거기 있다고. 그래 그래서 2차부터 2차 계획부터 들어가 가지고 기술문제가 부각이 되는데 기술관리부라고 생겼다고. 기술관리부가 경제 위원회에. 그래 기술관리부가 생겨가지고 투자기획과에서 기술 관리부하고 계속 연결해가면서 프로그램을 정해나갔는데, 그래 내고 2차 계획이 참 잘 됐어요. 아 주 평이 참 좋았습니다. 외국에서도 평도 좋았고. 아주. 계획은, 계획다운 계획이 나온 것이 2차 계획이야[12]

권원기가 '계획다운 계획'이라고 평가한 2차 계획에는 과학기술계 인 력자원에 대한 수급전망과 이를 바탕으로 한 정책과제가 제시되었다. 정 책과제로서 과학기술인력개발, 실업계 및 이공계 교육의 개편과 강화, 직 업훈련, 인력관리체제 등이 제안되었다.

---

12) 권원기, 2009년 8월 12일자 1차 구술.

〈표 3〉 과학기술계 인력자원의 정의

구분	정의
과학 기술자	1. 이공계대학(구제 전문학교 포함) 졸업자 및 정부에서 공인하는 동등 이상의 자격을 가진 자로서 현재 해당 과학기술전문분야 또는 이와 근접한 관련을 가진 과학기술전문분야에 종사하는 자 2. A급 및 B급의 정부발행 건축기사 면허소지자로서 해당 업무에 종사하는 자 3. 기술자는 높은 수준의 공학원리를 활용하여, 구조, 기기, 조직 및 공정의 건설 혹은 공작을 포함하는 전 생산시설의 기획, 설계 및 지도를 수행하는 자이고, 과학자는 산업 및 사회발전 내지 신지식의 확충을 위하여 물리학, 화학, 생물학 등에 관한 연구를 하는 자
기술공	1. 이공계 초급대학(실업고등전문학교 포함) 졸업자 혹은 이공계 대학 2년 이상 수료자와 정부에서 공인하는 동등 이상의 자격을 가진 자로서 현재 해당 전문기술분야 또는 이와 밀접한 관련을 가진 전문기술분야에 종사하는 자 2. 실업계 고등학교(상업고등학교 제외) 졸업자로서 해당 기술분야에서 3년 이상의 취업경험이 있는 자 3. 정부발행 C급 건축기사 면허소지자로서 현재 해당업무에 종사하고 있는 자 4. 기술공은 기술자와 기능공의 중간층으로서 기술자의 설계에 의거하여 생산방법의 계획, 원가의 산출, 사양서의 작성, 생산 작업 준비 및 완성품의 시험 등의 업무를 수행하는 자
기능공	1. 3년 이상 기술직에서의 취업경험과 6개월 이상의 조직적 훈련을 필요로 하는 직에 종사하는 자로서 다양한 업무에 특수도구 들을 활용하여 작업을 수행하는 자 2. 예를 들면 설계도를 해독하고 독자적인 판단으로 작업수행 단계를 조정하여 작업공정 및 작업도구를 적절히 선택·활용할 수 있는 자

출처: 제2차 과학기술진흥5개년계획, 경제기획원, 92쪽.

2차 계획의 특징은 정책이 다루려는 범위가 광범위해졌을 뿐만 아니라 연구개발이 전면적으로 정책과제의 전면에 등장하면서 강조되었다는 점이다. 연구개발을 촉진하기 위해서 산업기술조사연구비를 조성 재원으로 삼아 선정된 과제를 추진하려 했으며, 연구개발과 관련하여 한국

기술연구원(KIST)에 대한 지원을 강화하여 1969년부터 연구 활동을 본격화하려 했다. 여기에 연구소의 시설들을 보강하여 공업연구를 촉진하는 계획이 포함되어 있다. 그 외에도 국무위원을 수장으로 하는 독립된 행정기구로서의 종합적 과학기술행정기구의 설치가 권고되어 있었으며, 협조기관으로서 경제기획원이 제시되었다.

3) 3차 경제개발5개년계획과 중화학공업기획단 활동

1970년대 들어서 세계적인 스태그플레이션(Stagflation)이 진행되었고, 달러화 신용도가 저하되었고 석유파동 및 이에 따른 보호무역주의로 전환되면서 급변하는 상황이었다. 1970년대 초반을 지나며, 한국은 가발, 신발, 의류 등의 노동집약적인 경공업으로 수출증가율이 비약적으로 늘었으나, 곧 다른 아시아의 여러 개발도상국가와 경쟁해야하는 상황에 처했다. 국내 경제도 침체 국면에 돌입하여 그 산업구조 개편 요구가 제기되었다. 이러한 맥락에서 1973년 1월 12일 박 대통령은 연두기자회견에서 중화학공업 정책을 천명했다.

'3차 5개년계획'의 지표는 여러분들이 잘 아시는 바와 같이, 우리 농어촌에 대해서 중점적인 개발을 하자는 것과, 중공업을 빨리 육성하자는 것과, 이렇게 해서 수출의 획기적인 증대를 기하 자는 세 가지 점에 중점을 두고 있는 것입니다. 그 중에서 가장 중요한 지표가 되는 것은 역시 '수출의 획기적인 증대'라고 할 수 있습니다. [중략] 전 국민들이 과학 기술 개발에 총력을 경주해야 되겠다는 것입니다. 정부는 앞으로 중공업·중화학 공업 정책 을 선언하고, 이 방면에 중점적인 지원과 시책을 펴나갈 것입니다. [중략] 이렇게 공장이 서고 여러 가지 산업 시설이 늘어나 면, 국민들이 모두 여기에 나와서 일을 할 수 있는 기회를 많이 만들어 주는 것인데, 그렇게 되면 국민들이 모두 기술이 있어야 되겠습니다. 직업 교육을 앞으로는 대폭적으로 강화해서 '전 국민의 과학화 운동'에 박차를 가해 나가야 하겠습니다.

이런 것을 하는 데는 말로는 쉽지만, 굉장히 돈이 많이 드는 것입니다. 이런 돈을 어떻게 우리가 조달을 하느냐? 이것은 인플레가 생기는 그런 방법으로 조달해서는 안 되겠다, 비인플레적인 방법으로 조달해 나가야 되겠다, 그렇게 함으로써 안정 기조를 흔들지 않고, 고도성장을 지속해 나 갈 수 있다, 이렇게 보는 것입니다.[13]

위 기자회견문에서도 나와 있듯이 정부는 제3차 계획의 주요 핵심 목표와 관련하여, 수출주종을 경공업에서 중화학공업으로 전환하는 것과 더불어, 철강, 조선, 석유화학의 전략적 목표를 구체적으로 제시했다. 중화학공업화 선언한 이후 중화학공업육성책이 필요해졌고, 정부관계부처의 협조를 이끌어내면서 효과적으로 계획을 추진해가기 위해서 국무총리를 위원장으로, 부처장관들과 부처의 엘리트 공무원들, 외부 전문가 그룹으로 구성된 중화학공업추진위원회 설립 계획이 1973년 2월에 세워졌다.

중화학공업의 육성을 집중적으로 추진하기 위하여 정부조직법 제2조 제2항의 규정에 의한 중앙행정기관인 위원회로서 국무총리 소속 아래 1973년 5월 12일 발족한 중화학공업추진위원회의 구성은 위원장 1인과 7인 이상, 15인 이내의 위원으로 구성되었다. 소속 위원은 1. 경제기획원장관 2. 재무부장관 3. 문교부장관 4. 상공부장관 5. 건설부장관 6. 과학기술처장관 7. 제2무임소장관 8. 기타 국무총리가 국무위원이나 행정기관의 장 또는 중화학공업에 관하여 학식과 경험이 풍부한 자 중에서 지명 또는 위촉하는 자로서 의원회의 역할은 ① 중화학공업의 육성을 위한 종합계획 ② 중화학공업의 입지계획 ③ 중화학공업의 부문별 추진계획 ④ 중화학공업의 육성에 관련된 제반 지원계획 ⑤ 제1호 내지 제4호에 의한 계획의 추진상황에 대한 확인 등이었다.

1973년 9월 3일 시행된 중화학공업추진위원회설치령은 위원회의 사무

13) 박정희, 1973년 1월 12일 연두기자회견 중화학공업화 선언

를 처리하기 위해서 위원회 조직에 기획단 및 기획단장과 부단장 각 1인을 두었으며, 위원장의 제청으로 대통령이 임명하게 했다. 단장은 같은 해 5월, 김용환 경제특보가 중화학공업추진위원회 기획단장으로 부임했다가 이후, 청와대 제2경제비서관이었던 서울공대 화학공학과 출신인 오원철이 부임했다. 청와대 제1비서관은 경제를, 제2비서관은 중화학과 기술을 담당하는 구조였는데, 기획단은 자금 및 재원동원계획 등 지원 정책을 보완하는 것과 중화학공업 6개 분야의 건설업무와 함께 1차 사업의 추진, 산업입지계획, 에너지대책, 기술인력개발대책, 과학기술연구 개발계획 등을 다루었다. 실질적 중화학정책의 추진체는 청와대 비서실이었으며, 과학기술과 경제의 두 축이 이 조직 구조 속에 반영되어 있다. 기획단은 1980년 9월까지 지속된 후 종료되었다.

중화학공업 선언되고 난 뒤에 그걸 청와대에서 직접 주관을 해야 되겠다. 경제 제 2 비서관을 만들고 오원철 상공부 차관보가 수석 비서관으로 가고 해서 행정 각 부처의 엘리트 공무원을 모았습니다. 경제기획원, 상공부, 재무부, 뭐 과기부 뭐, 뭐 하여튼 교통부 할 것 없이 주로 과장급. 예, 국장은 저 서석준이란 사람이 총괄을 했고, 나중에 경제 부총리 되었습니다만…. 중화학공업 기획단장이 오원철 제2 경제비서관이었습니다. 아주 중화학 공업을 실제로 참 박정희 대통령의 총애를 받으면서 했죠. 그 양반 자신이 서울공대 화공과 출신의 엔지니어에요. 상공부의 차관보하다가 왔는데, 그 밑에 김광모 비서관, 그 밑에 이석재 비서관. 모두 다 공대 출신의 엘리트 공무원이었습니다. 그래서 청와대가 제1, 제2, 제1 비서관이 완전히 경제를 담당하고 제2는 기술하고 또 중화학을 담당을 했거든요. 오원철 수석비서관이 막강한 그 실력을 발휘할 때인데, 오원철 비서관이 과학기술처에 대한 애정이 각별했습니다.[14]

---

14) 최영환, 2015년 5월 19일자 1차 구술.

제3차 경제개발5개년계획 기간인 1972년에서 1976년 사이의 계획에는 종합제철, 석유화학에다가 중기계, 조선, 특수강, 주물철 공장이 또 중요 사업으로 제시되었다. 특히, 경공업에서 중화학공업으로 도약하기 위해서는 화학공업 외에도 중공업의 핵심인 철강사업이 중요하게 다루어지게 되었다. 그 외에도, 조선과 기계, 자동차 공업이 함께 연동되었다. 이 시기는 1차와 2차에 이어 3차 과학기술진흥계획(1972~1976년)에 해당되는 기간이기 때문에 중공업과 연동되는 과학기술종합계획이 수립될 수 있을 것이라고 생각할 수 있다. 그러나, 그 계획은 공식적으로 수립되거나 추진되지 않았다. 다만, 과학기술처가 1997년에 발간한『과학기술 30년사』에 따르면, "제1, 2차 기술진흥계획의 추진이... 일부 성과에도 불구하고 과학기술기반이 거의 형성되지 않았던 당시 상황 때문에 기술개발의 실질적인 주체인 민간기업의 기술개발활동에 영향을 미치지 못했다". 따라서 제3차 경제개발 5개년 계획 중에 수립된 과학기술부문 계획은 이러한 점을 감안하여 무엇보다도 선진기술의 도입을 적극적으로 확대하고 이의 흡수, 소화를 촉진하여 국내 산업기술의 수준을 향상시킴으로써 국제경쟁력을 제고하는 데 중점을 두었다.[15]

실질적으로 현재 공식적인 문건으로 남아있지는 않으면서『과학기술 30년사』나『과학기술행정20년사』,『과학기술연감』등에는 위 시기의 계획이 기초작업이 진행 중에 있거나, 수립과정에 있다는 표현들이 기록으로만 남아 있다. 이어지는 다음 시기인 1977년부터 1981년까지는 제4차 경제개발5개년계획: 과학기술부문계획, 제5차 경제사회발전 5개년 계획: 과학기술부문계획(1982~1986년), 제6차 경제사회발전5개년계획: 과학기술부문계획(1987~1991년), 제7차 경제사회발전5개년계획: 과학기

---

15) 과학기술처,『과학기술30년사』1997, 155-156쪽; 송성수,『과학기술종합계획에 관한 내용분석: 5개년 계획을 중심으로』, 과학기술정책연구원, 2005, 56쪽 재인용.

술부문계획(1992~1996년)의 명칭이 채택되었다.

4. 과학기술처의 위상 정립과 추진 사업

이승만 정부 시절부터 한국 정부는 경제정책을 수립하며 역량을 키우고자 했으며, 그 기반을 닦는 기초적인 준비로서 기술 정책 및 추진 체계를 구축했다. 기술 능력을 배양하기 위한 과학기술 정책의 성립으로 이어졌으며, 우리나라에서는 경제개발5개년계획과 연동하는 계획으로서 과학기술진흥5개년계획이 세워졌다. 과학기술 부처 설치는 1967년 1월 박정희 대통령이 부처들을 연두 순시할 당시 과학기술 전담 행정기구 설치를 지시한 것으로 알려져 있다. 이와 관련하여 실무자로 참여했던 이만용은 당시의 기억을 아래와 같이 구술했다.

> 과학기술진흥5개년계획을 만들었더니, 박정희 대통령이 그때는 어떤 관례가 있었냐 하면은 5개년계획을 하면은 끝맺음에 가서 청와대에서 끝나면 초청을 해요. 사무관까지 이제 초청을 해요. 그래서 에, 박정희 대통령이 그때 세 번 읽었데요. 그 뭐 볼륨(volume)은 얼마 안 돼. 그 지금 보면 유치하기 짝이 없는 그런 저거지만은. 그래서 장기영 부총리, 김학렬 차관, 그 다음 전상근 씨, 그 다음 문형철 씨, 이응선 그, 저 그 때는 과장이야. 이 여섯을 불러 앞에 세워서 읽어봤는데, 절대적으로 필요하더라. 그래 과학기술, 저, 저 처를 만들어라, 이래가지고 그 실무 작업을 제가 했어요.[16]

당시 원용석 경제담당무임소 장관은 경제기획원과 협력, 과학기술 행

---

16) 이만용, 2012년 8월 1일자 1차 구술.

정기구 설치안을 만들기 시작했다. 경제기획원 기술관리국은 자체적인 논의를 거쳐 '과학기술원'기구(안)을 작성했다. 그러나, 이 안을 둘러싸고 과학기술원으로 할 것인지, 과학기술청으로 할 것인지, 과학기술처로 할 것인지에 대해서 논쟁이 있었으며, 이는 경제기획원 내부의 이해와도 밀접하게 연결되어 있다. 경제기획원의 주장은 이를 '원'급으로 설치하자고 주장했는데, 그 이유는 과학기술 행정은 다른 부처와 달리 독자적인 고유 집행 업무와 역할이 없기 때문에 '부'로 하는 것은 적당하지 않다는 점이었다. 이런 논리에서 '원'이나 '처'로 할 것을 주장했는데, 경제발전을 연동되어 과학기술이 진흥되기 위해서는 수장이 부총리급이 되어야 하기에 '원'으로 설치해야 한다는 것이었다.

위와 같은 경제기획원의 안에 대하여 여러 안팎의 논의와 의견들 수렴하여 최종안이 과학기술계 중진학자들, 전문가들의 의견을 수렴한 후, 2월 8일 대통령에게 제출되었다. 과학기술 추진 기구를 경제기획원 기술관리국을 주축으로 조직하되 경제기획원과 같이 계획부서의 업무를 수행하며 국무총리 직속으로 각 부처에 산재해 있는 과학기술 행정기관들의 업무를 흡수한다는 내용이었다. 여기에 더하여 과학기술원 업무와 관련하여, 관계부처 고유 업무와 직접적인 관계가 없는 연구소 및 실험소 만을 흡수하고, 원자력원은 청으로 격하해 과학기술원 장관 밑에 둔다는 내용이었다.

명칭 문제는 당시 쟁점을 불러일으켰으며 관련부처들이 협상이 필요했다. 경제기획원 측이나 외부 전문가들은 과학기술진흥을 위해서는 신설 기구의 수장이 경제기획원 장관처럼 부총리급으로 임명할 필요가 있음을 강조했으나 이 부분은 다른 부처들의 반발과 갈등을 초래했기에 과학기술부와 과학기술원은 기각되고 결국 과학기술처로 직제가 편제되었다. 과학기술진흥을 위한 종합적 기본정책의 수립 계획의 종합과 조정, 기술협력과 기타 과학기술발전에 관한 사무를 관장하며, 하부조직

으로서 과학기술처에 기획관리실, 총무과, 진흥국, 국제협력국과 연구조
정실을 두는 것으로 1967년 3월 30일 과학기술처직제가 정부조직법 중
개정으로 통과되고 경제기획원 기술관리국의 사무는 과학기술처가 승계
하기로 결정되었다.

과기처가 생긴 것이 1967년도고. 방금 말씀하신 것처럼 경제기획원의 기술관리국
이 모태가, 바탕이 되어서 과기처가 생겼거든요. [과학기술처는] 박정희 대통령의
선각적인 인식 때문에 됐다고 생각합니다. 그래가지고 미국 가서 김기형이라는 나
중에 초대 과기처 장관이 되었습니다만은. 요업을 전공한 과학자에요. 김기형 장
관이. 아직도 살아계시죠. 그 분을 이제 한국으로 초청해서 그 당시에 종합과학
심의 위원회 맡겨가지고 과기처의 창설 작업을 맡겼죠. 그러니까 김기형 장관이
여러 가지 안을 만들었는데 그 중에 하나는, 원안은, 강력히 희망했던 안은 경제기
획원이 경제기획원 장관 겸 부총리를 하면서 각 부처를 총괄하듯이, 과학기술원
을 만들어서 과학기술원 장관은 부총리가 되고, 그 부총리가 과학기술에 관한한
전 부처를 총괄하는, 그 안을 제1안으로 올렸죠. 올리고 2안은 그 과학기술 이제
천대. 역시 역학관계 때문에 그거는 무산되고 과학기술처가 그렇게 낙찰이 되었다
그래요.[17]

또 계획이 컴프로마이스(compromise 타협)해가지고 말이야 워킹그룹(working
group)에서는 실무자들은 청으로 가자 그러고, 과학자들은 뭐 이 막연하게 말이
좋거든. 말이야, 뭐 계급만 높으면 좋은 줄 알고 말이야, 실속은 없고, 하자 그래서
그게 아마 컴프로마이즈가 됐을 거라구. 그게 내가 느끼기로는. 그래서 총무처에
서 이견 들어보니까 우리는, 실무자들은 청으로 가자 그러고, 과학자들은 뭐 원으
로 하자 그러니까 그러니 뭐 적당한 수준에서 끝난 끝낸 거 같기도 하고. 그건 뭐

17) 최영환, 2015년 5월 19일자 1차 구술.

행정 조직하는 사람들이 그렇게 만든 거 같아. 총무처에서 장관 했든지, 응. 그게 뭐 틀림 없을 거야. 그게 과학자들은 과학기술원으로 하려고 그랬고 우리는 실무자들은 청으로 할라 그랬고. 그러니까 중간에서 장관을 해가지고 끝내지 않았겠느냐.[18]

과학기술처는 기획관리실·총무과·연구조사실·진흥국 및 국제협력국을 두고 과학기술처장관 소속 하에 원자력청·국립지질조사소를 두었다. 1970년 4월 공보담당관과 비상계획관을 신설하고 연구조사실은 연구조정실로 개편되었다. 1971년 9월 감사담당관을 신설했다. 1973년 2월 연구조정실을 종합기획실로 개편하고 원자력청을 폐지하여 과학기술처의 원자력국으로 축소, 개편했다. 1975년 6월 정보산업국을 신설했고, 1976년 5월 자원조사관을 신설했으며, 1976년 12월 종합기획실을 과학기술심의실로 개편하고 종합계획관·인력계획관·기술개발관을 신설했으며, 1977년 12월 자원조사관을 폐지했다.

과학기술처 직제 관련 제7조는 국제협력국의 조직과 역할을 규정하고 있다. 국제협력국 산하 국제과의 역할로서 ① 기술협력사업의 총괄 및 외국기술도입의 촉진과 활용 ② 미국국제개발처와 구주제국(코롬보계획 회원국 제외)과의 기술협력의 연차별 시행계획의 수립과 집행관리 ③ 코롬보계획회원국(미국국제개발처 제외)과 동남아 제국과의 기술협력의 연차별시행계획의 수립과 집행관리 ④ 정부대외기술공여계획수립과 집행 ⑤ 한미기술협회에 관한 사항 등이다. 협력과는 ① 국제연합의 정규 및 확대기술원조계획의 집행관리 ② 국제연합주한대표부의 유지 ③ 국제연합특별기금사업의 조정관리 ④ 국제연합전문기구기술원조계획의 집행 관리 및 세계식량계획사업 ⑤ 해외파견예정자의 사전훈련실시 및 관

---

18) 권원기, 2009년 10월 20일자 3차 구술.

계부처와의 사전협조와 해외기술습득자의 사후관리 등으로 업무 분장을 했다.

과학기술진흥에 있어 박정희 정부는 과학기술처를 통해 구미의 선진 과학기술의 유치와 더불어 기술원조 및 외국기술자금, 이에 대한 배분 등을 중요하게 다뤘으며 경제개발과 국가발전을 추동할 수 있는 핵심적인 사안으로 보았다.

개발을 한다든가, 국가발전에 있어가지고 역시 과학기술이 없이는 어, 실질적인 이 발전이 없다 하는 것을 그때 이제 정부에서도 알았고, 정권에서. 특히 이제 그 박 대통령이 강조를 했고, 물론 그 뒤에는 에, 박 대통령이 정부에서 어떻게 해서든지 안보도 국방기술이 있어야 된다. 이것을 받침하기 위해서는 우리가 과학기술을 하는 이 과학기술자들을 우대를 해야 된다. 이거를 해외에 있는 과학기술자들을 국내로 유치를 해가지고, 소위 카운트 브레인 드레인(count brain drain) 이 운동을 해가지고, 역시 우수한 과학기술 인재를 모아야 되고, 거기서 이것을 효율적으로 이 담당하는 행정부처를 만들어야 돼요. 그래서 과학기술처를 만들었고. 어, 그래서 거기서 그때 당시에 우리가 달러가 없어서 저거를 했는데, 이, 원조자금을 총괄적으로, 기술원조자금을 총괄적으로 어, 이 행정하는 부처를 만들어 된다고 해서. 기술원조 자금을 과학기술처에 두 가지 국이 있었는데, 하나는 진흥국이고, 하나는 기술협력국이 있었어요. [중략] 그 기술협력국에서는 뭐 잘 아시겠지만도 미국이 주는 AID 자금, 또 각 그때 당시 세계적으로 움직였던 콜롬보 계획이라는 어 제하 아래 각 국에서 기술 원조를 후진국에 또 했어. 그랬고 그 다음에 이제 우리가 쓸 수 있는게 각종의 스칼라십, 이 그런데 이스트웨스트 센터(Eastwest center)다, 뭐 풀브라이트다, 뭐 이런 것을 전부 글로 모아줬어요. 그래가지고 여하튼, 이 인재 양성이 크게 보면은 과학기술 인재를 키울 수 있는 훈련 관계를 과학기술처의 기술협력국에서 하는 거야. 그래서 결국 가서는 이제 기술협력국에서는 모든 이제 그때 희소가치가 있는 외국 기술원조 자금을 어떻게 최적 배분을 하느냐, 이 옵티멀 올로케이션(optimal allocation) 하느냐, 이걸 이제 업무를 담당 하게 돼서, 그때 생각으로는 그런 데로 어 매우 이거는 한번 해봄직한 업무다, 또 보람이 있을 수 있는 업무다, 이렇게 해가지고 인제 그, 마, 제일 우리가 알기 쉽게 는, 소위 각종 기술원조자금에 의한 맨 파워 트레인(manpower train), 그러니까 인력 그래서 석박사 과정도 많이 보냈고, 그중에서도 특히 이제 노력했던 게 이공 계 분야를 많이 보내려고 했죠. 경제개발 계획하고 이공계 분야를 중점적으로 해 서 그런 데로 이제 훈련을 많이 했는데, 제가 그때 당시에 기억으로 이것저것 합 쳐서[19]

과학기술처의 여러 업무 중의 하나는 과학기술에 대한 중요성을 강조 하는 다양한 대국민사업들을 진행했다는 점이다. 이응선은 과학기술의 날 제정 등과 같은 대국민 사업에 대하여 아래와 같이 구술했다.

과학기술처의 권한 얘기를 하고 있는데, 과학기술처의 설립됐을 때, 1967년도에까 지 과학기술처가 인제 교육부에 통합됐을 때 하고를 저는 과학기술처가 문교부에 통합되는 것은 일리가 있다고 느낀 사람이에요. 그래서 현 정권하고도 인제 뭐 직 접 관련은 관계는 안 되어 있지만 아는 사람도 있고. 한마디 얘기하는 것은 설립 당시 과학기술처가 1967년 4월 21일 설립 당시의 그 목적을 어느 정도 저는 달성 했다고 느끼는 거든. 그래서 4월 21일 과학기술처가 발족되고 난 다음에 과학기 술에 대한 인식이 하도 나쁘기 때문에 응 과학기술 우대 풍토를 조성해 보자, 과 학기술자를, 과학기술자를 과학자, 기술자를 쟁이라고 부르는 이러한 풍토도 없애 보자, 아 학교에서부터도 과학기술에 관한 중요성을 가르치자, 뭐 이런 취지에 해 가지고 4월 21일 날을 과학의 날로 정했어요. 전국적으로 그 기념행사를 하고 특 별한 일이 없으면 대통령께서도 참석을 하고, 광화문 네거리 있는 데에 극장이 하

19) 이만용, 2012년 8월 8일자, 2차 구술.

나 있었는데. 거기서 정부 행사 중요 행사를 많이 했어요.[20]

1967년 4월 21일 과학기술처의 발족일을 기념하여, 1968년 3월 29일 국무회의에서는 과학기술을 세계수준으로 육성 발전시키고 범국민적인 과학화 운동을 전개하기 위해 매년 4월 21일을 '과학의 날'로 제정하기로 결의했다. 그리고 이는 1973년 3월 30일 제정, 공포된 「각종기념일 등에 관한 규정」에 따라 확정되었다. 과학기술에 대한 국민적 관심을 고취하고 과학기술자에 대한 사회적 대우를 제고하기 위한 대표적 사업이 과학의 날 제정 및 행사로써 '과학하는 국민'이 되고 '과학하는 생활'을 하자는 뜻에서 만들어졌다.

1968년 제1회 과학의 날 기념식과 제3회 전국과학기술자대회가 당시 김기형 과학기술처 장관을 비롯하여, 과학도들과 시민 등 천여 명이 모여서 1968년 4월 21일 서울시민회관에서 개최되었다. 이 행사에서 김기형 장관은 식사를 통해 "과학의 날은 국민이 과학을 존중하고 과학의 중요성을 인식하여 결의를 새롭게 하는데 의의가 있다고 발하고 과학기술이 진흥을 통하여 경제발전을 촉진해야할 뿐만 아니라 자주국방능력을 고양하고 국토를 개발해야 한다"고 강조했다.[21]

당시 여러 신문들은 이 행사에 대해서 보도했으며, 과학기술상 수상자 명단도 아울러 실었다. 이날 대회에서는 유화염료제법 등 주요 발명특허와 '탄질 양 이온교환체에 관한 연구' 등 10여 편의 연구논문으로 국내과학기술발전에 공헌한 국립공업연구소장 이범숙 등 10명에게 과학기술상을 시상했다. 또한, 이 대회에서 과학자들은 '방위과학과 기술연구로 방위산업 발전을 위해 적극 기여한다'는 등 3개 항의 결의문과 제2차

---

20) 이응선, 2010년 11월 26일자, 4차 구술.
21) 매일경제, 1968년 4월 22일.

경제발표 5개년 계획에 국내과학기술자를 대거 참여케 하라는 등 5개 항의 건의문도 채택했다.[22]

건의문의 내용을 살펴보면, 1. 일치단결하여 과학기술진흥에 총력을 다함으로써 국가경제개발에 이바지한다 2. 북괴의 만행을 규탄하며, 철저한 승공의식을 양양한다 3. 방위과학과 기술의 연구로 방위산업의 발전을 위하여 적극 기여한다고 결의하고, 대통령과 국위의장에게 ① 과학기술회관건립에 적극 협조할 것 ② 과학기술의 처우개선 제도를 확립할 것 ③ 과학기술연구에 정부예산을 대폭 증가할 것 ④ 제2차 경제개발 5개년계획에 국내 과학기술자를 대거 참여케 할 것 ⑤ 예산회계법을 개정하여 회계연도에 구애되지 않고 연구비를 지급할 수 있게 할 것 등이다.[23]

5. 한국과학기술연구원 설립 배경과 과정

한국과학기술원의 설립 배경은 한국과학기술연구소(KIST)로부터 시작된다. KIST가 설립되기 이전인 1962년 한국과학기술원 설치안이 문교부의 주도로 마련되었고, 1963년 공업연구소를 개편하여 종합적인 과학기술연구소로 육성하려던 경제기획원의 계획도 있었으나 국가의 재정 상태로 인해서 실현되지 못했다. 이후, 1965년 박정희 대통령의 요청으로 린든 B. 존슨 미국 대통령과의 합의에 의해서 발기된 이 연구소는 미국의 바텔기념연구소(Battelle Memorial Institute)와의 기술적인 자매 기관으로 출발이 촉진되어, 1966년에 착공, 3년 만인 1969년에 준공되었다. 1968년 미국의 대통령 선거에서 당선된 닉슨 대통령은 미국국제

---

22) 동아일보, 1968년 4월 22일.
23) 매일경제, 1968년 4월 22일.

개발처(USAID)의 국제협력처장에 미시간주립대학교 총장인 한나(John A. Hannah)를 임명했다. 당시 윌슨 미국대통령이 국방장관시절 국방차관보를 했었던 인연이 있었다. 정근모는 1969년 1월 한나 박사와 면담 중에 우리나라가 선진국이 되기 위해서는 최종학위를 할 수 있는 훌륭한 학교가 있어야 한다는 제안을 했고, 그에 대한 아이디어로 하바드 대학교에서 썼던 논문을 제출했더니, 우리나라에 과학기술 분야에 세계적인 수준에 대학원 대학교를 만들면 되겠다는 답변을 한나 박사로부터 들었다고 한다. 정근모가 썼던 약 50페이지의 제안서는 당시 미국대사였던 김동조에게도 전달되었으며, 이후 정근모와 친구사이였던 이경서를 통해 제안서가 한국과학기술연구원(KIST)의 소장인 최형섭에게 전달되었다. 최형섭 박사는 그 제안서를 보고 관심을 갖게 되어 추진을 하려고 하지만, 경제과학심의위원회에서 부결이 되었다.

하지만, 이미 미국에서 한나 박사와 그 제안서에 대해서 설명을 들은 미국 국제개발처(USAID)의 한국책임자인 휴스턴은 포항제철 기공식에 가는 도중 기차에서 경제부총리인 김학렬에게 그것에 대해서 언급했다. 비록 경제과학심의위원회에서 부결이 되었지만, 미국의 원조를 받으면 다시 추진할 수 있다고 판단한 정부는 1970년 4월 8일에 경제과학심의위원회에서 매달 진행하는 경제동향보고회에 정근모의 제안서의 내용을 두고 논의했다.

경제동향보고회에서 당시 문교부 장관인 홍종철은 학계의 반대를 우려하며 돈을 대학에 지원하자는 의견을 내면서 반대했으나 재무부 장관 남덕우가 대학의 반발을 우려하여 특별경제프로젝트로 진행하는 것으로 의견을 내었고, 이로 인해 과학기술처 김기형 장관이 총 책임자가 되고, 이재철, 이응선, 권원기, 조경목과 함께 프로젝트가 시작되었다. 당시 닉슨대통령의 과학고문이었던 리드 브릿지는 타당성조사를 다시 할 것을 제안했고, 이미 7월 16일 저녁에 「이공계 특수대학원 설립에 관한 법」이 통과가 된 상태에서 1970년 7월 초에 한국에 입국한 미국국제개발처(USAID)의 터만(Fredrick E.Terman)이 팀을 꾸려 다시 요청받은 타당성조사를 실시했다. 이 일련의 과정과 관련해서 핵심적 인물이었던 정근모는 함께 작업한 외국인 전문가 중에서 존 한나 박사와 프레더릭 터먼의 역할 및 USAID의 기금에 대해서 다음과 같이 증언했다.

'이공계 특수대학원 설립에 관한 법'이라구요. 그러니까 우리는 타당성 조사를 하러왔고 그 어 이미 국회에서는 설립을 의결을 헌거에요. 그래서 우리가 그래서 한 두어 달 동안 어 에 두 달 한 달 반이구나. 이 나하고 베네딕트(Donald Benedict) 박사 둘이서 선발대로 왔기 때문에, 그때 KIST 아파트에 있으면서 그 스터디를 한 거예요. 그 스터디를 쭉 하고 이제 그 롱(Franklin Long) 박사나, 터만(Fredrick E. Terman) 박사나, 마틴(Thomas Martin) 박사는 에 9월말, 8월 말에 한국에 와가지고 인제 최종보고서를 감수 한 담에 에 인제 과학기술처 장관을 김기형 장관한테 보고를 해서 대통령한테 인제 가서 이거 다 우리가 USAID에서 도와주기로 했다고. 근데 그때 저 동경에서 열린게 뭐냐면은, 그 어 미국을 중심으로 해서 후진국을 도와주는 그 원조... 열리고 있었어요. 그 때 인제 한나(John A. Hannah) 박사가 에 동경에 오셔서 내가 동경에 가서 만나 뵙고 결과보고를 하니깐, 다 좋다고 잘됐다고. 그래서 한나(John A. Hannah) 박사가 한국에 와요 9월 5일에. 미국은 한국에다가 어 그 어 도와줄 준비가 되있다고. 그리고 인제 과기처(과학기술처) 장관 김기형 박사가 비행장에서 만나는 사진도 신문에 나고 그랬어요. 그리고 어 인제 그때 박 대통령한테 보고를 하고. 그러니까는 USAID 인제 그것도 되고, 어 인제 법도 통과되고 시행령은 대게 인제 어 금방 되는 게 아니거든요? 그래 가지고 하고, 나는 최종보고서를 인제 마감을 하고, 터만(Fredrick E.Terman) 박사가 감수를 하고, 에 그래 가지고 저 부록까지도 해가지고 낸 게 12월 말이고,[24]

24) 정근모, 2011년 1월 17일자, 1차 구술.

타당성조사 최종보고서 내용은 과학기술처 장관인 김기형 장관과 박정희 대통령에게 보고되었다. 결국, 한국과학기술연구원(KAIST)는 1971년 2월 17일에 열리게 되었다. 한국과학기술원(KAIST)의 초대 원장은 원자력청장을 했던 이상수가 되었고, 이사장은 안동혁, 부이사장은 정인욱 강원산업 사장이 되었다. 한국과학기술원(KAIST)의 발족은, 한국이 건물과 땅을 맡고, 미국이 교수들의 모집과 600만 불을 제공하기로 했다. 교수들의 모집은 뉴욕공과대학교에 임시주미연락조정실을 만들어서 뉴욕공과대학교 부총장인 존트럭설과 아트올리나 교수와 정근모가 함께 작업을 시작했다. 처음에 50명을 모집하게 되었고, 교과과정과 제반 상황을 만들게 되었다.

한국과학기술원의 캠퍼스가 조성되어 있지 않았기 때문에 학교의 첫 사무실은 국립과학관 5층으로 했고, 그곳에서 두 달 정도 생활 후 현재의 기숙사로 사무실을 옮기고 본격적인 활동을 하기 시작했다. 당시 교수들의 모집기준은 박사학위가 있어야 했고, 가능하면 해외에서 모집하는 것을 원칙으로 세웠다. 또한, 박사학위 취득 이후 적어도 3년 동안의 교육경력도 요구했다. 1971년까지 모든 준비가 끝나고, 첫 학년의 입학은 1972년에 이루어졌다. 그 사이 이상수 박사에서 박달조 박사로 원장이 바뀌었다. 박달조 박사와 함께 첫 번째 커리큘럼을 완성하였고 미국 국제개발처(USAID)로 실험기구를 사오고, 학생 모집을 준비해서 1973년 3월에 학교를 열게 되었다.

과학원을 1971년에 만들었는데, 과학원을 만들어서 그 사람들에게, 해외과학자를 어떻게 유치를 하고, 대우를 어떻게 할 거고 등등 뭐 그런 한국과학원의 육성계획도 포함되고. 인력 전반에 관한 계획이 다 포함되어 있었죠. 그리고, 그 다음에 그 기술자. 그러니까 과학자는 석박사급이고. 그 다음에 기술공, 기술자는 대학 졸업자고. 기능공은 주로 공고 졸업자인데, 근데 대학을 위해서는 각급 대학의 재원을 중화학 공업 위주로 조정, 확대하고, 조정하고 그리고 전문화, 특성화시킨다 해가지고 예컨대 경북대학교는 전자공업을 중심으로 해서 특성화시키고, 부산대학은 창원을 중심으로 해서 또 기계공업을 해서 특성화시키고, 이런 식으로 특성화 계획도 만들고 그랬죠. 그 중에서 제가 직접 담당했던 것은 국가기술자격법이었어요. 그 당시에 각종 자격만 해도 뭐 하여튼, 막 산개화되가지고 각 부처에 혼란스럽고 했는데, 그걸 통일화시키고 국가기술자격을 기술사, 기술자, 기술 기능, 기능자 이렇게 3 계급으로 가르고 그래가지고 기술, 기술자, 과학자의 최고급이 일단 박사를 하고, 기술자는 기술사 하고, 그 다음 기능장은 기능공이라 해가지고 독일에 마이스터(Meister)라고 있습니다. 들어보셨는지. 마이스터는 마이스터 자격만 따면 모든 사회적인 대우가 하여튼 평생 보장시키는, 그런 이제 국가적인 시스템인데 그런 **마이스터 제도를 본따서 기능장 제도를 만들고, 이 기능장이 긍지를 가지고 같이 기능을 발휘할 수 있게끔 이렇게 해서 그, 저 제도를 만들고 그 다음 그것이 바탕이 되어가지고 국가기술자격검정공단을 거쳐서 오늘날 아마 산업인력공단이라고 아주 큰 전국에 직업훈련을 관장하는 큰 기구가 있습니다.** 기능대학도 있고. 뭐 직업훈련도 관장하고. 그 다음에 폴리테크닉(Polytechnic)도 관장하고 그런 그 모체가 되었죠.[25]

1971년도에 설립된 KIST는 1981년 한국과학원(KAIS)과 통합되어 한국과학기술원(KAIST)이 되었다. 1989년 한국과학기술원에서 분리되어 한국과학기술연구원으로 독립했다.

KIST(Korea Advanced Institute of Science and Technology)를 세우면서 **키스트에서 목표를 했던 것이 궁극적으로는 우리나라가 기술자립을 해야 되겠다, 뭐 그때 경제 자립도 안됐으니까. 기술자립을 통해서 경제자립을 하고 해야 된다.**

25) 최영환, 2015년 5월 19일자 1차 구술.

이것이 박정희 대통령이 그 이제 철학이 깔려있는 이념이죠. 그러니까 기술입국, 그거 아닙니까. 기술가지고 입국하겠다. 그러니까 기술을 자립해서 경제를 자립하고 그걸로 입국하자. 근데 이 KIST의 비전(vision)은 뭐냐, 기술을 자립해야 되겠다. 이 기술이 입국하려면 자립해야 되니까. 그래 첫 단계, 외국의 기술을 효율적으로 도입하자. 기술 도입을 최대한 지원하자. 두 번째 단계, 도입된 기술은 소화 개량하자. 세 번째, 기술자립이다. 이게 키스트가 추구했던 비전이에요[26)]

한국과학원은 정부 주도로 산업과 경제 발전을 위하여 필요로 하는 과학기술 분야의 인재를 중점적으로 양성하기 위하여 새로운 형태의 이공계만의 대학원을 설립할 필요가 있다고 인정했기에 만들어졌다. 비록 과학원은 법인이었지만 정부는 이의 설립·건설 및 운영에 소비되는 모든 비용을 충당하기 위한 기금에 출연금을 지급했다. 무엇보다 대통령이 정하는 바에 따라 아낌없는 지원을 받았는데, 대표적으로는 필요시 국유재산을 무상으로 양여 받을 수도 있었고, 다른 대학교수들보다 과학원 교수들은 훨씬 높은 봉급 수준을 약속 받았으며, 전원 장학금 제도와 더불어 수업료가 면제, 무엇보다 병역의 특전을 받아 군복무의 면제라는 전폭적인 특혜를 받으며 성장했다.

KIST도 대통령이 직접 이렇게 관여를 해서 어, 서로 교감을 가지고 운영이 됐던 쪽이기 때문에 이 구태여 과학기술처를 통해서 이렇게 해야 될, 초창기에 그랬어요. 그럴 필요성이 없었지 않았나. 에, 그렇지만은 근데 과학기술은 KIST 외에 다른 많은 원자력연구소도 있고 대학도 있고 하기 때문에 뭐 인제 그, 그 분야에서 여러 가지 인제 역할을 했는데 그 후에 인제 제2대로 최형섭 장관이 과기처로 가시면서 그 문제 다시, 다시 또 교통정리 정착이 되지 않았냐. 이렇게 좀 보고 있지

---

26) 채영복, 2015년 11월 11일자 1차 구술.

요. 뭐 그당시 과기부, 과기처를 통해서 연구비를 받는 일이 조금 없었던 건 아닌데 그렇게 큰 영향은 없었고, 직접 어, 그 뭐 정부하고 협의해서 받았구요.... KIST는 뭐, 완전히 자율을 대폭 주었기 때문에, 키스트에서 하사한 일을 정부 어느 부처도 어, 뭐, 그렇게 간섭을 한 일이 없어요. KIST 사람들이 오히려 선두 적으로 정책을 만들고 어, 알아서 많이 했고. 그렇기 때문에 KIST는 감사를 받지 않았어요, 정부 감사를... 그때는. 그만치 자유를 주고 오토노미(autonomy, 자율성) 인정해주고 돈을 주되, 꼭지가 붙어야 뭐 감사를 할 거 아니에요? 출연(금)을 딱 주고 알아서 딱 쓰게 되어 있으니까. 그것을 알아서 썼는데 그 후로는 이제 KIST가에 KIST 안에서 소위 그 발전 방향이랄까 연구방향 이런 걸 좀 묶어가지고 패키지(package, 일괄)로 해서 정부하고 딜(deal)을 하고 그 이제 돈을 받아오는 쪽으로 나중에 바뀌었죠.[27]

6. 과학기술 전문가집단의 육성과 1980년대 정보통신 산업의 토대 구축

전무후무한 파격적인 정부 지원을 통해서 연구 인력을 육성하고, 관련 지원법들과 해외 과학자들의 유치를 통해서 수출 상품을 만들기 위한 산업기술의 분야들이 만들어지기 시작했다. 구술자들은 당시의 집중적 투자가 현재 한국사회의 성장 동력이자 경제발전의 기초가 되었고, 지금까지 중요한 위치를 점하고 있는 엔지니어링 분야와 반도체분야, IT 산업과의 연결과 토대가 되었다는 것을 강조했다.

과학원(KIST)이 71년에 만들어졌지만 그 때 초창기였기 때문에 과학원을 집중적

---

27) 채영복, 2015년 11월 11일자 1차 구술.

으로 육성해야겠다 해가지고 파격적인 인센티브를 줬고요. 또 하나는 기능 인력, 기능 인력에 대한 그 중시를 굉장히 많이 했습니다. 그래 가지고 기능 인력에 관한 우리가 모두 다 그런 국가기술자격법을 만들고, 뭐 등등을 통해서 뒷받침을 했고요. **또 하나 역점을 둔 것이 엔지니어링(Engineering) 산업입니다. 기술용역 산업이라고 하는데, 우리가 연구개발을 해가지고 기술이 있으면. 상품으로 만들려면 중간에 기업화를 시키고 공장을 만드는 중간단계가 있어야 될 거 아니에요? 그게 엔지니어링이거든요.** 설계하고, 그 다음에 가미하고, 뭐 하는 거. 그 기능이 약했기 때문에 기술 용역을 육성해라. 그래가지고 과기부에 기술 용역 육성을 강력히 주문을 해서 우리가 기술용역 육성법을 그 당시에 만들고, 그래가지고 엔지니어링 산업 육성을 위해서 상당히 각별히 신경을 썼습니다, 쓰고. 청와대하고 상당히 협동해서 엔지니어, 한국의 엔지니어(Engineer) 산업을 육성하는데 큰 공을 들였고[28]

이와 같은 과정에서는 과학기술처 산하 정보산업국의 역할과 더불어 특히, 냉전시대 남북한의 경쟁과 적대적 대치라는 맥락에서 안보분야에 대한 기술축적의 요구라는 시대적 상황도 중요하게 작동했다. 1970년 8월 박정희 대통령은 '자주국방'의 기치 아래 국방과학을 살려야겠다는 의지로 국방과학연구소(ADD)를 만들고, 심문택 박사를 소장으로 임명하여 재개편을 한 후, 한국과학기술연구원(KIST)의 연구원들과 군에서 해외유학을 했던 이공계통의 사람들을 모아놓고 연구를 시작했다. 국방과학연구소는 군복, 통신장비 등의 국산화를 연구하기도 했다. 당시, 한국과학기술원(KAIST)의 교수아파트 바로 옆에 국방과학연구소(ADD)의 사택이 있었다. 두 기관의 관계를 살펴볼 수 있는 일화에 대해서 구술자, 최영환은 국방과학연구소(ADD)에 레이저 무기 개발에 대한 자문을 해

---

28) 최영환, 2015년 5월 19일자 1차 구술.

주었다며 국방과학연구소(ADD)는 핵심프로젝트인 유도탄 개발 프로젝트를 시작하게 되었다고 증언했다. 또한, 한국과학기술원(KAIST)의 학생들은 졸업 후 국방과학연구소(ADD)에 취직을 하기도 했고, 교수들은 자문위원을 했다고 한다.

박정희 대통령이 결심을 하신 것이 '국방과학을 살려야겠다' 그래 가지고 국방과학연구소(ADD, Agency for Defense Development)는 아 한국전쟁 때 에 사실은 만들어졌던 건데, 이름만 국방과학연구소지 별로는 아니었거든? 그런데 인제에 박정희 대통령이 볼 때는 이 나라에 존망이 걸 걸려있으니까, 이건 국방, 그래 가지고 국방과학연구소를 만들고서 신응균 장군이라고 있어요. 어 굉장히 그 아주 영어도 잘하시고, 현대적인 분인데 그분을 소장으로 했는데 잘 안되니까, 아 키스트(KIST) 부소장이었던 심문택 박사를 아 소장으로 임명하시고, 재개편을 하신 다음에 키스트(KIST)에 와있던 연구원 중에서 어 능력 있는 사람을 많이 데리고 온 게 그 중에 한사람이 이경서 박사라고...기 인제 핵심 프로젝트가 유도탄 개발이 된 거에요. 그래서 유도탄 개발은 인제 그 이경서 박사하고 ,그러고서 사람들을 모으기 시작한 거에요. 그래 가지고 어 뭐 역사적 기록이 남고 뭐 이경서 박사나, 뭐 그때 일했던 홍재학 박사든지, 구상회 박사든지, 뭐 서정욱 박사든지 이런 사람이 다 기억들 하시겠지만은, 그때 핵심 멤버들이 심문택 박사 소장, 그리고 에 심문택 박사, 다음이 현경호 박사라고, 원자력연구소 소장했던 분, 또 에 이런 분들 나중에 저 상공부 차관보 했던 김재관 박사, 이런 사람들이 다 모여서 들, 그때 우리 다 30대에요. 그러니까 얼마나 그 열정 속에서, 그 때 실험하다가 터져가지고 죽은 사람도 생기고, 그러니까는 에 총신이 만들기가 어렵잖아요 .그 그거가 터져가지고 죽기도 하고, 청와대 비서관도 죽기도 하고 뭐 그런 스토리들이 많으면서 국방과학을 우리가 한 거에요. 그래서 그때 지금도 내가 기억나는 게, 하여간 어 이 저 미국 가가지고는 그때 그 팀들이 우리는 이제 학생 기르느라고 많이 했고, 우리 학생들은 졸업하면은 국방과학연구소에 취직시켜줬고, 그리고 우리

교수들은 거기에 자문 위원 하고, 뭐 그런 식으로들 했다구요. 그래서 거기에 그 1970년대에 스토리는 사실 우리 한국과학기술계에 굉장한 역사의 시절이에요.[29]

한국과학기술원의 졸업생들은 앞서 살펴보았듯이 병역면제를 받았기 때문에 석사학위 취득 이후 적어도 5년간 산업계에서 일을 해야 했었다. 당시 병역면제는 엄청난 특혜였기 때문에 각 대학에서 인재들이 많이 입학을 했다. 황규용, 양동열, 표삼수, 송범석, 이수영, 경점륜, 명정수 등이 초기의 졸업생들이다.

1970년대 이후 정부는 기술 개발 뿐만 아니라 연구개발에 대한 새로운 인식 하에 연구체제를 새롭게 재편하려는 시도들이 있어졌다. 즉 중반까지 중화학공업 분야와 더불어 정보산업이 새롭게 부상했다. 1977년 제4차 과학기술 부분 계획에서는 고급 과학두뇌의 양성과 기술인력의 정예화, 우수한 과학 두뇌와 기술 인력의 조직적 활용을 위한 전문연구기관 설립, 소프트웨어 개발이 요청되는 엔지니어링 컴퓨터 및 지식정보산업을 국가적으로 육성해야한다는 내용이 담겨 있다. 이러한 목적은 새로운 연구개발시스템이 필요하게 되었고, 정부는 1970년대 후반부터 국책 중요 연구개발사업 등으로 기존에 대학교수나 연구기관 등 주로 연구할 사람들로부터 과제를 신청받아 선정하는 방식을 지양하고 기업이 개발을 요구하는 기술과제를 대상으로 하여 비용은 정부와 기업이 원칙으로 공동부담하고 연구는 대학을 위시한 국내 전문기관이 참여하는 정부기업 공동 연구사업으로 발전시켜나갈 것을 유도하고자 했다.

과학기술 분야, 경제 분야하고 과학기술 분야가 특히 심한 것이 각 부처가 중복되는 분야가 많아요. 그러니깐 과학기술처라고 하는 것은, 집행업무보다는 그 정책

29) 최영환, 2015년 5월 19일자 1차 구술.

제 I 부 한국 경제 개발을 위한 기반 조성 / 175

을 수립하고 계획을 만들고 각 부처 업무를 종합 조정하는 데다 이거죠. 과학기술처가 주도적으로 일을 추진하는 것은 바람직하지는 않은 거다 하는 것이 원래 과학기술처의 설립 취지가 그렇게 돼 있습니다. 그런데 어느 기관이나 정부도 마찬가지입니다. 거기서 일하는 사람들이 상위직이 됐든 하위직이 됐든 하위직으로 갈수록 더 심해요. 상하로 구분하는 건 뭐 좀 그렇지만. 구성원들은 우리나라 공무원들이 그렇게들 집행업무를 관 집행업무를 관리하는 것을 선호해요. 민원인들 많이 찾아오고 말이지 뭐 입이 좋자고 이거 우리 업무다 하고 이렇게 시비들 많이 벌어지고 하는 것이 그 당시만 하더라도 현실적으로 그런 게 있었단 말이죠. 그렇기 때문에 정보산업 분야도 당연히, 당연히 제 판단 같아서는 정보산업을 담당하는 부서가 있을 테니 거기다가 넘기는 것이 옳다 하는…. 전 항상 그런 생각이에요. 그 경제기획원에 있을 때도 그렇고 과기처도 그렇고 그게 정책 종합 조정하는 데지 왜 여기서 자꾸 하려는데 상부에서는 또 그렇지 않아. 나중에 그런 기회가 있을지 모르겠는데 상부에서는 요 중요한 거니까 정보산업에서 일단은 컴퓨터가 연상 연상되는 거라 말이죠. 정보라는 게 컴퓨터가 중심이 돼 가지고 자꾸 교류가 되는 거기 때문에 새로운 분야기 때문에 과기처에서 담당해라, 응, 우리가 이것을 담당하겠다기보다는 상부에서 이것을 담당해 가지고 나중에 어떻게 되든 간에 그러한 것이 좀 많았어요. 그런 것이 맞아떨어져가지고 과기처에 그러니까 에 정보산업이 육성해야 되는 미래 산업으로서, 새로 생긴 그 산업이기 때문에 그것을 새로운 아이디어가지고 그 해야지, 상공부에서 하는 것도 방법인데, 그것은 어느 정도 이것이 그 틀이 잡히고 난 다음에 각 부처하고 이제 협력하도록 하자, 마 이러한 것으로 과기처에 두게 된 거다 이거죠. 그 내부에서도 물론 우리가 하는 것보다는 상공부로 넘기는 것이 옳지 않느냐 그런 얘기가 없었던 건 아닙니다. 그런데 그 다른 기관에서도 우선은 과기처에서 하는 것이 옳겠다, 정보산업은 육성이 지금 필요한데.[30]

---

30) 이응선, 2010년 11월 26일자 4차 구술.

정보산업, 정보산업을 육성시키는 결정적인 기여는 최형섭 장관에게 공을 돌려야 될 것 같구요. 아주 시대적으로 맞았죠. 그것을 뒷받침하는 양반이 아까 말한 고려대학 교수였던 김 국장하고 이용태 박사라고 삼보 컴퓨터(Computer) 회장하던 분 있어요. 그 다음에 성기수 박사라고 하버드(Harvard University)에서 저 컴퓨터로 학위하고 와가지고 키스트(Korea Institute of Science and Technology)에 컴퓨터 연구 소장하는 사람하고. 경상현 박사라고 MIT(Massachusetts Institute of Technology)에서 또 전자통신해가지고 왔던 사람하고, 뭐 이런 사람들이 최형섭 장관의 브레인 트러스트(Brain trust)가 되어 가지고 뒷받침을 해서 오늘날의 아이티(IT) 강국의 모체가 그겁니다....저는 정보산업국장으로서 행정적인 뒷받침을 했고 정보산업 마스터 플랜(Master plan)을 한국에서 처음으로 만들었습니다. 만들 때, 만들 때 내가 만든 것이 아니라 바로 방금 말씀한 성기수 박사, 경상현 박사, 이용태 박사, 카이스트의 조정완 교수. 이 네 사람을 내 저 자문단을 구성을 해서 마스터 플랜을 만들어서 청와대에 오명 씨라고 나중에 정부통신부 장관 했으니까 그 당시에 거 전두환 씨 밑에서 거 과학기술 비서관을 했어요. 그리고 보고를 하고. 그래가지고 오늘날 정보산업이 저, 꽃이 피는 토대를, 제도적인 토양을 만들었죠. 만들었고, 이왕 말 나온 김에 기술진흥확대회라고 5공화국 들어서면서 생기는데, 1983년 4월입니다. 제4회 기술능력 확대회의에서 정보화 시대의 개막, 해가지고 특별 보고를 대통령한테 했습니다. 그 내용을 보면 하드웨어(Hardware), 반도체나 하드웨어를 전략적으로 개발한다. 소프트웨어(Software) 산업을 전략적으로, 전략산업화 시킨다. 인력을 대대적으로 육성한다. 또는 대중들에게 컴퓨터 마인드(Mind)를 확산시킨다. 또는 5대 국가기관 전산망이라고 아마 아실런지 모르겠는데, 행정전산망, 공안전산망, 국방전산망, 교육 연구 전산망, 또, 또 뭡니까? 뭐 하여튼 그런 5개 기관 전산망 사업을 하자. 해가지고 그것이 오늘날 IT 강국의 어떤 실질적인 출발점이에요. 그래서 당시 과기처장관 이정오씨가 1983년을 정보화의 원년으로 하자, 해가지고 오늘의 IT 강국의 이르는 길을 닦았죠. 그리고 연구개발 할 때도 나중에 다시 나올지 모르겠습니다마는 **내셔널 프로젝트**

(National project), 특정 연구개발 사업이라고 했는데, 그 연구개발비의 38퍼센트를 정보화 산업에 투입을 했습니다. 그 과정에서 반도, 오늘날 반도체, 컴퓨터 관련된 기술이 다 개발돼 나왔어요.[31]

당시 정보산업국장이었던 최영환은 성기수, 경상현, 컴퓨터에서 이용태 등이 자문단을 구성해서 한국 최초로 정보산업의 마스터 플랜이 만들어졌다며, 이에 바탕하여 한국 정보산업의 육성 골격이 잡혔음을 구술을 통해 강조했다. 1983년 3회 기술진흥 확대회의 안건으로 전두환 대통령에게 보고가 되어 플랜이 비로소 정책화되었었고, 컴퓨터의 표준화, 자판의 표준화 문제와 관련하여 이를 통일시키는 것과 더불어 정보산업에 관한 연구개발 프로젝트가 진행되었으며, 이후 삼성전자 등 민간과 연결되는 과정에 대해서 증언했다.

오늘의 반도체, 뭐 4 디램(D-Ram)부터 시작해가지고 16 디램해가지고 오늘날 기가(giga)까지 왔지 않았습니까? 물론 나중의 주역은 민간 차원의 이건희 회장이 했습니다마는 그 초석은 우리 정보산업국에서 만들었다, 난 이렇게 생각해서 정말 일생일대의 영광이고 보람이라고 생각하고 있죠. 근데 그걸 세상이 바뀌니까 뒤엎으려고, 오명 장관이 정부, 저, 저, 청와대 과학기술 비서관에 있다가 정보통신부 차관으로 일약, 중령 출신이라 하죠. 인력 차관으로 왔어요. 그래 나중에 장관했지 않았습니까? 우리가 만들었던, 아까 말한 마스터 플랜을 그 양반이 가지고 와서 정보통, 체신부를 정보통신부로 만들고, 거기서 정보통신 업무를 발전시켰다고[32]

31) 최영환, 2015년 5월 19일자 1차 구술.
32) 최영환, 2015년 5월 19일자 1차 구술.

이와 맥을 같이하여, 정부의 중화학공업 육성정책의 추진과 연동되어 과학기술처의 지원의 효과를 본 분야에 대한 평가와 관련, 권원기 역시 반도체와 정보통신을 뽑았다. 그는 정부 과기처 산하 정보통신과와 이후 정보통신국의 핵심적 역할을 아래와 같이 강조했다.

반도체 개발 거 있잖아. 반도체. 우리 우리나라 지금 뭐 이 반, 반도체 메, 메모리 (memory)분야는 완전히 세계 수준인데, 이거는 이제 완전히 이제 그 과학 기술 이 그 우리가 이 정부, 정부하고 공동노력을 했단 말이야. 공동 해 가지고 정부에서 이제 강력한 서포트를 해 가지고 처음에 잘 됐거든. 소위 1 메가 디램 만들 때까지는. 그래가지고 그 다음부터 이제 기업이 맡아가지고 이제 쭉 해 해 나가는 데. 소위 반도체 개발의 기초연구, 기초연구. 이거는 이제 과학기술처가 있었기 때문에 서포트 개발이 이제 가능했고 마침내 올라왔고. 정보화 기술, 정보화잖아. 지금 정보통신기술 해가지고 우리나라 뭐 이 핸드폰 이게 지금 세계적이지만 말이야. 이게 이제 그 때 정보라는 걸 몰랐다고, 우리나라 사람이 정보통신에 대해서 아는 사람이 누가 있어. 몰랐는데 어디서 한거냐 하면 그게 이제 과학기술처가 생, 생기는 거거든. 그래가지고 제가 이제 새로운 걸 자꾸 찾아내야 되거든. 새로운 분야를. 과학기술이라는 것이 이제 이 역, 과학기술의 역할이 루틴(routine) 한 것만 하는 것이 아니라고. 새로운 것을 소위 크리에이션(creation) 하는 것이 이제 과학기술의 파워인데. 그래 이제 이러한 정보통신의 분야를 이거를 개척한 것이 이제 과학기술처가 해 냈는데, 근데 이제 정보통신과라는 걸 만들었어. 그리고 이제 그 정보통신국이 되고, 그래 나중에 이제 키워가지고 그래서 이걸 체신부한테 줘 버렸지. 체신부에서 네가 그러면 앞으로 뭐 우체부가 왔다 갔다 하지 말고 정보통신으로 넘어가니까 그 쪽으로 이제 연결 되어가지고, 그래서 이제 체신부가, 체신부가 우체부도 왔다 갔다 하잖아. 그거를 이제 컴퓨터가 나와 가지고 컴퓨터 개발도, 컴퓨터 개발도 과학기술처가 했다고, 전부. 이거 뭐라, 전산 이 뭐야, 타이프(type), 한글 자판도 이것도 과학기술처가 하고. 이것도 삼벌식(세벌식) 뭐 이것,

이것도 하고. 이게 전부 다 그거를 한 거라. 그래가지고 이거를 오퍼레이션(oper-
ation) 우리가 못 하니까 오퍼레이션 이제 직접 그 네가 해라 해 가지고 그래 준
거란 말이야[33)]

국책과제로서의 중요 연구개발은 바로 기업의 요구에 맞춰 기술과제를
정하고, 이를 정부와 기업의 공동 비용으로 대학이 개발·수행하는 것이
다. 그러나 이는 구체적으로 추진전략이나 구체적 방안으로서 다듬어지
지 못했으며, 이는 이후 4차 과학기술부문 계획을 통해서 진전되었다.
1977년 제4차 과학기술 부분 계획들에 담긴 기획들은 이후 과학기술
10개년계획의 준비로 이어졌으나, 이는 구체적으로 결실을 맺지 못했다.
그 이유는 1970년대 중화학정책의 추진에 따른 문제와 제2차 석유파동
으로 인한 경제구조적 문제가 중요하게 꼽히고 있다. 과도한 중화학 공
업으로의 투자 상태에서 경공업부분의 발전이 지체되었고, 세계적인 인
플레이션과 더불어 경기침체와 실업률 증가 등이 겹쳤다. 다른 한편으로
는 10·26 발생과 더불어 사회적 정치적 혼란과 신군부의 등장 등이 과
학기술 10개년 계획의 추진을 어렵게 했다.
한국의 경우 처음부터 과학기술은 경제발전이라는 동전의 다른 면으
로 출발했다. 제2차 5개년 계획이 성공하면서 과학기술처는 과학기술 기
반시설의 확충과 전략산업 기술개발 등을 정책의 기조로 삼아 경제개발
계획에서의 기술수요에 부응하는 기술확산 정책을 시도했다. 즉, 장기적
으로는 자주적 기술개발능력을 확보하기 위한 기초연구의 지원과 산업
계 기술수요를 뒷받침하기 위한 연구소가 설립되고 그 중에 한국과학재
단은 기초과학분야를 지원하고 대학의 연구시설과 학문적 발전에 기여

---

33) 권원기, 2009년 10월 20일자 3차 구술.

했다.[34]

　지금까지 살펴보았듯이 우리나라의 과학기술은 경제발전의 동력이자 중요한 기축으로서의 역할을 해왔다고 평가받고 있으며, 당시 박정희 대통령은 과학기술을 경제발전과 더불어 자주국방의 핵심으로 인식했다. 1961년부터 1970년까지 약 20년이라는 긴 통치기간에서 과학기술에 대한 대통령의 열의와 관심은 시기별로, 또는 사업별로 다르게 강조되기는 했으나, 경제 발전을 통한 조국의 근대화라는 최고통수권자의 목표와 이해는 제1차 과학기술진흥계획부터 3차 과학기술진흥계획에 일관되게 담겨져 있으며, 청와대를 중심으로 진흥 계획이 경제개발과 맞물려 구성, 실행되었다. 인력개발과 우수한 해외과학자들의 적극적 유치, 기술개발을 위한 법적 토대와 기관설립, 예산과 권한에 이르기까지 다양한 과학연구개발의 토대가 이 시기에 마련되었다고 볼 수 있겠다.

---

34) 김동현 외, 『한국 과학기술 정책의 형성과정: 역사적 조명과 향후 방향』, 과학기술정책관리연구소, 1996, 26쪽.

제6장

한국 공업화 과정에서의 농촌의 역할

이 숙 화

〈개요〉

1960년대 초반 한국 공업화의 초기단계에서 농업부문은 배제되어 있었다. 이로 인해 도시와 농촌 간의 격차가 심화되고 농촌은 경제적으로 낙후한 지역으로 남아있었다. 그러나 1960년대 중반, 박정희 정부의 농공병진 정책에 따라 농업기반시설이 확충되고 농업소득이 증대되면서 농촌사회의 발전은 곧 공업의 안정적인 발전으로 연결되었다.

1970년대는 새마을운동과 함께 농촌도 도시 못지않은 근대화가 이루어졌다. 도로 개선, 주택 재건축, 그리고 농업의 기계화가 추진과 함께 이루어진 농촌의 발전은 도시의 공업화와 긴밀한 관계에서 진행되었다. 새마을운동은 농촌 환경개선사업으로부터 시작하여 공업 제품의 내수를 활성화시키는 효력을 낳았다. 농촌의 도로 확장, 지붕 개량 등을 통해 시멘트 소비가 증가하고, 주택 개량, 마을 건물의 건축 등으로 철근의 소비량도 대량 증가했다. 공업제품의 내수 증가라는 측면에서 새마을운동은 농공병진 정책 위에 이루어진 대표적인 사례이다.

도시 공업화에 필요한 인력도 대부분 이농한 남녀 청년들로 채워졌다. 도시 공업화의 성공은 값싼 농촌인력이 뒷받침되어 가능했던 것이다. 한편, 농업 인구의 감소는 농촌의 영농기계화를 촉진한 주요 배경이기도 했다. 포항제철의 가동으로 1970년대 제철공업이 급성장하면서 농기계 생산이 가능해졌다. 1970년대 중반부터 각 마을당 경운기, 트랙터 등 농기계가 본격적으로 보급되었다. 농촌은 부족한 인력을 영농기계화로 전환하여 농가소득을 올렸고, 제철분야의 내수도 안정적으로 발전해갔다.

1. 1960년대 공업화와 농촌 개발의 기반 조성

1) 한국 공업화와 농촌부문의 배제

농업은 일국의 경제성장에 있어 기반이 되는 산업으로 한국경제 성장 과정에서 공업화를 달성하는데 큰 기여를 남긴 것으로 평가되고 있다. 그러나 1960년대 초 공업화가 진행되는 단계에서 농업부문은 배제되었 었다. 급격한 경제성장과 산업화로 도시화가 급속하게 진행되면서 도농 간의 격차가 심화되자, 정부는 경제균형을 맞추기 위한 목적으로 1960년 대 중반부터 농업공업화를 추진하기 시작했다. 이로 인해 1970년대는 새마을운동과 함께 농촌사회도 도시 못지않은 근대화가 이루어졌다.

공업화는 근대화의 가장 중요한 지표이며 필수적인 수단이다. 개발도 상국들의 경제발전과정에서 공업화는 반드시 거쳐 가는 단계이자 경제 성장의 원동력이다. 오늘날 대부분 선진국들은 공업화를 통해 고도의 경제성장과 사회발전을 이룩했다. 그러나 공업화 과정을 거친다고 해서 반드시 경제성장까지 유발되는 것은 아니다. 공업화를 통한 근대화 과정 에는 한 사회의 경제체제가 농업에서 공업 중심으로 재편성되는 단계를 거친다. 가계와 기업이 분리되고 전문적인 기업가와 노동자가 형성되며, 공업자본의 축적, 자본과 노동의 분리가 이루어진다. 이는 경제적 합리 주의의 제도화라는 사회변혁을 의미한다.[1] 이렇게 볼 때 대부분 국가의 산업화·근대화는 공업화 과정을 거쳐 이루어졌다. 1960~70년대 한국 도 마찬가지로 근대화를 추진하는 과정에서 농업 중심사회에서 공업 중 심사회로 급격히 전환되어갔다.

공업화 전략에 대해서는 '균형 성장론'과 '불균형 성장론' 이라는 두 가 지의 주요한 이론이 있다. 경제발전 과정에서 수요공급에 차질이 발생하

---

1) 김흥순, 「근대화 프로젝트로서의 새마을운동에 대한 비판적 고찰: 1970년대 를 중심으로」, 『한국지역개발학회지』 12, 2000, 23-24쪽.

지 않고 각 부문이 동시에 균형적으로 성장하는 것이 '균형 성장론'이다. 이에 반대되는 것이 '불균형 성장론'이다. 경제발전은 동태적으로 상호연계를 갖고 발전하는 것이므로, 어느 부문이 개발되면 이와 관련된 부문에서 유발투자가 이루어지고 경제 전체가 발전되는 과정을 밟게 된다는 것이 불균형 성장론의 핵심이다.[2] 모든 나라의 경제성장은 사회 전체의 균형적 발전을 목표로 하지만 특히 개발도상국은 공업화 초기 단계에서 종종 '불균형 성장전략'을 택하는 경우가 나타난다.

박정희 정권은 불균형 성장전략을 택하여 '선 공업, 후 농업 발전'의 전략을 택했다. 한국은 일제의 식민지로서 수탈경제를 겪었고, 한국전쟁으로 인한 빈곤의 문제까지 겹쳐 발전을 통해 공업화단계로 나갈 수 있는 여건이 충분하지 않았기 때문이다. 1945년부터 1960년까지, 이 기간에 비농업부문의 고용기회가 늘어나지 않았기 때문에 농촌에는 잠재실업 인구가 늘어났다. 교육받은 젊은이들 역시 비농업부문에서 취업할 수 있는 기회가 거의 없었다. 이러한 상황에서 정부는 농업의 공업화 전략보다는 수출주도의 공업화로 개발방향을 취한 것이다. 1960년대 상공부를 거쳐 경제기획원 운영차관보를 역임했던 황병태[3] 전 국회의원은 불균형개발전략을 택한 경제정책을 기존의 정책관념을 깬 파격적인 선택이었다고 평가했다.

> 중남미 국가들에서는 (중략) 토종산업인 농업을 발판으로 모든 산업 간의 동시 발전을 계획하는 균형성장론에 입각해 있었다. 따라서 개발계획의 수립과 실행은 정부가 주관하고 규제하는 균형성장 지향의 정합(整合) 체제를 갖추기 마련이었다. 그 결과 정부가 작성한 균형성장 계획을 하부기관이 집행하며 시장은 전적으로

---

2) 이명규, 『한국경제의이해』, 법문사, 1997.

3) 경제기획원 경제협력국 국장(1967), 경제기획원 운영차관보(1970~74), 필리핀 대사(1967), 중국대사(1993~95), 국회의원(제13대, 제15대) 등을 역임.

거기에 따르도록 하는 계획경제적 개발모형이 만들어졌다. 그러나 박정희 시기 한국적 경제개발 계획은 이러한 관념과 선례를 뒤집는 파격이었다. 경제개발의 시작과 중심을 공업화에 우선하는 '불균형개발 전략'을 택함으로써 전혀 다른 새로운 개발방식을 택하였다.[4]

한국은 공업개발을 먼저 일으켜 그 파급 효과로 순차적으로 다른 분야를 이끌어간다는 '불균형성장 전략'이었다. 농촌개발에 앞서 먼저 기간산업 시설을 확충하고 여기서 생기는 고용과 생산, 그리고 소득효과를 주변으로 점차 확대시킨다는 개발계획이었다.[5]

한국의 경제개발은 외국자본과 기술도입에 기초한 수출주도형 불균형 성장전략으로 일컬어진다. 전통 공업이 근대화하면서 균형성장의 경로를 걸었던 일본이나 여러 선진국의 공업화 유형과는 판이했다. 선진국에서 공업의 근대화는 농촌 외 노동시장의 창출과 겸업 기회의 확장을 통해 농업인구가 농촌 현지에서 공업 부문으로 이동할 수 있는 점진적 경로를 제공하면서 이루어졌다. 농외부문과의 겸업을 통해 이루어지는 공업화는 장기적으로는 농촌인구의 감소로 이어지지만 공업화 과정에서 가능노동력이 농촌에 머물게 됨으로써, 농촌에 새로운 산업과 문화가 보존될 수 있었다.[6] 그런데 한국 농업은 수출주도형 경제를 뒷받침할 수 있는 구조를 갖추지 못했다. 농촌사회가 배제된 수출중심의 경제발전은 박정희 정권의 의지로 시작된 정책이었다.

박 대통령 의지가 이랬어요. (중략) '우리가 언제까지 원조자금 얻어먹고 사느냐'

---

4) 황병태, 『박정희 패러다임』, 조선뉴스프레스, 2011, 287쪽.

5) 황병태, 앞의 책, 292쪽.

6) 이영훈, 『한국경제사Ⅱ』, 일조각, 2017, 462쪽.

이게 그 분의 머릿속에 탁 박혀있었고, 그 다음에 일부 정부 관리들 내지 당시에 이른바 소위 경제전문가라고 하는 사람들은 '그 잘못하면 원조자금 자꾸만 줄어 듭니다. 원조자금이 줄어들면 우리가 그만큼 고생 한다' 이런 논리가 있었어요. (중략) 그런데 박 대통령이 '줄어도 좋다. 우리가 내 돈으로 사먹는 거하고, 남에 돈으로 사 먹는 거 하고 같으냐! 수출해야 한다. 뭐든지 수출하라! 할 수 있으면 하라' 그건 박대통령 무슨 뭐 군인 하던 양반이 무슨 수출 전문가도 아니고, 뭐 무 슨 장사해 본 분도 아니고, 하지만은 외환은 내가 내 돈이라야지 내 마음대로 쓰 지 말이야, 원조 자금 받아가지고 내 마음대로 쓴다는 거는 불가능한 얘기고, 그 래서 수출을 강조하신 분이 박 대통령이야. 그 수출. 당시 상공부가 뭐 수출진흥 회의 그것도 한 달에 한 번씩 청와대에서 각 회사별로 할당을 하다시피 했으니까. 당신 회사 이달에 얼마 수출할래? 뭐 이런 식이지. 상공부 각 과가 과별로 수출목 표, 과별로 자기의 담당품목 수출목표가 있어. 과장이 그거 수출 맞추느라 뛰어다 니고.[7]

근대화되지 않은 농촌은 해마다 춘궁기 또는 보릿고개라고 하는 가난 의 고통이 반복되었다. 농촌인력은 남아돌았지만 빈약한 소득수준으로 농기계를 구입할 여유도 없었다. 뿐만 아니라 기계공업 분야의 미개발로 농기계의 자체 생산도 불가능해 농업기계화는 극히 부진했다. 농업 분야 는 미국이 무상 긴급 식량원조와 잉여농산물 도입 등으로 근근이 유지 되고 있었다.[8]

후진국 개발에 있어서는요, 가장 중요한 것이 자본 투입인데, 자본 투입은 국내 돈

---

7) 김흥기, 2009년 12월 1일자 2차 구술.
8) 김정렴, 『최빈국에서 선진국 문턱까지』, 랜덤하우스 중앙, 2006, 198쪽; 박진 환, 『박정희 대통령의 한국경제 근대화와 새마을운동』, (사)박정희대통령기념사 업회, 2005, 51-52쪽.

없지 않습니까? 외국 돈 가져와야 하는데 다행히 우리나라 그 당시에 말이죠, 일본, 독일 해 가지고 저쪽에 수출드라이브를 쓰고 있고, 그것과 미국을 말하면 한국전쟁이 끝나고 원조를 주는 이런 거를 상황을 잘 활용한 거죠.[9]

박정희 정부는 제1, 2차 경제개발 5개년계획 기간 동안 수출지향적 공업화를 통해 성장극대화에 초점을 맞추었다. 1962~66년 기간에 집행된 제1차 경제개발5개년계획의 기본목표는 '모든 사회적 경제적 악순환은 과감히 시정하고 자립경제달성을 위한 기반을 구축'하는데 있었다. 중점목표로는 에너지원의 확보, 농업생산력의 향상, 철도·항만 등 사회간접자본의 확충, 수출증대, 그리고 기술개발 등이었다. 공업화를 추진하기 위한 사회간접자본 및 에너지원의 확보에 중점을 두고 농업생산력의 향상에 필수적인 비료공장 건설과 같은 산업기초부문의 구축을 도모했다.[10]

공업 중심의 경제개발계획은 1960~70년대 한국 농촌사회에도 급격한 변화를 가져왔다. 그러나 공업화 초기 단계에서 농업부문은 배제되어 있었다. 제조업 중심의 공업화가 이루어지면서 농촌은 기본적으로 도시에 곡물 및 잉여 노동력을 제공하고, 생산되는 공업제품의 수요처로서 기능했다. 즉 농업부문에 과잉으로 적체된 잠재실업 인구를 공업부문으로 이동시켜 값싼 노동력으로 공업성장을 이루고, 농업부문은 인구를 줄임으로써 노동생산성을 향상시킨다. 동시에 농업의 잉여는 다시 도시 공업부분의 성장을 위한 기금으로 활용될 수 있다는 논리에 기반해

9) 황병태, 2009년 9월 3일자 1차 구술.
10) 왕기공, 『한국의 공업화 과정에서 농업정책의 전개와 평가에 관한 연구: 중국 농업발전정책에 주는 시사점 중심으로』, 원광대학교 대학원 박사학위논문, 2005, 50-51쪽.

공업화가 추진되었다.[11]

　민간 기업은 정부가 유치한 외화자금으로 수출 위주의 노동집약적인 제품을 만들었다. 이는 정부에서 "우리 경제의 궁극적인 진로는 공업화를 통한 산업의 근대화에 있으며, 이를 위하여 무엇보다도 중요한 것은 자본 형성이기 때문에 국내저축의 증대와 외자 도입에 1차적으로 힘을 기울이기로 한다."는 개발전략을 따른 것이다. 기업이 추진하는 공업화의 성공여부는 일차적으로 농촌 사회에서 양질의 노동력을 제공받는 것을 중요한 전제조건으로 한 것이다.[12] 즉, 공업화 및 근대화는 도시 중심으로 촉진되어 농촌에 대한 투자는 사실상 배제되었다.

2) 농촌개발의 기반 조성

　경제개발은 '선 공업, 후 농업발전'의 전략을 취했지만, 농촌에 대한 정책이 전혀 없었던 것은 아니다. 1960년대 농촌에 대한 정부 대책은 크게 세 가지로 이루어졌다. 첫 번째는 농촌의 절대빈곤을 해결하고자 1961년 5월 25일 농촌의 고리사채 정리를 단행했다. 두 번째는 1961년 6월 12일 '재건국민운동에 관한 법률(제622호)'을 제정·공포하고, 농어촌을 자조·자립정신으로 일으키고자 일대 범국민 정신개조운동을 주창했다. 그러나 자금사정이 원활하지 못했던 농민들은 여전히 사채에 의존하는 경향이 나타났고, 정부 자원의 부족으로 재건국민운동도 구호성 캠페인으로 끝났다. 세 번째로 추진된 것은 낮은 수준이긴 하지만 농촌 근대화 사업의 일환으로 농토의 지력 향상과 농촌도로망 건설, 농업용수 개발, 경지정리 등으로 농업 기반을 조성하여 생산성 향상을 위해 투자한 것

---

11) 김익기, 「한국의 이농현상과 농촌의 구조적 빈곤」, 『농촌사회』, 창간호, 1991, 9–13쪽.

12) 정도영·장지용, 「한국 공업화 과정에서 농촌의 역할」, 『경제연구』 제27권 제3호, 한국경제통상학회, 2009, 236쪽.

이다.[13] 특히 잦은 가뭄에 대한 구조적인 대책이 시급한 상황에서 농업용수 개발은 가장 중점적으로 추진되었던 정부 사업이다.

> 농업에도 투자를 해야 되겠다 해서 인자 결심하는 동기가 그 한해(旱害)입니다. 대통령이 인자 이제는 농업에도 투자를 해야 되겠다고 결심하는 동기가 한해부터 시작을 해요. 그래서 농업을 위해서 지하수를 개발해야 되겠고, 용수(用水)를 개발해야 되겠고 해서 일어난다고요. 일어나는데, 그게 계기가 되가지고 조금 인자 숨통이 쉬어지니까 70년대 초에는 새마을사업으로 돌아가잖아요? 돌아가는데 그기 인자 우리가 농업투자의 계기가 거기서 시작이 됩니다. 67년, 68년의 한해. 한해가 있어서 인자 그기 인자 시작이 되는데, 물론 이전에, 이전에 뭐 있었느냐면 식량증산계획도 만들고 농림부자체가. 사회개발까지 합쳐가지고 인제 공업분야, 농업분야, 다음 사회분야를 합쳐가지고 경제개발종합계획으로 가는데, 거기에 한 일환으로써 농업개발이 포함이 돼요. 62년부터 (중략) 그러니까 그때부터는 농업개발계획이란 별도로 안 세웠다고요. 그 계획, 그 테두리 안에서 하는 거니까.[14]

1967~1968년간에 극심한 가뭄의 피해를 겪은 뒤로 정부는 농업용수 개발을 본격적으로 추진했다. 농업의 근간인 벼 재배는 고정적으로 물을 공급할 수 있는 시설이 필요하므로 가뭄에 대비한 한해대책과 함께 수자원 개발은 매우 긴요했다. 특히 영남일대는 1964년 심한 한발로 농업용수는 물론 식수조차 부족했다. 이에 정부는 1965년 전천후 농업용수원 개발계획을 수립하여 양수장·보·저수지 순으로 개발 우선순위를 정하고, 대부분 천수답에 의존하고 있던 논의 85%를 수리안전답으로 만드는 것을 목표로 했다. 평야 지대의 논에는 소규모 저수지를 만들었

---

13) 김정렴, 앞의 책, 197쪽.
14) 남욱, 2011년 6월 30일자 2차 구술.

고, 경사진 논이나 천수답에는 관정(管井)을 파고 지하수를 끌어올리는 방법으로 대책을 마련했다.[15] 관정 개발은 '가뭄 없는 농토'와 '전천후 농업'을 위해 정부 차원에서 직접 지시를 내리고 지역별로 진행과정을 보고 받으며 추진했던 사업이었다.

> 비료는 어느 정도, 비료 파동은 지나가고, 문제는 뭐냐 박대통령이 인자 지하수 개발이다 관정을 파라 (중략) 비료는 어느 정도, 비료 파동은 지나가고, 문제는 뭐냐 박대통령이 인자 지하수 개발이다 관정을 파라 (중략) 직접 그림을 기리고 뭐 야단이어. 뭐 그 청와대 안에다가 차트를 매달아 걸어놓고, 지역별로 도지사 전화 걸어 가지고 어 몇 개 팠냐. 이 정도로 하여튼 막 다그칠 때에요. (중략) 전천후 농업, 전천후, 올 웨더 파밍(all weather farming)이라는 거 (중략) 전천후농업이에요. 그게 뭐냐, 비가 안 와도 농사를 짓게 만든다. 그게 아마 수해 방지도 그 홍수가 나서 농토가 떠내려가는 것도 막아내야 된다는 것도 포함 됐을 거라고 난 생각하는데, 그래서 그때 뭘 했냐하면 (중략) 금강 그 평택에서 그 유역 개발이라는 게 있었어요. (중략) 경지정리하고, 수리시설을 확충해주면 그 물이 계속 공급이 되고, 홍수도 막고 해서 안심하고, 농사를 짓지 않겠느냐.[16]

정부에서는 관정을 개발·관리하기 위해 육군사관학교 생도까지 동원해 실시했던 점도 주목된다.

> 농촌과 도시간의 소득격차가 생기니까 아까 68년에 그 한발(旱魃)을 계기로 해가지고 농업의, 일차적으로는 물을 해결해야 되겠다. 새마을사업하기 전의 얘기에요. 물을 먼저 해결해야 되겠다. 이래서 박 대통령 주재 하에 농업용수 개발계획

---

15) 김정렴, 앞의 책, 201-202쪽.
16) 이득용, 2011년 3월 23일자 1차 구술.

을 만듭니다. (중략) 우리나라 인자 수자원이 좀 모자르니까 지하수를 막, 한, 전국의 40,000군덴가 이 지하수를 팠어요. 이게 뭐냐면 관정이라고 그래요. 정부입장에서는 인자 한번 했으면 앞으로 내년에도 올지 모르니까 쓸 수 있도록 해야 된다 이렇게 되어있어요. (중략) 양수기를 어떻게 했는데 10미터 반경인데 보니까 3미터도 안 되고 이래 뭐 좍 올라갈 거 아녜요? 그래 대통령이 화가 난거에요. 그 보고서를 보고 응? 보고서를 보고. 도대체가 한해(寒害) 날 때 그 애 먹을 때 그때 대비해가지고 시설을 돈 들여가 해놨는데, 이 비가 좀 온다 해가지고 이렇게 관리를 소홀히 해야 되겠냐고 해가지고 화가 잔뜩 난거라. 육사생도가 군의 뭐 전투나 이거를 하기 위해서 동원되지만은 농사짓는데 그거 조사하기 위해 동원된 거는 유사 이래 처음이라고요. 응? 진짜야. 육사생도를 200명을 동원했어요. (중략) 생도들을 200명을 동원해가지고 10개 반을 만들었어요. 그래 20명씩 한 반이 되잖아요? 그 반에다가 인자 팀을 인자 두 사람씩 한 팀을 해가지고. 그러니까 11반에 10개 팀이 되는 거죠? 청와대 비서관이 팀장이 되고, 이렇게 해가지고 인자 조직을 해가지고 한 달 동안 조사를 하는 거에요. 한 달 동안. 40,000개를. 40,000개를 200명이 조사를 하면 한 명 앞에 몇 개씩 해야 돼요? 20개씩. 한 달 동안 20개를 조사하는 거야. 그래 전부 이제 교육을 해가지고, 인자 양수기도 인자 운영하는 법부터 가리치고. 우리 다 가르쳤지 그래가지고. 그 이 그 사람들이 다 조사를 하는데, 그 사람들은 진짜 원칙대로 조사하잖아요? (중략) 사관생도들이기 때문에 사관생도들이 안 오고, 그 보고에는. 그래 인자 '이거는 못되고, 못되고.' 전부 그래 내 입장에서 인자 그걸 설치한 책임자고 관리책임자니까, 실무책임자니까.[17]

1960년에서 1968년까지 전국에서 개발한 관정은 약 15만 개소로 추산된다. 한 면(面) 당 평균 100여 개의 관정이 만들어진 것이다. 이와 같은 노력으로 수리안전답의 비율은 1961년 55%에서 1969년 75%까지 높

17) 남욱, 2011년 6월 30일자 2차 구술.

아져 가뭄에 대응할 수 있었다.

한편, 도시 중심의 공업화로 이농이 증가하면서, 이는 역으로 부족한 인력에 대신해 농업기계화가 추진되는 배경으로 작용했다. 그러나 1960년대 농촌 사회는 빈약한 소득수준으로 기계를 구입할 여유가 없었을 뿐만 아니라 기계공업분야의 미개발로 농업기계화는 극히 부진했다. 정부는 도시와 농촌간의 격차를 해소하는 차원에서 1960년대 중반부터 '농공병진(農工竝進)'정책으로 농촌근대화를 추진해 나갔다.

2. 1960~70년대 농업 환경의 발전

1) '농공병진(農工倂進)' 정책 시행

1960년대 공업화전략은 주로 공업화의 기반구축, 기초산업 육성, 사회간접자본의 정비 등이었다. 이 기간에 육성된 산업은 전력, 비료, 정유, 합성섬유, 시멘트, PVC 산업 등이다. 농업부문에서 부분적으로 기반시설의 정비가 이루어졌지만, 산업부문에 비해 상대적으로 미약했다. 이러한 산업구조는 도시와 농촌 간의 격차를 심화시켰다.

> 68년까지 공업에 조금 치중하다 보니까 도농 간의 소득격차가 좀 많이 벌어졌어요. 농촌과 도시간의. 50년대보다도 60년대 초에 와가지고 좀 벌어졌단 말이에요? 50년대는 도시나 농촌이나 다 못살았으니까 뭐 격차란 걸 얘기할 정도는 아니었고. 60년대는 일부 층이 잘 살아, 좀 살아지니까 격차라는 문제가 나온다고요. (중략) 그래서 인자 60년대 들어와 가지고 공업 쪽에다 조금 집중을 하니까 농촌이 상대적으로 인자 낙후되는 현상을 가져왔었어요.[18]

---

18) 남욱, 2011년 6월 30일자 1차 구술.

도시와 농촌의 격차 문제는 1967년 대통령 선거에서 정치적인 논쟁거리로 대두되었다. 정권의 반대쪽에서는 고미가정책을 요구하며 농촌의 저소득 문제를 해소하고자 했다. 그러나 공업성장을 뒷받침하기 위해 저미가정책을 유지했던 정부는 쌀값을 높일 수가 없었다. 이중 곡가제나 비료 가격 반감도 공업중심 경제정책에서는 수용되기 어려운 상항이었다. 박정희 정부는 농민들이 쌀 이외의 다른 작물이나 축산을 개발하여 종합적으로 소득을 높일 수 있도록 대책을 수립했다. 이러한 상황에서 계획된 사업이 1968년 '농어민소득증대특별사업(이하, 농특사업)'이다. 농특사업은 1967년 박정희 대통령 연두교서에서 밝힌 농공병진 정책에 따라 이루어진 사업이었다.

　　62년부터 제1차 경제개발5개년계획이 시작이 되고, 67년에 제2차 경제개발이 시작이 되어가지고 제2차 계획부터 인자 본격적인 농업 개발이 착수가 됩니다. 1차에는 뭐 계획은 세워두어도 자금사정이라든지 이런 것이 못 들어갔으니까. 그래서 인자 60년대 하반기부터 그 계획이 이제 실행이 옮기게 되는데, 그때 맞추어가지고 정부의 시책, 대통령의 이제 기본 시책이 농업과 공업을 동시에 발전을 시키자. 그거는 몇 가지 맞물려 들어가는 거죠? 맞물려 들어가니까 그때부터 농촌에도 이제 투자가 조금 이루어지고 이 숨통을 쉬기, 조금 그렇게 되어지는 거죠. 그런 것이 인자 그때 실정이라고 될 수 있고.[19]

　　대통령께서 한발을 당하고 난 뒤에, 농업용수를 하고 난 뒤에, 아, 이제는 농촌에 눈을 돌려야 되겠구나, 응? 돌려야 되겠구나. 공업 쪽에는 조금 인제 기반이 됐으니까, 포항제철도 인제 준공단계에 들어갔고, 뭣 또 수출도 좀 늘고 이래서 조금 한숨을 돌리니까 자신이 생긴 거지. 국정에 에? 국정에 자신이 생기니까 이제 농

19) 남욱, 2011년 6월 30일자 2차 구술.

촌 쪽에 하자. 이래서 뭣을 슬로건(slogan)을 걸었냐면 농공병진을 한 거에요. 응? 거기서 농공병진이 나옵니다. (중략) 농업과 공업을 같이 발전시키자. 이게 70년 대 초입니다. 그래서 농공병진이 나오고, 농공병진을 실행하는 수단으로서 새마을사업이 시작됐죠. 농공병진을 하는. 그래서 거기서 또 하나 중요한 게 뭐냐 하면은 농촌을 발전시키려면 농민의 소득원이 쌀인데 쌀값을 충분히 보장을 해야 되겠다. 이래서 인자 고미가(高米價)정책이라는 수단이 나옵니다. 농공병진을 해야 되겠고, 새마을사업을 하면서 농민에게 이익을 줄라면 쌀값을 올려줘야 되겠다. 그래야 농가소득이 급진적으로 올라가겠다. 이렇게 해서 인자 수단이 같이 나오는 겁니다.[20]

박정희 대통령이 1차 5개년계획을 그렇게 성공적으로 달성하고 나니까 이제 좀 자신이 생기신 것 같아요. (중략) 이제 1967년 2차 5개년계획에 들어서자마자 연두교서에서 이제 농민소득증대를 해야 되겠다는 말씀과 그걸 위해서 농공병진정책을 써야 되겠다. 농업과 공업을 동시에 해야 되겠다. 1차 5개년계획은 농업, 공업을 중심으로 했는데, 2차 5개년계획에서는 농업과 공업을 같이 해야 되겠다 하는 것을 선언하실 때, 그때부터 그 혁명공약에 중요한 농촌혁명을 해야 되겠다고 하는 뜻이 살아나는 겁니다. 이렇게 새마을운동이 형성되기 시작해가지고, 농공병진정책에.[21]

공업화정책은 경제성장에 긍정적인 효과를 냈지만, 농촌의 배제로 인해 도시와 농촌의 성장격차는 더욱 벌어졌다. 농촌의 부진으로 공업화에 필요한 원료 수급, 노동력 수급, 공업제품 판로 등에서 괄목할 성과를 내지 못했다. 이러한 불균형적 상황을 극복하기 위한 대안 정책으로

---

20) 남욱, 2011년 6월 30일자 2차 구술.
21) 고병우, 2012년 10월 23일자 2차 구술.

채택된 것이 농공병진이다.

원래 농공병진은 농업과 공업부문 간의 사회경제적 격차를 줄이고, 개발의 이익이 모든 지역에 균등하게 적용되는 것을 목표로 하였다. 특히 박정희 정부는 농촌의 생활편익을 도시와 같은 수준으로 정비하고, 농업생산도 가치와 가격 면에서 공업생산 못지않은 수준으로 성장시킨다는 목표를 세웠다.[22] 이에 정부는 농업 이외 다른 작물이나 축산도 함께 개발함으로써 종합적으로 소득을 높일 수 있는 기회를 조성하고자 했다.

2) 농촌소득증대특별사업

1967년 12월에 설립된 농어촌개발공사는 농공병진정책을 직접적으로 실행하는 기구라고 할 수 있다. 농어촌개발공사의 주요 사업은 농가소득증대를 목표로 식량의 자급자족은 물론 농촌공업화, 상업적 영농을 통한 농가소득향상에 집중되었다.

농공병진정책에 첫 번째 하는 일로 1967년에 농림부장관에게 시켜가지고, "농어촌개발공사를 만들어서 전국방방곡곡에 공장을 세워라. 그러면 농촌에 현금이 들어가지 않겠느냐? 농가부업이 생기고 하니까 농민들도 사는데 도움이 되지 않겠느냐?" 이걸 지시하셨는데, 그 당시에 분위기는 농촌에 공장지어서 되겠느냐? 이런 분위기. 농협도 있고 수협도 있는데, 새로 농어촌개발공사라는 새로운 기구를 만들어서 되겠습니까? 하는 반대분위기가 있었습니다. 그것을 장관을 교체해가면서까지 박정희 대통령은 농어촌개발공사를 만들어버려, 만들어보라고 그게 농민을 위해서 도움, 좋은 일이다. 이렇게 지시하셔서 그때 새로 들어가신 장관이 김영준 장관인데, 김영준 장관이 내가 당시에 농업통계과장으로 들어간 일이 있다고

---

22) 주봉규, 「農工倂進接近에 關한 硏究」, 『서울대농학연구지』Vol.3.No.1, 1978, 37쪽.

말씀드린 일이 있는데, 농림부에 가기를 농업통계과장으로 갔는데, 김영준 장관은 차관하시다가 장관되신 분이 대통령에 농어촌개발공사설립방안에 대한 지시를 받으시고, 경제과장이나 다른 과장들이 다 있는데도 농업통계과장인 나(고병우-필자주)를 불러가지고 "대통령이 농어촌개발공사를 만들라고 하시는데, 그걸 한번 구상해서 가져와보라고" 지시를 하셔서 제가 처음으로 농어촌개발공사설립구상이라고 하는 브리핑 차트를 만들었습니다.[23]

농어촌개발공사는 1967년 박정희의 지시를 받아서 국회법을 통과했다. 그리고 1968년 차균희 전 농림부장관이 농어촌개발공사 초대사장에 임명되어 농특사업을 실시하게 되었다.

농어촌개발공사법을 연말국회에서 통과시키고, 그 다음에 1968년 2월 달에 공식으로 농어촌개발공사설립해서 초대사장이 전 농림부장관인 차균희 사장을 초대사장으로 모셨습니다. (중략) 농공병진정책을 하려면 농어촌개발공사를 만들어라. 이렇게 됐어요. 농어촌개발공사를 만들라고 하니까 박동묘 장관은 농어촌개발공사가 하는 일이 농협도 할 수 있고, 수협도 할 수 있는데, 농협, 수협에 시키면 되지, 농어촌공[사], 농어촌개발공사를 따로 만듭니까? 이런 생각을 하셨어요. (중략) 그게 이제 국회 가서 통과해가지고 다음에 2월 달에 설립준비가 끝나서 청와대로부터 자본금 십억 원을 받았던가? 그 돈으로 설립을 했습니다. 그래 설립하는데 위원 중에서 차균희 장관을 사장으로 임명하시자고 청와대에서 그러시더라고요. 아무래도. 그러니까 김영준 장관은 농어촌개발공사를 만들었지만 장, 사장 임명도 청와대에서 했고, 거기 직원들 뭐 이사니 부장이니 직원들 임명하는데, 우리 농림부는 관여하지 말라. 차균희 장관이 잘 알아서 하지 않겠느냐? 그래서 그쪽에 다 맡기고 그렇게 했습니다. 제가 설립담당 과장이지만은 참 사람하나 부탁

---

23) 고병우, 2012년 10월 23일자 2차 구술.

한 일이 없고, 남이 그런, 그런 식에 부탁이 적게 와서 그거를 감시하는 입장을 해서 농어촌개발공사를 만들었습니다.[24]

농특사업의 주된 방향은 주곡 생산 위주의 전통적인 농업 생산구조를 탈피하여 공업용 원료나 수출 품목을 생산하고, 국민들의 소득증대로 곡물 이외 수요가 늘어나는 농산물을 생산하여 농가 소득을 높이는 데 있었다. 기존의 농업이 생계형 영농구조였다면 농특사업은 상업 영농화를 통해 농가소득을 증대해갔다.

농어촌개발공사설립이 끝난 뒤에 이제 나머지 일은 차균희 사장이 알아서 챙겨갈 것이고, 농림부, 그걸 만든, 그걸 만든 우리 농림부 입장에서는 그러면 농어촌개발공사를 돕는 방법은 뭐냐? 그 주변에 농민들이 소득을 증대시키는 방법은 뭐냐? 하는 것을 연구하지 않을 수가 없죠. 그래서 인제 제가 그때는 마침 통계과장에서 농어촌개발공사법을 만들었다고 해서 농업경제과장으로 자리를 옮겼고, 농업경제과장이 하는 일은 주로 농민에 소득증대를 계획하는 것이 주 업무였기 때문에 보니까 마침 내가 가기 전에 만든 주산지조성(主産地造成)계획이 있어요. 농림부에 주산지조성계획이 뭐냐 물으니까 "지역별로 특산물을 생산하는 생산지역을 단지화하면 능률적이고 출하가 좋아서 주산지계획을 만들었는데 몇 년 동안 보고를 해도 채택이 안 됩니다. 과장님이 좀 해보십시오." 그래서 내용을 보니까 대단히 좋아요. 이래서 "농어촌개발공사를 돕기 위해서는 주산지계획이 꼭 필요하다. 이 주산지를 공개함과 주변으로 주변에다가 만들자. 이 이름을 주산지계획이라고 하지 말고, 농어촌개발공사와 연결되니까 농민사업증대사업계획으로 만들자." 그랬더니 다 이의가 없다고 해서 장관께도 보고하고, 장관님이 바로 "이 안을 대통령께 가서 보고 드리자." 가지고 간 건 대통령께서 지시한 사항이 아니죠. 바로 또

---

24) 고병우, 2012년 10월 18일자 1차 구술.

제가 차트를 준비해가지고 김영준 장관과 같이 올라갔어요. 대통령께서 "이것은 뭔가?" 하시면서 하하하. 농어촌개발공사는 끝났는데 또 뭘 가지고 왔나하는 그런 말씀이에요. 그래서 "이 농민소득증대사업계획은 이제는 농어촌사업개발공사를 돕는 계획이고 이것이 농민에게 실질적으로 돈이 돌아가는 그런 시책입니다." 했더니 아주 흥미 있어 해요.[25]

이와 같이 농특사업은 "주곡 생산위주의 전통적 생산농업에서 탈피하여 공업원료 작물이나 수출작목 또는 국민의 소득증대에 따라 수요가 늘어나는 작목을 생산하는 상업적 농업으로 발전시켜 농가소득을 급속히 올리고 농공병진의 기반을 다짐으로써 농촌개발과 농업근대화를 이룩하자"는 사업이었다.[26] 사업의 대상은 잠업, 과수재배, 비닐하우스 채소재배, 원예작물, 과수재배 등 농업분야와 축산업, 그리고 해산물 양식 등 수산물 양식에 이르기까지 34개의 다양한 농축수산물이었다. 이와 같이 시장성이 있는 작물을 조사·선정한 다음 주산지별로 코드를 지정하여 농특사업단지를 조성하고 재배하는 방식으로 계획되었다.

지역별로 가령 여주·이천 같은 데는 뽕나무가 많으니까 잠업단지를 만들고, 여기 안성·평택 지구는 거긴 옛날부터 목장, 그러니까 소, 돼지를 많이 길러서 거기다가 낙농단지를 만들고, 전 지역에 뭐 여러 군데에다가 50개 지역을 선택해가지고, 아, 가령 대전 주변에 대덕 지역에는 포도단지를 지어서 후에 거기에다가는 와인 공장까지 만들기로 했습니다.[27] 그런 식으로 전 지역을 전 구역을 잠업 단지, 양송이단지, 포도단지, 낙농단지 이래가지고 34개 새로운 장목, 현금장목. 이걸 팔면은

25) 고병우, 2012년 10월 23일자 2차 구술.
26) 김정렴, 앞의 책, 213쪽.
27) 고병우, 2012년 10월 23일자 2차 구술.

돈이 되는 그런 농작물을 권장한 것이 농어민소득증대특별사업입니다. 근데 이 농어민소득증대특별사업을 처음 보고 드릴 때 '어'자도 안 들어가고 '특별'자도 안 들어갔었는데, 대통령께서 다 들으시고 나서 "그 내용은 좋은데 그렇게 해가지고 언제 우리 농촌이 소득이 늘고 발전을 하지? 사업규모를 좀 키워야 되겠어." 하시고선 사업규모를 농림부 돈만 가지고는 안 되니까 돈 규모를 내무부 돈도 좀 동원하고, 보사부 돈, PL480이라고 하는 그것이 예산에 큰 부분이었어요. PL480 돈도 하고, 필요하면 재무부에 지원도 받고, 농협 돈도 좀 들여서 키워라. 그래서 사업규모를 크게 하는 것을 우선 1차 지시사항이고, 그래 두 번째 지시사항이 이 사업은 농민들이 해야지, 정부가 지도, 지시해서는 안 된다. 농민이 하도록 하고 뒤에서 밀어만 줘라. 그래서 사업계획에 반드시 농민이 자기부담을 하도록 해라. 요전에 좀 말씀을 드렸습니다만, 사업계획에는 국비지원이 있고, 융자금지원이 있고, 뭐 PL480 지원도 있고, 다 들어있는데 제일 마지막에 자기부담이라는 게 있어요. 자기부담을 20% 정도씩 시켜라. 못해도 10% 이상은 해야 된다. 이런 말씀이야. 자기 돈이 들어가야 열심히 하지. 정부가 도와주는 것만으로는 내 것 아니니까 적당히 한다. 그러면 성공은 못한다는 자조정신을 지시하시더라고요, 그때. 저는 좀 감명 깊게 받았습니다. "아무리 농민을 어려운 농민을 공짜로는 안 도와준다. 스스로 노력하는 사람을 도와준다, 내가." 그런 정신이 배어있었어요. 크게 하라는 말씀하고 농민이 참여하라는 말씀하고 그러면서 "서로가 알기 좋게 이 지구마다 50개 밖에 안 되니까 지구마다 코드넘버(code number)를 붙여라. 농특1, 농특2하는 식으로 (중략) 농특1은 여주·이천 잠업단지 농특2는 평택·안성 낙농단지 하는 식으로 이렇게 서로 하면 농특2라는 말마다 알아듣지 않겠느냐?" 그렇게 해서 그 코드넘버도 붙였고, "이걸 왜 농업만 하느냐? 어민은 어디로 갔느냐? 어민도 도와줘야 될 것 아니냐?" 그래서 어민도 넣으라고 해서 그 자리에서 농어민소득증대특별사업으로 바뀌었습니다. (중략) 그게 인제 새마을운동의 2단계입니다.[28]

---

28) 고병우, 2012년 10월 23일자 2차 구술.

1968년부터 1971년까지 추진된 제1차 농특사업의 결과, 기술적 측면과 수요의 판단에서 많은 문제점이 나타났고, 시행착오도 적지 않았다. 앙고라토끼의 증식, 송어양식, 아스파라거스·호프·락교단지 등을 건설했다. 그러나 의지만 앞서고 철저히 준비하지 못한 탓에 많은 농민들에게 피해를 입히는 결과도 초래했다. 반면에 도시 근로자보다 높은 소득을 올린 농가들도 많았다. 비닐하우스 채소 재배는 우리나라 농가 비닐혁명을 이끈 혁신적인 영농기법으로 자리 잡았다. 양잠, 양송이, 과일, 담배 재배 등은 농가소득을 올리는데 크게 기여했다. 1971년 기준 농특사업에 참여한 농가의 가구당 소득은 참여하지 않은 일반 농가의 소득에 비해 13.2%나 높은 것으로 나타났다. 이 기간 중에 농수산물 수출도 사업 시행 전에 비해 2.5배로 늘었다.[29]

농특사업이 4년간 71년까지, 68년부터 71년 4년 동안에 4개년 계획을 완성하고 나니까 참여농가가 한 20만 호가 됐는데, 참여농가의 소득이 도시근로자소득에 초과를 했어요. 그러니 어느 농촌소득의 80%도, 60% 밖에 안 됐는데, 근로자소득보다 그걸, 이 참여농가 20만 호는 그냥 뭐 도시근로자소득을 초과해서 하니까 제일 숫자를 보고받으시고 좋아하신 분이 박정희 대통령이에요. '아, 우리 농민들도 이제 잘 살 수 있겠구나. 이런 생각을 하시고, 농특사업 규모를 키워라.' 50개 단지에서 90개 단지로 사업규모도 키우고 그런 일이 있습니다.[30]

제1차 농특사업의 성과에 이어 정부는 1972~1976년까지 제2차 농특사업을 전개했다. 제1차 사업결과에 따라 농가의 참여가 대폭 증가하여 제2차 사업기간에는 군 단위로 137개 지구의 75만 농가가 참여했다. 제

29) 육성으로 듣는 경제기적 편찬위원회, 『코리안 미러클 3 숨은 기적들』, 나남, 2015, 36쪽.
30) 고병우, 2012년 10월 18일자 1차 구술.

2차 농특사업은 1974년부터 새마을운동으로 추진된 소득증대사업과 통합되어 '새마을 소득증대 특별사업'으로 명칭을 바꾸고 새마을운동의 일환으로 추진되었다.[31]

차균희 장관이 또 대통령에 큰 뜻을 알고 참 열심히 공장들을 만들었습니다. 그럴 때 우리가 농촌에 만든 공장이니까 그 공장 만드는데 관에서 개입하면 안 된다. 아주 일체 농림부공무원들이 개입하지 못하게 하고, 인사에도 전혀 손 못 대게하고 해서 완전히 차균희 사장 구상이 그대로 실현하도록 했습니다. 이게 첫째 농촌 잘살기 운동에 하나, 그러니까 새마을운동에 전 단계입니다, 이게.[32]

농공병진정책은 농업의 생산력 향상과 농촌의 소득 증대는 공업화를 촉진시킨 점에서 일정한 성과를 올렸다. 농특사업의 추진으로 도농 간의 격차는 상당히 줄어들었다. 1967년 15%, 1968년 11%, 1969년 9.5%, 1970년 7.4%로 감소했다.[33] 공업화 과정에서 농촌개발운동으로 이룬 농촌의 소득증대는 소극적 의미에서는 공업제품에 대한 수요 증대를, 적극적 의미에서는 공업제품 수요의 창출, 혹은 과잉생산의 해소라는 의미를 동시에 가질 수 있었다.[34]

농가소득의 증대는 대규모 농촌개발을 적극적으로 추진할 수 있는 계기가 되었다. 농특사업은 1972년 제2차 농특사업의 실시 이후 새마을사업으로 이어졌다. 원래 제2차 농특사업은 '새마을가꾸기사업'과 각각 분리하여 추진되었다. 그러나 농특사업의 성공적인 사례가 계속 증가하면서 1974년 정부는 농특사업을 새마을운동의 3대 사업 분야로 흡수시켰

31) 육성으로 듣는 경제기적 편찬위원회, 앞의 책, 36쪽; 김정렴, 앞의 책, 215쪽.

32) 고병우, 2012년 10월 18일자 1차 구술.

33) 정도영·장지용, 앞의 논문, 240쪽.

34) 위의 논문, 241쪽.

다. 이때부터 농특사업 대신 '새마을소득증대사업'이라는 용어를 사용하게 되었다.[35]

3. 공업화의 발전 과정에서 농촌의 역할

1) 새마을운동의 확산

1970년대 새마을운동은 갑자기 시행한 것이 아니다. 1960년대 초 군사정부에 의해 추진된 농어촌 고리채 대책, 재건국민운동, 4H운동 등을 거친 경험과 교훈을 바탕으로, 1960년대 농촌기반시설 확충과 농특사업의 성공사례 등이 누적되어 새마을운동으로 나타났다.

새마을운동 정책과 수립에 깊이 관여했던 박진환은 다음과 같이 세 차례에 걸쳐 농촌 근대화정책이 진행되었다고 회고했다.

새마을운동은 농촌부흥을 이룩해보려는 세 번째 시도였다. 첫 번째와 두 번째는 성공하지 못했으나 세 번째 것은 그런대로 성공했다. 그 첫 번째 시도는 60년대 초 5·16군사혁명 직후에 있었던 재건국민운동이었다. 이 운동의 궁극적 목표는 농민들의 자조정신을 높이는데 있었다. 따라서 재건국민운동의 이념이나 신조는 새마을운동과 비슷하다. 두 번째는 60년대 말 추진된 농어민 소득증대 특별사업이다. 이 사업은 비록 전체 농가의 일부가 참여하기 했지만 비교적 성공한 것으로 세 번째로 시도한 새마을운동의 발생에 중요한 자료를 제공했다. 이제 공무원들이 농촌개발 사업을 주도할 수 있게 훈련되어 있다는 것이었고, 다른 하나는 농촌개발을 위한 정부 사업에 농민들의 근면·자조·협동의 정신이 함양되었다.[36]

---

35) 농수산부농특사업국, 『새마을소득증대』, 1975, 70쪽; 이환병, 「새마을운동 시기 소득증대사업의 전개양상」, 『동국사학』, 2013, 307쪽.
36) 박진환, 2011년 11월 29일자 2차 구술; 육성으로 듣는 경제기적 편찬위원회,

마을운동은 1960년대 중반 농공병진정책에 따라 농촌에 대한 투자가 이루어지고, 농가소득의 증가, 공업 분야의 발전 등이 조성되면서 확산될 수 있었다. 예컨대 시멘트와 철강산업의 발전으로 건축 자재로 사용되는 시멘트, 슬레이트 함석, 철근 등이 풍부하게 보급되었다. 화학산업의 성장에 따라 비닐 생산, 농약과 비료산업이 발전했고, 경운기나 동력 분무기와 같은 농기계의 생산은 농촌근대화를 이루는 환경 개선과 소득으로 이어졌다.

새마을운동은 전국 35,000여 개 마을을 대상으로 기초마을·자조마을·자립마을의 3가지로 구분하고 새마을사업이 잘되는 자조·자립마을에 대해서는 정부지원을 늘려가는 방식으로 전개되었다. 제 1차 년도 새마을운동은 정부에서 농촌 마을에 시멘트와 철골을 배분하여 환경개선사업으로 시작했다. 제 2차 년도에는 기초마을을 제외한 16,600개 마을에만 시멘트 500부대와 철근 1톤씩을 추가 지원했다. 지원 대상에서 빠진 마을 가운데 자진해서 자력으로 새마을사업에 참여한 곳만 해도 6천여 곳이었다. 마을단위의 경쟁력은 새마을운동이 전국적으로 확산되는 결과를 가져왔다.

시멘트 공급은 시멘트 불황에 처했던 업계의 내수를 진작시키는 효과를 수반했다. 1970년대 초 기간산업 중 하나인 시멘트가 과잉 공급되는 사태로 시멘트업계가 위기에 처하는 사태가 발생했다. 이 잉여 시멘트가 농촌 환경개선에 사용되면서 새마을운동에 단초가 되었다. 양회협회 회장 김성곤(당시 민주공화당 재정위원장)은 청와대를 방문하여 당무보고를 마친 뒤 박정희에게 시멘트 과잉 문제로 업계의 자금난이 심하다는 고충을 설명하며 특별재고융자 지원을 요청했다. '남아도는 시멘트를 부진한 새마을 가꾸기 운동으로 돌릴 수 있는 방안' 차원에서 제안한 시멘

앞의 책, 68쪽.

트 소비 방안은 새마을운동의 확산에 중요한 매개가 된 것이다.

1970년 마침 가을인데, 양회협회가, 양회협회 회장이 대통령께 찾아가서 "각하, 시멘트가 안 팔려서 시멘트 공장들이 다 문을 닫게 됐습니다. 시멘트 좀 처분해주시죠." 이렇게 건의를 했습니다. 그러니까 그 얘기를 듣고 "아, 그건 개인 기업이 하는 건 당신들이 알아서 하지?" 해도 될 일을 대통령, 박정희 대통령은 누가 얘기를 해도 공무원이 얘기를 하던 기업인이 얘기를 하던 누가 얘기를 하던 우리 국민이 하는 얘기는 나라를 위한 얘기는 일을 이렇게 들으시니까 어, 누구 내꺼 그런 게 없고, 아, 그런 어려움이 있으면 도와줘야지 하는 생각으로 내무장관을 불러서 시멘트가 남는다는데 이것 좀 활용책을 생각해보라. 그것이 내무부 김현옥 장관이 와서 "농촌에다가 시멘트를 나눠주고, 농촌개량을 하도록 하면 좋을 것 같습니다." 그렇게 해보라고 이래서 어, 전국에 34,000개 자연부락이 있는데 거기에다가 시멘트 200톤, 어, 인제 200부대, 시멘트 200부대하고, 철근 0.5톤씩. 무조건 34,000개 부락에 다 나눠줬어요.[37]

시멘트는 많이 막 나오기 시작하니까 경부고속도로를 닦고도 또 남고 이래 되니까 인자 시멘트를 주게 됐는데, (중략) 시멘트 300포대씩, 34,000개 마을에 그것도 뭐 내가 볼 때 큰 마을 작은 마을에 따라서 한 게 아니라 그래 놓으면 또 부정이 생깁니다. (중략) "마을이 크나 작으나 300포대." 이래야 그 공무원이 띠 먹지를 못해. (중략) 300포대를 가지고 힘껏 잘한 부락은 있고, 그 참가율이 낮고 시시한 부락도 있다. 300포대를 적당히 써버리고. 그런 게 나오니까 거서 어떻게 했느냐면은 참가율이 제일 높은 부락을 그거를 갖다가 자립(自立)부락. (중략) 그 다음에 중간정도가 그기 자조(自助) (중략) 그 다음에 이제 시시하게 적극적으로 안하는 부락은 기초(起草)부락이라고 그래요. (중략) 그래 가지고 자립부락, 제일 잘하는

37) 고병우, 2012년 10월 23일자 2차 구술.

그 부락은 그 부락에 들어가는 입구에 '자립부락, 무슨, 무슨 마을' (중략) 기초부락지도자를 새마을지도자연수원에 와서 1주일 동안 교육을 시키고 또 그냥 안 보내요. (중략) 그 농촌에 자립마을에 농촌에 가서 사흘인가 나흘인가 자는 거요. 자다가 이제 보면 마을도 듣고 또 뭐 공부하는 기 될 것 아이가? (중략) 그러면 또 돌아와요. 수원에 새마을지도연수원에. 그래 하룻밤 자고 그 다음에 집에 가는 거야. 집에 가면 그때사 세멘트하고 철골을 줘요. (중략) 자립마을은 뭐냐면 평소부터 그 농민들이 성격이 굉장히 부지런하고, 근면하고, 그 다음에 남에 의존을 안 하고 자기 할 일 자기가 하는 거. 그 다음에 어, 협동. 개인플레이가 아니고 상부상조를 잘 하는 백성이다. 그리고 제일 중한 거는 거기에 특별한 지도자가 그 부락에 있었다. 그렇게 그 군수회의에서 결론이 났어요. 그래서 대통령이 이층에서 그걸 듣고 있다가 마지막에 대통령 치사하는 거 있잖아요? 그러면서 그라믄 그라믄 '근면, 자조, 협동'을 새마을정신으로 하자.[38]

1970년 10월 전국의 농어촌 34,665개 부락에 300부대에서 350부대씩 시멘트가 무료로 배급되어 16,000여 마을에서 환경개선의 성과를 올렸다. 이러한 반응에 따라 정부는 첫해에 성과가 좋았던 16,600곳 마을에만 평균 시멘트 500부대와 철근 1톤씩을 배분하는 지원계획을 세우고 나머지 잔여 18,000여 곳 마을에는 지원하지 않는 차등제를 실시했다.

똑같이. 똑같이 나눠주고, 쓰고, 그것을 어떻게 나눠주던가 놔두면서 다만 내무부로서는 나눠줬으니까 "이렇게 써라. 아궁이 고치는 건 너희 돈으로 하고, 이 나눠준 시멘트 가지고는 그 길, 마을길을 넓힌 다던가, 우물을 공동우물을 개량한 다던가 좀 좋은 일에 공동으로 사용할 수 있는 그런 일에 빨래, 공동 빨래터를 만든다던가 우선 수도를 만든다던가" 그런 일에 쉽게 시범사업에 예시를 해줬는데, 1년

---

38) 박진환, 2011년 11월 29일자 2차 구술.

후에 평가교수단에게 가서 농촌들이 어떻게 살고 있는지 가보라. 34,000개 부락을 다 조사하고 나서 교수들이 평가에서 이중에 18,000개 부락은 참 공동으로 잘 살기 운동을 했는데, 나머지 부락들은 그냥 나눠가지고 자기 집 아궁이 고치고 표가 안 났다. 그 보고를 들으시고 그것도 대통령이 그렇게 생각이 잘 돌아가시는 분이 "아, 그래? 그럼 뭘 주면 잘 하는데도 있고, 뭘 줘도 나눠먹고 마는 데도 있구나. 잘 하는 데만 더 도와주지." 이렇게 해서 18,000개 성공적으로 쓴 부락만 그 다음에는 도와줬어요.[39]

1971~1979년 동안 정부가 농촌에 무상 지원한 시멘트는 마을당 평균 약 2,000포대였다. 배분받은 시멘트는 반드시 마을 공동 사업에 써야 한다는 조건이었다. 시멘트는 마을 진입로 확장, 작은 교량 건설, 농가 지방 개량, 우물 시설 개선, 공중목욕탕 건립, 작은 하천의 둑 개조, 공동 빨래터 건설 등에 투입되었다.[40]

1960년대 후반 농가소득의 격차는 도시지역이 농촌을 앞질렀다. 그러나 새마을운동이 시작된 후 1974년부터는 농촌지역의 소득이 도시 근로자 소득을 웃돌았다. 정부는 1981년 기준 농가 호당 소득 목표를 140만 원으로 잡았는데, 이 목표는 1977년에 이미 달성되었다. 소득 구성 면에서도 큰 변화를 보였다. 1965년에는 농업 수입 가운데 쌀과 보리 생산에 의한 수입 비중이 71.7%를 차지했으나, 1979년에는 64.1%로 낮아졌다. 반면에 채소, 과수, 축산 등 농외소득의 비중이 1965년 20.9%에서 1979년에는 31.3%로 높아졌다.[41] 1980년 4월까지 농어촌 새마을운동에 투자한 정부 투자금은 2조 7,521억 원이었고 새마을운동에 참가한

---

39) 고병우, 2012년 10월 23일자 2차 구술.
40) 김정렴, 앞의 책, 224쪽.
41) 육성으로 듣는 경제기적 편찬위원회, 앞의 책, 77쪽.

인원만 연간 약 11억 명이었다. 이러한 투자로 새마을회관 35,950개가 설립되었고, 신설 농로 44,000km, 폭을 넓힌 마을도로 40,000km, 신설 용수로 4,440km가 개발되는 성과를 냈다.[42]

소득지출 면에서 변화는 괄목할 만하다. 공업화 이후 1967년에는 도시가구의 지출이 농촌가구보다 높은 수준이었으나, 1974년부터는 농촌가구의 지출이 도시가구를 앞지르는 수준으로 전환되었다. 이러한 변화는 공업화 과정에서 농가 지출이 공업화에 미치는 영향력과 직접적으로 연관된다.[43] 1970년대 중반 이후 도시 가구에서는 가계비 비중이 커가고 있던 반면, 농가의 경우 새마을운동 이후부터 농업 경영비가 증가했다. 농가 경영비로 지출된 항목 가운데 가장 높은 수준의 비용은 비료비, 농약비, 농기계비 등이다. 이러한 지출 항목은 농촌이 공업제품 소비지로서 기능하고 있었던 것을 보여준다.

1970년대 초반까지는 전체 농업경영비에서 자재 및 동물비가 45% 내외, 노임비 25% 내외, 임차료 및 수리비 15% 내외, 기타 농업 지출이 10% 내외로 차지했다. 1970년대 후반으로 갈수록 자재비 및 임차료, 수리비의 비중이 각각 50%, 20%로 증가했고, 노임비 및 기타 농업지출비는 감세되는 변화를 보였다. 즉 한국의 초기 공업화 과정에서 육성되었던 비료, 시멘트, 기계 공업에서의 수요확대는 대부분 농가에서 담당한 것이다. 특히 한국 공업화는 당초 대규모 설비가 불가피하여 과잉공급의 가능성을 안고 시작했는데, 이러한 농가소득과 지출의 확대는 한국 공업화의 성패에 매우 밀접한 연관성을 갖고 있었다.[44]

---

42) 김정렴, 앞의 책, 227쪽.

43) 정도영·장지용, 앞의 논문, 241쪽.

44) 위의 논문, 245-246쪽.

2) 공업용품의 수요 창출과 산업인력 공급

농촌 새마을운동은 공업화 정책의 성공과 대규모 공업설비가 이루어진 시기에 시작되었다. 새마을운동의 주요한 사업인 환경개선은 지붕 개량, 도로 확장, 영농 기계화 등과 같은 외형적 변화를 가져옴으로써 농촌이 공업제품의 주요한 수요처가 되는 결과를 가져왔다. 이는 농촌의 지출이 공업화의 발전적 방향으로 연결됨을 의미한다. 농촌의 환경개선에 소요된 공업제품의 지출과 활용, 그리고 농가소득 증대를 위해 투입된 농기계를 살펴보면 다음과 같다.

(1) 시멘트와 철골의 소비

1971년에서 1977년까지 7개년 동안 새마을사업을 위해 정부가 지원한 공업제품 가운데 시멘트가 차지한 비중이 가장 컸다. 1960년 말 시멘트 생산량은 464,265톤이었다. 당년 시멘트 수요량은 522,085톤으로 부족한 57,810톤을 수입에 의존하고 있었다. 공업화 정책이 본격적으로 추진되면서 시멘트 수입은 1963년 26.2%로 증가했다. 이러한 수요증대의 실정에 비추어 쌍용, 한일, 현대 등에서는 시멘트공장을 설립하고 기존의 동양, 대한시멘트 2개 공장과 합하여 시멘트를 생산하기 시작했다.[45]

1964년 처음으로 시멘트 생산 공급이 수요를 초과하여 공급과잉이 발생했다. 한정된 수요에서 과잉공급은 시멘트 회사 간에 판매경쟁을 심화시키기도 했지만, 1966년 사회간접시설의 확충으로 시멘트 수요가 다시 증가하면서 1968년 10월 동해지역에 연산 170만 톤 규모의 시멘트 대단위 공장들이 설립되었다.[46] 그러나 1970년 다시 시멘트 업계에 위기

---

45) 조기준, 「한국시멘트공업의 전개와 쌍용양회」, 『경제사학』, 1987년 12월호, 153-154쪽.
46) 쌍용양회 사사 편집실, 『쌍용양회30년사』, 1992, 117-120쪽; 이환병, 『모범

가 닥쳤다. 석유가격의 지속적인 인상뿐만 아니라 역시 시멘트 과잉생산에 따른 문제가 발생한 것이다. 게다가 1970년대 초부터 정부의 정책방향이 고도성장정책에서 안정·긴축정책으로 전환되면서 고층건물의 신축도 억제되었다. 민간부분의 건설의욕이 감퇴하고 30~40%로 성장했던 내수증가율이 1970년 25%, 1971년 15%로 둔화했다.[47]

이러한 상황에서 시멘트는 새마을운동이 진행되는 시기에 농촌 환경 개선사업으로 사용되면서 과잉공급의 위기를 해소했다.[48]

〈표 1〉 새마을사업을 위해 마을당 지원된 시멘트와 철골(1971~1978)

연 도	시멘트(포대)	철골(kg)
1971	338	0
1972	264	503
1973	280	561
1974	257	296
1975	280	365
1976	227	309
1977	227	291
1978	227	284
전체 평균	263	326

출처: 박진환, 『박정희 대통령의 한국경제 근대화와 새마을운동』, (사)박정희대통령기념
사업회, 2005, 109쪽.

〈표 1〉에 의하면 1971년부터 1978년 사이에 8년 동안 마을단위로 지원된 시멘트와 철골의 양은 평균 시멘트 260여 포대, 철골 300여 kg이

농민·마을의 성장과 농촌 새마을운동』, 성균관대학교 박사학위논문, 2012, 117쪽.
47) 위의 책, 148-151쪽.
48) 쌍용양회 사사 편집실, 앞의 책, 177쪽.

다. 지원된 시멘트와 철골을 1974년도 시가로 환산하면 해마다 마을 당 연간 2,000달러(250만원) 가량 지원되었다.[49]

농촌에서 수용한 시멘트는 마을 진입로와 마을 안길 확장, 작은 교량 건설, 농가지붕 개량, 작은 하천의 둑 개조, 공동빨래터 만들기 등과 같은 환경개선에 투입되었다.[50] 시멘트를 사용하여 1971년에서 1978년까지 전국적으로 마을당 2,600m의 도로가 개선되었다. 1917~1975년 동안 농촌에서 건설한 교량은 전국적으로 약 65,000개에 이른다. 마을 안길은 마을당 1,280m의 길이 개선되었다.

〈표 2〉 새마을사업으로 개선된 주변 도로의 총길이(1971~1978)

도로의 구분	개발된 총길이(km)	마을당 길이(m)
마을진입로와 농로	43,631	1,322
마을 안길	42,220	1,279
합계	85,851	2,601

출처: 내무부, 『새마을운동』, 1978, 111쪽.

지붕개량에 사용되는 슬레이트 제조도 증가하면서 시멘트의 소비도 증가했다.[51] 1965년 당시 슬레이트 지붕의 점유비율은 전체 지붕의 0.5%에 불과했고 초가지붕이 70%를 차지하고 있었다.[52]

시골에 3분의 2가 초가지붕이고, 3분의 1정도가 뭐 기와, 슬레트(slate) 덮은 거 뭐 이런 정도였으니까. 그래 이거 농촌 개량 하는데, 초가지붕을 이거 어떻게 할 것이

---

49) 박진환, 『박정희 대통령의 한국경제 근대화와 새마을운동』, (사)박정희기대통령기념사업회, 2005, 108쪽.

50) 김정렴, 앞의 책, 189쪽.

51) 이환병, 앞의 논문, 2012, 118쪽.

52) 김상범, 「한국슬레이트공업의 현황과 전망」, 『시멘트』 16, 1966, 25쪽.

냐. 하하하. 그래서 계산을 해보니까 어마어마한 투자비가 들어가는 모양이야. '우리 이거 반만 없애 치우자. 3차 계획 기간 중에 반만 없애보자' 초가지붕을. 그렇게 안을 맨들었어. 당시 김학렬이라는 부총리가 '그거 다 없애서 뭐하느냐 어? 뭐 우리 농촌에서의 표상이 초가지붕인데 말이야'. 그랬거든 '그래도 이건 없애 치워야 된다. 첫째 비위생적이고, 초라하고, 아주 가난의 상징이' 당시 도로변에 국도변은 전부가 초가집이 시골은 여러분들 잘 모를 거야. 그 참 몹시 고민스러운 프로젝트인데 이 김학렬 씨가 하루는 청와대 갔다 오더니 날 불러. (중략) '농촌 초가집 싹 없애 치워!' 아 이때까지 내가 반만 없애자고 그러니까 뭘 하하하 별로 탐탁지 않게 말씀하시던 분이 싹 없애치우라 이거야. '알았습니다.' 초가집을 싹 없애치우자면 투자비가 당시 계산으로 뭐 금액을 지금 상상할 수 없으니까, 기억할 수가 없고, 그렇게 하겠습니다. 와 가지고 '초가집을 우리 싹 없애보자. 요번 3차 계획 기간에' 음? 그렇게, 그렇게 플랜을 짰더니 국 전체에 직원들이 '무슨 재주로 그걸 없애냐' 이거야 무슨 재주로 어? '못 없앨 거 없지 않느냐, 이 기회에 높은 사람이 없애자 그럴 때 이때 못 없애면 또 앞으로 10년 걸리지 누가 아느냐, 없애자'. 그런데 알고 보니 그 얘기가 누가한테서 나왔냐 하면 박대통령이야 '초가지붕 싹 없애 치워' 그래 그게 농가지붕 계량계획이라고 그때 그랬는데 (중략) 새마을운동은 그 뒤고, 어 박 대통령 참 그런 거 보면 우리도 상상하지 못했던 걸 싹 없애 치우라고 그랬어. 그래 3차 계획으로 초가지붕 싹 없애치운다고 이제 그러니까 3차 계획을 입안해서 발표하니까 신문이 다른 건 다 죽 쓰지도 않고 '초가지붕 싹 없앤다' 이것만 모두 제목으로 달았어. 하하하. 당시 여러분들이 혹시 연구할 기회가 있으면 그 때 신문 한번 보세요. 초가지붕 싹 없앤다가 제일 톱기사로 나왔어. 그만큼 획기적인 사업이었으니까.[53]

이러한 추세에서 1967년 정부는 '농어촌 지붕개량촉진법'을 제정하여

---

53) 김홍기, 2009년 11월 18일자 1차 구술.

지붕개량을 대대적으로 시행했다. 한국슬레이트(주)는 월 100만 장 규모의 대단위 슬레이트 공장을 건설하여 농어촌 지붕개량에 소요되는 슬레이트를 전면 공급했다.[54]

(2) 농업용 기계의 수요와 산업인력의 공급

농업용수개발 계획이 대부분 실현된 1960년대 후반, 농촌지역에 대규모의 농기계 보급이 이루어졌다. 1961년만 하더라도 농업생산을 위한 기구·기계는 농기계가 아닌 농기구가 주종을 이루었다. 당시 농촌에서 보유한 농기계 및 농기구는 동력경운기 105대, 동력방제기 632대, 파종기 251대, 제초기 219,482대, 쟁기 596,692개, 양수기 22,871대였다. 1966년부터는 실제 농기계가 보급되어 농촌에는 농업용 트랙터(20대)가 도입되었고, 1973년부터는 동력이앙기(44대), 동력제초기(44대), 동력예취기(51대), 콤바인(25대), 농업용 트랙터(293대) 등을 포함한 여러 종류의 농기계가 본격적으로 투입되었다.[55]

〈표 3〉 농업용 기계기구 보유현황

	1961년	1973년	1981년
동력경운기	105	37,660	350,462
트랙터	–	293	3,862
동력방제기	632	97,306	364,688
동력이앙기	–	44	15,271
바인더	–	–	15,580
콤바인	–	25	2,130
탈곡기	4,794	85,161	23,8633
건조기	–	730	2,143

---

54) 「나의 기업인생 〈52〉 삶과 신앙 벽산 김인득 ⑮」『경향신문』1994.4.12.

55) 임종철, 『한국경제연구』, 서울대학교출판부, 1999, 212-213쪽.

	1961년	1973년	1981년
파종기	–	155	3,219

출처: 농협중앙회, 『농업연감』, 1962, 1974, 1982년 판.

포항제철의 가동으로 제철공업이 급성장하면서 농기계 생산이 본격적으로 이루어지고 보급도 현격하게 증가했다. 1970년이 되면 2~3개 마을에 1대 정도의 동력경운기가 보급되어 1975년에는 한 마을당 3대씩 보유했고, 1986년에 와서는 마을당 21대가 보급되는 증가세를 보였다. 기계공업이 성장함에 따라 농기계생산액도 1973년에는 9.9억 원에서 1981년에는 1,870.8억 원으로 18.8배나 증가했다. 또한 1974~1981년간에 트랙터 보유대수는 13.2배, 콤바인 85.2배, 파종기는 28.0배, 동력이앙기는 347.1배나 증가했다. 1973년 이전부터도 생산, 보급되었던 동력경운기는 9.3배, 동력방제기는 3.7배나 늘었다.[56]

고도 성장기에 도시부에서 급성장한 공업화는 여러 가지 경로로 농업과 농촌에 커다란 영향을 미친 것은 사실이다. 그러나 급속한 공업화에는 대량의 노동력이 필요했다. 주요 공급원은 다름 아닌 농촌인구였다. 공업화가 무르익은 1965년부터 1992년까지 농가의 수는 1962년 240만여 호에서 1982년 200만 호, 1992년 160만여 호로 감소했다. 농가의 인구수는 1962년 1,496만여 명에서 1982년 972만여 명으로 감소했다. 호수에 비해 인구수의 감소는 더 커서 농가의 호당 인구는 1962년 6.22명에서 1982년 4.84명으로 감소했다. 이와 같은 농촌인구의 감소는 다른 나라에서도 그 예를 찾기 힘들 정도로 이례적이었다.[57]

농촌을 떠난 인구의 다수는 청년층이었다. 1965~1985년 이농 인구

---

56) 임종철, 앞의 책, 219-219쪽.
57) 이영훈, 앞의 책, 457-458쪽.

가운데 15세 이상 29세 이하 청년층의 비중이 전체 50~60%를 차지했다. 1960년대 섬유산업이 수출을 주도했던 시기에 노동시장이 확대되면서 여자 단순기능공들의 수요가 급속도로 늘어났는데, 공급원은 주로 농촌출신의 여성인력에 의해 충족되었다. 이들은 저임금 노동집약적 산업의 주된 노동력이었다. 1960년대 경공업부문은 물론 1970년대 후반 이후 중화학공업부문에서도 주요한 노동력공급원이었다.[58]

청년층의 이농에 따라 농업노동력 부족 문제가 발생하면서 농민들은 노동절약적인 농업기술과 농업기계화를 통해 대응했다. 반면에 공업화는 농업부문에 비료, 농약, 농기계 등 농업 투입재를 값싸고 풍부하게 공급하여 공업부문에서 생산증대와 이익창출의 효과를 보았다. 농민들도 노동력을 집약적으로 사용한 저생산 농업에서 투입재를 집약적으로 이용하는 고생산 농업으로 전환하면서 농업생산성의 향상이라는 인과적 연쇄를 가져올 수 있었다.[59]

산업화 과정에서 도시화 진전으로 인해 농업부문은 상대적으로 빈곤과 영세한 구조를 지니고 있었다. 1960~70년대 농촌과 농업은 한국 공업화 과정에서 그 역할과 비중이 낮았던 상황이나 농업은 경제적 측면이외에 다양한 분야에서 상당히 의미 있는 역할과 영향력을 끼쳤다.

1960년대 공업화에서 배제되고 농업기반시설마저 허약한 상황에서 농촌은 농공병진정책 외에 농업시설 기반 확충에 전력했다. 이를 통해 구축된 농업생산성의 확대 및 농가소득의 향상은 공업화 과정에서 발생한 도농 간의 격차를 줄이고 안정적인 공업화를 이루는데 기여했다.

1970년대 새마을운동은 농민들의 자발적인 참여로 농촌의 큰 발전을 이루면서 동시에 농업 이외의 공업화에 부가가치 효과를 극대화했다. 농

---

58) 박진도, 「이농의 전개과정과 그 의미」, 『한국농촌경제연구원 연구자료』, 2003, 84-85쪽.
59) 위의 논문, 95쪽.

촌 환경 개선사업은 시멘트 산업의 불황을 타개하고 내수를 진작시키는 효과를 낳았다. 영농 기계화에 따라 농촌에 대량의 농기계가 투입됨으로써 농촌은 공업제품의 최대 수요처로서 기능했다. 1960부터 1970년대에 걸친 급속한 공업화에 따라 도시로 진출한 대규모의 이농 청년들은 경공업 및 중공업부문에 최대 인력이 됨으로써 한국 경제발전에 기여했다.

제 II 부

수출육성 및
중화학공업 정책의 추진과
한국 경제의 고도성장

제1장
수출공업화 정책의 배경과 추진

이 숙 화

〈개요〉

1960년 초반 박정희 군사정부는 수입대체 공업화 전략으로 경제체제를 구상했다. 이는 세계 경제체제에 충분한 경쟁력을 확보하지 못한 대부분의 후발 자본주의 국가들이 선택하는 일반적인 전략이자 신생독립국가의 입장에서 민족주의 열망과 부합되는 정책이기도 했다. 장면 정부의 경제발전계획을 성장 위주로 재조정한 박정희 정부의 경제개발계획도 이와 마찬가지로 수입대체 공업화 중심의 경제개발이었다. 수입대체 공업화의 목표는 에너지원의 개발, 경제구조의 균형적 발전, 사회간접자본 확충, 고용증대 등 외형적 성장보다 내적 안정성을 추구하는 데 중점을 두었다. 그러나 이 계획은 미국의 반대에 부딪혀 본격적으로 시행되지 못하고 수출공업화 정책으로 전환되었다. 이후 한국의 경제발전은 수출공업화에서 수출드라이브 정책으로 전환하면서 급성장의 길을 걸었다.

일반적으로 수출드라이브 정책은 박정희 정부 전 기간에 걸쳐 이루어진 경제정책이라고 알려졌다. 그러나 수출대체화, 수출드라이브 정책은 구체적으로 1960년대 중반부터 본격적으로 시행되었다. 수출공업화 전략이나 수출드라이브 정책 수립에 미국의 영향력과 강제력이 작용했던 것은 사실이다. 그러나 한국정부가 미국의 지시를 일방적으로 따른 것은 아니었다. 미국정부는 점진적인 수출지향적 변화를 요구했지만, 한국정부에서는 수출드라이브 정책을 직접 설계하며 적극적으로 노선전환을 이루었다.

수출공업화는 미국의 원조 감축, 외환보유액 확보가 시급한 어려운 여건과 상황에서 시작하여 수출드라이브 정책으로 성공했다. 반면에 농업 개발과 식량문제, 국내산업 육성에 균등한 투자분배가 이루어지지 않음으로써 결과적으로 대외의존적 경제구도를 배태했다는 비판도 있다.

1. 제1차 경제개발5개년계획 입안

오늘날 한국은 경제 선진국의 반열에 올라섰다. 그렇지만 "한국 경제 발전의 성공 요인은 무엇인가"라는 물음에 대해서는 다양한 의견이 존재한다. 혹자는 북한 체제와 비교하여 '자유경제 체제'를 한국의 경제 성장 요인으로 주장한다. 냉전 시기에 미국의 외교 정책 아래 구축된 일본과의 국제 분업 체제를 들기도 한다. 혹은 보호 무역과 특정 산업의 보호·육성을 경제 성장의 근간으로 보기도 한다. 이처럼 한국 경제 성장의 요인에 대한 다양하고 상반된 의견들이 있지만, 하나의 공통된 합의점은 있다. 박정희 정부의 '대외지향적 수출드라이브 정책'이 한국 경제 성장의 근간이 되었다는 것이다.

경제성장기에 대내지향적 수입대체 산업화를 선택한 중남미와 달리 한국은 '계획경제' 아래 수출공업화 정책을 주도했다. 1960~70년대 대외 교역을 증가시킨 수출공업화 정책은 이후 수출드라이브 정책으로 전환되면서 한국의 경제 발전에 중요한 배경이 된 것은 분명하다. 그런데 박정희 정부의 수출드라이브 정책은 정권 초기부터 시작하여 전 기간에 걸쳐 이룩한 성과로 잘못 알려진 측면도 있다. 박정희 군사정부는 쿠데타 직후 경제 정책을 수립하면서 수출드라이브 정책이 아닌 수입대체 산업화, 즉 '내포적 공업화' 전략을 세웠다. 반면에 한국 원조를 담당했던 미국 정부는 한국 정부의 5개년 계획에 비판적 태도를 견지하며 '원안'에 변경을 가하려는 여러 가지 노력을 시도했다. 자주적인 입장에서 5개년 계획을 고수하려는 군사정권과 이를 변경하려는 미국 정부의 관점은 상호 충돌했지만, 양 국은 타협과 적당한 양해 속에서 수출공업화, 수출드라이브 정책을 수립했다.

1) 제1차 경제개발 5개년 계획안의 주요 내용

박정희 군부 세력은 출범과 함께 경제 제일주의를 내세운 경제 혁명을 강조했다. 경제 혁명은 정권의 정당성 확보에 중요한 관건이었다. 군사정부는 1962년 제1차 경제개발 5개년 계획을 수립하고, 이를 국민에게 제시했다.[1] 그러나 계획 경제 초기에 미국 정부는 5개년 계획에 비판적 태도를 견지하며 '원안'에 변경을 가하려는 노력을 시도했다. 자주적인 입장에서 5개년 계획을 고수하려는 군사 정권과 이를 변경하려는 미국 정부의 관점은 상호 충돌했다.

군사정부의 경제정책 수립 과정을 살펴보면 다음과 같다. 군사정부의 첫 번째 조치로서 박정희는 1961년 5월 26일 이승만-장면 정권 시절의 부흥부를 건설부로 개편하고, 부흥부 산하의 산업개발위원회를 건설부 종합기획국으로 흡수했다. 이어 5월 하순, 건설부는 5.6% 성장률을 목표치로 제1차 5개년 경제개발계획을 발표했다. 그러나 이 계획은 부흥부 시절에 이미 준비되었던 것으로, 표지만 교체한 것에 불과했다.[2] 이어 1961년 7월 22일 국가최고재건위원회(이하 '최고회의')의 종합경제재건기획위원회는 5개년종합경제재건계획안(이하 '최고회의안')을 발표했다.

> 새 정부니까 뭐 법령 쏟아내는 거 등등이 어마어마하게 많죠. 이자율서부터 무슨 뭐 통화관리, 그 담에 물가안정, 등등 계속해서 그 어려운 과제로 남는데, 이제 5개년계획도 그 하나가 됐어요. 그래서 그것을 5개년, 3개년계획을 폐지를 하고 5개년계획으로 바꿔서 시행을 한다, 이렇게 됐어요.[3]

---

1) 박정희, 『민족의 저력』, 광명출판사, 1971, 133쪽.
2) 박정희는 미국원조에 지나치게 의존적인 구조의 문제점을 지적했지만 대안은 갖고 있지 않았다.(이완범, 『박정희와 한강의 기적』, 선인, 2005, 104쪽.)
3) 최창락, 2013년 7월 9일자 2차 구술.

최고회의의 경제 정책을 이끈 인물은 박정희와 최고회의 상공위원장 유원식이다. 하지만 이들은 경제 정책을 입안한 경험이 없었기 때문에 유원식의 책임 아래 실질적인 정책 입안은 민간 경제학자 서울상대 박희범 교수의 자문으로 이루어졌다. 박정희, 유원식, 박희범은 대표적인 국가주도형 경제개발론자들이었다.[4]

건설부안과 비교하여 최고회의안의 제1차 경제개발계획은 자본 형성에서 외자보다 정부 재정 부문의 역할이 강화되었다. 또한 수입대체산업의 생산 증가에 우선순위를 두고 처음부터 기초공업 육성을 통한 근대공업기반 마련에 주안점을 두었다. 1962년을 기점으로 1966년까지 5년 동안 연평균 7.2%의 경제 성장을 달성하고, 수출을 늘리는 동시에 수입대체산업을 육성하여 국제수지를 개선함으로써 자립 경제의 기반을 마련한다는 계획이다.

경제개발에 관한 지향점은 자주적 공업화로, 수입대체 산업화로 집약된다. 수입대체 산업화는 대외 무역보다는 내부 경제구조의 균형적 발전에 두고, 중공업과 경공업, 그리고 농업을 균형적으로 발전시켜 외부로부터의 수입을 대체할 수 있도록 했다.

박정희 씨는 뭐 경제학자도 아니고. 군에 있다가 정권을 잡은 판이니까. '자 이제 한국 경제를 어떻게 가져가느냐.' 그 때 교수단이 인제 참여를 했단 말이야. 그 교수단의 일부가 산업개발위원회라는 게 그때 있어가지고 장기 계획을 만들어야 되겠다 하는 것 덕분에 그게 작동하기 시작을 했어요. 그러니까 거기에 자문을 얻고 또 미국 사람들을 그, 재건계획, 리헤빌리테이션 프로그램(rehabilitation program)을 이, 박사가 용역비를 자기가 직접 내가지고 그걸 맨들고 인제 했는데, 그 때 당시에는 내수 대체산업을 만들어야 되겠다. 그때 내 자신(최창락_필자주)도

4) 박태균, 『원형과 변용』, 서울대학교출판부, 2007, 315-316쪽.

그런 방향이 옳겠다 이렇게 생각을. 수출이 이렇게 쉬운게 아니니까 수출로다가 뛰어 들면 그거 실패하기가 딱 알맞다. 그런 생각을 가지고 있었어요.[5]

군사정부의 수입대체산업 전략은 제철·제강 등 금속 공업과 기관차·조선·공작기계·자동차·기계공업·기초화학 공업 등 기초적 생산재 공업을 우선 건설하는데 주안점을 두었다.[6] 최고회의안의 방향은 계획 경제에 근거한 것이다. 지속적인 공업화와 경제자립을 위해 몇몇 수출산업이 선도해 나갈 것과 미숙한 공업 부문에 대한 보호조치 등을 중점적으로 설계했다.

군사 혁명되어서 혁명 주체들이 모여가지고 "정권은 잡았는데 어떻게 나라를 이끌 거냐?" 해서 어떤 분은 "수입대체산업화를 하자." 그때 구체적으로 인도(India)하고 다른 나라 예를…. 인도가 수출 주도를 하다 안 되가지고 수입대체산업화를 하니깐 수입대체산업하자는 게 그 수입대체산업화하는 것은 수입하는 것을 국내에서 어, 생산해 가지고 하자. 그래 그게, 성공을 못 했어요. 그래서 중남미도 그것을 해가지고 성공을 못하고, 그러니깐 혁명을 하고, 정부의 근간을 어떻게, 정치를 어떻게 해야 되겠느냐 그렇게 할 때 대부분은, 저는 그 때 없었습니다만, 회의 기록을 보면 수입대체산업화를 하자는 게 다수였는데.

최고회의안은 중앙경제위원회에 회부되어 심의를 거친 다음 일부 조정을 거쳐 확정되었다. 심의 결과 7.1% 성장률은 너무 의욕적이라는 지적에 따라 5%로 재설정되었다. 산업 건설 분야에 대한 투자도 축소하고 농어촌 투자로 돌리도록 권고 받았다.

---

5) 최창락, 2013년 7월 2일자 1차 구술.
6) 이완범, 앞의 책, 108쪽.

1962년 1월 경제기획원이 발표한 제1차 경제개발 5개년계획은 두 가지 점을 특징으로 한다. 첫 번째는, 수출 주도보다는 '경제 구조의 균형적 개발'을 더욱 중요하게 고려했다. 산업화 전략에서 가장 중점을 두었던 부분은 공업화를 목표로 한 '에너지의 개발', '경제 구조의 균형적 개발', '사회 간접 자본의 확충', '고용의 증대', '수출 증대', '기술의 진흥' 순서로 설정했다. 이 내용은 박정희 통치 전 기간 내내 수출 주도라고 알려진 것과 달리 최고회의안은 공업화와 경제 구조의 균형적 개발을 우선순위로 고려된 것이다.[7]

경제 개발계획이 처음에 사실은 인제 우리나라가 60년대 수출 주도를 해서 경제 성장을 많이 했습니다만, 제1차 경제개발계획 처음 할 때는 수출 주도라는 개념이 없었던 것으로 알고 있구요. 그리고 또 결국은 수입 대체, 수입 대체 산업 이런 상태였는데, 64년, 65년경부터 수출 주도로 바뀐 것으로 알고 있습니다. (중략) 수출품이라는게, 예를 들면은 그 때 내 기억으로 말입니다. 해태, 그 다음에 견사? 누에고치에서 나오는 실, 그 다음에 한천. 그런 정도였지, 일부 텅스텐(tungsten)이 나갔던 거 그러니까 그때는 수출 주도는 이야기 할 단계가 아니었죠. 그냥 일반적인 이야기를 하면은 소위 그 계획에 따른 이코노믹 디벨로프먼트 플랜(development plan)의 프로그램(program)에, 일종의 시리즈에 프리미티브 스테이지(primitive stage) 이렇게 하는게 옳은 견해라고 봅니다.[8]

5개년계획의 두 번째 특징은 내자 동원이 강조된 것이다. 내자 동원의 방법에는 첫째, 국내 자본을 최대한으로 할 것, 둘째, 정부보유분은 사업 목적에 맞춰 계획적으로 사용할 것, 셋째, 국내 노동력을 최대한 활

---

7) 박태균, 앞의 책, 320쪽.
8) 김용환 구술, 2010년 2월 18일자 1차 구술.

용할 것 등 제시했다. 대외 의존도 1962년에는 13.1%에서 시작하여 목표 연도인 1966년에는 8.9%로 낮게 책정되었다. 자본 형성 구성비도 내자를 통한 자본 형성이 전체의 3/4에 달하도록 계획되었다.[9]

세 번째, 민간 기업보다는 정부 주도의 계획이 강조되었다. 자본의 주체는 민간 44%, 정부 56%로 계획했다. 이 점은 박희범이 계획하고 있었던 산업개발공사안을 뒷받침하는 것이다.

> 산업개발위원회가 소위 그때 최고회의에 추천한 것은 '우선 재정 자립을 해야 되겠다. 그게 경제 정책의 주가 돼야 되겠다' 하는 거고, 둘째는 '농업과 산업을 균형 발전 시켜가지고 소위 균형 경제를 맨들어야 되겠다.' 그리고 인제 '정부와 이, 경제계의 관계는 소위 시장 경제 쪽으로 가야 되겠다.' 뭐 인제 이렇게 그 줄거리를 잡아가지고 건의를 했어요.[10]

이렇게 제1차 경제개발5개년계획이 수립된 후 내자는 통화개혁을 실시해 조달하기로 했다. 또한 고소득층의 유휴 자금을 동결해 산업개발공사에 강제로 투자시키고, 공사가 투자한 기업이 완전히 자립하면 그 투자분을 회수해 다른 기업에 투자하는 방식을 되풀이하여 내자 부족 문제를 해결하고자 했다. 더불어 외자 도입에 대한 지불 보증도 공사가 한다는 방침이 섰다. 국가가 기업을 대신하여 투자의 주체로서 경제 개발 과정에 직접 개입하는 방식이다.[11]

주목할 점은 군사정권의 정책 계획에 대해 급속 성장을 우려하는 내부의 목소리도 있었다는 사실이다. 당시 재무부 소속 이재과장이었던 김

---

9) 박태균, 앞의 책, 323쪽.
10) 최창락, 2013년 7월 9일자 2차 구술.
11) 김정렴, 『최빈국에서 선진국 문턱까지』, 랜덤하우스중앙, 2006, 116쪽.

용환의 구술에 의하면, 재무부에서는 수입대체공업화를 반대하지는 않았지만 급속한 변화로 인한 사회의 불안정, 그리고 인플레이션의 증가를 우려하여 재정안정계획을 주장했다.

(재정안정계획은_필자주) 내가(김용환_필자주) 주도했다고도 자부하는 사람인데. 물론 위의 지시에 의해서 했지만은 내가 주관을 했어요. 그 이재과장을 할 때에. 그거는 원래 재무부에 뭐 경제기획원에 예산기능이 있고, 그리고 그거를 집행하는 국고 기능이 재무부에 있고, 또 재무부에 외환 기능이 있고, 그 다음에 금융정책을 다루 이재국이 있어요. 하지만 이재국의 이재과장이 소위 그 금융을 중심으로 한 행정의 실무책임자에요. 이재과장을 했기 때문에 재정 안정 계획을 주관을 했는데, 재정 안정 계획은 재정, 금융, 외환을 망라한 일종의 리소시스 프로그램(resource program)입니다. 그거를 내가(김용환_필자주) 기획을 하고 집행을 하는 사람이에요. (중략) 재정 전체에 관련된 총괄하는 (중략) 하지만 당시에 우리나라에서는 그 어떤 높은 성장, 높은 성장에 대한 욕구가 많았기 때문에 이 안정 정책이라는 것은 언제든 인기가 없었던 것이라고 볼 수 있는데요. 그 안정정책은 전체 픽쳐(picture)를, 전체 경제의 픽쳐스(pictures). 그러니까 오버올 리소시스 버지트(overall resources budget)를 알아야 이게 우리가 과속이냐 아니냐, 제동을 어느 부분에서 걸어야 하느냐, 또 어느 부분이 그 엑세이브(excessive) 하냐, 어느 부분을 저 이 써플러먼트(supplement)할 수 있느냐. 이런 것을 했기 때문에, 절대 비인기 정책이 아닙니다. 아주 모스트 퍼플러(most popular)한 폴리시(policy)이었어요. (중략) 실무적으로 그거를 내가 많이 제동을 걸었죠. 그리고 또 포지션(position)이 유세이드(USAID)라고 미국의 원조기관과 연결된 인터릴레이션(interrelation)이 일어나는 그런 포지션(position)이에요. 그래서 그 쪽의 압력도 있었지만은, 또 나 나름대로의 독자적인 견해로 볼 때에 이것은 과속이다.[12]

---

12) 김용환, 2010년 2월 18일자 1차 구술.

1962년 당시만 해도 재정안정화는 수용되지 않았다. 군사정부는 생산 증가와 성장 추구를 최우선시하는 경제 정책을 견지하며 1962년 6월 9일 최고회의 상황실에서 제2차 긴급통화조치법을 상정·의결하여 이를 공표했다. 그리고 6월 10일 미국에 사전 통보 없이 긴급통화조치를 실시했다.

2) 5개년계획안에 대한 미국의 개입

미국은 한국 군사정부의 지도자들에 대해 부정적인 견해를 가지고 있었다. 군사정권의 주체 세력 일부가 과거 공산주의, 사회주의 운동을 했던 경력을 가지고 있다는 것과 이들이 민족주의적이면서 고집불통이고 근대적인 행정 경험이 없다는 것이 미국의 시각이었다. 더구나 군사 정부가 미국과 사전 협의를 거치지 않고 중요한 경제 정책을 결정한 것 때문에 군사정권을 더욱 부정적으로 보았다.[13]

미국 정부는 한국 정부의 경제를 뒷받침하고 있던 원조 정책을 재검토할 의사가 있었다. 동시에 한국 군사정부의 민족주의 성향으로 경제 정책에 있어서도 미국 정부와 다른 방향으로 나아가지 않을까 우려하고 있었다. 그러므로 대미 자주적인 자세를 취하고 있는 군사정권이 어떤 방식의 경제정책을 나타낼지 주목하고 있었다. 미국 정부는 한국에 대한 미국의 영향력을 유지하면서 미국의 부담을 경감시키려고 했다. 한국 정부의 대미 의존도를 줄여가는 것은 바람직한 자세지만, 어디까지나 미국의 영향력이 유지되는 범위 안에서 이루어져야 한다는 것이 미국의 입장이었다.[14] 소수이긴 하지만 미국 내에서는 쿠데타를 일으킨 박정희를 지지하는 세력도 있었다. 당시 버거(Samuel David Berger) 주한 미국 대사는 박정희의 주도권을 인정해야 한다는 취지의 문서를 미국 정부에

---

13) 박태균, 앞의 책, 265쪽.

14) 기미야 다다시, 『박정희 정부의 선택』, 후마니타스, 2008, 85쪽.

수차례 보냈고, 극동담당 차관보 해리만, 국무장관 러스크, 안보담당 대통령 보좌관 번디 등이 버거 대사의 입장을 지지했다.[15]

그렇지만 군사 정부의 경제 개혁에 관해서 미국 정부의 전반적인 평가는 부정적이었다. 한국의 경제 계획 '원안'에 대해 미국 정부는 다음과 같은 내용을 지적했다. 첫째, 계획안이 성급하게 마련되어 계획이 전체적으로 현실적이지 않다. 둘째, 내자와 외자의 구분을 떠나 무리한 자원동원 계획을 잡았다. 안일하게 원조 및 외자 동원에 의존하지 말고 내자동원에 최대한 힘을 기울여야 한다. 셋째, 연평균 성장률 7.1%는 지나치게 야심적이며 과잉 의욕이다. 5% 정도가 적당하다. 넷째, 중화학 부문에 대한 투자를 지나치게 서두르고 있다. 신규 공장 건설보다는 전력과 수송 등 사회간접자본 투자가 급선무이다. 노동 집약적인 부문을 개발하여 농촌 지역 위장실업 인구를 흡수해야 한다. 다섯째, 재정 지출의 급증으로 인플레이션을 조장할 우려가 있으니 투자를 최소화하여 통화 가치의 안정을 유지하는 것이 중요하다.[16]

한국 정부의 '원안'대로 시행하려면 대규모의 투자가 필요했다. 안정을 중시하는 미국 정부에게 이 안은 부담되는 것이다. 미국 정부는 사회간접자본 이외의 신규 투자는 반대했고, 특히 중화학 부분에 투자하려는 한국 정부의 정책은 미국 정부의 정책에 정면 대립했다. 미국 정부는 전력과 같은 사회간접 자본의 건설에는 중점을 두되, 신규 투자는 될 수 있는 한 억제하는 방안을 추천했다. 또한 외자 도입이 필요하긴 하지만, 외국 원조에 안이하게 의존하지 말고 가능한 내자 동원에 노력을 기울여야 한다고 강조했다.[17]

---

15) 박태균, 앞의 책, 266-267쪽.

16) 김보현, 『박정희정권기 경제개발』, 갈무리, 2006, 173-174쪽.

17) 이완범, 앞의 책, 128쪽.

미국은 어떻게 하면 한국을 빨리 이 전쟁의 폐허로부터 이것을 재건을 해 주냐하는 그런 적극적인 노력에서 지원을 해 줬어요. 하지만 항상 그네들이 우리하고 의견이 달랐던 점이 있습니다. 그거는 뭐냐면, 우리는 고속 성장, 압축 성장을 지향하는 입장으로, 소위 캐치업 프로세스(catch-up process)를 우리가 걸었다. 걸으려고 노력을 했다는 하는 의미에서 서둘렀지요. 그러니까 많은 투자를 하고, 이 과정에서 인플레(inflation)를 잉태시킬 그런 가능성이 많지요. 여러 가지 경제 정책이라든지, 그거를 미국에서는 자꾸 제동을 걸어 제동을. 그러니까 너무 서두르지 말아라. 가령 예를 들자면 우리나라 전력 수요가 일 년에 십오프로 정도 성장을 해야 공업 발전을 뒷받침하고 민간에 소비 민간 소비에 충당되는 전력을 충당할 수 있다. 그러려면 연간 15% 정도의 전력 생산의 증가를 계획을 했다면, 그 때 인제 그 미국 사람들이 원조 당국에서 그 대충 자금의 계정의 사용을 아~ 한국 정부와 합의하에 집행하는 그 메카니즘(mechanism)을 통해서 한국 경제의 성장 정책에 관여를 했어요. 그러면은 15프로(%)는 너무 과다 하다. 또 15프로, 그런 엄청난 투자 계획을 하면 인플레를 촉발하게 할 수가 있다. 놓고 제동을 걸었어요. 자꾸 거기에는 부닥치는 수가 많았습니다. 적극적으로 도와줬지만 고우 슬로우리(go slowly)...[18]

미국의 불만은 1962년 한국의 제2차 추가경정예산 처리과정과 통화 개혁에서 크게 불거졌다. 케네디 정부는 한국 군사정부가 미국과의 사전 협의 없이 일방적으로 통화개혁을 한 것에 강한 불만을 표출했다.[19] 미국 관리들은 경우에 따라서는 한국과 국교를 단절하고 박정희에 대한 지지를 철회할 것을 시사해야 할 필요성까지 제기했다.

미국은 두 가지 방식을 통해 군사정부의 경제 정책을 수정하고자 했

---

18) 김용환, 2010년 2월 18일자 1차 구술.
19) 박태균, 앞의 책, 331쪽.

다. 첫 번째는 미국이 한국의 경제 정책 결정에 직접 참여하는 방식이다. 경제개발계획 발표 후 미국은 이 계획표가 재원 등은 고려하지 않고 의욕만 앞세워 실현 불가능한 계획을 짰다고 비판했다. 또한 군사정부의 통화개혁 실패와 인플레이션의 문제를 공개적으로 추궁하며, 일부 한국 관리들을 미국으로 소환하여 정책 수정을 요구했다. 군사 정부가 경제개발계획의 내용을 수정하지 않을 경우에는 경제 원조가 어렵겠다고 군사 정부를 압박했다. 심지어 1962년 흉작과 1963년 쌀 위기를 비롯하여 전반적인 경제 위기가 닥쳤을 때도 미국은 재정안정계획을 요구하며 추가 원조를 보류하는 방식으로 압력을 행사했다. 미국이 계획했던 한국 경제정책의 방향은 미국이 판단하기에 실행 가능한 정책이어야 했고, 정부의 과도한 개입을 통제하는 데 있었다.

미국이 별별 수단을 다 썼어요. 해외 투자에 대한 이자 평형세라든가 또 일본에 대한 미국 상품 수입 압력이라든가, 또 무슨 세계은행 산하에 민간 투자 기관을 만든다든가. 뭐 여러 가지 인제 조치를 주기적으로 했어요. 그러니까 점점 차관이라는 게 맨 첫 번 60년대 초, 그 다음에 60년대 중반까지 상승을 했다가 그 다음에는 미국 정책도 정부가 차관을 대줘가지고는 그게 안 된다. 민간이 인제 하라 해가지고 민간 차관 폭이 그냥 넓어졌죠. 그리고 국회에서 하고 어느 날 학계에서 떠들어대는 바람에 정부 지급 보증에 대한 법률은 폐지를 했고, 등등 그러한 사건들이 일어났죠. 그리고 외자 관리관으로 그 업무를 분리를 시켜가지고 소위 부실 관리, 부실기업들에 대한 정리를 시작을 했어요.[20]

미국의 두 번째 통제 방식은 경제정책을 정치적인 방식으로 통제하는 것이다. 미국은 경제개발계획에 대한 입장을 경제정책 결정자들이 아닌

---

20) 최창락, 2013년 7월 9일자 2차 구술.

박정희에게 직접 수정을 제안했다. 미국 정부는 중앙정보부장 김종필과 가까웠던 김용태를 정책 입안자의 위치에서 물러나게 하고, 통화개혁을 주도했던 유원식과 박희범 등 경제 고문들을 군사 정부 내에서 퇴진시키 도록 압력을 가했다. 이들은 미국 정부에서 사회주의 성향의 인사로 주 목했던 인물들이다.[21] 대신 김유택, 유창순, 김세란, 황종률, 김점렴 등 민간인 출신의 전문 경제 관료들이 입각했다. 군사 정부는 통화 개혁의 실패와 미국 정부의 책임 추궁, 그리고 원조 중단을 무기로 한 압력으로 미국의 요구를 받아들이지 않을 수 없었다.

이 시점에서 한국의 경제 상황도 나빠졌다. 1962년의 경제 성장 목표 치는 5.7%였다. 그러나 실제 달성률은 2.8%에 그쳤다. 1962, 1963년의 계속된 흉작으로 곡가 파동까지 겪었다. 군사정부의 의욕적인 투자 확 대로 정부 보유 외환까지 고갈되는 사태에 이르렀다. 결국 '원안'은 수정 에 들어갈 수밖에 없었다.

2. 5개년계획안의 수정과 수출공업화 정책의 대두

1) 5개년계획안의 변경

1963년 12월 제5대 대통령에 취임한 박정희는 조국의 근대화를 '역사 의 필연적 과제'로 세우고 경제개발5개년계획의 합리적인 추진을 중요한 과제로 삼아 1차 계획이 수정될 것임을 암시했다.[22] 이어 1964년 2월에 확정된 5개년계획 '수정안'은 미국의 의도대로 '축소 조정'되면서 급진적 성장보다 '재정 안정'에 맞추어졌다.

---

21) 박태균, 앞의 책, 334쪽.
22) 이완범, 앞의 책, 156쪽.

'수정안'의 구체적인 내용은 정부 주도의 '경제 자립화'를 포기하고 외자 확보를 위해 한일 회담을 추진하는 한편, 민간 기업 주도권을 보장하고 개발 체제를 지향하는 정책으로 전환했다.[23] 투자계획 책정 기준에서 민간 기업의 역할도 대폭 강화했다. 정부 담당 부분은 54.2%에서 50.2%로 하향 조정되었고, 민간 부분은 45.8%에서 49.8%로 상향 조정되었다. 내자, 외자의 동원도 조정되었다. 내자는 72.2%에서 71.8%로 0.4% 줄고, 외자는 27.8%에서 28.2%로 0.4% 늘어났다.[24] 제철소 건설과 종합기계제작소 건설계획은 백지화되었으며, 연평균 경제성장률도 '원안'의 7.1%에서 5%로 하향 조정되었다.

미국 정부에서 강조한 것은 첫째, 사업을 축소하여 한국 정부의 재정수지 적자를 줄이고, 둘째, 미국의 대한(對韓) 원조를 감축할 수 있는 방향으로, 셋째, 환율 문제를 동시에 해결할 수 있도록 방향을 설정한 것이었다. 미국의 권고안을 받아들이지 않을 수 없었던 이유는 무엇보다도 내자조달이 용이하지 않았기 때문이다. 박정희 정부는 내자동원을 위해 1962년 6월 10일, 10환을 예금을 동결하여 1원으로 교환하는 통화개혁을 실시했지만, 유통구조가 마비되고 중소기업의 산업 활동이 크게 위축되는 등 후유증이 심했다.[25] 또한 미국과 사전에 협의 없이 추진된 통화개혁에 대해 미국은 크게 불만을 표시하며 한국 정부주도의 경제개발에 미국의 원조 사용을 좌시하지 않겠다고 위협했다.[26]

미국의 권고안을 받아들인 한국 정부는 노동 집약적인 경공업이나 수

---

23) 이완범, 앞의 책, 154-155쪽.

24) 경제기획원, 『제1차경제개발5개년계획 보안서』, 경제기획원, 1964년, 20쪽.

25) 박태균, 『1965~1964년 한국 경제개발계획의 성립과정:경제개발론의 확산과 미국의 대한정책 변화를 중심으로』, 서울대박사학위논문, 2000, 125쪽.

26) 이병천, 「박정희정권과 발전국가 모형의 형성」, 『경제발전연구』 제5권 제2호, 1999, 151쪽.

공업을 육성하고 수입대체 산업에 편중되어 온 투자 방향을 수출산업 위주로 전환하는데 중점을 두었다.[27] 그러나 이 '수정안'은 단순하게 한국 경제의 개발 방향을 수출 증대로 전환하는 차원은 아니었다. 우선, 1차 산업 생산품의 수출 비중을 대폭 줄이는 대신 노동집약적 경공업 생산품의 수출을 강화·확대하는 것으로, 기간산업과 사회간접자본 외에 노동집약적 경공업을 새로운 중점 육성·투자 대상으로 결정한 것이다.[28]

노동집약적 경공업 부문의 수출 지원 및 육성 방안은 당시 한국이 처한 경제 상황이 고려된 방침이었다. 이 분야는 상대적으로 적은 자본을 필요로 하고, 노동력을 최대한 활용한다는 점에서 개별 기업이나 개별 부문 내적인 확대 재생산이 가능했다. 뿐만 아니라 여타 부분들까지 포괄하는 국민경제 전반의 지속적 투자와 개발에 필요한 외환 확보가 가능하다는 점이 고려되었다.[29]

그 다음으로 고려된 것은 원안의 수출목표 및 수출품목 구성이 실제로 계속 유지될 수 없었다는 점이다. 원안에서 목표 연도의 수출을 최대한 자력으로 조달하기 위해 기준연도보다 약 4.2배 증가한 1억 3,800만 달러로 책정[30]한 결과, 공산품수출은 원안보다 두 배나 많았지만, 당초 기대했던 보세가공품 수출이 극도로 부진하면서 수출계획은 대폭 변경되었다. 노동집약적 경공업제품 육성에 중점을 두어 수입대체산업 편중의 투자방향을 수출산업 위주로, 즉 수출공업화 중심의 육성정책을 제시했다.[31] 이러한 수출진흥에 관한 경제기획원의 계획을 발췌하면 다음

27) 박태균, 앞의 책, 337쪽.
28) 김보현, 앞의 책, 201쪽.
29) 김보현, 앞의 책, 204쪽.
30) 이상철, 「박정희시대의 산업정책」, 『개발독재와 박정희시대』, 창비, 2003, 106쪽.
31) 이상철, 위의 책, 107~108쪽.

과 같다.

앞으로의 수출 진흥책은 무역업자의 수출 의욕을 촉진키 위한 정책뿐만 아니라 보다 근본적으로 수출산업을 육성키 위한 산업 정책 면의 고려가 겸비되지 않으면 안 된다. (중략) 첫째, 해외 수요의 움직임과 우리나라의 높은 실업률 및 저임금 수준을 고려하여 노동집약적인 경공업이나 수공업 등 가공산업 부문을 수출산업으로 육성한다. 둘째, (중략) 수출 상품의 해외 경쟁력을 강화한다. 셋째, 수출 대체산업에 편중되어온 투자 방향을 수출산업 위주로 전환한다. 넷째, 수출산업용 원자재 및 시설재 도입에 외환을 우선적으로 배정하며 기술 도입에 우선 순위를 부여한다. 다섯째, 기존 국내산업 중 국제경쟁력이 강한 산업을 책정하여 이를 수출산업으로 육성한다.[32]

5개년계획안 수정은 경제개발계획 '원안' 내용의 수정에만 그치지 않고 자유무역 체제를 지향하는 경제 정책의 변화로 연결되었다. 1964년 환율 조정과 역금리 제도의 채택, 수출 진흥을 위한 세제 개편, 1965년 이후 대통령 박정희의 주재로 개최된 수출진흥확대회의, 1967년 수입 자유 확대를 위한 네거티브 시스템 도입 등 일련의 자유무역 정책들이 지속적으로 시행되었다. 일례로 네거티브 시스템 도입 과정을 소개하면 다음과 같다.

상정과장으로 발령을 받자마자 내가(문기상_필자주) 네가티브 리스트 시스템 (negative list system)을 하자. 왜냐하면은 상품 중에서는 동품이명이 있다. 명칭은 각각 다르지만 품목은 똑같다. 예를 들어서 티셔츠(T-shirt)하고 스포츠 셔츠 (sport shirt)는 똑같은 상품인데, 하나는 티셔츠고, 하나는 스포츠셔츠다. 그러니

---

32) 경제기획원, 1964b, 46쪽; 김보현, 202쪽에서 재인용.

깐 수입 허가를 낼 때, 어떤 때는 티셔츠, 어떤 때는 스포츠셔츠 이렇게 하고. 그러니깐 수입 통관을 하는 통관 직원도 그렇고, 세관 직원도 그렇고, (중략) 업자도 그렇고, 굉장히 불편을 토로한단 말이야. 수입을 하면 적어도 코드 남바(code number)가 붙어야 돼요. BTN이든 SITC든 남바가 딱 붙고, 그 남바에 해당하는 이름을 붙여야 아, 이것은 수입할 때 세금이 얼마짜리고 이것은 무역 계획 상 이건 어디에 해당한다 맞아떨어진다 말이야. 근데 이런 걸 안 해놓고, 포지티브 리스트 (positive list) 실시되면. 가령 뭐 안경 이래버리니깐 안경도 뿔테가 있고 금속테가 있고 다이아몬드테도 있고. 이렇게 해서 정말 러프(rough)하게 그냥 라이센스(license)가 나갔어. 그러니깐 혼선이 일어나가지고 막 그냥 무질서했지. 그래서 이건 안 된다 그래가지고 내가 네가티브(negative), 이제는 자유화도 해야 한다. 거기엔 자유화가 깔려있어요. 무역자유화.[33]

'수정안' 작성에는 미국의 압력과 개입이 상당히 작용했으나 군사정부의 과욕에 대한 자성의 목소리도 포함되었다. 1차 5개년계획의 목표가 기대와 달리 성공적이지 못했고, 통화 개혁 실패 이후로 한국 정부 내부에서도 수정안을 마련해야 한다는 반성이 제기되었다. 기업 주도의 자발적이고 자유로운 수출입 경제활동에 대한 요구도 작용했다. 박정희 정부는 이런 것들을 종합적으로 수용하여 수출 중심 공업화 정책으로 과감하게 변화를 시도했다.

2) 수출드라이브 정책과 박정희의 결단

원래 제1차계획 원안에서 공업부문의 수출 목표는 전체 수출 가운데 10%만 책정되었다.

수출 지향적 공업화에 크게 비중을 두지는 않았던 까닭이다. 그런데

---

33) 문기상, 2014년 1월 23일자 1차 구술.

최고회의안 계획 이행 과정에서 예상외로 공업 제품의 수출이 급증한 것으로 나타났다. 전후 일본의 급속한 경제성장 과정에 한국의 보세 가공이 참여하여 국내 수출 증가에 상당 부분 영향을 끼친 것이다.

보세 공장은 완전히 수입을 할 때부터 통관을 하지를 않고 그 공장 속에서만 갖고, 이제 면세 상태로, 세금을 안 낸 상태로 갖고 있다 공장, 물건을 만들어서 수출을 할 수 있는 그런 별도 제도는 별도로 있고, 고 거하고 별도로 그 것은 아주 예외적인 시스템이고, 이 기본적인 것은 관세 환급제도라고 해서 들어올 때 일단 세금을 내고, 나중에 이제 나갈 때 세금을 이제 받아, 냈던 세금을 도로 환급하는 시스템, 그 것이 인제 관세 환급 제도인데 내가 갔을 때는 관세 환급 제도가 주 제도고, 이 보세 공장 제도는 보조적인 제도로 특수, 아주 그냥 특수하게 물건 들여와 가지고 만들어서 그냥 간단하게 가공해가지고 수출하는 경우, 그런 때는 이제 보세 공장을 하도록 그렇게 되어 있었던 시스템입니다.[34]

개개의 기업이 신청을 해서 보세 공장으로 지정을 받는 경우, 두 가지가 있습니다. 그러니깐 일반 수출을 가공 무역을 많이 하는 그런 기업체는 자기가 개인적으로 보세 공장 지정 신청을 받아서 지정을 받고. 아예 처음부터 그냥 여기 와서 이뤄놓는, 집단적으로 해야 한다 하는 데는 집단적인 보세 공장이죠. 보세 단지죠, 보세 단지. 그것이 마산 자유무역단지라고 하는 것이 그거. 홍콩이 더 큰, 소위 영어로는 프리 트레이드존(free trade zone) 이라고 하는 것이. (중략) (일본인들이_ 필자주) 제일 많이 왔었어요. 가깝고 하니깐.[35]

보세품 수출이 증가하면서 군사정부 이전에는 불과 2~3천만 달러 미

34) 김기인, 2015년 7월 21일자 1차 구술.
35) 문기상, 2014년 1월 23일자 1차 구술.

만의 수출 실적이 1962년에 5,700만 달러로, 1963년에는 8,300만 달러에 이르렀다. 수출 품목도 1차 산업 생산물은 둔화된 반면 공산품 수출이 증가했다. 따라서 1963년 상반기에 경제 정책은 이미 공산품 수출 위주의 수출공업화 정책으로 전환 조짐이 보였다.[36]

원래 박정희 정부의 수출 정책은 1966년까지 점증적인 수출 증가를 계획했다. 1962년 3월 5일, 수출진흥법이 의결되고 해외시장 개척을 전담하는 대한무역진흥공사를 설립했다. 1962년에는 박태준 최고위원을 위원장으로 한 소위원회를 구성하여 1963년을 수출제일주의의 해로 지정했다. 같은 해 12월 29일에는 국무총리를 위원장으로 하고 경제 관계 각료들과 한국은행·대한무역진흥공사·대한상공회의소·무역협회 등 각 기관의 대표자들로 구성된 수출진흥위원회가 발족했다. 수출에 관계된 여러 단체가 설립되고 위원회가 구성되었으나 소위원회나 수출진흥위원회에서 주목할 만한 활동과 성과를 낸 것은 아니었다. 이러한 기구들은 그야말로 소위원회에 불과했고, 수출진흥위원회도 주요 수출정책을 심의하는 것 이외에 정책을 결정하고 조정하는 구체적인 활동이 없었다. 수출이 강조된 것은 사실이지만 가장 우선적인 목표로 설정되지는 않았다는 뜻이다.

1차 5개년계획이 그 때 7% 성장했나요? 결과적으로 보면은 그냥 마이너스(minus) 가까이 됐다구요. 근데 그거 가지고는 도저히 장기 계획을 수립을 해가지고 경제 부흥을 할 수가 없다. 인제 그러한 얘기가 나오기 시작을 하고 정부에서도 그것을 인제 어느 정도 수용을 해서 수출 제일주의로 하되 경공업 부분은 자족 수준까지 올려야 되겠다. 그리고 그 담에 수출로다 넘기면 되지 않느냐. 그땐 인제 내가(최창락-필자주) 상공부에 있었어요. 상공부 수입과장을 했는데. 그러니까,

---

36) 이완범, 앞의 책, 181쪽.

IMF, IBRD 사람들이 그냥 수시로 오죠. 그리고 인제 나보고서는 "개방을 하라." 근데 나는 이론적인 배경도 튼튼하지 않으면서 "개방은 우리 못한다. 아직도 국력이 거기에 따라 갈 수가 없다." 그래서 매번 싸우는 게 일이에요. 매번 싸우는 게 일이야.[37]

이처럼 보완 계획 단계에서 수출증대 전략은 향후 경제 안정, 외환 부족을 해결하는 소극적 방책 차원에서 다루고 있었다.

이러한 상황에서 한국의 수출드라이브 정책은 한국의 경제 사정을 고려한 박정희 정부의 의지가 반영된 것이기도 했다.

그거(수출드라이브_필자주)는요 박 대통령의 결심이라고 봅니다, 물론 뭐 박 대통령이 최종적인 결심을 하는 것을 서포트(support) 하는 에리트(elite) 집단, 에리트 집단은 그 일반 국민들을 무시하는 차원에서 이야기하는 것이 아니라, 에리트 집단은 그 박 대통령의 리더십(leadership)을 중심으로 거 뭉쳤던 에리트 집단들이 테크노크라트(technocrat)들하고. 또 하나는 그 비즈니스맨(businessman) 기업가 에리트 집단, 그때 당시에 경제에 관한 그 밀리터리 사이드(military side)에 아주 참 근대화된 조직 세력이 있었지만, 두 집단에 공통된 인식이 우리가 외국의 원조 체제에서 벗어나려면, 뭔가 팔아야 우리가 필요한 것도 수입을 할 거 아니냐 팔아야. 그러면은 자연스럽게 수출 시장을 확대를 하면서 수출품을 개발을 허고 하는 소위 얘기하는 수출 주도형 마인드(mind)로 그렇게 움직이게끔 되어 있었죠. 그런, 그런 배경 속에서 수출 주도형 경제 정책을 했죠. 그러니까 우리는 그 이 요즘 말로 하자면 경제 정책을 열린 자세로, 열린 자세로 세계를 상대로 해 가지고 뛰어나가지 않으면은 우리는 살수가 없다. 그런 생각을 대통령께서 가

37) 최창락, 2013년 7월 2일자 1차 구술.

지신거죠.[38]

수출드라이브 정책이 결정되자 1964년 5월 상공부는 수출 목표액을 1억 달러로 정하고, 부서 업무를 '수출 총력 체제'로 편성해나갔다.

회사 해본 분도 아니고, 하지만은 외환은 내가 내 돈이라야지 내 마음대로 쓰지 말이야, 원조 자금 받아가지고 내 마음대로 쓴다는 거는 불가능한 얘기고, 그래서 수출을 강조하신 분이 박 대통령이야. 그 수출. 당시 상공부가 뭐 수출 진흥회의 그것도 한 달에 한 번씩 청와대에서 각 회사별로 할당을 하다시피 했으니까. 당신 회사 이달에 얼마 수출할래? 뭐 이런 식이지. 상공부 각 과가 과별로 수출목표, 과별로 자기의 담당 품목 수출 목표가 있어. 과장이 그거 수출 맞추느라 뛰어다니고.[39]

1964년 3월 한일회담 청구권 대표위원으로 참여했던 김정렴은 한국 경제도 수입대체 육성에 안주하지 말고 국제 경쟁력을 강화하는 동시에 수출지향적 공업화에 착수해야 한다는 보고서를 장기영에게 올렸다고 증언했다.[40]

수출 초기에는 1차 산업 생산물 중심으로 수출되었지만 1963년 상반기부터 공산품의 수출이 증대되는 추세를 보이면서 이때부터 공산품 수출 위주로 전환 조짐이 나타났다. 1962년 5,700만 달러의 수출 실적은 1963년에 이르러 8,300만 달러로 상승했다. 공업제품 수출이 상승하여 전체 수출의 32.4%를 차지한 반면 비식용 원료는 30.4%, 식료 및 생동물은 20.6%로 감소했다.[41] 또한 협소한 국내 시장, 그러한 국내 시장의

38) 김용환, 2010년 2월 18일자 1차 구술.
39) 김흥기, 2009년 12월 1일자 2차 구술.
40) 김정렴, 앞의 책, 109-110쪽.
41) 오원철, 『박정희는 어떻게 경제강국 만들었나』, 동서문화사, 2006, 540-541쪽.

포화, 생산의 정체를 타개하기 위해서는 국제 시장으로 전환해야 할 필요성도 매우 긴요해졌다.

> 구술자: 1억 불 때가, 그 때가 진짜지. 1억 불.
> 면담자: 수출할 때가 사실은 아까 말씀하셨던 가공품들, 가발이라든지, 한천, 해초류 같은 거, 김. 또 말씀하셨던,
> 구술자: 생사.
> 면담자: 예, 생사도 있구요. 그 다음에 또 그 벽지가 있다고….
> 구술자: 그러니깐 갈포라는 것은 갈포벽지라는 것은, (중략) 거의 국내서 조금 쓰고 그냥 미국으로 간 거죠. (중략) 금액으로는 얼마 안 되구요. 해산물은 (중략) 거의 일본이죠. 왜냐하면 선도(鮮度)를 유지해야 하기 때문에 그 때만 해도 수송선이 제빙선도 이런 것이 또 충분치 않으니깐. (중략) 제주도 해상에서 매매가 이루어져요. 말하자면 선어 운반선이 따로 있습니다. 활어 운반선. 선어 운반선 따로 있고 활어 운반선. 선어는 얼음, 얼음에다가 넣고 산어고. 활어는 바닷물하고 같이 살려서 그거를 해상에서 그냥 매매를 하는 거예요. 근데 일반 물건하고 달라. 일반 물건은 저 뭐냐, 세관에서 통관을 해야 하잖아요? 근데 통관 절차 없이, 없이 그냥 해상에서 나가고. 그리고 인제 그냥 서류만, 신용장 개설하고, 그런 식으로…[42]

한국 정부는 1964년 수출입 링크제를 폐지하고, 1965년 1월 단일변동환율제 실시의 예비조치로서 수출보조금 지급제도를 실시하는 등 수입 자유화를 통해 수출주도 정책의 기반을 마련해갔다.[43] 기간산업은 아직 성장하지 못했지만, 정부는 저임금 노동력이 국제 시장에서 비교우

---

42) 문기상, 2014년 1월 23일자 1차 구술.
43) 김정렴, 앞의 책, 151–152쪽.

위로 기능할 수 있다는 데 확신을 갖기 시작했다. 이에 경제기획원 차관 차균희는 USOM과 AID 등 미국 측과 가진 회의에서, 향후 수출공업화를 추진하겠다고 밝혔다.[44]

박 대통령 의지가 이랬어요. 이게 그게 회의할 때 경제동향보고 한 달에 한 번씩 경제기획원 회의실에서 경제동향보고 항상 하시는 말씀이 '우리가 언제까지 원조자금 얻어먹고 사느냐' 이게 그 분의 머릿속에 탁 박혀 있었고, 그 다음에 일부 정부 관리들 내지 당시에 이른바 소위 경제 전문가라고 하는 사람들은 '잘못하면 원조 자금 자꾸만 줄어듭니다. 원조 자금이 줄어들면 우리가 그만큼 고생한다.' 이런 논리가 있었어요. 그것도 일리는 있는 얘기지. 당시 사정으로 봐가지고는. 그런데 박 대통령이 '줄어도 좋다. 우리가 내 돈으로 사먹는 거하고, 남에 돈으로 사 먹는 거 하고 같으냐! 수출해야 한다. 뭐든지 수출하라! 할 수 있으면 하라' 그건 박대통령 무슨 뭐 군인하던 양반이 무슨 수출 전문가도 아니고, 무슨 장사해 본 분도 아니고, 하지만은 외환은 내가 내 돈이라야지 내 마음대로 쓰지 말이야, 원조 자금 받아가지고 내 마음대로 쓴다는 거는 불가능한 얘기고, 그래서 수출을 강조하신 분이 박 대통령이야.[45]

1차 계획 중반 1963,4년 정도 그 때부터 이미 우리가 우리 힘만으로, 내자만으로 축적된 자본이 없는, 우리나라 경제 여건 속에서 내자만으로 경제 건설한다는 건 불가능하다. 그러니까 외자를 적극적으로 들여와야 된다. 그런 분위기가 잡혔지요. 근데 박정희 대통령의 그 형안인데, 현명한 그 판단과 앞을 내다보는 안목인데, 어 중남미 같이 종속 경제로 전락돼서는 안 된다. 그러니까 우리가 외자를 들여오더라도 주인 의식을 갖고 외자에 매칭 펀드로서, 국내 자본 체질을 계속적으

44) 김보현, 앞의 책, 205쪽.
45) 김흥기, 2009년 12월 1일자 2차 구술.

로 발전시켜서, 이것을 매칭(matching)시켜야 한다. 그리고 외자를 허용을 하되, 아주 국가적 차원에서 꼭 우리 외자, 외국, 외국 자본에 개방을 할 수 없는 기간산업, 이것은 우리가 지배권을 가지고, 또 외자 기업이 들어오더라도 아 51프로(%) 이상은, 최소한도 51프로. 그러니까 소위 주주권 행사에 있어서의 주체적인 판단, 자주성이라고 그럴까? 기업의 자주성이라고 그럴까 이것을 지키기 위한 그 한계는 꼭 지킨다 하는 생각을 가졌어요.[46]

수출드라이브 정책은 1965년 한일회담 타결을 전후한 시기에 본격적으로 가동한 것으로 보인다. 1964년 11월 수출 1억 달러 달성이 이루어지자 박정희는 각종 연설에서 수출의 중요성을 강조하고 1965년 신년사를 통해 본격적으로 수출드라이브를 걸었다.

3. 수출공업화 정책의 지원과 전개

1) 수출진흥확대회의와 수출 지원 정책

수출드라이브정책은 제2차 경제개발계획 단계에서 분명하게 언급되었다. 제2차 계획의 중점 목표는 "7억 불의 수출을 달성"하는 것으로 정확히 제시되었다. 이에 따라 "수출 증대를 통한 공업화의 촉진"이 강조되었다. 수출은 외환을 획득하는 핵심 수단이었다.[47] 총사령관은 박정희로, 국시는 수출제일주의, 정책은 공업입국으로 한 수출드라이브 정책이 본격적으로 추진되었다. 한정된 재정, 금융, 외환, 외자 등 제약 하에서 정부에서 추진한 수출공업화는 민간이 아닌 정부에서 적극적으로 개입하

---

46) 김용환, 2010년 2월 18일자 1차 구술.

47) 김보현, 앞의 책, 209쪽.

는 방식이었다. 정부에서 산업을 선정해 이를 육성하고, 육성이 끝나면 타 업종을 선정해 중점 육성하는 방식을 반복하는 방식이다.

1965년 7월 정부는 수출 특화산업으로 1차 13개 품목을 선정했다. 생사류, 면직물, 도자기, 고무제품, 모제품, 합판, 면직물, 의류, 피혁제품, 공예품, 잡화, 라디오 및 전기기기, 어패류 및 양송이 통조림 등 13개 품목을 정해 내자 및 외자, 그리고 기술면에서 중점 지원을 했다.[48] 1965년에는 전년 대비 42%의 수출 증가율과 수출 총액 대비 60%의 공업제품 수출이 계획되었다. 수출진흥종합시책의 시행을 계기로 수출진흥은 사실상 최상위의 정책과제가 되었다.

그 참, 저 눈물 나는 얘기가 있는데 어, 기업들이 이제 돈 버는데 법이 있나 말이지, 수출 안하고 말이지, 뭐 이 수입을 하거나 뭐 다른 게 저 국내에 팔거나 이렇게 해도 되는데 굳이 수출을 뭐 해야 되느냐? 이렇게…. 실제로 현실적으로도 그렇고 그랬어요. 그런데 그 수출, '수출입국(輸出立國), 수출이 나라를 살린다.' 이런 개념이었기 때문에 국내 가용 자원, 뭐 그때 이제 가발, 가발 같은 거 이런 국내 가용자원을 만들기 위해서 그 여러 가지 참, 할 수 있는 거 다 했어요…. 공업이란 그 때는 그런 표현도 없고. 옷. 뭐 이래 저, 이 그 때 가발, 합판. 합판이 우리가 제일 원료가 없잖아요? 이게 이제 동남아에서 나무를, 필리핀에서 나무를 수입해 가지고 합판 만들어서 하고 말이지. 그것이 수출 주도품이었어요.[49]

수출공업화 추진의 최대 동력은 1965년 2월부터 매월 대통령이 주재하는 '수출진흥확대회의'였다. 당시 상공부 진흥과장이었던 문기상의 구술에 의하면 박정희는 두 번째 수출진흥확대회의부터 참여하여 직접 회

---

48) 김정렴, 앞의 책, 153쪽.
49) 신국환, 2013년 12월 23일자 1차 구술.

의를 주재했다.[50]

1회는 중앙청 큰 홀에서 그때 당시 국무총리 정일권(丁一權) 총리가 주재를 해서 했어요. 했는데, 그러니깐 그냥 신문에 막 그냥 대서특필하고 이제부터 막 붐(boom)이 일어난다 말이야 하는데, 대통령이 그걸 보시고 말이야, 2회부터 내가 주재할테니까 올려라 해서 그때부터 올렸는데, 그 때는 청와대가 말이야, 청사가 옛날 조선총독부 청사야. (중략) 지금 청사가 아니에요. 조선총독부 청사가 그냥 허름한 청산데, 거기에 일본식 건물, 일본식 건물에 그 들어가자마자 왼쪽에 접견실이 있어, 조그만한. 응접실이 있어. 거기서 했어. 뭐 그 크기가 요거보다 조금 클까말까 할 정도?[51]

대통령이 직접 주재하는 수출진흥확대회의는 관료뿐만 아니라 상당수의 경제계 대표까지 위원으로 추가하여 25명의 위원수를 갖추었다. 1972년부터는 정부종합청사 대회의실에서 회의를 개최하였다. 참석 범위도 국무위원, 관계공무원, 경제계 주요 인사 등으로 크게 확대되었다.

수출진흥확대회의를 박정희 대통령 주도로 관계 장관, 학계, 경제계 대표들 모여가지고 250명 이렇게 아주. (중략) 회의를 해요. 그 처음에는 부처에서 하다 보니 장소가 협소해서 지금은 그게 건물이 헐어져서 없어졌지만 중앙청, 그게 홀에서

50) 수출진흥확대회의가 박정희 주재로 개최된 것은 사실이지만, 실제 참석한 시기에 대해서는 이견이 있다. 문기상은 2회부터 박정희가 자발적으로 참석하여 주재했다고 했다. 반면에 이기준은 6월 상공부 장관의 건의에 따라 청와대에서 개최된 수출진흥위원회 회의를 직접 주재했다고 했다.(이기준, 「국가 경제정책의 제도적 기반」, 『한국근대화, 기적의 과정』, 월간조선사, 2005, 139쪽.) 박충훈은 1965년 대통령 연두 순시 때 자신이 건의하여 수출진흥위원회를 확대, 대통령이 참석하고 참석자 범위도 확대할 것을 건의했다고 했다. 종합하면 박정희는 2회 수출진흥확대회의부터 참석, 회의를 주재한 것으로 보인다.

51) 문기상, 2014년 1월 23일자 1차 구술.

회의를 박정희 대통령 모시고 "이달에는 어떤 품목이 어느 나라로 수출이 어떻게 됐고 앞으로 어떻게 하겠습니다." 하는, 수출의 진도와 앞으로의 계획을 보고를 매월 했었습니다. 그래서 거기서 경제계에서 참석하신 분들이 지원이 필요하면 지원을 더 해야 된다. 거기에 수출에 대한 의견도 얘기하고 해서 그렇게 국정에, 우리나라의 그 모든 근간이 수출로 지정이 되었습니다.[52]

수출진흥확대회의는 개최 이후 1979년(6회)을 제외하고 거의 매월 일정하게 개최되었다. 회의가 정기적이고 안정적으로 개최될 수 있었던 것은 대통령 주재라는 성격이 결정적으로 중요했다.[53] 회의는 단지 세미나 혹은 보고의 수준을 넘어 정책 결정기구로 격상했다. 이 자리에서 매월 수출 추진 현황의 점검뿐만 아니라 수출 부문의 애로사항과 부처 간의 협력까지 조율되었다.

확대회의 항목 중에 하나가 '수출입은행 기금을 얼마로 늘리자.' 그 다음에 '수출보험도, 수출보험기금도 얼마로 늘리자.' 이런 것들이 확대회의 주요 품목이 돼 가지고. 매년 늘어났습니다. (중략) "수출 진흥에 이게 도움이 됩니다." 하면 그, 장관이 "그럼 확대회의에 올려라." 그래 올려가지고, 올리면 그 또 박대통령한테 가서 이렇게 수출 진흥하기 위해서는 뭐, 그 분이 '수출', 최고 목표라고 했으니까, "[수출 진흥]하기 위해서는 이런 이런 게 필요합니다." 그러면 "알았다", 그러면 대통령 재가를 맡아오는 거야.[54]

"이달에는 어떤 품목이 어느 나라로 수출이 어떻게 됐고 앞으로 어떻게 하겠습니

---

52) 신국환, 2013년 12월 23일자 1차 구술.

53) 박정희는 1967년 3회(4, 5, 10월), 1972년 1회(4월), 1976년 1회(4월)을 제외하고 매월 회의에 참석했다.

54) 박흥식, 2014년 2월 13일자 1차 구술.

다." 하는, 수출의 진도와 앞으로의 계획을 보고를 매월 했었습니다. 그래서 거기서 경제계에서 참석하신 분들이 뭐 지원이 필요하면 지원을 더 해야 된다. 거기에 수출에 대한 의견도 얘기하고 해서 그렇게 이제 국정에, 우리나라의 그 모든 근간이 수출로 지정이 그, 되었습니다.[55]

정부가 수출 목표를 책정하는 방식은 두 가지였다. 첫째, 경제개발5개년계획 수립 과정에서 수출 계획이 수립되었다. 둘째, 5개년계획에 구애되지 않고, 매년 수출 목표를 새롭게 책정했다. 이 경우 수출 목표는 당해 연도의 수출 실적, 해외시장 상황과 목표 성장률 등을 고려하여 결정했다.

이렇게 정해진 수출 목표는 1975, 1979년을 제외하고 매년 전부 달성되었다. 매우 높은 수출 목표가 거의 매년 달성되었다는 것은 수출정책을 뒷받침하는 제도적 장치가 마련되었다는 것을 의미한다. 예컨대, 수출 인센티브 같은 제도들이 잘 활용된 것이다. 무엇보다도 수출진흥확대회의 역할이 중요했다. 수출확대회의는 간담회 성격을 넘어서 목표달성을 보고받고, 그 자리에서 시행계획까지 결정하는 시간이기도 했다. 수출에 관련된 각 부서는 수출확대회의에서 매월 수출 실적을 분석·평가한 내용을 정리하여 보고하고, 수출목표대비 달성도를 일일이 보고했다. 무엇보다도 대통령이 확대회의를 끌고 간 것이 수출 증대에 중요한 동력이었다. 확대회의에서 대통령 훈시는 수출 목표 달성이라는 분명한 신호로 전달되었고, 회의석상에서 대통령의 발언은 수출 목표의 좌표로 작용했다.

한번은 수출진흥확대를 하는데 말이지 수산물 수출이 이제 안 되는 거야. 그러니

55) 신국환, 2013년 12월 23일자 1차 구술.

깐 대통령이 말이지, "그걸 보거든, 왜 저기 수산물 수출 왜 그, 주로 해 가지고 해태 뭐 연안에 나는 수산물을 해가지고 일본으로 주로 수출을 했는데 왜 그러느냐?" 보니깐 "아이고, 식당에서 다 먹고 말이지 이래 가지고 수출 물량이 없습니다." "그러면 말이야, 그 덜 먹고 수출하도록 말이지, 그리고 소비를 좀 줄이는 캠페인(campaign)을 해라." 이렇게 까지 했어요. 생선회를 안 먹고 수출하자. 그런 처절한 (중략) 그래 대통령이 결국 "좀 절약하고 국민이 덜 먹고 말이지 수출하면 되지 않겠느냐 말이야? 그거를 잘 연구해가지고 해보라." 이렇게 말씀하셨어요. 그리고 또 그걸 했었어요. 그렇게 국가를 통치하는 대통령과 정부가 수출을 늘리기 위해서 할 수 있는 모든 걸 다했어요. (중략) 나중에 너무 수출 그러면 저항이 있다 그래가지고 수출을 무역으로 바꿨습니다.[56]

1969년 1월 확대회의에서 박정희는 수출 목표 달성 여부를 인사고과에 반영하라고 지시한 바 있다.

그렇게 처절하게 다 했는데 그걸 가능했던 것은 대통령이 이제 거기에 중심을 잡아가지고 그러니깐 정부조직, 장관, 뭐 그 밑에 공무원들이 일사분란하게 안 할 수가 없어. 수출 목표 달성 못하면 자리가 그, 저게 이동되고 말이지 승진도 못하고 그러니깐 대통령이 수출 잘하는 사람 승진시키라고 그리고 말이지 대우해 주고 그러니깐. 인사에 반영하고[57]

수출 목표는 관료들에게는 반드시 달성해야 하는 명령이나 다름없었다. 수출책임제라는 규율과 성과지향적인 장치는 수출 확대에 중요한 요인이었다.

---

56) 신국환, 2013년 12년 23일자 1차 구술.
57) 신국환, 2013년 12월 23일자 1차 구술.

2) 수출지향적 공업화를 위한 개혁 조치

박정희 정부 전 기간에 걸쳐 이루어진 수출공업화를 단순화할 수는 없지만, 적어도 수출의 의미는 '한국은 수출하기 위해 수입을 한 것이 아니라 수입하기 위해 수출을 했다'는 분위기로 설명될 수 있다.[58] 수출 확대는 수출 부문뿐만 아니라 산업전반의 지속적 성장에 필요한 수입품들을 구매하기 위한 외환을 획득하는 핵심수단이었다. 더구나 제1차 경제개발5개년계획으로 내자동원에 실패했기 때문에 한국 정부는 어떤 방법을 통해서든 외자를 끌어들여야 했다.

> 최고회의 측에서 방침의 하나로 결정된 게 외자 도입을 늘려야 내자가 웃고, 재원이 없으니까 그것으로써 재원을 삼아가지고 소위 산업 발전을 기하자. 그게 인제 5개년계획에도 목표가 됐을 뿐 아니라 나중에 계속해서 그게 진행이 되었어요. 그것 때문에 과가 인저 다섯 개로 늘었죠.[59]

박정희 정부는 수출드라이브 정책을 본격적으로 추진하면서 수출공업화 전략에 부합하는 개혁 조치를 취했다.

첫 번째 개혁 조치는 환율 개혁에 관한 것이다. 환율 개혁은 두 단계를 걸쳐 이루어졌다. 1964년 5월, 정부는 달러당 130원의 공정환율을 255원의 기본 환율로 인상하는 환율 절하를 단행했다. 이듬해 3월 25일에는 고정환율제를 변동환율제로 전환할 것을 결정했다. 환율의 단일화, 자유화, 안정화를 꾀하는 환율시장 구축은 수출지향형 한국경제를 세계시장과 연결시키는 중요한 정책이었다.

그런데 환율 정책은 제때 실시되지 못했다. 변동환율제가 환투기를

---

58) 김보현, 앞의 책, 209쪽.
59) 최창락, 2013년 7월 17일자 3차 구술.

유발하여 원화 가치를 떨어뜨리고 높은 인플레이션을 유발할 수 있다는 우려 때문이었다. 이에 따라 1단계 환율 개혁에서는 단지 원화를 평가절하하는 선에서 그쳤다.

원래는 수출입 링크(link)를 대우를 못 받았어요. 그냥 군표를 주면은 그냥 공정 환율로만 딱 바꿔주고 말았거든. 근데 일반 수출품은 수출을 하면 달러(dollar)를 인자 벌지 않습니까? 그거를 자기가 원화로 바꿔서 먹으려면 시중의 시세로 맘대로…. 그러니깐 시중 시세는 1000 대 1쯤 돼요. 그리고 공정 환율은 280, 380 정도밖에 안됐고. 그러니깐 굉장히 차이가 난 거 아니에요? 그것만 가지고도. 그리고 인자 수입을 할 때 상품을 갖다가 인자 결제를 해야 할 거 아닙니까? 원화로. 가령, 수입 물자가 10만불이다 하면 10만 불에 대한 원화를 결제를 할 때 그, 그거를 공정 환율로 결제할 것이냐, 시중 환율로 할 것이냐, 공정 환율로 하거든요. 그 차이도 어디에요? 그러니깐 10만 불을 갖다가, 가령 1000 대 1로 한다면, 1억 아닙니까? 10억입니까? 그리고 인자 공정 환율로 한다면 3억 8천인가 뭐 그렇게 밖에 안되고. 그러니깐 물건을 도입하는 데 돈 벌고, 달라(dollar)로 바꾸는데 돈 벌고 말이지. 바꾸기만 해도 돈이 생기고. 수입 상품을 수입까지 한다면 더 많이 생기고. 그러니깐 어떤 사람은 급하면 그냥 수입 허가장. 그러니깐 아이(I), 인컴 라이센스(income license)라고 그러는데, 임포트 라이센스(import license)라고 하는데, 아이엘(IL)이라고 그래요. 임포트 라이센스라고. 상공부에서, 수입과에서 도장 하나 찍은 것만 가지고도 그렇게 마진(margin)이 생기고.[60]

변동환율제를 통한 환율 개혁이 구체적으로 실시된 것은 1965년 3월 중순경이다. 1964년 6월 말까지 환율 현실화가 실시되지 않으면 재정안정기금 제공이 어려워진다는 미국의 통지에 따라 한국정부는 변동 환율

---

60) 김광석, 「1960년대 수출지향적 공업화 정책의 추진」, 『한국근대화, 기적의 과정』, 월간조선사, 2005, 282쪽.

제를 밀어붙였다. 한국 정부는 처음에는 1달러당 180원 내지 220원으로 하는 두개 안을 마련했고, 미국 정부는 1달러당 300원을 주장했다. 결국 한미 양국은 1달러당 256원을 기준 환율로 설정했다.

그 때까지만 하더라도 환율도 공정 환율이에요. 이중 구조로 되어있었단 말이지. 금리도 다양하죠. 재정 자금 같은 것은 금리가 얕고, 높고 또 그리고 국민경제에 언더그라운드 이코너미(underground economy) 있는 지하 경제가 있어가지고는 사채 시장의 금리는 굉장히 높고. 공정 금리 뭐 그렇고. 공정 금리도 비교적 굉장히 얕고. 그러나 경제 변수가 시장 실세로 접근을 안 시키면 구 시장 기능이 제 구실을 못한다 이거야. 그것이 첫째로 경제 정책 추진 과정에 걸림돌이었고. 두 번째는 외자 도입을 적극화하기 위해서는 환율을 현실화하지 않으면 안된다하는 명제가 하나 있었고. 또 내자 동원을 해서 언더그라운드의 이코너미를 온더서피스(on the surface)로 끌어내리면, 금리를 현실화하지 않으면 안된다 하고 있고. 극적으로는 우리 체질에 기본적인 취약, 취약한 부분이 이런 공금리 공정 환율의 온상에서 봄이 되면은 인제 끌어내서 보증을 해야 될 거 아니에요. 이렇게 시장 실세에 접근을 시켜놔야, 다음 단계에 체질 강화가 된다하는 중대한 문제가 있었어요. 그래서 일반적으로 금리뿐만 아니라 환율 그밖에 여러 가지 그 소위 그 프라이스 매커니즘(price mechanism)을 이것을 시장 실세에 접근하려 하는 일환책으로 금리 현실화를 했어요.[61]

새로 설정된 환율은 원화가 낮게 평가되었다는 인식이 팽배했다. 1964년 원화의 평가절하 이후 정부는 수출입 링크제를 점차 폐지하는 대신 수입으로 과도한 이익을 환수하기 위해 지정된 품목에 대해 특별 관세를 부과했다. 기업들은 부족한 외화를 채우기 위해 높은 가격을 주

---

61) 김용환, 2010년 2월 18일자 1차 구술.

고 달러를 사들였다. 시장 가격은 달러 당 270원이었으나 점차 낮아져 1967년까지 환율은 대략 270원 선에서 유지되었다. 이처럼 환율 개혁으로 단일 환율 유지에 성공한 것은 수출지향적 공업화 전략에 중요한 전기가 되었다.[62]

두 번째 개혁 조치로 수출 인센티브 제도를 들 수 있다. 수출진흥정책 중에도 수출우대금융 제도는 1965년 9월의 이자율 개혁 조치 이후 수출업자에게 매우 중요한 인센티브가 되었다. 1965년 초에 이르러 수출우대 금융의 이자율은 연리 8%에서 6.5%로 낮추어졌다. 수출 인센티브 제도는 1965년까지 대체로 잘 정착되었다. 이 제도는 부분적으로 국내 경제 사정에 따라 수정된 것도 있지만, GATT의 반대가 있어서 1973년에 폐지되었다. 대신 무역 업체의 해외 활동을 촉진하기 위해 새로운 세제 혜택이 주어졌다. 19745년 수출용 원자재 수입 시 관세를 납부하는 대신 제품을 만들어 수출하면 되돌려 받는 '환급 제도'를 신설했다.

관세 환급 제도라는 게 인제 수출용 원자재를 수입합니다, 부품도 마찬가지고. 원자재를 수입하면 그 관세를 무는 거죠. 관세를 물고, 원자재를 가지고 제품을 만들어 가지고 수출하면 관세, 관세청에서 처음 수입할 때, 원자재에 대한 수입할 때 그 관세를 받아 낸 그거를 도로 물어줍니다. 관세 환급 제도. 그러니까 원자재나 그런 부품은 수출용으로 가져들어오는 거는, 가져들어오는 거는 결국 세금을 결국 안무는 셈이죠. 들어올 때 세금 물고, 또 그 자재를 가지고 물건 만들어 가 수출하면 다시 관세를 환급해 주는 겁니다. (중략) 전액 환급. 전액 환급해주는데, 근데 거기에 어떤 문제가 생겼나 할 거 같으면 관세, 원자재를 들여 올 때 뭐 100개를, 100개를 만드는 원자재, 물량 가져왔다. 그러면 인제 100개를 다 만들지 못하고 한 90개쯤 이렇게 만들어가지고 수출하면, 수출하고. 나머지 인제 10프로

---

62) 김광석, 앞의 책, 280~281쪽.

(%)정도, 이거는 만들어 가지고 국내에 파는 것이 허용이 됐어요. 그게 몇 프로 (%)인지는 내 지금 기억이 안 나는데, 그게 인제 굉장히 인센티브(incentive)가 되는 겁니다.[63]

정부의 수출 진흥을 위한 제반 정책은 이외에도 수출 독려를 위해 여러 행정 수단을 동원했다. 첫째, 수출 목표제였다. 정부는 산업 분야별, 지역 및 국가별 연간 수출 목표를 설정했다. 둘째, 수출진흥공사 해외 지사를 계속 증설하고 확대함으로써 기업의 해외 시장 개척을 적극적으로 지원했다. 셋째, 수출진흥확대회의를 무역진흥확대회의로 명칭을 바꾸고 수출에 따른 애로를 대통령과 관계 장관들이 직접 파악하고 신속하게 대처하도록 했다.[64]

이러한 일련의 개혁 프로그램은 수출업체에게 과거보다 훨씬 높고 안정된 수익률을 보장해 줌으로써 수출이 계속 증가하는 효과를 가져왔다. 1965년 당시 수출은 국민총생산의 5.8%인 1억 7,500만 달러에 불과했다. 1971년에는 국민총생산의 12%인 11억 3,200만 달러로 크게 증가했다.

63) 박홍식, 2014년 2월 13일자 1차 구술.
64) 김광석, 앞의 책, 282쪽.

제2장

중화학공업화 정책의 수립

안 태 윤

〈개요〉

5·16군사정변으로 집권한 박정희는 빈곤에서 벗어나기 위해서는 공업 중심의 경제개발이 필요하다고 보고 공업입국을 모토로 경제개발 5개년 계획을 수립했다. 일제강점기와 해방 직후에는 공장이라 하여도 사탕공장, 시멘트 공장과 같은 소비재 중심 산업이었다. 초기에는 공업입국을 위해 공장을 세우려고 해도 정부가 보유금이 부족했기 때문에 외국과의 합작회사를 설립하는 방법에 의존해야 했다. 그래서 수출을 해야겠다는 목표를 세우게 되었고, 1차 5개년 계획의 수출제일주의는 이런 배경에서 만들어졌다. 당시 수출을 장려하는 국가적 압력이 있었고 이로 인해 기업의 수출을 중시하는 인식도 확산되어 갔다. 정부는 큰 기업체에 대해서는 수출할당제와 같은 수출 목표를 세우도록 요구했고, 이행하지 않은 경우에는 각종 혜택을 제한했다. 박정희는 직접 수출진흥확대회의를 주재했고 기업에는 수출쿼터제가 실시되었으며, 수출 우수 기업에 대한 포상제도도 시행되었다. 1971년 오원철 수석비서관과 김광모 비서관은 방위산업 육성을 위해 청와대 경제2비서실에 발령을 받았다. 방위산업은 박정희 대통령이 직접 생각하고 지시한 탑다운 방식의 친정사업 중 하나였다. 박 대통령이 방위산업을 직접 지휘하게 된 것은 닉슨이 공표한 닉슨독트린, 즉 "자국의 방위는 자국이 지킨다." 는 것으로, 미국이 남한에서 7사단을 철수한 사건이었다. 그런데 방위산업은 기계공업의 일종으로 중화학공업의

뒷받침이 없이는 가능하지 않았으나, 당시에는 중화학공업 추진을 위한 공업의 기반이 갖추어져 있지 않았다. 이에 오원철 경제수석과 김광모 경제2비서관을 중심으로 한 청와대 경제2비서실에서 공업구조개편론을 작성하고, 이에 따라 정부 주도 하에 중화학공업화정책을 추진하기 시작했다. 중화학공업화정책을 개시할 당시 한국은 수출액 16억 7천 달러, 1인당 GNP는 318달러에 불과했다. 그럼에도 불구하고 100억 달러 수출, 1,000 달러 소득이라는 상당히 비약적인 계획을 세웠다. 대통령 주도하에 청와대에 새로운 기구를 만들어 추진하고 행정체계도 갖추어 중화학공업화정책을 강력하게 추진한 결과, 난관을 극복하고 2~3년 앞당겨 목표를 달성하는 성과를 이루었다. 중화학공업을 성공적으로 추진할 수 있었던 요인은 정부가 실수요자인 기업체와 협의하여 적극적으로 외국의 기술을 도입하고 시설확장과 자금지원, 수출지원까지 지원했기 때문이다. 그리고 지도자의 중화학공업 육성에 대한 집념을 바탕으로 모든 행정기관의 협조와 국내자원의 총동원, 외국 기술자 초빙과 기술 관련 연구소 설립, 정부의 예산 지원과 정부 지원에 의한 도로, 항만, 전기 등 인프라 설비로 인한 투자비 절감이 가능했기 때문이다. 이와 더불어 초기 설비 투자 시에 생산품의 국내 수요뿐만 아니라 해외 수출 수요도 시설 역량에 포함하여 시설 역량을 확대했는데, 이것이 수출에 상당한 기여를 했다고 분석된다. 후에 한국이 IMF를 조기에 졸업한 것은 당시 구축한 석유화학공업을 통한 제품 수출을 통해서 가능했다. 이와 같이 70년대의 중화학공업에 대한 국가적 투자와 기업의 성장이 없었더라면 오늘날과 같은 한국경제의 수준에 도달하기는 불가능했을 것이다.

1. 제2차 경제개발5개년계획과 정유공장 설립 과정

일제에 이어 한국을 농업 국가로 보았던 미군정은 원조자금이 들어오자 먼저 충주 비료공장을 세웠다. 그러나 5·16군사정변으로 집권한 박정희 대통령은 빈곤에서 벗어나기 위해서는 공업 중심의 경제개발이 필요하다는 인식을 가졌다. 5·16 이후 박정희 정부는 공업 입국을 모토로 경제개발5개년계획을 수립했다. 그 중 중화학공업 부분은 1961년 12월에 수립되었다. 중화학공업 부분의 계획에는 비료공장, 정유공장, 시멘트 공장 등의 구체적인 공장 설립 계획이 포함되어 있었다. 이러한 계획을 주도적으로 만든 곳은 오원철 경제수석과 김광모 경제2비서관을 중심으로 한 청와대 경제2비서실이었다.

경제개발5개년계획 하에 화학공업 부분. 이게 61년 12월달에 만들었습니다. (중략) 일제 시대는 한국을 농업 국가로 만들어야 된다 그랬어요. 그리고 미군이 들어와 가지고 한국은 농업 국가밖에 갈 방법이 없다. 해가지고 농업 국가를 만들려면 제일 먼저 필요한 게 비료공장이었어요. (중략) 충주 비료공장을 간신히 원조자금으로 지었습니다. (중략) 혁명정부가 들어와 가지고 경제개발5개년계획을 세워야 되겠다, 하는데 저희들 생각은 결국 공업으로 나가는 방법 밖에 없다. 공업입국이다. 그래서 이런 5개년계획을 세우게 된 겁니다.[1]

일제강점기와 해방 직후에는 공장이라 해도 사탕 공장, 시멘트 공장과 같은 소비재 중심 산업이었다. 그러나 제2차 경제개발5개년계획이 시작되면서 제철, 석유화학, 철강공업이 주산업이 되었다.

---

1) 김광모, 2011년 7월 26일자 1차 구술.

이승만 정권 때는 옛날에 일제세대로는 공장들을 인수를 해 가지고 하는 그런 공장들이 주였었어요. (중략) 소비재산업, 그걸 주로 해서 공장이 세워졌고요. (중략) 포항제철하고 석유화학공업, 제철, 철강공업, 철강공업이 2차 5개년계획에 주류 공업입니다. 주축이죠. (중략) 기름을 수입에만 의존한다고 하는 것은 국가로서는 너무 외국에 의존한다 해가지고 '정유공장만은 우리나라에 세워야겠다.' 이렇게 결정을 혁명정부에서 하고 (중략) 우리나라에 처음 생긴 기간산업 공장이 된 겁니다.[2]

정유공장을 새로 건설하는 과정에서 부작용과 시행착오도 있었다. 그 중 하나는 윤보선 정부가 800만 불의 차관을 들여와 정유공장 설립을 허가했던 극동 석유의 허가를 취소한 일이었다. 박정희 정권은 민간에게 800만 달러의 차관을 지원한다는 것은 특혜라고 간주하여 허가권을 박탈했다. 이는 당연히 위법에 해당하는 일이었지만, 민간회사가 혁명정부에 반발하기는 어려워 사건은 흐지부지 무마되고 말았다.

5·16 정부가 딱 들어오자 이게 800만 불의 차관이라고 하는 것은 민간에 대한 특혜 조치다 그래. 그러니까 (중략) 그 남궁연 씨의 정유공장 건설계획은 사라져버리고 새로운 정유공장 건설계획이 세워집니다. 이게 제일 처음에 나오는 정유공장 건설계획입니다. (중략) 윤보선 때 인정한 극동석유 남궁연 씨. 일단 정부에서 허가한 거를 무조건 박탈시킨 거란 말이에요. 그것은 어떻게 보면 위법입니다. 정부가 일단 허가한 거를, 정부 보유분을 주고 한 것을 '하지 말아라. 못 주겠다' 하는 것은 안 되는 거죠. 그래서 또 반발이 심했는데, 결국 혁명정부가 되다 보니까 '안 된다' 하니까 아무 말도 못 하고, 무마된 거죠.[3]

2) 감광모, 2011년 7월 26일자 1차 구술.
3) 김광모, 2011년 7월 26일자 1차 구술.

정유공장 건설 과정에 있어서 처음에는 공개입찰로 업체를 선정하기로 되어 있었다. 그러나 당시 박정희 대통령과 친분이 두터웠던 미8군 밴플리트 사령관은 박 대통령에게 직접 엔지니어링 회사를 소개해주겠다고 나섰다. 청와대 대통령 비서실에서는 어쩔 수 없이 밴 플리트 사령관이 소개하는 회사를 선정할 수 밖에 없었다. 이로 인해 결국 입찰 예상 가격보다 2, 3백만 달러가 더 지출되는 부작용을 낳았다.

어느 프로세스를 도입을 할 거냐 하는 그런 결정을 하는데 입찰을 봤어요. UOP, 세계에서 제일 유명한 유니버설 오일 프로덕트(Universal Oil Product)란 회사를 선정을 해가지고, 이제 결정을 했는데 누구도 그것을 왈가왈부할 사람이 없었어요. (중략) 박정희 대통령께서 제일 존경하셨던 분이 누구냐 하면은 워커힐. (중략) 저 8군 사령관. 그리고 반프리트(James A. Van Fleet) 장군. (중략) 그때 반프리트 사령관이 박 대통령한테 아주 잘 하셨어요. 그래서 밴프리트 장군이 박정희 대통령께 그 건설회사 엔지니어링 컴퍼니(engineering company)를 내가 소개를 해준다, 이렇게 됐어요. (중략) '밴프리트 장군이 소개해서 박 대통령의 지시니까 브로커 코포레이션(broker corporation)을 써라' 이렇게 된 거죠. 그러니까 저희로서는 할 수가 없었죠. (중략) 결국은 밴프리트 장군을 추천하는 브로커를 받아들였습니다.[4]

당시 정부는 공장 설립에 있어서 민간이 할 수 있는 공장은 민간이 하고, 민간이 할 수 없거나 해서는 안 되는 공장들은 정부가 기간산업으로 운영한다는 방침이었다. 호남비료는 민간으로 출발했으나 민간으로는 운영이 어려워지자 정부가 인수하여 공공기관으로 관리했다. 6개 비료공장의 경우 원료를 외국에서 수입하지 않으면 안 되었기 때문에 외국

---

4) 김광모, 2011년 7월 26일자 1차 구술.

합작 없이는 공장 설립이 불가능했다. 그러나 외국 기업들은 우리나라 민간기업을 신용할 수 없다는 태도였다.

> 육비공장이 생기게 되는데 이게 그 외국에서 원료도 인광석(燐鑛石)이라든가 이게 다 수입을 하게 되니까 외국의 합작 없이는 공장을 세우기가 힘들게 돼 있었고요. 그 다음에 외국의 공장들이 민간을 못 믿겠다. 민간이 그만큼 크지를 않았으니까 정부하고 해야 되겠다 해서 정부하고 합작 공장을 하는데, 정부가 바로 할 수는 없으니까 산업은행이라든지 충주 비료지주회사라고 하는 게 있었어요. 그런 회사가 주주가 되든지 해서 결국은 정부의 주가 50프로(%) 섞인 그런 반민간, 반관반민의 정부 주도의 기간 공장이 생겼죠.[5]

결과적으로 정부가 산업은행이나 충주 비료지주회사 등을 통해서 반관반민의 방식을 취함으로써 정부 주도의 기간산업을 위한 공장들이 설립되었다.

2. 수출중심 정책의 시행 과정

이처럼 공장 설립에는 정부도 보유금이 부족했으므로 외국과의 합작회사를 설립하는 방법에 의존해야 했다. 공업 입국을 위해 공장을 세우려고 해도 자본이 없었다. 그래서 우선 수출을 해야겠다는 목표를 세우게 되었다. 1차 5개년 계획의 수출제일주의는 이런 배경에서 만들어진 것이었다.

---

5) 김광모, 2011년 7월 26일자 1차 구술.

수출이 먼저 나온 게 아니고요. (중략) 공업입국이 있고요. 공장을 지으려다 보니까 돈이 없어서 수출해야 되겠다. 그렇게 해서 그러니까 공업형, 공업제품의 수출품이 있고요. 가발 같은 거 이런 거. 광물 같은 거 있고 가내 수출품도 있습니다. 박정희 대통령 때 수출할 수 있는 것은 모두 수출하자. 이렇게 해서 이제 수출을 주도해 공장이 세워졌다는 거죠. 그러니까 공업입국, 수출제일주의 이게 그 당시의 1차 5개년계획의 목표입니다.[6]

당시 수출을 장려하는 국가적 압력이 있었고 이로 인해 기업의 수출을 중시하는 인식도 확산되어 갔다. 정부는 큰 기업체에 대해서는 수출할당제와 같은 수출 목표를 세우도록 요구했고, 이행하지 않으면 각종 혜택을 주지 않는 제한이 부과되었다. 박정희 대통령은 직접 수출진흥확대 회의를 주재했고 상공부가 수출실적에 대한 보고를 진행했다. 수출실적이 저조한 기업에 대해서는 압력을 가하는 수출할당제가 시행되었고, 수출 우수 기업에 대한 포상제도도 시행되었다.

수출진흥확대 회의에는 그러니까 정부나 민간이나 수출에 관련한 모든 단체들이 다 모였어요. 물론 박정희 대통령이 주재를 하시고 상공부에서 소관을 해서 보고를 하는데 (중략) 수출 쿼터라든지 자금 지원에 대한 게 주였습니다. 그래서 수출 안 하면은 안 되겠다 하는 분위기에다가 (중략) 수출 안 하면은 그 상공부의 관리도 얼굴을 들고 못 다닐 정도로 그런 때였어요. 그러니까 관에서 상당히 독촉도 하고, 삼성이면 삼성, 그때 금성이면 금성에다가 압력을 많이 가하고 그랬어요. 그래서 뭐라고 그러니까 그런 수출 안 하면 우리가 살 수 없다, 하는 그런 분위기가 조성됐었습니다.[7]

---

6) 김광모, 2011년 7월 26일자 1차 구술.
7) 김광모, 2011년 7월 26일자 1차 구술.

당시 주요 수출 품목은 섬유, 가발, 시멘트, 합판, 라디오 등이었다. 수출에 크게 이바지한 산업은 섬유산업으로서 봉제 공장에서 일한 여성들은 당시 우리나라 수출의 일등공신이라고 해도 과언이 아닐 것이다.

> 섬유 쪽이 많이 수출이 됐는데요. (중략) 근데 고생을 많이 했는데 수출의 일등공신은 누구냐 하면요? 여자들입니다. (중략) 봉제 공장에 이게 탁 그저 이게 와이셔츠 만들고 하는 거 보면요. 그 대단합니다. 이거 전부 여자들이 했어요. (중략) 가발로서도 수출을 많이 했고요, 시멘트 수출 많이 됐고, 그 다음에 합판 (중략) 라디오도 형편없이 만들어서 수출을 하고 그랬어요. (중략) 메이드인 코리아가 형편없는 쪽으로 가있었지마는 그게 다 나라를 일궈낸 초석이 되었다고 볼 수 있겠습니다.[8]

라디오제품과 같은 수출 품목은 질이 낮은 것도 많았다. 당시 한국산 제품은 평판이 좋지는 않았지만, 결국 수출산업이 국가 경제발전의 기반 역할을 한 것이다.

3. 방위산업 육성 과정

제2차 경제개발5개년계획이 끝나는 무렵에도 우리나라의 공업 수준은 경공업 위주였다. 오원철 경제수석과 김광모 비서관은 이 단계에 이르자 국가의 산업발전을 위해서는 경공업이 아닌 중화학공업으로의 한 단계 도약이 필요하다고 생각했다.

---

8) 김광모, 2011년 7월 26일자 1차 구술.

공업 구도상으로 볼 때는 상당히 유치한 공업단계였었죠. 그리고 경공업 제품이 위주고 쇠퇴산업이고 이게 어떤 리미트(limit)가 있을 것이다. 그래서 이런 식으로 가면 안 된다. 해가지고 2차 5개년계획 말에 가서 어떻게 되느냐. 해서 오원철 씨 하고 저하고 고민을 해가지고 중화학공업 시대로 넘어가게 되는 겁니다.[9]

1971년 오원철 수석비서관과 김광모 비서관은 청와대 경제2비서실에 발령을 받았다. 그런데 그 목적은 중화학공업 육성이 아닌 방위산업을 육성하기 위해서였다. 방위산업은 박정희 대통령이 직접 생각하고 지시한 하향식의 친정사업 중 하나로, 박 대통령은 방위산업을 청와대 경제2비서실에서 담당하도록 했다. 경제1비서실은 경제 관련 모든 정책을 담당했고, 경제2비서실은 '어느 누구에게도 맡길 수 없는 사업'을 담당했는데, 그것이 바로 방위산업이었다. 박 대통령이 방위산업을 직접 지휘하게 된 것은 닉슨이 공표한 닉슨독트린, 즉 '자국의 방위는 자국이 지킨다' 라는 것으로, 미국은 남한에서 7사단을 철수한 사건이었다.

박정희 대통령께서 생각을 하셔 가지고 '방위산업 해야 된다.' 하신 거니까 이거는 '내가 직접 하셔야 된다' 하는 생각이셨어요, 이거는. 친정사업이라 그럽니다. 그래서 친정사업을 하려고 하니까 혼자 가지고는 안 되니까 청와대에 태스크 포스팀을 만들죠. 이게 그 제2경제비서실입니다. (중략) 방위산업을 말씀하신 게 71년 국군의 날에 박정희 대통령께서 우리도 방위산업을 해야 되겠다, 이북이 이렇게 도발을 하고 있는데 우리가 이렇게 가만히 있을 수가 없지 않느냐?[10]

방위산업의 운영방식은 민간이 공장을 설립하여 운영하되, 30%는 군

---

9) 김광모, 2011년 7월 26일자 1차 구술.
10) 김광모, 2011년 7월 26일자 1차 구술.

수공장으로 하고 나머지 70%는 민수 공장으로 하는 방식이었다. 즉 공장생산품의 30%에 해당하는 군수품에 대해서는 정부가 구매를 책임진다는 것이다. 전시에는 100% 가동을 하고 평시에는 30%만 생산해도 좋다는 것으로, 정부는 방위산업의 업체들을 지정했다.

> 방위산업공장은 국가가 아니고 민간이 하되, 제품의 30프로(%)는 군수공장이 하고, 나머지 70프로는 민수 공장이 한다. 제품 30프로의 군수에 대해서는 정부가 책임을 져준다. 민수는 기업체가 알아서 해라. 그러니깐, 그런 공장으로 해서 방위산업을 지정을 합니다.[11]

사실 닉슨독트린 이전에는 국가 안보는 미국에 맡긴다는 사고방식이 있었다. 그런데 미국이 한반도 방위에 대해 느슨한 분위기가 되자 정부는 250만의 향토예비군을 설치하게 되었다. 그런데 향토예비군을 무장할 방법이 없었다. 정부는 방위산업 발전을 위해 행정부에 추진체계를 만들기 시작했다. 국방과학연구소를 대폭 개편하여 ADD(Agency for Defence Development)를 만들어 무기를 만들도록 했다. 상공부에는 방위산업국을 신설했고, 국방부에는 방위산업 차관보를 두었다. 방산진흥확대 회의를 개최하는 등 행정적으로도 방위산업의 체계를 구축했다.

> ADD에서 도면을 만들어라. 소위 제품을 분해를 해가지고 분해를 해서 제품보고 그냥 도면을 만듭니다. (중략) 방위산업국이 현장에, 국장이 현장에 쭉 제대로 하도록 했고요. 그래서 엠원 카빈(M-1 carbine) 만들고 난 다음에 그 중간에 수류탄이라든지, 이런 방탄 헬멧, 방탄의복 이런 거 만들고요. (중략) 국방부에도 방위산업 차관보를 둡니다. 1, 2국을 두고 차관보가 투스타(two star)급이였고요. 국

---

11) 김광모, 2011년 7월 26일자 1차 구술.

장이 원스타(one star)급이였었고요.[12]

기업체들은 방위산업 업체로 지정받기 위해 정부에 신청서를 제출하고, 정부는 신청 기업 중 적격자를 선정했다. 또한 방위산업 업체들을 창원에 산업단지를 조성하여 이곳에 입주하도록 했다. 이렇게 창원에 조성된 방위산업단지는 후에 기계공업단지가 되었다.

> 방위산업을 함으로써 업체도요, 업체도 손해를 봤다는 업체가 없고요. 지금도 방
> 위산업에서 망했다는 회사 없습니다. 왜 그러냐면 30프로(%)의 이익을 보장을 해
> 주고요, 적정 이윤을 주게 되면 대충 무슨 수단을 해서든 꾸려 먹고 나갑니다.[13]

그리고 민간 기업체를 방위산업 업체로 지정하여 30% 수익을 보장해 주었다. 정부로부터 그런 지원을 받은 한화, 풍산금속 등 방산업체들은 이후 성장 가도를 달리게 되었다.

4. 중화학공업화 정책의 전개 과정

중화학공업화 정책이란 공업 구조에서 중화학공업을 50% 이상 점유하도록 하는 정책, 즉 중화학공업이 주도적인 산업이 되도록 하는 정책이다. 중화학공업에는 중공업과 화학공업이 포함되는데, 철강, 비철, 조선, 기계, 전자, 화학 등 6개 업종이다.

---

12) 김광모, 2011년 7월 26일자 1차 구술.
13) 김광모, 2011년 7월 26일자 1차 구술.

중화학공업화 정책이라고 하는 게 결국 뭐고 하니, 중화학, 말대로 중공업과 화학공업입니다. 중공업이라고 하는 게 철강공업, 철강공업을 철강하고 비철, 그리고 조선 그리고 기계, 전자, 화학공업 이렇게 6개 업종으로 나눴어요.[14]

앞서 기술한 바와 같이, 박정희 대통령은 1971년 10월 1일 국군의 날 기념행사에서 방위산업을 육성해야 한다고 선언했다. 방위산업은 기계공업의 일종인데 중화학공업의 뒷받침이 없이는 가능하지 않다. 그런데 당시에는 중화학공업 추진을 위한 공업의 기반이 갖추어져 있지 않았다. 그래서 공업구조개편론을 만들어 이 개편론에 따라서 중화학공업화 정책을 추진하도록 했다. 이를 위해서 대통령이 정책선언을 하고, 대통령의 친정사업으로 청와대 경제2비서실에서 중화학공업화 정책 업무를 담당했다. 경제기획원 쪽에서는 당시 우리나라의 국력으로는 중화학공업을 추진하기에는 미약하다고 보아 반대했다. 그러나 방위산업을 했던 오원철 수석경제비서관, 김광모 비서관 등 경제2비서실을 중심으로 중화학공업의 필요성을 인식하고 공업구조개편론을 만들고 대통령에게 정책선언을 하도록 건의한 것이었다.

우리는 중화학공업화 정책을 해야 된다 하는 결심을 중화학공업화, 그러니까 공업구조개편론을 만들고 이 개편론에 의해서 중화학공업화 정책을 해야 된다, 하려면 대통령께서 정책선언을 하셔야된다 해서 선언을 하게 된 거고. 그리고 선언만 해가지고는 되지 않으니까, 이것은 박정희 대통령의 친정이다, 내가 하는 거다. 반대가 많으니까 내가 한다 하는 게 아니고는 불가능했어요. 그래서 친정이래도 그걸 직접 하실 수는 없으니까 스태프가 필요하죠. 그래서 방위산업을 담당하고 있던 경제비서실, 오원철 수석을 비롯한 모든 스태프들이 중화학공업화 정책을 맡

---

14) 김광모, 2011년 8월 2일자 2차 구술.

아라 해서 박정희 대통령의, 그러니까 손발이 되어 가지고 경제2가 움직이는 겁니다. 그래서 경제2비서실에서 중화학공업화 정책에 대한 모든 것을 만드는데. 그러니까 경제2비서실에 직분이라는 게 몇 사람 되지 않습니다.[15]

이처럼 박 대통령이 방위산업을 직접 지휘했고, 청와대 경제2비서실의 오원철 경제수석비서관과 김광모 비서관이 담당했으며, 상공부, 국방부 등에도 추진체계가 갖춰짐에 따라 방위산업은 성공적으로 추진되었다. 경제개발 1차, 2차 5개년계획도 성공적으로 마쳐졌으나, 국가의 산업구조는 여전히 취약한 상태였다. 이에 오원철 수석비서관과 김광모 비서관은 경공업 구조에서 중공업으로 공업 구조를 바꾸어야 한다는 인식을 하게 되었다. 경공업만으로는 국가경제발전에 걸리는 시간이 너무나 길 것이라고 판단했기 때문이다.

중화학공업을 해야 우리가 테이크 오프(take off)할 수 있지 않겠느냐? 이런 생각을 가지게 됐어요. 그러니깐 1차 5개년계획이 경공업을 위주로 한 산업구조인데 그대로 갔다가는 (중략) 너무나 오래 걸릴 것 같다는 그런 얘깁니다. 그래서 그런 도발, 테이크 오프 하려면 어떤 방법이 있겠느냐? 결국 공업 구조를 바꾸는 것밖에는 없지 않겠냐? 해서 공업 구조를 바꾸려면 현재까지의 경공업 구조에서 중공업으로 나가야 된다. 그런 생각을 갖게 된 겁니다.[16]

1, 2차 경제개발5개년계획을 성공적으로 달성한 당시의 연평균 경제성장률은 12%에 달했다. 수출도 1963년에 1억 달러를 달성했고, 68년도에는 3억 달러, 71년도에는 10억 달러를 달성했다. 자신감도 느끼게 되

---

15) 김광모, 2011년 8월 2일자 2차 구술.
16) 김광모, 2011년 7월 26일자 1차 구술.

었으나, 무엇보다 국가가 선진국으로 도약하기 위해서는 중화학공업화 정책이 필요하다는 인식을 하게 되었다. 그리하여 1973년 1월 연두 기자 회견에서는 중화학공업화 정책이 국가정책으로 선언될 만큼 중요시되었다. 이 선언은 박정희 정부로서는 최초의 정책선언으로서 국가의 경제발전을 위해서는 중화학공업만으로는 가능하지 않고 과학과 기술을 병행하는 본격적인 종합 공업화 정책이 되어야 함을 선언한 것이다. 후에 박정희 대통령 업적의 백미로 평가받는 중화학공업정책이 천명된 것이다.

선진국은 선진국이고 후진국은 후진국으로 남아 있어야 된다 하는 거를 우리가 깨뜨릴 수 있다 하는 자세를 가지게 됐습니다. 그래서 한국도 우리나라도 한번, 테이크 오프(take off) 해보자. 한번 도약을 해보자. 이것만 가지고는 선진국이 되기에는 아주 요원하다. 아주 빨리 단축할 수 있는 길이 없겠느냐? 해서 한 것이 결국은 중화학공업화 정책입니다.[17]

그리고 중화학공업화에 대한 비전을 국민들에게 제시하기 위해 80년에 소득 1,000달러, 수출 100억 달러 달성을 목표로 내세웠다. 그러나 수출 100억 달러는 77년도에, 소득 1,000달러는 78년도에 달성했으니, 모두 목표보다 2, 3년 앞당겨 달성한 것이었다.

중화학공업의 비전은 1,000불 소득, 100억 불 수출 그것이다. 그래서 그걸 하기 위해서 이거는 단기간에 되는 것이 아니다. 10년의 장기계획이다. 하고 말씀 드려서 10년 동안에 우리 백년대계의 정책이다. 그리고 나라의 흥망이 달려있다. (중략) 박정희 대통령 때 작품이 1차 5개년계획이냐 그리고 중화학공업이냐 이런 쪽으로 따지면 중화학공업이란 말이에요. (중략) 나라의 흥망성쇠가 달린 게 중화학공업

---

17) 김광모, 2011년 8월 2일자 2차 구술.

정책이었어요.[18]

이처럼 중화학공업화 정책이 성공을 거두게 된 원인 중 하나로 이전 정부의 부정을 척결한 군사정권의 강력한 리더십을 생각할 수 있다. 부패한 정부에서는 그런 공업발전계획을 수립할 수도 추진할 수도 없었으리라는 것이다.

혁명정부가 성립이 되가지고 1차, 2차 5개년계획을 만들 때 공업으로 가야 된다 이렇게 계획을 세워서 추진하게 된 겁니다. (중략) 휴전 후에 (중략) 민주정부가 정권이 불안하니깐 아무것도 할 수가 없었어요. (중략) 국가 자체가 좀 부패했어요. 부패된 국가에서 그런 공업계획을 세울 수가 없었어요. 그러니까 안정된 정권하에서, 그러니깐 위대한 지도자를 만났을 경우에만 저는 가능하다고 생각하고 있습니다. (중략) 5·16 정부 때는 밑에 실무자가 있었지만은 계획을 세우면은 상부에서 받아들여졌어요. 바로바로 나가게 했습니다. 밀어줬다구요. 그러니까 정권의 안정 그리고 국민의 협동정신 이게 같이 작용해서 이루어지지 않았나 그렇게 생각을 하고 있습니다.[19]

안정된 정권과 국민의 협동 정신이라는 사회적 기반이 마련되었기 때문에 중화학공업화 정책이 선언에서 끝나지 않고 결실을 볼 수 있었다는 것이다.

그러나 실제 업무 추진에서는 경제2비서실의 스태프만으로는 효과적인 업무 추진이 어려운 면이 있었다. 그래서 설치한 것이 중화학공업추진위원회였다. 중화학공업추진위원회는 중화학공업화정책 선언 후인

---

18) 김광모, 2011년 7월 26일자 1차 구술.
19) 김광모, 2011년 8월 2일자 2차 구술.

1973년 중화학공업을 추진하기 위해 구성된 행정조직이었다. 추진위원 장은 국무총리이고, 총회에는 대통령이 직접 참석했다. 추진위원회 아래 에는 실무를 담당하기 위한 기획단을 구성했고, 또 추진위원회 아래에 는 차관보급으로 구성된 실무위원회를 두었다. 기획단에서 정책을 검토 한 후 추진위원회에 상정했는데, 추진위원회의 기획단장은 청와대 경제 2수석이었다. 기획단의 구성은 석유화학과 비료, 기계, 전자, 조선을 담 당하는 정부 부처의 과장들과 기업체에서 각 분야 담당자, 재무부 과장, 경제기획원 담당자들이 파견되어 나와 있었다.

> 화학에는 석유화학하고 비료가 있었고, 기계가 있고, 전자가 있고, 조선이 있고.
> 그래서 대게 과장급들이 파견돼 나와 있었고, 기업체에서 한 분야에 한 두 사람씩
> 나와 있었고, 그리고 재무부에서도 과장급 이원재 과장이 나왔나, 뭐 기획원에서
> 도 나왔고. 단장에 김용환 씨, 부단장이 서석준 씨, 그리고 나. (중략) 기술자 실무
> 진도 좀 몇 있었어요. 화학 파트 이쪽에서는 사무관이 하나 나와 있었고, 그리고
> 진해 화학에 과장하는 분이 나와 있었고, 우현으로는 공장장이라고 이옥석 씨라
> 고 나와 있었어. (중략) 그때는 이제 특허청에 항고심판관으로 있었어요. (중략) 막
> 상 비료 공업 내가 해보지도 않았고 (중략) 그냥 기획하고 행정업무고 그러니까,
> 굳이 뭐 무슨 비료를 연구하는 전문가라든지 이런 거하고는 좀 틀리죠.[20]

당시 특허청의 항고심판관으로서 기획단에 소속되었던 김동엽의 구술 에 따르면, 기획단 구성 이전에 이미 각 분야의 공장 설립과 관련된 계 획들은 이미 짜여 있었던 상태였다. 추진위원회는 정책을 공식화하기 위 한 절차와 같은 역할을 한 것으로 보인다.

---

20) 김동엽, 2015년 8월 28일자 3차 구술.

이미 다 계획이 되어 있었고, 다 플랜이 돼 있었죠. 그런데 아마 플랜이 돼있었지만은, 그걸 공식화 하려면 뭐 위원회도 만들어야 되고 통과해야 되고, 또 뭐 그 실무위원회도 통과해야 되고 뭐 이런 게 구체화돼야 되지 않겠어요? 자본계획, 자금계획도 세워야 되고. 이런 공장 건설 계획이니까. 아 그런 공식화하는 과정이라고 봐야 되겠죠. 공식화하는. 밑그림은 그려져있고 그걸 어떻게 추진하느냐. 구체적으로.[21]

그런데 추진위원회나 실무위원회의 구성원들이 모두 중화학공업정책 추진에 대한 이해가 깊었던 것은 아니었다. 당시 첫 번째 실무위원회에 참석한 대학 교수 중에서도 반대 의견이 나왔다. 당시 우리나라의 경제수준에서 공장을 지어 해외에 중화학공업제품을 수출한다는 것은 현실에 맞지 않는다는 의견이 초기에는 적지 않았다.

첫 번째 실무위원회가 열렸는데, (중략) 유학종 차관보께서 "다 준비가 됐냐?" 그래서 대충 설명을 했더니 그 위원회를 열었어요. 그 위원들이 전부 대학교수들이 한 10여 명 하고 있는데 반대하는 의견들이 많았다구요. 수출, 다른 건 다 국내수요 충족도 어려운데 또 수출 경쟁력이 있겠냐, 또 수요가 수출을 바라보고 공장을 짓는다는 게 화학 공장에 그게 말이 되냐. (중략) 분위기가 "우리나라의 그 무슨 자동차나 이런 걸 수출해서 되는 나라냐?" "중화학공업제품을 수출할 수 있는 나라냐." 이런 거는 다 국민들이나 웬만한 사람들은 그거는 꿈꾸는 소리라고 이렇게 치부할 때니까. 그러니까 비료공장 수출용 짓는다 하면은, "웃기는 소리하지 말라." 정도 그런 거였는데, 교수들도 마찬가지죠. (중략) 우리나라는 사람이 인력이 싸니까 경공업 같은 거나 해야지, 중화학공업 같은 거는 자본 집약적인 산업이잖아요, 일단. 그러면 돈이 없는데 그런 걸 하냐. 또 기술집약이라는 것도 있잖아요.

21) 김동엽, 2015년 8월 28일자 3차 구술.

그런 거는 우리가 하면 안 된다.[22)]

이처럼 중화학공업정책은 정부 부처 내에서는 중화학공업추진위원회
와 기획단 등으로 정책을 추진해나갔지만, 실제에서는 관이 주도하고 민
간이 추진하는 방식이었다.

관의 주도로 전부 민간이 한 겁니다. 관 주도 민간형 추진. 이게 성공의 요인 중의
하나라고 생각을 합니다.[23)]

중화학공업화 정책 추진에 있어서 가장 먼저 고민한 점은 어떤 산업
을 육성시키느냐였다. 경제개발 5개년계획의 목표는 경제의 자립화, 자
립경제의 달성으로 식량과 물자의 자급화를 이루는 것이었는데, 이를 위
해서는 공업화가 필요하다는 인식을 하게 되었다. 공업화를 이룩하기 위
해서는 어떤 산업을 먼저 건설하고 어떤 산업을 육성시킬 것인가. 다시
말해서 산업의 종류를 선택하는 것이 가장 중요한 문제였다. 공업화를
신속하게 달성하기 위해서는 파급효과가 크고 연관 효과도 커서 기여도
가 큰 업종이 제조업 중에서 중공업이라는 결론에 도달했다. 그리고 위
원회에서 업종 신청을 받아 업종 분야를 협의한 결과 중화학공업 분야
로 최종 선정을 하게 되었다. 가정 먼저 선정된 것이 철강이었고, 그 다
음이 조선, 자동차, 반도체, 전기, 전자, 기계 분야, 특수강 등의 분야가
선정되었다. 이 분야는 고도의 기술이 필요하고, 자본도 상당히 필요하
며, 실제로 공장을 건설해서 생산품을 생산하기 위해서는 적지 않은 힘
이 드는 분야였으나, 연관 효과가 크고 부가가치가 크다고 판단되어 선

---

22) 김동엽, 2015년 8월 28일자 3차 구술.
23) 김광모, 2011년 8월 2일자 2차 구술.

정하게 된 것이다. 그리고 업종을 선정하는 데 있어서 민간이 사업을 추진할 수 있고, 사업 담당 능력이 있는 사업가가 있는 분야부터 시작하는 것이 좋다고 판단했다. 즉 실수요자가 있는 분야여야 한다고 생각했고, 여러 단계를 거쳐 실수요자를 선택하는 과정을 거쳤다. 어떤 공장을 우선 건설할지를 결정하는 데 있어서 고려한 것은 국내의 기술여건과 자금 조달, 판매, 추진기업 등으로 전문가와 외국의 선례를 파악하고 모든 자료를 종합하고 의견을 청취하는 여러 단계의 과정을 거쳤다. 제철은 포항제철로 정했는데, 한일청구권으로 배상받은 자금을 동원해서 건설하기 시작했으나, 그 과정에서 어려움이 적지 않았다. 그러나 포항제철 건설 과정에 있어서 청구권 자금뿐만 아니라, 항만, 도로, 전기 등의 분야도 정부가 자금을 지원하여 이루어졌다.

5개년계획을 작성할 때 어떤 시설을 건설하느냐, 공장을 짓느냐 하는 것에 대해서는 그야말로 중지를 모아서 기술자, 전문가 또 외국의 선례, 또 학자 등의 의견을 충분히 들어서 모든 자료를 종합하고, 의견을 청취해서 정하게 되고. 또 이 기업을 어떤 분이 추진할 거냐, 실수요자는 누가 될 거냐 (중략) 제1차적으로 기여도가 큰 업종, 그것이 뭐냐, 대개 중화학공업 분야가 되지 않겠느냐. (중략) 중화학공업 분야는 상당히 추진이 어렵기 때문에 그 추진하는 방법으로써 우선 실수요자를 선택하자, 그래서 선정을 해가지고 그 실수요자 의견을 듣고 또 관계기관의 협조를 얻어서 선정을 하고, 위원회 같은데서 올려가지고 또 부족하면은 보완을 해서 또 3차, 4차 수정을 해가지고 추진을 하자. (중략) 그래서 제 1차적으로 선정된 것이 중화학공업 중에 철강. 그 다음에 조선. 자동차. 그 다음에 전자, 기계 (중략) 제철은 포항제철로 정해서 사실 포항제철은 우리나라 공업화에 있어서 제1번이 되지 않았나 생각합니다.[24]

24) 한재열, 2013년 10월 16일자 1차 구술.

당시 경제기획원 국장으로서 포항제철을 담당했던 한재열 씨는 포항제철이 정부가 추진한 모범적인 사업이며 '5개년계획 사업 중 대표적인 사업'으로 평가한다.

> 5개년계획 사업 중에서 대표적인 사업이 아닌가. 일본이 어렵다고 생각했던 이 프로젝트를 우리가 완성시켜서, 지금은 일본하고 완전히 경쟁이 가능하고. (중략) 전라도 광양제철소까지 건설을 해가지고 완전히 일본의 그 시설능력보다도 많은 제품, 시설을 갖추고, 국제시장에서 우리가 일본을 누르고 있지 않느냐 이렇게 생각이 됩니다.[25]

포항제철이 서류를 접수하면 부총리가 먼저 알고 서류를 승인해줄 정도였고, 박정희 대통령에게는 매일 보고가 올라갔다. 정부의 포항제철에 대한 적극적인 지원과 협력을 엿볼 수 있는 부분이다.

> 서류를 가져와서 검토할 시간조차 주지 않았습니다. 서류를 접수하면은 부총리가 어떻게 먼저 아는지. 너들이 무슨 포항제철의 기술을 알아? 포항제철은 포항제철 자체에서 만큼 아는 사람들 없어. 원칙에 합당되면 바로 올려. 이게 그 양반 지시입니다. (중략) 그 프로젝트에 대해서는 박정희 대통령한테 일일보고가 갑니다. 일일보고. 메모해가지고, 오늘은 무슨 시설 들어오고, 뭐했고, 어디까지 했고. 참 열성으로 그 추진 사항을 보고하셔서 가지고. 박정희 대통령께서도 참으로 포항종합제철에 대해서 자부심을 가지시고, 참 기뻐하시고 말이야.[26]

중화학공업화 정책의 추진과정에서 빼놓을 수 없는 점 중 또 하나는

---

25) 한재열, 2013년 10월 16일자 1차 구술.
26) 한재열, 2013년 10월 16일자 1차 구술.

산업별 입지선정의 과정이다. 중화학공업의 특성상 중화학공업의 발전을 위해서는 정부 차원의 지원이 필수적이었다. 그 중 하나가 공장의 입지선정이다. 공업구조개편론 작성 시에 이미 대략적인 공장의 입지가 선정되었는데, 그 대부분은 임해공단이었다. 항구에 공단을 설정한 것은 천연자원이 부족한 우리나라의 여건상 원료를 수입하고 가공한 생산품을 수출하는데 적합한 조건이기 때문이다. 또한 중화학공업은 공해를 유발하므로 이를 방지하기 위해 내륙 특히 4대강 상류에는 공장을 세우지 않을 것을 정했다. 그런 원칙을 두고 최종적으로 결정을 한 것이 철강은 포항, 비철은 온산, 기계공업은 창원이었다. 창원은 기계공업에 필요한 부품을 제조하는 중소기업과 종업원들의 주거지 조성을 위한 넓은 토지를 갖추고 있다는 점에서 공업단지로 선정되었다. 창원은 처음에는 방위산업단지로 조성하면서 지리적 여건상 적합하다고 판단되어 선정되었는데, 후에 기계공업단지가 되었고, 이 단계에서 역시 도시 설계적 측면이 고려되었다. 그리고 기계공업과 마찬가지로 많은 인력이 필요한 전자공업은 공해가 발생하지 않으므로 내륙이면서 많은 인구가 수용 가능한 구미가 단지로 선정되었다. 석유화학은 인근에 정유공장이 있어야 하므로 울산이 석유화학공업단지로 선정되었다. 이렇게 되니 호남을 푸대접한다는 말이 나왔다. 그래서 울산보다 더 큰 석유화학단지를 여천에 건설했고, 조선은 항만이 자유롭게 드나들 수 있는 조건을 가진 남해안의 울산과 거제도가 조선기지로 건설되었다. 우리나라는 조선에 좋은 항만의 조건을 갖추었는데 바로 댈 수 있는 지역이 특히 남해안에 많았다.

이러한 중화학공업단지 선정에는 당시 참고할 만한 모델을 찾기 어려웠다. 후진국이 선진국으로 발전하는 데 있어서 따라 할 수 있는 모델이 없었다. 영국이나 미국의 모델을 참고로 하기는 어려웠고 다만 당시 일본이 57년도에 시작한 일본열도개조론을 약간 참고하는 수준이었다. 일본은 당시 중화학공업의 비중을 50% 이상으로 한다는 신 장기계획을 수립하고 67년에 완성했는데, 사실 일본은 제2차 세계대전 당시 이미 군함, 전투함을 제조할 정도의 공업국이었으므로 우리보다 훨씬 앞선 수준이었기 때문에 모델로 삼기는 어려웠다. 결국 대부분의 계획은 오원철 수석과 김광모 비서관의 경험을 바탕으로 만들어진 것이었다.

> 모델이 없습니다. 모델이 있었다면 공업구조개편론에 다 나옵니다. (중략) 중화학 공업을 해야 된다, 하려면 이렇게 해야 된다, 하는 거는 오원철 수석하고 저하고의 몇 십년간의 경험, 이게 주축이 됐고요. 일본이 참고를 했다면, 일본이 참고가 됐을는지도 모르겠어요. 일본이 그렇게 했으니까 자신 있게 추진을 했다고는 할 수 있어요. (중략) (일본은) 우리하고는 이유가, 비교가 안 되죠. 이미 패전을 했지만은 공업국은 공업국이었었어요. 그런데 57년도에 신장기계획 하는 걸 만들어요. 거기에 보면 중공업, 공업개편을 한다 이런 얘깁니다. 그래서 중화학공업을 50프로(%) 이상 가져간다 하는 이런 얘기는 있어요.[27]

구체적인 공업단지의 입지 선정조건을 살펴보면, 울산은 일제강점기부터 원산의 정유공장을 울산으로 이전한다는 계획이 논의되었던 곳이었다. 울산은 수심이 깊어 배가 뱅크 안에 들어갈 수 있는 항구를 갖추었으며, 포항도 철광석을 탑재한 선박이 바로 해안에 도착할 수 있는 입지 여건을 갖추었기 때문에 포항이 선정된 것이다. 대통령이 영남 출신이라서 선정된 것이 아니라 천연자원을 이용해야 하는 여건상 선정이 된 것이다.

다음으로 중화학공업 추진에 있어서 정부와 민간과의 관계를 살펴보면, 중화학공업은 정부 주도하에 이루어진 것이다. 기업체의 단지 인허가도 정부의 허가를 받아야 했고, 방위산업체는 정부가 직접 지정했다.

---

27) 김광모, 2011년 8월 2일자 2차 구술.

정부로부터 방위산업체로 지정받은 업체는 단지에 입주할 수 있는 자격이 주어졌고 종사자에게는 병역면제 등의 혜택도 주어졌다. 방위산업은 군수품 30% 민수품 70%의 비율로 생산하도록 했고, 방산품의 30%는 정부가 판매를 보장해주었다. 이는 공장의 유지를 지원한다는 의미가 된다. 그런데 창원에 단지를 조성하면서 초기에 입주하려는 민수품 업체가 없자 정부는 기업체들에 입주를 강요하기도 했다. 또 정부가 어떤 특정 제품을 생산할 것을 요청하기도 했다. 삼성에는 시계, 카메라 같은 정밀 제품 생산을 요구했다. 정부의 지정으로 제품을 생산한 기업 중 손해를 본 경우는 찾아보기 어렵다.

창원에 민수품 공장, 참 들어갈 업체가 없었어요. 아무것도 모르는데 어떻게 들어 갑니까? (중략) 공장을 빨리 넣어야 유지가 될 거 아닙니까? 들어올 업체가 없었 어요. 그래서 큰 기업체를 불러서 이거 들어가라 압력을 넣습니다, 들어가는 업체 도 있고 뭐 안 들어가는 업체도 있었죠. 안 들어가면 별로 좋지 않았죠. 100프로 (%) 수출해야 되는데. 이거는 하나의 예입니다. 하나의 옌데 우리나라가 일본에 수출하는데 수출 대중품이 뭐냐 하고 따져 보니까, 시계, 카메라, 이런 게 많더라 이거죠. (중략) 삼성은 (중략) 방산업체 안하고 그랬으니까. 방산업체도 하거니와, 시계, 정밀제품, 시계 만들어라. 그리고 카메라 만들어라. 그래가지고 그래서 지금 삼성에서 카파(KAPPA)라는 시계 만들고 있고요. 삼성에 거 IC 전자 (중략) 만들 게 된 동기입니다. 세계 3위의 카메라 공장이 되어 있는 거예요. 그때 정부에서 지 정해가지고 만들어라 강제적으로 해서 손해 본 회사가 없어요.

당시 정부 주도의 중화학공업화 정책에 대해서 속도가 너무 빠르다거나 과잉투자라거나 하는 비판론이 대두되기는 했지만, 과잉투자 부분은 예산의 5%에 불과한 것이었다. 전두환 정권이 들어선 후 오원철 수석은 부정축재 혐의를 받기도 했으나, 무혐의로 판명되었다. 전두환 정권은 미국이 반기지 않았던 방위산업, 핵 개발 등을 탄압함으로써 미국의 환심을 사려는 의도가 있었다. 특히 국방과학연구소 ADD의 연구진, 핵연료제조 관련 기술진 등을 상당수 퇴출해 한때 연구소 기능이 마비되기도 했다. 그러나 후에 우리나라가 IMF를 조기에 졸업한 것은 석유화학 제품 수출을 통해서 가능했다.

> 전두환 정권이 신경을 쓴 건 뭐고 하니, 미국이 싫어했던 거 있습니다. 그때 방위산업을 한다, 핵개발 한다, 이런 거를 미국이 별로 안 좋아했어요. 상당히 감시를 많이 했습니다. 그러니까 전두환 정권이 미국의 환심을 사야 된단 말이예요. 그럴려면 미국이 싫어했던 거를 다 풍지박살을 내자 그랬어요. (중략) 석유화학 제품을 수출을 해서 파이널, 다 끝났어요. 중화학 제품 수출로서 IMF 해결입니다.[28]

중화학공업은 10년 장기계획으로서만 성과를 볼 수 있는 분야이다. 중화학공업화 정책을 개시할 당시 우리나라는 수출액 16억 7천만 달러, 1인당 GNP는 318달러에 불과했다. 그런데도 100억 달러 수출, 1,000불 소득이라는 상당히 비약적인 계획을 세웠다. 대통령 주도하에 청와대에 새로운 기구를 만들어 추진했으며, 심지어 2~3년 일찍 목표를 달성했다. 처음 공장을 지을 때는 차관을 들여 건설하는 방법에 의존해야 했다. 차관 망국이라는 말도 나왔지만, 결국은 생산된 제품을 수출로 갚아나갔다. 원유와 같은 천연자원을 수입해서 가공하여 석유를 만들었으니 공업 자립을 이룬 것이다. 중화학공업의 1차 목표가 공업의 자립화였는데 이 목표를 달성한 것이다.

차관망국이다, 한때 그랬는데 한다고 했죠. 차관망국을 우리가 경제계획 공장을

---

28) 김광모, 2011년 8월 2일자 2차 구술.

지어가지고 수출해서 갚아 나갔어요. (중략) 중화학공업정책이 없었으면 아무것도 없는 거죠. 우리나라에. (중략) 원유를 수입을 해가지고요, 국내에 팔고 수출을 많이 합니다. 왜 그런고 하니, 경제적인 공장을 세웠기 때문에, 어느 나라하고도 경쟁할 수 있는 부가가치 높은 공장을 세웠기 때문에 그렇다 그겁니다. 이런 중화학 공장이 없더라면 어떻게 되겠어요? (중략) 중화학공업이 없었다 그래 보십시오. 어떻게 되겠느냐? 일반 중화학공업을 없애고 무슨 두뇌공업을 가야된다. 얼토당토않은 말이다 그겁니다.[29]

최근의 신소재공업, 두뇌공업, 반도체 등도 당시의 중화학공업 발전을 기반으로 가능한 것이다. 중화학공업의 발전 기반이 없이는 선진국이 될 수 없기 때문이다. 당시 부총리였던 남덕우씨에 따르면, 1974년부터 1979년 사이에 112억 달러의 외자를 들여왔다. 이는 박정희 재임 기간 내 총 외자도입액 151억 달러의 74%에 해당하는 금액이었다. 즉 중화학공업 육성을 위해서 외자를 집중적으로 들여왔다. 이로 인해 국회에서는 '외채 망국'이라는 비판도 많았다. 국회뿐만 아니라 학계나 행정부에서도 외국의 자본으로 중화학공업 공장을 건설한다는 계획에 대한 반대 의견이 적지 않았다.

돈이 있어요? 기술이 있어요? 뭐 기술자가 있어요? 뭐 사실 그런 계획을 하고 이렇게 봐도 완전히 남의 손으로 공장을 짓는 거예요, 중화학공업이. 돈도 외국에서 빌려야 되니까. 그걸 뭐라고 하는 줄 아세요? 해외저축. 우리가 뭐 해외에다 저축한 게 있나 하고 처음에는 그 용어가 생소했어요. 근데 외국 사람이 저축한 돈을 우리가 빌려다 쓰는.[30]

---

29) 김광모, 2011년 8월 2일자 2차 구술.
30) 김동엽, 2015년 8월 28일자 3차 구술.

그러나 결과적으로 우리나라는 채무국에서 채권국으로 전환되었고, 당시 중화학공업의 발전이 없었더라면 후에 오늘날과 같은 한국경제의 발전을 이루기는 불가능했을 것이란 의견이 적지 않다.

국회에 나가면, '외채 망국'이라 그래가지고 또 야단들이 많아요. 그저 신랄하게 비판하는 거죠. 그래 그것을 꾹 참고 그렇게 했는데. 뭐 결과적으로는 잘 됐죠. 그 래서 우리나라 그 외채 망국이 아니라, 저 순 채무국에서 순 채권국으로 전환됐으 니까. (중략) 중화학공업에 대한 과잉투자 때문에 한국경제가 망할지도 모른다, 이 렇게 떠들어 대는 거야. (중략) 만약 그때 중화학공업을 추진하지 않았더라면, 오 늘의 한국경제가 어떻게 됐을까, 이런 생각을 하게 되요. (중략) 70년대 초, 초기에 건설 경기를 그렇게 해서 지나 놓고, 중화학공업이 그 성과를 차츰 보이기 시작했 죠. 제1차 석유파동으로 1974년 하반기부터 선진제국의 불황국면들이 좀 접어들 어서, 미국과 일본의 경우는 전부 마이너스 성장. 근데 우리나라는 유독 고도성장 을 유지를 했단 말이야. (중략) 82년부터 중화학공업 제품 수출이 경공업 수출을 앞지르게 됐고, 계속해서 중화학공업 제품이 우리나라 수출의 대중을 차지하게 돼서 오늘에 이르게 된 거죠.[31]

이러한 중화학공업 분야의 수출 성과는 우연히 얻어진 결과가 아니었 다. 초기 중화학공업 계획단계에서부터 공업발전의 효과성을 높이기 위 한 전략의 하나로 수립된 것이었다. 즉 더욱더 빠르게 공업화를 이루기 위해서 원료와 부품을 생산하는 완전 국산화 방식보다는 외국에서 부 품을 수입해서 단순 조립 가공하여 생산하는 방식을 채택한 것이다. 이 방식은 결과적으로 조립가공을 통해서 관련 기술을 배우고, 원자재도 한 가지씩 단계적으로 국산화시켜 부가가치를 높임으로써 초기 중화학

---

31) 남덕우, 2011년 3월 29일자 1차 구술.

공업 개발에 따르는 어려움을 해결하고 중화학공업 발전을 촉진하는 데 도움이 되었다고 판단된다.

과연 어떤 전략을 쓸 것이냐. (중략) 공업 발전 과정을 보면, 원천적으로 원료를 생산하고 부품을 생산해서 그거를 완전히 국산화해가지고 생산하는 경우가 있고. 또 한 가지는 이런 것을 외국에서 수입해서 단순히 조립 가공하는 형식으로 생산품을 만들어 내는 경우도 있습니다. 두 경우를 비교할 때 어떤 경우가 더 빨리 생산 효과를 올릴 수 있느냐. 전자는 시일이 오래 걸리죠. 생산효과는 늦고. 그러니 빨리 우리가 공업화를 이룩하기 위해서는 후자를 택하자. 그래서 결국 초기에는 중화학공업의 어려움, 부분에 있어서는, 원자재 부품, 소재 같은 거. 그리고 중요한 기술이랄까 그런 것 같은 거는 외국에서 수입해서 이것을 조립가공해서 생산하자, 하는 방식을 채택을 했습니다. 그게 오히려 더 효과를 봤습니다. 그렇게 함으로써 우리가 점점 기술을, 조립 가공함으로써 그 기술을 배우고, 또 한 가지 한 가지씩 원자재를 국산화시킴으로써, 국산화율을 높여가지고, 부가가치를 높이고 해서 중화학공업을 촉진시킬 수 있는 그런 전략을 우리가 짜가지고 추진하는 것이 중화학공업의 초창기의 어려움을 우리가 이겨낼 수 있었다, 이렇게 얘기할 수 있겠습니다.[32]

그러나 한편으로는 조립가공방식으로 추진했기 때문에 자동차공업의 경우 부품을 국내에서 생산하기보다 수입에 의존했다. 해외 부품을 관세 없이 면세품으로 들여왔기 때문에 부품의 국산화, 특히 부품생산을 담당하는 중소기업을 발전시키지 못한 결과를 낳았다.

자동차공업을 우리가 발전시키는데 부품공업을 조금 우리가 좀 힘을 썼으면 현재

---

32) 한재열, 2013년 10월 16일자 1차 구술.

는 뭐 일본을 따라잡았지마는 벌써 일본보다도 우리가 좋은 자동차를 맨들 수 있었지 않았나 (중략) 우리가 그게 좋은 질의 부품을 생산 못 했거든요. 일본 거를 막 사다가 조립해서 수출상품 했고, 그러면서 하나하나 자꾸만 국산화했죠. (중략) 이것을 좀 빨리 국산화를 했었으면 우리나라 부품공업이 굉장히 발전돼가지고 일본을 좀 빨리 이렇게 능가할 수 있었지 않았냐. 그런 생각이 좀 드는데. 그당시 수출을 먼저 해야 된다 하기 때문에 국산화 정책이 뒤졌어요. 우선 급하니까 외국에서 도입해서 조립해서 외국에다 팔아야 수출이 되니까 (중략) 전부 세금을 면제시켜서 들어왔어요. 전부 부품 면제로 들어왔어요. (중략) 대가도 나중에 수출한 후에 갚아요. 외상으로 들여오는 거죠. (중략) 국내 메이커들이 외국제품하고 경쟁이 됩니까? 안되지. 그래서 자꾸 부품공업이 뒤떨어졌어요. 그래 중소기업에 우리나라 뒤진 원인 중에 하나가 바로 이 부품공업이 뒤진 겁니다.[33]

그런데도 당시 상공부 중공업 국장으로서 포항제철의 준공까지 포항을 수도 없이 왕복하면서 공장 준공에 일익을 담당했던 한재열씨에 따르면, 중화학공업을 성공적으로 추진할 수 있었던 요인은 정부가 실수요자인 기업체와 협의하여 적극적으로 외국의 기술을 도입하고 시설 확장과 자금 지원, 수출 지원까지 적극적으로 지원했기 때문이라는 것이다. 그리고 지도자의 중화학공업 육성에 대한 집념을 바탕으로 모든 행정기관의 협조를 얻어내고 국내자원을 총동원했으며, 외국 기술자 초빙과 기술 관련 연구소를 설립하고, 정부의 예산 지원과 정부 지원에 의한 도로, 항만, 전기 등 인프라를 설비함으로써 그로 인한 투자비 절감이 가능했기 때문이다. 이와 더불어 초기 설비 투자 시에 생산품의 국내 수요뿐만 아니라 수출 수요도 시설 역량에 포함하여 시설 역량을 확대했는데, 이것이 수출에 상당한 이바지를 했다고 분석된다.

---

33) 한재열, 2013년 11월 7일자 2차 구술.

중화학공업을 추진하는 데 있어서 그래도 우리가 성공했던 원인을 몇 가지를 짚어보면 첫째, 정부의 적극적인 지원이 있었고. 또 무엇보다도 지도자의 집념, 이것을 반드시 육성, 발전시키겠다는 집념과 모든 행정기관의 협조, 또 국내자원 총동원. (중략) 외국의 기술자를 초빙해서 국내의 기술 관계의 연구소 같은 거를 설립을 많이 했습니다. (중략) 우수한 학자들을 초빙해서 연구, 발전시켜 가지고 기술 자문을 받고, (중략) 포항종합제철 같은 데는 도로, 항만, 전기 이런 시설, 인프라 시설 같은 것도 정부 자금으로 시설을 해줬기 때문에 투자비가 절감이 아니라 절약이 되고. (중략) 또 전략으로서 처음에 여러 가지 수요를 책정을 할 때에 생산품의 수요를 국내 수요만을 생각해가지고 시설을 할 꺼냐, 그렇지 않으면 수출도 감안할 거냐. 하는 얘기가 많았습니다만은 수출 수요도 과감하게 시설 역량에 포함시켜가지고 더 확대시켜서 시설 역량을 늘리자. 그래가지고 수출, 국내 뿐 아니라 수출에 주력을 했다. 그래서 그게 수출에 상당한 기여를 했다.[34]

그런데 포항제철은 설립에 한일청구권 자금을 받아 사용했는데, 이 자금을 좀 적게 받았다는 평가도 있었다. 자금을 더 요청하여야 했으나 공장건설을 늦출 수 없었기 때문에 적은 대로 받아서 공장 설립을 추진하게 되었다는 것이다.

일본에서 물론 적극적으로 지원을 많이 해주었고, 기술적인 문제도 해결을 해주었습니다마는, 초창기에 청구권 자금을 받아가지고 건설을 했습니다마는, 청구권 자금을 그때 좀 적게 받았어요. 어떻게 보면 더 받을 수도 있었는데 그게 적게라도 받아서 공장건설 빨리 하자, 이런 주장이었고. 또 일부에서는 그걸 반대도 하고. 해서 자금문제가 초창기에 어려움이 있었죠.[35]

---

34) 한재열, 2013년 11월 7일 자 2차 구술.
35) 한재열, 2013년 11월 7일 자 2차 구술.

5. 중화학공업화를 위한 과학기술인력 양성 정책

중화학공업화 정책을 실행하기 위해 추진한 또 다른 정책은 체계적인 과학기술인력의 양성이었다. 73년도 중화학공업정책을 시작할 당시 연구소다운 연구소는 KIST 한 곳 정도였다. KIST는 미국 존슨 대통령이 한국에 베트남 파병을 요청했고, 한국 정부가 이를 받아들이자 그 보답으로 설립을 지원한 것이었다. 당시 박정희 대통령은 중화학공업 발전을 위해서는 전 국민의 과학화 운동이 필요하다고 주창하면서 연구소 설립을 강조했다. 그런데 KIST는 경공업형 공업 국가를 만들 때 필요한 정도의 연구소였다. 중화학공업정책 추진을 위해서는 본격적인 연구소가 필요했다. 박 대통령이 연구개발 자체를 중화학공업 쪽에서 흡수하도록 지시하여 과학기술처에서 하던 대덕연구단지를 중화학공업에서 인수하여 대덕에 850만 평 중 300만 평은 주거지로 할애하고 나머지 땅에 연구소를 입주시키는 계획을 추진하게 되었다. 이렇게 하여 구미의 전자연구소와 창원의 기계연구소가 대덕으로 이전했고, 나중에 국립연구소 주변에는 민간연구소가 설립되어 국립연구소의 기계장비를 사용하면서 민간연구소도 육성되는 방식으로 진행되었다. 청와대 방침으로 상공부의 표준연구소, 보사부의 식품연구소, 원자력연구소 등이 대덕에 이전하도록 각 부처에 통보했고, 각 부처는 대통령 친정사업이니만큼 거부하기 어려웠다. 즉 청와대가 추진하고 연구소 설립 후에는 과기처가 담당했다. 대덕연구단지는 투자를 효율화하기 위해 공업단지 조성과 같은 방식으로 연구소를 한 곳에 집중시켜 인적, 물적 자원을 공동화하고자 했다.

단지를 만드는 게 공업단지의 개념하고 꼭 마찬가지로 연구소를 한곳에 집중화시키는 겁니다. 연구소라고 연구소 하나만 존재할 수 없다 그거죠. 그러니까 과학기술연구소하고 화학연구소하고 연관이 없는 거 같이 있지마는 시설, 인적 면에서

다 교류를 해야 한다는 거죠. 그래서 효율화를 기했다는 겁니다.[36]

결과적으로, 79년 9월 말까지 선박연구소, 원자력연구소, 화학연구소, 열관리연구소, 체신연구소, 연초연구소, 인삼연구소, 자원개발연구소 등이 추가되어 총 12개 연구소가 대덕연구단지에 설립되었다. 그리고 기술개발촉진법, 특정기관육성법, 국가기술자격법, 기술용역육성법 등이 제정되어 연구소 설립과 운영을 위한 법적 근거도 마련되었다. 사실 당시 연구소가 가진 국내의 기술만으로 공장 건설이 가능한 것은 아니었고 중화학공업발전에 큰 도움을 주었다고 말하기는 어렵다. 그러나 장기적으로 국가의 기술자급을 위해 연구단지 설립을 추진했던 것이었고, 그 결과 이제는 우리의 기술개발력이 진보하여 해외에 기술을 수출할 정도가 되었다. 당시 장기적 안목에서 추진한 연구단지 설립이 후에 이러한 성과를 만든 것이다.

공장은 도입하고 다 도입합니다. 도입을 하는데 그걸 외국의 기술에만 의존하지 말고. 그리고 안 주는 기술이 있어요. 그걸 개발하자. 하기에 기업형 연구소. 그러니까 연구를 위한 연구가 아니고, 기업이 필요로 하는 연구소를 만들자 이런 계획 취지였어요, 처음에는. 공장건설은 급해요. 그리고 우리가 연구한 기술 개발을 가지고 중화학 공장을 지을 수가 없었어요. (중략) 지금 보면 그 연구소가 지금 많이 도움이 된 거지. 중화학공업 당시에 이게 연구소가 중화학공업에 도움을 준 건 아닙니다. (중략) 우리 연구소는 빨리 지어야 되는데, 그 우리가 개발한 프로세스 가지고는 공장을 지을 수가 없어. 지금은 그럴 단계가 됐어요. 선진화된 기술, 아무도 안주는 기술을 우리가 개발해서 써야지. 그 가장 좋은 프로세스 우리가 개발해서 (중략) 원자력 연구소 같은 것은 UAE에 수출하지 않습니까? (중략) 그러

---

36) 김광모, 2011년 8월 9일자 3차 구술.

니깐 한전하고 한수원하고 원자력연구소하고 전부 합쳐서 두산하고 합쳐서 우리 기술로 해서 공장도 짓고 수출을 하는 거죠.[37]

연구소는 정부 출연기관으로 설립했고 정부는 각 연구소에 연구과제를 주어서 연구소가 자립하도록 했다. 현재는 정부가 아니라 각 업체에서 연구과제를 수주하여 연구를 수행함으로써 연구소가 자립적으로 운영되고 있다.

연구소와 더불어 중화학공업화에 있어서 필요한 것은 기술인력이었다. 1차, 2차 경제개발계획 단계에서는 기술인력 공급이 어렵지 않았으나 중화학공업 단계로 도약하게 되면서 과학기술인력 수급에 개혁이 필요하게 되었다. 상공부와 문교부가 필요한 총 인력을 추정해보니 200만이라는 계산이 도출되었다. 현장에 필요한 현장 기술자와 같은 기능인력이 필요하다는 인식이 대두되었다. 그리하여 산업 입지에 따라서 부산과 전남, 충남을 중심으로 현장 기술인력이 필요했고, 필요한 기술을 갖추도록 하기 위해서는 공대에 실험시설이 필요했다. 그런데 모든 공대에 실험시설을 갖추려면 막대한 예산이 소요되므로 지역별로 공업단지와 지리적으로 근접한 대학에 관련 분야를 육성하는 방향으로 추진했다. 그리하여 기계 공업단지인 창원과 가까운 부산공대는 기계공학을 육성하고, 석유화학단지가 있는 여천과 근접한 전남대는 화공학을, 구미 전자공단과 가까운 경북대에는 전자공학을 육성했다. 후에 공고에 기계시설을 설치하여 집중적으로 실험 실습을 시키기 위한 교사 양성을 위해 충남대는 공업교육대학으로 선정하여 집중적으로 3개 대학을 지원하여 기술 인력을 양성했다. 기술 인력은 기술자, 기능사, 단순기능공으로 구분되는데, 기술자는 공대에서 양성하고, 기능사는 원칙적으로 공고에서 교

37) 김광모, 2011년 8월 9일자 3차 구술.

육한다는 것이었다.

그런데 공고는 학교별로 수준이 다양했기 때문에 문교부가 학교별로 평가하여 등급을 부여했다. 공고 졸업자에게는 자격증을 따도록 했다. 그리고 이를 위해 국가기능검정 공단을 설립하여 자격증 시험을 운영하고 자격증을 수여하는 업무를 담당하도록 했다. 이것이 기능검정자격증 제도이다. 그리고 석유파동 후 중동진출을 위하여 중동진출기능사라고 하는 2급 자격증 제도가 만들어졌다. 기존의 공고 중에서 시범공고를 만들어 조금 숙련된 기능사 자격증인 2급 자격증 기능사를 배출하도록 했다. 한 도에 11개 공고를 시범공고로 지정했고, 여기에서 중동 파견용 기능사를 배출하도록 했다. 기계공고는 특성화공고로 지정하여 1급 기능사를 배출했다. 이들은 방위산업에서 필요한 인력을 양성하기 위한 기능사였다. 그래서 기계공고 19개교, 시범공고 11개교, 특성화 공고 10개교, 일반 공고 55개교(국립고 4개교, 공립 50개교, 사립 41개교)에서 총 65,000명의 인력을 양성했다.

> 국립이 4개교, 공립이 50개교, 사립이 41개교. 이런 걸 시행을 할 수 있었던 거는 중화학공업화 정책에 의한 제도가 아니면 불가능한 일입니다.[38]

공고 외에 더 필요한 기술인력을 양성하기 위해서 정부가 운영하는 중앙직업훈련원, 박 대통령이 나중에 설립한 정수직업훈련원, 창원에 벨기에와 합자해서 만든 한백직업훈련원도 설립되었다. 한일각료회의의 유상청구권자금회의의 자금으로 구미에는 금오공고가 설립되었다. 금오공고는 2년제로 전원 기숙사제도이며, 졸업 후에는 하사관 자격이 부여되는 학교였다. 방위산업체에 기능사 자격증으로 취업한 경우에는 병역을 면

---

38) 김광모, 2011년 8월 9일자 3차 구술.

제해주었다. 이와 같은 교육 제도는 공고 교육과정에서 자격증을 취득하도록 하고, 이를 위해 기능검정공단을 만들었다. 공고의 실습시간을 대폭 늘리고 현장 실습을 의무화했으며, 진학의 길을 확대하기 위해 기능장대학(금오대학)을 설치했다.

이와 더불어 기술전문화교육을 위해 공고의 실험 실습을 위한 기자재 구매를 위하여 정부는 '선반 교육 보내기 운동'을 범국민 차원에서 추진했다. 공고의 실습을 강화한다는 목표를 세웠지만, 현실적으로 기계시설이 턱없이 부족한 현실을 타개하려는 방법이었다. 또한 업체와 공고가 자매결연을 체결하여 업체가 학교에 기자재를 공급해주고 졸업생을 고용하도록 하는 조치도 취했다. 그리고 기능올림픽을 지역별, 전국 단위로 실시하여 수상자를 세계 기능올림픽에 출전하도록 하여, 매년 기능올림픽에서 우수한 성적을 거둘 수 있었다. 이를 위해 학교에서는 기능경진대회를 실시하여 재학 때부터 기능올림픽 출전을 위한 기량을 다지도록 했다.

> 기능올림픽 항상 1등이죠? 그때부터 1등입니다. 스위스에서 하는데 76년도부터 우리가 금메달을 항상 땄는데, 이게 그냥 이루어지는 게 아니고 그런 제도가 만들어졌고요. 학교별로 기능경진 시험을 쳤고요, 지역별로도 했구요. 전국도 해가지고 거기서 당선된 사람이 전 세계 기능올림픽에 나갔어요. 그래서 우수한 성적을 따게 됐어요. (중략) 이런 노력에 전 국민이 다 협조를 했다고 볼 수가 있겠습니다. 학교는 학교대로, 그리고 또 정부의 예산도 배정을 받아야 되고 기능공과 정부의 배려도 좋구요. 학부형들도 이런 교육 제도에 대해서 불평 없이, 불평했을런지도 모르죠. 불평 없이 따라줘 가지고 인재를 양성해서 이 사람들이 중화학공업화 정책에 협조를 해서 성공적인 결실을 거두게 된 겁니다.[39]

---

39) 김광모, 2011년 8월 9일자 3차 구술.

이러한 기능사 양성 교육은 방위산업체와 중동진출을 위한 기반이었다. 이를 위해 공고에서는 기능사 자격증을 위해 적당주의적인 심리를 없애기 위한 정신교육도 시행되었고, 자격증을 취득한 졸업생은 방위산업체나 중동진출업체에 취직하도록 했다. 이러한 기획은 비서실이 수립하고 실무 작업은 문교부에서 추진하는 방식이었다. 기능사 양성계획은 실질적으로 중동 진출의 성공에 중요한 기반이 되었다.

중동 진출 보고 회의하는 게 있었어요. 그때 정주영 회장이 중동 진출의 성공적인 제일 큰 요건이 뭐냐? 그러니까 시범공고의 기능사 양성이다 이렇게 말씀을 하셨대요. 그만큼 시범공고 양성의 역할이 중요했고요.[40]

당시 이러한 기술인력개발사업은 중동에서 도로공사, 항만공사 등의 성과를 거두는 기반이 되었지만, 후에 해외 플랜트사업에 진출하는 데에도 기반이 되었다. 단순한 도로나 항만공사에서 더 복잡하고 어려운 단계인 공장 건설에 현재 한국이 선진적인 위치를 차지할 수 있게 된 근간이 되었다.

박정희 대통령이 휘호(揮毫)를 써주셨었어요. 무슨 휘호냐 하면 '기술인은 조국 근대화의 기수' 하는. (중략) 기술인이야말로 조국 근대화의 기수다. 하는 거 각오를 하고 창원에다가 세워놓고 다 공고생이나 기술, 공대생이나 다 그런 사고방식을 가지고 있었어요.[41]

이러한 기술인력 양성을 중시한 정책은 박정희 대통령이 창원대에 남긴

---

40) 김광모, 2011년 8월 9일자 3차 구술.
41) 김광모, 2011년 8월 9일자 3차 구술.

'기술인은 조국 근대화의 기수'라는 휘호에서도 엿볼 수 있다.

6. 국토개편 구상과 원자력 개발

1979년 박정희 대통령은 연두 기자회견에서 일국이 강대국이 되려면 국방력과 경제력을 갖추어야 한다고 했다. 77~78년도에 중화학공업의 1차 목표는 완성되었고, 이어서 중화학공업을 양적으로 확장하여 80년대 중반에는 강대국으로 나아갈 수 있다고 보았다. 79년 10월에 나온 '80년대 고도성장을 위한 전략'에 따르면, 첫 번째가 공업 구조를 공고히 하는 것으로서 중화학공업을 양적으로 확장하는 것이었다. 두 번째는 중화학공업의 안정화 시책으로서 에너지절약 정책이었다. 그리고 정밀산업 육성, 시스템 엔지니어링, 플랜트 엔지니어링개발과 기술혁신이었다. 그리고 중화학공업 1차 계획을 마치고 2차로 이행하는 단계에서 수출주도의 중화학공업으로 유도하면서 국토 역시 산업팽창에 맞게 변경이 되어야 한다고 보고 2000년대 국토구상을 수립했다. 그 배경은 행정수도 건설과 에너지대책으로 산업과 에너지 수급이 맞도록 6개 산업단지 외에 더 산업단지가 필요하다는 것이었고, 산업기지의 가장 중요한 요소는 항만이라고 보았다. 즉 2000년대에 우리나라가 선진국 대열에 들기 위해서는 고도 경제성장이 필요한데, 이를 위해서는 산업 활동의 대폭적인 증대가 이루어져야 한다는 것이다. 그러려면 임해공업기지, 내륙공업기지 등 공업 입지의 확대, 막대한 양의 에너지 확보 대책, 그리고 증가하는 물동량 처리를 위한 육상, 해상 운송의 교통체계, 그리고 사회간접자본시설 등의 확충이 동시에 계획되어야 한다고 보았다. 그리하여 국토자원으로써 토지, 용수, 에너지 등을 유효하고 적절하게 활용하기 위해서는 종합적 국토관리 대책이 필요하다고 보았다. 자연환경, 역사적 환경의 보존, 수계 종합적 관리, 수자원의 보존과 개발, 산림 자원의 보존과 배양, 연안 해역의 보존과 개발, 그리고 대기환경 보존 등의 대책이 이루어져야 하고 이에 따른 국토관리가 필요하다고 보았다.

서울이 휴전선에 40키로(Km) 정돕니다. 그리고 국토의 최북단에 놓여 있어요. 그니깐 사실 수도로써는 부적당하죠. 남북이 대치하고 있는 상황에서 40키로면 휴전선에서 40키로면 야포 사정거리 내에 들어갑니다. 그니깐 미사일이 아니고 대포 야포로써 사정거리에 들어가니까, 이북이 침공을 해왔을 때 막을 방도가 없습니다. (중략) 보안 사유가 하나 있고요. (중략) 수도를 이전함으로써 여러 가지 유리한 점이 많이 생기게 됩니다. 그래서 수도는 인구의 중심이고, 그 다음에 산업의 중심이고, 면적의 중심이라야 되겠다, 그런 얘기죠. 그래서 지금 행정 서울이 너무 인구가 많아 가지고 도저히 처리할 수 없는 그런 상황이 됐었어요. (중략) 행정수도 계획은 (중략) 15년간의 계획입니다. 그니까 그 단번에 수도를 옮길 수가 없어요. 인프라 스트럭쳐를 만드는 데 상당히 기간이 걸립니다. (중략) 박 대통령이 서거하셨을 때 우리 오원철 수석하고 최광수 수석이 박 대통령 집무실에 들렸더니, 이 임시행정수도 건설에 의한 백지수도, 백지계획하고요. 이 계획하고 2000년대 국토구상 이게 박 대통령 책상 위에 놔 있었다는 겁니다. 그래서 여기에 대해서 상당한 관심을 두고 계시다는 걸 알 수 있다는 얘기를 들었습니다.[42]

중화학공업의 발전과 행정수도 이전 등 국토구상은 직접적인 관련이 있다기보다 행정수도가 국토의 중심부에 오게 됨으로써 교통과 수송수단 등이 간편해지고 합리화될 수 있다는 인식에서였다. 그런데 이 국토개편의 전체적인 구상 역시 청와대 경제2비서관실에서 담당했다. 이런 기획과 아이디어를 모으기에는 부처에서는 실무가 바빠 대통령 휘하의

---

42) 김광모, 2011년 8월 30일자 4차 구술.

전담반에서 할 수밖에 없었다. 이 경제2비서관실 밑에는 중화학공업기 획단이 있어서 여기서는 키스트 등 여러 기관에서 인력을 차출해서 활 용하고 있었다. 정식명칭 '중화학공업추진위원회 기획단'은 정부조직법 5호 5조에 의해서 조직된 것인데, 여기에 '행정수도추진위원회 기획단'이 추 가되었다. 그러나 기구를 추가로 만들 때 업무와 조직이 복잡해질 것을 우려하여 처음에는 무임소실에서 행정수도 건설을 담당했었으나, 나중 에는 중화학공업 기획단에서 행정수도 담당팀을 운영했다.

> 기획단은 업무에 소속된 중화학공업 한쪽하고 행정수도와 같이 맡어라 이렇게 된 거죠. 그러니까 양쪽을 보게 되니까 중화학공업을 함에 있어서 행정수도 문제가 나오니까 행정수도와 관련된 일 (중략) 전 국토를 재편성을 해야 되게끔 그렇게 됐죠. (중략) (행정수도 이전은) 사실은 청와대 일입니다. 활용은 기획단 직원들을 활용해서 만들었고요. 만들었지마는 주로 오원철 수석과 제가 만들었습니다.[43]

한국은 고리 원전 1, 2호기를 건설할 때까지 NPT에 가입하고 있지 않았다. 그러다가 월성 1, 2호기를 건설할 때는 NPT에 가입하지 않으면 건설을 허가하지 않는다는 압력이 있어서 NPT에 가입하게 되었다. 박정 희 대통령은 핵 개발을 지시한 적은 없었다. 핵 확산에 대해서 신경을 곤두세우고 있는 것은 미국이었다. 미국이 반대하는 것은 하기 어려웠다.

> 내가 쓴 거는 '한국은 IAEA의 일원이고 NPT를 존중해야 하는 입장으로서 북한처 럼 경제개발을 무시하고, 국민을 도탄에 빠트리면서 국제적으로 고립되면서까지 핵 개발을 해야 된다는 사고방식은 절대 아니라는 것을 끝으로 결론을 내면서 이 글을 맺는다' 이랬어요. 그니깐 '박정희 대통령이 핵 개발을 하라 하고 지시한 것

---

43) 김광모, 2011년 8월 30일자 4차 구술.

은 절대 없습니다.' 그리고 서류상으로 한 것도 없고요.[44]

후에 핵 개발과 관련된 소설이 나오기도 했지만, 이는 허구에 불과하다. 박정희 대통령은 핵 개발을 말로 지시한 적도, 남긴 문서도 없어 핵 개발을 계획한 적은 없었다고 판단된다.

---

44) 김광모, 2011년 8월 30일자 4차 구술.

제3장

제철산업 및 석유화학공업의 육성

안 태 윤

〈개요〉

1960년대 경제개발5개년계획을 추진했던 박정희 대통령은 국가 경제발전을 위해서는 제철산업이 필수적임을 인식하고 있었다. 이에 제철공장 건설을 위해 대일청구권 자금 중 용도가 확정되지 않은 7천여 만 달러에 달하는 자금이 제3차 한일각료회담에서 일본의 동의에 의해 포항제철 건설에 사용되었다. 포항제철은 상법에 기초를 둔 회사였으나, 자본금은 거의 정부 출자금으로 이루어졌기 때문에 건설에 있어서 정부 지원이 대단히 많았다. 포항제철 24개 공장에 설치되는 그 많은 설비들이 외자 도입에 의해서 이루어졌고, 외국의 설비 도입에 관세는 면제되었으며, 수입허가, 출자분에 대한 예산 확보, 항만, 용수, 철도, 도로, 통신 등이 모두 정부지원사업으로 이루어졌다. 박정희 대통령은 포항제철 건설에 관한 정치권의 반대나 간섭을 제어하기 위해 박태준 회장을 적극적으로 보호해주었고, 다른 건설사와의 계약에 있어서도 포항제철의 일방적인 요구대로 추진되도록 뒷받침해주었다. 그리고 일본의 사업 참여를 통해 한국은 당시 일본이 갖고 있던 최신의 제철기술을 접할 수 있었고, 일본은 포항제철사업에 전적으로 참여함으로써 이익을 얻는 부분이 있었다. 1970년대에서 1980년대 후반에 이르는 시기에 한국 철강산업은 비약적으로 성장했다. 이후 광양제철이 건설되자 포항제철은 일본의 경쟁상대로 자리매김되었고, 연구개발에도 본격적인 투자를 하게 되었다.

제2차 경제개발 5개년 계획을 수립하면서 1962년 상공부에는 석유화학공업국 내에 석유화학과가 처음 설치되었다. 석유화학에는 주로 정밀화학, 시멘트, 비료 등이 포함되었는데, 석유화학공업 육성을 위해서 석유화학육성법이 제정되었고, 상공부내에 석유화학공업추진위원회, 석유화학기획조정실이 설치되었다. 1963년 울산정유공장이 준공되었고, 1966년에는 석유화학공업개발계획이 수립되었다. 이 계획을 수립하기 전에 먼저 석유화학산업의 육성방안에 대한 고민이 있었다. 이에 석유화학추진위원회를 구성했는데, 총리를 수석으로 하고, 경제각료들을 위원으로 참여시켜 석유화학산업의 발전을 국가 차원에서 강력하게 뒷받침하고자 했다. 그리고 민간의 공장 설립을 지원하기 위해서 민간 자본 30% 이상을 의무화하고, 기술은 외국의 기술을 직접 들여오도록 규정했다. 이와 더불어 인프라 지원을 위해서 석유화학공업단지를 조성하고 수입자재는 전액 면세를 허가했다. 1972년에는 울산석유화학단지가 준공되어 석유화학공업이 본격적으로 일괄 생산체제를 갖추게 되었다. 한국 석유화학공업 육성정책은 한국을 공업국가의 반열에 오르게 한 성과를 거둔 반면, 소규모 단위사업으로 분리된 사업체로 운영하게 함으로써 불필요한 마찰을 일으키고 정부에 이전되는 형태로 만들었다는 평가도 있다.

1. 포항제철 건설 과정

한국전쟁 직후 한국의 제철산업은 거의 존재하지 않았다고 해도 과언이 아니다. 공업시설은 대부분 북쪽에 있었고 남한은 농업 외에 별다른 산업이 발전하지 못했다. 전후 재건을 시작하면서 철근이나 철못, 형강류의 철강재가 필요했는데 당시는 주로 전쟁 고철, 철도 레일 같은 재압연용 고철들을 사용했다. 1956년 서독의 차관으로 대한중공업이라는 제철회사가 설립되어 제강을 시작했다. 이때부터 양질의 강재가 생산되었고, 50년대 후반에는 민간 철강업체가 설립되었는데, 중간 소재는 외국에서 수입을 해서 주로 건축용 자재로 철근이나 철문, 형강, 강관을 생산했다. 1960년대에 국내 철강 생산량은 15만 톤 정도였고, 수입은 약 10만 톤 정도였다.[1] 민간업체로는 동국제강, 극동철강, 강원산업, 한국철강 등이 철강을 생산했다.

1960년대 경제개발5개년계획을 추진했던 박정희 대통령은 국가경제 발전을 위해서는 제철 산업이 필수적임을 인식하고 있었다. 이에 제철공장 건설을 위해 적지 않은 노력을 기울였지만, 제철공장 설립은 용이하지 않았다. 다각도로 기울인 노력 중 하나는 키사(KISA, Korea Integrated Steal Associates)라는 5개국의 차관단에 의한 공장 추진이었다. 미국, 영국, 독일, 프랑스 등 5개국으로 구성된 차관단인 키사는 우리나라 제철사업에 차관을 제공하기 위해 조직된 국제기구였다. 그러나 키사의 차관 계획은 세계은행의 반대로 무산되었다. 세계은행이 개발도상국인 한국에서의 제철 사업은 가능하지 않다고 판단을 내리자, 차관단도 모두 손을 떼고 물러나고 말았던 것이다.[2]

---

1) 전계묵, 2012년 12월 12일자 1차 구술.
2) 정명식, 2014년 4월 8일자 1차 구술.

차관단을 구성을 해가지고 박정희 정권에서 추진하던 제철 사업의 차관을 제공할 의사가 있다, 이래가지고 추진을 하던 건데 이게 1968년 지나고 '69년 들어가면서 결국은 실패를 해요. 실패를 하는 주요한 원인은 세계은행이 실현성이 없다, 이거 하면 나라 망한다, 봐라 외국에서 이런 거 해가지고서 된 나라가 있느냐, 이건 선진국만이 할 수 있는 사업이지 개발도상국이 할 수 있는 사업이 아니다, 이런 걸 명목으로 세계은행이 정면 반대를 하고 나오니까 차관단들이 전부 물러나고 말아요.[3]

키사는 기술적인 타당성 조사를 하고 입지 선정과 설비 규모 등 종합적인 계획을 세웠다. 그러나 이러한 계획은 누가 차관을 제공할 것인가가 결정되지 않은 상태에서 제시된 것이어서 사업 추진에는 영향을 미치지 못했다. 결국은 자금 조달이 이루어지지 않자 키사가 세웠던 계획도 수포로 돌아가고 말았다.[4]

차관단의 차관 확보가 불가능해지자 관료들이 생각해낸 것은 대일청구권 자금 중 남은 자금을 사용하는 것이었다. 한일 국교정상화 협상이 이루어지고 정부가 일본에서 받는 청구권 자금 중 유상청구권 자금 4천만 불, 무상 청구권 자금 3천만 불 정도의 용도가 확정되지 않은 자금이 있다는 것에 착목하여 대통령에게 그 자금의 전용을 허락받았다. 7천여 만 불에 달하는 이 자금은 당초에는 농업부문의 지원을 위해 남겨진 것이었다. 대통령의 허가가 내려진 후, 박태준 회장은 일본으로 가서 일본 재계에서 가장 영향력이 큰 경단련의 이나야마 회장을 만났다. 마침 이나야마 회장이 회장으로 있는 신일본제철을 중심으로 일본 제철회사들의 기술지원을 받는다는 내부 허가가 이루어져, 그 후 제3차 한일각료

---

3) 정명식, 2014년 4월 8일자 1차 구술.
4) 전계묵, 2012년 12월 12일 1차 구술.

회담에서 청구권 자금 사용에 대한 일본의 동의를 받아내었다.

차관단으로부터 얻기로 추진을 하다가 그게 좌절이 되니까 박정희 대통령께서 정
부가 쓸 수 있었던 대일(對日) 청구권 자금에 남은 부분이 있었어요. 남은 부분은,
농업을 위해서 쓰기로 되어 있던 부분의 돈이 한 7천여 만 불 남은 거 였던 것을
박정희 대통령이 이거를 제철 건설의 자금으로 쓰기로 결심을 하세요. (중략) 일
본에 신일본제철을 중심으로 한 일본 제철회사의 기술지원을 받는다 하는 것을
내락(內諾)을 받은 다음에, 그 후에 제3차 한일각료회담이었을 겁니다. 거기 일본
서 열린 데에서 청구권 자금을 사용하는데 일본이 동의를 해서 그래서 급진적으
로 일본하고의 자금이 해결되고, 기술이 협약이 해결되고 해서 포항제철이 추진
을 하게 됐죠.[5]

그리하여 먼저 일본 정부의 동의와 일본 재계의 협조를 얻어 포항제철
의 설립을 추진하게 되었다. 포항제철 설립을 위해서 1969년 6월 경제기
획원 내에 종합제철사업 계획을 수립하기 위한 건설전담반이 설치되었
다. 이 전담반의 위원장은 경제기획원 운영차관보였던 정문도 씨였고,
대한중석의 실무 중역들과 각 부처의 차관보 내지 국장, 상공부 국장,
경제과학심의회, 키스트(KIST), 한국은행, 산업은행 등이 위원으로 참
여했다. 포항제철 설립에 상공부의 역할도 적지 않았다. 포항제철은 이
전의 제철회사들과는 달리 상법에 기초를 둔 회사였다. 석탄공사나 대
한중석 등은 전부 특별설립법에 의한 국영기업체였으나, 포항제철은 정
부가 부당한 간섭을 하지 않고 자율적인 회사 운영을 위하여 상법에 의
해 설립된 회사였다. 그러나 자본금은 거의 정부 출자금으로 이루어졌기
때문에 건설에 있어서 정부 지원이 대단히 많았다. 포항제철 24개 공장

---

5) 정명식, 2014년 4월 15일자 2차 구술.

에 설치되는 그 많은 설비들이 외자 도입에 의해서 이루어졌고, 외국의 설비들이 들어올 때에 관세는 면제되었으며, 수입허가문제, 출자분에 대한 예산 확보, 항만, 용수, 철도, 도로, 통신 등이 모두 정부지원 사업으로 이루어졌다.[6]

결과적으로 포항제철의 설립에는 박정희 대통령의 제철산업 육성에 대한 강한 의지, 일본 재계의 협조를 얻어낸 박태준 회장의 활약, 그리고 부총리를 포함한 정부가 총동원된 지원 체제가 있었기 때문에 가능했다.

포스코 프로젝트를 위해가지고는 일본 정부를 움직였던 것하고, 일본 정부로 하여, 일본 정부가 움직였기 때문에 일본의 철강업계가 움직였고. 그걸 움직이게 된 계기를 맨든 것은 청구권 자금을 쓰고. 대통령의 결단하고 박태준 사장의 그 활약. 거기에다 우리나라 정부 부총리급이 총동원 된, 국가가 총동원 된 이 체제가 있었기 때문에 됐다, 난 그렇게 봅니다. 우리나라에 다른 대형 메가 프로젝트가 많이 있었지만 이렇게 대통령서부터 국가가 총동원된 프로젝트는 아마 포스코가 유일무이라고 해도 될 거에요.[7]

정부는 일본 정부를 상대로 교섭을 벌이고, 박태준 회장은 일본의 철강회사들을 이 사업에 참여시키기 위해 교섭을 벌였다. 일본의 사업 참여를 통해 우리나라는 당시 일본이 갖고 있던 최신의 제철기술을 접할 수 있었고, 일본은 포항제철사업에 전적으로 참여함으로써 이익을 얻는 부분이 있었다. 즉 이 사업은 양국에게 모두 이익이 되는 사업이라고 할

---

6) 전계묵, 2012년 12월 12일 1차 구술. 그런데 이러한 정부지원사업은 후에 포항제철의 수출품에 대해서 미국에서 상계관세 대상이 되어 정부에서는 골머리를 앓게 되었다.

7) 정명식, 2014년 4월 8일자 1차 구술.

수 있다.

포항제철은 일본하고의 제휴를 통해 가지고 일본이 가지고 있던 그 세계 최신의 제철기술들을 접할 수가 있었고, 또 일본의 중공업 차원에서 보면은 포항제철에 전적으로 참여를 함으로 해서 제철공장을 공급하는 일본의 중공업 회사들, 미쯔비시 중공업이라든지 IHI라든지 미쯔비시전기 등등의 일본의 중공업 회사들이 대거 포항제철 1기 사업에 참여를 하게 됩니다. 그런 면에서 일본에서의 득, 한국에서의 득. 이런 두 가지, 양쪽이 서로 크게 덕을 보면서 이 사업이 추진이 됐다고 하는 것이 아주 키포인트(key point)라고 봐야죠.[8]

제철공장 건설을 위한 장소 선정에 있어서 포항과 더불어 울산이나 삼천포 등이 함께 거론되었다. 울산은 천연 항구로서의 좋은 조건을 갖고 있었지만, 제철공장과 같은 대규모 산업시설을 위한 장소로는 포항에 비교되지 않았다. 포항을 유력한 후보지로 선택한 것은 정부였는데 결과적으로 최적의 장소를 선택한 것이었다.

울산은 우리나라의 해안선 중에서 가장 천연 항구로서의 조건이 좋기 때문에 울산에는 그와 같은 대단위의 산업시설이 들어가는 장소로 그 사람들이 찍어 놓은 데였었어요. 그래가지고선 제철소도 들어갈 수 있는 자리라고들 봤지만 포항제철과 같은 규모의 제철소가 들어갈 수 있는 자리는 못 돼요.[9]

처음 제철소의 위치를 선정하는데 있어서 사실 실무자조차도 공장 생산량의 규모에 대해서는 정확한 계획안을 갖고 있지 않았다. 처음 시작

---

8) 정명식, 2014년 4월 15일자 2차 구술.
9) 정명식, 2014년 4월 8일자 1차 구술.

할 때에는 540만 톤 정도의 규모를 생각했었으나, 실제 1기 착공 시에는 103만 2천 톤 정도의 생산 규모 시설로 착공했고, 2기 착공 시에는 270만 톤으로 확대되었다.

처음에 얼마짜리 제철소를 지을 지도 모르면서 사실 시작을 했어요. 처음에 벌일 때는 우리가 착공 할 때는 한 540만 톤 정도 할 수 있는 거 아니냐. 그 때 하여튼 100만 톤 쇠를 맨들어도 쓸 데가 없다고 할 때니까 얼마나 커야 될 지 하는 건 그냥 꿈이에요. 그래가지고 1기 착공이 103만 2천 톤이라 해가지고 시작을 하거든요. 그 시작을 하고 나서 그 다음이 인제 그럼 270만 톤으로 이렇게 되요, 2기가.[10]

제철소의 규모는 사실상 계속 확장을 한다는 전제가 있었다. 그래서 처음 공장 부지를 정할 때에도 200여 만 평 규모로 시작을 했다. 그럼에도 불구하고 향후의 정확한 공장 규모와 성공 여부에 대해서는 회사 측에서도 예측하기 어려웠다.

땅도 꽤 넓게 잡았어요. 한 200여 만 평 땅을 잡아가지고 시작을 하니까. 이백여 만평 땅에다가 1개 사업을 하려고 하니까 저쪽 저 동쪽, 동북, 동쪽에 끝에는 용광로가 하나 서고 거기서부터 한참 떨어져서 제강 공장이 서고. 그래 가지고선 드문드문 이렇게 공장이 있는 상태가. 와서 처음 보는 사람들은 아 이거 무슨 공장을 짓는 거지, 이렇게 10리 밖에 하나씩 공장을 짓느냐고. 이렇게 얘길 할 정도로 아주 그냥 넓은 벌판에 공장이 드문드문 있는 이런 상태로 시작이 됐어요. (중략) 처음에 103만 톤으로 시작할 때는 포항 제철소가 얼마나 크게 성공하리라고 한 것은 회사 자체에서도 뚜렷한 계획이 없었어요.[11]

---

10) 정명식, 2014년 4월 8일자 1차 구술.
11) 정명식, 2014년 4월 15일자 2차 구술.

제철공장을 건설해본 경험이 없었기 때문에 건설단계마다 생각지 못한 난관을 겪어야 했다. 기본 도면은 일본 측의 도면을 받고 국내에서 상세 도면을 그리는 방식으로 추진되었다. 국내 일급 건설회사에 공장별로 건설을 수주했지만, 건설 단계에서 자재 조달과 운송 등 전에는 해보지 않은 대규모 공장 건설에 따르는 어려움이 적지 않았다.

우리나라 회사들이 그런 걸 해본 적이 없잖아요. 그러니까 하여튼 한 걸음 한 걸음 나가는 걸 인제 배우면서 나가는 거예요. (중략) 일본에서 기본도면 오면 상세 도면 여기서 그리게 하고 하면서 이쪽을 키우면서 도면을 맨들었다고. (중략) 말뚝도 생산하는 회사에다 맡겨야 되고. 뭐 자재 조달해야 되고. 이런 것들이 참 맞아 떨어지기가 어렵더라고. 세멘트(cement) 회사는 나중에는 세멘트 운송을 못해요. 지금같이 우리나라 경제규모가 커지니까 뭐 그까짓 세멘트 같은 거 운송해오고 배로 날라 오고 기차로 실어오고 이런 게 하나도 문제가 안됐는데, 포항에다 제철소를 지으려고 하다보니까 그 레미콘 공장에 자갈, 모래를 확보하는 것 자체가 문제가 되더라고요. 왜냐하면 건설회사들이 과거에 그런 걸 안 해봤단 말이야. 그래놓고 회사들이 그렇게 큰 규모의 고체 생산하고 콘크리트 생산을 안 해봤기 때문에 그런 거 하나하나가 전부 문제가 되가지고 자꾸 걸리는 거야.[12]

또한 포항제철을 건설하기 위해서는 방대한 양의 건물 구조물을 세워야 했으므로 철판이 필요했다. 그러나 당시 국내에는 철판을 생산할 수 있는 규모의 공장은 하나도 없었다. 우연히 조일제철이라고 하는 민영회사가 마침 후판공장을 짓기 위해 오스트리아의 페스트라는 회사로부터 차관을 얻어 후판공장을 매입하고 있었다. 정부는 조일제철이 능력이 없다고 판단하여 계약을 해지시키고 이를 포항제철사업에 추가했다. 마찬

---

12) 정명식, 2014년 4월 8일자 1차 구술.

가지로 주물용 선철공장을 들여오려던 강원산업의 계약도 해지시키고 이를 포항제철사업에 접목시켰다. 정부는 이 두 사업들이 별개로 추진되어서는 경쟁력이 없다고 판단한 것이었다. 그 결과 포항제철이 맨 처음 착공한 설비 중 하나가 후판공장이었다. 이 후판공장에서 철판이 생산되기 이전에는 모든 철제가 일본에서 수입되었다. 건물의 기둥까지 전부 일본에서 생산된 것을 사용하여 첫 번째 공장을 건설했던 것이다. 그러나 두 번째 공장부터는 국내에서 생산된 후판으로 공장을 건설하기 시작했다.

> 1기가 끝나고 나니까 인제 우리가 생산이 되잖아요? 그러니까 우리나라에서 인제 처음으로 그 후판을 가지고선 우리 공장, 자체 공장을 짓는 건물 철골을 맨들기 시작을 한 거지. 그러면서 우리나라 철강산업이 탄생을 하는 겁니다. 처음에 포항에서 맨든 철판 가지고선 포항공장 짓는데 제일 먼저 쓰기 시작을 하면서 우리가 그게 되니까 현대중공업이 울산에다가 조선소를 짓더라고요.[13]

이러한 과정을 거치면서 건설회사들은 한편으로 새로운 기술을 배우는 경험을 축적하게 되었다. 지하수를 낮추는 공법을 터득하게 되었고, 압연공장 건설 시에는 콘크리트 범프를 처음 도입하여 사용했으며, 팩턴 모바일 크레인도 국내에서는 포항제철 공장 건설에서 최초로 사용되었다. 이 시기에 기술과 경험을 축적한 건설회사들은 이후 석유 파동으로 중동국가들이 대규모 건설 사업을 시작하게 되었을 때 중동에 진출하게 되는 기회를 포착하게 되었다.

포항제철의 건설에 참여했던 현대, 대림, 극동건설, 삼환기업, 그 때 내로라하는

---

13) 정명식, 2014년 4월 15일자 2차 구술.

우리나라 회사들이 전부 중동으로 또 같이 가요. (중략) 포항제철 건설하면서 얻은 그 경험을 가지고 자기네들이 지금 중동에 나가서 이렇게 대규모 건설을 하게 됐다고 (중략) 포항제철을 하면서 건설 회사들이 대형화가 시작을 했고, 대형화하기 시작한 건설 회사들이 뒤이어서 중동에 나가서 중동 산유국에서의 건설에 참여를 하게 되고.[14]

앞서 기술한 바와 같이, 포항제철 건설에 있어서 기술부분은 일본 제철회사의 제휴협력에 의해 추진되었다. 기술협력은 야와타제철, 후지제철, 일본강관주식회사 등 3사가 재팬그룹이라고 하는 컨소시엄을 구성하고, 이 재팬그룹이 포항제철과 기술용역계약을 체결하는 방식으로 이루어졌다. 재팬그룹 안에서는 제선 용광로는 야와타제철, 제강은 일본강관 등으로 3사가 각기 전문분야별로 포항제철에 기술을 전수했다. 전수방법은 3조로 편성된 기술자들이 3교대 작업을 하면서 1조를 일본에 보내어 3개월에서 6개월간 훈련을 받고 돌아오면, 이들이 다른 두 조에 기술을 전수하는 방식으로 진행되었다. 기술자들이 훈련을 받은 일본의 공장들은 기본적으로 포항제철과 비슷한 공장이었기 때문에 포항제철로 돌아와서 배운 기술을 익숙하게 사용할 수 있었다.

우리 회사에서는 그 공장 요원들을 공장을 움직이는데 처음에는 3조 3교대 이런 조업을 시키게 되는데. 세 세트 중에 한 세트를 일본으로 보냅니다. 제선공장, 용광로는 야와타제철의 가마실이라고 하는. (중략) 일본에서 제일 오래된 그 용광로가 있었던 데로 가서 거기에서 3개월, 6개월 이렇게 훈련을 하고. 거기서 우리 직원들이 직접 운전 해보고 나서 오게 되요. (중략) 열간 압연공장은 저 북해도에 있는 제철소가 있어요. 아마 후지제철소 소관이었었는데. 거기에 가서 또 그렇게 훈

14) 정명식, 2014년 4월 15일자 2차 구술.

련을 하고. 그래서 우리 직원들이 가서 훈련을 하고 올 때는 우리 공장하고 비슷한 공장에 가서 훈련을 했으니까 여기 와서 금방 익숙하게 할 수 있고. 그래가지고 그 한 세트 직원들이 여기 남아있는 두 세트들하고 기술을 또 전수를 하고. (중략) 제강공장은 니폰코우칸 후쿠야마제철소, 이런 데 가고. (중략) 충분하고 필요한 훈련들을 다들 받고 들어와서 여기 와서 공장을 돌릴 때는 아주 숙련된 상태로 조업을 시작할 수가 있었어요.[15]

이러한 기술훈련의 효과는 수익 발생으로 나타났다. 포항제철은 건설된 첫 해부터 수익을 내기 시작했는데, 이는 외부에서 볼 때는 기적과도 같은 일이었다.

한편 컨소시엄 체제로 운영된 재팬그룹의 3대 단장인 스즈키라는 인물은 포항제철의 기술협력에 적극적인 인물이었다. 시간이 흘러 3대 단장이 선출된 단계가 되자 일본 정부는 포항제철에 대한 기술협력에 회의적인 태도로 바뀌었다. 스즈키 단장은 포항제철에 대한 기술협력이 지나치다는 평판으로 인하여 본사에서 해고되고 말았다. 즉 일본의 기술 협력은 초기에만 활발하게 이루어졌고 포항제철의 성과를 경쟁적으로 보게 된 일본 정부와 산업계의 태도로 인하여 지속되지 않았다. 일본은 포항제철이 생각보다 큰 규모로 빠르게 추진되자, 머지않아 포항제철이 일본의 제철사업을 압도하게 될 것을 우려하여 사업에서 손을 떼게 된 것이다.

1기가 지나고 그 다음에 한일관계 또 미묘한 사건이 일어나고 하니까 일본 내에서 어 이거 저 호랑이 새끼를 키워가지고선 잡아먹히게 되면 어떡하느냐고 하는 그런 여론이 나오게 되고. 일본의 정책하는 사람들도 좀 달라지기 시작해요. 그래가지

---

15) 정명식, 2014년 4월 15일자 2차 구술.

고선 재팬그룹의 초대, 2대 사장, 재팬그룹 책임자까지 적극적으로 하다가 그 다음에 2대 단장 때부턴 조금 이상해지더니 3대에는 스즈키라고 하는 단장이 있었는데 이 사람부터가 아주 적극파야. 이 사람은 너무 우리한테 적극적으로 한다고 그래가지고 일본 쪽에서 소환을 해 가. 그래가지고선 그만 일본에 가자마자 모가지를 잘라버리는 그런 사건이 있었어요. 그리고 나서부터 일본하고 관계가 또 좀 멀어지기 시작하고, 그리고 일본이 차관 주는 것도 꺼리고.[16]

일본의 기술협력과 차관이 한시적이었던 데 반해 국내에서는 포항제철의 건설과정에 박정희 대통령의 비호가 있었다는 것은 새로운 사실이 아니다. 박정희 대통령은 포항제철 건설에 관한 정치권의 반대나 간섭을 제어하기 위해 박태준 회장을 적극적으로 보호해주었다. 또한 다른 건설사와의 계약에 있어서도 경쟁 입찰과 같은 공개적인 방식이 아니라 포항제철의 일방적인 요구대로 추진되도록 뒷받침해주었다.

박정희 대통령께서 박태준 사장님한테 메모를 한 장 써주세요. 그래가지고선 하여튼 정치권에서 손을 내밀지 못하도록. 그러니까 암행어사 마패를 하나 딱 받아가지고 하시니까 정치권에서도 간섭을 안 하고. 그것뿐만이 아니죠. 그땐 뭐 포항제철 건설 할 때는 건설회사 하고는 계약하기 전에 도면 내주면서 일은 그냥 하고. 사전에 도면 만들어 가지고 수량 뽑아가지고 입찰을 하고 이런 절차 가지고 하면 포항제철 짓지도 못했을 거예요. (중략) 우리가 주는 대로 돈을 받아가라. (중략) 시작서부터 끝까지 그런 상태로 일을 했어요.[17]

앞서 기술한 바와 같이 포항제철은 대일청구권 자금으로 외자를 도입

---

16) 정명식, 2014년 4월 22일자 3차 구술.
17) 정명식, 2014년 4월 15일자 2차 구술.

하여 건설 경비를 조달했는데, 국내에서의 경비는 포항제철을 주식회사로 발족하여 지원되었다. 초기 출자는 대한중석이 담당하고 대한전선이 대주주였으며, 산업은행이 증자에 참여했다. 뿐만 아니라 필요한 제반 인프라는 국가 지원으로 이루어졌다. 전력선 건설은 한국전력이, 도로와 항만은 건설부가 지원하는 형태였다. 박태준 회장은 대한중석 사장을 역임하다가 박정희 대통령이 포항제철소 공사 책임자로 임명한 사람이었는데, 박정희 대통령은 박태준 회장을 전적으로 신임했다. 당시 공화당도 포항제철 건설에 정치적으로 관여하지 못하도록 박정희 대통령은 박태준 회장을 비호했다.

포항제철 1기를 건설하던 1970년대에는 조달 체계도 미비했다. 공장건설에 필요한 시멘트, 자갈, 모래 등 많은 자재가 필요했는데 아무리 자금이 있어도 적기에 운반과 수송이 가능한 인프라가 제대로 갖추어져 있지 않아 조달에 적지 않은 어려움을 겪어야 했다. 2기, 3기가 지나고 8년의 시간이 지나자 비로소 자재조달과 물자공급도 체계가 잡혀갔다.

초기에는 건설회사의 능력도 모자라고 또 물자 조달 자체가 돈이 있다고 물자가 전달되는 것도 아니고. 시멘트 회사에다 시멘트 주문을 해도 시멘트가 제 때 오는 게 아니고 그래서 하여튼 비정상적인 상황이었어요. 그땐. (중략) 회사가 아무리 돈을 써놓고선 하려 그래도 그걸 제 때 조달이 안돼요. 그런 것을 조달 관리 하는 것도 이것도 건설본부가 나서서 하지 않으면 관리가 되질 않았었어요. (중략) 1기 지나고 2기 지나고 3기가 지나고 나니까 우리나라에 그 국가로서의 능력이 갖춰지더라고요. 그러니까 한 1970년서부터 한 8년 걸렸다고 봐야 될까요. (중략) 처음엔 그게 안됐어요.[18]

---

18) 정명식, 2014년 4월 15일자 2차 구술.

포항제철을 완공하는 과정에서 가장 어려운 점 중 하나는 이러한 미비한 인프라와 기술 경험의 부족이었다. 경험이 없었기 때문에 처음 1기 착공 시에는 콘크리트공장 하나만 있으면 충분하다고 생각했으나 실제로 해보니 공장 하나로는 턱없이 부족했다. 결국 포항에서만 3개의 레미콘공장을 가동시켜야 했다. 또한 정확한 기술도 부족했다. 열간압연공장은 길이가 1,200m나 되었고, 그 안에 설치된 기계는 총 길이가 800m에 달했는데, 기계의 수평과 중심선이 맞지 않아 완성된 기계를 부수고 다시 짓는 일도 있었다.

건설 회사들한테 도면을 내주고 기초를 콘크리트로 짓게 해 놓으니까 그냥 기계가 볼트가 들어가는 구녁들이 안 맞는 거야. 전부. 하나도 안 맞아. 그러니 그걸 어떡합니까. 허 참. 뜯어 고치고 그냥 부수고 새로 하고. 그리고 품질들이 잘 안되고 하니까.[19]

이러한 어려운 과정을 거쳐 공사를 마치고 1973년 7월 3일 포항종합제철 제1기 설비 종합준공식이 거행되었다. 이로써 비로소 우리나라도 자력으로 국내에서 철강제를 생산할 수 있게 되었고, 그 영향으로 관련된 다른 국내 산업도 활기를 띠기 시작했다.

2. 포항제철의 경영 정책

1970년대에서 1980년대 후반에 이르는 시기는 우리나라 중공업이 눈부시게 발전한 시기이다. 이 기간에 철강산업 역시 비약적인 발돋움을

---

19) 정명식, 2014년 4월 15일자 2차 구술.

했다. 양적으로 보면, 당시는 국민 1인당 철강 수요가 500kg 정도면 포화상태가 될 것으로 보았다. 그러나 현재는 1인당 1,000kg을 넘는 수준에까지 이르렀다. 그러니 이 기간에는 철강을 생산하기만 하면 팔리는 시대였다고 해도 과언이 아니다.

> 당시에는 우리나라의 철강업이라고 하는 건 처음에는 인구 당 한 500키로(kg) 정도면은 대개 포화 상태가 되리라 이렇게 처음에 들은 생각하고 있던 거예요. 그것들이 지금은 우리나라의 철강 수요라고 하는 거는 1인당 1,000키로(kg)를 넘는 이런 시대에 왔거든요. 그러니까 그 동안에 그 시대는 그저 철강이라고 하는 건 만들기만 하면 팔리는 그러한 시기였어요.[20]

포항제철은 처음 건설 단계에서부터 수출을 주 목표로 경영전략을 세웠다. 제철소는 대규모 장치산업이기 때문에 가동률이 100%가 되지 않으면 원가가 급격히 상승한다. 포항제철의 경쟁력은 높은 가동률과 생산량의 1/3 정도는 수출을 하고 나머지는 내수로 판매하는 것이었는데, 이러한 경영전략은 매우 유효했다. 건설 초기인 1973년도부터 경영 흑자를 달성했고, 경영 흑자는 누적적으로 발생해서 4기 마지막 공사기에는 건설 내자 중심으로 85%를 자기 자본으로 조달하는 실적을 거두었다. 또한 기술면에서는 1기는 외국 기술에 의존했지만, 3기부터는 기본건설계획, 즉 기본 엔지니어링 플랜도 포항제철이 담당하기 시작하여, 4기가 완성될 즈음에는 제철소로서 완전한 경쟁력을 갖추게 되었다. 자금조달면에서도 제2 공장을 건설할 수 있는 자금능력을 확보했다. 포항제철이 완공됨에 따라서 중간소재의 대량 생산이 가능해져 국내 자급체제가 이루어졌고, 많은 물량의 철강 수출이 본격적으로 이루어지게 되었다.

---

20) 정명식, 2014년 4월 22일자 3차 구술.

그 단계에서 박정희 대통령이 사망하게 되자 사업은 추진동력을 잃고 중단되고 말았다. 박 대통령 시기에는 제철소사업이 국가지원사업이어서 도로, 전기, 통신 등에 정부 예산이 책정되고 부총리가 적극적으로 투자를 지원하면서 공장 건설이 추진되었지만, 대통령이 사망하자 경제기획원도 투자를 꺼리게 되었던 것이다. 그러나 포항제철은 국가 지원이 없다면 자체적으로라도 추진해야겠다고 판단, 다시 적절한 장소를 물색하면서 광양에 눈을 돌리게 되었다. 이전 정부 조사보고서에는 광양이 지반이 약해 제철공장을 짓기에는 적절하지 못하다고 보고되었다. 그러나 미국의 저명한 지반공학 분석회사인 덴젤머에 의뢰하여 조사하여 보니 지반개량을 하면 공장 건설이 가능하다는 결론이 나왔다. 이러한 결과를 얻기까지 건설부와 포항제철간의 제철소 건립 장소에 대한 논쟁은 치열했다. 이러한 결정에는 당시 광주사태로 호남에 대한 배려가 필요했던 전두환 대통령의 정치적인 판단도 어느 정도는 개입되었다. 그리하여 1980년 10월 31일 정부는 포항제철의 제2제철소의 입지로 광양만을 선정한다는 결과를 발표하게 되었다.

광양제철소의 입지를 둘러싼 정부 건설부 쪽하고 우리하고는, 우리는 광양이 된다하고 정부에서는 안 된다고 그러는 논쟁이 아주 굉장히 오랫동안 치열하게 벌어져요. 정치적인 판단도 어느 정도 있었다고 볼 수 있죠. 왜냐하면 그게 전두환 대통령이 집권하고 나서 광주사태가 5월 달에 있었고. 그런 상황이었으니까.[23]

광양만에다 하면 항만에 투자비가 적고, 그러던 차에 광주사태가 발생하고, 그래서 최종적으로는 지역 간에 균형적인 발전을 해야겠다. 그러니까 호남지방에도 큰 공장을 하나 건설을 해서, 고용이 유지 되고, 또 거기에 연관 산업이 발전할 수

<hr>

23) 정명식, 2014년 4월 15일자 2차 구술.

있는 계기가 된다 해가지고, 결국에는 그런 정치적인 배려도 포함이 돼서, 광양으로 제철소 입지를 결정을 해서, 광양에다 포항 제2제철 건설을 하게 됐죠.[24]

광양만 입지 선정의 주부처는 건설부였고, 당시 건설부 장관은 김종호 장관이었는데, 그는 광양이 고향인 육군 장성 출신이었다. 김종호 장관은 금호그룹이 한때 부산에 설립한 제철공장의 사장을 역임한 전력이 있어서 제철에 대한 지식이 있었을 뿐만 아니라, 광양 출신이어서 호남지역의 발전에 적극적인 인물이었다.

광양 제2제철소 건립을 위해 먼저 1981년 부지를 매입하고 공사에 착공하면서 지반개량 작업이 시작되었다. 이 작업은 무른 지반을 단단히 하기 위한 과정으로서 우리나라에서도 새롭게 시도하는 공사였다. 즉 지반공학기술에 의한 계산법에 의해 땅의 무른 정도에 따라 일정한 무게의 흙을 일정 시간동안 쌓아놓음으로써 지반을 가라앉히는 작업이 추진되었다.

광양으로 위치가 정해지는데 적지 않은 시간과 논쟁이 있었지만, 결과적으로 광양은 제철소로서 적합한 입지조건을 갖춘 곳이었다. 방파제 하나 없이 대규모 선박들이 안전하게 드나들 수 있는 곳이었기 때문이다.

광양만은 항만 건설하는 여건이 굉장히 좋아요, 아산만보다. 아산만은 대규모 투자가 필요하지만 광양만은 방파제도 필요 없고, 항만 자체로 수심이 깊고, 항만 건설 자체로는 굉장히 좋으니까.[25]

광양제철소 건설을 맡은 포항제철은 10년 동안 제철공장을 여러 개

---

24) 전계묵, 2012년 12월 12일 1차 구술.
25) 전계묵, 2012년 12월 12일 1차 구술.

건설하면서 상당한 기술과 노하우를 축적한 세계적인 건설회사로 발돋움했다. 특히 용광로는 현대건설, 열연공장은 대림건설 등 분야별로 특화된 전문기술이 개발되면서 포항제철이 건설되었기 때문에 포항제철은 제철소 건설을 기획하고 추진하는데 있어서 뛰어난 기술력을 확보하게 되었다. 따라서 광양제철은 국내 최고의 기술을 가진 기술자들에 의해 설계되고 건설되었으며 특별한 기계 외에는 전부 국내 자재로 건설되었다. 뿐만 아니라 공해를 최소화하고 모든 면에서 당시 세계에서 가장 최신의 설비를 갖춘 제철소가 되었는데, 이는 지난 10년간 1,000만 톤짜리 제철소를 건설한 포항제철 건설의 경험과 노하우, 그리고 인적 자원이 있었기 때문에 가능한 것이었다. 현재도 광양 제철소는 전 세계에서 단일 제철소로서 가장 생산량이 많고 가장 생산코스트가 낮은 제철소로 평가받는다. 이러한 배경에는 당시 가장 새로운 기술과 전자동화 시스템으로 제철소를 건설했기 때문이라고 할 수 있다. 자동화시스템은 당시 광양제철소가 전 세계에서 처음으로 시도했는데 국내 기술자들과 IBM의 컴퓨터 전문가들과의 협력으로 이루어졌다.

한 1,100톤씩 들어가는 큰 그릇에다가 산소를 직접 불어가지고 그 불순물을 전부 태워서 아주 순수한 강철을 만드는 프로세스에요. 그래서 포항 제철소는 전부가 제강을 LD제강으로 했어요. (중략) 포항에서는 2기 때부터는 연속 주조 설비를 넣어가지고 연속 주조를 하게 되는데. 광양에서는 전량을 연속 주조로 만듭니다. 그러니까 그런 면에서도 세계에서 최초로 1000만 톤 제철소가 완전히 대형 고로에 대형 LD제강에 대형 연속 주조를 하고. 그리고 열간 압연까지 하는 거를 슬라브를 연결할 수 있도록 생산 관리하고 물류 관리 회로 이런 걸 집어서 전부 연결하는 전체를 자동화하는 시스템을 광양제철소가 전 세계에서 처음 시도를 합니다.[26]

---

26) 정명식, 2014년 4월 22일자 3차 구술.

광양제철은 사업계획서 입안 당시 포항제철이 기본 건설계획을 수립했는데, 이 건설계획을 일본에 검토 용역을 요청하자 일본은 검토를 거부했다. 일본은 표면적으로는 용역을 담당할 인력이 없다는 이유를 내세웠지만, 실제로는 포항제철이 일본의 경쟁자가 되는 것을 우려했기 때문이었다. 그래서 독일의 티센(Thyssen)사에 검토를 의뢰했고, 설비는 유럽 쪽에서 조달했다. 용광로는 영국, 제강은 오스트리아 등에서 조달했다.[27] 광양제철소를 건설할 당시는 포항제철소 건설 때와는 달리 우리나라의 중화학공업이 상당한 수준에 달하여 웬만한 철 구조물은 국내에서 생산이 가능한 단계에 도달해 있었다. 따라서 설비의 핵심 부분을 제외한 제철소의 거의 전 분야에서 국산화가 가능했다.

포항제철에서 철판이 제조되자, 그 수요도 폭발적으로 증가했다. 자동차산업의 발전도 중요한 요인 중 하나였다. 포항제철이 건설되고 10년간 약 천만 톤의 철판을 생산할 정도로 규모와 역량이 확대되었다. 생산량이 늘어나자 시설 확대도 동반되었다. 그리하여 공장의 동쪽에 위치한 형산강 쪽과 서쪽의 냉천 쪽의 대지를 확장하여 부지를 확대해나갔다. 이와 더불어 입항하는 선박의 규모도 커지게 되었고, 이에 따라 항구의 수심을 깊게 하고 항구를 넓히는 공사도 필요하게 되었다. 2기 제철소를 착공하면서 항구도 확대하는 공사가 수반되었다.

처음에는 한 5만 톤짜리 배 가지고 시작을 했어요. (중략) 2기 착공을 하면서 보니까 5만 톤짜리 배 가지고는 안 되겠다고 하는 것들이 금방 우리가 파악이 되더라고요. 그래서 항구를 또 넓혀야 되요. 항구를 또 깊이 파야 되요. (중략) 그래서 건설부에다 대고 항구, 깊이를, 수심을 깊게 해주고 항구를 넓혀 달라고 하는 것을 열심히 우리가 건의를 하고, 또 우리 나름대로의 강력하게 주장을 하고. 이래가지

---

27) 전계묵, 2012년 12월 19일 2차 구술.

고선 국가에서는 우리가 제철소를 짓고 있는 동안에 항구를 키웁니다. (중략) 그래 가지고 지금은 20만 톤짜리 배가 들어오도록 항구가 커졌어요. 그와 같은 항구를 키울 수 있었던 조건을 포항이라고 하는 그 입지가 가졌다고 하는 것이 참 그 우리나라로서는 행운이었죠.[28]

결과적으로 포항제철은 처음 착공 시에는 103만 2천 톤에서 시작했지만, 2기는 270만 톤으로 커졌고, 이어서 540만 톤, 700만 톤으로 빠른 속도로 확대되어, 최종적으로는 천만 톤이 훨씬 넘는 대규모 제철소로 발전했다. 10년 동안 용광로 4개가 건설되었고, 처음에는 일본 기술진들의 협력을 바탕으로 시작되었지만, 4기 건설이 종료되는 1980년경에 이르러서는 포항제철이 전 세계에서 제철건설 경험을 가장 많이 가진 인력들을 현역으로 가진 회사가 되었다. 재정 면에 있어서는 초기에 투입되었던 일본의 차관이 끊기게 되자 박태준 회장은 유럽으로 발판을 넓혔다.

일본이 차관을 제공하는 것을 중지를 합니다. 그래가지고선 그 이후에서는 박태준 사장이 전 세계를 뛰어 댕기면서 구라파의 오스트리아 또 독일, 영국, 이런 내빈 지역 중공업 회사들로 하여금 차관을, 상업 차관을 얻어가지고선 포항의 3기, 4기가 확장을 하게 되요.[29] 3기, 4기 이렇게 갈 때는 구라파 쪽 세력하고 일본 세력하고 이렇게 균형을 어느 정도 잡아가고. 그러다 광양제철소 할 때는 구라파 포션(portion)이 많아져요. 영국, 오지리(오스트리아), 독일 뭐 이런 데들이 대거 참여를 해가지고.[30]

28) 정명식, 2014년 4월 15일자 2차 구술.
29) 정명식, 2014년 4월 15일자 2차 구술.
30) 정명식, 2014년 4월 22일자 3차 구술.

오스트리아, 독일, 영국 등 유럽국가들로부터 차관을 확보하여 3기, 4기 건설을 추진했고, 결국 광양제철소 건설 시에는 유럽지역의 투자 비중이 더 높아지게 되었다.

4. 여천석유화학단지 건설 과정

1970년대 중반에 이르면 석유화학공업의 급속한 발전으로 신규 공장 건설이 불가피하게 되었다. 수출용 원자재 수요가 급속히 늘어나고 내수도 신장되자 원료공급이 부족해졌기 때문이다. 이를 해소하기 위해 2단계 육성사업이 시작되었다. 당시 경제수석이었던 오원철 씨는 우리나라 석유화학은 양폐 기능을 가져야 한다고 주장했다. 즉 신규 공장의 건설지역은 울산이 아니라 여수로 하여야 한다고 했다. 여수는 준설을 해야 하긴 했지만 항만으로서 좋은 입지조건을 가지고 있었다.[31] 1979년 전남 여천에 석유화학단지가 추가로 건설된 것은 호남정유공장이 여천에 건설되면서 호남정유에서 나오는 나프타(납사)를 활용하는 것을 주목적으로 고려된 것이었다.[32]

석유화학공업이 본 궤도에 오르자 PVC의 원료를 국산화할 필요성이 대두되었다. 그러한 시기에 다우케미컬이 한국 다우케미컬에 1억 2,300만 불, 한양화학에 2,500만 불을 투자했다. 이 투자금 규모는 1984년도 기준으로 국내 총 외국인 투자의 12% 정도에 해당하는 금액이었다. 이렇게 대규모 투자를 한 목적은 PVC회사에 원료를 공급하려는 것이었으나, 국내 기업들은 가격 문제 때문에 다우케미컬의 제품을 구입하지 않

---

31) 김희술, 2013년 1월 9일자 1차 구술.
32) 조인제, 2014년 2월 11일자 1차 구술.

았다. 그 결과 다우케미컬은 3년간 1억 2천만 불의 적자를 보고난 후, 정부에게 한양화학과의 합병을 요구했다. 그러나 순조롭게 합병이 이루어지지 않자 다우케미컬은 1982년 9월에 한국에 대한 투자 회수를 결정했다. 그러자 안기부에서는 다우케미컬의 철수는 미군 2개 사단이 철수하는 것과 마찬가지로 우리나라의 안보에도 지대한 영향을 미친다고 주장했고, 이에 부응한 상공부 장관 역시 무조건 다우케미컬의 철수를 막아야 한다는 강경한 입장을 취했다. 그러나 미국 본사에서는 이사회의 결정을 번복할 수 없다는 결론을 냈다. 결국 다우케미컬은 홍콩에서 한국화약과의 주식 인수계약을 체결했다. 이로써 다우케미컬은 한국에 1억 5,000만 불을 투자하고 6,000만 불을 회수한 후 한국에서의 사업을 철수하게 되었다.[33]

1960년대 후반부터 1970년대에 우리나라 석유화학공업분야의 수출과 수입대체 효과는 상당한 것이었다. 당시 석유화학산업 개발의 주 동기는 늘어나는 수입에 대비하여 수입대체효과에 주목해야 한다는 인식에서 비롯되었다. 울산단지와 여천단지에서 생산되는 이불솜, 타이어, 합성고무 등이 석유화학제품 수출품목의 큰 부분을 차지했다.

우리나라가 돈이 없잖아요? 그래서 수입이 많아지니까 어떡하든지 수입대체효과를 노려야 된다 해가지고 한 것이 제일 첫째 목적이에요. 석유화학은. 그래가지고 수입대체효과를 해가지고 나가서 안정시킨 다음에 그 담에 수출로 나가자. 그것입니다.[34]

한편 무기화학공업은 석유화학공업에 비해 미약한 수준이었다. 그러나

---

33) 조인제, 2014년 2월 11일자 1차 구술.
34) 김희술, 2013년 1월 9일자 1차 구술.

비료는 당시 중요한 산업이었다. 비료는 식량자급화를 위해 필요한 기간산업인 동시에 화약의 원료가 되기 때문에 군수산업과 직결되는 산업이었기 때문이다. 당시 4억 2,000만 불을 투자하여 남해화학이 설립되었는데 공장 규모는 세계에서 가장 큰 수준이었다. 당시 우리나라 경제 수준에 비해 상당히 대담한 투자였으나, 그로 인해 비료의 완전 자급이 가능해졌고, 여분은 수출로 외화 획득에 기여했다.

5. 석유화학공업 육성 정책과 석유자원 개발

제2차 경제개발5개년계획을 수립하면서 1962년 상공부 석유화학공업국 내에 석유화학과가 처음 설치되었다. 석유화학에는 주로 정밀화학, 시멘트, 비료 등이 포함되었는데, 석유화학공업 육성을 위해서 석유화학육성법을 제정하고 상공부내에 석유화학공업추진위원회, 석유화학기획조정실을 만들었다. 석유화학추진위원회는 부총리가 위원장이 되었고, 추진위원회는 충주비료주식회사의 기술진을 활용하여 구성되었다.[35]

1960년대 우리나라는 석탄에서 석유로 주 에너지원이 변화되었다. 석탄은 에너지원 외에는 공업 쪽으로 이용할 수 있는 용도가 많지 않았다. 그러나 석유는 증류 과정에서 공업원료로 사용가능한 각종 유분이 도출되기 때문에 화학공업을 발전시키기 위해서는 석유계통의 산업을 발전시켜야 했다. 그 결과 국가의 공업발전단계에서 자연스럽게 석탄에서 석유로 이전되었다.[36] 그런데 석유화학산업의 육성이 당시로서 우리나라에서 가능할 것인가에 대한 논의가 있었다. 정부는 미국의 ADL(Arthur

---

35) 김희술, 2013년 1월 16일자 2차 구술.
36) 조인제, 2014년 2월 11일자 1차 구술.

D. Little, Inc)사에 연구용역을 발주했다. 연구결과, ADL은 우리나라의 석유 수요 상 3만 5,000톤 급만이 가능하고 그 이상은 곤란하다는 분석이 나왔다. 이에 대해 당시 석유화학공업추진위원회에서는 처음에는 6만 톤 급으로 하고 점차 규모를 확대하여 10만 톤까지 가능하도록 해야 한다는 의견을 제시했다.[37]

1963년 울산정유공장이 준공되었고, 1966년에는 석유화학공업개발계획이 수립되었다. 이 계획을 수립하기 전에 먼저 석유화학산업의 육성방안에 대한 고민이 있었다. 이에 석유화학추진위원회를 구성했는데, 총리를 수석으로 하고, 경제 각료들을 위원으로 참여시켜 석유화학산업의 발전을 국가 차원에서 강력하게 뒷받침하고자 했다. 그리고 민간의 공장설립을 지원하기 위해서 민간 자본 30% 이상을 의무화하고, 기술은 외국의 기술을 직접 들여오도록 규정했다. 이와 더불어 인프라를 지원해주기 위해서 석유화학공업단지를 조성하고 수입자재는 전액 면세를 허가했다. 반면에 투자비 절감만을 중시했기 때문에 공장 설립 시 공해대책에 대해서는 특별히 규제하는 바가 없었다.

석유화학공업단지를 만들고, 들어가는 길, 항만, 이거를 다 조정을 해준다. 그러니까 인프라를 조성을 해주고 공장을 유도해서 건전한 회사를 잡아주고, 그리고선 들어오는 문, 자재는 전체 면세해가지고 제대로 싸게 공장을 짓도록 하자. (중략) 그때는 공해에 대한 개념은 배제를 시켰어요. 얘기를 안했어. 공해까지 한다면 투자비가 보통 얼마 들어가냐 하면 하나 들어가는데 1.5배, 50%는 더 들어가야 돼. (중략) 돈 없는데 그거는 할 수 없었다고요. (중략) 어떡하면 싸게 짓고 해야 되는가 하는 거지 공해의 개념을 도입을 시키지를 못했어요.[38]

---

37) 김희술, 2013년 1월 9일자 1차 구술.
38) 김희술, 2013년 1월 9일자 1차 구술.

그리고 열 공급은 민간에게 부담이 가는 부분이었으므로 정부가 지원을 담당했다. 다시 말해 공단은 정부 주도하에 건설하고 나머지는 민간이 한 것이다. 그러나 민간이라고 하여도 당시 가장 기술력이 좋았던 충주비료에 있던 기술자들을 차출하여서 외국 기업과의 조인트 파트너 역할을 담당하게 했다. 그러므로 민간 기업이라 하여도 실질적으로는 정부 지원이 큰 부분을 차지했던 것이다. 외국기업과의 계약에 의한 투자 금액은 2억 4천만 달러에 달했는데 이는 당시 우리나라 경제 규모로 볼 때 상당한 금액이었다.

그땐 충주비료가 기술진이 최고 좋을 때니까. 그래 충주비료에서 차출했어요. 거기서 그 팀에서 하나는 한양화학 쪽으로, 무슨 동서석유화학 이쪽으로 해가지고 파트를 나눠가지고, 파트너, 조인트 파트너를 골랐어요. 그래가지곤 한양화학은 다우케미칼, 아크릴날(acrinol) 처리 같은 거는 스케리(Scari Oil)이렇게 해가지고 쭉 나눴다구요. 나눠가지고 계약을 했어요. 계약을 해서 나갔는데, 당시에 투자 규모가 2억 4천만 불이에요. 그 당시에 2억 4천만 불이 참 컸습니다.[39]

그런데 이러한 외국기업과의 합작투자조건은 외국기업에 매우 유리한 조건이었다. 즉 턴키베이스 시스템이어서 사업의 손익에 상관없이 4년이면 투자 업체가 투자액을 환수할 수 있도록 가격을 만들어준 것이다.

계약조건이요, 지난 얘기지만 참 터무니없어요. 이익이 나든 안나든 4년이면 투자한 거는 다 뽑아갈 수 있도록 가격을 만들어서 해줘야 한다는 거예요. (중략) 지난 얘기지만 뭐 돈 가지고 있는, 돈 끌어 들이는 게 제일 큰 문제였지. (중략) 그리고 대부분 턴키베이스((turn key base)니까. 턴키베이스라는 거 아시잖아요? 걔네들

39) 김희술, 2013년 1월 9일자 1차 구술.

이 와서 치고 걔네들이 다 하고 간 거예요. 우리는 그거 없어. 우리 책임 없는 거야. 우리는 전연 책임이 아니라 의무도 없고 책임도 없고 그래.[40]

그 당시로서는 불가피했지만, 지금 생각해보면 참 말도 안 되는 거죠. (중략) 우리가 할 수 있는 카운터파트(counterpart)로 그냥 들어가는 것 밖에 전혀 없어요. (중략) 턴키베이스라 하는 거는 마지막에 다 제품 만들어서, 아 예 이제 됐습니다. 커머셜(commercial), 그 상업적인 증명이 됐을 때 그때 키를 돌려받는 거, 그게 턴키베이스거든요? 그런 식으로 해서 했어요.[41]

한편 석유화학공업단지 조성에 있어서 적합한 지역을 선정하기 위한 고민과 논의의 과정이 있었다. 상공부에서는 울산을 제안했고, 경제기획원에서는 인천을 주장했다. 공업단지 선정에 있어서 중요하게 고려되는 점 중의 하나는 공업용수, 즉 보충수의 문제였다. 경제기획원에서는 10%가 되어야 한다고 했지만, 상공부 담당자는 4%면 가능하다고 보았다. 결국 상공부가 제시한 4%가 타당하다는 쪽으로 의견이 모아져 최종적으로 울산으로 결정되었다.

일본화학경제라는 잡지가 있어요. 거기 모델 나오는 거 보니까 전부 다 4프로(%)예요. 메이크업(makeup)이. 메이크업이라는 거는 한 번 돌아가는데 없어지는 물의 양. 그러면 4프로만 보충해주면 계속 돌려진다 이거야. (중략) 그거 가지고 경제기획원하고 상공부하고 맞붙었죠. 그래가지고 건설부도 차출이 되고 뭐 해가지고 검토를 해가지고 결국은 4프로가 낙찰이 됐어요.[42]

---

40) 김희술, 2013년 1월 9일자 1차 구술.
41) 김희술, 2013년 1월 16일자 2차 구술.
42) 김희술, 2013년 1월 9일자 1차 구술.

인천은 무슨 문제가 나왔냐면 제일 첫째 항만에서 문제가 나왔어요. 인천, 저기 항만은 20만 톤짜리 배가 들어오려면 엄청나게 나가야 되요. 밖으로. (중략) 준설하고 다 하는데 비용이 엄청나게 들어가요. 근데 울산은 지금 바다 앞에서도 20m 짜리가 나오거든. 수심이. 그러니까 거기에서 그게 첫째 하나가 유리했고, 두 번째는 물이에요. 물을 갖다가 계속 공급을, 우리 공업용수가 참 중요하지 않습니까? (중략) 스탠포드 그 리서치 센터에서 나오는 거기에도 4프로라고 나와요. 그래 4프로라고 딱 증거서를 대가지고 결국은 울산으로 확정된 거죠.[43]

1972년 10월에 울산 석유화학단지가 준공되어 석유화학공업이 본격적으로 일괄생산체제를 갖추게 되었다. 일괄 생산체제란 나프타 크래킹에서 나오는 제품 수요와 소비 수요 패턴이 맞아 들어간 상태를 말한다. 즉 석유 제품의 균형을 맞추는 것인데 이 균형이 맞아야 가장 경제적 효과가 크기 때문에 석유화학공업단지를 만드는 것이다. 울산에 석유화학단지를 조성함으로써 이러한 효과를 얻을 수 있게 된 것이다.

일괄체제를 했다는 것은 다시 말하면, 나프사 크래킹에서 나오는 제품의 수요하고 소비 수요와 패턴이 맞아 들어갔을 때, 그것이 일괄생산이라고 해야 되거든. 만약에 에틸렌이 폴리에틸렌 만드는 공장은 섰는데, 폴리프로필렌 나오는 공장이 안 섰다. 그러면 이게 안돼거든. 그러니까 일괄생산이라는 게 바로 그런 뜻의 일괄이에요. 발란스(balance)를 맞춰주는 것. 프로덕트(product), 제품의 균형 맞춰 주는 거. 그게 제일 힘든 거예요. (중략) 딴 산업하고 다른 게 석유화학이 그게 제일 힘들었다구요.[44]

---

43) 김희술, 2013년 1월 16일자 2차 구술.
44) 김희술, 2013년 1월 9일자 1차 구술.

1970년에는 석유화학공업의 진흥을 위해 석유화학공업육성법이 제정되었다. 석유화학공업은 체인 인 더 스트림(chain in the stream), 즉 원료에서 중간제품, 또는 완제품까지 한 단지 내에서 각 단위 공장 간에 파이프로 연결이 되어 있는 시스템이다. 따라서 각 공장이 원활하게 가동되기 위해서는 중간에 어떤 한 공장이 쉬어서도 안 되고 각 업체가 수지도 맞아야 하는 문제점이 있다. 그런데 당시 우리나라는 단지의 사업 주체가 여러 개로 분할되어 있어서 각 업체들 간에 발생하는 가격 갈등과 같은 문제들을 조정하는 것이 정부에게는 적지 않은 부담이고 난제가 되었다.

석유화학은 체인 인 더 스트림이기 때문에 제일 이상적인 것은 단지 전체가 하나의 기업에 의해서 운영이 되면 별 문제가 없습니다. 정부에서 관여할 것도 없는데. 단지 전체를 조그마한 유니트(unit) 별로 전부 기업체가 다르게 운영을 하다 보니깐 처음에 최초의 원료를 생산하는 사람이 내는 그 중간제품이 그 다음 공장의 말하자면 원료가 되는 겁니다. 그러면 그 다음 공장의 또 가공을 해서 내는 그 제품은 그 다음 공장의 또 원료가 되고. 그러니깐 중간제품 하나의 가격이 높아지면 그 다음 업체는 굉장히 어려워지고 그 앞 업체는 앞 스트림(stream)은 아주 굉장히 좋아지죠. 그래서 서로가 그 가격을 가지고 맨날 대립하는 그런 갈등이 있었습니다.[45]

또한 공장들 간에 이러한 연쇄구조로 되어 있기 때문에 한 공장이 멈추게 되면 연쇄적으로 다른 공장들도 가동이 불가능해지는 어려움도 있었다.

---

45) 조인제, 2014년 2월 11일자 1차 구술.

공장 어느 하나라도 멈추게 되면 그 중간연료는 전부 대부분 기체이기 때문에 중간 저장도 안됩니다. 그러면 공장 하나가 서면 연쇄적으로 다 서야 되는 거예요.[46]

그리고 각 업체가 각기 생산한 제품은 비싸게 팔고 사는 원료는 싸게 공급받고자 했기 때문에 정부의 조정이 절대적으로 필요했다. 그런 면에서 석유화학공업육성법은 현실적으로 매우 필요한 법이었다. 당시 각 공장의 대표는 장성급 퇴역군인들이었다. 종합화학 대표는 백선엽 전 육군참모총장, 호남에틸렌 대표는 김창규 전 공군참모총장, 호남석유화학 대표는 장지수 전 해군참모총장으로 언제나 박대통령을 만날 수 있는 위치에 있는 사람들이었다. 이 때문에 이 업체들의 조정역할을 담당한 상공부 석유화학 과장의 업무 부담은 적지 않은 것이었다.

당시에 중요한 석유 가격 같은 것을 한꺼번에 동시에 발표를 하게 됩니다. 그러면 자기한테 불리하다고 생각하면 전부 문제를 제기하기 때문에 그 당시에 각 공업의 각 공장의 대표님들은 전부 장성급들이었습니다. (중략) 그런 분들이 전부 돌아서면 언제나 박 대통령을 만날 수 있는 입장이었기 때문에 조금이라도 자기 회사에 불리한 어떤 결정이 났다 싶으면 바로 그냥 청와대로 뛰어갑니다. 그래서 그분들을 앉혀 놓고 전부 다 설득하고.[47]

석유화학공업은 제2차 경제개발5개년계획의 핵심 사업으로 추진되었다. 1972년에 에틸렌 기준으로 십만 톤 규모의 나프타 분해공장, 폴리에틸렌 및 VCM공장, 폴리프로필렌공장, 아크릴로니트릴공장, SBR공장 등 10여 개의 공장이 완공되었다. 먼저 1차로 울산 석유화학단지에 정유

---

46) 조인제, 2014년 2월 11일자 1차 구술.
47) 조인제, 2014년 2월 11일자 1차 구술.

공장이 건설되었다. 정유공장에서 원유를 분리하면 가스성분이 나오고 그 다음에 납사 성분이 나오며, 이어서 등유, 경유, 정유, 아스팔트까지 나온다. 납사로 휘발유를 만들고 나머지는 석유화학원료로 사용이 가능하다. 당시 휘발유로 국내 수요를 충당하고 남는 양으로 연간 10만 톤 정도의 에틸렌을 생산했다.[48]

우리나라 석유화학공업 육성정책은 우리나라를 공업국가로서의 반열에 오르게 한 성과를 거두었다. 반면에 육성정책은 소규모 단위사업으로 분리된 사업체로 운영하게 함으로써 불필요한 마찰을 일으키고 정부에 이전되는 형태로 만들었다는 평가도 있다.[49] 당시 상공부 담당자는 석유화학공업 육성이 정부주도형으로 이루어진데 대해 장점과 단점이 동시에 존재한다고 평가한다. 인프라를 정부에서 모두 지원하고 국내 참여 기업 역시 모두 정부가 임명했으며, 외국 투자는 턴키베이스 방식으로 이루어졌다. 당시로서는 이러한 방법이 그 이상의 방법이 없는 유일한 방법이었으나, 여기에서 파생될 수 있는 단점을 보완하기 위해서 참여 민간기업의 주식 공개를 통해 민영화가 추진되었다.

석유화학공업육성을 정부 주도형으로 했어요. (중략) 임명된 사람이 외국 사람들하고 조인해가지고 회사를 만들었고, 들어온 거는 전부다 턴키베이스로 해서 다 지었습니다. 그러면 그것이 과연 장점이냐. 그 시대에서는 그게 장점이에요. 그 이상 방법이 없고. (중략) 반 국영기업인데 그렇게 하지 않으면 안돼요. (중략) 그것이 장점인 반면에 단점도 있을 수 있다 이거에요. (중략) 정부가 주도한다는 건 뭐냐 하면 민간 기업이 할 수 없기 때문에 하는 거다. 그럼 다시 말하면 그게 단점이거든요? 그래서 그 방법을 뭐로 했느냐? 한양화학이랑 카르로락탐을 해가지고 민

---

48) 조인제, 2014년 2월 11일자 1차 구술.

49) 조인제, 2014년 2월 11일자 1차 구술.

간기업 회사를 주식공개를 시작했어요. 그래 민영화로 들어갔다고. (중략) 정부가 민간 기업이 할 수 없는 거를 하고, 그게 제대로 되면 민간에게 넘겨주는. 그것이 그 당시에 내가 생각한 거고, 그렇게 하지 않으면 안 된다 이거야. 그러니까 장점인 반면에 단점이 되고, 또 단점인 반면에 장점이 되는 그러한 결과를 초래했죠.[50]

한편 우리나라 석유화학공업이 기반을 잡게 되는 데는 시대적인 영향도 있었다고 보는 의견도 있다. 구체적으로는 석유 파동과 베트남전쟁, 중동건설 붐, 이 세 가지 국제적인 사건들로 인하여 우리나라 석유화학 제품이 수출 호황을 맞고 안정적으로 자리를 잡게 되었다는 것이다.

오일쇼크가 나니까 두 배 세 배 막 올라간 거야. 그러니까 이게 자동적으로 호황이 돼 버린 거야. 그래 우리나라가, 내가 항상 얘기하는 게 운이 좋다는 얘기가, 참 운이 좋다는 얘기에요. (중략) 수출하면 6배 남고. 그렇게 호황이 됐다고요. 그래서 우리나라 석유화학이 그 기반 딱 잡은 거예요. 그때. 그렇지 않으면 참 힘든 거였다구요. (중략) 월남전쟁 있죠? 파병해가지고 한 거. 다음 세 번째가 어디냐 하면 중동건설 붐. 이래가지고 연결 돼 가지고 우리나라가 참 하여튼, 우리나라같이 운 좋은 나라가 없대니까.[51]

1970년대 석유파동을 거치면서 정부는 독자적인 석유자원 개발에 박차를 가하게 되었다. 이미 1960년대에 석유자원 부존 가능성에 대한 지질조사를 실시했으나 성공시키지 못한 일이 있었다. 이후 유엔 산하 기구에서 아시아지역의 자원분포를 연구 조사하는 해저지질조사 프로젝트가 추진되어 조사가 실시되었다. 1969년 실시한 조사결과에 따르면, 한

---

50) 김희술, 2013년 1월 16일자 2차 구술.
51) 김희술, 2013년 1월 9일자 1차 구술.

반도 주변에 지질구조상 퇴적층이 발달해 있어서 우리나라 서해 일부와 동해 남쪽, 남해, 제주도 남쪽에 석유 부존가능성이 높다는 조사 결과가 도출되었다. 이에 고무된 정부는 해저자원탐사 개발을 추진하고자 근거 법안으로 해저광물자원개발법을 제정했다.[52] 법안 명칭에서 석유가 아닌 광물자원으로 보다 포괄적으로 정한 것은 해저에는 석유, 가스만이 아니라 기타 여러 가지 광물도 부존될 가능성이 높다고 보았기 때문이다. 그리고 법 제정 이전에 걸프(Gulf)사와 조광권, 즉 탐사개발권을 체결했다.

> (해저광물자원개발법) 공포는 70년 1월 1일자로 됐지만, 이미 69년도에 그 걸프 (Gulf)는 아시다시피 과거에 정유공장을 울산에 건설했고, 한국하고의 관계가 아주 깊은, 좋은 관계를 맺고 있어서 걸프가 여기에 적극 참여하겠다. 이래가지고 법 제정 이전에 이미 걸프하고는 69년 4월에 탐사개발권, 그거를 전문용어로 조광권이라고 그럽니다만, 조광권 계약까지 체결된 바가 있습니다.[53]

석유자원개발은 당시 우리 정부로서는 기술력과 자금 확보가 쉽지 않았기 때문에 걸프, 로얄더치쉘, 칼텍스, 텍사코 등 외국회사들이 자본을 투자한 후 석유자원이 발견되면 지분 비율에 따라서 일정 비율을 가져가는 방식으로 추진되었다. 1970년 6월 정부는 제주도 남단 8만㎢를 제7광구로 지정하고 한국령으로 선포했다. 제7광구 개발에는 미국계회사의 한국 법인체인 코리아 아메리카 오일컴퍼니(Korea America Oil Company), 약칭 코암(KOAM)이라는 회사가 참여했다.

제7광구가 선포되고 미국계 회사가 참여하게 되자 일본은 이 지역이

---

52) 윤석구, 2013년 2월 7일자 2차 구술.
53) 윤석구, 2013년 2월 7일자 2차 구술.

일본의 대륙붕 구역임을 주장하면서 한국이 일본 구역을 침범했다고 이의를 제기하여 외교적 분쟁이 일어나게 되었다. 일본은 중간선 이론을, 우리나라는 제7광구가 한반도에서 자연적으로 생성된 지역이라는 자연연장설을 주장했다. 수차례의 한일 양국 간 협의 끝에 1974년 양국이 공동개발구역을 설정하는 한일대륙붕협정을 체결하게 되었다.

> 일본 측하고 우리하고 상당히 논쟁이 있었습니다. (중략) 다행히 그 당시에 우리가 일본의 동경대학에 오다 시게루(小田滋)라고 상당히 세계적인 대륙붕의 그 생성 이론에 자연연장설을 주장한 그런 교수가 바로 일본 동경대학 교수가 있어서, 너희 일본 동경대학 교수도 이렇게 자연연장을 주장하지 않느냐. 이건 완전히 우리 한반도의 자연으로 생성된, 7광구는 우리의 대륙붕이다, 이렇게 강력하게 했기 때문에 결국 일본도 나중에 타협안으로 중간선 이론과 자연연장이론을 같이 공유하면서 공동개발구역을 설정하자는 데까지 갔는데, (중략) 십 몇 차례 공동협의를 하는 과정에서 나중에 그런 공동개발협정까지 체결하게 된 걸로 기억하고 있습니다.[54]

이후 석유자원개발을 위한 정책으로 1979년 석유개발공사가 설립되어 공사 내 기초탐사팀이 설치되었고, 지질자원 전문연구기관으로 광물지질자원연구원이 대덕단지에 설립되었다. 정부와 이러한 전문연구기관이 합동으로 기초조사를 실시하고 석유공사는 울산 앞바다와 제주도 북쪽 지역 등 6광구를 중심으로 시추탐사를 추진했다. 그리고 1997년 이 세 개 지역이 유망지역으로 확인됨에 따라 2001년 말에는 매장량 평가를 마치고, 2004년 7월 생산시설이 완공되어 생산을 개시하게 되었다. 이후부터 우리나라는 천연가스와 그 부산물인 콘덴세이트 원유를 생산하면서

---

54) 윤석구, 2013년 2월 7일자 2차 구술.

세계에서 95번째 산유국 반열에 오르게 되었다.[55]

1978년에는 동력자원부가 설치되었다. 동력자원부는 1970년대에 1, 2차 석유파동을 겪으면서 국내 자원뿐만 아니라 해외 자원 확보의 필요성, 특히 해외에 투자하고 우리가 개발하는 자주개발방식으로 수입률을 제고하고자 해외자원개발촉진법의 입법을 추진하게 되었다. 이 법은 입법 과정에서 다른 부처의 반대에 부딪혔으나 1978년 연말 정기국회에서 통과되어 제정되었다.

그 입법을 추진하는데 상당히 난관에 많이 부닥쳤습니다. 심지어는 농림부, 산림청. 해외 자원이라는 용어를 쓰니까, 어떻게 광물, 석유자원만이 자원이냐. 농수산물, 산림 이것도 자원이다. 그러니까 동력자원부가 그 모법을 만드는 걸 반대한다. 동력자원부에 이런 모법이 있으면 우리가 나중에 필요한 법을 만들 때 큰 장애 요인이 된다 해가지고 관계부처 협의과정에 전부 반대합니다. (중략) 지금 절실한 거는 해외 자원 확보 아니냐. 지금 포스코 같은 데서 철광석을 우리가 들여와야 되고, 또 코킹 콜(coking coal)을 들여와야 되고. 그리고 한국전력 같은 데에서는 지금 유연탄을 많이 들여와야 되고. 아, 또 석유, 개스도 정유공장에서 들여와야 되고. 그리고 각종 부산물. 포스코에서도요, 이런 철강 하나 만드는 데 거기에 많은 광물들이 들어갑니다. 부산물이. 그런 거를 비싸게만 우리가 들여와서 되느냐. 우리가 해외투자해서, 그걸 일종의 자주개발이라고 그러거든요. 우리나라 땅에서는 생산 안 되지만, 우리가 가서 투자하고, 우리가 개발하는 거를 자주개발이라고 그러는데, 자주개발 수입률을 높여야 된다. 일본은 이미 상당한 수준에 가 있지 않느냐.[56]

---

55) 윤석구, 2013년 2월 7일자 2차 구술.
56) 윤석구, 2013년 2월 7일자 2차 구술.

이와 같이 우리나라의 석유자원개발은 1960년대에는 해남에서 포항에 이르는 경상계 지질층의 석유부존가능성 조사를 실시했고 1970년대에는 외국계 회사들을 유치하여 해저탐사를 추진했다. 이러한 조사 결과 관련된 많은 기초자료를 확보하게 되었는데, 이는 이후에도 유용하게 사용할 수 있는 자료로 평가되고 있다. 이와 더불어 1990년대 이후부터 해외 석유 및 천연가스 자원 개발이 활발하게 추진되어 그 규모도 상당히 높아졌다. 석유의 해외 자주개발비중은 2003년 기준 3.2%에서 2011년에는 13.7%로 증가했고, 해외의 원유 확보량은 2012년 기준 13억 9,400만 배럴에 달했다. 또한 석유의 해외진출국이 57개국에 이른다. 해외자원개발은 한국석유공사, 한국가스공사, 한국전력공사, 한국광물자원공사 등 네 개 국영기업이 주축이 되어 추진되어 오고 있다.[57]

---

57) 윤석구, 2013년 2월 7일자 2차 구술.

제4장
전자공업 육성 및 진흥 정책

윤 정 란

〈개요〉

5·16군사정변으로 집권한 군사정부가 한국 전자산업과 관련한 첫 정책이라고 할 수 있는 것은 밀수품 단속 강화, 농어촌 라디오 보내기 운동, 라디오 수출의 시작 등이었다고 할 수 있다. 1966년 상공부장관의 발표와 1967년 박정희 대통령의 연두교서 이후 경제과학심의회에서 전자공업 육성 방안 작성 등으로 정부는 전자산업 육성에 대한 강력한 의지를 표명했다. 이를 좀 더 구체화하기 위해 미국 컬럼비아대학교 전자공업과 주임교수인 김완희를 초청했다. 김완희는 「전자공업 진흥을 위한 건의서」를 완성한 후 9월 16일 박정희를 만났다. 정부에서는 이외에 전자공업 육성 기반을 구축하기 위해 한국과학기술연구소, 과학기술처 등을 설립했다. 전자업체에서는 정부의 육성 방침에 발맞춰 한국전자공업협동조합을 조직했다. 김완희의 보고서 내용 따라 정부에서는 「전자공업진흥법」을 제정·공포, 「전자공업진흥 8개년 계획」을 발표했다. 이 법과 8개년 계획에 따라 구미전자공업단지가 조성되었고 정부에서는 「수출자유지역설치법」을 제정·공포하여 마산을 수출자유지역으로 지정했다.

정부는 전자공업의 구조를 고도화하고 지속적 성장을 지원하기 위하여 부품공업 육성 시책을 마련했다. 그런데 상당수의 업체가 당초의 계획대로 공장을 건설하지 못하고 정부 지원책도 미흡하여 소기의 성과를 거두지 못했다. 정부는 전자공업의 전문화와 계열화를 촉진하기 위해 1978년

12월 5일 「중소기업계열화촉진법」을 제정했다.

　당시 한국 전자제품 수출은 급격하게 성장하고 있는데 국제시장의 경쟁은 더욱 치열해져 가고 있었다. 주요 수출 대상국인 선진국들은 보호주의 무역의 장벽을 높이려고 했다. 이에 직면한 업계에서는 이에 대처하기 위해 강력하고 통일된 조직이 필요하다고 판단했다. 그래서 정부에서는 이러한 여론을 반영하여 강력한 민간중추단체 발족 계획을 협의했다. 정부의 방침에 따라 1976년 2월 20일 한국전자제품수출조합 정기 총회에서 수출조합은 해산을 결의하고 사단법인 한국전자공업진흥회 발족을 결정했다. 1978년 정부는 제1차, 제2차, 제3차 수입자유화 조치를 단행했다. 한국 총수출량이 1977년 1백억 달러를 넘어섰고 세계시장 점유율이 1.03%에 이르렀다. 그런데 주요 선진국들은 경제 성장보다 안정정책을 추구하는 방향으로 나아갔다. 그러자 정부에서도 수출일변도의 통상정책을 전환해야 했다. 그래서 정부에서는 수입자유화 조치를 취했다. 한국 전자업계는 국내시장에서 흑백 TV, 라디오, 다이얼식 전화기 등을 둘러싸고 외국업체와 경쟁했다. 외국업체와 경쟁할 정도로 한국전자업체는 성장했으며, 국내시장을 빼앗기지 않았다. 이와 같은 한국의 전자공업 성장으로 한국전자공업진흥회에서는 1979년 9월 상공부와 공동주관으로 제6회 아시아전자연맹 총회와 제10회 아시아 전자회의를 서울에서 개최했다. 이를 통해 한국 전자산업의 저력을 과시했다.

1. 「특정외래품판매금지법」과 국내 전자산업 보호

1960년 5·16군사정변으로 집권한 군사정부는 장면 정부에서 마련한 「특정외래품판매금지법」을 그대로 시행했다. 이는 이제 태동하기 시작한 한국 전자산업을 보호 육성하기 위한 것이었다. 이 법안은 4·19로 집권한 장면 정권에서 제정했다. 1961년 4월 장면 정부는 「국산 가능한 라디오 부품의 수입 금지 및 특정외래품 판매금지법안」을 마련했다. 당시 금성사의 국산 라디오를 보호하기 위해서 이 법을 제정하고 5월 10일에 공포했다. 1950년대 이후부터 한국 전자산업은 태동하기는 했지만 성장할 수 없었다. 그것은 외래품의 범람 때문이었으며, 가장 큰 문제가 밀수품이었다. 1947년 구인회는 국내 최초 화학회사인 락희화학공업사(현 LG화학)를 설립하고 1958년에 국내 최초 전자 회사인 금성사를 설립했다. 1959년 5월에 국산 1호 라디오(A-501)를 상품으로 내 놓았다. 금성사는 이후 진공관식 『A-401』, 『B-401』, 『A-502』, 『A-503』 등과 트랜지스터식 『TP-601』, 『T-701』, 『T-702』 등의 모델을 계속 출하했다. 당시 밀수품에 비해 제품의 성능과 사양이 크게 떨어져 『A-501』를 제외하고는 다른 모델들은 모두 2-5개월 만에 단종되었다. 이를 타개하기 위해 장면 정부에서는 이 법안을 마련하고 공포했다.[1]

5·16군사정변 이후 7월 국가재건최고회의 부의장인 박정희는 부산 연지동에 있는 금성사 공장을 방문했다. 이는 금성사에게 위기를 벗어날 수 있는 절호의 기회가 되었다. 『A-501』를 설계했던 김해수가 라디오 생산라인을 안내하면서 박정희에게 밀수품 때문에 국산화한 라디오 생산이 중단될 위기에 처했다는 점을 설명했다. 그리고 군사정부의 강력한 밀수품 단속 조치를 호소했다. 박정희는 김해수의 요구를 적극 받아들

---

1) 서현진, 『끝없는 혁명: 한국전자산업 40년의 발자취』, 이비커뮤니케이션(주), 2001, 82-86쪽.

여 즉석에서 밀수 금지 및 강력한 밀수품 단속을 지시했다.[2] 당시 『경향신문』에서는 「특정외래품판매금지법」 시행과 관련해서 다음과 같은 기사를 실었다.[3]

특정외래품판매금지법이 지금 5월 10일에 공포된 바에 따라 8월 31일까지 재고품 정리기간으로 설정하고 9월 1일을 기하여 특정품의 판매를 합동단속반을구성하여 강력한 단속을 실시하게 되었다.

'국내산업을 저해하거나 사치성이 있는 특정외래품의 판매를 금지함으로써 국내산업의 보호와 건전한 국민경제의 발전을 기함'을 목적으로 삼은 특정외래품판매금지법은 220 종목에 달하는 물품을 특정외래품으로 정해 놓았다. 당로자는 특정품의 판매금지로 이 겨레에 고질화되다시피 한 밀수와 사치근성을 뿌리채 뽑아 국산품의 애용으로 국내생산업계를 진흥시켜 산업계의 비약적인 발전을 기약할 수 있는 터전을 구축하겠다는 의욕에 벅차오르고 있다. 그러나 밀수가 근절되고 국민들의 소비생활에 부응할 수 있는 첩경을 마련하려면 어떤 법적인 제재보다도 국산품의 품질향상이 선결요건인 상 싶다.

박정희의 밀수품 단속에 대한 강력한 조치로 1960년 몇 천 대에 불과하던 라디오 판매수가 1962년 한해만 13만 7천대로 증가했다. 금성사에서는 박정희가 연지동 공장을 방문한 이후로 「농어촌 라디오 보내기 운동」을 전개했다. 그런데 크게 호응을 얻지 못했다. 1962년 7월 7일 공보부가 적극 나서면서 전국적인 바람을 일으켰다. 이는 대국민 홍보와도 깊은 관련이 있었다. 이와 관련해서 『경향신문』에서는 다음과 같이 보도했다.[4]

---

2) 위의 책, 82쪽.
3) 「혁명과 소비 ② 외래품 / 뿌리뽑힐 사치근성」, 『경향신문』, 1961.9.1.
4) 「농어촌의 공보강화는 어떻게」, 『경향신문』, 1962.7.7.

최고회의 공보정책 담당인 강상욱 최고위원은 6월 오재경 공보부장관이 사임하고 이원우 공보부장관이 취임하는 자리에서 "공보행정은 제로이고 방송은 얼치기식"이라고 따끔한 경고를 하면서 농어촌공보의 강화와 파상선전의 주력을 강조했다. 바로 그 이튿날 이원우 공보부장관의 기자회견 첫 마디는 ① 농어촌공보강화를 위해 국제선전인 제2방송을 철저하게 농어촌방송으로 프로를 전면개편하고 ② 「터스널 코뮤니케이션」을 강화하기 위해 24만 여 공무원을 PR요원화하여 ③ 「새 나라」 신문 등 정부간행물을 보다 확장할 방침이라고 역설했다. 그러면 과연 농어촌공보는 어떠한 현상에 놓여 있는가? 우선 충북의 한 공보관이 농어촌공보행정의 맹점으로서 든 한 가지 사실을 들어보자.

1962년 7월 13일 박정희는 공보부 장관에게 농어촌에 라디오 보내기 운동을 전개하라고 지시하고 7월 14일 육영수와 함께 직접 트랜지스터 1대와 라디오 2대를 공보부에 기증했다. 이는 첫 기능품이었다.[5] 이러한 정부의 정책에 따라 7월 14일 한국신문편집인협회가 이 운동을 직접 후원하기로 결정했다. 각 신문들은 사고를 통해 농어촌에 보내게 될 라디오와 현금을 수집 및 모금했다. 당시 『경향신문』에서는 이 운동을 다음과 같은 기사로 실었다.[6]

공보부는 라디오 없는 농어촌에 라디오를 보내는 운동을 벌이고 있다. 이 운동은 본부를 공보부에 두고 각 신문사와 방송국에 지부를 두어 희사하는 라디오와 라디오를 살 돈을 받게 될 것이라고 공보부는 14일 발표했다. 희사받은 라디오는 한 달에 두 번씩 농어촌에 보내게 된다.

5) 「라디오 등 기증 / 박의장 내외가」, 『경향신문』, 1962.7.14.
6) 「농어촌 마을에 라디오 보내기」, 『경향신문』, 1962.7.15.

농어촌 라디오 보내기 운동은 1963년까지 계속되었다. 이외에 정부의 도움으로 라디오 수출도 시작되었다. 해외 시장 개척은 1962년 홍콩 등지에 동남아 통상사절단을 파견하면서 이루어졌다. 사절단에 포함되었던 금성사 관리부장 구자두는 홍콩의 무역회사 바노 측과 트랜지스터 라디오 18대를 견본 수출하기로 합의했다. 또한 미국 뉴욕의 아이젠버그 사에 『T-103』 등 594달러에 달하는 62대 분의 수출 계약도 성사시켰다. 그런데 국산 라디오 수출은 세계 시장을 석권하고 있던 일본과 미국 제품과 경쟁해야 했다. 그래서 정부에서는 출혈 수출을 강경하게 밀어 붙였고 출혈 액수만큼 정부에서 보상해주는 정책을 폈다.[7]

2. 정부의 전자공업육성정책과 김완희의 「전자공업진흥을 위한 건의서」

1966년 12월 5일 상공부장관 박충훈은 전자공업을 수출전략산업으로 중점 육성하겠다는 내용을 발표했다. 『동아일보』는 박충훈 장관의 발표를 다음과 같이 보도했다.[8]

박충훈 상공부장관은 5일 전자공업을 적극 육성하여 70년대에 1억 불의 수출을 목표로 계획을 추진하겠다고 말했다. 박장관은 이날 이미 미국의 3개 회사가 직접 투자를 희망한 것을 비롯하여 6개 회사에 대한 투자가 외자도입촉진위에서 승인됐다고 밝히고 올해에는 2백 70만 불, 내년에는 1천 5백만 불의 수출을 할 예정이라고 말했다. 박장관은 이어 전자공업을 트랜지스터류, 라디오, TV, 직접회로 등

---

7) 서현진, 앞의 책, 87-89쪽.
8) 「전자공업 적극 육성」, 『동아일보』, 1966.12.5.

을 중점 육성 품목으로 지정하겠다고 말하고 이들 부문은 합작투자만을 받아들이겠다고 말했다.

상공부의 발표는 정부 수립 이후 전자공업에 대한 육성을 공식적으로 처음 표명한 것이었다. 1967년 1월 7일 박정희 대통령은 연두교서에서 67년을 「전진의 해」로 정하고 제2차 5개년 계획을 인내, 희망, 용기를 가지고 추진할 것을 강조하고 "공업입국 전면작전을 전개하자"고 주장했다. 이 날 전자 공업과 도자기 공업 개발에 힘쓸 것이라고 밝혔다.[9]

박충훈 장관은 육성이라고 발표했는데, 박정희는 연두교서에서 개발이라고 표명한 것에 대해 구술자 윤정우는 '육성'이 왜 '개발'이라는 용어로 사용되었는지에 대해서 다음과 같이 설명했다.[10]

내가 지금도 말이지 기억이 나는 게, 상공부에서 12월 5일 날 박충훈 장관이 발표를 해. 1월 그담에 1월 15일날 대통령이 연두교서에서 '도자기 공업과 전자 공업을 개발하겠습니다.' 라는 개발이라는 문구를 썼어요. 그래서 저는 상공부는 육성이라고 했는데, 누가, 누가 개발이라는 문구로 이걸 바꾸냐? 그게 굉장히 중요한 거예요. 용어 하나하나가. 육성하고 개발하고 근본적으로는 그건 개념이 다른 거예요. 근데, 청와대에 있는 분의 입장에서는 금성사가 무슨 라디오도 만들고 뭐, 무슨 텔레비(텔레비전, television) 말이지, 만드는 부품을 갖다가 조립한다고 해서 그거를, 그거를 전자공업의 정상적인 전자공업으로 안 보신 것 같아요. 그러니깐, 개발이란 용어를 쓰신 거예요. 그니깐, 누가, 누가 개발이라는 용어를 강조를 했느냐? 이, 이게 중요한 포인트야. 그리고 난 뒤에 3월 달에, 인제 그, 3월 달에 경제과학심의위원회에서 최문환 박사, 옛날에 서울대 총장 하던 최문환 박사이면

9) 「67년도 시정개요」, 『동아일보』, 1967.1.17.
10) 윤정우, 2013년 4월 22일자 1차 구술.

서 물리학 박사인 분하고 초대 과학기술처 장관을 하신 김기형 박사. 아까 제가 김기형 박사. 박사 두 분이, 두 분이 주동이 돼서 경제과학심의위원회에 입장에서 전자공업, 전자공업육성5개년계획이라는 걸 만드셨어요. 그런데 경제과학심의위원회는 대통령 직속 기관이에요. 먼저 대통령한테 그걸 보고를 했어요. 그니깐 한준석 비서관의 보고를 요약을 해서 대통령한테 보고를 하는데, 어떻게 했느냐 하면 "전자공업은 상공부 혼자서만은 육성하기 힘듭니다. 관련된 부처가 전부 협조를 해야 됩니다." 그렇게 한준석 비, 비서관이 마지막이 코멘트를 그렇게 딱 붙였더래요. 그게 여기에 있어요. 그랬더니 각하께서 사인을 쫙 하시면서, 길이로 각 부처가 매달 전자 공업 육성을 위, 위해서 측면 지원한 거예요. 왜냐면, 전자 공업을 발전, 육성 그 양반 입장에서는 개발이죠. '육성을 위해서 한 일을 매달 보고를 하도록 해서 내가 보도록, 내가 보도록 했으면 좋겠다.' 그런 뉘앙스의 메모가 딱 붙어 있었어요. 그 중요한 포인트입니다.

경제과학심의회에서는 1967년 3월 8일 대통령에게 전자공업육성방안을 보고했다. 이 보고의 내용은 "국내 공업 조성책과 병행하여 외국인 투자기업과 경쟁할 수 있도록 각종 조치를 실시하고 산업 계열화, 시설의 이용 증대 및 IC화의 촉진을 강구하고 전자공업진흥법의 제정, 기술의 지도와 개발을 전달할 수 있는 전자공업센터를 설립하여 전자 공업을 수출산업으로 육성한다"는 것이었다.[11] 즉 전자공업진흥법 제정과 전자공업센터 설립으로 전자 공업을 수출산업으로 육성하다는 것이 주요 내용이라고 할 수 있다.

박정희 정부는 이를 좀 더 구체화하기 위하여 당시 미국 컬럼비아 대학교 전자공업과 주임교수인 김완희를 초청했다. 당시 김완희를 안냈던

---

11) 김완희, 『전자공업이십년사』, 사단법인 한국전자공업진흥회, 1981, 28쪽.

윤정우는 그 상황에 대해 다음과 같이 설명했다.[12]

전자 공업 육성방안을 우리가 발표를 딱 하고, 대통령이 연두교서에 얘기를 하고 3월 달에 경제과학심의위원회에서 이야기를 하고 9월 달에 김완희 박사라는 분을 초청을 해서 '또 한 번 얘기를 갖다가 들어 보시죠.' 하고 어. 최형섭 KIST(Korea Institute of Science and Technology, 한국과학기술연구소) 소장께서 건의를 하셨어. (중략) 그래서 김완희 박사가 9월 달에 왔어. 그래서 그 분을 모시고, 저하고 물론 우리 차관이 1차적으로 모시고 다니고 그 다음에 제가 실무적으로 인제, 그 분이 대통령에게 리코멘드(recommend)를 쓰는 걸 제가 실무적으로 인제, 조수 노릇을 했어요. 잊혀지지 않아요. 저 그 타워호텔(Tower Hotel)에서.

김완희는 1967년 9월 4일 김포공항에 도착한 후 상공부 청사에서 박충훈을 만났다. 김완희를 만난 박충훈은 한국 전기기계공업(전자공업)의 실정에 대해 설명하고 일본처럼 빠른 시일 내에 전기기계공업을 육성할 수 있는 정책을 수립하는데 도와줄 것을 부탁했다. 그리고 관련 연구소와 생산 공장을 직접 둘러본 다음 대통령 보고 자료 작성을 준비해줄 것을 요청했다. 다음 날 김완희는 상공부 차관 이철승과 함께 한국전력, 대한전선, 금성사 등과 전파연구소, 중앙공업연구소 등을 찾았다. 나흘 동안 산업 시찰을 끝낸 후 상공부 전기기계공업과의 전기공업계장 윤정우, 한국전자공업협동조합 상무 이태구 등과 함께 10일 이상에 걸쳐서 보고서를 작성했다. 보고서 작성에 대해서 윤정우는 다음과 같이 기억했다.[13]

---

12) 윤정우, 2013년 4월 22일자 1차 구술.
13) 윤정우, 2013년 4월 22일자 1차 구술.

그 인제 그 분이 리포트(report)를 갖다가 내고. 내서 그 분이 낸 리포트는 그것은 소위 미국식 방법이죠. 서양식 방법. 어드밴스(advance) 된 그러한 방법인데, "이것을 미국의 석학들한테 한번 한국 전자공업을 만들도록 한번 부탁을 해 보시죠." 요즘말로는 "컨설팅(consulting)해보시죠." 그렇게, 그렇게 건의서를 쓰신 거예요. 그 건의서를 쓸 때, 나하고 어, 전자업계에 그 당시에 있던 우리 어떻게 보면, 서울 공대 후배 둘, 둘 세 명이서 우리가 같이 그 양반이 부른 대로 글을 써 드렸어. 써 드린 그것을 가지고 가감을 하고. 그 중에 한 친구가 또, 저는 글씨를 잘 못 써요. 옛날에는 잘 썼는데 대학 들어와서 막 쓰니깐 안 되더라고. 그런데 한 친구가 아주 한자를 잘 쓰는 친구가 있어요. 그 친구가 에, 사실 죽었어요. 참 아까운 친구인데, 그 중에서 그, 뭐, 그래서 그 대통령이, 아마 그 보고서 어디에 나올 거예요, "그 용역비 그 얼마하면 되겠느냐?" 그랬더니, "한 일 20만 불 정도 안, 안 들겠습니까?" 그럼 "우선 10만 불을 가지고 해보자." 그래서 10만 불로 시작을 했어요. 그랬다가 나중에 5만 불이 추가가 되어서 토탈(total) 15만 불이 되었고, 5만 불 가지고는 키스트에다가 김완희 박사팀이 용역을 준거에요. 한국 전자공업의 현실과 문제점을 한국에 있, 있는 교수 내지 연구하는 분들이, '한국 분들이 스스로 분석해서, 알아내 보십시오.' 한 게 그게 5만 불짜리 용역이에요. 미국은 28명의 대학교 교수들이 들러붙었어요. 그때, 제가 거기 가서 가 있었어요. 그게 사실은 저한테는 아주 황금적인 그런 찬스고, 그것이 한국 전자공업 발전에 도움이 됐다고 저는 봅니다. 그게 전 그래서 그분들이 어떻게 이놈을, 이놈을 만드느냐? 그 방법론. 그게 굉장히 중요한 거 아니에요? 그걸 갖다가 넉 달 동안 그냥 어깨 넘어서 유심히 보는 거죠. 김완희 박사 말로는 "한국정부에서 10만 불 내놓고 내가 열심히 일을 하느냐 안, 안 하느냐 감시를 갖다가 하려고 미스타 윤(Mr. Yoon)이 나와 있지?" 농담으로 이제 그러시는 거에요. 그만큼 그 양반이 열심히 했어요. 그 양반 팀이. 그래서 그 보고서가 그 다음 해에, 다음 해 7월 달에 나왔어. 근데 불행스럽게 그 보고서가 800페이지짜리 영문 보고서를, 제가 네 권을 들고 나왔는데, 그 네 권이 지금 행방불명이야. 그걸 지금 제가 계속 찾고 있어요. 없어요. 찾아봤는데. 그 원본, 원본이 네 부로 제가 가져와서 하나는 청와대, 하나는 우리 상공부, 다섯 부를 내. .아! 다섯 부를 가지고 왔구나. 한 부는 그때 저, 전자공업진흥 기, 기관을 세 군데에 지정을 했기 때문에 거기 하나씩. 그때 다섯 부를 이렇게 배분을 했는데, 다 없어졌어. 근데 그 지금 일선에는 "일본, 일본 정부가 카피(copy)를 가지고 있고 인도 정부에 카피, 카피를 가지고 있고. 한 부는 컬럼비아 대학교에 도서관에 비치가 되어 있다." 하고 그걸 김완희 박사가 나한테 얘기를 해줬어. "자기가 일본 정부가 가지고 있는 건 자기가 봤다. 인도에도 보자고 해서 갔더니 그것을 쩍 끄집어내더라." 그런데, "우린 그게 없습니다." 그랬더니, 그러면서 우리가 배우는 거예요. 우리가 인도나, 뭐, 일본보다는 정신적으로 후진국 아니에요? 역사적으로는. 그래서 이제 컬럼비아대학교에 비치되어 있는 것을 갖다가 찾으려고, 김완희 박사 아들, 딸 둘이가 미국에서 유명한 변호사입니다. 아주 뭐, 아들은 미 국무성의 고문 변호사였다가 별도로 로펌에 갔고. 딸은 시티그룹(City Group)이라고 있죠? 시티뱅크(City Bank)의 모기업 회사. 모기업 회사의 수석변호사 겸 회장의 개인, 개인 변호사에요. 정말 아주 탑클래스(top class)에요. 그래서 걔네들한테 "야, 그럼 너희 아버지의 유품을 좀 찾아봐라." 그랬는데, 걔네들이 찾고 있는데, 아직까지는 못 찾았대요.

김완희는 「전자공업 진흥을 위한 건의서」를 완성한 후 9월 16일 박정희를 만났다. 그는 이 자리에서 한국 전자공업에 대한 적응성의 우수성을 설명하고 수출전략산업으로 지정해줄 것과 정부의 지원이 반드시 필요하다는 것을 밝혔다. 그리고 한국이 당면한 15개 항의 문제점을 지적했다. 이를 해결하기 위해서는 제2차 경제개발5개년계획이 완료되는 1971년까지 전자공업육성을 법적으로 뒷받침할 관련법 제정, 지도적 역할을 수행할 전문기관으로서 전자공업진흥원의 설치, 전자공업육성 자금의 확보와 조기 방출 등을 건의했다. 박정희 정부는 김완희의 보고서

에 따라 전자공업 기반 구축 작업을 시작했다.[14]

3. 한국과학기술연구소(KIST), 과학기술처, 한국전자공업 협동조합

1960년대 중반 전자산업정책은 수입대체산업에서 수출전략산업으로 그 기조를 바꾸었다. 수출을 위해서는 해당 품목의 국산화와 체계적인 공업기술기반 구축이 중요했다. 그래서 1966년 2월 한국과학기술연구소 (Korea Institute of Science and Technology, KIST)가 설립되었다. 1965년 5월 미국 방문을 한 박정희는 KIST 설립이 중요하다고 판단했다. 5월 18일 백악관 뜰에서 한미 두 정상은 12가지 의제에 대한 공동성명을 발표했다. 이날 존슨 대통령은 공동성명 마지막 부분에서 "한국의 공업발전에 기여할 수 있는 종합연구기관의 설립에 대한 한국의 희망을 이해하고 양국 정부가 공동으로 지원할 것을 제안한다"고 밝혔다. 박정희는 "한국의 공업기술 및 응용과학연구소 설치 가능성을 한국의 공업계·과학계·교육계 지도자들과 더불어 검토하기 위하여 자신의 과학기술고문을 파견하겠다는 존슨 대통령의 제의를 환영한다"고 말했다. KIST 에 관한 내용은 대통령 수행원들도 모르게 마지막 순간에 포함되었다고 한다. KIST 초대 소장을 지낸 최형섭은 당시 주미대사였던 김현철을 통해 그 내막에 대해서 다음과 같이 전해 들었다고 했다.[15]

존슨 대통령이(한국군의 베트남 파병 결정에 대해) 박 대통령에게 개인적으로 특

---

14) 서현진, 앞의 책, 123-150쪽.
15) 위의 책, 124-126쪽.

별한 선물을 하려고 백악관 과학기술담당 특별고문 도널드 호닉(Donarld F. Hornig) 박사에게 자문을 구했다고 한다. 그러자 호닉 박사가 공과대학을 만들어 주는 게 어떻겠느냐고 제안했는데 박 대통령이 간곡히 공업기술연구소를 하나 만들어 달라고 요청했다는 것이다.

『동아일보』에서는 한미 대통령의 공동 성명을 소개하면서 연구소 관련 내용을 소개했다.[16]

14개 항목의 공동성명에 몇 가지 의례적인 항목과 한일국교정상화의 환영과 그럼에도 불구하고 미국의 대한지원정책이 변하지 않을 것이라는 점(7항), 월남지원에 있어서의 협조 강화(4항) 등은 처음부터 의견차가 없었으나 (중략) 13항은 특별히 한국 측 주장을 받아들여 명시되어진 것이며, 기술고문 파견과 과학기술교육기관의 설치(12항)는 존슨 대통령의 특별제의에 대해 삽입된 것이라고 한다.

1965년 7월 백악관에서는 존슨 대통령의 과학기술담당 특별고문 호닉을 단장으로 하는 6명의 조사단 서울에 파견했다. 조사단은 같은 해 8월 「호닉 보고서」를 제출했다. 주요 골자는 "연구소는 한·미 양국의 재정지원으로 설립하며 연구 자율성과 인력 유치에 필요한 예산상 신축성이 보장되는 비영리 독립기관이어야 한다는 점과 한국 산업계와 유대강화를 통해 새로운 산업 활동의 토대를 제공해야 한다는 점, 그리고 연구소가 자리 잡기까지 유능한 외국기관의 지원과 장기적 유대가 요망된다는 것" 등이었다. KIST 설립과 관련해서 백악관에서는 미국 대통령의 임무와 역할을 다음과 같이 발표했다.[17]

16) 「두 정상의 흥정」, 『동아일보』, 1965.5.20.
17) 서현진, 앞의 책, 126-127쪽.

① 대통령은 미국 정부와 함께 한국에 응용과학 및 공업기술연구소 설립을 추진한다.

② 대통령은 조속한 시일 내에 연구소 설립을 위한 책임을 국제개발처(AID)에 부여한다.

③ 대통령은 AID로 하여금 지정된 공업연구기관과 용역계약을 체결토록 한다.

③의 공업연구기관은 미국 지방 소도시의 바텔 연구소였다. 이 연구소가 선정되었던 것은 비영리재단이었기 때문이었다. 미국 정부를 대신해서 바텔 연구소는 미국 정부를 대신한 AID와 용역 계약을 체결하고 KIST 설립과 초창기 연구소 운영에 관여했다. 바텔 연구소는 먼저 「KIST 설립 및 조직에 관한 보고서」를 작성했다. 이 보고서를 토대로 KIST 설립과 지원에 관한 한미 협정서 및 연구소 설립 정관이 만들어졌다. 마침내 1966년 2월에 KIST가 조직되었다. 그 다음으로 중요한 것이 연구소에서 일할 수 있는 과학자들의 확보였다. 바텔 연구소에서는 미국 등 해외에 거주하거나 유학중인 한국인 과학자들을 유치하라고 의견을 제시했다. 그래서 최형섭 소장은 유타 대학, 하버드 대학, 콜럼비아 대학 등에서 연구 중이거나 유학 중인 한국인 과학자들을 직접 인터뷰하면서 선발했다. 그들에게는 파격적인 대우를 제안했다.[18]

1967년 4월 21일에는 과학기술처가 발족되었다. KIST가 조직된 이후 과학기술계 일각에서는 과학기술진흥시책을 전담하는 각료급 독립 부처 설치를 요구했다. 이에 대한 요구는 해방 이후부터 나왔다. 그러다 5·16 이후 국가재건최고회의에서 관련 부처 설치를 검토하도록 내각 수반에 지시한 적이 있었다. 그 후 정부에서 제2차 경제개발5개년계획에 관련 부처 신설을 밝혔다. 그러다 1966년 11월 제10차 수출진흥확대회의에서

---

18) 위의 책, 126-127쪽.

박정희가 과학기술행정기구 설립 검토를 지시함으로써 설립에 들어갔다. 1967년 1월 5일 경제과학심의회의는 「과학기술원 설치 방안」을 대통령에게 보고했다. 그 중요 내용은 다음과 같았다.[19]

① 신설과학행정기구는 경제기획원 기술관리국을 주축으로 조직한다.
② 이 기구는 집행부처가 아니며 다만 참모와 계획부서의 성격을 지닌 업무를 수행하는 '과학기술원'으로 하고 총리 직속으로 두되 규모는 적게 만든다.
③ 각 부처에 산재한 과학기술행정 관련기관을 흡수하되 관계부처 고유 업무와 직접 관계가 없는 연구소와 시험소만 흡수하여 각 부처의 저항을 최소화한다.

이 방안은 정무담당 무임소 장관실에서 접수하여 법률적 검토를 마친 후 1967년 2월 청와대에 보고되었다. 최종적인 명칭은 「과학기술처」, 소속은 총리실이었다. 국무회의에서 「과학기술처 설치를 위한 법령」이 통과되었고 1967년 3월 임시 국회에서 정부조직법이 개정 공포되었다. 같은 해 4월 21일 서울 정동의 원자력원 청사에서 과학기술처가 출범했다. 과학기술처의 본부 조직은 2실(기획관리실, 연구조정실) 2국(진흥국, 국제협력국) 10과로 구성되었고, 산하 조직으로 원자력청, 국립지질연구소, 중앙관상대 등을 두었다. 이후 과학기술처는 국가 차원의 과학기술정책 비전 제시, 인력양성 주도, 과학기술진흥위원회 설치 등으로 과학기술 체제를 계속 정비했다. 이외에 국가차원의 과학기술 투자를 종합 조정하는 역할을 담당했다.[20]

박정희 정부의 전자공업 육성에 발맞춰 1967년 한국전자공업협동조합이 조직되었다. 30여 개의 전자제품 생산 업체가 회원으로 가입했다.

---

19) 위의 책, 128-129쪽.
20) 위의 책, 129-130쪽.

당시 한일국교가 정상화되고 대일 경제협력 문제가 크게 부각됨으로써 일본에서 한국을 찾았다. 일본 전자부품 일행 14명은 1967년 9월 20일부터 24일까지 방한하여 한일 양국 간의 전자공업 발전에 대한 여러 공동 문제를 협의하고 부품 업계 상호간의 기술 제휴를 의논했다. 그리고 이들은 금성사 공장 방문과 함께 상공부, 한국전자공업협동조합과의 간담회에도 참석했다. 일본 전자업계 관련자들의 방한 이후 협동조합에서도 대일 시찰단을 조직했다. 대일 시찰단은 일본 오사카에서 개최된 '67 일본 Electronic Show'를 참관하고 약 15일간(10.3.–10.18.)에 걸쳐서 일본 업계를 둘러보았다. 이들이 둘러 본 전자업체는 마쯔시타 전기(松下電器), 무라타 제작소(村田製作所), 알프스 전기 등을 비롯한 주요 업체와 일본 전자기계공업회, 전파신문사 등이었다. 1968년 협동조합에서는 김원희의 권유로 대미시찰단을 조직했다. 협동조합 이사장인 구정회를 비롯한 대미시찰단은 미국을 방문하여 뉴욕에서 개최되고 있던 68년 IEEE Show와 국제회의에 참가했다. 이외에 여러 유명 기업체들을 방문했다.[21]

4. 「전자공업진흥법」 제정과 「전자공업진흥 8개년계획」

1968년 정부는 「전자공업진흥법」을 성안하여 국회에 보냈다. 국회에서는 별 문제없이 통과되어 1969년 1월 공포·시행되었다. 김원희의 전자공업진흥법 제정 필요성의 강조, 업계에서의 요구 등에 의해 이 법이 제정되었다. 협동조합에서는 1967년 5월 30일 제1회 임시 총회에서 「전자공업진흥임시조치법안과 동시행령안」을 만장일치로 채택했다. 그리고 시

---

21) 김원희, 앞의 책, 53–56쪽.

행령 안을 정부에 건의했다. 이 때 기안한 법안은 당시 일본에서 시행하던 전자공업진흥임시조치법을 모델로 하여 작성되었다.[22] 윤정우는 당시 법안 작성 과정에 대해서 다음과 같이 설명했다.[23]

김기형 박사께서 미국에서 공부를 하시고 처음으로 귀국을 하실 때 일본을 거쳐서 나오시면서 '일본전자공업진흥10년사'라는 걸 가지고 나오셔서 저를 갖다가 보라고 주셨다고 말씀드렸을 거예요. 그러니깐 그 책이 아마 그 전 해쯤 나오질 않았나. 그러니까는 일본도 일본전자공업진흥임시조치법을 만들면서 전자공업진흥회라는, 그런 조직을 만들었고, 그 조직에서 십년사를 만든 거예요. 거기에 보면은 일본도 물품세를 내릴라고 굉장히 애를 써서 여러 가지 테마(theme)의 명칭 중에 '물품세 인하 전쟁' 이렇게 해서, 글자를 해서 쫙 썼더라고요. 그니깐 물품세를 내릴라구 하면은 우리식으로 하면 이제 세금을 거둬들여야 되는 그런 부서하고 그 때부터 싸움을 하는 거예요. 왜냐면 물품세를 갖다가 깎으면 세수가 줄잖아요. 그래서 아마 인하 전쟁이라 한 것 같더라고요. 그 또 하나 이, 생각이 나는 게 그러면 그 일본의 전자공업진흥임시조치법을 딱 보고 싶은데, 불행스럽게도 그 십년사에는 그 진흥법의 원본이 없었어요. 그래서 이걸 어떻게 구하느냐 하는데 마침 동남도서(東南圖書)라고, 일본책을 많이 수입을 해서 한국 학교나 사회에 공급을 하던 동남도서라는 회사가 있었습니다. 제가 그, 그 회사가 1불짜리 라디오 수출 비즈니스를 했어요. 책 비즈니스를 하다보니깐 일본에 아는 사람이 생겼고, 그 아는 사람을 통해서 보세가공 수출 비즈니스를 하게 됐어. 그래서 그 분을 내가 그 수출검사부에서 그 팀들을 여러 번 만나고, 거기에 또 우리 서울공대 후배 친구가 막 졸업반인 상태에서 그 회사에 취직을 했어. 나보단 한 5, 6년 정도 밑인데. 그 친구가 늘 출입하면 내가 전부 내용을 물어보는 거죠. 그래서 이제 걔네들하고 친

22) 위의 책, 40쪽.
23) 윤정우, 2013년 5월 15일자 4차 구술.

했는데. 거기에 그 박 전무라는 분이 조그마한 책을 하나 갖다 줬어요. 그 책의 명칭이 우리말로 번역하면 '일본 전자공업의 현황'이라는 그런 타이틀로 된 책인데, 책의 크기가 포켓 사이즈(pocket size)예요. 포켓, 뭐 내 손바닥, 그 책을 보라고 나를, 갖다가, 빌려주더라고요. 그 때는 책이 귀할 때니까 팔 걸 갖다가 가지고 왔으니깐 "보고 꼭 반납을 해야 된다고" 왜 그러냐니까 "아니, 팔아야지 먹고 살지 않느냐." 농담 반 진담 반인데 그게 아마 사실이었을 거예요. 제가 이제 그 책을 쫙 봤더니 뒤에 부록으로 일본전자공업진흥임시조치법이 딱 붙어있더라고. 그래서 제가 몰래 그분의 허락도 안 받고 요즘 말로, 윤창중이 말대로 허락도 안 받고 허리를 만졌다더니…슬그머니 그걸 싹 찢어가지고 다 "봤습니다" 하고 붙여서 이제, 줬죠. 그걸 반납을 하고 그 찢은 걸 내가 전자공업협동조합에 이태구 전무한테 줬어요. "자 이걸, 일본전자공업진흥법을 내가 입수를 했으니깐 이거를 보고 더 멋있게, 더 멋있게 한국형으로 만드십시오." 드렸는데 아 이게 두 달 후에 그, 그거를 가지고 이제 전자공업협동조합에서 '진흥법의 안이다'해서 자기네들이 국가에다 프로포절(proposal) 하는 식으로 냈는데, 그걸 그대로 100% 번역을 해서 냈더라고요. 그러니깐 이제, 처음에는 그게 들어오면 나는 기술 계통으로 바쁘니깐 행정계에서 법 그런 거를 다루는 그 팀한테로 접수가 됐어요. 거기에서 윤승식 사무관이 쫙, 쫙 보더니 나한테 공람을 시켰어. 내가 쫙 보니깐 느낌이 똑같은 것 같아. 그래서 제가 속으로 '아, 이 노인네들이 말이야, 그, 하다못해, 뭘 좀 말이지, 한국형으로 바꾸지 않고…' 그래, 제가 이제 여기다가 토를 다느냐…달면 굉장히 늦어진다 말이야, 그죠? 오케이. 일단 그냥 고(go) 하자. 출발시켜 놓고 나중에 그냥, 나중에 조금 수, 수정하면 되니깐. 그래서 내가…사무…하여튼 당시에는 '빨리 이걸 갖다가, 이걸 가지고 입법을 추진해라. 원칙적으로 좋다.' 제가 이제 속으로는 좀 찜찜했지만. 그래서 이제 그, 그걸 가지고 이제, 추진을 했어요. 그때 이제, 법을 만드는데 이제, 상공부에서 안을 만들면 경제장관회의에 부의를 하고 그 다음에 국무회의에 통과를 해서 대통령 재가를 맡아서 국회에다가 위촉을 합니다. 근데 국회에서 마침 상공부과 위원회에 전문위원회 한 분이 계셨는데 그분이 서울공대 나오신 분이에요, 나중에 알고 보니까. 그분이 쫙, 쫙 보더니 날 한 번 불러요. "미스타 윤, 여기 말이야, 내가 좀 뭐 하나 추가를 갖다, 하고 싶은데" 자기 생각에는 "전자공업 단지를 갖다가, 만드는 것을, 조항을 갖다가, 추가를 갖다, 하자." 그래서 그분이 이원국이라는 전문위원이에요. 그분이 전자공업 단지를 만드는 조항을 거기다가 넣어주셨어요. 그래서 저는 하여튼 "고맙습니다." 그래서 이제 그, 그 조항이 집어넣어서 통과가 돼서 그게, 그게 계기가 된 것보단, 그런 문구가 있으면 구미전자공업 단지를 만들기가 편해요. "법적 근거가 있다." 그렇게 이제 여기저기 갖다가 엮어대니깐. 그것이 이원국이라는 전문위원의 아주, 공로입니다.

이러한 과정을 거쳐서 정부에서는 김원희의 보고서 가운데 법 제정 취지의 요점과 업계의 의견을 종합하여 전문 제16조 부칙으로 된 법안을 성안한 후 국회에 보냈다. 1968년 12월 28일 국회에서 통과되어 1969년 1월 28일 공포 시행되었다. 이 법에 따라 전자공업 관련 업체들은 모두 전자공업 등록을 시작했다.[24]

정부에서는 「전자공업진흥법」에 따라 전자기술을 개발하고 품질관리를 강화하며 해외시장 개척과 수출 진흥 활동을 전개하기 위한 3개의 기관을 결정했다. 그 기관은 국립공업연구소, 한국과학기술연구소, 한국정밀기관센터(FIC) 등이었다. 국립공업연구소는 전자기술의 개발, 품질검사 및 지도 등을 담당하고, 한국과학기술연구소는 제조 기술의 개발 연구 및 지도, 특수 분야의 품질 관리, 기술 훈련, 기술 정보 등에 역점을 두었다. 한국정밀기기센터에서는 고급 전자 기술자 및 기능공의 훈련, 기술정보 활동 및 기술 지도 안내, 품질 관리 지도, 해외 시장 조사 및 수출 진흥 활동, 기업의 조성 및 진흥 등에 역점을 두었다.[25]

---

24) 위의 책, 40쪽.
25) 위의 책, 42-43쪽.

상공부에서는 「전자공업진흥법」 제정에 따라 1969년을 기점으로 「전자공업진흥 8개년 계획」을 발표했다. 이 계획은 1969년부터 1976년까지 8개년 간의 진흥 목표를 설정하고 진흥 방안을 수립한 것이었다. 주요 내용은 "중점 육성 대상 품목의 개발 촉구, 수출 목표의 달성, 그리고 국산화율의 향상을 3대 진흥 목표로 삼고 그 진흥 방안으로는 산업개발 체제의 확립, 수출전략산업으로서의 개발 육성, 국산화율의 제고와 전자공업기금의 조성 등"이었다.[26] 윤정우는 당시의 긴박한 상황을 다음과 같이 회고했다.[27]

우리 방에서는 최소한도 모든, 모든 서류가 8시간 근무를 넘지 않는 범위 내에서 우리 방에서 밖으로 나가야 된다. 하는 게 이제 우리 팀 멤버의 생각이었어요. 그러니깐 신속처리를 해주자. 괜히 말이지, 서류 말이지, 뭐…어떤 때는 기업체가 1분, 1초를 막 다툴 때가 있거든요. 뭐 그런 것이 아마, 이런 8개년계획 토탈(total)을 갖다 어느 정도 달성을 하는데 도움이 되지 않았을까 뭐 요즘은 그런 생각을 해보는 거예요. 그때는 항상 조마조마 했어요. 야, 이거 말이지, 이 8개년 계획이 76년도에 아마 4억 불일 거예요. 69년에, 71년도에 1억 불을 한다고 했는데. 8개년계획을 하면서 4억 불을 한다고 했으니 얼마나 빅점프(big jump)에요? 그거는 저희가 이제 카브(curve)를 과거 실적을 가지고 이렇게 그리다보니깐 그런 카브가 나왔어. 이 카브의 신빙성이 뭐냐, 이론적으로 아무도 설명할 수가 없어. 그건 과거의 매, 매 전년도 수출 증가율을 그대로 쫙 탔더니 이런 숫자가 나온 거예요. 물론 저희가 기업체에도 다 물어봤죠. 물어봤더니 숫자가 비슷해. 그래서 아마 4억 불이라는 숫자를 넣으면서도 제가, 그게 4억 불일거예요, 아마. 그렇죠? 고민을 하면서도 일단 넣자! 기업체도 하겠다고 하고, 우리도 카브를 갖다 그려보니깐 그림이 나온

26) 위의 책, 43-44쪽.
27) 윤정우, 2013년 5월 22일자 5차 구술.

다 그래 놨으니깐 얼마나 조마조마 했겠어요. 야, 이거 안 되면 말이지, 이거 내 개인의 명예, 우리 그룹의 명예, 우리 팀의 명예, 상공부의 명예, 특히 말이지, 뭐, 대통령까지도 항상 관심을 가지고 계시니깐, 참 조마조마한 순간이었어요.

전술한 전자공업 진흥기관으로 지정된 한국정밀기기센터는 전자공업 진흥 업무 활동의 일환으로 미국 뉴욕과 일본 동경에 사무소를 설치했다. 이는 정부 당국의 특별 배려로 업계의 수출 진흥, 기술 제휴와 외국 자본의 유치 및 알선 등을 위한 것이었다. 뉴욕 사무소는 1969년 7월 17일에 설치되었다. 소장에서는 동 센터 전자진흥부 차관 나인균이 부임했고, 현지에서 3명의 외국인 세일즈 엔지니어를 채용했다. 이어서 1970년 1월 일본 동경에도 사무소를 열었다. 초대 소장에는 동 센터 전자진흥부 한소룡이 부임하여 다양한 활동을 전개했다. 한국정밀기기센터에서는 이외에도 전자공업 기술조사단을 구미 각국과 동남아 각국에 파견했다. 이 파견은 기술 도입과 수출 시장 개척 문제를 해결하기 위한 것이었다. 1969년 11월 2일 전자공업 기술조사단이 조직되었다. 이 조사단의 단장은 한국규격협회장 이재갑이었으며, 간사 외에 12명의 업계 대표로 구성되었다. 이들은 약 1개월간 미국, 영국, 프랑스, 이탈리아 등 구미 각국과 싱가포르, 대만, 일본 등 동남아 여러 나라의 전자공업계를 돌아보았다. 조사단은 방문한 여러 국가에 한국의 전자 공업 현황을 널리 소개함으로써 투자 의욕을 가지게 했다. 또한 일본의 수출보상제도와 같은 제도를 만들어서 수출 지원을 해 줄 것을 요청했다.[28]

한국전자공업협동조합에서는 대만 전자공업 시찰단이 1969년 11월 10일 대연각 호텔에서 조직되었다. 이 시찰단의 단장은 구정회였으며, 11월 22일부터 30일까지 대만에 머물면서 대만 정부 관계자들을 만나고 대

---

28) 위의 책, 48-50쪽.

만이 주최하는 제1회 전자제품 전시회에 참가하는 등 대만 전자공업의
실태 파악에 힘썼다.[29)]

1973년 6월 전자업계에서는 처음으로 미국의 CES(Consumer Elec-
tronics Show)에 참여했다. 이 쇼는 미국전자공업회(EIA)의 주최로 매
년 미국 시카고의 맥코믹 플레이스에서 개최되는 세계 최대의 가정용 전
자기기 전시회였다. 한국에서는 1973년 상공부, 수출조합, 협동조합 등
을 비롯한 관련기관 등이 함께 협의해서 한국 전자공업 현황을 세계에
보여주고, 이를 통해 수출시장을 확대하고 적극적인 투자 유치를 전개하
기로 결정했다. 그래서 한국전자제품수출조합과 FIC는 정부의 주관과
KOTRA의 후원을 받아 공동으로 참가를 추진했으며, 15개 업체가 참가
했다. CES에는 세계 32개국의 375개 업체가 참가했다. 한국은 아시아
에서 일본 다음으로 넓은 부스를 차지했다. 이후 한국 전자업체는 동 전
시회에 매년 참가하여 해외 시장 개척활동을 전개했다.[30)]

정부는 한국 전자제품의 수출을 확대하고 지속적인 성장을 지원하기
위해 1973년 6월 관민합동의 대규모 전자공업 투자유치단을 조직하고
미국과 일본에 파견했다. 상공부 기계공업국장 이광덕을 대표로 정부와
관련기관 및 전자공업체, 그리고 전자공업에 신규 투자를 원하는 업체
대표 등 21명으로 구성된 유치단을 조직했다. 이들은 CES의 개최 시기
를 계기로 투자유치와 미국 시장의 실태 파악, 한미협력 관계의 증진 등
의 사업을 전개하기 위하여 1973년 6월 미국을 방문했다. 미국에서는
김완희의 주도로 미 상무성의 고위층을 설명회에 참여시키고 수 차례에
걸쳐서 양국 산업의 제휴에 관해 논의했다. 유치단은 1개월간 머물면서
한·미 정부 간의 실무자회의, 민간단체의 모임을 통해 미국의 집중적인

---

29) 위의 책, 50–51쪽.

30) 위의 책, 51–53쪽.

자본·기술 유치와 CES 현장에서 미국 전자시장의 동향을 파악하고 수출 증대를 위한 방법을 모색했다. 그리고 샌프란시스코, 시카고, 뉴욕, 워싱턴 등지에서 대한 투자 여건 설명회를 4회에 걸쳐 개최했다. 이 설명회에는 미국의 공관원 및 투자 진흥관 등이 참여했다. 이외에도 주요 해외 투자 안내 기관 및 전자 업체를 개별 방문하여 한국의 전자공업 현황을 설명했으며, 재미 교포 전자공업인과의 간담회를 통해 한미 전자공업 분야의 유대 강화에도 노력했다. 이 유치단은 귀국길에 일본을 방문했다. 1주일 동안 머물면서 설명회를 개최하여 일본 전자공업계의 투자 유치 활동을 전개했다.[31]

5. 구미전자공업단지와 마산수출자유지역 조성

「전자공업진흥법」과 〈전자공업8개년계획〉에 따라 구미 전자공업 단지가 조성되었다. 전자공업 단지 조성과 관련된 사항은 「전자공업진흥법」 제4조와 제10조에 다음과 같이 명시되어 있다.[32]

제4조(전자공업진흥기본계획)
① 상공부장관은 전 조의 규정에 의한 전자기기 등을 제조하는 전자공업을 육성하기 위하여 전자공업진흥기본계획을 작성하고 이를 공고한다.
② 전항의 규정에 의한 기본계획에는 다음 각 호의 사업을 정하여야 한다.
  1. 개발 대상 품목의 지정 및 개발 목표 년도의 설정
  2. 성능 및 품질의 개선과 생산비의 저하

---

31) 위의 책, 53-54쪽.
32) 서현진, 앞의 책, 153-155쪽.

3. 전문화, 계열화 및 양산화

4. 기술 도입과 기술 훈련 및 지도

5. 전자공업시설의 개선

6. 전자공업단지 조성 및 운영

7. 전자공업 육성 자금 조성 및 운용

8. 기타 필요한 사항(중략)

제11조(전자공업단지의 조성)

① 상공부장관은 전자기기 등의 수출을 촉진하기 위하여 필요한 때에는 전자공업
단지를 조성할 수 있다.

② 전 항의 규정에 의한 전자공업 단지의 조성 운영에 관하여는 수출산업공업단
지개발조성법을 준용한다.

〈전자공업진흥8개년계획〉에서는 1971년 7억 달러, 1976년 4억 달러
의 전자기기 수출목표를 수립하고 있어서 상공부에서는 이를 달성하기
위해서는 전용 공단이 필요하다고 판단했다. 이는 정부의 대규모 중공업
단지의 조성과 관련되어 있다. 정부에서는 1964년 「수출산업공업단지개
발조성법」 제정으로 서울 구로동에 한국수출산업공단을 처음 조성했다.
1973년 「산업기지개발촉진법」 제정으로 공업단지 조성은 전국으로 확대
되었다. 공업단지는 4가지 유형, 즉 정부(상공부) 직할단지, 수출자유지
역, 지방 공업단지, 민간 공업단지 등으로 구분되었다. 정부 직할단지로
는 수도권의 영등포, 구로, 시흥, 부천, 부평, 주안을 잇는 한국수출산
업 1~6공단, 온산(울산)공단, 창원공단, 반월공단, 그리고 구미공단 등
이었다. 수출자유지역으로는 마산과 이리에 설치되었고, 직할 공단은 기
계, 종합화학, 전자 등 중공업 분야를 집중 육성하기 위한 것이었고, 수
출자유지역은 외국기업유치를 위한 것이었다. 지방공단으로는 광주, 대

구, 전주, 춘천 등 각 도시마다 1~2곳씩 조성되었다. 이 중에서 구미공단과 마산 수출자지역이 전자공업 육성과 관련된 지역이었다.

수도권에 이어 지방에도 공단이 잇따라 조성되면서 구미 지역의 지역 출신 상공인들과 유지들은 공단을 유치하기 위해 많은 노력을 기울였다. 공단 유치에 가장 노력을 기울인 대표적인 사람은 유지 장월상, 재일교포 실업가 곽태석, 기업인 이원만, 서갑호, 경북도지사 양원택 등이라고 한다. 당시 구미 농지개량조합장이었던 장월상은 양택식 지사가 도내 월성군 안강면 지역에 공업단지를 유치하려는 계획을 사전에 알고 이를 구미로 끌어오고자 했다. 그래서 그는 구미읍사무소에 선산군수 박창규를 비롯한 지역 50명을 모아서 공단설립추진위원회를 조직하고 양택상과 만났다. 장월상은 이 자리에서 분명 박정희도 고향이 발전한다면 싫어하지 않을 것이라고 하면서 양택상을 설득시켰다. 그리하여 양택상은 공단 부지 120만 평을 평당 220원에 매입한다는 조건으로 안강면에서 구미 지역으로 바꾸었다.

한국도시바(1974년 한국전자로 개명) 사장 곽태석은 1969년 7월 반도체 공장을 구미 지역에 착공했다. 이 회사는 박정희의 주선으로 곽태석과 일본 도시바가 3대 7의 합작으로 설립된 한일 합작 트랜지스터 생산업체였다. 한국도시바는 구미공단 입주 1호 회사가 되었다.

1970년 8월 24일 제8차 수출진흥확대회의에서 구미가 전자전문공단으로 최종 결정되었다. 구미가 전자전문공단으로 최종 결정됨으로써 공단 조성과 건설을 수행할 법인 설립을 한국정밀기기센터(FIC)에 지시했다. FIC는 즉시 공단설립준비위원회를 출범시켰다. 위원장은 박승엽이 맡았으며, 위원에는 정부 관료인 상공부 공업 제2국장(문병하), 중소기업국장(이광덕), 상역국장(정문길), 공업진흥관(유각종), 건설부 국토계획국장(이관영), 경제기획원 투자 진흥관(이선기), 단체 대표인 한국전자제품수출조합 이사장 곽태석, 한국전자공업협동조합 이사장 박승찬, 대한전자공학회 회장 오현위, 구미공단지건설추진위원회 위원장 장월상 등이 포함되었다. 1971년 5월 20일 설립준비위원회는 한국전자공업공단으로 법인 설립 허가서를 받고, 박승엽이 초대 이사장을 맡았다. 1974년에는 구미수출산업공단으로 명칭이 바뀌었다. 윤정우는 당시 구미공단 조성과정에서의 복잡한 상황에 대해 다음과 같이 설명했다.[33]

장을상이가 하튼 그분이 구미 번영회 회장, 하튼 구미지역발전위원장. 그분하고, 그 분들이 아마 저런 분위기를 맨드셨겠죠. 상공부에서 그때 이낙선 장관 이었을 땐데 저희 방에 구미공업단지를, 경북공업단지를 확대를 해가지고 전자공업단지로 하는 것을 한번 생각을 해 봐라. 그래서 우리 방에 김병훈 이라는 사무관이 있었어요. 그 사무관이 참, 아까 말한, 요 며칠 전에 말씀한 윤승식 사무관 못지않게 아주 스마트한 분이였었어요. 제가 과장 때 우리 행정계장 이였던 저보다도 나이가 많으셨는데도 참 열심히 하여튼 보좌를 잘해주시고, 제가 이런 생각을 하면은 거기다가 붙여서 이렇게 더 아이디어를 내 주고, 아주 참 좋으신 분이였었어요. 이분이, 이제 전 바쁘니깐 못 가고, 이분이, 경상북도로 출장을 갔어요. 경상북도 공업국에서 그 공업단지를 갖다 맨드는데, 무슨 애로가 있는지 그걸 이분이 그거를 쫙 조사를 해가지고 와가지고 나한테 이걸 갖다가 전자공업단지로 한번 해봅시다. 그래서 전 아까도 말씀드렸지만 전자공업진흥법에 공업단지조성이라는 그런 단어도 있고 그러니깐 한번 해보자 그래서 5천 분의 1 지도인가, 6천 분의 1 지도 있어요. 지도를 하나 딱 사다가 거기다가 이렇게 줄을 그었어요. 우리 마음대로. 김병훈 사무관이 전부 다 줄을 그었어요. 이렇게, 이렇게. 그래가지고 보고서를 하나 딱 써가지고 이낙선 장관한테 딱 가져갔더니 "야, 이거 좋다!" 그러더니 그 자리에서 우리가 쓴, 김병훈, 김병훈 사무관이 글씨가 명필이었어요. 글씨만 보면 누구든지 다 반해. 글씨가 하도 좋으니깐 내용도 안 보고 윗사람들이 전부 다 싸인

33) 윤정우, 2013년 5월 15일자 4차 구술.

(sign)을 해요. 그래, 내가 보배를 만난 거예요. 이것도 제가 그 양반을 갖다가 억지로 모셔온 분도 아니고, 위에서 그렇게 쿠킹(cooking)을 해 들으, 해줬어. 윤정우가 이게 쟁이 출신이, 과장이 됐으니 저 놈한테는 명 사무관을 갖다 붙여줘야 된다고 위에서 그렇게 생각을 하셨던 거 같애. 그러더니 또 이낙선 장관이 아주 명필이에요. 김병훈 사무관이 쓴 보고서를 "미안하지만 띠자." 본인이 직접 이 보고서를 쓰는 거예요. 대통령 각하께, 보고자 이낙선. 그 뒤에 도면을 딱 붙여가지고 "도면처럼 이렇게, 이렇게 한 번 해보겠습니다." 딱 그러시더니 그 양반이 글씨가 명필이었었요, 한문이. 그러더니 "이거, 비밀이, 비밀이 새어나가면 안 되니깐 니들은 내 방에 있어. 내가 갔다 올 때까지." 그래서 그때, 그때 우리 상공부 사무실이 지금 현재 중앙청 앞에 있는 종합청사 빌딩이에요. 그래서 저희는 속된 표현으로 장관실에 연금이 된 거에요. "나 올 때까지 꼼짝 말아라." 이 장관이 딱 가시더니 한 시간도 안되서 그냥 각하 싸인을 딱 맡아가지고 왔어. "자, 이젠 출발이야!" 그걸 저희가 이제 그, 그 보고서를 한국정밀기기센터, 진흥기관. 그때 거기가 박승엽씨라는 분이 이사장이었었요. (중략) 그분한테 그 보고서가 이제 간 거에요. "자, 지, 진흥 센터에서 프로모션 하십시오." 그것은, 우리는 우리대로 바쁘니깐 그거 뭐. 그래서 거기서 소위 공단이라는 조직을 맨들고 공단이라는 조직을 맨들 때에는 누가 돈을 출원금을 백만 원을 내야 돼요. 그래서 그 박승엽 씨가 FIC의 돈으로 100만원을 냈는데, 원칙으로는 개인이 내야 돼. 조직으로 내면, 아마 그게 틀림없을 거예요. 100만원 내서 구미공업, 구미공단이라는 걸 만들고 그때 거기에 부서장으로 계시던 김철수라는 분을 공단의 상임전무로 모시고 이사장은 그때 해병대 투스타(two star)인가, 쓰리스타(three star)인가 그런 분을 모셔서 그런 분부터가 아주 다이나믹(dynamic)하단 말이에요. 아주 불도저(bulldozer)처럼 밀어제껴야 돼요, 초기에는. 그래서 이제 출발이 된 거에요. 출발이 됐는데, 거기서 숨은 에피소드(episode)는 20만 평짜리를 갖다가 200만 평으로 막 확대를 하니깐 거기에 뭐 농지니 뭐니 막 들어가잖아요. 그러니깐 낙동강 그, 그 흐르는 길에다 둑을 쌓아가지고 전부 다 이제 홍수, 홍수, 왜냐하면 장마가 지면 낙동강이 이제

범람을 하잖아요. 폭이 넓어지면, 논이 전부다 들어가잖아요. 그러면 거기다 둑을, 둑 쌓는 작업. 그러니깐, 그러니깐 그 농지의 주인들이 이런 사람들이 막 남의 땅을 갖다가 그냥 막 뺏는다고 말이지, 조상의 묘가 있는 분들, 별별 다 있겠죠. 그분들이 막 드러눕고 막 야단법석이 됐어요. 그랬는데도 하튼 잘 무마해서 출발을 했죠. 출발을 하고. 그러면서 그 곽태석 씨라는 구미출신 재일교포가 일본 도시바하고 합작을 해서 거기다가 TV공장을 만들고, 반도체 조립공장을 맨들고. 맨들면서 그 TV 공장에 도시바 TV 공장의 부품 공장, 또 반도체 공장의 또 부품 공장들을 갖다가 유치활동을 했죠. 그래서 이제 구미, 구미 공단이 직접 일본에 가 가지고 도시바 협력회사들한테 브리핑을 하고, 그래서 이제 구미공단이 뭐 열심히 하니깐 저희는 숨, 숨 돌리고 다른 일, 예? 저희가, 저희가 하는 건 뭐냐면, 그 일본 투자 기업체들이 투자 인가 신청서를 내면은 24시간 내에 도장 찍어서, 오케이(okay) 빨리 하는 일, 그것만 열, 열심히 하면 되죠, 그죠? 서로 분업을 해야 되니깐. 그래서 시작을 했는데, 저희가 재작년인가? 언제지? 재작년인가? 재작년에 구미공단 무슨 건설 뭐 몇 주년 기념행사를 한다고 해가지고 구미시장이 이제 우리를 몇 사람을 초대를 했어요. 그래서 몇 십 년 만에 가봤는데, 천지가 개벽이 됐어요. 천지가 완전히 바꼈어요. 언제 한번 가 보세요. 그래서 거기가 지금 아마 전자제품을 삼성, 금성 그룹 외로 제일 많이 공단이 수출을 할 거고, 물론 그 속에는 삼성도 들어와 있고, 금성도 들어 와있어요. 그래서 아마 지금 현재는 공업단지 중에는 제일 많이 수출을 할 겁니다. 그 숫자는 나중에 한번 확인해보시길 바랍니다.

마산 수출자유지역 조성은 1968년 마산 상공인들과 유지들이 모여 설립추진대회를 개최한 것이 계기가 되었다. 정부는 1969년 9월 수출자유지역설치법 제정으로 마산시 봉암동과 양덕동 일대 25만 여 평을 수출자유지역으로 지정했다. 착공은 1970년 5월부터 시작되었으며, 1973년

에 완공했다.[34)]

6. 전자부품공업 육성과 「중소기업계열화촉진법」 제정

정부는 전자공업의 구조를 고도화하고 지속적 성장을 지원하기 위하여 부품공업 육성 시책을 마련했다. 전자공업의 구조를 고도화하고 지속적 성장을 뒷받침할 수 있는 토대를 강화하기 위하여 무엇보다 부품공업의 토착화가 시급한 것으로 판단하고 그 육성 시책을 검토, 계획했다. 1977년 2월 7일 중점 육성 품목 57개를 선정했는데, 그 내용은 "정부 주도 품목으로 반도체 및 소형 컴퓨터 등 9개, 민간 주도 품목으로 레코드플레이어, 특수 건전지 등 48개 품목"이었다. 당시 한국의 전자공업은 가정용 기기 및 부품의 단순 조립생산 위주였다. 산업용기기도 교환기, 반송전화단국장치 등 내수용 일부 통신기기의 생산이 대부분이었다. 컴퓨터와 이를 이용한 현대식 산업용 기기 생산은 거의 없었다. 이러한 상황에서 정부에서는 전자공업을 선진국형인 산업용 기기 위주로 육성하고 품질의 고급화와 중요 기초 원자재의 국산화를 실현하여 부가 가치를 높여야겠다고 판단했던 것이다. 지정업체에 대해서는 공장 건설과 생산 활동이 원활할 수 있도록 지원 조치를 취했다. 그 주요 지원 내용은 ① 건설 소요 자금 및 운전자금 지원, ② 정부 각종 연구소의 우선 활용 및 기술지도 실시, ③ 각종 상공 기술행정의 우선 실시 등이었다. 그런데 상당수의 업체가 당초의 사업 계획대로 공장을 건설하지 못하고 정부 지원책도 미흡하여 소기의 성과를 거두지 못했다. 정부는 1970년대 초부터 전자공업의 전문화와 계열화를 촉진하는 방안을 여러 측면에

---

34) 서현진, 앞의 책, 198-199쪽.

서 검토했다. 그러다 1978년 12월 5일 「중소기업계열화촉진법」을 제정했다. 정부가 그동안 전자공업의 발전을 위해서 전문화와 계열화의 필요성을 절감하게 된 것은 다음과 같은 이유에 있었다.[35]

첫째, 이 분야의 공업에서는 중소 규모의 생산체제가 대규모의 체제보다 제품 생산의 효율이나 수익성이 우수한 경우가 있어, 이런 종류의 제품은 중소기업이 전담하여 생산하는 이른 바 전문화가 되어야 하며, 둘째, 모기업과 수급기업간의 하청 관계를 형성하여 계열화할 필요가 있다는 점을 인식한데서 온 것이다.

동법 제7조는 특정 업종에 속하는 모기업체와 수급기업체, 그리고 협동조합은 장기 저리 자금 지원을 우선적으로 받을 수 있도록 규정하고 있었다. 계열화에 따라 수급 기업체가 받는 혜택은 다음과 같았다.[36]

① 수급기업체의 납품대금으로 모기업체가 발행한 어음을 할인해주며
② 수급기업체의 규모의 적정화나 시설의 개선 또는 기술의 개발에 필요한 자금을 지원해주며
③ 수급기업체의 원자재 구입을 위한 자금의 지원과
④ 수급기업체의 검사시설의 개선을 위한 자금의 지원 그리고
⑤ 수급기업체의 계열화사업의 공동화를 위한 자금도 지원하도록 되어 있다.

---

35) 김완희, 앞의 책, 80-81쪽.
36) 위의 책, 81쪽.

7. 한국전자공업진흥회의 출범과 수입자유화 조치

1975년 10월말 청와대에서 개최된 수출진흥확대회의에서 한국전자공업진흥회 발족의 중요성이 거론되었다. 당시 상공부장관이던 장예준은 한국전자공업협동조합, 한국전자제품수출조합, 그리고 FIC의 전자진흥 사업업무 등을 통합하여 강력한 민간중추단체 설립 계획을 보고했다. 당시 한국 전자제품 수출은 급격하게 성장하고 있는데 국제 시장의 경쟁은 더욱 치열해져 가고 있었다. 주요한 수출 대상국인 선진국들은 보호주의 무역의 장벽을 높이려고 했다. 이에 직면한 업계에서는 이에 대처하기 위해 강력하고 통일된 조직이 필요하다고 판단했다. 그래서 정부에서는 이러한 여론을 반영하여 강력한 민간중추단체 발족 계획을 협의했다. 장예준의 보고가 있은 후 1976년 2월 20일 한국전자제품수출조합 정기 총회에서 수출조합의 해산을 결의하고 사단법인 한국전자공업진흥회 발족을 결정했다. 『매일경제신문』에서는 진흥회의 발족에 대해 다음과 같이 보도했다.[37]

전자제품수출조합을 개편, 국내 전자공업진흥의 추진 모체로 발족한 이 진흥회는 지난 연말부터 유관 단체의 통합을 추진해 온 정부의 방침에 좇아 우선 수출조합을 오는 8월 말까지 해산, 이 업무를 승계하고 장차는 전자공협과 FIC 전자진흥사 업부까지 흡수, 그 기능을 통합할 것을 목표하고 있다. 이날 창총은 전문 47조 부칙 2조로 된 정관을 채택하고 회장에 박승찬 금성사 사장, 비상근 부회장에 강진구 삼성전자 사장, 설원량 대한전선 사장, 이우용 한국마벨 사장, 그리고 상근 부회장에 김종수 씨, 수출조합 전무에 이태구씨 전자공협 전무 등을 겸임토록 각각 내정했다. 이보다 앞서 전자수출조합 정기총회는 조합해산결의안을 채택, 이날 발

---

37)「전자공업진흥회 발족」,『매일경제신문』, 1976.2.24.

족한 전자공업진흥회가 상공부의 승인을 얻어 업무를 승계할 수 있는 오늘 8월 말에 해산키로 결의했다.

진흥회는 1976년 4월 20일자로 주무부 장관인 상공부장관의 공식 인가를 얻어 법적인 절차를 밟은 후에 정식으로 조직되었다. 『매일경제신문』에서는 진흥회 출범 과정을 다음과 같이 보도했다.[38]

새로 발족한 한국전자공업진흥회는 4부 12과로 된 직제 개편을 끝내고 종래 수출조합이 관장하던 수출 추천업무와 협동조합 업무를 동시에 수행함으로써 전자업계 종합기구로서의 1단계 준비를 완전 매듭지었다. 전자공업진흥회의 직제는 회장단 아래 협동조합 공동구매 사업을 주 내용으로 하는 업무부와 수출진흥 업무를 주관하는 진흥부 외에 총무부와 조사부 등 4개부로 구성되었으며 명예직회장 박승찬 금성사 사장 아래 상근 부회장에 남계영 씨, 전무 이태구 씨 등이 취임한 바 있다. 이처럼 전자공업진흥회가 종래의 전자수출조합과 협동조합 업무를 실질적으로 통합했으나 중소기업협동조합 시 법에 의한 전자공업협동조합은 아직도 별개 단체의 기능을 보유하게 되어 있다.

진흥회는 1978년 12월 임시총회를 열고 김원희를 상근 회장에 추대했다. 이로써 전자업계는 국제화 시대를 맞이하여 선진 각국의 수입 규제, 국제 협력 관계에 강력하게 맞설 수 있게 되었다. 1979년 FIC의 전자진흥사업과 관련 인원을 흡수 통합했다.[39]

1970년대 개발도상국들의 전자제품 시장 침투가 점차 적극화되자 전자제품의 수출 시장을 거의 점령하고 있는 미국, 영국, 프랑스 등은 자

---

38) 「4부 12과 갖춰 / 전자진흥회, 통합업무 개시」, 『매일경제신문』, 1976.4.29.
39) 김원희, 앞의 책, 84쪽.

국 산업을 보호하기 위하여 수입 규제책을 강화하고자 했다. 미국은 1978년 말부터 컬러TV 수입 규제, 영국은 흑백TV 수입 규제, 프랑스는 라디오 수입 쿼터제 등을 실시했다. 이에 한국 전자제품 수출은 커다란 어려움에 직면하게 되었다. 그래서 업계는 진흥회를 중심으로 이와 같은 상황을 타개하기 위해 강력한 대응에 나섰다. 한국 컬러TV 산업은 대미 수출 확대로 빠른 속도로 성장했다. 처음부터 전량 수출 목적으로 상품을 생산했기 때문에 수출에만 의존하게 되었고 대미 시장에만 한정되었다. 대미 시장으로의 수출은 제한 없이 늘어났으며, 1974년 420만 달러, 1976년 780만 달러, 그리고 1977년에는 1,600만 달러로 확대되었다. 1974년부터 1977년까지 대미 수출은 1억 1,690만 달러에 달했다. 한국 컬러TV 총생산액 1억 2,180만 달러의 96%를 차지했다. 그런데 미국이 1978년 컬러TV 수입 규제를 밝히자 한국 컬러TV 업체는 큰 타격을 받기 시작했다. 즉 미국에서는 수입 컬러TV로 자국 산업에 심대한 피해를 주고 있다면서 한국에 자율 규제를 통한 수출 물량의 조절을 계속 요청했다. 이에 정부 차원에서 한미 간 4차에 걸친 회합, 미국 현지 변호사 고용으로 적극적 대처했다. 그러나 1978년 말 한미 간 합의로 컬러TV 대미 수출 자율 규제 협정량을 총 411,000대로 제한시키게 되었다.[40]

〈표 1〉 대미 컬러TV 수출 자율규제협정(1978.12.1.–1980.6.30)

구분	기간	할당량(대)
1차	1978.12.1.–1979.1.31.	122,000
2차	1979.2.1.–1979.10.31.	153,000
3차	1979.11.1.–1980.6.30.	136,000
합계		411,000

---

40) 위의 책, 85–86쪽.

영국에서는 1977년 7월 한국 흑백TV(15″이하) 수출에 대한 수입 규제를 일방적으로 통보했다. 영국 시장에 한국 흑백TV 수출은 1976년까지 물량이 많지 않아 큰 주목을 받지 않았다. 그러다 1977년부터 수출모델 개발의 본격화로 수출 증가로 이어질 전망이 보이자 영국에서는 자국 산업 보호와 시장 질서 유지라는 명분을 내세워 수입 규제를 일방적으로 통보했다. 한국과 영국 간의 협상은 진흥회와 영국(RIC) 간에 1977년 7월 제 1차 회의가 런던에서 개최되었으며, 이후 1978년 7월 서울에서 제 2차, 1978년 8월 제 3차 회의를 통해 수출 물량을 조금이라도 증가시키려고 했으나 영국과 팽팽하게 맞섰다. 그 결과 합의된 물량은 다음과 같다.[41]

〈표 2〉 대영 흑백TV 수출 쿼터량

기간	할당량(대)
1977년	35,000
1978년	35,000
1979년	120,000

프랑스에서는 1969년부터 한국, 일본, 홍콩에서 수입되는 라디오 종류에 대하여 국가별 쿼터제를 실시했다. 프랑스에서는 자국 산업 보호와 외화 수지 균형을 유지하기 위해 GATT 제25조 5항 「Waiver에 의한 수입제한」에 근거를 두고 이 조치를 취했다. 이에 대해 진흥회에서는 프랑스전자공업협회(GIEL) 및 전자수입단체(FINE)와 1978년 2월 파리에서 제 1차 회의, 1978년 10월 서울에서 제 2차 회의 등을 통해 쿼터 물량 증대에 노력한 결과 눈부신 성과를 거두었다.[42]

---

41) 위의 책, 86-87쪽.
42) 위의 책, 87쪽.

〈표 3〉 대불 라디오 수출 쿼터량

기간	할당량(대)
1973년	23,000
1974년	35,000
1975년	52,500
1976년	60,000
1977년	120,000
1978년	132,000
1979년	200,000

정부는 1978년 5월 제1차 수입자유화조치를 단행했다. 한국 총 수출량이 1977년 100억 달러를 넘어섰고 세계시장 점유율이 1.03%에 이르렀다. 그런데 주요 선진국들은 경제 성장보다 안정 정책을 추구하는 방향으로 나아갔다. 그러자 정부에서도 수출 일변도의 통상 정책을 전환해야 했다. 그래서 정부에서는 수입자유화조치를 취했던 것이다. 그렇게 되자 한국 전자업계도 국내 시장에서 흑백TV 품목을 놓고 외국의 업체와 판매 경쟁에 돌입하게 되었다. 이어 1978년 9월 제2차 수입 자유화 조치가 이루어졌다. 이번에는 라디오의 수입이 자유화되었다. 1978년 3월에는 제3차 수입자유화조치로 다이얼식 전화기 수입이 자유화되었다. 수입자유화조치가 3차에 걸쳐 단행되었으나 한국 전자업체는 국내 시장을 빼앗기지 않았다.[43]

진흥회에서는 1979년 9월 상공부와 공동 주관으로 제6회 아시아전자연맹 총회와 제10회 아시아전자회의를 서울에서 개최했다. 이를 통해 한국 전자산업의 저력을 과시했다. 아시아전자회의는 1961년 10월 일본 과학기술청 주관으로 도쿄에서 처음 열렸다. 이 회의는 아시아와 대양주

---

43) 위의 책, 88-89쪽.

지역 내에 있는 국가들이 전자공업에 관한 기술, 시장, 시책 등 정보를 서로 교환하고 협력하기 위해 조직되었다. 1차 회의에는 아시아 국가 대표 30명이 참석했다. 이후 국제협력체제를 더욱 강화하기 위해 아시아전자회의를 뒷받침할 상설 기구의 필요성이 대두되어 1967년 10월 제4차 AEC 회의는 아시아전자연맹 창립을 결의했다. 제1차 AEU 총회는 1969년 10월 대만의 타이베이에서 개최되었다. 제10차 AEC 및 제6회 AEU 총회가 서울 신라호텔에게 개최되었다. 1979년 9월 28일부터 10월 2일까지 개최된 이 총회에 25개국과 2개 국제기구 대표 등 70여명이 참여했다. 이 회의에서 각국의 전자공업 현황 보고, 지역 내 국가 간의 기술과 시장 정보 교환, 그리고 공동 관심사 등을 논의했다. 이로써 전자제품 수출 증대에 크게 이바지하는 계기가 되었다. 동 총회에서 김완희를 AEU 회장으로 선임했다.[44]

---

44) 위의 책, 90-92쪽.

제5장

조선·자동차공업 정책 추진과 민간기업의 역할

윤 정 란

〈개요〉

1945년 해방 직후 조선관련업체는 총 56개였다. 대한민국 정부가 수립된 이후인 1950년 1월 1일 조선중공업의 시설을 기초로 한 대한조선공사가 설립되었다. 1950년대 조선공업은 기본적으로 선박 수리가 중심이었다. 1960년 5·16군사정변 후 군사정권은 조선공업을 중시했다. 그래서 제1차 경제개발 5개년 계획을 수정하여 조선공업을 포함시켰다. 1967년 3월 3일 「조선공업진흥법」이 국회 상공위 수정안으로 제정되어 3월 30일에 공포되었다. 이후 모든 조선 관련 정책과 지원은 이 법에 의해 추진되었다. 1968년, 1969년, 1970년, 1971년, 1972년, 1975년, 1979년 「조선공업진흥법」에 의해 「조선공업진흥계획」이 상공부에 의해 계속 발표되었다. 1973년 상공부는 KIST의 「장기조선공업진흥계획:대충무조선지역설정안」보고서를 기초로 「장기조선공업진흥계획」을 발표했다. 이에 따라 1973년 4월 28일 충무공 탄신일을 기해 대조선지역(대충무조선지역)이 선언되었다. 이 계획은 1970년대에서 1980년대까지 한국 조선공업의 기본이 되었다. 장기조선계획은 건조계획, 수출계획, 장기조선소건설계획 등으로 구성되었다. 1967년 상공부는 조선공업 육성시책에서 국산화와 조선기자재 관련 내용을 밝혔다. 상공부는 1971년까지 국산화 85퍼센트를 달성하는 것을 목표로 삼았다. 그래서 1968년 「조선공업진흥기본계획」에서 1969년부터 1971년까지 국산화 목표 85퍼센트 달성을 명시했다. 조선공업의 국산화는 여러 측면에서 진행되었다. 정부는 1977년부터 시작되는 제4차 경제개발 5개년계획에서 중점 육성대상 품목으로 선박기자재 6종을 선정했다. 이와 같은 조선정책에 발맞추어서 민간기업들은 조선공업을 발전시키기 위하여 많은 노력을 기울였다. 한국조선공업협동조합과 한국조선공업협회는 지속적으로 조선공업육성을 위해 상공부에 다양한 건의를 전달했다. 현대중공업, 대한조선공사, 옥포조선소, 대우조선공업, 고려조선, 삼성조선, 삼성중공업, 현대미포조선소 등은 한국 조선공업 발전의 핵심적인 역할을 했다.

자동차공업도 1960년대에서 1970년대 정부의 자동차공업 육성정책과 민간기업의 역할에 의해 오늘날 대한민국 자동차공업이 발전할 수 있는 중요한 토대가 되었다. 국내 최초 국산자동차는 1955년 9월에 탄생한 지프형 자동차인 시발이었다. 그러다 1962년 새나라 자동차의 설립 허용과 일본산 자동차 도입에 의한 새나라 택시가 나옴으로써 1963년 시발 자동차는 경쟁력 상실로 생산을 중단했다. 1962년 4월 10일 상공부는 경제개발 5개년 계획에 맞추어서 자동차 5개년 계획을 발표했다. 1967년 4월 3일 정부에서는 자동차공업보호법에 의한 허가기준법에서 더욱 강화된 제조공장에 대한 허가기준을 발표했다. 1968년 10월 박정희는 김정렴에게 자동차 국산화를 위한 방침을 작성하라고 지시했다. 이에 기본 방침이 만들어지고 1969년 12월 '자동차공업육성 기본계획'이 발표되었다. 기본계획은 부품산업 육성에 초점이 맞추어져 있었다. 엔진과 차체 부분은 25%였고 나머지 75%가 부품업체 생산품이었다. 목표연도에 가면 부품업체에서 생산된 국산제품을 의무적으로 구입해야 했다. 1970년 2월에 엔진공장과 관련된 추가계획으로서 '자동차 엔진공장 추가 건설계획'을 발표했다. 민간기업은 이와 같은 정부의 자동차공업 육성정책에 따라 자동차공업의 발전에 많은 기여를 했다. 대표적인 기업으로는 새나라자동차, 기아산업, 신진공업사, 아세아자동차, 현대자동차, 특장차 전문업체인 하동환자동차 등을 들 수 있다.

1. 조선공업 정책과 민간기업

1) 조선공업 정책

(1) 1960년 이전 선박 수리 개조 중심의 조선공업 정책

1945년 해방 직후 조선 관련 업체는 총 56개였다. 1946년 3월 29일 미군정은 군정법령 제64호로 교통국 해사과를 해상 운수국 해사과로 개칭하여 조선 행정을 이관 및 정비하기 시작했다. 이때 조선공업에 대한 전문교육도 시작되었다. 1946년 3월 29일 서울대 공과대학에 조선항공학과가 설치되었다. 1948년 1월 9일에는 조선선박공업협회가 설립되었으며 같은 해인 8월 30일에 대한조선공업협회로 명칭을 바꾸었다.[1]

대한민국 정부가 수립된 이후인 1950년 1월 1일 조선중공업의 시설을 기초로 한 대한조선공사가 설립되었다. 한국전쟁 이후에는 유엔군 함정 수리기술이 도입되었고 조선의 수요가 급증했다. 1951년 5월 정부는 조선공업체를 육성하기 위해 선박관리법에 따른 **조선업명허제**를 실시했다. 이에 1951년 말까지 79개 업체가 등록했다. 1952년 10월 1일 선박관리법 시행세칙이 교통부령 제27호로 공포 및 시행되어 조선공업기술자 등록도 의무화했다.[2]

1952년 10월 3일 이승만 대통령은 조선계획 촉진을 지시했다. 이에 교통부에서는 제1차조선계획을 작성했다. 1952년 11월 11일 정부는 대통령 직속으로 해사위원회를 설치하고 장기적인 조선계획을 세웠다. 그러나 예산 부족으로 제대로 추진되지 못했다. 1954년부터 정부는 소규모 조선소를 복구하기 위해 인천공업주식회사, 한국조선주식회사, 한국 조선공사, 대양조선주식회사 등에 해외 원조자금을 지원했다. 1955년 정

---

1) 박영구, 『한국의 중화학공업화 공업별 연구: 조선공업』, 해남, 2018, 8쪽.
2) 위의 책, 8쪽.

부는 교통부 해운국과 상공부수산국을 통합한 해무청을 설립했으며, 조선과는 해무청 조선과로 배속되었다.[3] 이에 대해 1960년대 전 상공부 조선과장을 역임한 구자영은 다음과 같이 설명했다.[4]

1950년에 이제 교통부 해운국이라고 그러는데 조선과가 처음 생겼어요……. 우리 나라 1950년 3월 31일로 되어있네. 조선과가 우리나라 행정기구에 처음 생겼죠. 그래가지고 55년에 해무청이 생겼어요.

조선과에서는 1955년에서 1959년까지 「5개년조선계획」을 수립했다. 정부에서는 1955년부터 3년간 ICA(International Communication Agency) 자금 113만 8천 달러로 7개 민간 조선시설 등을 확충했다. 1956년 1월 10일 해무청은 조선장려법안을 성안하여 상공부에 법안을 보냈다. 1957년 10월 5일 법률 제447호 대한해운공사법과 대한조선공사법 폐지에 관한 법률 공포 및 시행으로 대한조선공사는 1958년에 민영화되었다. [5]

1957년 11월 18일에는 국회의원 김재곤 외 15명은 「조선장려법」을 입안했다. 1958년 2월 22일 민의원 본회의에서 이 법이 통과된 후 1958년 3월 11일 법률 제487호로 공포되었다. 1년이 지난 후인 1959년 9월 24일 「조선장려법 시행령」이 대통령령 제1519호로 제정, 공포 그리고 시행되었다. 조선장려법은 수립 의존도를 줄이고 국내 공급을 증가시키기 위해 정부가 보조금을 지급하고 선박 및 선박부품 제조 관련 물품세를 면제해 주는 것이었다. 동시에 5년에서 10년 상환 조건의 자금 융자도 해 준

---

3) 위의 책, 9–10쪽.
4) 구자영 구술(2013년 12월 2일)
5) 박영구, 앞의 책, 10–12쪽.

다고 했다. 이 법은 1967년 조선공업진흥법으로 바뀌었다. 1950년대 조선공업은 기본적으로 선박 수리가 중심이었다.[6]

(2) 1960년대 경제개발5개년계획과 「조선공업진흥법」의 제정

1960년 5·16군사정변 후 군사정권은 조선공업을 중시했다. 그래서 제1차 경제개발5개년 계획을 수정하여 조선공업을 포함했다.[7] 국내 해운수산업자들은 제1차 경제개발5개년계획 추진 기간 조선공업에 대한 잠재적 능력을 보여준 시기였다. 이에 대해 구자영은 다음과 같이 설명했다.[8]

제1차 경제개발계획 할 때는 아무 산업도 없을 때니까. 그러니까는 해운이고 수산이고 자체도 능력이 없고, 또 조선도 기술도 없고 하니까, 이제 믿지도 않고, 신뢰성도 없고 하니까, 1차 5개년계획 기간에는 이 조선 쪽에서만 말한다면, 국내에 해운수산업자들에게 조선 능력을 인정시킨 기간이라고 볼 수 있지요. 그런데 이제 워낙 돈이 많이 드는 산업인데 금융도 부실하고 하니까, 세계 수요는 많고 하니까 수출산업으로 전환하자. 그때에 국제, 한국의 저 제일 중요한 국정 목표도 수출 증대에 있었고, 수출로 방향을 갈아탐으로써 정부의 시책에도 순응하고 조선 자체도 살아나고, 그래서 이제 방향을 바꿔서 인제 5년쯤 걸렸죠. 수출 실현하는데.
그러니까 아까 말씀드린 참, 저 대만 어선 그런 것은 우연히 그런 게 나타났는데 우리가 잡을 수, 찬스를 잡을 수 있었던 거고, 늘 있는 게 아니고. 그다음에, 남궁련 씨, 조선공사가 걸프(Gulf Oil)에 수출을 하고. 또 대형조선소를 만들어서 수출

---

6) 위의 책, 12-13쪽.
7) 위의 책, 17-18쪽.
8) 구자영 구술

을 하고 그런 것은 이제 산업, 세계를 상대로 우리의 경영능력과 영업능력을 가지고 이제 수출해서 지속성 있는 활동을 하기를 다했죠.

정부는 제1차 경제개발5개년계획에 따라 조선공업을 정부 및 민간사업으로 11만 톤을 건조하고 47만 8천 톤에 대한 수리계획을 수립했다. 1961년 12월 27일 중소기업협동조합법 공포에 따라 1962년 4월 20일 대한조선공업협회가 해산되고 83개 업체가 참가한 한국 조선공업협동조합이 조직되었다. 그동안 민영화되었던 대한조선공사는 1962년 4월 30일 법률 제1064호로 새로이 제정 및 시행되어 국영기업으로 환원되었다.[9] 1960년대 초기 조선 산업의 상황에 대해 신동식의 증언을 통해 다음과 같이 엿볼 수 있다.[10] 신동식은 조선 산업 초기 중요한 역할을 담당했던 인물이다.

그런데 5·16혁명이 났어. 5·16혁명이 나니까 김유택(金裕澤) 대사가 5·16혁명정부의 경제기획원 장관으로 발탁이 됐어. 갔는데 김유택 대사가 거기에 계실 때, 내가 영국의 경제발전 하구 영국의 조선, 해운, 그니깐 그 김유택 대사가 경제 전문한 분야에서 그런 게 새로운 얘기란 말이야. 그래서 내가 영국의 그 해운 발전사나 조선 발전사 뭐 이런 거를 굉장히 만날 때마다, 이 또 내가 그런 위치에 있으니까 그분이 자꾸만 뭘 물어보고 그러니까 내가 또 이렇게…. 그런데 박정희(朴正熙) 대통령이, 박정희 그때는 의장이지? 그분이 아직도 나한테는 미스테리(mystery) 인데 그 시골 산골에서 태어나신 분이. 군인으루 만주에 가구 뭐 왔다 갔다 하다 그런 분이, 어떻게 혁명을 일으키구 바다에 대한 관심이 그렇게 컸는지……. 그래서 김유택 대사한테 한 게, 1차 경제개발5개년계획을 맨드는 그 틀 속에 바다 관

---

9) 박영구, 앞의 책, 19-20쪽.
10) 신동식 구술(2013년 11월 21일)

계, 해사 산업 발전을 대한 구상을 거기다가…. 그런, 명령을 했는지 안했는지 모르지만, 하이튼 그런 비죤(vision)를 가진 그게 있었던 모양이야. 그래서 난 그때 런던에 있다가 5·16이 나던 다음날, 다음 달에 어 나를 일본으루 로이드(LLOYD'S)에서 출장을 보냈어요. 일본에. … 그 일본에 가서 장기출장이야. 거기 큰 미쯔비시(ミツビシ, Mitsubishi) 조선소에서 뭘 하는데, 이젠 뭘 하는데, 거기서 뭘 하는데 그 저… 가서 기술지도도 하구, 거기서 뭘 하라구…그러고 있는데, 박정희 의장이 케네디(John F. Kennedy) 대통령한테, 맨 첨에 오해가 많았잖아요? … 미국으로 갔죠. 예, 예. 미국으로 가면서 일본에 들리셨어요. … 일본 놈들이 뭐 약아빠졌으니까 모든 정황으로 봐서 박정희 이 장군이 한국에 앞으로 권력을 쥐고 상당히 장기간 될 거다 그래 가지구 국교 정상화가 안 된 상태에서 박정희 장군을 영빈관에다 모셨다구. 그게 파격적이지? 그리구 그때 우리나라 대사관이 없었어요. … 그래서 거길 지나면서 동경에 있는 교포, 유지들, 일본의 유지들을 불러서 저녁에 리셉션(reception)을 했어. 동경에서. 리셉션을 하는데 나는 몰랐는데 김유택 씨가 박정희 의장한테 동경에 들리면 신동식이라는 사람이 런던에서 이러이러고 뭐, 이러이러한 사람이 현재 로이드에서 이렇게 있는데, 그 한번 불러서 한번 …귀국을 종용해보시면 어떻습니까? 하는 얘기를 한 거 같애요…. 아 근데 내가 사무실에 있는데 대표부에서 전화가 왔어. 전화가 와서, 오늘 대표부에서 리셉션이 있으니까 여기 참석하라구. 그래 나는 의아하게 생각했지만, 하여튼 대표부에서 부르는데 가야되잖아. 그래서 갔지. 난 그때 내가 한국을 떠난 때가 한국 군인들이 돈이 없어가지구 작업복, 남루한 작업복에 구질구질하게 모자 아주 삐딱하게 쓰구 이러구 다니는 게, … 아 군인들 예복을 말이지 착 입구 허 훈장을 달구 별을 네 개씩 세 개씩, 아! 얼마나 멋있는지 몰라. 야! 참 멋있다. 말이지. 어린,어, 어린 아이들이 군복 입은 거 좋아하는 모습. …그래서 아 나이도 젊구 그러니깐 가만있으니 어떤 사람이 와서 당신이 신 아무개냐구 해서 그렇다니까, 끝나구 옆의 방에서 저 의장께서 응? 함께 글로 들어오라구. 그래 들어갔지. 들어갔더니 이런 소파(sofa)가 있는데, 이게 박 의장 여기 앉았구 양쪽에 쫙 앉아있는데,

전부 군인들이야. 팍 있는데

누군지 난. 그 내가 저기. 그 들어가서 날 안내한 사람이 부관쯤 되는지 뭐 그런 사람인 모양인데, 인사를 시, 하구 나를 저 신동식 모시구 왔다구. 아니 중간에 한 사람이 아! 당신이 신동식이냐구 말이지. 외국에서 편하게 응? 대접 받구 잘 살았으니까 이제 그거 걷어치구, 응 나라, 우리나라에 들어와서 우리가 국가 재건 할려구 그러는데 같이 힘을 합해서 참여해야 될 거 아니냐구 말이야. 한국에 갑시 다! 뭐 이런, …이런 식이야. 크크크. 이 참 내가 지금 생각해두 후회로운 일인데, 그 바깥에서 칵테일 파티(cocktail party)할 때 내가 칵테일을 몇 잔 마셨거든? 그 래서 내가 좀 알딸딸하구 그런데, 아이 들어갔는데 다짜고짜 반말로 말이지, 응 내가 이래두 로이드 검사관인데 하하하 이런, …아이 날 보구 말이야. 외국서 편안 하게 돌아다니지 말구 들어와서…뭐 아이 순간적으로 한국 들어갈 생각은 요만큼 도 없었어. 들어가면 아부지한테 혼나지 뭐, 이런, 뭐 구질구질한 이미지(image) 만 있으니까. 아이 근데 그러니까 화가 안 나? 순간적으루. …내 그 날 보구 애국 을 하라는 거야. 애국을. 응? 그 내가 지금 외국서 있는 건 애국이 아니라 이거는 나라를 배반하구 혼자, ..그래서 응? 장군들께서 국가를 지키느라구 응, 총칼을 가지구 국가를 지키고 그런 거는 나두 밤잠 안 자구 굶구 언젠가는 조국을 위해서 일하겠다구, 그런 결의루 얼마나 고생을 하면서 오늘의 내가 되었는지 아십니까? 하구 진정한 의미에서의 애국은 아마두 제가 더 했을 겁니다. 하구 팍 쏟아버렸어. …그랬더니, 이 국가 통치자가 될 분은 달라. 그니깐 상황이 좀 이상하잖아. …좀. 앉으라구. 날 보구 앉으라고. 내가 이 사람이 누군지 소개를 하겠다구. 아직도 눈 에 생생해. 그러더니 하~ 육군 중장 정래혁(丁來赫) 씨 그니깐 별 세 개 달린, 정래 혁이라는 사람이 있어요. 어, 정래혁 씨, 어, 있어요. 저 최고 회의 상공분과위원장 박태준(朴泰俊)이. 뭐 뭐 이러구 조금 소개를 하구. 이쪽 팀은 나하구 같이 와싱턴 (Washington, D.C)으루 가서…. 케네디 대통령을 만나러 가는 팀이구, 이쪽 팀은 서독에 기술하구 돈을 얻으러 가는 팀이래……. 그래서 가서 중화학공업하고 뭐 어쩌구, 저쩌구. 뭐 설명을 하더라구, 대통령이. …의욕만 가지구 응? 서독에 가서 간다구 독일정부나 독일기업들이 돈을 줄거며, 기, 기술을 줄거며 말이야. ...우리가 뭐가 필요하다면 막연히 가서 기술을 달라가 아니라 우리가 뭐가 필요하다는 걸 알고, 필요한 거를 얻으려면 뭘 알아야 된다는 걸 알고 그런걸 알아야 되지 않겠습니까? 그래서 제가 지금 로이드 검사관으로 일본에 있는데, 로이드 검사관의 권한은 이렇고 이렇고 이렇습니다. 그래서 만약에 독일 가는 걸 연장할 수 있다면… 한 일주일이나 열흘 동안 일본에 제철공업, 조선공업, 모든 전자산업 뭐 그 산업시설을, 그 산업시설들이 내 권한에 의해서 그 물건이 팔리고 안 팔리고 하기 때문에 그 장소를 제가 전부 다 안내해 줄 테니까…. 그걸 한번 보고 가셔야지, 그런 사전 지식두 예습두 없이 내가 육군 대장이니까 가서 기술주시오 하면 누가 주겠느냐구 말이야. ...오히려 바보스럽게 보이는 거 아닙니까? 하구…. 막 이런, 이런 단어를 써가면서 내가. 정말 주먹이 날라올 것 같애……. 그래서 난, 난 이제 너희들하구 상대 안해. 한국을 안가 인제 이런 기분이구. ...그랬더니 박 의장이, 그니까 여기저기서 독일하구 약속해서 다 날짜가 정해져 있는데 당신이 뭔데 말이야. 보자 보자 하니까 말이지……. 계획을 다 취소하구 뭐 말이 되느냐구. 막 버럭버럭 소리를 질러 나한테. ...아 못쓰겠다구. 저 젊은 사람 못쓰겠다구 ...박의장이 가만히 있드니, "연장하시죠." 하구 딱 한 마디……. 이 이 팀이. 그렇게 하는 게 좋겠다구. 약속이야. 응, 한 일주일, 열흘 사정해서 뒤에 간다고 말하라…. 그렇게 해가지구 내가 덤태기를 쓴거야. ...그래서 내가 안내 해가지구 북해도(北海道, Hokkaido) 그 무로란 철공소부터 안내를 하는데, 이 군인들은 나 때문에 독일 가는 것두 연장되고, 나 때문에 계획이 이렇게 됐다구... 나를 미워하기를. 그… 그런 담배 사 와라, 뭐 신문 사 와라. 뭐 짐 들어… 내가 벨보이(Bell boy)에다가 그냥, 아주 하인두 그런 지독한 하인이, 반말짓거릴 막 하구 야! 하구 저! 하구. ...그니깐 뒤집어 엎어버릴까 하다가, 아이고 그래두 그래서 북해도에서 그렇게 오니까, 그런데 가면은 지들 대하는 것 보다 나 대하는 거를 그쪽에서 더 끔찍이 대하니까...조금씩 달라져. 동경쯤 내려오니까 반말은 이제 안 하구, 이제 담배 심부름은 안 시켜……. 그래 가지구 인제, 이제 나가사키(長崎, Nagasaki), 이, 가고시마(鹿

兒島, Kagoshima) 요기 오니까 아이 말도 쪼금 존댓말 비슷하게 하구, 가방들란 소리두 안 하구.. .날보구 같이 독일을 가자는 거야.... 그게 안된다. 난 독일은 못 간다. 이 로이드란 조직에서 일본에 내 지금…. 이런 책무가 있는데, 독일은 못 간 다. 그러더니. 그래서 인제 갔어요. 그 사람들은 독일로 갔어요……. 그래서 속으 론 아이고 내, 내 아이 내 돈 쓰고 말이야, 욕 먹구, 담배 심부름하고 꼴이 말이 아 니잖아. 아하. 아이 그러고 있는데 독일에서 전화가 오는 거야. 근데 그 사람들은 그게 군인들이라서 매일 매일 그 일과 보고를, 와싱턴에 있는 박정희 장군한테 보 고를 하는가 봐……. 근데 박정희 장군이 당신을, 한국에 들어올 때 꼭 데리구 들어 오라고 했다. 그런 얘기에요.

…그리고 날 보구 아 한국에 들어갈 준비를 하라 이거야. 아이게 말도 안 되는 소 리 하지 말라구 말이지. 응, 내가 어디 놀러 나와 있는 사람이냐구 말이야. 그랬더 니 안 된대. 고담에 뭐 하 된다구, 해야 된다고 막 하고 그러는데, …군인사회엔 그 런 게 있는 거 같애. 그래서 내가 로이드한테 한국 정부가 지금 이렇구 이렇구 이 래서, 이런 상황이 벌어졌는데, 응, 나를 조금 휴직이랄까…? 장기 휴직을 겸해서 내가 한국에 다녀오도록 해달라니까 영국사람 그때 어떤 생각이 있었냐면, 한국 이 지금은 이렇게 못사는 나라지만, 언젠가는 조선이 이렇게 될 거 아니냐. 그러면 자기네들이 또 한국하구 해야 될 일이 많지 않겠느냐……? 해서 그거를 그렇게 싫 어하지 않는 걸루 해서 나를 한국 정부에 꿔주는 형태루…. 응 나를 한국정부에 빌려주는 형태의 서류를 맨들어가지구 내가 그래서 그 사람들하구 같이 끌려가 지구 한국에 돌아왔다구. 아이구 여의도 도착해서 보니까, 비행기에서 내렸는데 그 옆에다 헌병들이 짚(jeep)차 대놓구 그냥 칼이랑 총 들구 막 이랬는데 아이구 …잘못, 잘못 이, 이 잘못 왔구나. 진짜. 어떻게 겁이 나는지 말이지. 전장(전쟁)을 갖다 경험한 세대기 때문에, …그 총기 가지구 저, 저놈들이 무슨 짓을 할 거라구. 아 나 그냥 불안하기가 짝이 없어, 그 광경 자체가. … 짚차에 헌병들이 사이렌을 울리구 왱하고… 박정희 의장실로 가서 보고하는 거야. … 하 그냥 짝 스드니(서더 니) 뭐 허 육군 대장이 아무개 뭐 명을 받구 뭐 독일 갔다와서 뭐 어쩌구 저쩌구

하는데 뭐, 어, 신검사! 뭐하구 마... 뭐 그 담에 뭐 육군소장 뭐, 난 그 뒤에서 뭐 어떻게 인사해야 돼. 하 그냥 뭐 그냥… 군인들은 그런 식으루 보고를 해요. ... 어. 그 무시무시하지. 하도 여기 저 바깥의 비서실 같으면은, 헌병 완장 둘른 그 장교들이 딱 지키구 있구, ...진짜 야 이게 혁명이구나. 저 사람들은 혁명을 저 총으로 아무나 쏴 죽일 수 있는 사람들이구나 하는 그런 그 저, ...근데 조선, 무슨 나부랭이 조선이야. 하 아무것두. 그랬더니 박정희 의장이, 내가 꿔다 놓은 보리자루 모양으로 허 이렇게 얼어 있으니깐 하하하 ...나한테 와서 손을 잡으면서 잘왔다구. ...근데 미안하지만 지금 당장 부산(釜山)을 내려가야겠다구. ...집에 알리지도 못하구 그대로 군인들한테 끌려서 부산엘 갔어요. 조선공사. 그니깐 조선공사가 유일한,.. .가봤더니 대한조선공사 그 넓은 땅에 아무것두 안하구 풀밭이야. 풀이, 풀이 공장터가 풀이 이렇게 자랐어. 잡초는 그냥 무성하구, 기계는 다 녹슬구 그런데 거기서 공과대학 나온 사람들이 취직을 해서 거기서 아무것두 안 하구 뭐 미, 미국 배 들어오면 깨가지고 뻥끼(페인트, paint) 칠해주구 그런 걸루 …지내는데 어떻게 지내나니까. 말 말라 이거야. 정부에두 돈이 없구, 조선공사에서 수입두 없구, .. .그래서 월급 못 하구 지낸 지가 벌써 10개월이래. 그래서 그 어떻게 사느냐 이 말이야. 그랬더니 이 늘어진 고철들을 갖다가 국제시장에다 팔아가지구 그걸루 쌀 몇 가마니 사가지구 한 댓박씩 노나가지구 가서 입에 풀칠하구 그러구 있다구….대한조선을 그, 그 풀을 갖다가 깎, 그래서 외국의 선진 조선을, 저 기술을 배워가지고 한국의 조선을 일으키겠다는 사람이, 첫번한 일이 작업복입고 풀 깎는 일을 했어. ...기가 맥힌 일이지. 기간이 그 풀을 깎아도 무슨 일감이 있어야지, ...일감이 없어요. 근데, 풀을 그 깎다가 풀을 깎고 마당에 흩어진 것들 정리하고 이러다 보니깐…. 뭐 커다란 궤짝이 있어요. 이게 뭐냐니까 미국이 원조로 준 전기로(電氣爐)래. 전기로 쇠를 녹이는……. 그래 이걸 하려면 어떻게 해야 하니까 전기가 있어야 한대. 근데 영도(影島)에 전기가 없어……. 그 혁명정부가 참 대단한 거야. 내가 이걸 돌려야 되겠다……. 전기를 달라 그랬더니 한 달 만에, 지금도 가면 부산에 송도…. 영도 그 수산진흥원 마당까지 송전탑이 있습니다. 이 한쪽에.

그 거리가, 우리나라에서 송전탑 사이의 거리가 최장거리의 송전, 송전이에요. 그거를 한 달 만에 공사를 해서. 혁명정부야……. 또 전보 탑 하나 세울려면 아무 데나 못 세우잖아. 근데 그 수산진흥원 마당에다가 그걸 세웠어. 그러니까 나 같으면 이거 못 세운다고 요새 어디야 밀양인가 그 어디처럼 데모할 텐데…. 데모가 어딨어? 데모하면 이거 그냥… [손으로 때리는 모양을 함] 걔 거기서 세워가지고 조선공사로 끌어가지구…. 전기를 연결해가지구 그걸로 쇠를 녹였다구……. 그래서 녹였는데, 아 녹였는데 뭘, 뭘 해야 될 거 아니야…? 근데 그때 어떤 일이 있었는가 하면 각 학교에서 그때만 해도, 겨울에 그 난로가 있는데, 장작을 땠다구……. 조개탄도 아니구 장작……. 장작. 근데 그거를 석탄으루로) 바꿔서 조개탄으로 때야 되겠다. … 장작 때는 난로가 아니고 인제 조개탄을 때기 위해선 조개, 주물로 된 난로를 만들어야 돼. …근데 이 쇠를 녹여가지고 주물을 맨들어야 되거든요. …근데 한국서 그걸 못 맨든다구. 일본에 주문해서 사 오게 했다는 거야 그걸. 그래서 내가 최고 회의에 가서 우리 미국서 원조받은 전기로가 최신식 게 있는데, 이걸로 쇠를 녹여서 그 난로를 내가 맨들게 했다. 아주 뭐 공과대학 나온 사람들은 난로 설계하는 거야 간단하지. 그래도 부산 시내에 있는 고철 나부랭이들은 다 엿장사 뭐 그냥 그 다 써가지고 고철 녹여가지구 문교부가 하하…. 필요한 전국의 난로를 공급을 했다고. 그런데 이게 이상해. 공장이 아무 것두 안하고 안 돌아갈 때는 하 이렇게 되어있었는데, 그 용광로를 돌라니까 연기도 나지, …엿장사가 뭐고 마 철 뭐, 하이튼 뭐 하이튼… 고담 에 이 이거 저 조개탄 난로 만들면 그것도 실고 나가지, 들락날락 들락날락하니깐 …돈이 생겨, 돈이. …그니까 월급을 주게 돼. …월급을 주게 되니까 조선공사 영도 그 근처에 선술집들이. 저녁이면 그냥 호화판이야. … 하 그 싸구려 술에다가 오징어다리에다 그냥 먹구들 좋다구 유행가 부르고 말이야. … 그 신이 난거야 신이. 그래서 그때 내가 느낀 게, 야 배가 아니더라두 뭐를 맨든다는 거에 신명이 나는구나 하는 응, 그래서 그때의 얘기를 다 할려면 한이 없어. …..그 끝나니까 또 어떻해 일이 없잖아? … 그리고 고 담에 상공부에 갔더니, 그때 우리나라의 봉제 산업, 그니까…재봉틀이 많이 필요했어. …근데 재봉틀이 우리나라에서 못 맨들어. 일본 꺼를 다 갖다 쓰지. 근데 한국서 누가 재봉틀 맨들라 그러는데, 재봉틀이 몸통이 있잖아요, …그게 주물이야. …그거를 일본서 맨들어가지고 오는 계획을, …그거 내가 만들어준다고 이야기했지. …대가리를 주물해서 쇠를 녹여. 그러나 그 큰 조선소에서 난로나 맨들고 재봉틀 대가리나 맨들고. 그 어떡해? 안되잖아…아이고 별거를 다했어요. 별거를. …하여튼 쇠, 쇠 녹여서 뭐 쇠 잘라서 맨드는 그런 일들을, 하여튼 일감을 얻어다가 품팔이로 한 거지. 그러다가 인제 어떤 일이 있었는가 하면, 그 6·25 때 속초(束草) 앞바다에 대포리(大浦里)라는 데가 있습니다. …대포리에 거기에 우리나라 화물선 하나가 …바다에 좌초해가지구 두 동강이 났어. … 그니까 그 두 동강 난데가 만조가 되면 이렇게 물에 잠겼다 또 간조(干潮)가 되면 이렇게. 그래서 어떤 사람이, 어떤 사람이 아니지 해운공사밴데(배인데)

…그거를 건져다가 그 꺾어진 배를, 배를 이어 붙이면……. 배 한 척 이래두…. 아쉬운데, 우리가 쓰, 쓸 수 있지 않느냐. …그래서 걸 일본에 가져가서 일본 기술자한테 그거를, 그거를 인양하는 것두 기술이고, ….인양한 거를 일본으로 끌고 가는 것도 기술이고, …붙이는 것도 기술이고 그거를. 한국은 뭐 그런 거는 못한다. 이젠 이렇게 정해 놓구 그걸 계획을 해서 그걸 진행하겠다 하는 거예요. 그래서 지금 돌아와가지구 난로나 맨들고, 재봉틀 저 재봉틀 대가리 맨들구 그냥 속이 그냥 상해 있는데, 그걸 또 일본을 준대. 그래 내가 봐도 자신이 없어 그 일을 할 자신이……. 예 그래서 우리 조선쟁이 인제 여러 사람한테 자 이거 어떻게 한번, 응 응, 아니 일을 안 따면 우리가 일이 없어서 회사 문 닫아야 되고, 일을 따서 못 해두 또 잘못했다고 문 닫아야 되고, 그니까 피장파장이니까 한번 해나 보자 말이야. 그래가지고 하겠다고 말이지. 그니까 해운 공사 사장이 그때 임 대령이라고 공병대장이 현역이 있었는데…. 예, 공병 출신. 임 뭐더라 임운학 인가 뭐 하는 사람인데, 아이 미쳤다는 거야. 당신이 아무리 외국서 공부하고 해도 그래두 말도 안 되는 걸, 되지도 않는 걸 된다고 해서 그 내가 고집을 꺾지 않고 끝까지. 아 결국은 최고 회의에서 공청회를 열었어요. 이걸 가지구……. 이게 한국에서 되는지 안

되는지. 왜 일본에. 그래서 양쪽에 앉혀놓고 그 회의를 했다구. 뭐 갑론을박이지. 나도 양보안하고 그쪽도 안 하고 뭐, 뭐. 근데 결론이 안 나. 근데 그때 우리가 10불($), 100불이 아쉬울 땐데……. 그거 수리비를, 응 일본에 갖다 바친다는 게 말이 돼? 그래서 그 자그마한 배 수리하는데, 최고 회의 의장이…. 와서 판정을 내렸다고. 박정희 의장이. 또 이 얘기 이젠 양쪽의 결론을 다 듣고 나서는 응, 국내서 한번 해보시죠. 하구 딱. 그, 그래서 그 일을 맡았어요……. 난리가 났지. 생전 해봤어야지……? 나는 많이 봤지만 다른…. 어. 그래서 이걸 용접을 해야 되는데, 용접기가 없어……. 어 기계를 일본에서 사다가 직원들 훈련시키고… 그때 느낀 게 내가 용접을 그…. 그니까 신기한 거야. 대학교 나온 놈들은 이런 거 모르는데…. 뭐 저같이 작업하고 있고 그 훈련시키고, 훈련시키고 하는데, 하이튼 그 어려운 배를 그 성공을 했어요. 우리가 아주 깨끗하게 멋쟁이로……. 그런 과정에 인명사고도 났어.

…그 용접기를 잘못만 져서 감전돼서 하나는 죽고 뭐 이런, 이런 일들. 아이 배가 완성됐으니까 우리 엔지니어(engineer)들은 속으루 야 봐란 말이야. 얼마 전까지만 하더라도 우리가 될까 말까 우리 자신이 ….우리 자신이 없었는데, 됐잖냐 말이야. 이제. 사실 그 배 공사는 일본조선소에서도 겁을 냈던 겁니다. 잘라진 배를 두개를 붙여 가지구 새 배로 맨들어 놓는다는 건. …그런데, 한국의 이 정부 사람들이나 산업계 사람들은 나한테 손가락질을 하는 거야. …저놈이 뭐 별로 알지도 못하는 놈이 와가지구 한다고 그래 가지구 사람이나 죽이고 말이지. 내가 죽인 게 아니지. 지들이 감전해 가지고.. .그런데 그런 거를 그게 아니다하고는 옆의 사람이 아이 그게 아닙니다 하고 얘기를 해야 되는데, 까꾸루 글쎄 그게 너무 내가 신 아무개가 좀 너무 잘난 척하고 과한 것같다 이런 식으루 부채 …그래서 큭 이. 화가 안날 수야 없지. …그래서 내가 박정희 의장한테 편지를 썼어요. …이게 이렇게, 이렇게 이런 과정을 거쳐서 내가 성공적으로 다 기술적으로 시운전이 끝나고 완성됐습니다 말이지 응. 그래서 이거는 정치적으로는 혁명을 하셨지만, 진정한 이 혁명은 여태까지 한국 사람이 못한다고 생각하던 거를 우리가 해내, 해내서 이

거를 가시적으로 보일 때, 이것이 진정한 혁명 아니겠느냐? 응. 그 지금 깡패들 모
가지에다 뭐 걸어 놓구 ...국민들한테 희망을 줄 수 있는 가시적인게 이보다 더 좋
은 게 어딨습니까? ... 그니까 이 행사를 거국적으로 치루셔야 합니다. ....그래서
최고위원 전부, 각료들 전부 부산에 오셔서 명명식을 거창하게 하셔야 됩니다하고
편지를 썼어. 하이구 여하튼, 고 다음날 이렇게 뚱뚱한 사람이, 별 세 개 단 사람
이 우리 사무실, 내 사무실에. 그 때만 해두 마감 일 때문에 작업복을 입구 아주
남루하게 있을 때야. ...별 세 개 단 사람이 와서. 그 당신이 신동식이냐구. 그렇다
고 했더니, 자기가 경남 도지사래. ...양찬우(楊燦宇)라는 사람이. ...당신이 이거 뭐
쪼끄만 배 하나 수리해놓구 최고의장 이하 뭐 전부 내려오라구 뭐 편지를 썼다는
데, 국가통치자하구 국가의 최고 어, 원순데, 그렇게 이런 행세로 와라마라 말이
야. 그래서 되겠느냐구 말이지. ...그래서 그냥, 내 6·25 때 쫄병 노릇했기 때문에
별 세 개 단 사람을 보면 무섭단 말이야. 그래서 생긴 것도 뚱뚱한 사람이 아주 지
휘봉을 들구 와서 그래 그냥 얼떨결에 당했어. 소리 지르구... 태, 태도 조심하라구
나한테 막 그래서. 어, 그냥 말 한마디 못하고 당해버렸어. 아 쪼금 있으니까 아이
별 두 개 놓은 사람이 또 튀어나와서, 똑같은 짓을 한단 말이야. 당신 누구냐고 했
더니 부산시장이래 지가. 김현옥(金玄玉)이래.

...그래서 내가 아침에 아까 아침에 당한 것도 억울한데 좀 앉으라고. 조선이 뭔지
아느냐고……. 강의를 했지…. 이렇구 이래서 내가 왔고, 지금 이렇게, 이렇게, 이
렇게, 이렇게 해서 다 된 건데, 이거 칭찬해줘야지, 와서 지휘봉 들구 이렇게 야단
칠일 있냐구 말이지. 응 내 얘기 제대로 들었으면 당신이 최고 회의에 보고해서
이 행사 내가 건의 한대루 그대로 한번 해보라고. 그랬더니 김현옥 씨가 내 얘기
를 듣고 맨 첨에 와서 이렇게 하던 태도, 에 했더니 그다음 날 최고 회의에서 당신
의 건의 한 대로 그 행사에 다 참석하겠다. 그래서 이런 쪼각배 하나 고쳐놓고….
저 부산 중앙부두에다가…. 그걸 띄워놓구 대포리에서 그 배를 건졌다. 그래서….
그 배 이름을 '대포리호'로…. 명명하는 명명식을 가졌어요. 그래서 군악대 와서 꽁
꽝꽁꽝 울구…. 그러니까 부산 시내가 아주 이, 난, 난리굿이 났지……. 그래서 그

대포리호의 의미가…. 전부 우리는 배운 것도 신통치 않고, 실습도 신통치 않고, 그래서 우리는 못한다 하는 그런 패배감하고 좌절감에 있던 모든 사람한테 야하니까 되더라는, 그런 아주 그, 긍정적인 그런 거를 심어줘서…. 그것이 경제적으로는 무슨 커다란 효과가 없었다 해도…. 기술적으로나 그 심리적으로는 어마어마한 그런 긍정적인 효과를 냈습니다. 그래서 그걸 근거로 해서 쪼끄만 배들을 맨들고 그래 시작했지. 그러나 그걸 하면서 안 되겠어. 꼬라지가 이래 가지곤. 아이 나는 외국에 가야지 안 되겠다 그래서…. 그래서 내가 조선공사를 그만뒀죠……. 고만두구 서울로 올라와서 김유택 씨가 경제기획원 장관을 하는데…. 그래서 가서 쯧 인제 제가 할 만큼 했는데, 제가 영국에 가서 또…. 한국 떠나서 이젠 가겠다구 말이지…. 아니 이 양반이 내 연세도 뭐 많으신 분이고 나를 뭐 아들처럼 생각하고 그러는데, 아니 소리를 버럭 지르고는 야단을 치잖아. 응, 나라라는 게 그렇게 뭐 너한테 잘해주면 있구, 못 해주면 가고 말이야. 이래두 되냐고 말이야. 그래두 응, 젊은 사람이 능력을 정부가 의지해서 뭔가 잘해보겠다는 그런 뜻으루 조국에 불렀구, 그랬는데, 뭐 하자 시작하자마자 그냥 가? 말도 안 된다고 막 고함을 질르고 소리를 지르고 하하. … 그래서 뭐 뭐라 그래? 가만히 있었더니 뭐 그분도 내가 인제 조선공사에서, …했던 일들을 다 알구 그러니까 보면서 인제 지금 여기 1차 경제개발, 1차경제개발, …그런 것두 있으니깐, 그러니 내가 촉탁고문이라는 직책을 줄테니까 내 옆방에서. …이, 이 일을 도와라 해가지고, 그래가지고 그분의 만류로 내가… 경제기획원에 촉탁고문위원 일을 했습니다. …그래서 그것두 내 운이 좋았던 거야. 그때 김유택 씨가 그래 가, 가고싶으면 가 그러면 좋은데, 이 그걸 하면서 처음으로 나라의 경제개발계획이라는게 응, 더군다나 가난한 나라. 응? 그. 그래서 그때 이 경제기획원 각료들하고 같이 뭐 일을 많이 했죠. 많이 하고 그때는 밤 새우는 게 그냥 이상하게 그냥, 그냥 하루 건너가며 밤을 새웠어요……. 조선산업을 육성해야 되겠다……. 그래서 그때 그걸 그렇게 하니까, 당시의 경제 관료들이나 정부에서 100프로(%) 반대를 했습니다……. 조선이라는 건 배에 들어가는 엔진(engine)도 있어야 되구 뭣도 있어야 되고 … 그게 외국은 영국은 그런 산업이다 있는 나머지에서 조선 산업이, 그걸 토대루 이루어졌지. 우리나라는 이게 하나도 없잖아요. 공장 하나도 제대로 된 게 없는, 근데 조선을 하겠다는 게 말이 되느냐 이거야. 그래서 내가 그때 역발상을 한 겁니다. 응, 지금은 없지만, 조선을 한다 그러면 조선이 성공적으로 태동이 되면은, 이 산업이…. 자랄 수밖에 없는, 그러한 환경이 되지 않느냐? 응, 조선이란 걸 함으로써 기관차 역할을 해서 이걸 갖다가 유발을 시키자. 이 실패가 될 수도 있어. 그래서 한국이 어느 세월에 이 공장을 맨들어서…. 어느 세월에 이걸 하느냐? 조선이라는 그 큰 그 목표를 두고 이거를 하는, 이런 역발상으로 한번 해보자. 그리고 이렇게 되면, 방직공장 맨들고 비료공장 맨들고 이러는 거 보다도, 더 많은 고용효과 나구 기술유발 효, 효과가 나구 그러니까 우리나라에서 한 단계, 천천히 따라가는 게 아니라 …이런 발상을 해서 한번 해 봐야되지 않겠냐 하니까 전부 날보고 미쳤대. 아 어디 어디, 아니 미친거지 사실…. 5층까지 올라가려면 계단이 있어야 되는데, …계단도 없는데 왜 5층까지 어떻게 날라갈라 어떡할래, 뭐 그런 뜻이야. 돈도 없구 기술도 없구. 그래서 그걸 맨들어놨는데 사면초가야. 다들 날 보구 저 사람이 하여튼 …해사산업 전반에 대한 걸 다 했는데, ….다 반대. 다 반대야. 김유택 씨도 싫다. 난 인제 정말… 보셨잖냐고 말이야……. 하라는 대로 다 했는데두. 다 안된다 그러구 거들떠 볼 생각도 안 하는데, 내가 여기서 뭘 어떻게 더 하겠느냐……. 그냥 한국을 떠났지.

1962년 12월 1일 제65차 경제각료회의는 해운사업육성방침을 다음과 같이 의결했다. 해운사업을 육성하기 위해 상공부가 수출진흥법 또는 기타 법령으로서 한국선박 사용이 보장되도록 법령개정조치를 명시했다. 1963년 9월 24일 중소기업심의위원회가 상공부에서 개최되어 업종분류에서 조선공업을 독립시킨 중소기업협동조합법시행령 개정안 수정을 결정했다. 1964년에는 수산개발, 선질개량, 그리고 해운 선박 도입에 관해 각각 3개년 계획을 세웠다. 1964년 11월 18일 정부는 한독경제협력 3개년계획에 따라 1차 연도에 조선시설 확장과 제철시설을 위한 차관을 도입하기로 결정했다.

1965년 5월 10일 한국 조선공업협동조합 등 조선업계에서 상공부와 농림부에 어업협력자금 및 대일청구권자금에 의한 어선건조사업 실시에 대해 건의하자 정부는 대일청구권자금에 의한 조선계획을 포함하여 선박수급계획을 확정하고 시설확장 및 근대화계획을 수립했다.

1965년 9월 18일에는 ABS(American Bureau of Shipping) 출신의 신동식이 박정희에게 '조선공업육성보고서'를 제출했다. 10월 15일 국무회의는 조선장려법시행령 개정법률안을 의결했으며 11월 5일 상공부는 조선공업육성책에 따라 소규모 조선업체 통합을 추진했다. 신동식은 정부의 권유로 다시 귀국하여 조선공업 발전에 헌신했다. 그 과정에 대해 그는 다음과 같이 설명했다.[11]

그런데 이제는 박정희 의장이 아니고, 박정희 대통령이 돼가지구…. 그래 가지고 와싱턴(Washington, D.C)으루 국빈방문을 하셨어요. 64년돈가, 63년돈가. 64년도 같은데.... 그런데, 주미대사가 그때 김현철(金顯哲) 씨라고 국무총리를 지내신 분인데…. 아 그분이 나한테 전화를 해서 내일 뉴욕(New York)에서, 월도프 아스토리아 호텔(Waldorf Astoria Hotel)에서 교미를 위한 리셉션(reception)을 하는데, 그 박정희 대통령 비서실에서 당신 꼭 거기 참석하라고 그런다고 꼭 오라고. 아 그래서…. 두 번째 리셉션이…. 그래서 리셉션에 갔지. 뉴욕 월도프 아스토리아 호텔에 가서, 뭐 들어서 아시겠지만, 미국의 역대 대통령이 다 거기 묵구 프레지던털 스위트(presidential suite)라 대통령 전용…. 스위트룸이 강당만 해…. 그래서 리셉션 하는데 누가 "당신이 신동식이냐?" 그렇다고 했더니, 저. 그래서 안내해서 대통령 방에 들어가니까 뭐 방에 한참 봐야지 사람을 찾을 정도로. 그 고색창연한, 에 그 큰 의자에. 박정희 대통령이 작잖아요? 거기 파묻혀서, 앉았다 일어나면서

11) 신동식 구술(2013년 11월 21일)

날 보구 첫 마디가 옛날 하던 방향이야, 미국 와서 하 편하게 잘 먹고 잘사니까 편하나? 이런, 이런 이런 종류의 얘기가 그래서, …뭐 예. 그랬더니 앉으라 그래서 그랬더니, 요만한 그 호텔용지에다가 대한민국 지도를 이렇게 그리더니 이 3면이 바다니까 응, 뭘 해야 되는데 몇 년 전에 와서 부산에서 고생하고 뭐 그랬다는데 응, 그때 내가 그때 잘못 판단했어. 그게 기술적으로 해결될 문제가, 난 알았는데 지금 생각해보니까 기술의 문제가 아니구…. 이거는 최고통치자가 관여해야할 문제같애. 그래 요번에 한국에 가면은 내 옆에서 나와 같이 일을 하면서, 한번 해사 산업을 세계 제일로 한번 만들어 보자구. 하이 기가 막힌 게 철판도 못 맨들고 못 하나 못 맨드는 나라에서 뭐가 세계 제일이야? 말이 안 되잖아. 근데 그때 내가 느낀 게 지금 박 대통령을 평가하기에 뭐 군사독재자, 독재자 그러는데 뭐 그렇게 평가하는 사람도 있지만, 그때 젊은 나이에 들어온 게 이 사람이 나하구 정권을 연장하기 위해서 내 손을 잡구 한국에 가자는 걸까? 나하구 꿍꿍이 해서 돈을 벌자고 한국에 가는 걸까? 그게 아니거든요……. 국가 백년대계를 위해서 나같은 젊은 사람. 그 바쁜 일정에, 대통령이 국빈 방문하면 오직 바쁩니까…? 그 바쁜 일정에 시간을 내서 나하구 단둘이서 독대를 하면서 지도를 그리구……. 아, 난 복받쳐 올라 오르더라고. 그래서 우리나라에 비행기가 없어가지구 존슨(Lyndon B. Johnson) 대통령이 이렇게 비행기를 보내서 타고 왔는데, 이거 저 자리도 많고 그러니까 같이 타고 돌아가자……. 지금 내가 ABS라는 이런 조직에서 같이 타고 가는 게 아니라 곧 돌아가도록 하겠습니다. 하구 근데 말을 못 하겠어……. 하도 이거. 무슨 나한테 감투를 준다고 해서 감동이 된 게 아니라 그 사람이 나라에 참여하고, 나라의 발전을 위해서 그렇게 애틋한 생각을 가졌다는 그게, 그게 너무나 그래서 저녁에 인제 만나고 나와서 내가 그 파크 에비뉴(Park Avenue)를 몇 시간을 걸었는지 몰라……. 왔다 갔다 하면서. 아이구 눈물이 다 나네. 에 [물을 마신다] 음 그래서 야 여러 가지 생각, 그래서 내가 한국을 가서 정말 목숨이 다할 때까지 내가 한국조선사업을 위해서 뭐를 해야 되겠다. 그런, 그런 나 나름대로의 그저, 그게. … 결심이 생기더라고. …내가 희생이 되구 내가 내 욕심, 내 편안함만

버리면 뭐가 되지 않을까? 철판두 못 맨든다, 기계 하나 못 맨든다…. 그래도 국가 통치자가 저런 의욕을 갖고 하면은 안될 게 뭐 있느냐 말이야……. 다른 나라도 다 있어서 했느냐? 어 그 다 맨들어가면서…. 그런 그, 그 감성적으로 이게 막 북받치는 거야. 근데 ABS란 조직이 그만두기가 그리 쉽지가 않아요……. 로이드나 마찬가지로…. 세계 최고의 그, 그런데…. 그래서, 그래서 인제 설명을 하고 그랬더니 ABS도 역시 믿는 거야. 한국에 날 보냄으로써 자기네들이 한국의 교두보를…. 그래서 얘기가 원만하게 돼서 내가 김현철 대사한테 제가 가겠습니다 하고 인제 해서……. 비행기를 타고 인제…. 왔더니 어 청와대에서 공항에다가 비행, 어 차를 보냈어요…. 나 그때두 공항에 도착하자마자 뭐 한두 시간 이렇게 옷매무새만 하고 그대구 들어갔다고. …들어갔더니 대통령께서 오래간만에 한국에 왔는데, 요전에 왔을 때 하구 많이 달라진 것두 있구, 많이 좋게 된 것도 있구 나쁘게 된 것도 있으니까 한번 그때가 초도순시(初度巡視: 한 기관의 책임자나 감독자 등이 부임하여 처음으로 그 관할 지역을 순회하여 시찰함)지, 가을예산 앞두구 초도순시를 할 때야……. 근데 정일권(丁一權) 국무총리가 각 도를 다니면서, 각 도정을 시찰하구(시찰하고), 산업시설을 시찰하구(시찰하고), 민원을 청취하구, …응 군부대두 방문하구. 한 1주일을 그렇게 다니는……. 그래서 그 정일권 총리가 그 플랜(plan)을 가지구 다음 주일에 가는데…. 거기 조인(join)을 해서. 그러면 그 국가 전반에 대한 그런 브리핑(briefing) 받구 느낄 수 있구 뭐 정치지도자나 지방정부의 지도자들, 장관들을 그 만나볼 테니까 한번 그렇게 하라고 해서. 지금 생각해보니까 얼마나 깊은 배려에요…? 국무총리도 대통령이 특별히 보내서 동행하라고 그랬으니까 나한테. 또, 정일권 씨가 또 사교적이고 이런 분이니까 그래서 이렇게. 얼마나 가난한 나라라는 걸 그때 느끼고…. 얼마나 할 일이 많다는 거를 그때 느끼구(느끼고), 야 이 나라를 어느 세월에 이거를 잘 사는 나라로 맨들까? 허 그런, 그런 나름대로의 인제 정열하고 애국심을 불태웠지. 그래서 인제 하는데, 아 청와대 비서실 조직을 개편을 하는 거예요. …그 처음으로 인제 뭐 정무수석, 경제수석, 민원(민정)수석 뭐 이러면서 바꾸는데, 아이 나를, 나는 돌아다닐 때두 내가 앞으로 한국 해사산업을 맡아가지구 하는 걸루 알았지, 경제 전반에 대한 거를 뭐 어떻게 한다는 생각은 꿈에도 생각 못했거든요? 아 조직을 바꾸더니 경제수석으로 발령 난거야. 그래서 야 이거 뭐 잘못된거다 말이야. 그래서 내가 이후락(李厚洛) 씨한테 갔지. 하 제가 엔지니어고 해사전문가지, 국가 이 지금 우리나라가 세계에서 가장 경제적인 문제가 많은 나란데, 지금 그런 책임을 저한테, 제가 무슨 힘으루 무슨 경험으로 그걸 해냅니까? 그러니까 이후락 씨가 하는 얘기가 자기도 모른다 이거야. 대통령께서 그렇게 정했으니까 대통령한테 가서 따지래. ... 그래서 대통령 집무실에 가서 내가 좀 흥분해 가지구 각하 이 인사가 뭔가 잘못된 것 같습니다. 이랬더니, 내가 나 나름대로 잘난척하고 또 뭐라 뭐라 뭐라 했지. ...그랬더니 대통령이 이 앉으라 그래. 앉았더니 우리나라가 지금 지구상에서 제일 가난한 나란데, 이 나라를 지금 경제발전 시키기 위해서 경제전문가들한테 여러 가지 물어보면, 엥겔지수(Engel's coefficient) 가 어떻구, 통화량이 어떻구, 경제성장률이 어떻구 뭐 그런 얘기하구 뭐 이러는데, 아 그거는 그 사람들한테 맡기고, 내가 필요한 거는 우리나라에 비료공장도 있어야 되고, 정유공장도 있어야 되고, 고속도로도 맨들어야 되고 뭐, 뭐 이런 산업, 기본 산업시설을 맨들어야 되는데, 이걸 하려면 엔지니어링 백그라운드(engineering background)를 가진 사람이, 외국을 알고, 그래서 외국 가서 기술과 돈과 매너지먼트(management) 노하우를 들여오는 게 지금 당장 내가 아쉬운, 경제발전의 핵심이 되는 거란 말이란 게. 당신이 그런 걸 할 수 있어서 왔다구 생각하고, 당신이 애국자라고 생각하기 때문에 내가 경제 수석을 시킨 거니까 그 일을 하라구... 그래서 내가 경제수석이 된 겁니다. ...그래서 외자도입위원회라는게 생겼어요. ... 외자도입위원회가 경제기획원에 생겨 가지구, ...장기영(張基榮) 부총리 때. ... 그면(그러면) 난, 내 역할은 비료공장을 지으면 미국의 그 비료공장, 돈스라고 하는 전문회사한테 가서 비료공장 유치를 해야 될 거 아니야? ...돈이 있어야지 그 사람들한테, 아 니들 돈으루 와서 지구(짓고), ... 니들 기술 가져와서 하고, 니들 기술로 운영하고 난중에 우리가 돈 벌어서 갚는 뭐 이런 걸루... 예. 그렇게 부탁하면 그 사람들이 그걸 하겠다구. 그 보고서를 만들어서 나한테 보고하고. 뭐 그럼 그게 좋으면 거 외자도입 위원회에 넘기면은 …거기서 승인해서 인제 한국 파트널(partner) 갖다가 정해서… 그게 특혜지 소위. 응, 응? 한국 비료같은 거 해가지구 이병철(李秉喆)이한테 맡기구… 뭐 이런 식으루. 그, 그런 케이스(case)를 수백 건을 했습니다. … 경제수석이 된 거야. 그래서 경제수석이면 뭐해? 돈이 있스구(있고) 뭐가 있어야 조선이 되지. …그래 또 맨들으라는거야 조선발전계획을…. 그 또 맨들었지. 그니까 맨들었더니 요번엔 각 장관, 경제장관들한테 이 플랜을 얘기하래. 그래 다시 한번 얘길 했지… 미쳤냐구. 지금 한국은행이 돈이 얼마 있다고 생각하는냐구.. .이게 한두푼 드는 것도 아니구 어마어마한 돈이 들어가구 그런데, 제발 좀 이런 것 좀 가지고 좀… 대통령 그 주변에서 그러지 말고 될 일을 하라구 될 일을 하라고. 나한테 야단치는 거야. 내가 나이가 어리니까. …나보구 외국대사들 하구 상무관들 불러가지구 투자유치 설명회를 하라는 거야 투자하시구. 미쳤어 그 사람들이 거기다 투자하게? 아무것도 없는데 뭘 투자해? …거기서도 그냥. 반대. 국회위원들 모아놓고 다 반대. 모조리 다 반대야. 그니까 언론은 밑두끝두 모르고 그냥 하 '무리한 계획을 수립해서…' 뭐 어쩌고 저쩌고 이렇게 나가지, 외국 언론들은 영국, 일본 언론들은 시기, 질투가 나서 혹시 내 계획대로 될지도 모른다는 그런, …바보같은 사람이, 찰리씨(childish)하고 나이브(naive)한, 성취 불가능한 그런 그 환타지(fantasy)를 그려났다고 막 영국신문에 혹, 혹평을 하구. 응, 막 그래요. 그럼 어떻게? 아이 또 두 번째 절망이 오는 거야. 그니까 막 그런, 그런 모략까지 막 들어오는 거야. … 대통령한테 있는 그대로 얘기했다. 대통령이 하라그러시니까 이렇게도 했구, 이렇게도 했구, 이렇게도 했구… 단 한 사람두, … 동조하는 사람이 아무도 없으면, 어떻게 하시겠습니까? …까꾸로 날 보고 어떻게 하겠네? … 어떻게 하겠느냐구? 그래서 나는 미국서 올 때부터 되든 안 되든 하여튼 이를 위해서 내 온몸을 바치기로 했기 때문에, 그 한 가지 희망이 있다면, …전 세계 경제가 점,점,점 더 발전 될거고, 발전이 되면 규모가 커지면, 바다에서 날라야 될 물건도 점점 많아 질거고, 그러면 그 일본, 독일이 맨들어내는 그 그거보다두 대형화될 양이 있기 때문에, …대형화 될 것이고 다양화되고 그렇기 때문에 우리가 여기서 시작을 하면은, 응, 국내 다른 산업에 대한 파급효과 도 있고, ... 고용효과도 있고 그래서 이것이 될 겁니다. 다만 그걸 하는데, 대통령 께서 이일을 할려면 많은 사람들이 안됩니다, 이거는 뭐 어떻습니다, 하는 그런 얘, 얘기가 많이 들어 올텐데, 그거에 굴하지 말고 어, 이거를 하겠다는 의지만 세 워주면 제가 그냥, ...불가능하다는 걸 알면서도 절규를 한거지. 이 대통령이 해보 라구. 근데 운이 좋아서, 운이 좋아서 국제해운 경기두 좋아지구 조선 경제도 좋 아지니까 ...배를 맨들겠다는 사람두 나오구... 그렇게해서 우리나라의 조선 산업이 싹이 튼 겁니다.

1965년 10월 19일 박정희는 국회 신년 예산교서에서 기계, 조선, 그리 고 철강공업 등의 기초공업 육성에 중점을 둘 것이라고 선언했다. 11월 12일 상공부장관 박충훈은 상공부 고시 제2326호로 「조선 행정 사무 취급 요강」을 고시했다.[12]

1965년부터 상공부는 대한조선공사, 한국선급협회, 한국과학기술연 구소, 대학 등의 협력으로 어선, 객선, 화물선, 유조선 등 60여 종의 중 소형 표준선형 기본설계작업을 추진했다. 그 결과로 1965년 11월 9개 종 의 표준선형 설계를 결정 공고함으로써 규격 선박건조가 이루어졌다. 이 후부터 조선공업의 핵심기술인 설계기술의 국산화가 시작되었다.[13]

지속적인 민관논의와 민간 건의를 바탕으로 1966년 대일청구권자금 중 어업협력자금으로 어선건조 및 도입계획이 수립되었다. 원양어선을 포함하여 어선 수요가 늘자 정부는 어선건조를 촉진하기 위해 총건조원 가의 30%를 정부가 보조하고 55%를 융자 알선하는 장려책을 세웠다. 상공부는 1966년 2월 4일 1966년부터 1971년까지 국내 조선 목표를

---

12) 박영구, 앞의 책, 23-24쪽.
13) 위의 책, 24쪽.

34만 8,900톤으로 책정했으며, 9월 30일에는 다시 원양어업발전책으로 조선시설 5배 증가를 결정했다.[14)]

1966년 8월에서 9월까지 신동식을 단장으로 한 원양어업기지조사단은 현지 선박 수리시설 설치문제를 논의했으며, 상공부는 1967년에 대한 조선공사와 조선 관련 협회가 수리시설을 담당하도록 결정했다.[15)]

1967년 3월 3일 「조선공업진흥법」이 국회 상공위 수정안으로 제정되어 3월 30일에 공포되었다. 7월 25일 박충훈 상공부 장관은 「조선공업진흥법」의 시행사항을 고시했다. 그 주요 내용은 3조, 4조, 5조, 14조 등에 포함되었다.[16)]

3조 (기본계획) ① 상공부 장관은 조선공업심의위원회의 심의를 거쳐 조선공업진흥 기본계획을 수립하여야 한다.

4조 (국산화 장려) 상공부 장관은 조선 사업자에게 선박·선박용 기관 또는 선박용 장비를 국산화하는 부분에 대하여 대통령이 정하는 비율에 따라 장려금을 교부할 수 있다.

5조 (자금조성 등) ① 정부는 재정자금에 의하여 장기저리조선 자금을 조성하고 조선 사업자가 제3조의 규정에 따른 기본계획의 범위 안에서 다음 각호의 1에 해당하는 사업을 하기 위하여 재정적 지원이 필요하다고 인정할 때에는 그 자금을 융자하게 할 수 있다.

14조 (위원회) ① 조선공업에 관한 자문에 응하기 위하여 상공부장관 소속 하에 조선공업심의위원회(이하 '위원회')를 둔다.

---

14) 위의 책, 25쪽.

15) 위의 책, 25쪽.

16) 위의 책, 175쪽.

이후 모든 조선 관련 정책과 지원은 이 법에 따라 추진되었다. 1968년, 1969년, 1970년, 1971년, 1972년, 1975년, 1979년 「조선공업진흥법」에 의해 「조선공업진흥계획」이 상공부에 의해 계속 발표되었다.

1973년 상공부는 KIST의 「장기조선공업진흥계획:대충무조선지역설정 안」 보고서를 기초로 「장기조선공업진흥계획」을 발표했다. 이에 따라 1973년 4월 28일 충무공 탄신일을 기해 대조선지역(대충무조선지역)이 선언되었다. 이 계획은 1970년대에서 1980년대까지 한국 조선공업의 기본이 되었다. 장기조선계획은 건조계획, 수출계획, 장기조선소건설계획 등으로 구성되었다. 이 계획은 1970년대 조선 입국을 위한 마스터플랜과 한국 조선공업 육성을 위한 기준지표가 되었다.

(3) 1960년대 후반 이후 조선공업의 국산화 정책 및 기자재 육성 정책

조선공업은 선체, 의장, 전기, 기관 등의 각종 기자재를 조립하는 종합조립공업이다. 1967년 상공부는 조선공업 육성시책 5가지에서 국산화와 조선기자재 관련 내용을 밝혔다. [17]

1. 국내 조선을 장려하여 조선공업의 기반을 확충한다.
2. 종합공업인 조선공업의 국산화, 계열화를 촉진하여 철강·기계공업을 발전시킨다.
3. 연관 기계공업의 기술을 단계적으로 개발하여 조선공업의 자급도를 높인다.

상공부는 1971년까지 국산화 85%를 달성하는 것을 목표로 삼았다. 그래서 1968년 「조선공업진흥기본계획」에서 1969년부터 1971년까지 국산화 목표 85% 달성을 명시했다.[18] 구자영은 조선공업의 국산화 정책에

---

17) 위의 책, 227-228쪽.
18) 박영구, 앞의 책, 176쪽.

대해서 다음과 같이 말했다.[19)]

인제, 그 60년대 전반기만 하더래도 그, 조공, 조선공사에서 이렇게 완제품을 인제
아주 큰 배는 못 만드니까 오히려 외국에서 수입하는 완제품인 배는 면세가 되고,
기자재는 들여올 때 세금을 부과해서. 아, 조선기자재. 고 부분도 나중에 이제 나
와야 되겠지만, 그거는 지금 우리나라에 산업 보호 정책이 있었거든요? 그래서 공
업을 육성하기 위해서 보호무역 같은 걸 했어요. 국산이 있는 것은 수입제한을 하
고, 수입금지 품목도 있고, 수입제한 품목도 있고, 그러는데, 수출용 원자재, 그것
은 수입금지 품목도 가져올 수 있게 열려있어요. 그러는데, 이, 배는 그다음 얘기
에요. 70년대 들어서서, 선박은 이제 국산, 국내용이라는 게 별로 없어요. 한두 척
뭐 몇 척 밖에 없으니까. 근데 전부가 99퍼센트가 수출이거든요. 그러니까는 산업
보호 정책의 보호를 못 받지. 자유, 자유니까 수입제한 품목도 가져올 수 있으니
까. 그래 무방비죠. 무방비니까 이제 초기에는 모든 것을 수입품으로 갖다가 조립
만 했다구요. 그래서 그중에서 우리 같은 사람이 들어가서 하나씩 하나씩 국산화
를 하는데, 우리가 국산화에 성공했다. 그러면은 외국 사람이 100원에 사고 있으
니까 조선소가. 우리가 국산 해서 90원에 공급을 한다. 그러면은 저 사람들은 80원
에 또 낸단 말이에요. 네. 뭐 그런 거. 이 저 외국 선주들이 우리나라 물건에 불신
하는 거. 믿지 못하지요. 그런 거. 이런 것들하고 해서 많은 어려움을 겪었죠. 우리
나라의 조선기자재에 엄청. 그것뿐만 아니고 납품하면은 돈을 언제 대금을 받는
지, 어느 날 어음이 나오느냐. 그 어음은 또 어느 날 결제 되는 거냐. 일단 모르니
까. 1년에 한 번 회전하는 경우도 있고, 뭐 하여튼 어려웠어요. 다 극복을 하고 지
금. 웬만한 데는 90퍼센트 이상 국산화했지요.

조선공업의 국산화는 여러 측면에서 진행되었다. 그중 가장 기본이 되

---

19) 구자영 구술(2013년 12월 2일)

는 것은 철강이었다. 그래서 정부는 철강공업과 조선공업을 항상 함께 고려했다. 동시에 정부에서는 국산화를 위해 기자재와 조선소 건설기 자재 수입 등의 억제, 기자재 국산화를 위해 기술과 자본을 포함한 외자 유치, 적극적인 소재 및 기자재 부품 국산화 추진 등에 주안점을 두었다.[20]

정부는 1977년부터 시작되는 제4차 경제개발5개년계획에서 중점 육성대상 품목으로 선박기자재 6종을 선정했다. 기자재 6종은 중·대형 디젤엔진을 비롯한 열기계, 보일러, 펌프, 벨브 등이었다. 제4차 경제개발 5개년계획에서 조선공업의 국산화 생산능력 확충과 투자 계획 등은 1차, 2차 등의 단계별로 이루어졌다.[21]

정부에서는 1977년부터 선박용 기자재 전문공장을 지정하여 지원하기 시작했다. 1977년 9월 23일 상공부 장관은 조선용 기자재 전문공장 시설자금 지원 대상 업체 선정 요령을 「상공부 공고 제77-145호」로 공고했다. 이를 더욱 체계화시켜 상공부에서는 1978년 1월 「조선용 기자재 전문공장 육성 기본계획 및 지정요령」을 「상공부 제78-4호」로 공고했다. 4월 1일 상공부장관은 조선용 기자재 전문공장을 「상공부 제78-24호」로 발표했다. 12월 28일 상공부장관은 1979년도 기자재 전문공장 지정 요령을 「상공부 제78-166호」로 공고했다. 1970년대 조선기자재 전문공장을 지역별로 구분해 보면 부산 27개소, 서울 10개소, 경기 8개소 등이었다.[22]

---

20) 박영구, 앞의 책, 229-231쪽.
21) 위의 책, 235-237쪽.
22) 위의 책, 240-244쪽.

2) 민간기업의 역할

(1) 한국조선공업협동조합과 한국조선공업협회

1961년 5·16군사정변으로 정권을 잡은 박정희 정권은 12월 27일 중소기업협동조합을 공포했다. 이에 따라 대한조선공업협회는 폐지되고 1962년 4월 20일 한국조선공업협동조합이 조직되었다. 한국조선공업협동조합(1948. 8. 30 조직)은 상공부 및 농림부에 어업협력자금과 대일청구권자금에 의한 어선건조사업 실시에 대한 건의서를 제출했다. 지속적으로 조선공업육성을 위한 다양한 건의를 상공부에 요구했다. 이와 같은 노력들로 한국조선공업이 발전했다. 즉 한국조선공업은 기업주도로 발전이 이루어졌다고 할 수 있다. 1977년에는 한국조선공업협회가 조직되었다. 이렇게 기업단체는 중대형 조선소, 조선 중심의 한국조선공업협회와 중소조선소, 부품 중심의 한국조선공업협동조합 등으로 구체화되었다.[23)]

(2) 현대조선중공업, 현대중공업

1970년 3월 10일 현대건설(주)은 조선사업부를 설립했다. 정주영이 조선공업을 시작하게 된 동기에 대해 전 현대중공업 회장이었던 김형벽은 다음과 같이 말했다.[24)]

> 명예회장님은 조선에 대해서 생각하시기를 조선이라는 게 뭐 별거 있겠느냐. 아, 조선이라는 것은 철판을 조립해가지고 만들면 되는 것이고…. 거기에다가 엔진 하나를 얹어가지고, 그 가동시키면 되는게 아니냐. …이렇게 생각을 하시면서, 아주 조선을 갖다가 쉽게 생각하셨죠……. 그래서 이제 해외공사에 나가서 해보니까….

---

23) 위의 책, 525–535쪽.
24) 김형벽 구술(2014년 12월 10일).

이 법률, 풍속, 언어가 다르고. 또 외국 사람을 갖다가, 그 언어가 통하지 않는 사람들을 시킬려고 하니까⋯. 그것도 참 의사소통이 안 돼서 어렵고. 차라리 한국에 큰 규모의 공장을 세워가지고⋯. 우리 사람들을 갖다가 고용을 해서 일을 해나가는 것이 좋지 않겠느냐 하는 생각으로 ⋯전부터 그런 생각을 가지셨습니다. 그 해외 나가서 공사하기보다는 차라리 큰 공장을 국내에 세워서 우리 사람들을 갖다가 근무하도록 하고, 그 일감을 줘가지고 하는 것이 국가에 대해서 나은 것이 아니냐. 그것에 이제 그, 그런 것 때문에 현대자동차를 세우게 되었고⋯. 현대조선도 하시게 된 동기라고 생각을 합니다.

조선사업부는 「현대조선중공업」의 모태가 되었다. 당시 조선사업부의 조직은 김형벽의 설명에 의하면 다음과 같았다.[25]

70년도 3월달에 현대건설 내에 조선사업부를 만들었고⋯. 이 조선사업부가 이제 기획실 역할을 했는데, 그저 현대중공업에⋯. 근데 현대중공업이라는 회사가 설립된 거는 74년도 일이기 때문에⋯. 아, 73년, 73년도이기 때문에 그전까지는 현대건설의 사업부로서 이제 역할을 했지요⋯⋯. 그 기획실에 있는 그때 부장 두 사람인가 있고, 차장들이 몇 사람 있었는데. 거기에서 회장님이 이제 직접 오더(order)를 해가지고.

1971년 4월 현대건설은 차관계약을 체결함과 동시에 조선소 부지 조성사업을 추진했다. 1972년 3월 23일 현대건설 울산조선소 건설사업이 착공되었다. 1973년 현대건설은 세계적인 VLCC(Very Large Crude Oil Carrier) 수요급증과 장기조선공업진흥계획에 발맞추어 조선소 1차 공사와 함께 2단계 확장공사를 추진하기로 했다. 1973년 3월 현대는 선

---

25) 위 구술

각 공장을 준공했으며 26만 DWT 초대형 선박건조사업에 착수했고 4월 「川崎重工業」에서 23만 콘급 VLCC 2척을 발주했다. 1973년 10월 세계 조선수요가 급증하자 「현대조선중공업」은 저가수주를 통해 수주량을 증가시켰다.[26]

1973년 12월 28일 정주영은 「현대조선중공업 주식회사」를 자본금 1억 원으로 공식 설립했다. 1974년 2월 15일 「현대조선중공업」 울산조선소는 26만 톤 초대형 탱커(제1호선)진수식을 거행했다. 현대는 조선소가 완공되기도 전에 선박진수식부터 먼저 한 것이다. 1974년 6월 28일 조선소 준공식과 더불어 1, 2호선의 애틀랜틱 배런, 애틀랜틱 배러니스 공식 명명식이 대통령 내외를 비롯한 3만 명의 인파가 모인 가운데 국가적 행사로 이루어졌다.[27] 김형벽은 당시 진수식 광경을 다음과 같이 설명했다.[28]

내가 그 70에 73년도 말에…. 11월달에 얼마 전에 했지마는, 그 무역의 날이 있잖아요? 우리나라……. 그때 내가 생산부장인데, 내가 이제 상을 받도록 되어 있었다고……. 그래서 이제 서울에 올라갔거든? 서울에 올라가서…. 그 명예회장실에 가서 그 수출의 날인데…. 저희가 상을 받도록 돼 있었는데, 제가 지명이 돼서 올라왔습니다 하고 인사를 드렸지…. 인사드렸더니. 이봐 그런데 청와대에서 들었는데, 그 우리가 만들고 있는 배가…. 아, 그리고 이제 그때 그 후는 1호선, 2호선 이후에는 또 자꾸 일본에서 수주가 들어 와가지고, 또 계속해서 배를 만들어가지고 이제 설치를 하고 있었거든? …."지금 만들고 있는 배들이 말이지 삐뚤삐뚤하다는데 그게 정말이냐." 우리한테 물어보시더라고. "회장님 그럴 리가 없습니다. 어디

26) 박영구, 앞의 책, 538-539쪽.
27) 위의 책, 538쪽.
28) 김형벽 구술(2014년 12월 10일)

에서 그런 얘기를 들으셨습니까?" "아니, 그 누구라고 이야기 못 하겠고, 내 청와대에서 들었다." 이거야. 청와대에서 그렇게 걱정하고 있는데⋯. 괜찮은 거냐⋯. 내한테 물어보시더라고. 괜찮습니다. 거기다 로이드의 선급협회, 그 일본꺼는 일본 NK선급협회들이 와가지고⋯. 그 사람들이 전부 검사를 하고 말이지, 다 이렇게 직각 도로 보고, 직선으로 보고 하는 것인데⋯. 전혀 그런 문제가 없습니다. 하니까 회장님이 "그래 그럴 테지. 나도 그렇게 생각하지만, 걱정이 되더라." 하고 이제 그러시던데. 이제 그런 소위 엉터리 소문들이 많이 났고⋯⋯. 그러니까 현대에서 지금 신 조선소에서 만들은 배가, 배가 되겠느냐. 저게 뭐 삐뚤삐뚤하더라, 카더라 또 뭐 그런 얘기들도 있었고. ⋯그렇지만 그거 다 데마(デマ, Demagogie)고⋯⋯. 뭐 그런 거는 이야기들이 많이 있었어요. 내 귀에도 많이 들어왔고⋯⋯. 근데 뭐 그런 전혀 지장 없이⋯. 일은 제대로 다 되었죠⋯⋯. 선박명명식 현장에 박정희 전 대통령 내외와 박근혜 영애⋯⋯. 조선소 앞에, 아니 저 사무실 앞에⋯. 큰 삼각으로 된 거 있잖아요⋯? 그걸로 조선 입국이라는 걸 박정희 대통령이 사전에 그 쓰셔가지고, 이게 비석으로 만든 거거든. 판각으로. 고 뒤에 보면은 쭉 그때 종사하던 사람들 이름이 있어요. ⋯그러니까 이 조선소를 건, 조선소 건립을 위해서 수고하신 분 쭉 있고⋯⋯. 그다음에 나는 스코어 사장 다음에 내가 들어가 있습니다⋯⋯. 김형벽하고⋯⋯. 이거는 1, 2호선을 생산하는데 그 뭐 종사한 사람⋯. 이런 식으로 쭉 있는데. 그것도 그때 한번 이제 명명식 끝나고 난 다음에 거기에서 그걸 했습니다. 뭐라 그럽니까? 그, 저, 뭐 이래 덮어놨다가 내리는 거 있잖아요⋯? 그걸 하고 그때에 사진 찍은 게 재밌는 게 박근혜 대통령이 그때는 여학생인가 그랬을 거예요. 74년도니까. 근데 그, 그걸 하는데 그 옆으로 갔다가 뛰어가는 게 저 사진에 나타났다고. 한동안 말이지 다들 재밌게 보고 그랬는데⋯. 박정희 대통령이⋯. 내 앞에 서서⋯. 이렇게 흉장을 달아주세요. 그게 인제 견장도 있고, 흉, 흉장이 있는데, ⋯근데 그 박 대통령이 나도 큰 키는 아닌데, 내보다 키가 작으시더라고⋯⋯. 그래서 이렇게 눈은 맞출 수가 없고, 그러니까 턱밑에만 이렇게 보는 거죠. 그래 턱밑을 이렇게 보니까, 아마 그 전날 명예회장님하고 같이 술 한잔하신

거 같아…….. 그래서 이제 아침에 면도도 안 하신 거 같애. 이, 저, 흰, 흰 그 수염
이 조금 보이더라고. 근데 박정희 대통령이 머리는 흰머리가 내 없던 거로 기억하
거든? 항상 까만 머리였는데…. 근데 수염은 희더라고 이렇게.

1974년 11월 13일 「현대조선중공업」은 쿠웨이트 해운주식회사 UASC
사 2만 2,300톤급 다목적운반선 10척을 수주했다. 11월 30일 제11회
수출의 날 기념식에서 1억 불 수출탑을 수상했고 1975년 「현대조선중공
업」은 4, 5독을 기공했다.[29]
　　1976년부터 「현대조선중공업」은 건조 선박을 초기의 초대형 유조선
(VLCC)만이 아니라 석유제품운반선, 벌크화물선, 천연가스선 등 특수
선박도 건조하겠다는 계획을 밝혔다. 1976년 4월 「현대조선중공업」의 커
트 스코우(Kurt J.W.Schou) 사장이 사임하고 한국인 사장 체제로 바
뀌었다. 1976년 「현대조선중공업」의 선박수출은 한국 전체 90퍼센트 이
상이었다. 1977년 9월 「현대건설」은 아랍수리조선소(ASRY)를 준공하여
조선소 건설 수출을 시작했다. 1978년 기계를 포함하는 전면적인 중공
업 체제로 전환하기 위해 상호를 「현대중공업주식회사」로 변경했다.
1978년 7월 「현대중공업」은 특수선공장을 준공했으며, 11월에는 수출 7억
불 탑 수상을 받았다. 동시에 세계 최대 선박엔진공장을 준공했다.
1979년 6월 「현대중공업」은 한국 최초 선박용 엔진인 현대엔진 1호기 시
운전을 했고 8월에 탑재식을 진행했다. 1979년 2월 「현대중공업」은 「현
대차량(주)」, 「현대엔진중공업(주)」, 「현대중전기(주)」 등에 자산을 양수했
다. 1980년 1월 일본 「다이아몬드사」는 「현대중공업」을 조선분야 세계
10위로, 1985년 생산고 기준 세계 1위로 선정했다.[30]

29) 박영구, 앞의 책, 541쪽.
30) 위의 책, 542-546쪽.

(3) 대한조선공사

대한조선공사의 전신인 일제강점기인 1937년 7월 10일에 설립된 「조선중공업주식회사」였다. 해방 이후 미군정은 「조선중공업」을 「신한공사」에 귀속시켰고, 1947년 5월 17일 남조선과도정부 운수부에서 운영을 담당했다. 1948년 7월 1일에는 운수부 「부산조선창」, 8월 15일 정부수립 이후 교통부 「부산조선창」으로 되었다. 1949년 10월 10일 「대한조선공사법」이 공포되어 1950년 1월 1일 「부산조선총」은 「대한조선공사」로 바뀌었다. 1958년 10월 31일 「대한조선공사」는 민영화되었다가 1962년 4월 30일 국영기업으로 복귀했다. 그러다 「대한조선공사」는 운영과 재정 부문에서 복합적인 문제를 안고 있어 이를 해결하기 위해 1969년 「극동해운(주)」에게 매각하여 다시 민영화되었다.[31] 이로 인해 다음 구자영의 구술처럼 노사갈등이 발생하는 상태까지 이르렀다.[32]

그래 대통령, 박 대통령이 뭐 아주 굉장히 관심을 가지신 그런 거예요. 그래서 이제 그 뭐야, 수출로 전환한다 하는 그런 그 계획에서 준비하는 게 있었잖아요…? 그중의 하나가 조선공사 민영화해서 경영을 건실하게 하는 거…. 그래서 68년에 이제 민영화를 했어요……. 11월에 민영화를 했는데, 이 대만 참치 어선은 민영화하기 전에 2월인가에 국영 때에 받아온 거라 말이에요…. 그걸 이제 민영화하면서 사장이 남궁 년 씨인데 이 양반이 계속 집행을 하게 된 거죠…. 그래 남궁련 씨가 인제 조공을 인수를 해가지고 경영합리화를 해야 되겠다. …해가지고 인원을 막 감축하고 여러 가지 작업을 했죠. 그 중에 이제 자금이 모자르니까는 감원하고 한 사람들 임금을 제대로 보상을 못했죠. 해가지고 또 파업이 일어났어요. 파업이 일어나가지고 이 배는 69년 말까지 수출을 해야 되는데, 4월에 이제 파업이 일어 났

---

31) 박영구, 앞의 책, 546-547쪽.
32) 구자영 구술(2013년 12월 2일)

다구요. 그래가지고 일을 안 하니까 이제 난리가 났죠.. 그래 남궁련 사장이 어디로 잠적을 해버렸어요. 그 사장을 만나야 뭐 될 거 아니에요? 근데 회사에서도 어디에 있는지 모른다 이거야. 그때 상공부 장관이 김정렴(金正濂) 씨인데, 그 양반이 이 남궁련 씨라는 분이 그렇게 다 팽개치고 가서 숨을 분이 아니다 말이지. 누군가는 안다. 그런데 그 양반이 저기 광릉 내에다가 별장을 하나 가지고 있다. 초, 초가집을. 거기는 전기도 없고 전화도 없는 집이라는 데, 분명히 거기에 계실 거다. 가서 찾아와라. 하하하. 그 정도로 얘기하니까 다음 날 그 양반이 나왔어요. 나와 가지고...얘기를 하는데, 또 변수가 생겼어요. 변수가. 이 청와대에 경제3비서실이라는 게 생겼어요. 장덕진(張德鎭) 씨가 이제 비서인데, 이 양반이 외자를 도입해서 차관 도입한 기업을 이제 정상화한다. 이래가지고 조선공사에 대해서는 조선공사가 지금 기억으로 36억 원이라고 지금 기억이, 틀렸는지 모르겠어요. 그걸 전액을 서울신탁은행에서 융자를 받아가지고 인수했다 이거에요. 자기 돈은 하나도 안대고. 그러니까 부실하다. 그러니 그걸 경양, 경영정상화를 할려면 자기, 남궁련 씨가 자기 돈을 내야 된다 이거야. 그러니까 뭐 예를 들면은 그 양반이 그때 극동해운을 가지고 계셨는데, 극동해운을 팔아라. 또 소공동에 무슨 대지가 하나 있데요. 그런 것도 팔아라. 뭐 몇 가지 그런 재산을 정리를 해서 융자금을 갚고, 그리고 금리를 줄이고 그리고 정상화를 해라. 그런게 다 정리되기 전까지는 금융자금 동결한다. 금융자금 지원을 동결한다. 이렇게 지시가 내려왔어요. 그러는데 이제 그런 게 돼 있으니까 돈을 더 쓸 수가 없지요. 그래서 그러다가 인제 수출확대회의라는게 열렸어요. 9월 어느 날인가. 그래가지고 수출회의, 확대회의가 일어났는데, 지금 무슨, 기억에 없는데 그 임시에서 무슨 투표하는 게, 국민투표인지 뭐가 있었던 거 같은데 뭔지 내 기억이 없어요. 69년. 그래서 인제 신동식 씨가 인제 먼저 이 사항에 대해서 보고를 해서 대통령께서 잘 알고 계신다고. 근데 수출 회의에서 이, 보사부 장관이 노동 쪽이잖아요? 보사부 장관 쪽에서는 앞으로 투표 뭐도 있고 하니까, 민심을 달래기 위해서 뭐 어떻게 잘 지원을, 노조를 달래고 지원을 해야 된다. 이런 보고가 올라왔는데, 박 대통령은 사전 지식이 딱 되어 있으니까, 그런 거, 그런 그 생산성 향상, 그런 저해시키는 요소는 다 발본색원을 하고 정리가 된 다음에 생산성에 직결되는 지원을 해야 된다. 모든 걸, 불법은 척결하라. 하는 지시가 내려졌어요. 그러니깐 그때 인제 뭐 파업을 하는데, 조선공사 중역실에 한 군데는 뭐 부인네들이 어린애들 다 데리고 와서 진을 치고 있고, 한쪽에는 남자들이 뭐 소주 들고 와서 오징어 먹으면서 진을 치고 있고, 공장장은 아이가 영도초등학교 다니는데 학교를 못갈 지경이라. 너희 아버지 때문에 우리가 다 죽게 됐다 하는 식으로. 그런 상황에서 인제 대통령의 지시가 딱 내리니까 그 길로 그냥 노조 위원장이 잡혀갔어요. 불법, 불법이거든요? 파업이. 그리고 났는데 이제 태업을 하는 거예요. 나오긴 나왔는데 이 사람이 일을 안 해요. 그래 인제 그때는 부산 시내에서 제일 높은 빌딩이 중앙동에 있는 반도호텔이라. 7층 빌딩이 제일 높았어요. 거기서 7층에다가 방을 잡아놓고 남궁 사장이 망원경으로 조선소를 인제 감, 공사 감독을. 태업을 한다. 일은 안 하고. 그런 보고가 왔어요. 그래 인제 그때는 10월이 됐는데, 두 달밖에 안 남았는데. 이거 야단났어요. 그래 인제 장관이, 김정렴 씨가 이낙선(李洛善) 씨로 바뀌었어요. 그래서 인제 장관이 바뀌었어요……. 그래 가지고 현, 현장에 가서 보라. 어떻게 됐느냐. 그러니까 그때까지는 현장에 못 갔어요. 현장을……. 부산에 조선공사에 가보는데, 갔다 오겠습니다. 하니까 장관이 지금 생각하니 반 농담인데, 너 그거 성공 못 시키면 평생 따라다니면서 못살게 굴 거다……. 무섭지요. 아 근데 원래 그런 분이 아닌데 혁명 주체 아닙니까…? 거기다가 국세청장해서…. 엄청 무섭게 해가지고 세수를 뭐 두 배를 늘리고 그런 경력이 있으신 분인데…. 아유, 저 모가지다. 하면서 평생 못살게 할 것이다. 하는데 엄청 무섭더라고. 그래 갔어요. 갔는데, 이, 정문으로 못 들어가요. 정문은 다 셧다운(shut down) 해놓고 해서 영도다리 밑에서 작은 배를 타고 바닥으로 해서 올라가서 인제 현장 보고, 그러고선 돈을 인제 추가 공사자금을 줘야 되니 다 엉망이 돼 있죠. 그런데 장덕진 비서관이 내린 엄명 때문에 금융이 안 들어오잖아요……. 그래서 보고를 저, 이 이거 추진을 하려면, 나머지 일을 하려면 20억 원이 더 드는데, 좀 금융제재 지시가 내려있다. 그런데 일반 금융제재는 일반적인 얘기고, 요거는 대통령 각하의 특별관심 사업인데, 이거는 별개로 생각해서 취급을 해 주시라. 그렇지 않으면 못합니다……. 그러고 이제 보고를 했어요. 근데 그 장관이 내 보고를 들으시고 청와대를 가고 저녁에 한 서너 시간 지났는데 남궁련 씨한테서 전화가 왔어요. 우리 집으로. 밤에. 자기가 언제 안한다고 그랬냐. 못하는 거 하고 안 하는 거 하고 다르다 이거야. 그래 이게 보고가 인제. 적어 드린 거 안 보고 머리에 있는 걸 하는데 변질이 돼가지고 남궁련 씨가 안한다고 그런다고 아마 보고가 됐던 모양이에요……. 그래 가지고 다음날, 이제 그 얘기가 그렇게 금방 한 바퀴 돌아서. 그거는 이낙선 장관이 그렇게……. 금방 그냥 가서 그 직보를 하는 거라. 그래 그 양반은 육 여사하고도 수시로. 대통령은 사전 예고 없이 가서 뵙고 그러는 모양이라. 이제 그런 분이 고거 인제 그 대만 어선 끝나고 뭐 이러고 나서는 인제 딱 그 정확하게 끝났거든요? 그러니깐 그다음에는 조선 과정을 믿기를 철석같이, 뭐를 한다고 그래도, 누가 뭐라고 해도 조선과장이 뭐 한다고 그러는 거는 다 믿어요. 배에 관한 한……. 그것이 또 큰 힘이 된 부분 중의 하나가 있어요. 이래가지고 인저 그 하여튼 남궁련 씨보고 다음날 아침에 장관한테 어떻게 된 거냐고 여쭤보니, 잘 하자고 그러는 거다. 그렇게 열심히 하자고 그랬다고 뭐 그러시더라고. 그래 남궁련 씨보고, 하여튼 나와라. 나와서 장관한테 돈 주시면 요 사업은 끝내겠습니다. 하고 말을 해라. 그거 하면서 다 풀어지지 않느냐. 인제 아닌 게 아니라 다음날 딱 왔어요. 나와 가지고 이제 사정 쭉 얘기해서 이게 풀어졌습니다. 풀어져가지고 두 달 만에 하는데, 역시 비즈니스(business), 사업가는 달라요. 그냥 저 배별로 책임을 맡기고 이제 언제까지 잘해 놓으면 얼마 더 준다 하는 현상금을 걸어놓고 하니까 그냥 서로 경쟁을 하면서 이제 밤을 세워가지고 일을 했어요. 그런데 그걸 이렇게 총지휘관을 원래 조선계통 분이 계셨는데 그분을 딱 치우고 조선에는 관계없는 해운, 해운 하는 분을 거기다가 조선소 소장으로 임명을 하더라구요. 그래서 배를 하나도 모르는 분이 이거 어떡하나 걱정을 했더니, 아이 그 양반 잘 할 거라고. 염려 놓으셔 하더니 딱 지금 같은 경합 시스템을 만들어 놔가지고, 막대한 돈을 걸었어요. 현상금으로. …그냥 밤을 새워서 일을 했어요. 그래가지고 인저 다 됐어요. 다 돼가지고. 맞추었어요. 맞추었는데, 12월 31일 이 됐어요. 됐는데 간신히 인제 그 중국선급(중국선급협회:China Classification Society)의 사인을 받아서. 그게 사인이 파이널(final)이거든요? 그게 없으면 안 돼요. 근데 중국 선급이 뭐 말을 잘 안 들었어요. 안, 안 할라고. 좀 늦출라고. 자기 여기 스테이(stay) 하는 체제를 좀 늦추고 싶은 사정이 이 사람에게 있었어요. 안 하는 걸 그냥 뭐 대사관에 몇 번 쫓아가고 그래가지고 하는데 31일 아침에 싸인을 했는데, 그때는 그것을 한국은행에 가져가야돼요. 요새는 그 수출하는 거는 아무 은행이나 가면은 지점에 가도 다 해주는데, 그때는 본점, 한국은행 본점에 꼭 가져가야 돼. 그렇게 우리나라가 낙후한 때이죠. 그래가지고 비행기로 오는데, 서울 공항에 눈이 많이 쌓여서 비행기가 못 앉는다고 대구에서 인제 내려가지고 자동차로 또 오는 거에요. 이저 오후 3시에 은행에 갖다가 됐다고, 통보가 왔어요. 장관도 기다리고 있고. 그래가지고 인제 보고를 하니까 기일 안에 했단 말이에요. 그래가지고 바로 청와대에 보고하고. 대만 어선이 우리나라 최초의 선박 수출이 해서 끝이 나고, 조선공사는 10억 원 쯤 결손. 해서 제1차, 1차 인제 팬코리아(Pan Korea)호. 되기 전에 인제 대만 어선 69년 말에 어선 20척, 참치어선 20척을 수출. 아주 큰 걸로. 더군다나 수출한 건데요. 네. ...하하. 하여튼 저 우리나라 수출 저 목표액의 무려 몇 퍼센트.

1973년 중화학공업화정책 선언 이후 「대한조선공사」는 옥포조선소 건설, 부산조선소 확장, 수주 선박 건조 등의 방향으로 나아갔다. 1973년 11월 10일과 11월 30일 정부와 KFA(서독재건은행)는 「대한조선공사」 부산조선소 확장을 위한 재정차관협정을 체결 및 조인했다. 1974년에는 서독과 기술용역계약이 체결되었다.[33]

1975년 5월 13일 제5회 한독경제 각료회담이 경제기획원에서 개최되

---

33) 박영구, 앞의 책, 548쪽.

었는데, 여기에서 「대한조선공사」 부산조선소 시설확장을 위한 상업차관 추가 제공이 결정되었다. 1976년 2월 「대한조선공사」는 해저 석유시추선 진수식을 진행했다. 이는 덴마크의 「머스크」 해운회사가 「대한조선공사」에게 발주한 것이었다. 1976년 말 「대한조선공사」는 「극동 해운」, 「옥포기업」, 「극동 선박」, 「아세아항업」, 「오리엔탈항업」, 「항도조선」, 「극동종합무역」 등의 계열회사를 소유했다. 1979년 11월 「대한조선공사」는 재무구조를 개선하기 위해 옥포조선소를 매각했다. 「대한조선공사」는 재무구조를 개선하기 위해 많은 노력을 기울였으나 1987년 감당할 수 없는 손실이 발생하여 1988년 4월 20일 회사정리절차가 시작되었다. 1989년 한진그룹과 진로그룹이 경합을 벌인 결과 한진그룹에서 인수했다. 1990년 6월 1일 「대한조선공사」는 「한진중공업」으로 상호를 바꾸었다.[34)

(4) 옥포조선소, 대우조선공업

1972년 「대한조선공사」는 대단위 조선소 건설을 위해 거제군 옥포면에 부지 100만 평을 확보하고 차관도입계약에 착수했다. 1973년의 「장기조선공업진흥계획」에 옥포조선소 건설계획도 포함되었다. 이어 박정희는 옥포조선소 이주민 대책도 지시했다. 1973년 10월 11일 대통령과 상공부 장관이 참석한 가운데 「대한조선공사」 옥포조선소 기공식이 거행되었다.[35)

그러나 유류파동으로 옥포조선소 건설공사는 계획대로 진행되지 못했다. 여러 우여곡절을 겪은 후에 1975년 10월 옥포조선소 제1독 기공식을 거행했다. 1977년 옥포조선소는 소 조립공장을 완공했다. 그러나 내자조달능력의 한계로 건설공사 약 43%에서 더 이상 추진할 수 없었

---

34) 위의 책, 549-554쪽.
35) 위의 책, 554-555쪽.

다. 1978년 3월 박정희는 옥포조선소의 계속 건설을 지시했고, 이에 경제 장관협의회에서 자금지원대책을 세웠으나 더 많은 자금이 필요해서 공사 중단을 결정했다. 1978년 3월 31일 대우그룹에서 옥포조선소를 인수했다. 9월 26일 옥포조선소는 「대우조선공업주식회사」로 바뀌었다. 10월 28일 「대우조선공업」 창립식이 이루어졌다.[36] 구자영은 대우그룹에서 옥포조선소를 인수한 과정에 대해 다음과 같이 설명했다.[37]

옥포조선소도 거기는 73년 10월에 착공했어요. 착공을 해서 공사를 진행하다가 그런 세계적인 불황이 오고 또 대한조선공사가 자금도 딸리고 그러니까 거의 뭐 중단 상태가 됐었죠. 그러다가 다시 인제 시작하게 됐어요. 나중에 70년대 후반, 80년대에 들어설까, 하여튼 70년대 마지막에 와서 이제 옥포조선소는 대우한테 넘기고.

1979년 7월 「대우조선공업」은 소 조립공장 및 훈련소를 준공했다. 이어 9월 12일에는 대우조선소는 지방공업개발장려지구로 지정되었다. 그후 1993년 「대우조선공업」은 세계 최초 2중 선체 VLCC 2척을 동시에 진수하는 기록을 달성했으며, 1994년 10월 「대우중공업」에 합병되었다.

(5) 고려조선, 삼성조선, 삼성중공업

1973년 1월 중화학공업화정책선언과 '장기조선공업진흥계획'이 발표되자 삼성 이병철 회장과 미쓰이(三井) 계열의 「이시가와지마하리마중공업(石川島播磨重工業)」의 회장은 조선사업 합작사업 추진 가능성에 대해 협의했다. 7월 13일 삼성은 조선프로젝트팀을 설치했다. 조선소 설립 지

36) 위의 책, 555-559쪽.
37) 구자영 구술(2013년 12월 2일).

역은 통영군 광도면 안정리로 잠정 결정했다. 8월 30일에 「이시가와지마 하리마중공업」과 삼성그룹은 사업 타당성 검토를 위한 용역계약을 맺었다. 1974년 3월 13일 「시가와 지마 하리 마중공업」과 삼성그룹은 합작투자계약을 체결했다. 같은 해 3월 15일에 「고려조선(주)」이 설립되었다. 1974년 4월 2일 「고려조선」은 「고려조선 제74-9호」로 죽도지구 조선소 건설을 위한 산업기지개발사업 실시계획 승인을 신청하여 7월 20일 인가받았다. 1974년 11월 30일 「고려조선」은 「현대건설(주)」과 조선소 건설 공사 도급계약을 체결했으며, 12월 2일에 「죽도 조선소」 착공식이 진행되었다. 그러나 유류파동으로 「고려조선」은 사업계획을 수정했다. 그러다 1977년 2월 23일 진로그룹이 「고려조선(주)」을 인수하여 「우진조선(주)」로 상호를 바꾸었다.[38]

1974년 8월 삼성은 「삼성중공업 조선(주)」를 설립했고, 1977년 4월 22일에 「우진조선(주)」을 인수하여 「삼성조선(주)」를 설립하면서 조선산업에 본격적으로 뛰어들었다. 1977년 5월에는 대성중공업을 인수했다. 1979년부터 제1호 선박 강재 절단식과 건조를 시작했고 12월에는 거제조선소 제1도크를 완공했다. 1982년 10월 19일 「삼성중공업」, 「삼성조선」, 「대성중공업」은 임시주주총회에서 통합을 결의했으며, 1983년 1월 1일 「삼성중공업주식회사」로 출발했다.[39]

(6) 현대미포조선소

1974년 6월 7일 「현대조선중공업」은 수리조선소 건설 계획을 수립한 후 일본 「川崎重工業」과 제휴협상에 나섰다. 그 결과 8월에 수리조선소 설립에 관한 기본합의서를 체결했다. 1975년 1월 23일 「현대중공업」은

---

38) 박영구, 앞의 책, 562-569쪽.
39) 위의 책, 569-572쪽.

「수리 조선사업부」를 설치했다. 1975년 3월 1일 「현대조선중공업」은 「현대미포조선소」 제1공장 건설공사에 착수했다. 4월 1일 경제기획원은 대형 수리조선소 건설을 위한 외국인 투자를 승인했다. 4월 28일 「현대조선중공업」 수리조선사업부는 「주식회사 현대미포조선소」를 출범시켰다. 「현대미포조선소(주)」는 1975년 7월1일부터 운영을 시작했다. 7월 19일부터 수리조선에 착수했다. 상공부는 1975년 7월 23일 「현대미포조선소」 동경 해외지점 설립을 승인했다. 「현대미포조선소」는 선박수리뿐만 아니라 선박개조공사도 병행했다. 「현대미포조선소」가 완공된 시기는 1977년 12월 31일이었다. 1994년 「현대미포조선소」에서 「현대미포조선」으로 상호를 변경했으며, 2015년 「현대미포조선」은 중형선박 세계 1위를 차지했다.[40]

2. 자동차공업 정책과 민간기업

1) 자동차공업 정책

(1) 자동차공업5개년계획과 자동차공업보호법

국내 최초 국산 자동차는 1955년 9월에 탄생한 지프형 자동차인 시발이었다. 그러다 1962년 새 나라 자동차의 설립 허용과 일본산 자동차 도입에 의한 새 나라 택시가 나옴으로써 1963년 시발 자동차는 경쟁력 상실로 생산을 중단했다.[41]

1962년 4월 10일 상공부는 경제개발 5개년 계획에 맞추어서 자동차 5개년 계획을 발표했다. 이 계획에 의해 소형자동차공장으로 새 나라

---

40) 위의 책, 572-577쪽.

41) 한국자동차공업협회, 한국자동차공업협동조합, 「한국자동차산업 50년사」, 한국자동차공업협회, 2005, 115쪽.

자동차, 대·중형조립공장으로는 시발 자동차 등으로 선정되었다. 디젤엔 진공장은 조선 기계제작소에서 건설하기로 결정되었다. 군용 자동차공 장 건설 계획은 아세아자동차(가칭)가 담당하게 되었다. 1962년 자동차 공업 5개년계획의 추진과 관련하여 자동차공업보호법이 제정 및 시행령 등이 공포되었다. 이 법에는 육성과 특혜 두 가지 측면이 포함되었다. 자 동차공업 육성과 관련된 조항은 외국산 자동차의 수입제한에 대한 것이 었고, 특혜조항으로는 제8조와 제7조에 포함되었다.[42]

(2) 자동차공업육성계획

1967년 4월 3일 정부에서는 자동차공업보호법에 의한 허가기준법에 서 더욱 강화된 제조공장에 대한 허가기준을 발표했다. 이는 중소조립업 체의 난립을 방지함과 동시에 신규업체의 시장 진입을 제한하기 위한 것 이었다. 이 허가기준에 적합한 업체는 신진 자동차뿐이었다. 1967년 11월 김정렴 상공부 장관은 자동차공업 육성을 위해 자동차공업 육성종합계 획의 수립을 지시했다. 이로 인해 자동차 제조업체 삼원화 방침이 추진 되었다. 1968년 1월 8일 김정렴은 신신 자동차, 아세아, 현대자동차 등 으로 자동차 제조업체 삼원화 방침을 발표했다. 이외에 자동차공업 공 장 건설은 허가하지 않겠다고 선언했다.[43]

1968년 10월 박정희는 김정렴에게 자동차 국산화를 위한 방침을 작성 하라고 지시했다. 이에 기본 방침이 만들어지고 1969년 12월 '자동차 공 업육성 기본계획'이 발표되었다. 자동차 국산화 3개년 계획이었다. 국산 화 목표는 승용차일 경우 1969년 38%에서 시작하여 1970년 58%, 1971년 75%, 1972년에는 완전 국산화를 달성한다는 것이었다. 버스와 트럭은

---

42) 위의 책, 139-140쪽.
43) 위의 책, 149쪽.

1974년에 완전 국산화를 달성한다는 목표였다.[44]

기본계획은 부품산업 육성에 초점이 맞추어져 있었다. 엔진과 차체 부분은 25%이었고 나머지 75%가 부품업체 생산품이었다. 목표연도에 가면 부품업체에서 생산된 국산제품을 의무적으로 사야 했다. 1970년 2월에 엔진공장과 관련된 추가계획으로서'자동차 엔진공장 추가 건설 계획'을 발표했다. 그 원칙은 다음과 같았다. 엔진 주물공장 건설 주체를 4월 말까지 선정한 후 6월에 이를 확정 공포하여 건설을 추진한다는 것이었다. 그리고 1971년 하반기부터 엔진을 SKD에서 CKD 상태로 도입하여 조립을 실시하는데 이 때 국산부품을 많이 사용하도록 하겠다는 내용이었다. '자동차 국산화 촉진위원회'를 구성하여 3월 15일까지 제출된 공장 건설 사업계획서를 심사했다.[45]

2) 민간기업의 역할

새 나라 자동차는 1962년 1월 29일 재일교포 박노정에 의해 설립되었다. 자동차공업 5개년 계획에 의해 소형자동차공장으로 선정되었다. 조립공장 1962년 착공하여 5년 후에 완공할 계획이었으나 같은 해 8월 준공되었다. 그래서 월 300대를 조립할 수 있는 체제를 갖추게 되었다. 새 나라 자동차는 처음으로 근대식 체제를 갖춘 자동차 생산 공장이었다. 그러나 외환 사정 악화로 부품을 도입할 수 없어 1963년 7월 12일부터 조업을 중단했다.[46]

기아산업은 1944년 12월 서울 영등포에 설립된 '경성 정공'이 모체였다. '경성 정공'은 자전거부품을 생산했으며, 1952년 3월 피난지 부산에

---

44) 위의 책, 149-151쪽.
45) 위의 책, 149-153쪽.
46) 위의 책, 155쪽.

서 국내 최초의 국산 자전거 3천 리로 생산하기 시작했다. 이후 기아산업으로 회사명을 바꾸었다. 다시 서울로 돌아온 기아산업은 영등포구 시흥에 공장부지를 마련했으며 1957년 5월 시흥공장을 준공했다. 1962년 1월 국내 최초의 3륜 트럭인 K-360을 출시했다. 이에 대해 기아자동차 사장을 지낸 김재만의 설명에 의하면 다음과 같다.[47]

김철호 사장이 이제 1944년도에 영등포에 공장을 설립했는데 음 그 공장이 경성정공이 그 모체가 됐구요, 그 50년도 3월에 그 부산(釜山)으로 피난을 가서 우리나라 최초로 삼천리 자전거를…. 생산을 했다고 그렇게 돼 있습니다. 그리고 음 수복 후에 57년 5월에 이제 시흥 공장을 다시 준공을 해서 거기서 IC의 자금을 받아서 서독(西獨)으로부터 인제 근대식 파이프(pipe) 생산 시설, 또 일본에서 그 당시로는 제일 컸던 것 같은데 천 톤 프레스(press)도 하고 해서 공장을 했던 것 같습니다. 그 담에는 60년도에 자전거에다가 모터(motor)를 붙이면 뭐가 됩니까…? 오토바이를 이제 생산하게 됐고 고 담에 음 그 밖에 두 개를 더 붙이면은 그 3륜 자동찬데 62년도에 그 일본에 도요고쿄(東洋工業, とうようこうぎょう), 지금으로 보면은 이제 마쓰단(Mazda, マツダ)데 기술제휴를 해서 생산을 했습니다. 음 이 저 기술협력에 이 상당히 좀 주저했던 마쓰다에 자동차 업체로서의 비전(vision)을 김철호 회장께서 아주 잘 열심히 설명을 하셔가지고 일본사람들이 굉장히 그 주저했던 그런 기술을 흔쾌히 뭐 얻어냈다, 그런 얘기도 있습니다. 그래서 기아 50년 사를 이렇게 보면은 기아 산업을 자전거에 만족하는 회사가 아니다. 앞으로 이런 자동차, 3륜 자동차를 시작으로 해서 어 4륜자동차, 승용차 더 나아가서 비행기까지 만드는 게 목표다 이렇게 인제 설득을 했다고 그러더라구요. …그래서 기술이란 어 우리가 착실하게, 착실하게 꽃을 피게 마련이다. 그럴라면은 그 뿌리를 어 정, 정착할 수 있도록, 아주 자력으로 소화할 수 있도록 기술을 잘 흡수해야 그 이

---

47) 김재만 구술(2015년 10월 29일).

후에 독자적인 기술이 나올 수 있다 그런 말씀을 많이 하셨다고 그러더라구요. 그리고 한 단계 더 올라가서 새로운 기술, 어 우리가 독자 모델(model)을 만드는, 그렇게 할려면 그 기술을 우리가 터득을 하고 그 기술을 우리 것으로 만들어야 된다. 그런 얘기를, 말씀을 많이 하셨다고 들었습니다. …기아산업은 일본 마쓰다의 기술력을 기반으로 1962년 1월 국내 첫 어 양산형 자동차인 그 3륜 자동차, K-360을 생산하였는데요,.. K-360이 우리나라로 보면은 어 뭐 자동차 시초가 아닌가 그런 생각이 드는데요. 이 차는 (XXX 00:16:01)가 한 350, 60cc밖에 안 되고 인제 그런데 2기통 엔진(engine)인데 적재량도 한 300키로(kg)? ....0.5톤이 안되고 300키로고, 최고속도도 뭐 지금 생각하면 인제 참 65키로(km)가 안 됐었고 가격도 그 당시 가격으로 10만 원이 못 됐데요. …다음에 62년 3월에는 T-1500 이라는 3륜차를 내놨어요. 이거는 그래도 인제 1500cc 정도 되고 고 다음에 적재량도 한 2톤 정도 그런데 그렇게 했답니다. 그래서 초기 3륜차의 판매는 그렇게 기대에 못 미쳤대요. 생각보다. 그 당시에 인제 음 그 일본에서는 T, T-600, T-1500이 상당히 히트(hit)하는 모델이었는데 국내에는 62년대 당시에는 그렇게 경제 사정도 안 좋았고…. 그때 인제 노동력도 많고 하니까 수송력을 손수레…. 우리로 말하면 리어카(rear car)가, …대부분 담당을 했기 때문에 이, 이 그, 그 당시에 돈으로 10만 원씩 주고 어 차 파는, 차를 구매하는 게 어려웠다. 이렇게 기록이 돼 있더라구요. 그래서 63년도에 3륜 트럭은 191대 그렇게 최고 실적을 냈을 정도로 상당히 부진했답니다. 그런데 당시로 봐서 뭐 손수레를 하거나 또는 지게에 의해서 물동을 움직이는 게 소위 말하면 자동차에 의해서 물동, 물류가 이동된다는 그런 우리나라의 물류의 그 뭐라고 효시를 이루었다고 볼 수 있을 정도의 차였습니다. 그래서 그 이후에 어 그 3륜차가 상당히 많이 팔리게 된 그런 계기가 된 것 같습니다.

기아산업은 1962년 10월 국내 최초의 자동차 제조공장 허가를 받았다. 1963년에는 T-1500, 이어 T-2000이 출시되었다.[48] 10년 후인 1971년에 기아산업은 4륜 자동차를 시장에 내놓았다. 이어 기아산업은 일본의 도요고교, 히노, 신메이와 추가 기술 계약을 체결하고 4륜 트럭인 타이탄(Titan) E-2000과 복사(Boxer) E-3800을 출시했다. 1973년 1월에는 국산 엔진 1호를 생산했다. 기아산업은 1965년 7월 경제기획원으로부터 최초의 가솔린 엔진공장 건설 허가를 받아 1973년에 국산 엔진 1호를 생산할 수 있었다.[49] 이에 대한 상황에 대해 김재만의 설명에 따르면 다음과 같다.[50]

> 그 기아산업은 1970년 11월에 경기도 광명시 소하리에 국내 첫 자동차 종합공장인 20만 평 규모의 소하리공장을 건설해서 73년 6월에 완공하게 되는데요, 그 소하리 공장을 건설하게 된 배경과 함께 어 소하리공장 건설 및 플랫폼(platform) 건설에 도입된 어 해외기술, 어 와 그 담에 연간 생산, 생산능력은 어느 정도였는지 어 말씀을 부탁드리겠습니다……. 그 당시 김철호 사장의 염원이 그, 그 일괄 공정의 자동차 공장 건설을 하는 것이 산업으로 이 보고를 하는 거다 그런 생각을 많이 하신 것 같구요. 어 그 당시에 일괄 공장을 생산을 할려고 하면은 시흥 공장 규모로는 도저히 갈 수가 없기 때문에 그, 그, 큰, 큰 이 정도 큰 부지가 필요했었는데 그 당시의 경제 상황이나 이런 걸 봐서는 어 그렇게 어 땅을 구입해서 어 새로운 공장을 짓자고 이렇게 경영진에서 그렇게 건의를 할 수 있는 환경이 아니었답니다. 그리고 또 그 김철호 사장님이 어 그때부터 병석에 인제 누워계셨는데도…. 일괄 공장을 지어서 산업보고를 해야겠다는 그 일념은 끝이 없었답니다. 그래 뭐 그래서 그 병석에 누워서도 어 인제 경부고속도로가 뚫렸으니까 정말 인제 거기서

48) 김재만 구술(2015년 10월 29일).
49) 한국자동차공업협회, 한국자동차공업협동조합, 앞의 책, 175쪽.
50) 김재만 구술(2015년 10월 29일).

그 다닐 수 있는 걸맞은 자동차를 만들려면은 지금처럼 어 공장에서는 만들 수가 없다 그래서 그 부지를 내가 그 시흥공장 뒤편에, ...그 안양천을 건너서 어 부지를 마련해놨다. 거기다 한번 지어봐라 해가지고 그 경영진들이 깜짝 놀랬다고, 뭐 부지를 미리 마련해놨다고 그래서. 그래 20만 평의 부지를 마련을 해서 뭐 지금의 바로 소하리공장이 되겠습니다. 그래서 그 70년 11월에 그, 그 해서 어 공장에 착수를 해서 73년 말에 인제 공장을, 일반종합공장을 이제 건설하게 됐구요, ... 주조공장, 엔진 공장, 고 담에 차체 공장, 조립 공장 뭐 이런, 이런 식으로 아주 그야말로 공장의 모든 공장을 일괄되게, 다른 공장들도 포함을 해서 만들었기 때문에 아마 우리나라에서는 가장 좀 현대적이고 그 담에 일괄 생산할 수 있는 체제를 먼저 갖추었다고 볼 수 있습니다. ...근데 그때까지만 해도 기아가 사, 트럭(truck)을 생산을 했는데 승용차 승인은 안 났었대요... 기아산업은 1974년 10월에 그 일본 마쯔다의 파밀리아(Familia) 차체를 기반으로 최초의 국산 승용차 모델인 브리사(Brisa)를 생산하게 되는데요, ...브리사를 생산하게 된 배경과 함께 승용차 양산을 위한 플랫폼 등 핵심기술의 도입과정에 대해서 말씀을 부탁드리겠습니다. ...그래서 그 당시에 정부가 음 뭐 저 국산차를 만들기 위한 여러 가지 입안하는 과정에서 그 뭐 기아자동차도 선택, 초기에 선택했던 거는 음 고유 모델(model) 소형차를 만들겠다는 개발하겠다는 그런 계획을 수립을 했었답니다……. 독자 고유모델은 음 기술도 기술이지만 또 개발 위험부담, 또 막대한 투자 이런 것 때문에 어 우선은 그 외국 모델을 들여다가…. 뭐 개조해서 국산화하는 쪽이 더 사업성이 낫지 않겠나 이렇게 판단하고…. 초기계획을 대폭 수정했다는 그런 얘기가 있습니다. 그래서 마쓰다의 그 당시에 파밀리아라는 차종이…. 인기가 있었거든요…? 그래 차종을 어 기반으로 해가지고 브리사를 만들게 되었습니다. 음음 그 당시에 그때 이 모델을 도입하기로 한 결정한 여러 가지 원인도 있었지만 몇 가지 에피, 에피소드(episode)가 있었는데, 그 당시 상공부의 고위층에 있는 분들이 음 기아도 이제 종합자동차공장을 건설을 했고, 다음에 승용차를 좀 만들겠으니 좀 조언을 해달라고 그랬더니, 그분의 말씀이, 자동차 모델을 자꾸 바, 자꾸 바꾸지 말고, 외국에는 몇 년마다 바꾸는, 음 좀 이렇게 계속 좀 끌고 나가서 바꾸지 말고 좀 써라. 그, 그, 그런 정부에서 그때 국민차니 뭐 표준 차니 하는 이런 거를 만들 때니, 그 공문서상으로 많이 그 회자되고 그랬답니다. 그 신문에도 많이 나고……. 그러고 두 번째로 그 당시에 그때 신, 신진이였는데 퍼블리카(Publica), 도요타(Toyota, ㅏㅋㅋㅋ)의 퍼블리카 800cc 짜리가 있어요. 음음 그거를 들여다가 그 인제 기기를 조립해서 생산을 했는데 이게 택시(taxi)로 많이 했었거든? 그 택시는 퍼블리카가 지금 생각하면 모닝(Morning)이나 뭐 스파크(Spark) 정도밖에 안 되니까 좀 너무 작지 않냐? 그래서 1000cc 정도는 좀 만들어라. 그래서 파밀리아의 1200, 1000, 1300, 뭐 1500 있는데 그래서 우리 그 당시에 (XXX 00:29:09) 1000을 제일 먼저 갖다 그렇게 생산을 하게 된 것 같습니다. 그러고 사실은 어 73년 9월에 그 브리사 픽업(pick up)을 만들었기 때문에 음 투자가 서로 겹치지도 않고…. 그 프레임(frame)하고 그것만 좀 바꾸고 차체만 바꾸면 되기 때문에 그, 그 적은 투자로도 승용차를 만들 수 있다 하는 그런 당시의 그, 그, 그 조금, 좀, 조금 효율적인 그런 전략이 된 것 같습니다. 그런데 인제 74년인가 언젠가 저도 그때 있었는데 식목일이, 옛날의 식목일은 놀았어요……. 그런데 박 대통령이, 박정희 대통령이 그 어디 갔다 오시다가 그 시흥에서 소하리공장을 방문을 한 적이 있습니다……. 그래서, 그 공장을 샅샅이 잘 살펴보고, 그때 소하리 방문, 건설 계획이나 여러 가지 문제들을 얘기를 말씀을 드렸더니 그, 그 이후에 승용차 그 개발계획이 승인, 승인서가 인가가 됐다는…. 그런 얘기가 있습니다. 어 또 하나 에피소드는 박 대통령이 소하리 기아, 자동차공장을 방문을 하니까 현대에서도 이제 그런 거를 계획을 하고 있었는데 그런 거를 영향을 많이 받았을 것 아니에요 그죠? ... 그래서 현대에서 어 소하리공장을 좀 보자, 그런데 경영진에서는 좀 경쟁업체고 하니까, 좀 보여주기가 어렵다고 그래서 잘 안 보여주려고 그랬던 것 같아요……. 그 얘기를 김철호 회장이…. 기업도 발전을 하려, 하려면 경쟁업체가 있어야 된다. 그래서 주저하지 말고 소하리공장을 보여주라 그래서 그때 현대의 분들한테 그 소하리공장을 전부 오픈(open)해서 다 보여 준 그런 에피소드를 제가 들은 바가 있습니다.

신진공업사는 1954년 부산에서 김창원 형제가 자동차 부품을 만든 것이 시초였다. 그들은 미군 정비창을 불하받아 사업을 시작했다. 1955년 2월 회사명을 신진공업사로 바꾸었다. 신진공업사가 발전할 수 있었던 계기는 UNKRA의 자동차공업 진흥비에서 정비업 육성 지원금 20만 달러를 지원받으면서였다. 당시 김창원의 형 김제원이 대한자동차공업협회 회장직을 맡고 있었기 때문에 쉽게 자금을 지원받을 수 있었다. 1962년에는 정부로부터 자동차 조립공장으로 선정되었다. 1962년 10월에는 신진이 산업박람회에 출품한 마이크로버스가 상공부장관 상을 받음으로써 이름이 알려지게 되었다. 1963년 11월에는 소형차인 신성호를 생산했다.[51]

1965년 7월 이문환은 자기 자본 1천만 원과 서독 아이젠버그(Eisen-berg)의 직접투자액 300만 달러로 아세아자동차를 설립하고 8월에는 르노그룹의 쎄리(Seri)사와 자본재도입을 위한 장기연불차관 계약을 체결하고 르노의 SIMCA-UNIC사 및 SAVIEM사와 10년간의 특허권 및 기술협력 계약을 맺었다. 이에 정부 외자도입심의회가 1966년 12월 3일 쎄리의 외자도입을 인가함으로써 아세아자동차도 자동차 제조업체로 진입할 수 있었다. 1966년 12월 16일 아세아자동차는 광주공장 건설에 착수했다. 1968년 12월 광주 제1공장이 준공되었다. 그러나 납입자본금이 너무 적어 경영상태가 부실해짐으로써 1969년 8월 정부에 의해 부실기업정리반의 정리대상이 되어 버렸다. 그래서 경영권이 동국제강으로 넘어갔다. 1970년 3월 아세아자동차는 소형승용차 피아트 124를 생산하여 판매를 시작했다.[52]

현대자동차의 정주영이 자동차공업에 관심을 가지기 시작한 것은 일

---

51) 한국자동차공업협회, 한국자동차공업협동조합, 앞의 책, 157쪽.
52) 위의 책, 170-171쪽.

제강점기 1940년대 초였다. 정주영은 '아도서비스'라는 자동차 정비공장을 인수하여 운영했다. 그때 소형트럭 운송사업도 함께 했다. 그러나 제2차 세계대전으로 일제의 기업 정비령으로 일진 공작소에 흡수 및 합병되었다. 1945년 8월 15일 광복이 되자 정주영은 1946년 4월 다시 서울 중구 초동 부지에 자동차 정비공장인 '현대자동차공업사'를 설립했다. 그러나 1950년 1월 1947년에 설립한 '현대토건사'와 '현대자동차 공업'를 합병하여 '현대건설(주)'를 설립했다.[53]

'현대건설(주)'은 1967년 12월 29일에 '현대모타(주)'를 설립했다. 이어 곧 '현대자동차'로 명의를 변경했다. 1968년 1월 정부가 제조업체 삼원화 방침을 밝히면서 '현대자동차'는 자동차 제조업체에 진입했다. 1968년 2월 23일 포드의 자회사인 영국 포드와 기술 및 조립 계약을 맺었다. 이어 6월 10일 정부의 인가를 받아 자동차 생산에 착수했다. 현대자동차는 1968년 11월 5인승 중형차인 코티나를 생산했고 이어 1969년 1월 7일에는 7.5톤급 트럭인 D-750을 만들어냈다.[54] 1975년에는 포니 1호 차가 탄생했다. 이에 대해서는 현대자동차 사장을 지낸 이충구는 다음과 같이 설명했다.[55]

> 계획서는 대정부 관계 기획이, 골자였기 때문에 대정부 관계에 소질이 있는 기획
> 실장, 그 양반도 물론 군에 인제 장성 출신이나 뭐 이런 분들 위주였어요. 그래서
> 그 자재공급 계획이라든가, 무슨 투자에? 조달계획이라든가, 그런 부분에. 제가
> 참여했던 거는 기술 분야죠⋯⋯. 기술 분야에 인제 한 분야데 그게 제일 중요한
> 거긴 한데, 이 계획서는 대정부 관계니까 투자, 그때는 지금이야 뭐 사람이 문제

53) 위의 책, 172쪽.
54) 위의 책, 170-174쪽.
55) 이충구 구술(2015년 8월 15일).

고, 기술이 문제지만은, 그때는 돈이 문제거든요. 투자, 돈을 어떻게 댈 꺼냐. 그래서 인제 결국은 뭐 간호, 국가적으로 봐서 간호부들 가고, 뭐 광부들 가고, 나가고 그랬던 것도 돈을 조달하기 위해서였고. 그래서 이때도 그 계획서의 큰 부분은 뭐 "56,000대 그냥 생산해야 된다. 연. 그래야 수지타산이 맞는다." 그럼 뭐 오만육(56,000) 뭐 이렇게 해서 대수하고, 그 자금조달 계획도 이게 정부의 어떤 지원이라든가, 또 그때 경제개발5개년 계획에 맞춰갖고, 그런 중요한 골자들은 짜였을 텐데, 그런 내용은 잘 모르겠고요……. 기술에 대한 내용은 어 누구하고 이 플랫폼을, 어디 거를 갖다가 이걸 해야 되겠느냐. ...하는 거가 제일 큰 그거였는데, 이제 자금하고, 이 어디 플랫폼에 하, 어느 플랫폼으로 할 거냐는 포드(Ford)나 GM이나 뭐 이렇게 하면서 '아, 여기는 안되는 거구나' 그래서 그냥 포기를 했고, 나중에 구라파 쪽에는 뭐 그 독일이나 이렇게 여러 군데 했었겠죠. ... 르노(Renault)가 국립 그 회사였거든요. ...프랑스 국립회사요? ...네. 지금도 아마 국가 그게 좀 들어 가 있을 거에요. 지금은 뭐 프라이빗 섹터(private sector)로 완전히 됐지만은. ...그래 르노하고도 어떻게 구라파를 막 하다 보니까 독일 애들은 뭐 미국이랑 비슷해서 뭐 그렇게 했을 거고. 르노하고 잠깐 이게 있었어요. 그래서 르노의 큰 도면도 온 적이 있고 그랬어요. 저희들한테. 근데 그것도 그냥 잠깐하고 지나갔던 거 같고, 그래서 결국은 일본하고 해야 되는데, 어떻게 됐는지, 베일에 좀 가, 가려 있어요. 정세영(鄭世永) 회장님도 뭐 나중에 지나가는 얘기로 말씀을 하시는데, 미쓰비시 그 구보(久保) 회장에 뭐 이렇게 선조 때에 어디에 한국 피가 섞여 있데요. 그쪽 인제 사모님 쪽 뭐 그래갖고. 하여튼 그거 될 때까지는 몰랐어요. 언젠가 정주영(鄭周永) 회장님이 일본 다녀오셨다고 그러더니 구보 회장하고 의향서를 하나, 메모를 받아오셨더라고요. 그래서 인제 급히 급진전이 됐어요. 아, 그래서 이 기획실에 이것을 제가 인제 그 기술정비 부 쪽에 사실은 인제 3년 울산 생활하다가 서울 올라가서, 기술정비 쪽에 이렇게 근무를 하고 있었는데, 어느 날인가 이렇게 기획실에 신차종이 있는데, 그때 팀장이죠. 제 위의 같이 가셨던 위의 상사, 신진에서 오신 분인데 이분이 옥상으로 올라오라드니 "이런 계획이 있는데 같이 한번 하겠어?" 그래서 "아, 뭐 감사합니다." 그리고 못 한단 소리는 못했을 거고. "좋습니다." 그리고 "근데 말이야 뭐 금방 뭐 연말이나 되면은 이태리로 가야 되고" 결혼 그때 4월, 4월에 했는데, 6월에. 뭐 근데 그런 건 생각이 안 났죠. 그런 건 생각이 들어오지 않아. 그때는 뭐 최우선이 회사고, 최우선이 일이고. 뭐 저는 바로 수락을 해갖고 시작을 했어요. …사업계획서의 기술적인 내용은 다 우리가 해야 된다고 그러는데 미쓰비시 그 플랫폼을 갖다가 한다 그러니까 그럼 고유모델이 뭐지? 이 정도 수준이었어요. …인제 이거 된 다음부터 이제 생각을 하는 거예요. 기획실로 들어간 다음부터. 아 그러면 우리가 무슨 준비를 해야 되지? 그럼 울산에서 뭐 이거 3년, 4년 가까이 근무했을 때니까 기술, 새로 우리가 모델을 준비한다고 그러면 도면 읽을 줄은, 읽는 거는 배워야 되겠네. …또 뭐 제조 이런 거는, 검사리포트 많이 쓰고, 운전해보고 그랬으니까. 그럼 우리가 브레이크 시스템을 개발한다고 그러면 도면 나오는 걸 어떻게 하지? 그리고 그거는 어디서 개발을 하지…? 뭐 이런 걱정이 좀 많이 있었던 거 같아요……. 그 정도 수준이었습니다……. 네. 그 포니 생산계획 당시 국내수요가 부족한 상황에서 그 애당초 외국 수출을 염두에 둔 모델이라고 봐도 될까요…? 네, 물론 뭐 국내수요는 굉장히 적은 수준이었으니까……. 어, 당연히 그 우리 경제개발5개년 계획에도 수출입국 뭐 이렇게, 그 저기 그 개념이, 컨셉(concept)이 수출입국으로 돼 있었고, 그러니까 당연히 수출해야 된다 그렇게 생각했던 거죠. 뭐 가발이나 사람까지 수출을 했으니까. …그래서 당연히 제품 수출해야 된다. 수출 전제로 계획을 그래서 고유모델이 된 거예요……. 포드에 투자를 하더라도 니들이 고유 모델하는 거는 합작투자 안 한다. 그래서 결렬이 된 거야. 그리고 포드 이름을 달고는 여기서 만든 거는 수출을 못한다. …그리고 우리나라도, 또 정주영 회장님이나, 정주영 회장님도 "우리 고유모델을 수출을 해야지 포드 이름을 갖고 수출하는 건 안 된다." 그러니까 우리 합작투자하는 거에서 결렬이 됐던 큰 바탕, 근저에 깔렸던 거는 "우리가 수출을 해야 되는데 합작투자회사에서 니들이 투자를 해서 우리가 만든 차를 현대라는 로고를 붙이던가, 브랜드를 붙여서 우리 고유모델로 포드 이름 대신에 바꿔 단다."고 그러니까 안 된다는 거지……. 그러니까 수출을 할려고 그러면은 당연히 고유모델이 돼야 되고, 그래서 수출을 하는걸 전제로 했던 게 기본이었습니다……. 박정희 대통령하고, 이제 김종필 국무총리 뭐 두 분은 이미 소통이 됐고, 공감된 그런 배경에서 일이 시작됐을 테니까. 뭐 두 분 다 그 같았다고 이렇게 볼 수가 있었을 거구요. 중화학공업, 수출입국 중에서도, 중화학 공업이 육성돼야 된다.... 그거에 선진국들을 이렇게 보면은 그때 뭐 기획처라던가 재경 이런 쪽에서도 선진국에 대한 큰 그 산업구조, 이런 건 뭐 여러 번 검토가 됐겠죠. 특히 일본. ...일본은 지역적으로도 가까웠으니까. 일본에 매출이나 산업을 이끌어가고 있는 그 코아(core)에는 뭐, 뭐가 있겠는가. 이 정도가 많이 좀 저 그 참조가 됐을 거고.... 5개년계획이나 경제개발 뭐 이런 걸 기획하는 일반부서에서는 그러다 보니까 자동차산업이라는 거는 선진국으로 들어가기 위해서, 또 선진국에 언젠가는 길게 봐서래도, 이거는 선택이 아니고 필수구나 하는 거는 제가 그런 입장에 있더라도 금방 답이 나왔을 겁니다……. 그러니까 중화학공업 중에도 자동차가 어렵다는 건 너무나 잘 또 알았고. 우리는 73년까지는 이렇게 저렇게 부닥쳐도 보고, 또 뭐 포드나 이렇게 결렬이 됐던 것도 다 산업, 산자부(상공부의 잘못)나 이런 데는 보고도 됐을 거고, 서로 공감을 하고 있었었기 때문에, 이 지원은 뭐 가능한 한 해야 되지 않겠느냐 하는 거는 정부나, 또 이 정주영 회장님, 기업에서도 공감을 했을 겁니다. 근데 그거를 지원해서 고유모델이 가능하겠느냐? 또 이 투자가 진짜 우리가 그렇게 외화라든가 이런 게 한계가 있고, 또 이 자동차를 할려다 보니까, 여기에 근저에 이 산업을 육성하기 위한 어떤 사, 생산기술용 자재라든가, 에? 제조용 그런 것들은 많은 부분을 수입을 해야 될 텐데, 반도체가 나중에 이렇게 뒤따라 반도체는 또 그 정밀기계라던가 이런 게 뭐 자동차 못지않게 또 그 저기 산업기자재들이 많이 필요하죠. ...그래서 그런 것들이 이해는 됐겠지만은 정부나 정주영 회장님, 기업의 기획실이나 저 자신도 그 가야될 방향이나 길은 정확하게 모르고. 또 그 어렴풋하게는 돈이 많이 들어가겠다는 것도 알지만은, 진짜 52,000대를 하는데 고유모델로 될 거냐 안될 거냐, 이런 거는 감히 엄두도 못 내고 이런 판이었으니까. 그 고런 게 여러 번 이렇게 대화 속이나 또 그런 과정에서 충분히 전달은 됐고, 또 나중에 뭐 큰 중화학공업 하는 데서는 정부 쪽에서도 박정희 대통령도 정주영 회장님의 그런 의지나 또 아이디어 이런 거 해서 독대도 가끔 하셨던 걸로 이렇게 이해가 돼요. 우선 통하니까. 그리고 긍정적인 쪽으로 서로 결론을 내고. 그래서 지대했던 걸로 이렇게 저 생각이 되고요. 여기 사례를 뭐 말씀해달라고 그러는데 그거는 정주영 회장님하고 직접 이렇게 했지 제가 감히 이렇게 하지 못했기 때문에 사례는 없을 거 같습니다. 근데 이제 정주영 회장님이 한번 다녀오시거나 그러면은, [두 손을 모으며] "산자부(상공부의 잘못)에 가서 이거 설득도 시키고, 이런 것도 좀 잘해서 그렇게 해라." 이런 거는 밑에서 뭐 자주 이렇게 들려줬고, 저도 한번은 산자부 들어가서 뭐 이렇게 또 얘기하는데 인제 기술적인 거 얘기하는데 정부 가서 뭐 기술적인 거 얘기하는데, 얘기가 안 통해갖고 제가 조금 격하게 뭐 막 큰소리를 치고 막 이러고 나온 적이 있어요. 그다음에 위에서 "너는 산자부(상공부의 잘못) 다시 들어가지 마라." 그러니까 정, 정치적으로 많은 부분이 풀렸기 때문에, 그게 그 짧은 시간에 가능했지……. 지금처럼 무슨 뭐 이렇게 되고 저렇게 되고 시간 끄는데 뭐 1년씩 걸리고 그러면 그래서 인제 제가 그걸 이렇게 쭉 정리를 하고, 이때 이게 아니었으면 이게 됐을까 하는 거를 위주로 하고 이렇게 쭉 뽑아보니까 아주 재밌어요. 그러니까 굉장히 긍정적인 쪽으로 적극적으로 이게 진행이 됐기 땜에, 그 짧은 시간 내에 그게 됐고, 또 시장에서도 그거를 받아들여줬고, 그런 걸 이제 열심히 노력한 다음에 뭐 행운이 온다고, 그게 다 맞아들어 갔던 거 같습니다. 타이밍이.

특장차 전문업체인 허동환자동차는 1950년대 말부터 규격화된 버스를 조립하는 사업을 시작했다. 그러다 1962년 정부의 자동차 조립공장 정리 계획에 의해 잠정 조립공장으로 인정되었다. 1962년 12월 탁연성 사장의 보성자동차공업과 합병하여 영등포구 구로동에 근대식 공장을 설립하고 회사명을 '허동환자동차공업(주)'으로 바꾸었다. 1965년부터 서울시가 좌석버스 운행하면서 허동환자동차가 주문량의 90%를 담당했다. 1967년에는 허동환자동차에서 생산한 대형버스가 베트남과 브루나이에 수출되었으나 이후 지속적이지 못했다. 그러다 1972년 1월 20일 정부는 신진, 현대, 아세아, 기아 등을 제외하고 군소 조립공장의 폐쇄를 결정했으나 허동환자동차는 신진 자동차와 업무 제휴를 했기 때문에 여기에서 제외되었다. 허동환자동차는 서울, 경기, 강원, 충청 등에 공급은 했으나 신진의 이름으로 판매되었고 나머지 지역에는 신진이 직접 공급하도록 되어 있었다. 이에 허동환자동차는 휠 디스크 생산으로 방향을 전환했다. 1970년 11월 국산 휠 디스크 생산에 성공했으며, 1971년에는 일본과 동남아 지역에 수출했다. 1972년 9월부터는 국내 최초의 중대형 휠 디스크의 완전 국산화 생산을 시작했다. 1975년 9월에는 미국의 더러(Theurer) 사와 트레일러, 10월에는 일본의 콩고사와 믹서 트럭, 벌크 시멘트 특장차(BBC)에 대한 기술제휴로 허동환자동차는 국내에서 특장차 전문업체로 자리 잡게 되었다.[56]

56) 한국자동차공업협회, 한국자동차공업협동조합, 앞의 책, 176~177쪽.

제6장

종합무역상사와 한국의 수출 성장

임 성 욱

〈개요〉

1960~1970년대에 한국 경제는 비약적으로 성장했다. 1961년에서 1979년 사이 한국의 국내총생산(GDP)은 29.2배, 1인당 국민총소득 (GNI)은 20.1배 증가했다. 이러한 한국 경제의 성장에는 수출이 기여한 바가 매우 크다. 1961년에서 1979년까지 한국의 수출액은 368.3배 증가했다. 한국의 수출 산업이 이렇게 단기간에 급성장하게 된 배경에는 여러 요인이 있겠지만 그 중 핵심적인 요인으로 손꼽히는 것 중 하나가 바로 종합무역사상 제도의 도입이다. 따라서 종합무역상사 제도의 도입 과정과 운영, 성공과 실패 사례 등을 살펴보는 것은 1970년대 한국 경제 고도성장의 역사를 조망하는 데 중요한 시사점을 제공할 것으로 기대할 수 있다.

한국에 종합무역상사 제도가 도입된 것은 1975년이었다. 1960년대 쿠데타로 집권한 이래 정권의 정당성을 경제성장을 통해 입증하려 했던 박정희 정부는 '수출입국(輸出立國)'이라는 표어에서 알 수 있듯이 경제성장의 활로를 수출에서 찾고자 했으며, 이는 강력한 수출드라이브 정책으로 드러났다. 그러나 1971년 대선에서 야당 후보의 약진 및 닉슨 독트린으로 대표되는 국제적 데탕트 분위기 등 국내외적 상황 변화를 정권의 위기로 인식한 박정희 정부는 1972년 유신 체제 수립을 통해 영구 집권을 획책하는 한편, 이전보다도 한층 더 경제 성장을 통해 정권의 정당성을 확보해 나가고자 했다. 그리고 이를 위해 1980년까지 수출 100억 달러, 1인당 국민소득 1,000달러를 목표로 제시하고 총력전을 펼쳐 나갔다. 그러나 1973년 때마침 발발한 제1차 석유파동으로 인해 수출 산업이 타격을 받게 됨에 따라 경제 성장에 제동이 걸리기 시작했으며, 이러한 목표의 달성 여부도 불확실해지게 되었다. 이러한 상황에서 위기 타개책의 일환으로 박정희 정부는 일본의 소고쇼샤(總合商社)를 벤치마킹하여 1975년 종합무역상사 제도를 도입했다. 도입 당시 종합무역상사는 기존의 영세 소규모 수출 방식의 한계를 극복하기 위해 수출실적 5천만 달러, 자본금 10억 원, 수출품목수 50만 달러 이상 7개, 해외지사 수 10개 등의 지정 요건을 둠으로써 규모의 대형화, 수출 지역의 다변화, 수출 품목의 다양화를 꾀했으며, 단순 수출대행업무 또는 도매업의 기능뿐만 아니라 정보력과 기획력을 고도화함으로써 업무의 효율성과 이윤을 극대화하고자 했다. 또한 정부는 이러한 종합무역상사를 활성화하기 위해 다양한 특혜와 지원제도를 마련했다. 이에 따라 삼성, 럭키, 현대 등 많은 대기업들이 체제를 정비하여 종합무역상사로 지정 받아 수출 신장을 위해 노력했다. 비록 도입 초기에 시행착오를 겪기도 했고, 수출 실적에 지나치게 매달리다 보니 과당경쟁으로 인한 부정적인 측면도 발생했지만, '상사맨'이라고 불리는 종합무역상사 직원들의 헌신적인 노력과 열정을 통해 국가 경제에 많은 기여를 하기도 했다.

본고에서는 1970년대 한국 수출의 성장과 관련하여 종합무역상사가 미친 영향과 의미를 당시 종합무역상사에서 일한 임직원의 구술을 통해 살펴볼 것이다. 이를 통해 문헌 자료 연구로만은 알 수 없는 생생한 이야기를 접합으로써 종합무역상사의 의의와 한계를 조망할 수 있을 것이다.

1. 종합무역상사의 설립 배경

1960~1970년대 한국 경제는 양적으로 비약적인 성장을 기록했다. 1961년에서 1979년 사이 한국의 국내총생산(GDP)은 22억 달러에서 643억 달러로 29.2배, 1인당 국민 총소득(GNI)은 85달러에서 1,709 달러로 20.1배 증가했다.[1] 그리고 1961년에서 1979년까지 수출액은 4,088만 달러에서 150억 5,545만 달러로 368.3배 증가했다.[2] 비록 수출 증가를 훨씬 넘어서는 수입 증가에 따른 무역수지 악화, 대일 경제종속 가속화, 연 20%에 달하는 물가 상승 및 지가 상승, 재벌 및 대기업 육성에 따른 정경유착 및 부정부패, 공업-농업 간/대기업-중소기업 간/공업부문 간 불균형 심화, 계층 간 소득격차 확대에 따른 빈익빈 부익부 현상 심화, 저임금정책 및 가혹한 노동조건에 따른 민중 착취, 중화학 공업 중복 투자에 따른 경제 구조 악화 및 외채 부담 증가 등 박정희 정부의 경제정책에 대해 많은 비판이 있지만, 그럼에도 이러한 양적 경제 성장에 있어 수출이 차지한 역할만큼은 대단히 크다고 할 수 있다.

1961년 5·16군사정변이라는 비정상적인 방법으로 권력을 장악한 까닭에 박정희 정부는 집권 초반부터 정권의 정당성 논란에 시달려야 했다. 따라서 정권의 정당성 및 국민의 지지를 확보하기 위해 경제성장을 국가적 목표로 내걸고, 전임 정부인 이승만 정부와 장면 정부에서 추진했던 경제개발계획을 계승하여 경제 개발에 박차를 가하기 시작했다.

그런데 당시 한국은 자원도 부족하고 생산 시설과 기술도 부족했으며, 오직 가진 것은 풍부하고 저렴한 양질의 노동력뿐이었다. 따라서 경제 성장을 하기 위해서는 이러한 노동력을 활용할 수 있는 공업 생산 시

---

1) 통계청 국가통계포털 http://kosis.kr
2) 한국무역협회 무역통계서비스 http://stat.kita.net

설을 건설하고 기술을 도입해야 했는데, 그러자면 자본, 즉 달러가 필요했다. 더구나 해방 이후 이승만 정부 시기의 외자는 주로 미국으로부터의 무상 원조에 의존해왔는데, 1958년부터 미국은 국내 경제의 불황에 따라 대외 무상 원조를 삭감하고 유상 차관으로 전환하게 되었다. 이로 인해 한국은 자립 경제 체제로 전환해야 할 필요성을 절감하게 되었고, 외자를 유치하는 것이 매우 시급한 문제로 부상하게 되었다.

이에 따라 박정희 정부는 정권 초기 제1차 경제개발5개년계획(1962~1966년)을 수립했는데 이를 요약하면 수출 주도형 경제 개발 및 수입대체 산업의 육성이라고 할 수 있다. 이는 보조금, 조세 감면, 금융 혜택 등 수출 지원 정책을 통해 외화를 획득하는 한편, 수입 제한 조치 및 수입대체산업 육성 전략을 사용함으로써 외화의 유출을 줄이기 위한 전략이었다. 그러나 워낙 내수 시장이 작아 수입 대체 산업 육성 전략의 효과만으로는 획기적인 경제 성장이 불가능하다고 판단하고, 1964년경부터는 보다 본격적인 수출 지원 전략으로 전환하게 되었다. 다행히 당시 1960년대 국제 환경의 변화에 따라 한일협정, 베트남 참전, 서독으로의 광부 및 간호사 인력 수출 등을 통해 외자를 도입해 나갈 수 있었지만, 이는 일시적 특수였으므로 장기적으로 지속가능하게 외자를 확보하기 위해서는 무엇보다 수출 증대가 절실했다.

그리하여 제2차 경제개발5개년계획(1967~1971년)에서는 이제까지 확보한 외자를 활용하여 과학기술을 진흥하고, 화학·철강·기계 등 산업을 고도화하며, 생산성을 향상시키는 것을 목표로 하여 보다 강력한 수출드라이브 정책을 시행하게 되었다. 이를 통해 1971년에는 연간 수출액 10억 달러 돌파라는 쾌거를 달성하게 되었다.

그러나 1970년대 초 박정희 정부는 국내외적으로 위기에 몰리게 되었다. 우선 국내적으로는 국민의 지지를 충분히 확보하지 못하고 있었다. 1971년 대선에서 박정희는 여당 후보라는 프리미엄과 각종 관건 선거,

금권 선거, 지역감정 호소 등 선거 부정에도 불구하고 야당 후보인 김대중을 가까스로 이길 수 있었다. 이러한 결과가 나오게 된 이유는 우선 정치적인 면에서 1961년 5·16군사정변, 1963년 4대 의혹 사건, 1964년 삼분폭리 사건, 1965년 굴욕적 한일협정 체결, 1966년 사카린 밀수사건, 1967년 대선 및 총선 등 총체적 부정선거, 1969년 3선 개헌안 날치기 통과 등 집권 이래 계속 되어 온 박정희 정부의 민주적 헌정질서 파괴 행위 및 정경유착형 각종 부정부패 비리 행위에 반대하는 학생·시민 세력이 끊임없이 정권의 정당성에 문제를 제기하고 있었기 때문이었다. 또한 경제 사회적인 면에서도 박정희 정부 10년간 비약적인 경제성장이 있었으며, 1970년에는 포항종합제철 공장을 착공하고, 경부 고속도로를 개통했음에도 불구하고, 1970년 전태일의 분신 사건에서 알 수 있듯 노동자들에 대한 불법 부당 노동 행위가 계속되었고, 부의 분배가 제대로 이루어지지 않아 양극화 현상이 심화되었으며, 이에 더해 물가가 연평균 10% 이상 계속 상승함에 따라 대다수 국민들의 사회적 불만이 누적되었기 때문이었다.

또한 국제적으로는 1969년 미국의 닉슨 대통령 취임 이래 자본주의 진영과 공산주의 진영 간의 소위 데탕트 분위기가 형성됨에 따라 박정희 정부는 위기의식을 느끼게 되었다. 닉슨 정부는 베트남 전쟁에서 철수할 계획을 세우고 1969년 7월 아시아의 안보는 아시아가 알아서 해야 한다는 내용의 이른 바 '닉슨 독트린'을 발표했으며, 1970년부터는 단계적으로 주한미군을 철수하기 시작했다. 이와 더불어 미국은 중국과의 협상을 꾸준히 진행하여 소위 '핑퐁 외교'로 대표되는 대중 화해 외교를 추진했고, 1971년 10월 유엔 총회에서는 대만(중화민국)을 퇴출시키고 중국(중화인민공화국)에게 새로운 안보리 상임이사국의 자리를 내주었다.

이러한 국제 사회의 변화는 박정희 정부에게 있어 안보적으로도 위기였지만 경제적으로도 매우 큰 위기가 아닐 수 없었다. 우선 그동안 누려

왔던 베트남 특수가 곧 중단될 수밖에 없었고, 주한미군 철수에 따른 안보 공백을 한국군으로 대체하기 위해서는 막대한 예산이 필요했다. 또한 중국이 한국과 대만에 투자하거나 기술 원조를 해 준 기업과는 거래할 수 없다고 발표함에 따라 미국과 일본 기업들이 한국 투자를 꺼리게 됨으로써 외자 유치에도 비상이 걸리게 되었다.

이에 따라 박정희 정부는 방위산업 육성과 중화학공업화 정책을 입안하는 한편, 이를 기회로 삼아 비상계엄을 통해 헌법 개정을 강행하여 대통령 직선제를 폐지하고 영구 집권을 획책하기에 이르렀다. 그리고 민중의 불만을 잠재우기 위해 더욱 강력한 수출 드라이브 정책을 추진해 나갔다. 그리하여 1972년 12월 유신헌법에 따라 제8대 대통령에 취임한 박정희는 1973년 1월 연두 기자회견에서 1980년까지 수출 100억 달러, 1인당 국민소득 1000달러를 목표로 제시했으며, 이를 위해 중화학공업화를 추진함으로써 중화학공업 제품이 수출에서 차지하는 비율을 50%로 상승시키겠다는 계획을 발표했다.[3]

그러나 1973년 10월 욤키푸르(Yom Kippur) 전쟁, 이른바 제4차 중동전쟁 발발 이후 최대 산유국인 사우디아라비아가 석유생산을 10% 감산하는 조치를 취한 데 이어 리비아, 시리아, 이라크, 이란, 이집트, 튀니지 등 중동 및 아랍권의 주요 산유국들이 일제히 석유 수출을 금지하고 원유 가격을 상승시킴으로써 이른 바 제1차 석유 파동이 발발함에 따라 한국 경제에도 비상이 걸리기 시작했다. 석유 파동은 당시 국제 통화 제도의 모순에 의해 발생한 인플레이션(inflation)과 결합하여 전 세계적으로 불황 하의 인플레이션, 즉 스태그플레이션(stagflation)을 유발하게 되었던 것이다. 이로 인해 한국 역시 큰 난관에 봉착하게 되었으며, 물가 상승률은 1973년 3.2%에서 1974년 24.3%로 상승했고, 경제

---

3) 「박대통령 연두회견」, 『경향신문』 1973.1.12.

성장률은 1973년 14.8%에서 1974년 9.5%로 떨어졌다.[4] 또한 무역 수지 적자폭도 1973년 10.2억 달러에서 1974년 23.9억 달러로 대폭 확대됐다.[5] 특히 산업 구조가 경공업에서 에너지 수요가 많은 중화학공업으로 전환되는 시점이었기 때문에 한국이 받은 충격은 더 클 수밖에 없었다.

한편 1973년까지 박정희 정부의 수출 산업 정책은 비교우위 산업의 육성보다는 단순한 외화 획득을 목적으로 한 양적 확대 정책이었다. 즉 제품의 질적 경쟁력 향상 없이 저임금에 기반한 덤핑 수준의 수출 방식이었으며, 산업 구조 고도화에 대한 고려 없이 영세한 규모의 생산 시설을 무분별하게 확대해 왔다. 박정희 정부 초기에는 국가의 저임금 정책이 뒷받침이 되어 어느 정도 수출 성장의 효과를 볼 수 있었으나 갈수록 더해가는, 특히 석유파동 이후의 물가 상승으로 인해 임금 상승의 압박으로 더 이상 저임금 정책을 고수할 수만은 없게 되었다. 또한 정부가 수출 촉진을 위해 저리(低利) 수출 금융 특혜를 제공하자 수출업체와 제조업을 겸업하는 경향이 증대하면서 영세한 규모의 군소 수출업체가 난립하게 되어 결과적으로 수출업체 간의 과당 경쟁으로 인한 비효율성이 발생하게 되었다.

또한 석유파동 이후 보호 무역주의로 돌아선 석유 수출국 및 선진국을 비롯한 국제 경제사회는 한국 수출 산업이 내실이 없었음에도 외형적 무역규모가 확대되자 한국을 제2의 일본으로 간주하며 경계하기 시작했다. 그로 인해 비교우위가 높았던 섬유, 신발 등의 품목에서 한국은 집중적인 규제를 받게 되었고 수출 확대의 한계를 느끼게 되었다.[6]

이렇듯 국내적 정치 상황과 국제적 환경변화에 따라 위기를 느끼게

---

4) 통계청 국가통계포털 http://kosis.kr
5) 한국무역협회 무역통계서비스 http://stat.kita.net
6) 조동성, 앞의 책, 10-11쪽.

된 박정희 정부는 수출 100억 달러 달성을 위한 자구책으로서 일본의 소고쇼샤(総合商社 총합상사)를 모델로 삼아 1975년에 종합무역상사(綜合貿易商社) 제도를 도입하게 되었다.

일본 소고쇼샤의 기원은 메이지(明治) 시대로 거슬러 올라간다. 1853년 미국의 매튜 콜브레이스 페리(Matthew Calbraith Perry, 1794~1858) 제독의 통상 요구 이후 1854년 미일화친조약, 1858년 미일수호통상조약의 체결에 따라 일본은 시모다(下田), 하코다테(函館), 카나가와(神奈川), 나가사키(長崎), 니가타(新潟), 효고(兵庫) 항을 개항하고 에도(江戸), 오사카(大阪)의 시장을 개방하여 서구와의 무역 거래가 개시되었다. 개항 이후 밀물처럼 쏟아져 들어온 유럽 무역상의 일본 시장 지배, 특히 수입 독점에 대항하기 위해 메이지 정부는 국가적인 차원에서 미쯔비시상사(三菱商社), 미쯔이물산(三井物産), 니혼멘카(日本棉花) 등의 민족계 무역상사를 설립했다. 이들 무역상사들은 초반에는 수출이 아니라 수입 업무에 집중하여 상권을 확보했으며, 19세기 말과 20세기 초에 이르러 상당한 성과를 보였다. 1876년 당시 일본 총수입의 4.7%에 불과하던 이들 상사의 수입 취급액이 1887년 12.5%, 1900년 39.3%, 1918년에는 80%를 차지하기에 이르렀다.[7] 한편, 이들 상사들은 일본 제국주의가 팽창함과 동시에 이에 편승하여 한국, 동남아, 만주 방면으로 세력을 확장하여 수출 분야에서도 급속하게 성장했다. 이 때까지 이들 무역상사는 종합상사의 특징을 지닌 것은 아니었으며 아직 종합상사라고 불리지도 않았다.

일제가 제2차 세계대전에서 패전한 이후 맥아더 연합군총사령부(GHQ)는 일본 제국주의의 경제적 선봉장 역할을 수행한 미쯔비시상사와 미쯔이물산을 강제 해체시켰다. 그러나 일본이 주권을 회복한 이후

---

7) 종합상사20년사편찬위원회, 『종합상사 20년사』, 삼성물산주식회사, 1996, 179쪽.

이들 상사들은 재결합을 시도하여 미쯔비시상사가 1954년에, 미쯔이물산이 1958년에 대형 종합상사로서의 위치를 확보하게 되었다. 또한 비슷한 시기에 이토추(伊藤忠), 마루베니(丸紅), 토멘(東綿), 니치멘(日綿), 코쇼(江商), 아타카(安宅), 이와이(岩井), 스미토모(住友) 등의 회사들이 취급 품목을 다양화하고, 전문 상사들을 흡수·합병하는 방식의 대형화를 통해 일본의 대표적 상사로 거듭나게 되었다.

그러나 한국전쟁 특수를 맞은 일본의 제조업체들이 수출입 기능을 독자적으로 수행하게 됨에 따라 1961년 이후 소위 '상사사양론(商社斜陽論)'이 등장하게 되었다. 이로 인해 이들 대형 상사들은 '제조업체의 수출입 대행'이라는 단순 기능을 넘어 '삼국간 거래', '산업 활동의 수직적 결합'과 같은 새로운 가치를 창출하기 시작함으로써 본격적인 종합상사의 시대를 열게 되었다. 그리하여 10개 정도의 소고쇼샤 기업군은 1965년부터 1974년까지 일본 GNP의 명목성장률이 17%였던 것에 비해 24%의 성장률을 실현함으로써 일본 경제의 부흥을 이끌어갔다. 소고쇼샤라는 용어는 1950년대부터 사용되기 시작했으나 진정한 의미의 '종합'상사로서의 기능과 명성은 이렇듯 1960년대부터 나타났다고 할 수 있다.

그런데 이들 소고쇼샤는 이후 부동산 투기에 진출하는 등 물의를 일으킴에 따라 국민의 지탄을 받게 되었으며, 이로 인해 '상사비판론(商社批判論)'이 등장하게 되었다. 그러나 소고쇼샤는 1973년 석유 파동 이후 해외 자원 개발에 적극 나섬으로써 시대적 국가적 요청에 부응하고자 했고, 이후로도 국내외적 경제 환경 변화에 대응하여 생존의 길을 모색해 오고 있다.[8]

일본과 마찬가지로 한국에도 종합 무역상사를 설립해야한다는 주장은 1967년경부터 등장한 것으로 보인다. 가장 먼저 이러한 주장을 펼친

---

8) 조동성, 앞의 책, 446-448쪽.

것은 경제계였다. 1967년 11월 20일 청와대 무역진흥확대회의 자리에서 한국경제인협회는 당면 수출 둔화를 타개하기 위한 구체적인 대책 중 하나로서 군소 잡화 수출업자들의 무질서한 경쟁을 방지하고 수출 비용을 절감해서 해외 시장 진출을 효율적으로 확대할 수 있도록 하기 위해 종합무역상사를 육성하고 해외 지점을 설치해야 한다고 정부에 건의했다.[9] 1970년 7월 삼성물산은 「종합상사로의 육성을 위한 대책과 건의」라는 문서를 정부에 제출했는데, 여기에는 일본의 대표적 종합상사인 미쯔이물산의 무역 활동을 소개하며, 한국에서도 무역업계의 재편이 필요함을 강조했다. 또한 1971년 1월에도 삼성물산은 「종합무역상사의 육성에 관한 건의」를 제출했다.[10] 그러나 종합무역상사 제도 도입에 대한 본격적인 논의가 시작된 것은 1972년경이었던 것으로 보인다. 당시 수출 타개책을 두고 고민하고 있었던 박정희 정부의 요구에 따라 1972년 11월 서울대학교 상과대학 부설 한국무역연구소는 「종합상사설립계획보고서」를 작성했다. 또한 박정희 정부는 이러한 국내 연구소의 자체적 연구와는 별도로 일본 소고쇼샤를 통해 직접 의견을 들을 필요가 있었다. 그리하여 박정희 정부는 당시 이토추상사 부사장이었던 세지마 류조(瀬島龍三, 1911~2007)[11]에게 조언을 구하게 된다.

---

9) 「장기대책 세워야 / 수출저력 한계점에 / 경제계, 무역진흥확대회의에 건의」, 『매일경제신문』 1967.11.20.
「종합무역상사 설치 / 경제인협서 건의」, 『동아일보』 1967.12.21.

10) 종합상사20년사편찬위원회, 앞의 책, 235쪽.

11) 세지마 류조는 1932년 일본 육군사관학교를 수석으로 졸업하고 일본제국주의의 침략전쟁에서 핵심적인 역할을 담당한 군인으로서 제2차세계대전 전범 출신이다. 그는 중일전쟁에 초급장교로 참전한 후 1939년 만주 관동군 참모로 부임했으며, 태평양 전쟁이 개시되자 일본제국 대본영 작전참모로서 활동했다. 1945년 7월 다시 만주로 파견되었으나, 소련군의 대일참전 당시 포로가 되어 시베리아에서 11년간 유형 생활을 했다. 이때 하바롭스크(Хабаровск) 극동전범재판에서 증인으로 참석하기도 했다. 1956년 소련에서 석방되어 일

1972년 말 이낙선(1927~1987) 당시 상공부 장관은 이병철(1910~
1987) 삼성 회장을 만나 수출 진흥 방안에 대한 고충을 토로했는데, 이
병철은 오랫동안 친분이 있던 세지마 류조를 추천했다. 이낙선은 이병철
의 초청으로 서울을 방한한 세지마를 만나본 후 한국에도 종합상사를
만들어야겠다고 확신하게 되었다.[12] 이낙선의 보고를 받은 박정희 정부
는 김종필을 통해 세지마 류조에게 자료를 만들어 서울에서 이야기해달
라고 요청하게 되었고,[13] 세지마 류조는 「한국에서의 종합상사 설립에
대한 계획서」, 이른바 '세지마 계획서'를 작성했다.[14] 그리고 1973년 3월
12일 이낙선 장관은 무역협회 회장, 전경련 회장, 대한상공회의소 부회
장 등 경제단체 대표들과 간담회를 가졌는데, 이 자리에서 세지마 류조
가 직접 '세지마 계획서'에 대해 발표를 했고, 이낙선 장관은 종합무역상
사 설립에 관한 업계의 의견을 청취했으며[15] 이를 참고로 삼성, 대우 등

본으로 돌아온 세지마 류조는 1958년 이토추상사에 입사하여 회사원으로서
의 인생을 시작했다. 그는 입사 이후 놀라운 활약을 통해 고속승진을 거듭해
1972년 부사장, 1978년 회장으로까지 승진했으며, 2000년 퇴임할 때까지 이
토추상사를 이끈 입지전적의 인물로 알려져 있다. 그는 또한 『白い巨塔(하얀
거탑)』으로 유명한 소설가 야마사키 토요꼬(山崎豊子, 1924~2013)의 소설
『不毛地帯(불모지대)』의 주인공 이끼 타다시(壹岐正)의 모델이기도 하다. 세지
마 류조는 박정희의 육사 선배이자 만주군 상관이었으며, 이로 인해 해방 이
후 한국의 만주군 출신들과 긴밀한 관계를 유지했다. 그리하여 그는 단지 군
인과 기업인으로서만 활약한 것이 아니라 박정희, 김종필, 이병철, 박태준, 전
두환, 노태우 등 한국의 정계, 재계, 관료, 군의 핵심 권력자들과의 인맥을 기
반으로 막후교섭을 통해 한국현대사에 막대한 영향을 미친 인물이다.
12) 「재벌 다큐멘터리 거탑의 내막 (108) 삼성물산과 제일주의 [5]」, 『경향신문』
1982.8.16.
「재계 50년 (27) 종합상사 출범」, 『매일경제』 1995.9.27.
13) 조동성, 앞의 책, 755쪽.
14) 「종합상사 전성시대 지났다」, 『한겨레신문』 1994.3.28.
15) 「종합무역상사 설립, 상공부 재계 간담회」, 『경향신문』 1973.3.13.
「한일 외교밀사 30년, 일 세지마 류조 회고록 신군부에 올림픽 개최 아이디어

민간기업에게 상사 설립에 대한 건의안을 제출토록 했다. 그리고 이를 기초로 1975년 4월 30일 '종합무역상사 지정 등에 관한 요령'을 상공부 고시 제10607호로 공표했다.[16]

근데 그 때 대한민국 수출이 참 어려웠을 때에요. 막 고도 성장을 해왔는데 더 이상 품목이 없는 거야. 일본 종합상사는 어떻게 되어 왔는가 일본 종합상사를 연구를 하는데. 일본 종합상사에 리더스라는 상사가 있었어요. 스이토[17]라고. 거기 회장이 육군사관학교, 일본 육군사관학교 출신이에요. 그리고 2차대전 때 관, 저 일본 육군 대본영, 세지마 류조가 박정희 대통령이 그때는 만주 군관학교를 졸업한 분이야. 그 분이 만주 군관학교에서 일본 육군사관학교로 유학을 보내줬어. 그때 한 해 선배야. 박정희 대통령 때 수출이 안 되고 그러니깐 그게 68년인가 그래서 세지마 류조가 이병철 회장을 만났지. 그때 스이토가 역할을 크게 한 거지. 그때 세지마 류조가 박정희 대통령한테 일본식 종합상사를 육성하십시오. 이렇게 된 거야. 그러니까 이제 프로덕트(product) 위주가 아니라 운영 시스템(system)을 도입해서 그걸로다가. 갑자기 한국이 또 급히 잘 만들잖아. 관련된. 종합상사지정제를 공고한 거야.[18]

글쎄요. 이제 종합상사를 왜 했느냐 하는 거는 일본의 경제를 이끄는 아주 견인차가, 어, 아주 종합상사입니다. 결정적이에요. 종합상사가 어, 그, 모든 분야에서 일본 경제를 이끌어 나가는 그런 역할을 해, 성공적으로 했죠. 이제 그 거를 우리도 좀 해보자 해서 이제 시작을 한 거죠.[19]

줬다」, 『동아일보』 1995.9.23.

16) 조동성, 앞의 책, 14쪽.

17) 이하 스이토는 이토추의 오류임.

18) 정철, 2017년 6월 5일자 1차 구술.

19) 음용기, 2016년 6월 15일자 4차 구술.

이러한 배경 하에서 추진된 종합상사는 기본적으로 수출 업체의 대형화로 적극적인 수출 마케팅 전략을 세우고, 중소 제조 업체의 수출 대행창구 역할을 맡겨 수출 실적을 극대화하는 데 그 목적이 있었다.[20]

2. 종합무역상사 지정 요건 및 혜택

앞서 살펴봤듯 한국의 종합무역상사 제도는 1970년대 초 국내외적으로 정치적, 경제적 위기에 처한 박정희 정부가 더욱 강력한 수출 드라이브 정책을 추진하면서 내세운 '연간 수출 100억 달러'라는 목표를 달성하기 위한 수단적 성격으로 도입되었다.

사실 종합상사의 기원이 된 일본 소고쇼샤는 초기에 수입 대행 업무로부터 출발했으며, 이후 여러 가지 종합적 기능이 추가되었고, 서울대학교의 「종합상사설립계획보고서」에서도 수출입, 정보, 금융 등 종합 기능 강화를 제안했으며, 세지마 계획서에서도 수출에서의 적자를 보전하기 위한 수입 및 국내 판매 강화를 제안했다. 그러나 한국의 종합무역상사는 오직 수출 증대만을 강조했고, 이러한 수출 지향적 성격은 종합무역상사 지정 요건 및 육성 방향에 잘 드러난다. 그러한 점에서 한국의 초기 종합무역상사는 사실상 '종합수출상사'였다고 할 수 있다.[21]

1975년 종합무역상사 제도 도입 시에는 수출 실적 5천만 달러, 자본금 10억 원, 수출품목 수 50만 달러 이상 7개, 해외지사 수 10개 등의 지정 요건이 제시되었다. 또한 중소 수출업체의 난립 및 과당경쟁으로 인한 부작용을 막기 위해 정부는 종합무역상사의 수를 10개 내외로 제

---

20) 종합상사20년사편찬위원회, 앞의 책, 185쪽.
21) 조동성, 앞의 책, 17쪽.

한함으로서 수출 업무를 담당할 소수 정예를 꾸리고자 했다. 이로 인해 규모 대형화, 지역 다변화, 품목 다양화로 요약될 수 있는 종합무역상사의 지정 요건을 충족시킬 수 있는 회사는 제조업 계열사를 가지고 있는 대기업에 한정될 수밖에 없었다. 다만 원래 소량, 소액 수출 전담회사로 출범한 고려무역의 경우 중소 제조업체의 수출 대행 업무를 담당할 수 있도록 이러한 지정 요건을 면제해 주기도 했다. 1977년까지는 이러한 요건이 더욱 강화되는 쪽으로 진행되었으며, 1978년부터는 수출 실적만 전체 수출액에 연동되게끔 바꿨을 뿐 다른 요건은 그대로 두거나 오히려 완화하는 방향으로 진행되었다. 1978년을 기점으로 이러한 변화가 나타난 것은 1977년 말 100억 달러 수출 목표를 달성했기 때문이기도 하고, 1975년과 1977년에 나타난 종합무역상사들의 무리한 실적 채우기 경쟁의 부작용을 막기 위한 것이기도 하다. 또한 1978년 제2차 석유 파동과 국제 금리 상승 및 10·26사태 등 국내외적인 어려움과 혼란 속에 종합무역상사의 수출 실적이 저조해짐에 따라 정부로서는 종합무역상사를 과도하게 압박할 수 없었기 때문이기도 하다. 이에 따라 1981년에는 해외 지사 수 요건을 삭제했으며 상사 지정도 매년 새로 지정하던 방식에서 취소 요건이 발생할 때에 한해 취소하는 방식으로 변경했다. 종합무역회사 지정 요건의 변천 과정을 표로 정리하면 다음과 같다.[22]

〈표 1〉 종합무역상사 지정 요건의 변천 과정

	1975년	1976년	1977년	1978년	1979년	1980년	1981년
수출실적	5천만불	1억불	1.5억불	전체 수출의 2%	전체 수출의 2%	전체 수출의 2%	전체 수출의 2%
자본금	10억원	15억원	20억원				

---

22) 위의 책, 22-26쪽.

	1975년	1976년	1977년	1978년	1979년	1980년	1981년
수출품목수	7개[3]	10개[4]	10개	5개	5개	5개	
수출국가 수 (100만 불 이상)	10개국	15개국	20개국				
해외지사 수	10개	15개	20개	20개	20개	20개	
기업공개 여부			공개	공개	공개	공개	공개

이러한 지정 요건에 따라 종합무역상사로 지정된 회사는 삼성물산, 쌍용산업[23], 대우실업[24], 국제화학[25], 한일합성섬유공업[26], 고려무역[27], 효성물산[28], 반도상사[29], 선경[30], 삼화[31], 금호실업[32], 현대종합상사, 율산실업[33] 등 총 13개였으며, 이중 한일합성섬유공업, 삼화, 금호실업, 율산

23) 1975년 '쌍용'으로 개명했으며, 1999년 외환위기로 쌍용그룹은 해체 및 분리 매각되어, 상사부문은 2009년 GS그룹의 계열사로 편입되어 'GS글로벌'로 개명함.
24) 1981년 대우개발과 합병하여 1982년 '대우'로 개명, 2000년 '대우인터내셔널'로 분할 독립, 2010년 포스코에 매각되어 2016년 '포스코대우'로 개명함.
25) 1976년 '국제상사'로 개명, 1984년 국제그룹 부도 사건으로 1985년 해체됨.
26) 1993년 '한일합섬'으로 개명, 1998년 부도 처리 후 2007년 동양그룹에 인수되어 2008년 동양메이저와 합병되었으나 2018년 독립법인으로 분리 설립됨.
27) 1969년 설립된 한국수출진흥주식회사가 1973년 '고려무역'으로 상호를 변경한 것이며, 1981년부터 KOTRA 부속기관으로 활동했고, 1992년 한국무역협회 부속기관으로 전환되었으며, 1998년 외환위기로 청산 폐지됨.
28) 1998년 효성그룹 4개 계열사와 함께 '효성'으로 합병됨.
29) 1984년 '럭키금성상사'로 개명, 1995년 'LG상사'로 개명함.
30) 1998년 'SK상사'로 개명, 2000년 'SK글로벌'로 개명, 2003년 'SK네트웍스'로 개명함.
31) 1979년 대규모 부실채권 발생으로 은행관리를 받음.
32) 1979년 금호전자 및 금호산업을 합병하고, 1984년 삼양타이어와 합병하여 '금호'로 개명, 1996년 '금호타이어'로 개명함.
33) 1979년 율산사건으로 도산하여 해체됨.

실업 등 4개사는 자격 미달로 중도에 재지정 신청을 포기하거나 지정이
취소되었고, 국제화학(국제상사)과 고려무역은 부도 등으로 해체되었다.

〈표 2〉 종합무역상사 지정 및 취소 현황

회사명	최초 지정일	지정 취소 현황
삼성물산	1975.5.19.	
쌍용산업	1975.5.27.	
대우실업	1975.5.27.	
국제화학	1975.11.14.	1985년 해체
한일합성섬유공업	1975.12.31.	1980년 재지정 신청 포기
고려무역	1976.4.29.	1988년 해체
효성물산	1976.8.25.	
반도상사	1976.11.12.	
선경	1976.11.22.	
삼화	1976.12.6.	1980년 재지정 신청 포기
금호실업	1976.12.15.	1984년 지정 취소
현대종합상사	1978.2.9.	
율산실업	1978.2.9.	1979년 수출실적 미달로 재지정 탈락

당시 정부는 종합무역상사에 다양한 특혜를 주었다. 정부의 종합무역
상사에 대한 지원 제도는 크게 상역 행정, 금융, 외환 관리의 세 부문으
로 나눠볼 수 있다. 상역 행정에서는 국제 입찰 경합시 우선적으로 지원
하고, 수출 조합 및 협회의 가입비 및 가입 조건을 완화해주며, 원자재
수입시 실수요자로 인정하여 관세 할당 신청을 하도록 했다. 또한 금융
에서는 수출 금융 한도 거래제를 실시하여 신용장과 상관없이 과거 수
출 실적을 근거로 업체별 융자 한도를 설정하여 융자가 가능하도록 했
다. 또한 완제품 비축 금융을 실시하여 전년도 실적기준의 1/3 해당 금
액 범위 내에서 사전에 완제품을 구매하여 비축할 수 있는 자금을 융통

해 주었다. 또한 수출용 원자재를 수입하거나 국내 구매할 때 외국환 거래은행을 3개 이상 다수 사용할 수 있도록 했다. 다음으로 외환 관리에서는 해외 지점의 보증 신용장 회전 사용을 허락함으로써 업무의 번거로움을 줄여주었고, 해외 사무소를 갑종으로 분류하여 주재원의 정원 제한 규제를 풀어주었으며, 해외 지점 외환 보유한도 30만 달러 제한도 풀어주었다. 이 모든 조치가 단지 종합무역상사에만 적용되는 것은 아니었고 상당수가 일반 수출업체 혹은 일정 규모 이상의 수출업체에 공히 적용되는 것이었지만, 국제 입찰시 우선지원, 수출 조합 및 협회의 가입비 및 가입 조건 완화, 원자재 수입 요건 개방, 완제품 비축 금융, 해외지점 외화 보유 한도 철폐 등은 종합무역상사에만 적용되는 특혜였다.

또한 이러한 제도적 혜택 외에도 종합무역상사협의회 가입을 통해 상사간 협조 체제를 유지하고 정보 교류를 할 수 있는 이점이 있었고, 매입 부가가치세 환급과 증자소득 공제 등으로 법인세법 상의 절세가 가능했으며, 해외 시장 개척준비금, 수출 손실 준비금, 해외 투자 손실 준비금, 가격 변동 준비금, 기술 개발 준비금 등의 계정 과목을 설정하고 법인세를 이연납부(移延納付)함으로써 간접적으로 이자 수익을 누릴 수 있었다. 거기에 더하여 종합무역상사로 지정됨으로 인해 금융 기관과의 연계성이 강해지고, 유능한 인재를 확보할 수 있으며, 수입 활동 및 내수시장 진출 시 큰 이익을 볼 수 있다는 것도 간접적인 특혜에 포함될 수 있다.[34]

그 때 정부 시책이 이제 수출입국이었드랬으니까 박정희 대통령이. 이거는 아무래도 대표선수를 좀 그 지정을 해서 막연하게 그냥 그 모든 사람한테 그 어차피 인제 특혜를 줘야 되는데 모든 사람한테 골고루 준다는 거는 말이죠, 안 된다는 거

---

34) 조동성, 앞의 책, 31-46쪽.

거든. 그러니까는 그 때 그 당시에는 집중을 할 필요가 있지 않겠느냐. 정부 지원을. 그러니까 소위 박정희 대통령의 정책이 있었죠. 집중. 그래서 뭐 특혜라고 하더라도 할 수 없다. 이건 자격이 되는 몇몇 몇 사람을 대표선수로 지정을 해서 수출입국의 선발대로 활용하게, 활용하게 하자. 그런 차원에서 인제 종합무역상사를 지정하기 시작을 했는데[35]

3. 종합무역상사의 초기 상황 및 활동

정부의 주도로 종합무역상사 제도가 도입되자 당시 많은 재벌 대기업들은 정부의 지원과 특혜를 기대하며 종합무역상사 지정을 받기 위해 지정 요건을 충족시키고자 노력했다. 삼성물산이나 대우실업처럼 원래부터 상사로 출발했으며, 재벌 그룹의 모기업이며 비교적 규모가 컸던 회사는 조금 상황이 나은 편이었지만, 반도상사처럼 상사로 출발하긴 했지만 재벌 그룹의 모기업이 아니며 규모도 작았던 회사나 현대종합상사처럼 재벌그룹이 상사를 따로 갖추지 않고 제조업 중심으로 운영해 왔기 때문에 종합무역상사 지정을 받기 위해 급조하여 만든 회사의 경우 이러한 지정 요건을 갖추는 데 어려움을 겪어야 했다. 이러한 과정에서 수출 실적을 늘리기 위해 그룹 계열사들의 실적을 장부상으로 종합무역상사 명의로 수출한 것으로 바꾸는 것은 기본이었고, 금호실업처럼 계열사의 규모와 실적만으로 지정 요건 충족이 어려운 회사는 수출 가능 회사를 무차별적으로 인수·합병하여 몸집을 키우기도 했다. 또한 많은 회사들이 수출 품목 및 수출 국가를 다양화하거나 해외지사의 수를 늘리고 정착시키는 데에 상당한 시간과 노력을 들여야 했다.

---

35) 남상빈, 2016년 10월 23일자 4차 구술.

어, 종합상사가 되면서는 어, 그런 제품들은 다 LG가 그룹 내의 거는 각 사가 상담하고, 각 사가 수출하면서 명의는 반도상사 명의로 수출하는 거야. 그 각 그룹이 다 그랬으니까. 어, 그래서 실적은 모아, 모아서 이제 반도상사의 실적만 가지면 "LG 그룹의 실적이 얼마다." 이렇게 평가를 다 했으니까. 종합상사 그룹의 대표가 돼 가지고 했으니까.[36]

사례 1: 삼성물산

삼성물산은 삼성 그룹의 모회사로서 1938년 이병철 회장이 대구에서 설립한 삼성상회 및 1948년 설립한 삼성물산공사에 기원을 두고 있으며, 1952년 부산에서 설립한 삼성물산주식회사를 출발점으로 하고 있다. 삼성물산은 한국전쟁 전후 복구 경기를 타고 급속도로 성장했으며, 1953년 제일제당, 1954년 제일모직, 1955년 신세계 백화점을 설립하여 제조업 및 유통업 분야에서 놀라운 성장을 기록했고, 1969년 삼성전자, 1970년 삼성전관을 설립하는 등 중공업 분야에도 진출함으로써 명실상부한 대기업으로 자리매김하게 되었다. 삼성물산은 비록 삼성 그룹의 모체가 되는 기업이었으나 제일제당 및 제일모직 등 그룹 내 제조업 계열사에 비해 상대적으로 부각되지 못했지만 1975년 5월 19일 종합무역상사 제1호로 지정되면서 그 위상이 달라지기 시작했다. 수출입국을 기치로 하는 박정희 정부 시기의 사회적 분위기 속에서 삼성물산은 제1호 종합무역상사로서의 명예와 체면에 따르는 부담을 안고 수출 실적 선두 유지라는 목표에 매진하게 되었으며, 그에 따라 1975년부터 1977년까지 각각 수출 실적 2억 달러, 3억 달러, 5억 달러를 기록함으로써 3년 연속 수출 실적 1위라는 기염을 토하게 되었다.

종합무역상사 이전 삼성물산은 분탄, 오징어, 수산물, 타이어, 주물,

---

36) 신홍순, 2017년 3월 25일자 2차 구술.

장난감, 어선 등 다양한 물품을 취급했으며, 특히 베트남 파병에 때맞춰 주재원을 파견하여 시멘트 백, 군복, 라면, 함석판, 바지선, 고철 등 전쟁에 필요한 다양한 물품을 취급했다. 그러나 종합무역상사 지정을 계기로 삼성물산은 우선 조직 개편을 통해 체제를 정비하기 시작했다. 이미 오래 전부터 자체적으로 일본 종합상사를 연구하며 정부에 종합무역상사 제도 도입을 건의할 정도로 미리 준비가 되어있던 삼성물산은 종합무역상사 지정 직전인 1975년 4월부터 기구 조직 개편을 단행하여 4개 사업부를 조직했다. 이러한 사업부제는 당시 선진국 대부분이 채택하여 실시해오고 있었으나 국내에서는 삼성물산이 최초로 도입한 것이었다. 이를 바탕으로 9월에는 삼성그룹 전사적으로 사업부제를 실시했다. 사업부 편성과 함께 삼성물산은 섬유류로 대표되는 경공업 2차 산업 상품 수출에 집중했으며, 차츰 전기기기 및 전자 제품 등 첨단 공업 수출로 범위를 넓혀나갔다. 또한 이러한 사업부제는 해외 지점에도 적용되었는데, 당시 총 11개의 해외 지점을 종합무역상사 지정과 함께 16개로 확대하여 구주(독일 프랑크푸르트), 미주(미국 뉴욕), 아주(일본 도쿄) 등 3개의 해외 지역본부 산하로 재편성했다. 그리고 이후로도 중남미 등 그동안 한국과 거래가 거의 없었던 세계 모든 지역까지도 주재원을 파견하는 등 전 세계적으로 해외 지사 수를 1976년 20개, 1977년 34개, 1978년 37개까지 확대했고 해외 지역본부는 7개까지 늘렸다.[37]

그 때 마침 사무실이 반도호텔 지금 롯데호텔, 그 롯데백화점 앞에 있었드랬었어, 삼성물산. 그게 정확히 말하면 을지로 입구죠. 을지로 입구 쪽에 있었었는데, (중략) 태평로 쪽으로 삼성본관을 크게 짓고, 글루 인제 이사 오고. 그러면서 사무환경도 아주 놀랍게 변하고, 바뀌고. 그 일도 인제 활력 있게 전개되고 그랬었어요.

---

37) 종합상사20년사편찬위원회, 앞의 책, 237-239쪽.

(중략) 그 종합무역상사 뭐 그 전후로 해서 사업부제로 종합, 아니 조직 개편이 되거나 그런. 그 확대 개편되고 됐죠. 섬유도 뭐 섬유1부, 2부, 또 같은 부내에서도 다른 조직도 확대되고. 이게 이제 물량이 커지고 막 커지니까는 뒷받침하는 부서나 이런 것들도 인력도 같이 커져야 되고. 그래서 섬유를 중심으로 해가지고 이제 수출 기구도 증폭이 되고. 거의 이제 그때 당시까지 하던 게 뭐 삼성물산에서도요. 무슨 뭐 가발, 가발은 취급 안했지만 장난감 같은 것도 있었고, 오징어, 주로 일본에 수출이지. 오징어, 뭐 수산물. 소위 말하는 1차 상품. 그런 것도 수출하고 그랬는데, 그런 게 상대적으로 죽고, 섬유 위주로, 대한민국의 70년대는 섬유이요. 섬유 수출이 말이 좋아 경공품 수출시대라고 그러지만은 섬유가 거의 대부분이었어요.[38]

사례 2: 반도상사(현 LG상사)

반도상사는 1931년 구인회(1907~1969) 회장이 진주에서 창립한 포목상 구인회상점에 기원을 두고 있으며, 직접적인 전신은 1953년에 설립한 락희산업주식회사라고 할 수 있다. 구인회는 1945년 해방 이후 부산에서 조선흥업사라는 무역 회사를 설립했으며, 화장품 판매 사업을 벌이다가 직접 생산으로까지 사업 영역을 확대해 나갔다. 그리하여 1947년 락희화학공업사를 설립하고, 1959년에는 금성사를 설립하여 큰 성공을 이룸으로써 화학 공업과 전자 공업 등 본격적인 제조업 기반 대기업으로 성장해 나갔다. 또한 1953년에는 락희화학의 수출입 관련 업무를 전담하는 회사로서 락희산업주식회사를 설립했는데, 락희산업은 독립적 회사라기보다는 사실상 락희화학 내의 일개 조직에 불과할 정도로 작은 규모로 출발했다.[39] 이러한 락희산업은 1956년 반도상사로 상호를 변경

---

38) 남상빈, 2016년 10월 23일자 4차 구술.
39) LG상사50년사편찬위원회, 『LG상사 50년사』, LG상사, 2003, 135쪽.

하면서 본격적인 무역 회사로 거듭나기 시작했는데, 1966년 가발 제조업 진출을 통해 성장해 나갔으며 1974년에는 반도상사 내 패션 조직으로서 반도패션을 설립함으로써 사실상 무역보다는 국내 기성복 판매에 더 비중을 두고 사업을 꾸려 나갔다.

반도상사는 이제 에, 어떻게 시작이 됐냐하면, 이쪽에 원료를 오퍼(offer)하는 회사로 시작이 됐어, 처음에는. 그, 저, 누군가가 그, 해외의 원료 서플라이(supply)나 소스(source)를 이제 찾아가지고 우리한테 그 오퍼를 줘야지 그 오퍼에 의해서 구매를 하는 거니까. 그 업무를 위해서 반도상사가 생겨났죠. 그, 오퍼상(무역대리업), 오퍼상이라고. 어. 이쪽으로 생겨났지. 이제 그래가지고 이제 저, 유지. 유지라는 게 이제 비닐(vinyl)을 비롯해서 치약 뭐 이런 생활 용품이었으니까. 거기 원료들을 구매하는 그, 원료를 판매하는 회사를 찾아내는 게 소위 반도상사가 하는 일이고.[40]

그러던 중 1975년 4월 종합무역상사 지정 제도가 발표되었는데 럭키 그룹은 근 1년간 종합상사 설치의 장단점을 신중하게 검토하며 준비하는 시간을 가졌다. 그리고 1976년 3월 사장단 회의에서 그룹 내 종합상사를 육성하기로 결의함에 따라 반도상사가 종합무역상사로 지정을 받기 위해 그룹 차원에서 전면적 지원을 하게 되었다. 반도상사는 1976년 1월부터 사업부제로 조직 개편을 해 나갔는데, 기존의 생산 본부를 해체하고 무역 중심의 4개 사업부를 설치했다. 또한 각 계열사의 수출입 부서의 인력을 반도상사로 발령을 내어 인력을 보강했다. 그리고 기업 공개를 하고, 매출과 수출 실적을 정리하여 지정 요건을 갖추고, 1975년 8월, 1976년 3월, 1976년 10월 세 차례에 걸쳐 15억 원으로 증자를 하는 한

---

40) 신홍순, 2017년 3월 25일자 2차 구술.

편 해외 지사를 22개로 확충하여 마침내 1976년 11월 12일 8번째로 종합무역상사 지정을 받게 되었다.[41]

이제 "종합상사제도가 생긴다." 그러니까 그룹 내에서도 우리들은 '야, 우리가 종합상사 해야지. 이제 우리도 이런 부서 있잖아. 반도상사?' 우리는 그때 이제 반도상사는 무역 회산데 규모가 좀 가발 장사나 하고 이런 걸로 봤거든. 그런데 거기가 또 종합상사 하겠다고 그룹 내에서 디스커션(discussion)들이 한참 있는 거지 그러니까. 그 아마 전자도 그랬을 거야. 전자는 "아니 이거 전자가 가장 중요한 제품이고 이런데 우리가 해야 될 거 아니냐?" 하는 생각을 거기 무역 부서에서는 이제 생각을 했겠지? 그래서 이제 어, 그룹 내에서 어떤 처음부터 트레이딩(trading)으로 갔던 반도상사가 해라. 그래서 각 사에서 수출을 했던 사람들은 전부 글로. 어. 그리고 모든 수출 실적은 반도상사로 몰아서 LG 그룹에 어, 수출은 반도상사가 전부 종합적으로 맡아서 발표하고, 창구를 해라.[42]

종합무역상사로 지정을 받기 위해 무엇보다 중요한 것은 해외 지점망을 갖추는 것이었는데, 1975년 말 6개에서 1976년 11월에 21개로 급속하게 확대해나갔다. 그러나 해외 지사를 설립한 이후 조직을 정비하는 과정에서 1년 정도의 시간이 더 소요됨에 따라 반도상사가 실제로 기능하기 시작한 것은 1978년부터였다. 특히 해외지사를 설치할 때 국내 본사 직원을 갑자기 전부 해외로 파견할 수 있는 상황이 아니었기 때문에 현지에서 신용 있고 사업을 하고 있거나 할 가능성이 있는 사람을 영입해서 현지 지사 법인을 만드는 경우도 있었다.

---

41) LG상사50년사 편찬위원회, 앞의 책, 158-159쪽.; LG50년사편찬위원회, 『LG 50년사』, LG, 1997, 290-291쪽.; 조동성, 앞의 책, 158-160쪽.
42) 신홍순, 2017년 4월 3일자 3차 구술.

76년도에 반, 어, 종합상사 제도가 생기고. 제도가 생기고 내 기억으로는 우리가 1년 후에 이제 정식 종합상사로서의 기능을 하기 시작했다고 난 그렇게 생각을 지금 하고 있었는데. 그 동안에 뭐가 지금 중요 요건이었냐면 시간도 좀 잡아먹고 한 게 어, 종합상사 제도의 룰이 지금 예를 들면 해외에, 해외에 지사가 몇 개 있어야 되는, 이상이 있어야 된다. 그게 가장 큰 것 중에 하나였어요. 그거를 조직하는데 시간이 좀 걸렸지. 이제 그걸 조직하는데 시간이 걸린 것이 지금 사원들을 전부 다 내보내서 뭐 거기가 앉아서, 뭐 갑자기 그렇게 그것도 일종의 투잔데 그렇게 할 수는 없는 거 아니겠어요? 그래서 어느 회사나 다 그랬지만 현지에서 어, 좀 신용 있고 사업을 좀 하고 있던지, 할 만한 가능성이 있는 사람을 어, 이쪽에서 현지 지사를 설립하는 게. 그거 다 허용됐다고. 꼭 본사 사람이 나가서 해야 된다는 법은 없었으니까. (중략) 그래서 한, 5년? 5, 6년 걸리면서 이제 이쪽 사람들로 많이 정리가 되고, 어. 이제 그렇게 됐지.[43]

사례 3: 현대종합상사

현대종합상사는 정주영(1915~2001) 회장이 설립한 현대 그룹의 계열사이다. 정주영은 1934년 상경하여 복흥상회라는 쌀가게의 배달원으로 일했는데 1937년 주인으로부터 가게를 인수함으로써 자신의 기업을 시작했다. 그러나 중일전쟁으로 쌀 배급제가 실시됨에 따라 가게를 접어야 했고, 1940년 아도 서비스라는 자동차 정비 공장을 인수했으나 화재와 일제의 기업정리령에 의해 또 다시 사업을 접어야 했다. 해방 이후인 1946년 현대자동차공업사, 1947년 현대토건사를 설립했으며, 이를 합병하여 1950년 1월 현대건설주식회사를 설립했다. 현대건설은 한국전쟁 시기 미군 건설 공사 및 한국전쟁 이후 전후 복구 사업을 맡으면서 크게 성장해 나갔으며, 이를 바탕으로 베트남전쟁 당시 미군용 시설 건설에

---

43) 신홍순, 2017년 4월 3일자 3차 구술.

참여하면서 해외로 진출하기 시작했다. 그리하여 현대그룹은 1967년 현대자동차, 1970년 현대시멘트, 1973년 현대조선중공업, 1974년 현대엔지니어링, 1975년 현대미포수리조선소, 1976년 아세아상선 등을 설립하며 한국 중공업 분야의 최대 기업으로 성장하게 되었다. 또한 현대 그룹은 1973년 석유 파동 이후 중동 지역에 진출하여 대규모 수출 실적을 올리기도 했다.

그러나 1974년 수출 실적 1위를 차지했던 현대조선은 1975년 종합무역상사 제도 실시 이후 삼성물산, 대우실업, 한일합섬, 쌍용에 밀려 5위로 떨어지고, 76년에도 삼성에게 1위를 뺏기자 현대 그룹은 정부 정책에 호응하며 현대종합상사라는 무역상사를 설립하게 되었다. 현대종합상사는 현대 그룹의 수출창구이자 중화학 공업 분야 전문 수출상사를 지향하며 설립되었는데, 지정 요건을 갖추기 위해 현대조선의 12개 해외 지사를 흡수하는 한편 1977년 자본금 규모를 24억 원으로 유상 증자, 40억 원으로 공모 증자하고, 기업을 공개하여 주식을 상장하며, 1977년도 수출 실적 3억 2,300만 달러를 달성함으로써 1978년 2월 9일 율산실업과 함께 마지막으로 종합무역상사로 지정되었다.[44]

현대종합상사는 종합무역상사로 지정된 이후 그룹사의 수출 대행 이외에 자체적인 수출 실적을 늘리기 위해 노력해야 했다. 당시 가장 큰 시장은 미국이었으므로 미국 수출을 위해 본사에서 출장을 갈 뿐만 아니라 뉴욕, LA에 지점을 설치하여 현지 지점에서 직접 수출 업무를 담당하기도 했다. 그러나 일반 무역업의 경험이 없다 보니 바이어 찾는 것이 쉽지 않아 한국 식당 다니다가 만난 사람이나 현지 친지 등의 인맥을 통해 교포 사업가들과의 접촉을 통해 판로를 개척하며 조금씩 수출하기 시작했다. 그러자 본사에서는 밀어내기 식으로 물건을 현지 지점으로 보

---

44) 조동성, 앞의 책, 190-193쪽.

내기 시작했는데, 그 이유는 일단 선적을 하면 선하 증권을 가지고 돈을 찾을 수 있고, 선적하기 전이라도 신용장이 오면 그 것으로도 금융이 되기도 하므로 수출 실적도 올리고 금융도 쓸 수 있기 때문이었다. 그러나 현지에서는 물건이 안 팔려서 창고에 넣어 두게 되며, 결국 대금 지불이 지연되어 문제가 생기면 미국 소매 체인에 덤핑으로 억지로 싸게 파는 경우가 많았다. 또한 물품이 성능이나 품질 미달이라며 반송되는 경우도 벌어지면서 대금 지불도 못하고 신용장 개설도 못하게 되었다. 또한 창고에 물건이 없어지거나 있어도 주인이 바뀌는 경우가 있어서 물건을 떼어먹히는 경우도 많았다.

그러나 어, 뭐, 연륜이 짧고, 특히 현대의 경우는 그런 그, 일반 무역에는 경험이 일천하고. 어, 그래서 그럼에도 불구하고 종합상사로 이렇게 지정이 됐으니까, 어, 또 단기간 내에 실적을 올려야 되겠다는 그런 그 압박감이 있을 수밖에 없죠. 그래서 이제 초창기 경영진이 이제 그, 수출을 많이 독려, 이제 하게 되고, 또 새로운 사람도 많이 뽑아서 수출을 하는데, 우선 뭐, 수출품에 대한 품질이나 또 여러 가지 상품 구성이나 이런 것이 그렇게 선진국에 수출하기는 좀, 어, 좀 미비한 부분이 많죠. 그러나 수출하면 미국을 해야 되겠고, 미국에 수출을 하기 위해서, 미국 여러 군데, 여러 곳에 뭐, 지점도 설치하고, 뉴욕, 뭐, LA 등등 했는데. 역시 제일 큰 시장은 뉴욕이고. 그 우리 사람들이 이제 그, 직접 가는 경우도 있고, 뭐, 출장 가는 경우도 있고. 그래서 수출을 이제 독려하다 보니까, 어, 마땅히 수출, 그, 바이어(buyer) 찾는 것도 쉽지 않고. 그래서 이제 고심 중에 결국은 한국 식당 다니다가 이제 만난 사람 소개라든지, 뭐, 또 현지 그, 친지라든지, 뭐, 이런 인맥을 통해서 소개를 이제 받아서 수출을 이제 조금씩 하는 거죠.[45]

---

45) 음용기, 2016년 6월 15일자 4차 구술.

이 수출이 이제 조금 된다 하니까, 그 본사에서는 어, 더 말하자면 '밀어내기' 식으로, 어, 이제 이렇게 수출을 하게 됩니다. (중략) 그럼 이제 물건이 가면 그게 팔려야 되는데, 그렇게 쉽게 안 팔리는 경우가 많고, 또 그럴 경우에는 일단 그 물건을 보세창고 같은데다가 어, 이렇게 이제 집어넣거나, 또는 그 바이어가 어, 소개하는 창고에 이제 집어넣게 되죠. 그리고 이제 그, 물건 대금은 처음에는 아주 되게 어, 제대로 갚습니다. 소액일 경우에는 처음에는 뭐, 좀, 성실하게 대금 지불을 하다가, 이게 금액이 커지고 그러면, 대금 지불이 지연이 되고. (중략) 창고에 가보면 물건이 없거나, 있어도 주인이 바뀌어있는 상태고. (중략) 그 상대방 사람들은 다 뭐, 잠적을 하고. 어, 그런데 이제 그게 여기저기 알려지다 보니까, "야, 한국 종합 상사랑 거래하면 떼부자 된다." 이런 소문이 이제 돌고. (중략) 그런 일로 어, 좀 피해를 본 거는 뭐, 종합상사라면 모두 다 그러한 그 아픈 경험을 해서 아주 비싼 어, 수업료를 이제 내게 됐죠. 그러니까 우리가 뭐, 저기 사기를 당할 수밖에 없는, 그런 그, 좀, 뭐, 어, 좀 준비가 안 된 상태에서, 무리하게 그 욕심을 내고, 또 그 때 뭐, 강력한 정부의 수출 드라이브 거기에 또 부흥하기 위해서 상당히 무리하게 어, 밀고 나간 점이 있죠.[46]

4. '상사맨'들의 업무와 생활

2009년 정부에서 주관하는 종합무역상사 제도가 폐지되고 현재는 한국무역협회에서 주관하는 전문무역상사 제도로 대체된 만큼 종합무역상사는 과거의 영광을 뒤로 한 채 한국 경제 고도 성장기와 함께 역사의 뒤안길로 사라진 듯한 느낌을 준다. 그러나 1970년대 종합무역상사는 대학생들의 취업 선호도 1위를 자랑했으며, 흔히 종합무역상사에서 일하

---

46) 음용기, 2016년 6월 15일자 4차 구술.

는 직원을 '상사맨'이라는 별칭으로 부를 정도로 1970~80년대 종합무역상사에 대한 인기와 선망은 대단했다. 그로 인해 종합무역상사 직원들의 업무와 일상 등에 대한 이야기는 수많은 사람들의 관심을 받으며 무수히 많은 책과 기사를 통해 소개되어 왔으며, 대중 문화의 소재로도 사용되어 왔다.

그러나 1970년대 당시 수출 현장의 일선에서 일하던 종합무역상사 직원들의 실제 업무 환경 및 생활은 결코 생각만큼 화려하지 않았으며, 지난한 노력을 요하는 것이었다. 일부 사례를 소개하면 다음과 같다.

사례 1: 남상빈 전 삼성물산 상무이사

남상빈(南相斌)은 1945년생으로 1972년 삼성물산에 입사하여 1998년 상무이사로 퇴사했다. 입사 당시 그는 편물 2부에 배치되어 1980년 9월까지 근무했다. 그는 환편과 소속으로 양말 수출을 담당했는데, 소위 '남양말'이라는 별명을 얻을 정도로 뛰어난 수출 실적을 올렸다. 그 당시 남상빈은 바이어를 찾아내어 주문을 받는 것, 필요한 원자재를 수배하는 것, 전국의 양말 제조 하청 공장을 물색하여 주문을 맡기는 것, 품질 관리, 납기 관리를 하는 것, 화물차를 수배하여 제품을 각 공장에서 부산항까지 수송하게 하는 것, 선박 회사를 물색하여 선박을 요청하고, 물건을 선적하게 하는 것, 선박 회사에서 선하증권(B/L) 받아다가 필요한 서류 만들어서 은행에 가서 돈 찾는 것 등 일련의 과정을 다른 사람 도움 없이 혼자서 담당했다. 입사 이후 아침은 굶고 점심과 저녁을 모두 회사에서 먹었고, 주말도 없이 출근했으며 가정 생활이란 것 자체가 아예 없었다.

그러니깐 양말 담당이라고 그랬으니까는. 그 양말로 일단 뭘 할려면은 주문을 받아야 되잖아. (중략) 바이어들이 그 한국에 그때 당시에 바잉 오피스(buying office)를 많이 가지고 있었어요. (중략) 거기 가서 내가 주문을 받아오던지. 이렇게 해서 주문받는 거부터 시작해서 필요한 원자재까지 그 수배하는 것까지 포함해서 또 공장을 우리가 가지고 있지 않으니깐은 전국에 있는 하청 공장을 물색을 해야 돼. 그 일부터 시작해서 물건 만들어서 그 저 수송, 화물할 차 저 수배해갖고 싣고 부산항에 가서 선박 회사 가서, 선박 요청하고, 하고 또 그 다음에 물건 실어내고 난 다음에 선박 회사에서 B/L 받아다가 또 필요한 서류 만들어서 은행가서 돈 찾는 일을 네고(nego)한다고 그래. 까지 일련 전 과정을 내가 혼자 다했어. 양말에 관한한. (중략) 수주와 생산 관리가 이제 그 내 주된 임무였었지.[47]

양말류 같은 거는 종합상사 중에서 그렇게 크게 과단위로 해서 크게 했던 데는 우리 삼성물산 밖에 없었던 거 같애. 그래서 그때 많이 하던 때는 1년에 양말 수출 실적이 3천만 불 이상 막하고 그랬어요. 양말만 3천만 불. 그러니깐은 그때 양말 한 타에 3, 4불할 때에요. 그러니까는 3천만 불이면은 1천만 타라는 얘기예요. (중략) 한 타가 열두 켤레 아니에요? 그럼 1억, 1억 2천만 켤레야. 짝으로는 2억4천만 켤레야. 그러니까 그거 아마 다 쌓으면 남산만할 걸. 어, 그 많은 양을 해치웠어. (중략) 내 별명이 회사 내에서 '남양말'이었었어. 남양말로, 남양말로 통했어. 양말하면 남상빈이니까 그랬겠지.[48]

그때는 우리가 자조적으로 애길 했어요. 하루가, 일주일이 월, 화, 수, 목, 금, 금, 금, 금이라고. 숨을 때가 없어요. 계속. 가정도 없었어. 왜냐하면 집에서 밥을 안 먹었어. 그러니 가정 생활은 없단 얘기예요. 아침은 원래 굶고 나가고. 일찍 나가야 되니까. 점심 회사에서 먹고, 저녁도 무조건 뭐, 일이 없어도 회사에서 먹었어.

---

47) 남상빈, 2016년 10월 9일자 3차 구술.
48) 남상빈, 2016년 10월 9일자 3차 구술.

습관이 되다보니까. 거의 일요일날 아니면은 그랬었었으니까는.[49]

남상빈은 섬유류, 특히 양말 전문가로 활약했지만, 1980년 말레이시아 쿠알라룸푸르 지사로 파견되어 원유 도입, 선박 및 철도 등 운송 설비, 방위 산업, 변전소 사업 등 전혀 새로운 지역에서 전혀 새로운 업무를 해야 했다. 남상빈에 따르면 종합상사는 자기 물건이 없다 보니까 사고파는 걸 동시에 해야 되므로 상사맨은 다방면으로 알아야 하며, 넓게 보면서도 심도 있게 볼 수 있어야 했다. 그러다 보니 남보다 더 많이 돌아다니고, 더 경험하게 되고, 더 많이 알게 될 수밖에 없었다. 그래서 다른 직장인보다 정신적 부하가 몇 배나 더할 만큼 스트레스가 워낙 심했다. 그래서인지 남상빈은 1998년 외환 위기로 인해 원하지 않는 퇴직을 해야 했지만, 회사를 그만두고 난 후 일종의 정신적 해방감 같은 것을 느끼기도 했다.

어차피 상사맨이라고 하는 게 다방면으로 알아야 돼요. 보통은, 보통은 사던 팔던 내 제품을 팔면 돼. 또 필요하면 사면 되는데, 종합상사는 사고 파는 걸 동시에 해야 되는 거야. 내 물건이 없다보니까. 오거나이즈(organize)하니깐. 이러다 보니까 아무래도 간섭하게 되고, 신경을 써줘야 되는 부분이, 경험할 수 있는 부분이 넓을 수밖에. 그리고 넓어야 되고, 비즈니스(business)는 말이죠, 그거는 진짜 건성으로 하는 거 아니에요. 연필 한 자루를 사고팔더라도 굉장히 심도 있게 따져요. 사는 사람도 그래, 사는 사람도. 파는 사람도 그렇잖아. 내 값을 제대로 받나 안 받나를 그냥 눈에 불 켜고 쳐다보잖아. 사는 사람도 그렇잖아요. 그러니깐은 그 넓은 범위를 그렇게 심도 있게 하다보니까 이게 남보다 더 경험하게 되고, 더 바라보고, 더 여러 군데를 왔다갔다 하다보니깐 그 아는 것도 많아지고, 어 그래지는

---

49) 남상빈, 2016년 9월 25일자 1차 구술.

거야. (중략) 나도 그때 그 종합상사에 자원해서 들어갔지만. 그 회사를 타의에 의해서 그만뒀지만 말이지. 그때 일종의 정신적 해방감 같은 것도 느꼈어. 워낙 스트레스가 심하니까. (중략) 그 때 당시 종합상사맨, 종합상사에 일하던 사람들이 그건 정신적, 그 멘탈 로드(mental load)는 말이지. 다른 거에 몇 배 되는 그런 거라고 봐요.[50]

사례 2: 신홍순 전 LG상사 LG패션 사장

신홍순(申弘淳)은 1941년생으로 1966년 락희화학공업사에 입사하여 1999년 LG상사 LG패션 대표이사 사장으로 퇴사했다. 입사 이후 그는 국내 영업, 수입 업무, 대정부 업무, 수출 업무 등을 거쳐 1974년부터 1975년까지 1년간 독일 함부르크 지사로 파견되었다. 독일 지사로 파견되었을 때, 가족 동반 없는 1인 파견이었으며, 숙박비, 식비, 교통비를 모두 포함하여 활동비로 하루 35 달러를 받았다. 돈이 부족하여 호텔에서 지낼 수 없어 펜션(개인 집의 방 하나를 빌려서 씀)에서 지냈으며, 자동차도 없었고, 택시도 타고 다닐 수 없었다. 전화는 교환통에서 하는데 그것도 몇 시간 기다려야 되어서 주로 우편이나 텔렉스를 쳐서 교신했다. 1인 지사이므로 연락하고 거래상 찾아가고, 매일 우체국과 은행에 가는 일을 모두 혼자 해야 했으며, 바이어들 사무실이 대개 시골에 있어서 바이어 만날 때는 샘플을 보여주기 위해 무거운 가방을 들고 기차를 타고 갔지만 허탕 치는 일도 많았다. 또한 당시 한국은 필리핀보다 위상이 낮았으며 방글라데시와 같은 수준으로 취급당했다고 한다.

그래서 이제 거기에 갔는데 하루 출장을 갈 때도 출장비가 35불. (중략) 숙박, 숙박비하고 뭐. 어. 식비하고 교통비하고. 그거 내에서 써라 이제. 어. 그러니까 아

---

50) 남상빈, 2016년 11월 13일자 6차 구술.

주, 아주 아껴 쓰는데. (중략) 전화는 교환통에서 하는데, 그것도 그냥 한, 몇 시간 기다려야 되고. 어, 주로 우편 아니면은 텔렉스(telex)라는 게 있어가지고 (중략) 텔렉스로 이제 쳐서 그래가지고 교신하고. 전화는 시차도 있지만 그러니까 이제 뭐, 잠도 안자고 밤중에 뭐 그, 한 두 시간 씩 기다렸다가 이제 연결되고, 그 때나 전화하니까 자주 하지도 못 하고. 어. 그리고 이제 뭐, 주말은, 주말은 쉬는 날인데 이제 그러니까, 그러니까 이제 혼자 가서 바쁘지. 그런 연락도 하고 뭐 거래상 찾아가는 것도 있어야 되지만 우체국 부치러 매일 뭐 들락날락 우체국 갔다 오고. 뭐 편지 오는 거 받고, 가져오고 또 쓰고 뭐 이러고 이런 거 뭐 붙이고 뭐. 우체국 다니고 은행도 뭐 필요하면 직접 가야되고 다 그렇지. (중략) 차도 없었지, 물론. 어. 자동차도 없었고.[51]

백화점 바이어를 찾아서 리스트를 해가지고 이제 전화를, 연락을 편지 쓰는 이제 연락을 한단 말이야. 그럼 백화점 바이어가 "야. 그럼 와라. 어, 언제 와라." 그러면 이제 약속을 해준다고. 그러면 걔네들이 이, 지들 사무실은 대게 시골에 있어. 기차 타고 가서 뭐, 잔뜩 들고, 끌고 이제 직, 바퀴 달린 거 끌고 이제. 그땐 네 개짜리도 없었어. 두 개짜린 이제. 그거 끌고 기차 내려서 또, 이, 플라스틱이 비닐 같으면 굉장히 무거워. 어. 그 무거운 거 끌고 가서. 그, 백(bag) 뭐 이런 거. 어. 그럼. 그럼. 보여주면서 얘기해야 되니까. 팜플렛(pamphlet) 뭐 다 가지고 들고 가서. 이제 밑에 전화 연락해가지고 이제 "몇 층으로 올라오라." 그러면 이제 올라가서. 가니까 이제 한, 두세 번 그런 거 당하고. '야. 세일즈(sales)가 이런 거구나.' 처참하더라고. 그 먼데서 갔는데, 프랑크푸르트(Frankfurt) 근처로 함부르크 (Hamburg)에서 갔는데 어? 슥 문 열고 나오더니 "어디, 거기 다 펴 봐." 그러더라고. 응? 그래서 이제 꺼내서 이제 이렇게 쭉 내놔, 내놓으니까 이제 보더니 "어. 알았는데 우리 한국에 구매, 구매 사무실이," 주소하고 줘. "한국에 뭐 저, 신당동 어

51) 신흥순, 2017년 3월 25일자 2차 구술.

디, 어디에 구매 사무실이 있으니까," (중략) 거기 가서 만나." 자기네가 이제 직접 구매 안 하는, 거기서 이제 글로 가면 이제 거기서 연락 오면 이제 그렇게 해가지고 루트(route)를 통한다는 얘기지. (중략) 그, 처음부터 "야. 우리 필요 없어. 그냥 가." 그러면 끝나는 건데 아, 그러고 돌아올려니까 하루를 완전히 잡아먹고, 그 무거운 거 들고. 속이, 겉으로 욕이 막 나오더라고. "이 자식들. 뭐 이런 짓을 하고 있어."[52]

수입상이야 수입상. 그러고 거, 그런 상담도 이제 몇 번 한 적이 있는 그런 거래상이야. 어, 그러니까 이제 초청을 해오고 그러는데 가니까 그때는 그걸 못 느꼈지. 나중에 지나고 보니까 '어, 이게 봐.' 이제 그랬는데. 방글라데시, 뭐 인도, 태국, 한국 응. 이렇게 딱 한, 네다섯 군데 딱 초청을 해서 식사를. 어. 같이 불러서 자기가 식사를 대접을 하더라고. 이제 거기 잡화들 취급하는 회사였으니까. 백(bag)이니 이런 거 취급하니까. (중략) 그때 지나고 이제 한참 우리가 이제 많이 발전을 해서 대접을 받을 때 생각을 해보니까 그 때 그놈이 고런 나라들. 그러니까 내가 방글라데시하고 같은 사람으로, 그쪽 사람하고 같이 취급을 한 거지 뭐. (중략) 필리핀 뭐 이런 나라. 그런데 그 때는 그 사, 그 사람들이 우리보다 위상이 좋을 때였던 말이야. (중략) 그 때 뭐 북한이 국민 소득이 훨씬 나을 때였으니까. (중략) 응. 그러니까 그렇게 취급을 당해, 당하면서 아, 내가 그렇게 취급을 당하면서 그랬구나.[53]

---

52) 신홍순, 2017년 3월 25일자 2차 구술.
53) 신홍순, 2017년 3월 25일자 2차 구술.

5. 종합무역상사 업무의 성공 사례

종합무역상사 도입이 한국 경제의 성장에 있어서 성공적이었는지 그렇지 못했는지에 대해서는 다양한 평가가 존재한다. 우선 종합무역상사 지정 제도가 실시된 1975년 이후 수출 실적은 다음과 같다.

〈표 3〉 종합무역상사의 수출 실적[54]　　　　　　　　　　　　　(단위: 100만 달러)

구분	1975년	1976년	1977년	1978년	1979년	1980년	1981년	연평균 증가율
한국 총수출	5,081	7,715	10,047	12,711	15,056	17,505	21,254	27.4%
종합상사 수출	627	1,329	2,177	3,434	5,102	7,116	9,021	54.6%
종합상사 비중	12.3%	17.2%	21.7%	27.0%	33.9%	40.7%	42.4%	

위의 표에서 알 수 있듯 1975년부터 1981년까지 7년간 한국의 총수출은 연평균 27.4% 증가했고, 종합무역상사의 수출은 54.6% 증가함으로써 종합상사가 한국 총수출에서 차지하는 비중이 42.4%를 차지하게 되었으므로 종합무역상사가 한국의 수출을 견인했다는 긍정적 평가가 가능하다. 그러나 다른 한편으로는 이러한 종합무역상사의 수출량이 자체적인 수출 증가에 힘입은 것이라기보다는 같은 그룹 소속 계열사의 수출을 단순 대행하거나 그들의 수출 실적을 단순하게 종합무역상사 명의로 처리한 결과가 포함됨으로써 부풀려진 것이 아니냐는 반론이 있을 수 있다. 또한 종합무역상사의 수출 증가와 더불어 종합무역상사가 아닌 중소업체의 수출 증가율이 꾸준히 하락했으므로 종합무역상사가 기타

---

54) 조동성, 앞의 책, 52쪽.

중소 수출 업체의 수출을 상대적으로 위축시켰다는 반론도 가능하다. 따라서 단순한 수출 총량 수치만으로는 종합무역상사의 성과를 정확하게 평가할 수는 없으며 이를 위해서는 보다 세밀한 자료 분석이 필요하다.

통계 자료에 대한 세밀한 분석 및 논의에 대해서는 차치하고, 본고에서는 이러한 통계적 수치로만은 드러나지 않는 종합무역상사 업무의 성공 사례에 대해 살펴보고자 한다. 특별히 한국 경제의 위기이자 기회가 되었던 1970년대 제2차 석유 파동 및 1980년대 후반 소련 및 동유럽의 체제 변화 및 개방화 시기에 있었던 몇몇 대표적 성공 사례를 살펴보겠다. 이러한 성공은 단지 종합무역상사 제도 덕분이라기보다는 문제를 해결하기 위해 당시 종합무역상사에서 일했던 임직원들 한 명 한 명이 적극적인 의지를 가지고 부단히 노력한 결과라고 할 수 있다.

사례 1: 제2차 석유파동기 말레이시아에서의 석유 확보

종합무역상사는 비록 1970년대 초반 박정희 정부의 연간 수출 100억 달러 목표를 달성하기 위한 수단으로 출발한 만큼 무엇보다 수출 확대에 큰 비중을 두고 있었다. 그러나 1978년 제2차 석유 파동으로 국내에는 석유 확보가 절실해지자 당시 정부는 국가 경제의 차원에서 종합무역상사에 자원 확보라는 긴급 과제를 부여하게 되었다. 이러한 자원 확보는 이미 일본의 소고쇼샤들이 제1차 석유 파동 직후 적극적으로 활동하여 국가적 경제 위기를 극복한 선례가 있기도 했다.

남상빈은 1980년 9월 삼성물산 말레이시아 쿠알라룸푸르 지사로 파견되자마자 이러한 석유 확보의 임무를 수행하기 위해 말레이시아의 국영 에너지 기업체인 페트로나스(PETRONAS)에 매일 출근하다시피 했다. 당시 말레이시아 정부로서는 한국에 석유를 제공할 입장이 아니었으나 남상빈의 매일 계속되는 출근이 이어지자 끈기에 마음을 열게 되었고, 이를 통해 삼성물산은 비정기적 석유 120만 배럴을 확보, 수입하기에 이르렀다.

80년도에 이제 무슨 일이 벌어졌었나하면 오일쇼크, 2차 오일쇼크가 벌어져 갖고. 이게 어땠냐하면 우리나라 정유 공장들이 원유 조달을 못하는 거예요. 이래가지고 그 전두환 대통령이 그럼 종합무역상사 불러가지고 말이지 책임지고 개발해라. 그래가지고 그때 삼성물산이 맡은 데가 말레이시아하고 멕시코, 선경은 저기 사우디아라비아. (중략) 말레이시아도 '페트로나스(Petronas)'라고 말이지, (중략) 석유 수출공사가 있어요. (중략) 고 원유를 노리고 인제 우리가 사갑시다. 제안하는 거예요. 한국한테 팔아라. 페트로나스는 다 정해졌다. 니한테 갈 수가, 양이 하나도 없다 말이지. 다 정해져있기 때문에 소용없다. 이러고 있고. 우리는 그래도 혹시 모르는 거 아니냐? 그 하고 있고. 눈에 안 띄면 또 잊어버릴 테니까 가서 출근하는 거야. (중략) 애쉬트래이 캐리어(ashtray carrier)라고 하는 별명까지 생길 정도로 한 달 정도 이상 다녔으니까. (중략) 근데 자꾸 그러니까는 말이지, 하루는 그러다가 나한테 농담으로 그러는 거야. (중략) 스팟 카고(spot cargo)가 생겼는데, 가져가겠느냐? (중략) 전부해서 120만 배럴이야. 스팟 카고 나온 게 말이야. (중략) 그래가지고 그 120만 배럴을 가져갔는데,[55]

사례 2: 산유국 나이지리아와의 국교 수립의 발판 마련

1973년 제1차 석유파동 이후 원유 확보의 필요성을 절감한 정부와 기업은 중동 지역으로의 진출을 통해 위기를 극복해 나갔는데, 사하라 이남의 아프리카 지역 중 중요한 산유국인 나이지리아와의 꾸준한 경제 협력을 통해 1980년 국교를 수립하게 되었다. 이는 현대조선이 1977년 나이지리아 국영 해운회사에서 발주한 선박 19척(수주액 총 2억 6400만 달러)을 유고슬라비아 조선 회사와 함께 수주함으로써 물꼬를 트고, 이

---

55) 남상빈, 2016년 10월 23일자 4차 구술.

후 대우실업 등 한국의 종합무역상사 및 국내 기업체들이 적극적으로 경제 협력을 추진한 결과였다.

그런데 나이지리아라는 나라는 아시다시피 그, 아프리카에서 우선 인구가 제일 많고 면적도 넓을 뿐만 아니라, (중략) 산유국이 되었고. 어, 그래서 이제 그, 경제가 막 발전하는 이제 그런 단계였습니다. 어, 그런데 이제 그 경제 발전을 하다보니깐, 이제 운송, 해상 운송과 또 그 부두 뭐, 건설 이런 것이 많이 필요했겠죠. 그래서 어, 아마 그런 그, 차원에서 국가 사업으로 이제 발주가 됐습니다. (중략) 우리가 우여곡절 끝에 이제 그 수주를 해서 (중략) 그걸 계기로 해서 이제 한국 하고 어, 나이지리아하고 이제 그, 교류 관계가 많아지고, 산유국이다 보니까, 그, 한국에서 여러 그, 종합상사들이 와서 어, 이제 교역을 하고. (중략) 그때 한양건설에서는 심지어 건설 공사까지도 하고. 또 우리 현대 그룹에서는 어, 이제 중전기에서, 중전기 그, 회사에서 만드는 저 대형 변압기도 최초로 수출을 하고. 또 많은 뭐, 건축 자재, 또 컨테이너 박스 뭐, 이런 걸 많이 이제 수출해서 교역이 늘어나죠. 어, 그런 관계로 해서 이제 뭐, 나이지리아 하고 교역이 많아지니까 자연히 이제 국교 문제가 나오고, 그 거를 또 하는데. 어, 대우실업에서 제일 그 활약을 많이 해서, 국교가 이제 수립이 되고.[56]

사례 3: 1980년대 후반 체제전환기 소련 및 동유럽 등 공산권으로의 진출

음용기(陰龍基)는 1940년생으로 1964년 현대건설에 입사하여 현대양행, 현대미포조선에서 근무했으며, 현대종합상사, 현대목재공업, 현대리바트 사장을 역임하고 1998년 퇴임했다. 음용기가 현대종합상사 사장으로 부임한 1988년 당시는 서울 올림픽을 앞두고 동유럽 공산권 국가와

---

56) 음용기, 2016년 6월 15일자 4차 구술.

의 교류 활성화 분위기가 고조된 시기였으므로, 이를 계기로 텔레비전과 현대자동차 차량을 수출하게 되었다. 그러나 당시 현대의 경영진은 현대종합상사가 현대자동차 제품을 판매하는 것을 달갑지 않게 생각하고 있었지만, 현대자동차의 미국 수출이 부진한 상황이었으므로 현대종합상사가 동유럽에 현대차를 파는 것을 허락하게 되었다. 당시 슬로베니아는 소련제 차를 수입하고 있었는데 공산권 국가이다 보니 돈을 내고 신청하면 한참 후에 배급제로 차를 받게 되는 불편함이 있었으며 공급이 매우 빈약하여 수급이 불균형한 상태였다. 이에 현대종합상사는 보세 창고에 미리 자동차를 잔뜩 갖다 놓고 현지 업자에게 외상 판매하는 식으로 수출을 개시했다. 그러자 기다리지 않고 금방 살 수 있으며 자기가 사고 싶은 것을 직접 보고 고를 수 있다는 것이 알려지면서 날개 돋친 듯이 팔리게 되었다. 이를 계기로 동유럽 전역에 수출하게 되었으며, 소련, 체코, 터키에 현지 공장도 설치하게 되었으며, 현대자동차를 세계화하는 데에 종합상사가 큰 역할을 했다.

그 때 이제 우리가 그 올림픽을 앞두고 동구라파, 어, 공산권 하고의 교류를 이제 활성화 하는, 이제 그런 그, 분위기가 이제 아주 어, 고조되어 있을 때죠. (중략) 교역 대상국이 그, 과거 미국, 일본에 치중됐던 것이 이제 새로운 에, 중국, 소련, 동구라파의 시장이 열림으로 해서, 제일 먼저 우리가 나갈 수 있는 그런 계기가 됐고, 또 나가야 되는 거고. 그래서 사전에 뭐, 정보도 파악을 하고, 인맥도 좀 구성을 하고, 시장 조사도 하고, 그래서 종합상사 중에서는 어, 그 동구라파와 공산권 진출이 제일 저기, 빨리 했고, 어 아주 많은 성과를 거둔 거죠. (중략) 그때 당시의 그, 이제 유고슬라비아를 중심으로 해서 이제 그, 자유 경제 분위기가 이렇게 돌아가서, 이제 이 뭐, 입출입도 자유롭고 그래서. 우리 종합상사 사람들이 가 보니까, 의외로 그 사람들이 그 외화는 민간인들이 많이 가지고 있는데, 물건이 없는 거예요. 음. 그래서 어, 그때 그, 올림픽을 계기로 해서 텔레비전이 이제 필요

하지 않겠습니까? 그 텔레비전을 많이 이제 수출할 수가 있는 계기가 됐습니다.[57]

자동차에 대한 수요가 또 어, 이제 급증하기 시작해서, 우리가 그 슬로베니아라고, 그, 이태리 접경지역에 있는 나라에서 자동차를 좀 수입하겠다고 해서 이제, 어, 거기도 알아보니까 (중략) 자동차를 사고 싶은 사람은 어, 돈을 내고 신청을 하면은, 이제 한참 후에 배급제로 이렇게 나오는 그런 형태로 그 수급이 불균형된 상태고. 공급이 아주 빈약한 상태였습니다. 그래서 이제 나온 아이디어가 "아, 이제 자동차 자기가 직접 보고 좀 골라서 샀으면 좋겠다." 아, 그런 아이디어가 있어서. (중략) 사진과 카탈로그(catalog)랑 이런 걸 줘서, "이런 게 곧 들어 온다." "이거 금방 살 수 있다." 이렇게 이제 선전을 해놓으니까, 그 뭐, 그, 인기가 대단한 거예요. 그러니까 와서 자기 맘에 맞는 색깔을 골라서 바로 가져갈 수 있으니까. 그 날로. 그게 바람이 불어 가지고, 그게 아주 날개 돋친 듯이 완판이 되고. 그 다음에 두 번째 보낸 건, 두 번째도 완판이 되고. 막 그런 상황이 이제 연출이 된 거죠. (중략) 아주 그, 대성공을 한 거죠. (중략) 선진국의 상징이라 할 수 있는 자동차를 그, 저기 동구라파에 '쫙' 수출했고 나중에는 소련에도 수출하게 됐고, (중략) 현대자동차가 세계화하는데 종합상사가 일조를 했다, 이렇게 나름대로 생각을 하고. (중략) 미국 이외의 지역에 그 공장이 설치된 그 80년도 후반 90년도 초반은 종합상사가 어, 여러 가지 그 역할을 했다고 봅니다.[58]

6. 종합무역상사 업무의 실패 사례

본 장에서는 종합무역상사 업무의 실패 사례에 대해 살펴보고자 한다.

---

57) 음용기, 2016년 6월 15일자 4차 구술.
58) 음용기, 2016년 6월 15일자 4차 구술.

이러한 실패 사례는 대부분 종합무역상사 직원들 개인의 능력이나 노력 부족이라기보다는 당시 종합무역상사 제도 운영과 관련된 정부와 기업 차원에서의 총체적이고 구조적인 한계에 기인한 것이라고 할 수 있다.

사례 1: 기업 간의 과다경쟁 문제

삼성물산은 말레이시아 쿠알라룸푸르 지점 직원들의 노력을 통해 말레이시아의 원유를 확보하여 수입하게 되었다. 그러나 당시 원유를 수입하는 국내 업체는 유공(현 SK 이노베이션)이었으며, 유공은 종합무역상사였던 선경(현 SK그룹)이 인수한 자회사였다. 당시 종합무역상사 간의 실적 경쟁이 치열했던 상황에서 유공은 정부(동력자원부)로의 로비를 통해서 말레이시아 원유를 삼성물산 대신 선경종합상사를 통해 수입할 것을 보장받게 되었고, 이로 인해 삼성물산이 도입한 원유는 하역을 못한 채 울산 앞바다에서 비싼 채선료를 물면서 대기하다가 결국 유공에게 뺏기는 일도 발생했다. 이는 당시 상사 간의 과당 경쟁이 얼마나 심했는지를 단적으로 보여주는 예이다.

그때 당시 전두환 대통령이 종합상사들한테 지령을 내린 거야. 선경 넌 무조건 사우디아라비아 가서 잡, 원유 잡아오고, 삼성물산 당신들은 말레이시아하고 멕시코 두 군데 책임 주고 원유 도입하라고. (중략) 그러니까는 이 유공에서 말이지, (중략) 삼성물산으로 도입된 원유는 못 받겠다 이거야. 자기네들 종합상사인 선경을 통해서 페트로나스 원유를 도입하게 해 달라 이거야. 안 받아. 하역을 못하는 거야. 그래서 우리 원유 실은 배가 울산 앞바다에서 며칠을 기다렸는지 몰라요. 엄청 비싸요. 채선료가. 배를 빨리 거기 하역 부리고 또 가서 장사해야 되는데, 못 부리고 바다에 서있으니 이거 어떡하냐고. (중략) 어, 유공에서 안 받겠다니, 선경을 통해서 들어오라 이거지. 너무 하지. 그래가지고 그때 본사에 그 자원 사업 본부장 채호병 전무라고 하는 분인데 그 때 병을 얻어 돌아가셨는지, 간암으로 돌아가셨는데. 이 양반이. 그 때는 지금은 에너지가 상공부에 붙어있으니까는 에너지 동력자원부라고 따로 있었드랬어. 거기 앞에서 막 데모하고 그랬잖아. 도대체 말이지. 이렇게 해서 정부에서 시켜가지고 하라고 할 때는 언제고, 이렇게 됐더니 세상 변했다고 말이지, 이거 왜 내버려 둡니까 말이야. (중략) 지금은 많이 개선되고 저거 됐겠지만 우리나라 공무원께서는 말이죠. 생각해봐. 다 그 용돈 대주고, 뒷바라지해 주는 건. 동자부의 뒷바라지는 누구겠어. 정유 공장들이야. (중략) 다 정유 공장에서 다 협찬 받고 그러는데 떠든다고 변하겠어. (중략) 그래가지고 할 수 없이 삼성물산이 손을 들었던 거야. (중략) 그래서 선경을 통해서 원유는 이제 가져갔던 거야.[59]

또한 종합무역상사 간의 과당 경쟁을 막기 위해 창구지정제도 등 상호 간의 협력이 필요한 경우가 많았지만 일본 소고쇼샤들과는 달리 한국 종합무역상사들은 그런 자율적 협조 체계를 통한 선의의 경쟁 잘 이루어지지 않는 경우가 많았다고 한다.

그 주로 이제 그 같은 업체끼리 동종 업체끼리 가급적이면 실속 있게 장사를 하자. (중략) 그런 거를 한다면 정부 주도는 못해요. (중략) 그래서 정부는 절대 안 나서고 자발적으로 한다는 의미에서 그 이제 협회, 업체끼리 모여서 협회를 조성하잖아요. 조선협회, 뭐 섬유수출조합, 뭐 이런 조직해서 이제 해외건설협회 이런 식으로 해 가지고 협회에서 인제 하는데, 소위 말하는 그게 말하는 창구지정제도에요. 프로젝트가 있을 때, 그 협회에 이런데 와서 신고를 해서 우리 회사를 창구로 지정해주시오. 그래서 이제 이거저거 따질 수 없으니까 선입선출이야. 먼저 온 놈한테 주는 거야. 그래서 이제 주로 경쟁이 그 정보 경쟁이에요. (중략) 일본도 똑같이 했어요. 비슷하게 했어. 근데 일본은 글쎄 우리하고 국민성이 틀려서 그런지

59) 남상빈, 2016년 11월 13일자 6차 구술.

이노마들은 우리 협회처럼 거의 반강제도 아니야. 자기네들끼리 자율이에요. 자율인데 딱 한 약속은 지키는 거야. 아마 걔들은 이렇게 해가지고 한 번 어기잖아, 배신 때리자나 그래서 왕따 당하면은 아마 퇴출해가지고 자살하던지 우리처럼 엄격하지도 않은데 절대 배신안하고, 지들끼리 하기로 한 약속은 철썩 같이 지키는 거예요. 근데 우리는 그런 면에서 떨어져. 창구 지정 안 받은 데도 뒤로 들어갔어. 그런 경우가 비일비재했어. (중략) 그게 약간 창피스럽고 비극이었었지.[60]

사례 2: 실적만큼의 내실이 없는 문제

당시 종합무역상사는 실적 지상주의에 빠지게 됨으로써 내실이 없는 경우가 많았는데, 대표적인 것이 바로 포항제철 수주 문제였다. 포항제철은 수출 규모가 매우 컸으며, 그룹 차원에서 자체적으로 종합무역상사를 운영하지 않았기 때문에 당시 모든 종합무역상사들은 포항제철의 제품을 얼마나 대행 수출하느냐에 따라 수출 실적에 큰 차이가 나게 되었다. 따라서 각 종합무역상사들은 자체적으로 수출을 증대하는 것도 중요했지만 포항제철의 수출 업무를 얼마나 수주하느냐를 중시할 수밖에 없었으며, 이로 인해 포항제철과 종합무역상사 간에 일종의 갑을관계가 발생하기도 했다.

이제 수출을 종합상사가 되면, 종합상사 서열이 나옵니다. 서열은 수출을 얼마 했느냐 이구요. 그러면 수출을 하려면 자기가 만든 것만 가지고는 안 되니까 이제 그, 남이 만드는, 어, 그런 그, 제품을 "이제 가서 수출을 해주겠다." 또 수출이 될 만 한 거는 종합상사가 너도나도 가서 경합을 하고, 또 필요하면 뭐, 자금 지원도 하고 어, 그래서 물량을 받아서, 그냥 수출을 해서, 실적을 또 잡고 보고하고 그러죠. 연말에 뭐, 상도 타고 그러죠. 그러나 내실은 뭐, 뭐, 없는 거죠. 문제가 많은.

---

60) 남상빈, 2016년 12월 4일자 8차 구술.

아주. (중략) 그 중에 대표적인 게, 이제 포항제철이 그 때 수출 물량이 많으니까, 그 물량을 종합상사에다 이제 배정을 하는 게 있어요. 거기 이제 포항제철에 잘 보이면 물량 배정이 많이 나오고, 못하면 뭐, 뭐, 은근히 또 뭐, 여러 가지 차별 대우가 많고. (중략) 수출 물량을 받는 거는 역시 어, 그, 포철이 갑이고 종합상사는 영원히 을이죠.[61]

사례 3: 충분한 준비 없는 무리한 해외 지사 확장으로 인한 비효율성 발생 문제

종합무역상사의 지정 요건 중 해외 지점을 많이 개설하는 것과 수출 지역을 다변화하는 것이 있었기 때문에 각 상사들은 이러한 요건을 맞추기 위해서라도 해외 지사를 확장해야 했다. 이에 따라 아프리카와 중남미 등 그동안 한국과 경제적으로나 외교적으로 많은 교류가 없던 지역에까지 지점을 열기 시작했다. 그러나 충분한 사전 조사를 통해 현지 사정을 알아보거나 충분한 제도적 지원책을 마련하지도 않은 채 일단 직원을 보내고 난 후에 파견된 직원이 능력껏 알아서 개척하게 하는 주먹구구식의 방식으로는 수출 확대나 수익 창출이 불가능한 경우가 많았다. 결국 이러한 해외 지사 운영 방식은 비효율성을 낳을 수밖에 없었으며, 결국 해외 지사 폐쇄로 이어지게 되었다.

그 때는 남미 경제가 가장 나빴을 때에요. 그리고 남미에는 전부 군사 독재가 있어 가지고, 자유 경제가 없기 때문에 이 민간 구역이 없었어요. 그러니까 우리가 가서 할 일이 없었다고. 그러니까 이 뭐 전부 큰 입찰이나 이런 것들이 우리 때는 그런 거를 할 수 있는 능력이 없었거든요. 그러니까 장사하는 맛이 없었지. 장사하는 맛이 조금. 그런데, 어, 1년 있다가, 아, 2년 있다가 도저히 장사가 뭐, 정말 1불

61) 음용기, 2016년 6월 15일자 4차 구술.

도 수출 못했으니까. (중략) 워낙 사업이 안 되니까 남미 지점을 다 자르는 거야. 그러니까 연지 (브라질 상파울로 지점을) 4년 만에 닫은 거지. 1대에다가 내가 말 대가 된 거지 이제. (중략) (아르헨티나 부에노스아이레스로) 갔다가 거기서 1년 있다가 아르헨티나도 다 자르고. (중략) 근데 거기도 장사가 안 되니까, 전부 군부 독재가 되고 하니까 안 되는 거예요. 그 무역은 자유화가, 경제의 자유화가 되어야 되지, 통제 경제에서는 무역이 안 돼. 나라가 다 직접 하니까. (중략) 우린 또 현지 의 지점, 돈 이외에, 운영비가 들어가고 그러니까는 돈이, 본전 생각을 하는 거지 자꾸. 그러니까는 희망이 없으면 이제 빨리 문 닫는 거죠.[62]

사례 4: 금을 이용한 이자 놀이 및 그로 인한 외환위기 초래

1980년대 후반 3저 현상[63]에 따른 호황으로 중화학공업이 빛을 보게 되면서 중화학 제품 제조업체는 큰 호황을 맞은 반면, 종합무역상사은 오히려 입지가 좁아지게 되었고, 점점 쇠퇴하게 되었다. 1990년대 들어 와 국내에 달러는 부족하고, 환율도 800원대이다 보니 수출도 잘 안되 고 이자율은 해외보다 높은 상황이었다. 이러한 상황에서 종합무역상사 는 궁리 끝에 비정상적인 방법을 사용하려는 유혹에 빠지게 되었다. 우 선 현지 법인을 통해 미국 은행에서 달러를 빌려서 금을 사면, 본사에서 는 현지 법인으로부터 이 금을 수입했다가 바로 수출했다. 그러면 수출 실적이 생기게 될 뿐만 아니라 대금을 은행에 넣음으로써 미국에서 빌 린 것보다 높은 이자를 통해 수익을 불릴 수 있었다. 이로 인해 결국 달 러가 부족해지면서 외환위기가 오게 되었다고 한다. 외환위기 이후 환 율이 2000원 가까이까지 치솟으면서 많은 종합무역상사들이 엄청난 손 해를 보게 되었다.

---

62) 정철, 2017년 6월 9일자 2차 구술.

63) 1986~1988년에 두드러지게 나타났던 저달러, 저금리, 저유가 현상을 통칭 하는 말.

제품 리스크 없이 파이낸싱(financing)을 할려다 보니까 인제 금 장사까지 간 거야. 금 장사. (중략) 예를 들어서 뉴욕 법, 지점이, 법인이 맥시멈(maximum)으로 현지에서 파이낸싱을 해가지고 금을 사서 금을 본사로 수출하는 거야. (중략) DA(document against acceptance 인수인도) 90일로. (중략) 그럼 본사는 그 온 금을 일단 받고, (중략) 이 금을 바로 통관도 안하고 수출하는 거야. (중략) 제3국으로 홍콩이나 이런 데로. 그건 앳사이트(at sight)야. 그러면 금을 매개로 해서 뉴욕에서 10프로(%)로 돈 꿔 가지고 말이지. 한국에 와서 90일 동안 15프로로 돈놀이 하는 거야. 똑같이. 그런 데까지 간 거야. (중략) 그때 한 건 뭐냐 하면 수출 실적, 수출 실적, 수출 실적만 따지는 거야. (중략) 금 100만 불 어치가 와서 나가면 100만 불 수출한 거야. 100만 불 수출하고 얼마나 좋아 이건 뭐 일거삼득이야. 신나는 거지. 마구 한 거야, 그냥. 그 현지에서 파이낸싱 일으킬 수 있는 정도까지는. (중략) 대우도 많이 하고 삼성도 많이 하고 뭐 안 한 종합상사, 종합무역상사 없었을 걸. 그게 그 때 그게 되다보니까 말이지. 은행들도 해외에서 단기 차입을 하는 거야. 김영삼 대통령 정부에서 그걸 허락을 했어. 그러니까는 뭐 마구 하는 거지, 되는 데까지. 그게 쌓이고, 쌓이고, 쌓이고 쌓이다 보니까는 우리가 얘기하는 97년도 외환위기가 그거야. (중략) 환율이 안 변할 줄 알고 말이지. 그렇게 되다 보니까 망했잖아. 그래가지고 외환위기 때는 말이죠, 그랬어요. 한국 돈은 뭐. 그게 그 때 그 은행이든, 종합무역상사든 싼 금리, 비싼, 해외에 싼 금리를 갖다가 그 국내에 비싼 금리 이용한 돈놀이하다가 당한 게 그 외환위기에요. (중략) 그렇게까지 갔드랬어.[64]

64) 남상빈, 2016년 10월 23일자 4차 구술.

7. 종합무역상사에 대한 평가 및 전망

종합무역상사가 한국 경제에 어떤 영향을 미쳤는지에 대해서는 다양한 평가가 존재한다. 긍정적 평가로는 총수출 증대, 국제 수지 개선, 고용 증대 등 경제 규모 성장에 기여했으며, 생산과 수출 기능 분리에 따른 효율성의 증대, 중화학공업 제품(플랜트 포함) 수출 증대, 수출 지역 다변화, 원자재 및 자원의 원활한 공급, 정보·기술 축적 및 인력 양성 등 경제 구조 개선에 이바지했다는 평가가 있어왔다. 반면 부정적 평가로는 중소기업과의 마찰, 과당 경쟁, 정부 지원의 악용, 재벌 그룹의 과대한 팽창, 내수시장의 상대적 위축, 과도한 외자 도입으로 인한 국가 채무 증가, 통화 팽창 및 인플레이션 등 경제 질서나 공정성, 경제 구조를 악화시켰다는 평가가 있어왔다.[65]

본고에서는 이러한 다양한 평가가 존재한다는 사실을 전제로 하여 종합무역상사에서 임직원으로 일했던 인사들이 언급한 종합무역상사에 대한 평가 및 전망에 대해 살펴보고자 한다.

평가 및 전망 1: 한국 경제를 고도로 성장시킨 시의적절한 제도

남상빈 전 삼성물산 상무이사에 따르면 종합무역상사 제도는 제조사와는 별개로 수출 전담 전문 기업을 지정하는 것으로서 매우 효율적이었다. 즉, 공장은 그냥 열심히 좋은 제품을 만들어서 납품하는 데에만 신경을 쓰면 되었고, 수출에 필요한 온갖 자질구레한 일과 큰일들은 모두 종합상사가 담당했기 때문에 한국 경제 시스템이 돌아가게 하는 데에 중추적인 역할을 했다고 볼 수 있다. 또한 종합무역상사로 인해 섬유 수출이 활발해짐으로써 중화학공업을 일으키는 데 필요한 종자돈을 마

---

65) 조동성, 앞의 책, 50-51쪽.

련할 수 있었다. 이를 통해 중화학공업이 발전할 수 있었으며, 이후 중화학공업 제품 수출 활성화로 인해 한국 경제가 고도로 성장할 수 있었다. 그러한 점에서 종합무역상사 제도는 매우 시의적절한 정책이었다고 평가했다.

그 때 당시에 그 정부에서 그 75년도에 이제 종합상사 그 정책을 저걸 했는데 그건 아주 시의적절하게 했던 거 같아요. 왜냐하면 우리가 쫙 이렇게 지나온 일을 반추해 봤을 때 6, 70년대는 경공품, 그 가발이나 그 완구나 섬유 제품이 우리 경제를 살렸어. 그래서 6, 70년대, 그런 제품을 가지고 해외 시장에서 돈을 벌어가지고 80년대 이후 중공업을 하는 그 밑천으로 삼아, 시드머니(seed money), 종자돈으로 삼았던 거예요. 6, 70년대 그 때 특히 그 해외 시장 개척기에 그 제대로 실력 발휘를 했지. (중략) 종합상사들이 발견해내고 조직해내고 그런 제도를 활용하고. 근데 정부에서 제도만 내놓지, 실제 그걸 쓰도록 활용하게 하는 건 밑에서 회사들이 해줘야 되는 거지. (중략) 그때 당시 시대 상황이 요구했던 그런 자질구레한 일부터 큰 일까지를 종합상사들이 해냈던 거예요. 그래서 그 종합상사 그 일선에서 일했던 사람으로서 진짜 그 때 정부의 시의적절한 정책이었고, 어 그걸 진짜 그렇게 현실적으로 그, 그 구석구석에 해서 전 시스템이 돌아가게 하는 데에 중추적인 역할을 했지 않았냐 그런 생각이 들어.[66]

그러나 남상빈에 따르면 한 때를 풍미하던 종합무역상사는 변해버린 시장 환경에 적응하지 못하게 되고, 또 종합무역상사가 소속 그룹의 지주회사가 아닌 경우가 많이 발생함에 따라 그룹 내 주도권을 뺏기면서 역할과 기능이 쇠퇴하게 되었다고 한다.

---

66) 남상빈, 2016년 12월 4일자 8차 구술.

한국종합무역상사가 쇠퇴해진 이유는 그거에요. 변해버린 시장 환경에 맞춰서 적응을, 자기 변신을 못해 나간거야. 종합상사들이 남모르는, 그럴 때 가서 누구보다 먼저 가 가지고 시장을 개척하고 하는 소위 말하는 해외시장 개척 능력이 거의 그때 대부분이었는데, 그게 정보화가 진행되고, 세상이 많이 밝아지면서 종합상사 아니래도 다른 놈들, 다른 회사들이 그냥 직접 할 수 있는 그런 역량을 갖추게 되고, 그렇게 됐어. 그렇다 그러면은 새로운 수익을 또 창출해낼 수 있는 그런 신 분야를 개발을 하고, 저걸 해서 그 쪽으로 변신해가야 되는데, 한 마디로 말하면 그걸 못한 거예요. (중략) 근데 왜 일본 종합상사는 우리가 벤치마킹(bench-marking)한 일본 종합무역상사는 지금까지 일로 번창하는데 우리 한국은 못했냐. (중략) 삼성물산이 초기에는 모회사로 어쩌고 저쩌고 저쩌고 했지만 뒤에 삼성전자한테 그룹의 헤게모니(hegemonie)를 뺏겼어. 그러다보니깐 뭐 변신하는데 있어서 무슨 요구사항 같은 거 있을 거 아니에요. 그룹의 자원 배분, 자금 같은 거 어쩌고 저쩌고 하는데 우선순위에서 밀린 거야. 근데 반면에 일본은 종합상사가 우두머리에요, 자체가. 미쓰비시든 미쓰이든 걔네들이 다 밑에 쫄다구들 다 거느리고 그러니까 지주회사 비슷한 그런 역할이야. (중략) 한국 종합무역상사가 왜 그걸 제대로 못했냐 하면은, 그 현대도 현대중공업이랑, 현대건설이 주력이지, 현대종합상사가 저게 아니잖아. 대우 같은 경우에는 또 몰라. 대우가 모회사야. 그건. 김우중 회장이 그거부터 만들어서 그 돈벌어가지고 섬유 팔아서 다하고 그랬잖아. 그래서 그랬는지 지금 대우가 남아있는 거예요. 물론 이제 임자는 포철로 바꿨지만 말이지. 대우인터내셔널 있잖아. 지금 과거 종합상사들 중에 그나마 명맥 유지하고 비슷하게 역할 하는 데는 대우인터내셔널 하나야. 또 그러면 하겠느냐. 그 참 난 비관적으로 봐요. 다 흩어졌어. 기능들이. 한국적 사회에서는 그래.[67]

---

67) 남상빈, 2016년 12월 4일자 8차 구술.

474 / 구술로 보는 한국 경제 성장의 역사

평가 및 전망 2: 해외 정보 및 파이낸싱, 종합 개발 분야에서의 강점

정철 전 효성물산 전무이사에 따르면 해외 정보를 선점하고 있는 것이 종합무역상사의 가장 장점이었다고 한다. 또한 그는 종합무역상사는 첨단 기술 산업보다는 파이낸싱과 종합적 개발이 필요한 분야에 적격이므로 이러한 장점을 살리는 것이 필요하다고 평가했다.

그때 이제 강점이라는 게 해외 정보를 많이 선점하고 있었다는 게 제일 장점이죠. 종합상사는. 근데 그다음에 한국에 산업 구조하고 유통 구조가 바뀌니까 종합상사가 취급하기 좋은 적격 부분이 있고 비적격 품목이 있어요. 예를 들면 일본의 전자 제품은 종합상사가 취급을 못했습니다. 종합상사가 취급하는 게 뭐냐면, 파이낸스(finance)가 들어가고 상업의 복합 요소가 같이 들어가고. 지역 개발이라든가 도시 개발이라든가 큰 공장을 세운다든가 그럴 적에 종합상사의 역할이 되는 거지. 무슨 첨단 기술 산업 이런 거는 종합상사가 손을 댈 수도 없어요. 한국이 산업이 되니깐은 종합상사의 역할이 떨어지는 거지. 종합상사에 혜택주는 것도 시들해 졌고. (중략) 종합상사의 역할이 많이 퇴화가 됐어요, 지금은. 종합상사 생긴 게 아까 내가 얘기한 75년에 생겼는데. 한 30년 했나. 2000년대 들어와서는 종합상사의 매력이 없어진 거죠.[68]

평가 및 전망 3: 공업단지 조성 등 자립기반 조성의 필요성

음용기 전 현대종합상사 사장에 따르면 종합무역상사는 중개인 역할만 해가지고는 자립 기반 조성이 안 되므로 자생할 수 있도록 투자도 하고 자산을 확보하는 것이 필요하다고 한다. 예를 들면 종합무역상사(대기업)가 해외에 진출할 때 국내 제조업체(중소기업)와 함께 진출함으로써 상호 협조, 상생할 수 있는 구조를 마련하는 것이다.

---

68) 남상빈, 2016년 10월 23일자 4차 구술.

그런데 사실은 저기 종합상사가 중개인 역할만 해가지고는 그, 저기 자립 기반 조성이 안 되거든요. 그래서 어떻게든지 그, 자생할 수 있는 걸 하기 위해서는 나름대로 어떤 그, 투자도 그리고 자산을 확보해야 한다 그런 차원으로, 우리가 그 해외에 어, 자동차 부품이라든지 건설 기자재 부품 공장을 소규모로 현지 회사하고 합작해서, 어, 말레이시아도 몇 개 하고, 어, 또 아까 말씀 드린 터키에도 그, 저 철강 공장도 합작을 하고 몇 개를 했어요. (중략) 그런데 그거는 이미 일본 종합상사가 사실은 그렇게 큰 활동을 할 수 있는 거가 어, 해외 진출 할 때 일본에 어, 그 국내 업체하고 같이 이, 진출을 해서, 말하자면 금융이나 기술이나 경영을 도와주고, 그 제조업체가 해외 진출 하는데 아주 결정적인 역할을 한 겁니다. 그건 또 수입의 경우도 마찬가지에요. 일본에서 필요한 각종 원부자재, 식자재 뭐, 이런 거가 필요하면, 그 최종 수요자가 절대로 자기네가 직접 나가서 사지 않고, 종합상사를 통해서 하게 되면, 종합상사가 물량을 많이 모아서 어, 좀, 그, 어, 저가로, 이렇게 사서 이렇게 분배하는 그런 그, 시스템으로 그 중소기업하고 대기업 간의 협조, 상생 구조가 아주 잘 되어 있는 거였습니다.[69]

음용기는 또한 현대종합상사에서는 인도네시아에 공업단지 조성 사업을 했는데 지속적으로 수익이 발생하는 성공 사례이므로 종합무역상사가 해외 부동산 투자를 통해 이러한 공단 조성 사업을 한다면 전망이 밝을 것이라고 언급했다.

인도네시아가 경제도 발전하고, 땅을 사놓은들 뭐, 어디 가는 것도 아니고, 또 우리가 상대방을 보아하니, 그 재야 업계에서 어느 정도 성공한 그런 그, 사람들이고. 어, 그래서 이제, 외부 검토를 해서 이거 한번 해 볼만 하다. (중략) 해서 그 공단을 이제 하게 됐습니다. (중략) 그래서 그, 어, 공단이 있으면 거기 이제 일할 사

---

69) 음용기, 2016년 6월 15일자 4차 구술.

람이 필요하니까. 어, 주변의 땅을 싸게 사가지고 이제 주택 사업을 해서. 뭐, 인구가 이제 좀 모여들고, 이렇게 집값, 땅값 오르고, 이제 공단도 점점 활성화가 되어서, 어, 지금은 아주 그, 좀 성공 사례인데. 이제 종합상사로서는 그 판매하는 수익이 하나 있고, 그 공단을 운영하는 운영회사가 있습니다. 각종 그, 기계, 전기 뭐, 토목, 건축 관계 시설, 운영도 해줘야 되고 그러니까. 거기에서 또 계속 수익이 창출되고. 지금도 어, 이렇게, 지속적이고, 몇 십 년이 될 때 까지도 수입이 이렇게 생기고 있는 사례입니다.[70]

우리가 그러한 해외에 성공 사례가 있으니까. 그걸 활용해서 좀 더 적극적으로 나가서 공단 개발에도 했으면 어떨까. (중략) 세계적으로도 노하우를 가지고 있는 거고, 어려운 일이 아니고, 수익성이 크게 문제가 될 것이 아닌데. 어, 그거가 그렇게 활성화가 안 되고 있다는 거가 아직도 아쉽습니다. (중략) 그거는 일단 시작하면 첫 째는 그 돈이 큰 돈이 들지 않는 것이, 땅을 다 매입할 것도 없어요. 어. 또 매입한다 해도 큰 자금이 아니고. 그 땅이라는 건 뭐, 세월이 가면 갈수록 어디든지 값이 다 오르는 거기 때문에 위험 요소도 별로 없는 거라고 이렇게 보여 집니다. 오히려 이 공단 개발 같은 경우는 요즘 뭐, 대외협력기금 이래가지고 굉장히 얘기들이 많이 나오는데, 오히려 저개발 국가에서도 생산성을 새롭게 이렇게 높여 갈 수 있는. (중략) 그런 모델 중에 하나죠. 저기 동남아 국가 중에도 지금 경제 개발 이제 착실히 되고 있고. 또 이, 특히 뭐, 또 다른 아프리카 제국에도 그런 것이 참, 진출 가능한 그런 항목이라고 그렇게 보죠.[71]

---

70) 음용기, 2016년 6월 15일자 4차 구술.
71) 음용기, 2016년 6월 15일자 4차 구술.

제7장

한국 수출 성장에서의 대한무역진흥공사의 역할

김 명 훈

〈개요〉

1960~70년대 한국 경제의 고도성장을 견인했던 핵심 동력 중의 하나는 수출의 확대였다. 자원이 부족하고 국내 시장이 협소한 상황에서 수출은 해외로부터의 외화 획득을 통해 경제 성장의 발판을 마련하는 주요 수단이었기 때문이다. 국내 공업기반이 취약하고 민간기업이 저개발된 상황에서 한국 정부에서는 국가가 주도하는 수출기구의 창설이 필요했다. 대한무역진흥공사(Korea Trade Promotion Corporation: KOTRA)는 이러한 배경에서 1962년 「대한무역진흥공사법」을 근거로 창립된 상공부 산하의 정부기구로, 고도 경제성장기 세계 각지에 설치된 해외무역관을 전진기지로 수출진흥을 위한 첨병 역할을 담당했다.

그럼에도 불구하고 그동안 대한무역진흥공사와 한국 수출육성과의 관계를 집중적으로 조명한 연구성과는 매우 부족한 실정이다. 이는 여러 가지 연유에서 그 원인을 찾을 수 있지만, 대기업이 주도한 종합무역상사에 비해 수출활동 상의 중요성이 상대적으로 저평가된 데에서 비롯된 결과로 볼 수 있다. 특히 대한무역진흥공사는 한국 수출육성 정책을 실제 추진한 핵심 기구로서의 의미도 지니지만, 대한무역진흥공사 산하의 고려무역을 중심으로 중소기업 제품의 해외시장 개척을 실질적으로 주도했다는 점에서 한국 수출역사 상의 중요성을 지닌다.

이에 본고에서는 1960년대~1970년대 한국 경제 고도성장기에서의 수출진흥과 관련된 대한무역진흥공사의 사업 및 활동들을 구술을 통해 재조명해보고자 한다. 해당 시기 대한무역진흥공사가 전개한 각종 사업에 대해서는 대한무역진흥공사에서 발행한 사사인 『세계를 향한 KOTRA 50년』에 주요 내역이 제시되어 있지만, 그동안 전개한 시기별 주요 사업 및 활동들에 대한 소개 위주로 정리되어 있어 해당 사안의 배경 및 인과관계를 파악하기에는 한계가 있다. 이러한 맥락에서 본장에서는 그동안 주목받지 못하거나 밝혀지지 않은 내용과 함께 구술자 간 견해가 상이한 부분 등 다섯 개의 영역에 초점을 맞추어 대한무역진흥공사의 수출진흥과 관련된 역사를 새롭게 조명해보고자 한다.

1. 대한무역진흥공사의 창립 배경과 초기 활동

1960~70년대 한국 경제의 고도성장을 견인했던 핵심 동력 중의 하나는 수출의 확대이다. 자원이 부족하고 국내 시장이 협소한 상황에서 수출은 해외로부터의 외화 획득을 통해 경제 성장의 발판을 마련하는 주요 수단이었기 때문이다. 아울러 국내 공업기반이 취약하고 민간기업이 저개발된 상황에서 한국 정부에서는 국가가 주도하는 수출기구의 창설이 필요했다. 대한무역진흥공사(Korea Trade Promotion Corporation, KOTRA)는 이러한 배경에서 1962년 「대한무역진흥공사법」을 근거로 창립된 상공부 산하의 정부기구로, 고도 경제성장기 세계 각지에 설치된 해외무역관을 전진기지로 우리나라의 수출 진흥을 위한 최첨병 역할을 담당했다.

대한무역진흥공사가 창립된 1962년 우리나라의 제조업체 수는 16,903개이고 무역업체 수는 823개로 수출품목 69개를 가지고 5,481만 달러를 수출했는데, 공업제품 생산기반이 취약한 상황에서 수출액 중 농산품 23%, 수산품 22%, 광산품 28%로 1차산품 비중이 73%에 달했다.[1] 아울러 1963년 우리나라의 1인당 국민소득은 조사대상 국가 88개국 중 87위였으며, 수출총액은 105개국 중 84위[2]에 머무는 최빈국가 중 하나였다. 바로 이러한 상황에서 1950년대 말부터 「수출5개년계획과 수출진흥요령」을 비롯한 정부의 수출진흥 정책이 입안되었으며, 1959년 김일환 상공부장관 시절부터 수출진흥 전담기관에 대한 관심이 표명되어 설립 필요성을 제안되었다.[3]

---

1) 상공부, 『무역진흥 40년』, 상공부, 1988, 114쪽.
2) 대한무역진흥공사, 『KOTRA 40년 한국경제 40년』, 대한무역진흥공사, 2002, 13쪽.
3) 위의 책, 15-16쪽.

기실 1950년대까지 우리나라의 무역정책의 기조는 수입정책에 초점이
놓여왔다. 공업시설 기반이 미약하고 기술력 또한 낮은 상황에서 수출
입 불균형 해소는 무역정책상의 가장 중요한 해결 과제였다. 1960년을
기준으로 볼 때 수출액 3,300만 달러, 수입액 3억 4,400만 달러[4]로 수
입액이 수출액의 10배 이상을 차지하는 상황에서, 무역 불균형 해소를
위해서는 당시 대부분의 개발도상국들이 채택했던 수입대체형 공업화
전략을 통한 수입 감소를 추진할 수밖에 없었기 때문이다. 하지만 현실
적으로 이러한 전략을 통한 자립경제의 달성이 실패로 돌아가게 되자,
당시 정부에서는 경제개발 전략을 대대적으로 수정하여 수출공업화 전
략을 기반으로 한 강력한 수출진흥정책을 추진하게 되었다.[5]

1961년 9월 국가재건최고회의 상공위원실로부터 경제개발계획과 관
련해 국영 무역진흥기관의 설립 타당성과 설립방안에 대한 조사 의뢰를
접한 상공부는 대한무역진흥공사 창립을 위한 본격적인 연구검토 작업
에 들어가게 된다. 보다 구체적인 제도를 조사하기 위해 당시 이만석 상
역국장을 비롯한 연구진을 1961년 12월 일본에 파견해 일본무역진흥회
(JETRO)의 설립 배경과 목적을 상세히 벤치마킹하게 된다. 우리나라와
같이 국토가 협소하고 자원이 빈약한 일본은 해외로부터 자원을 수입·
가공해, 국내 수요를 충족시킴과 동시에 외국으로 수출해 외화를 벌어
들여야 하는 수출지향형 경제정책을 수행했기 때문이다. 이를 기반으로
1962년 4월 24일 「대한무역진흥공사법」을 법률 제1059호로 제정·공포
했고, 동년 4월 25일 박충훈 상공부차관을 위원장으로 한 〈공사 설립위
원회〉가 결성된 후 6월 21일자로 대한무역진흥공사가 공식적으로 발족

---

4) 상공부, 앞의 책, 109쪽.
5) 이대근, 『한국 무역론: 한국경제, 선진화의 길』(제2판), 서울, 법문사, 2003,
   152-153쪽.

하게 되었다.[6]

대한무역진흥공사 창립 초기 조직은 총무부, 조사부, 해외사업부, 국내사업부의 4부와 기획실 1실에 총 181명의 정원으로 구성되었다. 각 부실별 배정인원은 총무부가 가장 많은 66명이었고, 해외사업부, 국내사업부, 조사부가 각기 44명, 29명, 26명이었고, 해외사업부는 시장개척과·해외전시·선전과로, 국내사업부는 지도알선과·상품계획과·출판과·전시과로 편제되었다.[7] 아울러 대한무역진흥공사 창립 후 3대 사업 방향은 시장조사, 시장개척, 상품전시 및 홍보로 설정되었다. 우선 시장조사는 수출입에 관련된 국내외 도서 및 자료 수집과, 특정 상품에 대한 해외의 수입 수요 및 국내의 공급·수출능력 조사를 통한 수출신장률 측정에 초점이 모아진 가운데, 무역 유관제도 및 상품별·지역별 수출가능성을 조사하고, 수출상품의 원가 및 수출 부진품목의 원인을 분석하는 것이었다. 그리고 시장개척은 거래알선, 지역별·상품별 시장성의 추세파악과 거래처 물색, 시장개척을 위한 현지답사로 이루어졌고, 상품전시 및 홍보는 당시까지 외무부가 주관해 오던 각종 국제박람회 및 전시회 주관, 영화 제작, 의상전시회 및 상품 선전책자 제작 등 선전사업, 중소 수출업체의 대표적 상품 홍보지인『KOREA TRADE』를 발간하는 업무로 구성되었다.[8]

1962년 출범과 함께 수출입에 관한 전문적인 정보가 거의 부재한 상황에서, 세계 무역거래 방식 및 해외시장 분석 등을 담당하는 조사부의 역할은 가장 중요했다고 볼 수 있다. 대한무역진흥공사의 조사부는 국가공신력을 기반으로 해외무역관에서 입수된 상세 무역정보들을 취합하여

---

6) 대한무역진흥공사, 앞의 책, 15–17쪽.

7) 위의 책, 19쪽.

8) 대한무역진흥공사,『세계를 향한 KOTRA 50년: 제1권 KOTRA 50년 발자취』, 대한무역진흥공사, 2012, 24–25쪽.

각종 정보자료집을 발간했는데, 1970년대 들어서는 한국은행 조사부나 한국무역협회의 조사부 활동이 유명무실해질 정도로 대한무역진흥공사 조사부의 역할은 성장했다. 하지만 설립 초기 예산 및 전문인력의 부족으로 인해 해외 수출시장에 관한 정보는 거의 일본무역진흥회에서 기출간된 자료집들을 입수하여 번역해 활용하는 수준이었으며, 국가 간 무역거래 방식에 관한 정보들은 당시 UNCTAD(United Nations Conference on Trade and Development)에서 개발도상국의 무역육성을 위해 발간한 매뉴얼을 번역하여 활용했다.

당시 일본 제트로(JETRO)에서 여러 가지 발간한 자료들을, 일본 현지에 가서 그 책자들 받아와가지고 주로 번역도 뭐 이렇게, 아무튼 분석을 해가지고, 우리 실정에 맞게 작성해가지고 정부에 주고 그랬죠. 아무튼 해외시장 조사를 국가별로 시장조사를 하는 방법론은 몰랐어요. 인터내셔널 트레이드 센터(International Trade Center)라고 제네바에 그게 있어요. 해외시장 조사 방법론을 모르는 후진국을 돕기 위해서 그 사람들이 매뉴얼을 만들어놨어요. 이제 그걸 입수를 해가지고, 제가 입수하자마자 그걸 번역을 해서 그 책자로 해가지고 이제 전부 뿌렸죠. 해외시장조사는 이렇게 하는 거다 (중략) 당시 조사부가 코트라에서 가장 핵심적인 부서 중에 하나였는데, 조사부가 제일 바빴고 (중략) 코트라 세우기 전까지 그런 경제 조사로는 뭐 한국은행 조사부와 무역협회에서 조사업무를 하고 그랬는데, 코트라 조사부가 생기는 바람에 전체가 없어졌어요.[9]

해외 시장조사 외에 초창기 대한무역진흥공사에서 주안점을 두었던 분야 중의 하나는 상품포장 문제였다. 우리나라 제품의 열악한 제품 수준 말고도, 1960년대 초반 상품 수출상의 가장 큰 문제점 중의 하나가

---

9) 이창렬, 2016년 11월 18일자 1차 구술.

수출상품의 포장문제였다. 우리 상품의 기술적 저급성을 차치하더라도 포장 기술이 매우 조악한 수준에 머물러 해외 구매자로부터의 불만 제기가 빈번했기 때문이다. 우리나라 수출의 당면과제는 1차산품 수출을 넘어 부가가치가 높은 공산품 수출을 증대시키는 것이었고, 이를 위해서는 상품포장 기술의 제고가 시급한 과제였다.[10] 이에 초창기 대한무역진흥공사에서 역점을 둔 정책 중 하나가 바로 상품포장전시회였는데, 1962년 11월 26일 개막된 제1회 상품포장전시회는 우수한 해외 상품포장을 수집하여 포장자재의 질과 디자인 등을 우리의 상품포장과 비교함으로써 국내 수출업자에게 의욕과 자극을 주려는 데 그 목적이 있었다. 그러나 당시에는 해외무역관이 뉴욕, 로스앤젤레스, 홍콩, 방콕 네 곳에 불과해 해외 포장자료를 수집하는 데 어려움이 있었기 때문에, 국내 미군 PX나 특정 수입품 판매소 등을 통해 706점을 수집하고 국내 포장자료는 포장자재 생산업체와 일반 수출업체로부터 341점을 협조 받아 전시되었다. 이러한 상품포장전시회는 매년 개최되다가 1969년 한국포장기술협회와 한국수출포장센터가 본격적인 활동에 들어가자 이들 기관에 업무를 이관하게 되었다.

2. 수출 담당 전문인력의 채용과 양성

무역은 나라와 나라 사이, 또는 어느 지역과 지역 사이에 서로 다른 물건을 팔고 사거나 교환하는 행위이며 이는 사람들 간의 중개 내지 협의를 통해 이루어진다는 점을 감안할 때, 인력채용은 수출 촉진 책무를 담당하는 대한무역진흥공사의 성패를 좌우할 핵심 영역임은 분명하다.

---

10) 대한무역진흥공사, 앞의 책, 2002, 21쪽.

아울러 창립 초기 우리나라 수출품목이 일부 농수산 및 광산품에 한정되어 있고 수출상품의 기술 수준이 매우 낮은 상황임을 감안한다면 국가 간 거래를 담당하는 인력의 중요성은 더욱 부각된다고 할 수 있다. 이에 대한무역진흥공사는 1962년 6월 21일 본격적인 출범에 앞서 제1기 공개채용 시험을 통해 42명의 신입직원을 대규모로 선발 배치하게 된다. 대한무역진흥공사 출범 당시 노무직 44명을 제외하면 사무직이 104명, 촉탁직이 33명임을 고려한다면,[11] 약 32%를 상회하는 인력을 대규모로 채용한 것이다.

제1기 공개채용 시험은 필기, 논술, 면접 3단계로 이루어졌는데, 필기시험은 영어, 경제, 법으로 구성되었고, 논술은 무역에 관한 전문지식이 아닌 기본 소양을 판단하는 수준에서 수행된 것으로 보인다. 대한무역진흥공사 공채 1기로 합격한 구술자는 당시의 채용시험에 대해 다음과 같이 증언하고 있다.

> 우선 필기시험으로는 영어, 경제, 법이었는데, 당시 시험에 이런 문제가 나왔어요. 현재 우리나라에서 수출하고 있는 상품이 어떤 거냐 해가지고, 예로 오징어, 철광석, 합판이라는 게 나왔습니다. 그 당시에 합판은 공산품이에요. 그래서 합판이 우리가 수출하게 됐다하는 거는 정말로 많은 사람들이 몰랐습니다. 하여간 유일한 공산품이기 때문에, 그래서 합판은 아니다 이렇게 해가지고 점수가 깎인 적이 있어요. 이런 식으로 해서 필기시험을 봤고. 그 다음에 논술은 요새 같이 거창한 논술이 아니고, 내가 왜 여기 입사를 희망했고 입사를 하게 되면 어디서 일 하고 싶고, 그리고 어떻게 활동하겠느냐 하는 겁니다. 그 다음에는 면접, 이렇게 세 가지 시험을 봤습니다.[12]

---

11) 위의 책, 18쪽.
12) 이은직, 2017년 1월 13일자 1차 구술.

아직 무역에 대한 명확한 사회적 인식도 부재하고 전문적인 지식이나 방식 역시 도입되지 않은 상황에서, 당시 대한무역진흥공사에서 시행한 제1기 공개채용 시험은 무역 전문인력의 선발과는 다소 거리가 멀어 보인다. 서울대학교 상과대학에 1959년에 국내에서 최초로 무역학과가 설치되었지만 아직 졸업생이 배출되지 않은 상황에서, 당시 제1기 공개채용 시험의 응시자들은 정부의 현직 관료들이 주류를 이루었다.

당시 45명을 공채로 모집했는데, 한 450명이 지원하게 됐습니다 (중략) 그때는 무역이 뭔지 들을 몰랐어요. 그래서 주로 입사시험에 응시한 사람들은 대부분이 정부 관료들이 많이 했습니다. 예를 들어서 경제기획원이다, 상공부다 아니면 상공회의소, 무역협회 이런 사람들이 했어요. 그 사람들은 어느 정도 무역에 관한 개념이 있고, 해외 근무에 대한 그 동경 이런 것들이 있기 때문에 그런 분들이 이제 많이 지원을 했습니다.[13]

이후 대한무역진흥공사의 조직체계가 안정화되고 해외무역관 설치가 점차 확대되는 과정 속에서 주요 인적 구성은 경영학이나 현지 외국어 전공자의 채용이 증가하게 된다. 하지만 대한무역진흥공사의 전문인력 채용에서 주목할 점은 우리나라 산업구조의 재편 및 이에 따른 제조업 기술의 발전에 따른 수출품목의 다양화와 맞물려 기술전문가의 채용 역시 이루어지게 된다. 즉 1960년대 1차산품 내지 경공업 제품의 수출을 탈피하고 1970년대 초중반부터 2차 공산품 위주의 수출확대 및 수출품목 증가 속에, 당시 대한무역진흥공사의 주무부처인 상공부의 지시로 분야별 전문기술 엔지니어를 특채하여 수출상품의 개척 및 품질 제고를 통한 경쟁력 확보를 담당하게 했다. 서울대학교 전기공학과를 졸업하고

---

13) 이은직, 2017년 1월 13일자 1차 구술.

당시 금성전선주식회사에 근무하다가 대한무역진흥공사 과장으로 특채된 구술자의 증언은 이를 뒷받침한다.

당시 코트라에서 처음으로 엔지니어(engineer)를 공개 모집했어요. 그래가지고 전기과, 기계과, 화학공학과, 섬유과 뭐 이래가지고 다섯 분야로 공개모집을 했는데 (중략) 제가 엔지니어로 들어간 것은 거기에 관련된 전문 제품을 전담해서 (중략) 사실은 코트라 출신들이 주로 들어오는 게 첫째는 뭐냐 하면 커뮤니케이션(communication)이 되어야 되거든요. 그러려면 어학을 잘 해야 되요. 하지만 상품 지식은 잘 몰라요. 그래서 그런 핸디캡(handicap)이 있기 때문에 한번 해보자. 그래서 옛날에 상공부에서 제안 해가지고 한 거예요. 상공부에서 지시가 떨어져서, 뽑아라. 그런 거야. 그, 어떻게 보면 상공부 덕 본거지.[14]

이러한 채용방식의 변화와 함께 우리나라 수출 확대를 위한 전문인력의 확보 측면에서 주목해야 할 사항은 대한무역진흥공사에서 개설한 '수출학교'의 운영이다. 1964년 5월 기준 환율 인상과 외환제도 개혁을 필두로 수출진흥 정책이 본격적으로 시행되고 동년 6월 수출진흥종합시책이 발표되면서, 소위 '무역전문가' 양성의 필요성이 시급한 과제로 부상되게 된다. 당시 수출확대의 걸림돌 중 하나는 우리나라 제품의 해외 수출 및 국제거래를 담당할 무역전문가의 부족임을 감안해, 1965년 3월 5일 청와대 비서실 회의에서「대통령 지시각서 제6호」에 의거해 대한무역진흥공사 부설기관으로 수출학교가 개설되었다. 1965년 3월 22일 급작스럽게 개교한 수출학교의 강좌는 무역실무 개론, 무역관리제도, 외환제도, 신용장, 관세제도, 해운업무, 해상보험, 보세가공 제도, 수출원가 계산, 지역별 해외시장 사정과 무역업무 연습 등으로 구성되었고, 이와 별도로

---

14) 박영복, 2016년 7월 5일자 1차 구술.

매일 1시간씩 무역영어 과외강좌가 이루어졌다.[15] 당시 대한무역진흥공사의 직원 신분으로 수출학교를 졸업한 구술자는 당시의 교육과정에 대해 다음과 같이 증언하고 있다.

> 수출은 자꾸 늘어 가는데, 전문인력 양성은 하루 이틀에 되는 게 아니다. 그러다 보니깐 전문인력이 무역업계에 부족했습니다. 그래서 그 당시 청와대에서 지시가 있었어요. "코트라 부설로 무역 전문 인력을 양성하라." 그래서 아마 그때 한 달만인가 수업을 하게 되었는데, 대부분이 무역업계의 중견 간부들이었습니다 (중략) 당시 교육은 현직에 있는 전문 인사들을 초청해서 강의를 했으며, 특히 마케팅 분야는 코트라의 무역관, 무역관장 출신들이 맡아서 해외시장 동향도 설명하고, 상담을 하는 방법이라든지 또 바로 업무에 연결되는 그런 강의를 하였습니다 (중략) 당시 전문인력이 크게 부족한 상황에서 수출학교는 무역업계 업무상 하나의 윤활유 역할을 했지 않았나 그런 생각이 듭니다.[16]

수출학교가 개설된 1965년에는 1기 32명을 비롯해 10기까지 540명이 수료했는데, 3기까지는 10일간 27~36시간에 걸쳐 10과목 내외의 강좌가 이루어졌으나 점차 확대되어 19일의 강좌기간 동안 19개 과목을 93시간에 걸쳐 강의가 수행되었다.[17] 당시 민간 무역업체들의 수출학교에 대한 호응이 높아짐에 따라 지방에서도 수출학교 개설을 요청받았는데, 이에 따라 부산에서는 7기 146명, 대구에서는 9기 128명을 배출했다. 하지만 당시의 단기교육으로는 최적의 교육성과를 달성하기 힘들다는 의견에 따라 1966년 13기부터는 교육시간을 150시간으로 확대했으며, 입교지

---

15) 대한무역진흥공사, 앞의 책, 2012, 32-33쪽.
16) 장병선, 2016년 9월 13일자 1차 구술.
17) 대한무역진흥공사, 앞의 책, 2002, 28쪽.

원자도 증대됨에 따라 입교자격도 규제하게 되었다.[18]

한편 1967년 무역업무 종사자에 대한 자격 부여를 위해 '무역사' 제도가 도입되면서 수출학교의 위상 및 관심이 높아지게 된다. 특히 1969년 상공부 공고로 대한무역진흥공사의 수출학교가 무역에 관한 자격자 양성기관으로 지정되고, 수출학교 수료자는 무역거래법 시행규칙에 의한 수출입 허가 상사에서 1년간 근무한 것과 동일한 경력으로 인정받게 됨에 따라 전문 무역인 양성기관으로서의 위상을 더욱 강화하게 된다.[19] 당시 대한무역진흥공사 조사부 직원으로 수출학교 졸업 후 1회 무역사 시험에 합격한 구술자는 당시 대학의 무역학과도 거의 없는 상황에서 무역사 제도와 수출학교의 위상 강화를 다음과 같이 증언하고 있다.

> 수출학교가 이제 틀이 잡히자, 지원자들이 많았어요 (중략) 부산에 이동 수출학교를 해서 단기적으로 가르치고, 또 대구에서도 때때로 하고 그렇게 가르쳤습니다. 그런데 이제 수출학교가 아주 정착된 건 1967년도 무역사 제도를 정부에서 도입한 것과 관련이 있어요. 무역사 제도를 도입해서 국가고시로 시험을 만들었는데, 저도 1기생으로 응시해가지고 합격했습니다만 (중략) 시험 출제 이런 것도 수출학교에서 하니까 수출학교 위상이 아주 많이 높아진 거죠 (중략) 무역사 자격 제도가 생기고 부터는 법규가 개정되어 가지고, 소위 말해서 무역회사는 무역사를 한 명 이상 최소한으로 고용하게 되어 있어요. 회사를 운영하는 사람은 무역사 자격증을 따도록 했죠.[20]

전문 무역인 양성을 통해 우리나라의 수출 확대에 공헌한 수출학교의

---

18) 대한무역진흥공사, 앞의 책, 2012, 33쪽.

19) 위의 책, 33쪽.

20) 이창렬, 2016년 11월 18일자 1차 구술.

역할은 모든 구술자가 증언하는 대로 부인할 수 없는 사실이다. 특히 경제 담당 공무원 역시 수출학교를 이수케 함으로써, 수출진흥종합시책의 3대 목표 중 하나로 설정된 수출행정을 진작시킨 점 역시 수출학교의 성과로 볼 수 있다.[21] 하지만 1980년대 들어 무역업에 대한 허가요건이 대폭 완화된 상황을 맞이하여 수출학교의 기능은 축소되게 된다. 즉 제2차 경제개발계획기간에 제정된 무역거래법을 기반으로 한 무역업 허가제는 1980년 초반의 수출지향적 정책기조의 수정에 따라 폐지되고, 정부에서는 수출절차를 대폭적으로 간소화시킴과 더불어 중소기업에 대한 수출입 허가요건을 완화시키게 된다.[22] 이에 따라 수출학교는 1982년부터 대한무역진흥공사 총무부내 수출학교 운영과로 축소되었다가, 1983년 4월 28일 제82기생 49명을 배출하는 것을 끝으로 설립이후 총 5,205명의 무역 전문인력을 양성한 성과를 거둔 채 한국무역협회 부설 종합무역연수원으로 기능을 넘겨주게 되었다.[23]

3. 수출 및 외교 전진기지로서의 해외무역관

수출전담 국가기구로서 대한무역진흥공사가 지닌 강점 중 하나는 바로 해외무역관 네트워크이다. 1962년 11월 미국 뉴욕무역관을 필두로 동년 홍콩, LA, 방콕에 해외무역관을 개설한 이후 1979년 말에는 87개관에 이를 정도로 전세계 수출 근거지를 확보했다. 이러한 해외무역관에서

---

21) 대한무역진흥공사 편, 「단기강좌의 전당: 수출학교는 어떻게 운영되고 있나」, 『무역진흥』4(21), 1965, 62쪽.

22) 이대근, 『한국 무역론: 한국경제, 선진화의 길』(제2판), 서울, 법문사, 2003, 197-200쪽.

23) 대한무역진흥공사, 앞의 책, 2002, 35쪽.

는 우리나라 상품의 수출시장 개척을 위한 각종 정보들이 조사·수집되었고, 아울러 한국 상품의 정시 및 홍보, 마케팅 활동이 현지에서 수행되었다. 특히 해외무역관에서 조사한 각종 정보자료들은 각종 연구소나 은행 조사부 등에서 발간되는 자료의 원천 정보원으로 활용될 만큼 구체적인 정보들이 수집되었는데, 주재국에서 볼 때 이러한 조사는 우리나라의 투자진출을 유치하는 것이므로 관련기관 및 업계가 적극 협조했기 때문에 가능했다.[24]

1960년대 및 1970년대에 걸쳐 이러한 해외무역관이 지닌 수출 첨병으로서의 역할은 우리나라 수출 확대에 크게 일조했다고 대부분의 구술자들은 입을 모은다. 세계 각지의 서로 다른 수출 환경 및 문화에 적응하며 우리나라 상품의 적극적인 마케팅 활동을 수행한 결과로 현지에 적합한 다양한 상품 수출이 이루어졌기 때문이다. 해외무역관의 수출 증대 전략이 국내 산업의 본격적인 개발로 이어진 사례도 존재하는데, 프랑스 파리무역관에서 1971년 실시한 한국산 실크전시회가 하나의 사례이다. 1971년 파리무역관장을 역임한 구술자는 그동안 생사 위주의 1차상품을 주로 수출했는데, 부가가치를 높이기 위해 미국 노라노 디자이너에게 의뢰해 기성복 완제품을 수출하는 전략을 기획하게 된다. 하지만 우리나라 기성복 완제품의 품질 때문에 결국 파리 시내의 유명 백화점 납품이 실패하게 되었지만, 이를 계기로 종국적으로 당시 국내에는 존재하지 않았던 기성복 제조 및 시장을 창출하는 효과를 가져 오게 되었다고 증언한다.[25]

해외무역관장의 가장 중요한 역할은 공식적인 활동 외에, 현지 고위관계자 및 이해당사자와의 인맥 확보였다는 증언 또한 확보되었다. 초창기

---

24) 위의 책, 50쪽.
25) 고일남, 2016년 5월 6일자 2차 구술.

한국 제품의 기술수준이 낮은 상황에서 해외 바이어 확보 및 수출시장 개척을 위해서는 현지의 인맥이 상당한 역할을 했으며, 아울러 한국 상품 홍보 전 한국의 문화 홍보를 통해 한국에 대한 이미지 마케팅부터 실시하는 것이 매우 효과적이었다는 것이다.[26] 하지만 일부 구술자는 해외 무역관의 이러한 활동이 수출 신장에 그리 영향을 미치지 못했다고 파악한다. 1960년대 후반 및 1970년대 초중반까지 대한무역진흥공사 해외무역관의 주요 역할은 한국 상품을 들고 백화점 내지 바이어를 찾아가 세일즈 활동을 하고, 아울러 국내 생산업자들에게 현지 정보제공 및 각종 현지 활동을 조력하는 것이 주요 임무였다. 하지만 한국 제품 수준이 워낙 조악하고 아울러 영업 활동을 위한 외화도 부족한 상황에서, 이러한 세일즈 활동을 통한 수출 신장효과는 그리 크지 않았다는 것이다.[27]

대한무역진흥공사 해외무역관은 한국 제품의 수출진흥 활동 외에, 외교상의 전진기지로서의 활동을 수행한 점 역시 주목할 만하다. 특히 당시 공식적인 외교라인이 미치지 못하는 비적성국가 및 공산주의 국가들을 대상으로 1960년대 말부터 수출입을 매개로 다양한 비공식적인 외교 활동을 전개했다. 고려무역 사장을 역임한 구술자는 1970년대 고려무역에서 추진한 보상무역 및 특수지역 교역은 외교정책상의 차원에서 전략적으로 활용되었는데, 가령 필리핀에 비닐 합성수지 제품의 수출을 위해 당시 사치품으로 분류되어 수입이 금지되었던 바나나 수입을 정부에서 허가를 해주었고, 또한 북한과 동맹국이었던 에티오피아와의 외교 강화를 위해 당시 수입금지 품목인 소금을 정부에서 허가해 주기도 했다고 증언한다.[28]

---

26) 이창렬, 2016년 11월 29일자 3차 구술.
27) 고일남, 2016년 5월 6일자 2차 구술.
28) 고일남, 2016년 5월 26일자 4차 구술.

기실 대한무역진흥공사의 공산주의 국가들에 대한 비공식적인 외교활동은 유고슬라비아와의 접촉에서부터 출발한다. 당시 네덜란드 암스테르담 무역관의 사전 작업을 통해 당시 안광호 사장을 단장으로 한 15명의 한국 측 무역사절단이 1971년 9월 9일부터 13일까지 유고슬라비아를 방문했는데, 유고슬라비아의 3대 정치경제 중심 도시를 순회하면서 경제계 인사들과 한·유고 양국 간 경제협력 방안을 논의하여, 자그레브에서는 크로아티아 경제회의소와 무역관 설치에 원칙적인 합의를 이끌어냈다. 이는 1971년 9월 7일 정부가 동구권 국가들 가운데 GATT(General Agreement on Tariffs and Trade) 회원국인 유고슬라비아, 체코슬로바키아, 폴란드, 헝가리, 루마니아 등을 비적성 공산국으로 분류해 이들과의 간접교역을 허용하는 조치를 발표함으로써 이루어진 것이다.[29] 이를 계기로 1972년 6월 정부에서는 우리나라에 대해 직접적인 적대관계를 갖지 않은 공산국가들과 교역관계를 수립한다는 '비적성국 교역문호 개방원칙'을 천명했고, 대한무역진흥공사의 시장개척부 내에 '동구 교역 준비 전담반'이 편성되게 되었다.

공산권 국가들에 대한 외교적 기반 구축을 위해 대한무역진흥공사에서는 1960년대부터 해외무역관을 설치했다. 수출시장 개척 및 해외시장 정보조사, 한국 상품 마케팅이란 본래의 역할 이외에도 대한무역진흥공사는 현지 외교기지로서의 역할 역시 수행했는데, 특히 공산권 국가들에 대한 외교상의 전진기지로서 해외무역관이 처음으로 설치된 사례는 1968년 인도네시아 자카르타 무역관 개설이라 할 수 있다. 1968년 인도네시아의 쿠데타로 공산정권이 몰락한 가운데 한국 정부에서는 자원 강국인 인도네시아와의 외교관계 수립이 필요했는데, 아직 공식적인 국교가 수립되지 않은 상황에서 자카르타 무역관은 외교상의 전진기지로서

---

29) 대한무역진흥공사, 앞의 책, 2002, 73-74쪽.

의 역할 역시 수행했다. 이에 대해 당시 자카르타 무역관 창설요원으로 참여한 구술자는 다음과 같이 구술하고 있다.

1968년 인도네시아의 쿠데타로 공산정권이 몰락한 가운데, 한국 정부에서는 자원 강국인 인도네시아와의 외교관계 수립이 필요하였는데 (중략) 이러던 차에 이제 우리나라에서는 인도네시아라는 것이 인구로 봐도 1억 2000만 명이 넘고, 섬도 몇 천개가 되고, 우리가 경제에 협력을 할 수 있는 가장 중요한 국가라는 것을 인식 하고 있으면서도 정치적인 이유 때문에 진출을 못했었어요. 그래서 이제 민주화 가 됨으로서 우리가 이제 일차적으로 총영사관을 개설을 했습니다. 그래서 그 당 시에 자카르타에는 북한은 대사관, 한국은 총영사관입니다. 총영사관과 대사관과 의 정치적인 무게라는 것은 천양지판이에요. 아시는 바와 같이. 그래서 이제 정부 에서는 우선 총영사관을 세우고, 그 다음에는 그럼 우리가 진출을 하자 해가지고 이제 자카르타 무역관을 개설을 했습니다. (중략) 총영사관하고 코트라는 일체죠. 한 몸으로 움직여야 됩니다 (중략) 코트라는 업체를 중심으로 시장을 중심으로 민 간을 중심으로 활동을 하고, 총영사관은 이제 어떡하면 우리가 정치적으로 대사 관까지 발전을 시키느냐, 또 경제 협력을 해나가느냐 하는 정책적인 문제를 많이 다뤘습니다.[30]

1980년대 말 당시 소련과의 외교기반 구축에도 대한무역진흥공사의 해외무역관은 전진기지로서 활용된다. 1985년 소련 체르넨코의 급사로 미하일 고르바초프가 공산당 서기장에 임명된 이후, 브레즈네프 시대 이 래로 정체되어온 소련의 정치 경제를 활성화시키는 데 우선적인 목표를 두고 페레스트로이카와 글라스노스트 정책을 적극적으로 전개하게 된 다. 당시 우리 정부에서도 북방정책을 강력히 추진하는 상황에서 양국

---

30) 이은직, 2017년 1월 13일자 1차 구술.

은 공식적인 외교관계 수립에 앞서 통상관계 수립에 의견을 함께 했다. 하지만 통상관계 수립방식에 대해 대한무역진흥공사와 외무부의 입장 차이가 존재했는데, 대한무역진흥공사는 순수한 통상증진을 위해 소련 상공회의소와의 업무협력 협정을 통해 무역사무소 개설을 주장한데 반해 외무부 측은 처음부터 양국 외무부 간에 영사관계 수립을 고수했다. 이러한 상황에서 당시 대한무역진흥공사 이선기 사장은 1988년 12월 1일 모스크바에서 소련 상공회의소 회장과 양 기관 간 사무소 교환개설에 관한 업무협력 협정을 체결했다.[31] 이러한 과정에 대해 당시 모스크바 무역관 창설요원으로 참여했던 구술자는 다음과 같이 대한무역진흥공사의 역할을 증언하고 있다.

(당시 모스크바에는) 국가의 공식적인 기관이 설립되기 이전에 삼성이 나가서 이제 정지작업을 닦고 있었습니다. 삼성물산에서. 삼성에서 자기들 제품을 소련 시장에 이제 진입하기 위해서 (중략) 그리고 나서 이후 무역관 개소식하고 그럴 때 이제 영사처가 그때 들어오셨어요 (중략) 그래서 이제 소련하고 한국이 이제 외교 시작 단계죠. 코트라의 공로가 뭐냐 하면 사실은 저희들이 자찬해서 그런 게 아니고, 코트라 역할이 엄청나게 큰 거예요. 한국에 대한 홍보, 상품, 경제, 그 다음에 뭐 여러 가지 무역 관계 이런 것. 그 다음에 자주 사람들이 와서 그 인류 관계, 삼성 이런데도 기여가 크죠. 이제 그런 거 때문에 한국이 이미지가 좋아지고, 그래서 이제 국교 정상화도 되고, 이제 그렇게 한 거죠. 그래서 코트라가 사실은 전 세계에 외교의 시작 단계하기 전에 들어가는 게 이제 코트라가 다 하는 거예요. 지금 쿠바도 지금 들어가잖아요. 그리고 미수교 국가에 미리 들어가는 게 전부 코트라에요. 그런데 어떤데 가면 상당히 위험하죠. 생명 걸어놓고 들어가는 거죠. 그런

31) 대한무역진흥공사, 앞의 책, 2002, 77~78쪽.

경우도 있고, 어떤 때는 납치도 당할 경우도 있고 (중략)[32]

이처럼 대한무역진흥공사의 해외무역관은 전세계 우리나라 상품의 수출을 위한 첨병으로서 다양한 방식을 통해 활동했을 뿐만 아니라, 정치·외교적 상황의 변화에 대응하며 외교상의 전진기지 역할 역시 수행했다. 우리나라 국가 규모 및 외교력의 확대와 함께 후자의 역할은 상대적으로 줄어들었지만, 한국 경제 고도성장기 대한무역진흥사의 해외무역관이 수행한 이러한 역할은 향후 좀 더 집중적으로 조명될 필요가 있다.

4. 일반특혜관세제도와 한국 수출 증대 효과

1960년대 들어 남미를 비롯한 일부 개발도상국 국가에서 일시적인 효과를 거두었던 수입대체형 경제정책이 한계에 직면하게 되자, 한국 정부에서는 1964년부터 수출육성정책으로 방향을 선회하게 된다. 1964년 한국은 1억 달러 수출을 달성했지만 1차산품 및 노동집약적 기술에 의존한 일부 경공업 제품의 수출만으로는 경제성장의 동력으로 삼을 수 없었던 상황에서, 장기영, 김정렴 등을 위시한 경제관료군이 경제정책을 총괄하면서 일본의 성공사례를 벤치마킹하여 수출육성정책을 추진하게 되었다.[33]

이를 계기로 「수출산업공업단지개발조성법」 제정을 통한 수출공업단지의 조성 및 「무역거래법」 제정을 통한 무역업 허가제가 실시되었으며, 수출입기별공고제를 네거티브 시스템으로 전환하는 등 각종 수출지원

---

32) 박영복, 2016년 7월 19일자 3차 구술.

33) 육성으로듣는경제기적편찬위원회 편, 『코리언 미러클: 육성으로 듣는 경제기적』, 서울, 나남, 2013, 429-430쪽.

제도를 구축하게 된다. 특히 1965년 1월 상공부장관 명의로 제출된 『1965년 수출진흥종합시책』을 보면 국가 단위의 총력적인 수출육성 전략들이 입안되었음을 파악할 수 있다. 즉 전국 각도 및 해외공관 등에 수출할당제를 실시하고 주요 수출품목별 담당관을 지정하여 해당 품목의 수출 확대에 대한 책임을 부과하며, 중점 수출산업의 육성 및 무역의 자유화 기반을 조성하는 등 종합적인 시책이 다각도로 추진되었다.[34]

국가적 단위의 이와 같은 수출육성을 위한 각종 정책을 기반으로 1977년 역사적인 100억 달러 수출을 달성함으로써 불과 13년 만에 약 100배에 달하는 수출액을 달성하게 되었다. 하지만 한편으로 이러한 정부시책에 비해 주목받지 못해왔던, GATT(General Agreement on Tariffs and Trade) 및 UNCTAD(United Nations Conference on Trade and Development) 등 당시의 국제무역 제도 역시 한국 수출성장의 주요 동력으로 파악할 필요가 있다. 이와 관련하여 상공부 수출과장을 거쳐 상공부장관을 역임한 구술자는 1967년 GATT의 가입이 한국의 수출 성장에 큰 역할을 담당했다고 증언한다. 당시 한국 정부에서는 GATT 가입검토단을 구성해 가입에 따른 실익 효과를 면밀히 분석했는데 GATT의 가입이 유리하다는 판단 하에 1967년 전격적으로 가입하게 되었고, 이를 통해 GATT의 전가입국으로부터 최혜국 대우 혜택을 받아 수출 확대에 큰 도움을 얻게 되었다는 것이다.

우리나라가 GATT에 가입을 한 것은 중화학공업 육성정책이 나오기 훨씬 전인 1967년입니다. 수출진흥 정책하고 GATT에 우리나라가 가입을 한 것은 아주 직접적인 관련이 있는 문제였습니다 (중략) 왜냐하면 1960년대에 우리나라가 섬유나

---

34) 경제기획원, 『1965년 수출진흥종합시책』, 1965.1. (국가기록원 기록물뷰어) http://theme.archives.go.kr/viewer/common/archWebViewer.do?singleData=Y&archiveEventId=0049284551

신발을 만들어 수출하기 시작할 때에는 외국에 관세를 내고 그 시장에 들어가야 하지 않겠습니까? 그런데 많은 나라들이 관세를 이중으로 하는 체계를 갖고 있었습니다. 그 하나는 최혜국 관세라고 해서, 모든 나라에게 동등하게 관세를 매겨서 수입을 하는 그런 체계가 있었고 (중략) 우리나라로서는 최혜국관세를 물고 해외시장에 들어가느냐 하는 것이 아주 큰 과제였습니다. 그런데 최혜국관세를 내고 들어가려면 GATT 가입 전에는 쌍무적인 무역협정을 체결함으로서 그게 가능했습니다. 그러니까 쌍무적인 무역협정을 체결해가지고 최혜국관세를 내고 들어간다 합의를 해서 이렇게 하는데, GATT에 가입을 하면 쌍무적인 협정을 체결할 필요가 없이 자동적으로 최혜국관세 대우를 받게 되어 있었습니다 (중략) 그래서 1960년대 중반 이후에 GATT 가입검토단이 만들어지고. 그렇게 정부 내에 만들어져 가지고 검토를 해본 결과 "GATT에 가입하는 것이 이익이 되겠다" 해서, 1967년에 GATT에 가입을 됐기 때문에. 우리 수출진흥 정책에 GATT 가입은 아주 큰 흐름 중의 하나였고, 우리 수출에 도움이 되는 측면이 있었구요.[35]

1965년 1월에 가입한 UNCTAD(United Nations Conference on Trade and Development) 역시 한국 수출 신장에 중요한 역할을 담당하게 된다. UNCTAD는 선진국과 후진국 간에 점차 확대되어가는 무역 불균형을 시정하고 개발도상국의 경제발전 촉진을 위한 국제무역의 확대를 위해 1964년에 결성되었는데, 1964년부터 본격화된 한국의 수출 드라이브 정책은 이 시기의 세계 무역환경과 결부되어 한국 수출의 획기적인 성장을 가져올 수 있는 최적의 골든타임을 제공했다는 것이다.

UNCTAD가 탄생해 가지고, 이게 저희 나라가 아주 수혜를 많이 했죠. 뭐냐 하면 (중략) 경제개발 계획과 맞물려서 수출지향형 태세를 취했기 때문에, 그 혜택을

---

35) 김철수, 2012년 10월 25일자 1차 구술.

해가서 수출 수지가 쑥쑥 자라난 거예요. 그때 그 거를 안했으면 다른 후진국처럼 저희 수출도 이제 지지부진한 거죠 (중략) 경제개발을 착수하지 않았으면, 그 기차를 놓친 거나 마찬가지예요. 아주 운이 좋았다고 말씀드릴 수 있습니다 (중략) 만일 수입대체산업으로 매달렸으면 그건 줄을 잘못서는 거죠 (중략) UNCTAD에서도 결과보고를 하는데 한국이 제일 수혜국가라고 그랬어요.[36]

일반특혜관세제도(Generalized System of Preferences, 이하 GSP 약칭)의 시행은 또 하나의 한국 수출 확대를 위한 호기를 제공한다. GSP는 개발도상국의 수출 확대 및 공업화 촉진을 위해 개발도상국에서 수출하는 농수광산품, 공산품 등에 대해 선진국이 무관세 내지 낮은 관세를 부여하는 관세 상의 특별 혜택을 제공하는 제도로, 1970년 9월 제4차 UNCTAD의 무역개발위원회에서 최종 합의가 이루어진 후 1971년 7월부터 시행되었다. 이러한 GSP의 시행은 수출공업화 정책을 추진하던 한국 역시 수혜대상이 되어 수출진흥에 직접적이고 광범위한 영향을 받게 되었다고 일반적으로 평가받고 있다.[37] 하지만 해외 수출시장의 일선에서 활약했던 수출맨들의 기억은 양방향으로 나뉜다. 우선 GSP의 시행은 한국의 수출 증대에 엄청난 효과를 가져다주었는데, 개발도상국에 대한 대폭적인 관세 인하 효과로 인해 한국 상품의 수출에 큰 도움을 주어 대한무역진흥공사에서는 GSP에 발효에 발맞추어 관세인하가 큰 수출 품목들을 상세히 조사하여 수출 확대에 일조하게 되었다는 입장이다.

그 당시의 관세는 보면 자국 무역 보호를 위해, 한 50% 가까이 됐고, 어느 분야는

---

36) 이창렬, 2016년 11월 22일자 2차 구술.
37) 대한무역진흥공사, 앞의 책, 2012, 70-71쪽.

뭐 80%나 되니까 기본적으로 수입하지 말라는 얘기죠. 그것이 GSP 혜택으로 10% 이하로 들어가니까, 가격 경쟁력이 생겼다는 얘기죠. 그러니까 우리나라가 그 혜택을 많이 받았는데 (중략) 그런 자유무역주의에 우리가 기차를 편승했기 때문에 빨리 목적지에 갔죠. 내수 발전하는 트럭을 타고서 출발을 했으면 어림도 없는 거죠 (중략) 그 과정에서 코트라 조사부가 정말 애를 많이 썼죠. 거기서 하는 일은 그 결의에 따라가지고 섬유의 특혜관세를 제공하기로 했으면, 각 나라마다 무역구조가 다르니까, 그 품목을 일일이 전부 조사를 해서 그 품목이 받을 수 있는 관세혜택이 얼마인지 면밀히 조사를 한 거예요. 이래서 주력 상품이 선정되면 A, B, C로 분류해가지고 수출을 신장시킨 것이죠 (중략) 얼마나 많이 혜택을 봤느냐? 뭐, 전적으로 GSP만의 혜택은 아니겠지만, 예를 들어서 1972년도에 보면 수출이 전년도보다 52.1%가 늘었고, 1973년도에는 98.6% 거의 배에 가까이 늘었는데 (중략)[38]

일반적으로 수출주도형 경제발전 전략을 추구해 온 한국의 경우 GSP가 선진국 시장에서 상품의 가격경쟁력 강화에 큰 영향을 미쳐 경제발전의 밑거름이 되어왔다고 볼 수 있다.[39] 이러한 입장에서 상기 구술자의 기억 역시 동일 선상에서 파악할 수 있는데, 고율의 관세 철폐 내지 인하로 인한 한국 상품의 가격경쟁력 확보가 수출 확대에 직접적인 영향을 미쳤다는 것이다. 한편 GSP가 한국 경공업 및 중소기업 제품의 발전에 영향을 미쳤다는 증언도 이루어졌다. 당시 GSP는 서구 선진국에서 생산치 않는 경공업 제품들에 주로 적용되었는데, 이에 코트라의 해외 각국 무역관에서는 국가별 GSP 적용 경공업제품들을 조사해 국내 업체들에 정보를 제공했으며, 이를 통해 중소기업의 경공업 제품 수출이 크

---

38) 이창렬, 2016년 11월 22일자 2차 구술.

39) 조미진 외, 『한국의 일반특혜관세제도(GSP) 도입 추진 방향』, 대외경제정책연구원, 2011, 20쪽.

게 신장될 수 있었다는 것이다.

그것이 우리나라 경공업의 발전에 가장 큰 역할을 한 것 중에 하나에요. 그래서 코트라 활동 중에 10가지를 뽑으라면 그 중에 하나가 GSP의 활용입니다. 그건 선진국들이 개방적으로 개발도상국들의 경제 발전을 위해서 특화 되서 생산하는 경공업제품, 농수산품에 대해서는 관세를 부과하지말자. 이래가지고 관세 면제혜택을 주는 것이 GSP입니다. 그래서 이제 그것을 집중적으로 조사하고 연구하고, 활용방안을 홍보한 것이 코트라에요. 그래서 미국에 있는 선진국에 나가있는 무역관들은 그걸 집중적으로 조사를 했습니다. (중략) 국내 업계에 이를 집중적으로 홍보를 하고 GSP 설명회라는 것을 열었습니다. 그래서 우리나라가 결론적으로 따지면 GSP 제도를 활용 시킨 중에 가장 혜택을 많이 본 게 한국이에요. 특히 그 경공업 제품하고 중소기업 업체들은 GSP에 대해 굉장히 효과를 봤습니다.[40]

하지만 이와 같은 입장과 반대되는 증언 역시 존재한다. 1971년 GSP가 우선적으로 시행된 유럽지역에서 당시 파리무역관장으로 활동했던 구술자는 그간에 알려진 바와는 달리, 실제 한국 수출에 크게 도움이 되지 못했다고 기억한다. 가장 큰 이유는 한국 제품의 낮은 기술력으로 인해, GSP의 적용으로 관세가 부과되지 않는다고 할지라도 제품 수준이 워낙 조악하기 때문에 가격 경쟁력은 의미가 없었기 때문이다.

뭐 GSP는 특혜관세라는 게 뭐 요란스러울 게 아닌데 (중략) 특혜관세 때문에 수출이 안 될 것이 되는 건 별로 많지 않습니다. 선진국에서 괜히 후진국이니까 세금 좀 적게 해 준다 이렇게 선전하는 거지. 물론 전혀 혜택이 없는 건 아니지만 생각만큼 그렇게 도움이 되는 건 없다 이겁니다 (중략) 지금 같은 라디오라 합시

---

40) 이은직, 2017년 1월 13일자 1차 구술.

다. 100불짜리인데 일본은 관세를 20%로 한다고 해서 120불이 됐다. 한국 제품은 관세가 없어 100불이다. 그러나 뭐 120불이어도 일제를 사지 한국 걸 왜 사겠어요? 그러니깐 별 의미가 없다 이겁니다 (중략) 그러니깐 선진국이 후진국한테 생색 쓰듯이 괜히 하는 얘기지 (중략) GSP로 인해 가격 경쟁력이 높아지는 것 물론 맞는 말인데, 그 특혜관세 때문에 가격 경쟁력이 높아져서 유리한 그런 게 품목이 없다 이겁니다 (중략) 또 예를 들면 우리가 운동화를 파는데 일본은 운동화를 안 판다 이겁니다. 일본은 그러니깐 특혜관세라 할 것도 없다 이겁니다. 우리도 그러면 일본도 팔면 우리 것은 관세가 없고 일본 것은 관세가 있으니까 일본보다 유리하다 할 수가 있는데 그런 게 없다 이겁니다. 그러니까 비대칭이다 이거죠 (중략) 그런 것이 현장에서 우리 있어 보면요, 뭐 아무런 의미 없다 이겁니다.[41]

원래 GSP는 주로 아프리카를 비롯해 공업화가 매우 늦은 국가들의 공산품 수출촉진을 위해 선진국측이 스스로 관세감면 등의 혜택을 주기 위해 수립한 것이지만, 실제 운영과정에서는 개발도상국의 공산품 수출에는 그 효과가 미미했거나 오히려 감소되었다는 견해[42]는 상기 구술자의 증언을 뒷받침해준다. GSP는 서구 선진국 자국의 산업 보호를 위해 본래의 취지처럼 무한정 혜택을 제공하지 않았으며, 따라서 수출 일선 현장에서 피부로 체험한 실무자의 입장에서 볼 때 GSP는 개발도상국들에 대한 실제 혜택은 미미한 선진국들의 선심성 정책으로도 파악할 수 있다.

---

41) 고일남, 2016년 5월 6일자 2차 구술.

42) 이대근, 『한국무역론: 한국 경제, 선진화의 길』(제2판), 서울, 법문사, 2003, 195쪽.

5. 종합무역상사와 대한무역진흥공사의 관계

1970년대 세계 무역환경의 변화에 발맞추어 대한무역진흥공사는 그 동안 수출상품 발굴 위주에서 수출시장 확대전략으로 방향을 선회하게 된다. 아울러 종합무역상사가 1975년에 지정되어 본격적인 수출활동을 개시한 이후 중화학공업 제품을 비롯한 다양한 상품들을 세계 시장에 수출하면서 우리나라의 수출액은 급속도로 확대되어 1977년 역사적인 100억 달러 수출 실적을 달성하게 된다. 그렇다면 그동안 정부 주도의 수출진흥 책무를 담당했던 대한무역진흥공사와 민간기업 수출을 이끌었던 대기업 위주의 종합무역상사가 지닌 1970년대 중반 이후의 역할 설정을 어떻게 파악할 수 있을까?

이에 대해 공통적인 질문을 던진 결과 구술자들은 대체로 일치된 답변을 피력한다. 즉 대기업이 생산한 중화학공업 제품의 수출은 자체 내의 종합무역상사가 담당하고, 대한무역진흥공사는 이를 지원하는 역할을 담당했다는 것이다. 우선 1970년대 후반 대한무역진흥공사 특수교역부장을 역임한 구술자는 종합무역상사의 수출이 신장하게 되면서부터 대한무역진흥공사의 수출진흥을 위한 정책적 방향성은 크게 변화했는데, 대기업에서 생산한 중화학공업 제품들은 자체 내의 종합무역상사를 통한 선진국 수출이 가능해진 상황에서, 대한무역진흥공사는 방향을 선회하여 우선적으로 품목별 전시회 개최를 통한 중소기업 수출육성 정책에 주안점을 두게 되었으며, 아울러 선진국이 아닌 우리나라 수출시장이 미개척 된 지역 위주로 수출시장 개척활동에 주력하게 되었다고 증언한다.[43]

또 다른 구술자의 증언도 같은 맥락에서 파악이 가능하다. 주요 선진

---

43) 이은직, 2017년 1월 20일자 2차 구술.

국의 경우 종합무역상사가 어느 정도의 조직망을 갖추었기 때문에 정부기관으로서 할 수 있는 부분에 한정에 지원 요청을 했지만, 후진국이나 제3세계 국가들의 경우 조직망이 미비된 관계[44]로 대한무역진흥공사에 의존했다는 것이다.

종합상사하고 코트라하고는 (중략) 자기들이 못하는 거, 주로 그런 건수는 우리 (코트라)가 지원해주고 대개는 자기들이 자체적으로 다 해결을 해요, 선진국은. 그런데 후진국은 아까 말씀 드린 대로 정부기관이 아니면 그런 걸 잘 컨택트를 못 하거든요. 그 당시만 해도. 그래서 이제 코트라가 대행을 많이 해주고 그랬죠. 그리고 사실 저희들은 중소기업을 주로 목적으로 하고. 대기업은 필요한 것만 지원해 줬죠.[45]

또한 1970년대 중후반 대한무역진흥공사 시장개척부장 및 지역조사부장을 역임했던 구술자는 대한무역진흥공사가 지닌 전 세계 무역관을 기반으로 종합무역상사의 수출지원 활동을 전개했다고 구술한다. 즉 1970년대 중반 이후 자동차 및 전자제품 등 중화학공업 제품의 수출이 증가하게 되는데, 여기서 대한무역진흥공사는 대기업이 생산한 중화학공업 제품에 대해 전 세계의 해외무역관을 통해 홍보 및 바이어 알선 등의 역할을 담당했다고 증언한다. 가령 국내 최초의 국산 양산차인 포니가 틈새시장인 중남미 지역이나 중동지역에 수출이 되는데 있어, 시장성이 없어 종합무역상사의 조직망이 갖추어지지 않은 오지에서 대한무역진

---

44) 대한무역진흥공사의 해외무역관 수는 1970년 42개에서 1979년 87개로 2배 이상 확대되었음에 반해, 1980년 당시 종합무역상사의 해외지사 수는 삼성 36개를 비롯해 LG 23개, 대우 56개, 현대 27개 등이었다. 대한무역진흥공사, 앞의 책, 2012, 73쪽.

45) 박영복, 2016년 7월 12일자 2차 구술.

흥공사는 영업망을 기반으로 일정 역할을 담당했다는 것이다.[46]

한편 1970년대 중반 이후 대한무역진흥공사 시장개척부에서는 해외시장 개척활동을 통해 대기업이 운영하는 종합무역상사에서 수출하는 대기업 중화학공업 제품들을 해외시장에 연결시키는 활동이 증가하게 된다. 1977년 대한무역진흥공사 시장개척부 과장으로 활동했던 구술자는 이러한 가운데 외국 시장의 주요 인사를 국내로 초청하여 소위 '이면합의' 추진을 통해 대규모의 수출을 성사시키기도 했다고 증언한다. 가령 당시 요르단 경제성장관을 국내로 초청해 D기업 회장과 연계시켜 온갖 편의 및 환대를 베푼 후, 당시 D기업에서 생산한 수도관 파이프 1,000만 달러 수출 계약을 체결하기도 했다.

> 요르단 바이어가 경제성장관하고 중앙은행장하고 왔어요. 이 PVC 파이프를 사게, 워터웍스(waterworks, 수도사업)를 해야 하니깐. 그래 와 가지고 본사(코트라)에 왔는데, [본인을 가리키며] 제가 플랜트(plant) 담당이니까, 제가 그 사람들을 데리고 이제 상공부장관도 면담하고, 그 다음에 유관기관 국제상사니 대우니, 뭐 그 다음에 삼성이니 현대니 럭키상사니 뭐 이런 종합상사들을 이제 만나고. 선경 뭐 이런 데 만나고 그랬는데 (중략) 이제 그 전날 오찬하기 전에 D기업을 만났는데, ㅇㅇㅇ 사장이 우리 차를 타고 가라고. 그러면서 ㅇㅇㅇ 사장님이 크라운(Crown) 차를 일본에서 도입한지 얼마 안 되는데, 그 딱지도 안 떼었더라고요. 비닐 그대로 돼 있는데. 그 친구들 둘을 태워가지고 그날은 ㅇㅇㅇ 사장님이 주신 차를 갖고 타고 다녔어요. 그래서 이제 기분이 좋았던지 이제 그 이튿날 상공부장관 만나고 이래 했는데, 나중에 다시 D기업을 또 만나자고 그래가지고, 그래서 D기업하고 1000만 불인가 나중에 들으니까 계약을 했어요.[47]

---

46) 고일남, 2016년 5월 26일자 4차 구술.
47) 박영복, 2016년 7월 12일자 2차 구술.

중화학공업 제품 수출시장 개척을 위해 전략적으로 해외무역관을 창설한 사례도 있다. 미국 자동차 시장의 중심지인 디트로이트 무역관 초대 관장을 역임한 구술자는 우리나라 최초의 고유모델 자동차인 포니가 양산된 이후, 한국 자동차 및 부품 수출시장 개척을 위한 정책적 방안 중 하나로 대한무역진흥공사에서는 1978년 10월 디트로이트 무역관을 창설했다고 구술한다. 디트로이트무역관은 북미 및 중남미 지역에 대한 한국 자동차 제품 수출의 기지국 역할을 위해 창설된 것으로, 당시 우리나라 자동차 제품의 기술 수준이 높지 않고 아울러 자동차 부품의 독자적인 수출시장 개척이 어려운 상황에서, 디트로이트 무역관은 다섯 차례의 한국 자동차 부품 전시회를 개최하고 미국 빅3 자동차 메이커의 지원 하에 '코리아데이'를 신설해 우리나라 자동차 부품들의 수출 교섭이 이루어지게 되었다고 증언한다. 그리고 미국 빅3 자동차 메이커에 근무하는 한국인 박사들을 조직화해 '재미 자동차산업 협회'도 창립하여 국내에 고급 정보를 제공케 했다. 이를 기반으로 1970년대 말 대림통상의 자동차 볼트 제품 200만 달러가 미국 시장에 최초로 수출되었고 OEM 장벽에도 진입하는 초석을 다지게 되었다.[48]

6. 한국 중소기업 수출의 저개발 원인

1970년대 중화학공업 육성을 기반으로 한 수출육성 정책의 추진은 방대한 인프라 투자 및 규모의 경제를 실현할 수 있는 대기업 위주의 제반 경제정책에 입안되게 되고, 이를 통해 중소기업의 성장은 상대적으로 둔화되는 경제구조를 야기한다. 1973년 1월 대통령의 연구기자회견을 통

---

48) 박영복, 2016년 7월 12일자 2차 구술.

해 천명된 중화학공업 육성정책 및 이와 맞물린 100억 달러 수출달성 계획은 당시 '공업구조 개편론'을 기반으로 추진된다. 공업구조개편론은 100억 달러 수출목표 달성을 위한 구상이며, 수출지향형 성장전략은 중화학공업화라는 산업정책으로 발전하게 되는 것이다.[49]

즉 1972년 말 오원철 청와대 경제수석에 의해 입안되고 1973년 초 확정된 공업구조개편론에서는 중화학공업은 당시 세계 경제 및 무역 발달의 기본 방향인 관계상 기계, 철강, 화학, 전자, 조선공업 등 위주로 집중 개발되어야 하며, 이들 분야는 수입대체는 물론 수출 주도업종으로 개발되어야 함을 강조한다. 이를 실현하기 위해 당시 상공부 및 경제기획원을 필두로 한 정부에서는 대기업 위주로 다양한 금융지원 및 세제상의 특혜, 종합무역상사제도 및 수출보험제도의 도입 등 다양한 혜택을 부여하게 된다.[50] 바로 이러한 맥락에서 중소기업은 상대적으로 저성장할 수밖에 없는 경제구조적 상황에 직면하게 된다.

아울러 당시 세계의 무역환경 역시 한국 중소기업 저성장의 원인으로 파악하기도 한다. 1970년대 초 제1차 석유파동에 따른 자원민족주의의 대두와 함께 서구 선진국들이 변동 환율체제를 채택하고 쿼터제로 수입을 제한하는 신보호무역주의가 대두되기 시작한 상황에서, 세계 시장을 무대로 하는 수출은 엄청난 경쟁에 직면하게 되고 따라서 상대적으로 대기업에 비해 중소기업은 도태될 수밖에 없는 구조를 지니게 되었다는 것이다.

그런 수출시장이라는 건, 해외시장이라는 건 항상 경쟁의 소산으로 이기는 자만

49) 박기주, 「수출지향형 경제성장과 중화학공업화」, 『한국의 무역성장과 경제·사회 변화』, 대한민국역사박물관, 2015, 155–156쪽.

50) 이러한 다양한 지원에 대해서는 박기주 외, 『한국 중화학공업화와 사회의 변화』, 대한민국 역사박물관, 2014, 제2장 참조.

이 남게 마련인데. 그렇게 되면 이제 경쟁력 있는 대기업체는 살아남고, 살아남는 다는 것은 그만큼 이제 커진다는 이야기고. 그래서 대기업은 자꾸 이제 커질 수가 있지만. 중소기업은 이제 그런 역량이 부족하니까 항상 힘들지요. 그래 힘들고, 그 래서 코트라가 중소기업 위주로 이렇게 도와주는 이유도 이제 그런 경향이 있습 니다. 아무튼 그래서, 그런 그 중소기업이 그런 이제 경쟁사회에서는 시련이 많지 요.[51]

최일선 현장에서 중소기업 제품 수출을 담당했던 실무자의 입장에서 바라본 이러한 견해는 한국 중소기업 수출 저성장의 원인에 대한 또 다 른 시각을 제공해주지만, 보다 근본적인 원인을 당시 중소기업 자체가 지닌 생리적 구조적 한계에서 찾는 견해 역시 존재한다. 즉 한국의 수출 에서 중소기업의 역할이 저조하며 중소기업이 대기업에 비해 상대적으 로 저개발된 이유를 오랜 실무적 경험을 토대로, 대기업과의 하청구조, 내수시장 의존성 및 자체 내의 역량 부족 등에서 찾는 것이다.

근데 예를 들면 일본의 경우는 대기업보다는 중소기업이 훨씬 그, 발전되어 있지 요. 중소기업 제품이 세계시장을 석권하는, 일본의 그 제품을 사용을 하지 않으면 제품 생산이 어려울 정도의 그런 좋은 제품들이 많이 나옵니다. (중략) 우리 중소 기업의 경쟁력이 전혀 개선이 되지 않고 있습니다. 대부분 중소기업은 협력사로부 터 주문이 떨어지도록 기다리고 있고, 그리고 내수시장의 거의 의존하면서 해외 진출에는 관심이 없어서 그런지. 경험이 없어서 그런지. 해외 진출을 그렇게 긍정 적으로 하지 않는 거 같아요. 아무튼 그, 내수시장에 안주하고 해외시장에 진출하 는 그 의지가 많지 않은 거 같아요.[52]

---

51) 이창렬, 2016년 12월 20일자 5차 구술.
52) 이준식, 2017년 4월 18일자 3차 구술.

영세 중소기업이 새로운 물건을 개발할 능력이 없고, 또 해외시장 가서 이 바이어를 찾아다니면서 그 세일즈 한다는 게 쉽지 않습니다. 우선 해외 나가려면 출장비도 들고 가서 헛일도 많고 그러니까 종합상사를 하고 금융 면에 그 혜택을 많이 줬어요. 주로 수출용 원자재 확보에 (중략) 그런데 조그만 중소기업들이 전부 수출한다고 관세를 면세해 달라고 하면 감당을 못해요 (중략) 수출한다는 핑계로 사가지고는 그냥 복잡한 수출 대신 시중에 팔아먹고 하면 값이 차이가 나니까 문란해지잖아요. 수출한다는 핑계로 사가지고는. 그래서 대기업에 (중략) 종합상사 제도를 해준 겁니다.[53]

이처럼 정부에서 추진한 대기업 위주의 수출진흥 정책 및 중소기업 자체가 지닌 한계로 인한 중소기업 수출을 진작시키기 위해 나온 방안이 바로 고려무역의 설립과 함께 1975년 종합무역상사 중의 하나로 지정한 것이다. 1969년 8월 설립된 고려무역은 동년 6월 개최된 수출진흥확대회의에 그 연원을 둔다. 당시 수출제일주의의 기조 속에 우리나라 제품에 대한 소량 수출주문이 쇄도하나 채산성을 이유로 수출업체들이 이를 기피하는 상황에서, 박정희 대통령은 조속한 기간 내에 소량소액 수출의 전담과 중소기업 제품의 해외시장 개척 및 수출 대행을 목적으로 한 정책회사를 설립하도록 지시했고, 이를 기반으로 불과 두 달 만인 1969년 8월 27일 한국수출진흥주식회사(Korea Export Promotion Co.)가 탄생하게 된다. 그 후 상호가 수출만을 강조한다는 의견이 제기됨에 따라 1973년 10월 30일 고려무역(高麗貿易, Korea Trading International Inc.)으로 변경되었고, 1975년 4월 30일 종합무역상사제도를 도입할 때 단서 조항을 신설함에 따라 고려무역을 종합무역상사의 하

53) 고일남, 2016년 5월 26일자 4차 구술.

나로 지정하게 된 것이다.[54]

영세 수출업자들의 자기 이름으로 수출할 자격이 없었어요. 옛날에는 어중이 떠
중이 막 해가지고 가짜가 많다. 또 국제적으로 문제가 있다 해서 일정한 사이즈가
돼야 무역업자로서의 자격증을 줬어요. 그래서 그게 없다 보니까 그러면 실제 물
건을 주고 파는데 수출을 못하니까 그럼 고려무역이란 데 이름을 빌려서 해라. 그
러니까 수출 자격 대여하기 위해서 고려무역을 만들었어요. 정부에서 만들었는데
정부가 회사를 만들 수 없으니까 무역협회에서 돈으로 만들어서 주식회사를 만들
었습니다. 왜냐하면 그 영세업자가 외국에서 주문을 받아가지고 돈은 받아먹고
물건을 안 보내는 경우도 많았어요 (중략) 엉터리로 나갔을 때 책임 문제도 있고
해서 우리나라는 수출자격 자체를 아예 금지를 시켰어요. 하니까 영세업자도 할
수 있게끔, "영세업자는 고려무역을 통해서 하라" 이렇게 된 겁니다. 그런데 회사
가 잘 안되니까 상공부에서 고민 끝에 "코트라에서 이걸 좀 맡아서 하라", "임원급
이 가서 그렇게 해봐라" 그래서 코트라의 임원인 내가 간 겁니다.[55]

고려무역 사장을 역임한 구술자는 이처럼 고려무역을 중소기업 제품
의 수출확대 및 중소기업 기반 강화를 위해 마련된 고육지책 중 하나로
평가한다. 하지만 고려무역의 설립 후에도 한국의 고질적인 기업경영 풍
토 및 여기서 파생된 중소기업이 지닌 자체 내의 한계로 인해, 유사한
지도를 도입한 일본과 달리 한국의 중소기업은 성장하기 어려웠음을 다
음과 같이 증언한다.

당시 큰 기업들은 자기네가 "너 그러지 말고 그 일을 우리한테 가져와. 가져와서

---

54) 대한무역진흥공사, 앞의 책, 2002, 70쪽.
55) 고일남, 2016년 5월 12일자 3차 구술.

넌 하청 받고 일만 해." 이제 그렇게 됩니다 (중략) 이게 상당히 중요합니다. 이게 그렇지 않으면 그 회사 너희들 치워 이래가지고 급할 때, 아주 급할 때 돈 빌려주면서 "너희 이거 해라, 저거 해라" 조건 내밀면서 그 회사를 아예 먹어버린다는 거지. 흡수 (중략) 그래서 한국의 종합상사가 개인 무역회사나 중소기업을 완전히 흡수해가지고 하는 경우가 많아요. 그래서 커진 게 'D기업'입니다 (중략) 중소기업에 원자재를 대줍니다. 그 보증도 없이도 그냥 막 대줘요. 대주다가 나중에 안돼서 제때 못 갚으면 "너 회사 넘겨" 이래가지고 그 경영하던 공장의 책임자가 막 눈물을 머금고 그냥 (중략) 그럼 사장이 바뀌어 버리는 거죠. 사장 대신에 이제 D기업 직원의 뭐 과장이나 부장급 한 사람이 그 가서 이래라 저래라 하고 옛날 사장은 비켜라 이랬다는 거지 (중략) 근데 일본 종합상사는 그렇게 영세업체를 완전히 죽여 버리고 그 자기네가 직접 하는 거 안 합니다. 그래서 그 사람들은 벌써 노하우나 오랜 역사가 있어서 그렇게 자기네가 흡수를 해버리면 자기네가 만물백화점처럼 공장을 경영해야 되는데 안 된다 이거지. 어디까지나 그 기업들은 아이덴티티는 살려주고 약간 종속회사지, 에 약간 뭐 패밀리 종속회사 비슷하게 가는 거지, 그거 완전히 그 사람 이권을 이렇게 뺏진 않는다 이겁니다 (중략) 우리는 지금 현재 나한테 유리하다 하면그때는 다 해 뿝니다. 약자들의 그거를 전혀 안 봐줘요. 아주 그 뭐랄까? 상거래상의 도의가 없어요.[56]

당시 고려무역에서는 수출 자격도 없고 제품 수준도 열악한 영세기업의 제품을 고려무역 브랜드로 수출을 성사시킨 후, 수출업무 대행, 바이어와의 원어 상담, 원자재 확보지원 및 자금지원 등 수출과 관련된 모든 업무를 대행해 주었고, 이에 대한 수수료로 1달러 당 1원을, 자금지원의 경우에는 0.5%를 중소기업으로부터 받아 회사를 운영했다고 한다. 하지만 일본은 민간 종합상사들이 중소기업과 긴밀한 협력관계를 형성하고

---

56) 고일남, 2016년 5월 26일자 4차 구술.

서로 상생하는 관계를 구축했지만, 한국의 대기업 종합무역상사들은 중소기업 기반을 잠식하는 패턴을 지녔다고 오랜 실무 경험을 통해 구술한다. 가령 당시 D기업은 해외 바이어로부터 골프장갑 수출 물량을 수주했는데, 이를 중소기업에 하청을 준 후 여러 가지 이유로 중소기업의 운영이 어려워지게 되면 중소기업을 흡수 합병하여 회사 규모를 확충해 갔다고 증언한다. 이러한 관행 역시 1970년대 수출이 대폭적으로 확대되는 환경 속에서도 중소기업이 성장하지 못하고 대기업 위주의 경제 질서가 고착화되는 원인으로 파악할 수 있다.